中华人民共和国地方志·福建省

宁化县志

（1988—2005）

下　册

宁化县地方志编纂委员会　编

国家图书馆出版社

目　录

卷十六　工业　乡镇企业

卷十七　城乡规划与建设

卷十八 商贸业 服务业

卷十九 交通

卷二十 邮政 通信

卷二十一　金融

卷二十二　水利　电力

卷二十三　国土资源管理

卷二十七　教育　科技

卷二十八　文化　体育

卷二十九　医药卫生

卷三十　人事　编制　劳动和社会保障

卷三十一　民政

卷三十二　宗教　民俗　语言

人物

附录

索引

志稿编纂和图片提供人员名单

编后记

CONTENTS

Appendix

Index

List of Contributors to the Compilation of Manuscripts and the Provision of Photographs

卷十六　工业　乡镇企业

宁化工业起步晚，底子薄。1988年，全县工业总产值2.05亿元，国有企业23家。为改变经济落后状况，宁化县深化国有工业企业经营机制和产权改革，大力扶持工业企业发展，逐步形成有一定规模的建材、化工、机电、矿产、食品、印刷、纺织、无线电等工业体系。20世纪90年代，随着市场经济逐步发育完善，宁化县根据国家有关国企改革政策，以"一厂一策，一厂多制"方式，分类开展国有、集体工业企业清产核资、股份合作、租赁经营、关停并转等多种形式的经营体制改革，重点扶持个体、私营经济发展。2003—2004年，县委、县政府为打造工业聚集平台，发挥规模效应，启动华侨经济开发区（城南工业园）建设，重点发展"3+2"产业（林产工业、特色食品加工业、针纺服装业三大产业集群和建材、矿产两大重点产业）。至2005年，全县私营工业企业达到278家，乡（镇）企业6569家，累计批办"三资"企业69家，引进外资4168.78万美元；全县工业总产值8.17亿元（其中规模以上工业企业产值6.05亿元），比1988年增长2.99倍。

1988年，县政府出台《关于加快发展乡镇企业的决定》，全县有乡（镇）企业9332家，从业人员31338人，总产值18248万元。1989年，乡（镇）企业产值超千万元企业3家，产值10万元以上企业108家，外贸出口企业20家。1995年，乡（镇）企业实现产值172401万元，全县股份合作制企业138家（新办63家，改制75家），吸纳股金4690万元。1997年，县政府制定《加快乡镇企业改革的实施意见》，成立全县乡（镇）企业产权改制领导小组，实施产权制度改革，乡办企业改制87家。2000年，乡办企业实施改制26家，其中实行股份制企业12家、拍卖14家。至2005年，全县乡（镇）企业6569家，从业人数27689人；总产值214078万元，比1988年增长10.73倍。

第一章　体制改革

第一节　县属工业体制改革

一、经营权改革

1988—1990年，宁化县县属国有国营企业按照"包死基数、确保上交、超收多留、欠收自补"的原则，与宁化县经济委员会（简称县经委）、宁化县财政局（简称县财政局）签订第一轮3年经济承包合同，推行"三定一奖"（即定任务、定消耗、定质量，超额完成奖励）责任制。县财政局与县酒厂、县印刷厂、县林产化工厂、县电力公司签订利润基数上缴，超基数利润四六分成的经济责任合同，县合成氨厂、县印刷厂、县水泥厂、县钨矿、县煤矿等企业分别实行划小核算单位、经济指标分解、单项承包、计件工资、计时加超产奖等多种形式经济责任制，县水泥厂制定"指标分解、十分考核、联系贡献、拉开距离、分别系数、计发奖金"经济责任制，订立岗位责任制24种466条，县印刷厂制订厂规厂法5章377条和21个工种责任制。县属14家预算内企业实行"三保一挂"（保利税上缴、保国家资产安全增值、保企业后劲、厂级领导工资与实现责任目标挂钩）经营责任制13家（瓷厂实行个人承包）。至1990年年底，二轻集体工业企业和国营、集体企业全部实行经济责任承包。

1991—1992年，县政府及县经委、宁化县第二轻工业局（简称县二轻局）等企业主管陆续出台并实施配套改革措施，确定企业经营决策自主权，实行以厂长聘任制为基础，以任期责任目标为考核手段的第二轮承包。宁化县通用机械厂改组为宁化县通用机械有限公司，宁化县合成氨厂改组为福建省宁化县化工实业总公司（简称县化工实业总公司）。1993年，实行全县国有企业综合改革，企业自主经营、自负盈亏、自我发展。宁化县针织总厂（简称县针织总厂）由11家债权单位组建兴顺针织服装有限公司，县煤矿与福建省地方煤炭公司、连城、清流等11家单位组建"闽西北煤炭股份有限公司"，县水泥厂、县酒厂实行部分股份制。县属工业企业经过经济责任承包取得一定成效，但大部分企业封闭式的生产经营，小型、落后的生产方式，滞后的产品与市场经济难以接轨，基本都出现亏损，有的收不抵支、资不抵债，生产经营全面萎缩。至1995年，有国营、集体企业除个别企业外，基本负债亏损。

二、产权改革

1994—1995年，根据福建省政府《关于进一步放开搞活国有小型企业若干意见的通知》，采用"一厂一策"方法推进全县工矿企业改革，主要有股份合作制改组、有偿转让产权或股权、引进外资嫁接改造以及转让、租赁、拍卖、破产等形式。县水泥厂、县通用机器厂、县化工实业总公司、县电力公司、县林产化工厂、县自来水公司推行全员劳动合同制。1995年年底，全县国有工业企业29家，其中中央属1家、省属4家、县属24家；从业人员6783人；固定资产原值11658.60万元；工业总产值13313.40万元，占全县工业总产值的30.33%。

1997年，宁化县县属独立核算工业企业13家改制，县水泥厂改制为股份合作制企业，县通用机器厂、县钨矿改制为有限责任公司，县酒厂、县印刷厂关闭，县食品厂租赁经营，县羽绒服装总厂宣告破产重组。是年始，对县属工业产权改革的企业进行置换职工身份，全员解除劳动关系，发给安置补偿费为内容的企业改制。方法按企业3年平均基本工资为计算单位，按工龄每年发给1个月工资计算安置补偿费。职工领取安置补偿费后，一律解除劳动关系，职工档案由县劳动局代管，组织关系由所在社区管理。企业国有资产由主管部门按国有资产管理有关规定执行，安置补偿费主要从拍卖国有资产筹集。

1998年，宁化县县属独立核算工业企业19家，除县电力公司、县自来水公司、县化工实业总公司、县煤矿、县林产化工厂外，其余14家改制，其中破产2家、关闭2家、股份合作3家、租赁经营3家、改组为有限责任公司2家、资产重组2家。新组建股份合作制企业和私营企业24家（其中酒厂6家、印刷厂7家、包装纸袋厂2家、酱油厂2家、糕饼厂2家、调味品厂2家、瓷厂1家、矿山企业1家、继电器厂1家），总资本960万元，接纳293名下岗职工重新就业。

2000年，县委作出《关于加快国有企业改革和发展的决议》，全面推行县属企业国有资产重组转让、国有企业职工身份置换、企业经营机制转换等改革，解除县稀土厂、县机电厂、县无线电器材厂、县有色金属公司等企业177名职工劳动合同，县羽绒服装总厂、县酒厂、县印刷厂、县针织厂、县制材厂、县人造板厂、县饲料公司先后改制。

2003年，宁化县重点企业县水泥厂、县通用机器厂、县林产化工厂、县煤矿、县化工实业总公司改制，县供电有限公司实行股份制。全县国有工业企业从业人员267人，固定资产原值10747.90万元。工业总产值2997.80万元，占全县工业总产值的5.84%。

至2005年，全县改制工业企业36家（经贸系统工矿企业15家、林业系统森工企业21家），3458人下岗，共筹措资金3518万元安置2932人。全县仅剩县电力公司1家国有企业，从业人员51人，固定资产原值 571.60 万元。工业总产值 496 万元，占全县工业总产值的 0.61%。至此，国有企业改革基本完成，国有资本从一般竞争性领域退出。

第二节　乡镇企业体制改革

1990—1992 年，宁化县推进乡（镇）村企业股份合作制改革，发展股份合作制企业 57 家。1993 年，全县乡（镇）企业 11371 家，从业人数 45650 人，产值 13799.30 万元。其中，股份合作制企业 144 家，吸纳股金 2888 万元，产值 7260 万元。

1994 年，宁化县采取兼并、租赁、拍卖等形式，有偿流转亏损或微利企业产权，盘活资金，全年新办、改制股份制企业 63 家（新办 40 家、改制 23 家），吸纳股金 6174.70 万元。1995 年，乡（镇）企业实现产值 14672.90 万元，全县股份合作制企业 138 家（新办 63 家、改制 75 家），吸纳股金 4690 万元。1997 年，县政府制定《加快乡镇企业改革的实施意见》，成立全县乡（镇）企业产权改制领导小组，实施产权制度改革，乡办企业改制 87 家。2000 年，乡办工业企业实施改制 26 家，其中实行股份制企业 12 家、拍卖 14 家。至 2005 年，全县 90%乡村集体企业以拍卖形式转为个体私营企业。

第二章　工业

第一节　企业构成

一、国有工业企业

1988 年，全县国有企业 23 家，涵盖建材、化工、机电、矿产、食品、印刷、纺织、无线电等门类。其中，省属企业 2 家，为凉伞岗农场附属厂和泉上华侨农场塑料厂，工业总产值 43.70 万元；县属企业 21 家，工业总产值 3310.90 万元。县属企业中，县经委直属企业 12 家；县属独立核算企业 16 家，固定资产原值 3672.30 万元，工业总产值 3184.80 万元，其中县合成氨厂、县林委森林工业有限公司（简称县林委森工）、县林产化工厂、县水泥厂、县粮油加工厂产值均在 300 万元以上。1989—1991 年，县乳胶手套厂、县稀土冶炼厂、县海绵厂先后建成投产，县水泥厂和县林产化工厂被列为福建省对国家贡献最大的 300 家企业之一。

1992 年 7 月 14 日，县羊毛衫厂（针织总厂）因长期亏损、资不抵债宣告破产，成为改革开放后宁化首家破产企业。是年，县化工实业总公司成立，成为宁化县第一家工业企业集团公司，县水泥厂兼并宁化县建材公司、县煤矿兼并宁化县机电厂。1997 年，县水泥厂改制为股份合作制企业，县通用机器厂、县钨矿改制为有限责任公司，县酒厂、县印刷厂停产关闭，县食品厂改为租赁经营，县羽绒服装总厂宣告破产。2000 年，县酒厂、县印刷厂、县羽绒服装总厂、县针织厂、县制材厂、县人造板厂、县饲料公司先后改制。2005 年，全县仅有县电力公司一家国有企业。

1988—2005 年宁化县直属主要工业企业改革情况表

表 16-1

企业名称	投产年份	企业状况
宁化县粮油加工厂	1949	1998 年租赁
宁化县林业委员会森林工业有限公司	1953	调控生产规模
宁化县电力公司(供电公司)	1955	2004 年改为股份制
宁化县林产化工厂	1956	2002 年停产关闭
宁化县印刷厂	1956	1997 年停产关闭
宁化县食品厂	1958	2004 年破产清算
宁化县酒厂	1958	1997 年停产关闭
宁化县农机修造厂(通用机械有限责任公司)	1958	2002 年停产关闭
宁化县水泥厂	1970	2001 年破产重组
宁化县煤矿	1970	2003 年转让
宁化县机电修造厂(机电厂)	1971	2004 年破产清算
宁化县自来水厂(自来水公司)	1971	独家正常经营
宁化县合成氨厂(化工实业总公司)	1972	2003 年转让
宁化县第一中学印刷厂	1974	扩大规模创新产品
宁化县钨矿	1976	2003 年停产
宁化县无线电器材厂	1977	2004 年破产清算
宁化县制材厂	1977	1998 年停产关闭
宁化县矿业公司	1980	1994 年撤销
宁化县羊毛衫厂(针织总厂)	1981	1992 年破产清算
宁化县机砖厂	1982	2003 年转让
宁化县饲料公司	1985	1998 年停产关闭
宁化县毛巾厂(染织厂)	1986	2000 年转让
宁化县供销茶厂	1988	1994 年兼并

二、集体企业

　　1988 年，全县有集体工业企业 132 家，产品包括电子、机械制造、纺织、家具、印刷、有色金属、建筑材料、化工、电力、塑料皮革制品、小五金、工艺美术、食品、金属制品等；从业人员 5128 人；固定资产原值 2979.20 万元；工业总产值 6282.40 万元，占全县工业总产值的 30.64%；全年实现利润 409.50 万元，上缴利税费 52.20 万元。1989 年，宁化县无线电二厂、宁化县无线电三厂合并为宁化县无线电二厂，宁化县服装厂、宁化县皮革塑料制品厂合并为宁化县服装塑料厂。

　　1993 年，宁化县矿山机械厂、宁化县沪宁电视机厂、宁化县文化用品厂实行全员风险抵押承包，宁化县五金厂、宁化县供销公司、宁化县物资供应公司实行公有私营，企业资产租赁给个体经营。1994 年，宁化县服装厂实行股份制，宁化县文化用品厂、宁化县木器厂实行法人代表抵押承包，宁化县矿山机械厂划小核算单位，实行分线承包制。

　　1998 年，采取"一厂一策"或"一厂多策"方式改革产权，宁化县文化用品厂分块剥离（利用部分设备和适量存货组建新的经营主体）；宁化县五金厂、宁化县服装厂解体剥离（以厂房出租收入为职工办理社会养老统筹保险）；宁化县华闽木业公司"公有私营"；宁化县矿山机械厂企业领导集体承包。1999 年，宁化县沪宁电视机厂终止生产，全员解除劳动合同。

2005年，宁化县胶木厂、宁化县无线电二厂、宁化县服装厂等企业变现资产安置职工412人，宁化县矿山机械厂、宁化县文化用品厂、宁化县五金厂、宁化县车木厂、宁化华闽木业公司172人领取退休金，宁化县第二轻工业供销公司、宁化县物资供应公司企业法人代表承包经营。

1988年宁化县二轻系统（集体所有制）工业企业情况表

表16-2

企业名称	投产年份	企业详细地址	企业占地面积(平方米)	职工人数(人)	主要产品名称	固定资产原值(万元)	工业总产值(万元)
宁化县沪宁电视机厂	1985	南大街33号	—	149	黑白电视机	132.57	1016.83
宁化县无线电二厂	1977	伍家山3号	5300	233	电容器	52.89	213.00
宁化县矿山机械厂	1953	金鸡山100号	20000	131	碾米机	90.38	135.82
宁化县织物涂层厂	1987	伍家山7号	1500	41	涂层布	23.46	43.40
宁化县车木厂	1974	伍家山7号	1800	10	木柄	12.24	3.20
宁化县胶木厂	1976	伍家山33号	7800	35	胶木电器制品	19.12	28.10
宁化县文化用品厂	1956	南大街5号	700	37	象棋、印刷品	13.20	24.06
宁化县皮革塑料厂	1981	五星路7号	120	31	皮革箱	18.34	34.05
服装厂	1958	南大街12号	340	28	成衣	6.46	32.69
宁化县五金厂	1976	伍家山	6000	8	汽车配件	8.60	5.10
宁化县木器厂	1955	张家弄	2800	31	木制家具	6.82	10.30
宁化县工艺美术厂	1973	中山路	—	15	民用镜	0.81	6.70
宁化县蜜饯厂	1984	西大路	—	9	橘饼	—	9.26
宁化县无线电三厂	1988	新建二村8号	—	28	收录机	0.18	39.62
合　计	—	—	—	786	—	385.07	1602.35

三、个私企业

1988年，全县有城镇个体、私营工业企业10家，注册资金309万元，从业94人。1992年，县政府颁布《关于鼓励扶持个体民营经济发展的若干意见》。1993年，城镇个私企业发展到41家，从业473人，工业产值4760万元。1994—1995年，实行个体、民营工业企业发展四不限（不限发展比例、不限经营范围、不限开业条件、不限经营体制）和六放开政策（放开登记条件、放开经营方式、放开经营项目、放开经营主体、放开生产经营用地、放开贷款），个体企业发展至151家，从业1546人，产值4112万元；私营企业146家，从业1489人，产值4138万元。1996年，香港商人投资200万元创办宁化农星农牧有限公司。至年底，城镇私营企业53家（其中第一产业3家、第二产业32家、第三产业18家），从业人员651人，注册资金1772万元，产值5966万元。1997年，县委、县政府制定《关于进一步扶持私营经济发展的若干规定》，大力扶持发展私营企业。2000年，宁化县组建贷款担保公司，以"四个一批"（做大扶强一批、技术改造一批、巩固提高一批、创办新办一批）重点扶持个体、私营企业，城镇个体、私营企业注册资金3749万元，产值15216万元。全县挂牌保护的重点私营企业有19家，"四个一批"私营企业19家，注册资金100万元的5家，200万元的2家。

2001—2003年，县政府出台《关于兑现2000年度私营企业纳税先进户和社会效益显著企业奖励改革的决定》和《关于新增县定挂牌保护重点私营企业的通知》，鼓励私营企业发展，私营企业发展迅速。其中，投资200万元的精工竹木工艺品有限公司，产品远销欧洲市场；闽乐蛋鸡场投资115万元，新上8公顷养鱼项目及租用顿岔村小型水库的水面养鱼；南方旅游产品有限公司投资200万元，开发旅游食品生产项目；宁化县佳穗米业有限公司投资 100 万元，引进量色造机、电子秤、抛光机等，提高产品质量；县水泥厂、县林产化工厂、县兴顺针织厂等 3 家县属企业被私营企业收购、兼并，共投入资金 718 万元进行技术改造。至 2003 年年底，城镇个体、私营企业 144 家，其中产值 500 万元以上的规模企业 10 家，产值 1000 万元以上的规模企业 3 家；从业 1558 人；注册资金 10945 万元；产值 19458 万元；上缴税收 453.29 万元。

2004—2005 年，县委、县政府先后出台《关于颁布宁化县非公有制企业标准的通知》和《关于 2005 年企业出口任务及扶持政策的通知》，扶持发展个体、私营企业。至 2005 年年底，全县私营企业 278 家，从业人员 4837 人；注册资金 30268 万元；完成产值 116345 万元；营业额 59060 万元；税收总额 3222 万元，占全县税收的 62%。其中，注册资金 100 万—500 万元的 81 家、500 万—1000 万元的 9 家、1000 万—1 亿元的 3 家。私营企业涉及能源、交通、建筑、文化娱乐、水利、农业综合开发、旅游景点开发、制造业、零售业、电力、矿产品开发、信息传输、计算机服务、软件现代服务业和房地产业等行业。其中，第一产业 45 家，占总数的 16.19%；第二产业 76 家，占总数的 27.34%；第三产业 157 家，占总数的 56.47%。

四、"三资" 企业

1990 年，县政府出台《关于鼓励外商、台商投资的优惠条件》，引进"三资"企业 3 家，分别为吉发工艺有限公司、宁兴包袋服装有限公司和胶木电器制品有限公司，引进外资 245 万元人民币。至 1994 年，全县共批办"三资"企业 27 家（其中合资 23 家、独资 4 家），从业人员 1072 人。

1997 年，县政府下发《鼓励外商在宁化投资的特别优惠规定》，全县"三资"企业发展到 38 家，合同外资 3133.58 万美元。2000 年，县政府制定外引内联引资奖励暂行规定。2001 年制定《关于加快工业发展的特别优惠规定》和《关于实行投资批办代理服务的规定》。至 2005 年，全县累计批办"三资"企业 69 家，合同外资 6221.58 万美元，实际到资 4168.78 万美元，涉及服装、建材、竹木制品加工、电子、冶金等行业。

1988—2005 年宁化县引进外资情况表

表 16-3　　　　　　　　　　　　　　　　　　　　　　　　　　　　　　　　　　　　单位:个、万元

年份　　科目	批办数	合同外资		实际到资	
		人民币	美元	人民币	美元
1988	—	—	—	—	—
1989	—	—	—	—	—
1990	3	245		245	
1991	4	300	60.00	300	60.00
1992	5		2179.78	—	79.78
1993	8	—	216.00	—	106.00
1994	7	—	239.80	—	203.00
1995	4	—	114.00	—	240.00
1996	5	—	174.00	—	253.00
1997	2	—	150.00	—	303.00
1998	4	—	184.00	—	199.00
1999	1	—	123.00	—	225.00

续表 16-3

年份＼科目	批办数	合同外资		实际到资	
		人民币	美元	人民币	美元
2000	3	—	200.00	—	200.00
2001	2	—	271.00	—	262.00
2002	3	—	402.00	—	318.00
2003	5	—	420.00	—	430.00
2004	7	—	576.00	—	570.00
2005	6	—	912.00	—	720.00
合计	69	545	6221.58	545	4168.78

第二节　主要工业企业门类

一、建材

（一）水泥

1988年，国有企业县水泥厂有2条机立窑生产线，生产"蛟龙"牌425R和525普通硅酸盐水泥6.10万吨，产值342.40万元。1991—1992年，县水泥厂被授予省级先进企业称号，"蛟龙"牌425R水泥通过ISO质量管理体系认证，获省优产品称号。1993年，县水泥厂新建3条机立窑生产线，全县先后建成宁化县第一水泥厂、宁化县第二水泥厂和翠湖、凉伞岗、建达、安乐、泉上、城郊水泥厂8家，形成年产60万吨能力。1995年年底，因市场疲软，产品积压，8家水泥企业中有7家亏损，亏损金额300万元。1996年，县水泥厂改制为国有控股、职工持股的股份合作制企业。2000年，全县生产水泥90023.40吨，销售收入2280.80万元，税收233.40万元。是年5月，先后关闭翠湖水泥厂、宁化县第二水泥厂、建达水泥厂、凉伞岗水泥厂。2001年，县水泥厂亏损1365万元；2002年被腾龙水泥有限公司收购。

（二）机砖

1988年，集体企业宁化县建筑公司机砖厂生产机砖1001万块；1999年达到1993万块。2000年实行租赁承包；2003年企业改制，转让给民营企业福建省佳盛房地产开发有限公司生产经营。

1988—1999年宁化县机砖产量情况表

表 16-4　　　　　　　　　　　　　　　　　　　　　　　　　单位:万块

年份	总产量	其中:县机砖厂	年份	总产量	其中:县机砖厂
1988	6565	1001	1995	15473	1200
1989	6000	1125	1996	12785	1255
1990	3108	1010	1997	4056	1288
1991	3079	1130	1998	6750	1276
1992	3705	1123	1999	3810	1993
1993	5811	1149	合计	78874	14750
1994	7732	1200			

注:2000年后机砖产量不列入主要产品统计范围。

二、矿产 化工

(一) 矿产业

煤 1988年，国有企业县煤矿产量3.10万吨，产值68.20万元，从业人员205人。1990年产量4.27万吨。1991年，县煤矿被省政府授予省级先进企业；2001年起产量逐年减少；2003年改制为民营企业。

钨 1988年，国有企业县钨矿钨精矿产量501.90吨，产值426.60万元，利税46.60万元，出口创汇100万元。1989年，县钨矿被授予省级先进企业称号，"金龙山"牌黑钨精获省优质产品称号。1992年，钨砂价格大幅下跌，受市场价格影响，1993年7月停产；1994年恢复生产。1997年10月，成立金龙山钨矿有限责任公司，实行企业内部租赁承包经营。2003年10月，受市场价格影响停产。2004年7月，县钨矿开采权转让给厦门钨业公司，由厦门钨业公司成立行洛坑钨矿有限公司。

稀土 1988年，宁化县稀土冶炼厂成立。1989年，更名为福建省三明稀土材料厂。是年3月，产出第一批合格产品，为福建省首批稀土分离产品，被福建省科学技术委员会列为1989年火炬计划项目；至1991年累计生产40吨产品。1992年9月受市场价格影响停产，2000年6月关闭。

工业硅 2000年，宁化县宏凌硅业有限公司成立，为台商独资企业，总投资500万元，生产工业用金属硅，经过二次技改，由800吨/年发展到1600吨/年。至2005年，产值达1303.70万元。

萤石 2000年12月，私营企业宁化县石磊矿业有限公司成立，为县级重点保护企业。至2005年年底，总投资1200万元，共生产精粉10万吨，产值6000万元，缴交税费700万元。

(二) 化学工业

松香、松节油 1988年，县林产化工厂生产松节油684吨、松香4032吨，产值1171.25万元，松香出口2976.93吨，创汇684.70万元，产品松香获"部优产品"称号。1989年，生产松节油849.49吨、松香生产5104吨，松香出口2607.96吨，创汇635.80万元人民币，松节油获"部优产品"称号。1993年，开发年产300吨萜烯树脂和年产1000吨食用松香甘油酯项目。1994年，生产松香4200吨、松节油715吨、萜烯树脂198吨，工业产值首次突破2000万元，实现利润200万元，税金298万元。1995—2001年，产量、价格逐年下降。至2002年6月，负债总额1244万元，因资不抵债而关闭。

1988—2005年宁化县林产化工厂各项指标完成情况表

表16-5　　　　　　　　　　　　　　　　　　　　　　　　　　　　　　单位:吨

年份	松香	松节油	松香深加工产品	出口创汇
1988	4023	684	—	松香出口2976.93吨 创汇684.70万元
1989	5104	849	—	松香出口2607.96吨 创汇635.80万元
1990	4139	676	—	—
1991	3590	625	—	—
1992	3229	541	—	—
1993	3950	696	—	—
1994	4200	715	198吨萜烯树脂 200吨食用松香甘油酯	—
1995	4331	534	651	—
1996	3505	467	566	—
1997	4525	636	692	—

续表 16-5

年份	松香	松节油	松香深加工产品	出口创汇
1998	1999	556	909	—
1999	3766	521	626	—
2000	2584	374	196	—
2001	990	194	—	—
2002	772	80	282	—
2003	2744	164	1410	—
2004	6137	736	1538	—
2005	6697	1003	2549	—
合计	68294	10051	198 吨萜烯树脂 9619 吨食用松香甘油酯	松香出口 5584.89 吨 创汇 1320.50 万元

注:2003—2005 年,为宁化县利丰化工有限公司生产的食用松香甘油酯。

化肥　1988 年,县合成氨厂生产碳氨 33855 吨、仲钨酸铵 12.30 吨、钨酸钠 80 吨,产值 9007 万元,利润 63.40 万元;1990 年,生产碳铵 40051 吨,总产值 1003.50 万元,利润 100.78 万元。1991 年,完成年产 1.50 万吨合成氨技改和年产 2 万吨复合肥项目论证和土建工程。1992 年 6 月,县化工实业总公司成立。1995 年,生产碳氨 59090.65 吨、仲钨酸铵 114.23 吨、钨酸钠 204 吨、复合肥 1947 吨,工业总产值 2879.20 万元,缴税 37 万元。2000 年起,市场需求下降,价格低迷。至 2003 年 6 月,县化工实业总公司承债式转让给三明市浩伦园艺植保有限公司,组建宁化县翠江化工有限公司。

三、机械　电子

(一) 机械

硫化机　1988 年,宁化县通用机械厂生产硫化机系列产品 69 台,总产值 156.70 万元,利润 26.20 万元,其中 YX(D)-45T 压力成型机(45 吨硫化机)获省优产品称号。1990 年,宁化县通用机械厂被授予"省级先进企业"称号。1991 年,出口创汇 180 万元。1994 年,总产值 602.70 万元,利税 45 万元。1995 年起,产量、销售逐年下降。1997 年,企业改制为有限责任公司。1999 年,企业累计负债 707 万元;2002 年 11 月关闭,职工置换身份。

矿山、水利机械　1988—1989 年,宁化县矿山机械厂先后与省冶金设计院、中南矿冶学院协作研发新产品,其中曲面旋流选金器通过省级鉴定,达一类产品标准。1991 年,制造矿山小摇床、维姆科浮选机和真空过滤机。1992 年,加工生产挖泥机和对辊机。1993 年,开发生产水利工程机械卷扬平面闸门启闭机。2000 年,因产品滞销停产。

(二) 电子电器

黑白电视机　1985 年,宁化县政府引进上海无线电四厂技术创办的电子整机企业宁化县沪宁电视机厂投产。1988 年,生产"新歌"牌 36 厘米(14 英寸)、43 厘米(17 英寸)黑白电视机 22175 台,产值 1016.83 万元,获"省基础级企业"称号,"新歌"牌 YX44V-2-1 型黑白电视机获电子工业部第五届全国黑白电视机评比三等奖。1990—1993 年,先后新建浸焊自动生产线 1 条,开发生产彩电机外遥控器、单片微机励磁调节器(获福建省发明金奖)和家用卫星天线接收器。1994 年,出口孟加拉国黑白电视机 4400 台。1995 年后,黑白电视机市场萎缩,企业处于停产半停产状态;1999 年关闭。

电焊机　1989 年,宁化县电焊机厂生产 BXI-330、BXI-200、BX6-200、BX6-180、BX6-160 系列电焊机 290 台,产值 40 万元,上缴税利 1.50 万元,利润 2.50 万元。1990 年亏损 5.70 万元,1993 年宁化

县电焊机厂被县煤矿兼并。1995 年，生产电焊机 250 台，总产值 62 万元，销售收入 32 万元，缴税 1.20 万元，亏损 2.30 万元。1996 年后销售量逐年下降，2000 年停产，2004 年 7 月破产。

继电器　1988 年，宁化县无线电器材厂生产 JTX 系列继电器、JQX–15F 系列小型大功率电磁继电器等各种型号继电器 9 万只，产值 92.10 万元，利润 4.70 万元，缴税 4.10 万元，被授予"三明地（市）级先进企业"称号。1994 年后继电器产品市场萎缩，1997 年 7 月停产，2004 年 7 月破产。

电容器　1984 年，宁化县无线电二厂生产的 CY2 型云母电容器获"福建省优质产品"称号，销往上海、江苏、湖南、湖北、福建、辽宁等省、市 80 多家电子企业。1988 年起，体积大容量小的云母电容器滞销，企业亏损严重。1991 年 4 月停产，6 月关闭。2001 年，变现资产安置职工 109 人。

胶木电器　1988 年，宁化县胶木厂生产"双圈"牌拉线开关、灯头、插头、插座、排插、吊线盒等民用低压胶木电器产品，产值 28.10 万元，利税 3.10 万元。1990 年 11 月，台商程功钦投资 5 万美元，宁化县胶木厂改称福建省宁化胶木电器制品有限公司，为宁化县第一家与台商合资的企业。2001 年 4 月合资期满，企业由原胶木厂经营。

四、纺织　服装

（一）针织

1988 年，宁化县针织总厂生产能力为日产漂染 3 吨坯布，年产 250 万件针织内衣和 50 万件羊毛衫，工业总产值 697 万元，从业人员 267 人。1989 年，宁化县针织总厂获"三明市先进企业"称号。1990 年产值 1061.40 万元。1991 年，经济效益大幅下降，亏损严重；1992 年 7 月，破产。

（二）服装

羽绒服装　1988 年，宁化县羽绒服装厂固定资产 60 万元，职工 200 人，各种设备 160 台，生产 70 种款式 200 种规格羽绒服装，产值 150 万元，创汇 42 万元，利税 20 万元。1989 年技改扩建。1990 年，形成年产 10 万件羽绒服装生产能力。1991 年，获省优产品称号。1994 年，生产羽绒服装 10.52 万件，产值 1337.10 万元。1995 年，更名为福建省宁化羽绒服装总厂，下设宁化羽绒服装分厂、三明凤王羽绒服装厂。1996 年，县政府批准转为预算外国营企业；11 月，因产品滞销，货款拖欠，申请破产。1997 年 6 月，股份制合作组建宁化县羽绒被服厂。

服装　1988 年，宁化县服装厂生产成衣、被套、学生帆布书包等 10.16 万件，产值 32.69 万元，利税 0.89 万元。1993 年，实行股份制改造，以 29 万元价格将南大街沿街厂房转让城市信用社，还清贷款，购入新设备，厂房迁至新建二村 8 号。1998 年停产；2004 年关闭，变现资产安置职工 33 人。

（三）染织

1987 年下半年，宁化县供销联社染织厂投产。1988 年，产值 32.69 万元，利税 0.25 万元。1989 年，生产出口毛巾 72 万条、浴巾 168 万条。1991 年 7 月，更名为宁化县染织厂，生产工业用细帆布和塑料用的复合底布，产值 173 万元，利税 1.31 万元。1993—1994 年，先后引进织布机 104 台，建成年产 500 万米复合底布生产线。1997 年，产值 1090 万元。1998—1999 年，受东南亚金融风暴影响，市场萧条，价格下跌，共销售产品 1020 万元。2000 年，企业整体转让，归个体所有，更名为宁化县金山染织有限公司。

五、造纸　印刷

（一）造纸

竹材资源丰富的治平畲族乡是宁化县造纸业的集中地。1988 年，治平乡有上坪机制纸厂 1 家和手工作坊 18 家，全县生产机制纸 179 吨。1997—1998 年，先后建成治平造纸厂和治平乡坪埔纸厂，全县生产机制纸 709 吨。2000 年始，机制纸因规模小不再列入主要工业产品产量统计范围。

（二）印刷

宁化县印刷厂　1988 年，宁化县印刷厂先后开发水泥包装袋和再生吹塑生产线，总产值 55.20 万元，利润 4.05 万元，税收 5.16 万元。1992 年，批量引进生产 20.50 万本日历，产值 110 万元。1997 年，企业改制关闭，土地有偿转让，清偿债务，安置职工。

宁化县第一中学印刷厂　1974 年，宁化县第一中学印刷厂投产。1995 年，购置全自动信封机、冲压机。1997 年，购置电脑制版、电脑排版、晒版机和 8K、4K 胶印机等成套设备，传统铅字印刷转变为胶版印刷。2001—2005 年，先后建成纸箱、包装盒生产线，资产总额 300 多万元，总产值累计 1360 万元。

宁化县文化用品厂　1988 年，宁化县文化用品厂共有印刷机、裁纸机和铸字机 20 台，主要生产信封、学生簿籍、账册、凭证、稿纸、笔记本、木制象棋、色纸、糨糊等产品，产值 24.06 万元，有职工 37 人。1994 年，工厂实行法人代表抵押承包。2005 年，除印刷业务租赁经营外，其他产品均停产。

六、食品　饮料

（一）糕点

1988 年，宁化县食品厂从业人员 44 人，生产各类饼干 78 吨，产值 21.90 万元。1989—1990 年，生产饼干 93.50 吨，开发生产保健饮料、酱油、调味品、水泥包装纸袋等产品。1997 年组建股份合作制企业，2004 年 7 月破产。

（二）粮食加工

1988 年，宁化县有国营大米加工厂 5 家，加工生产大米 16145 吨。1989 年，城关粮油加工厂技改后，年生产能力 7650 吨。1992 年，因粮价调整粮油加工企业亏损 24 万元。1993 年，城关粮油加工厂和各基层粮站联办面粉加工厂，年产面粉 1251 吨，产值 189 万元。1994—1996 年，粮食流通体制改革，民营个体粮食加工厂兴起，国有粮食加工企业衰弱。1997 年，全县国有加工企业生产大米 486 吨，城关粮油加工厂亏损 35.18 万元。1998 年，城关粮油加工厂实行对外租赁承包。

（三）油脂加工

1988 年，宁化县国营油脂厂有 95 型卧式榨油机 5 台，全年生产糠油 36 吨。1992 年，加工生产糠油 10 吨。1993 年，因产量小销路不畅停产。

（四）副食品加工

1986 年，宁化县粮食系统副食品厂并入城关粮油加工厂。1987 年新建日产 3 吨波纹面生产线。1994 年年底，建成豆腐皮生产线。1996 年，因产品销路不畅，企业关闭，人员分流。

（五）饮料酒

1988 年，宁化县酒厂先后试产"张弓大曲"和"宫廷补酒"，生产饮料酒 590 吨，产值 70.60 万元。1990 年，生产饮料酒 686 吨，产值 79 万元。1993—1995 年，生产饮料酒 1789 吨。1997 年，因亏损严重关闭。

七、竹木加工

（一）竹材加工

宁化竹制品加工企业发展迅速，大小企业众多。1992 年投产的振兴竹制品公司（台商独资）是宁化县首家竹材综合加工企业，产品主要有竹凉席、竹条、竹片、竹筷、香心等。1992—2005 年，全县竹制产品总量 28855 吨，其中销往台湾竹凉席、竹条 24225 吨，销往日本竹凉席、竹条、竹片、竹筷、香心等 4630 吨，共创产值 14682 万元（详见卷十三　林业）。

1992—2005 年宁化县竹产品生产情况表

表 16-6　　　　　　　　　　　　　　　　　　　　　　　　　　　　　　　单位:吨、万元

年份	产品产量			产值
	总量	竹凉席、竹条(对台湾销售量)	竹凉席、竹条及其他(对日本销售量)	
1992	1891	1611	280	851
1993	1400	1200	200	630
1994	458	258	200	206
1995	3122	2622	500	1405
1996	2678	2278	400	1205
1997	3100	2600	500	1550
1998	3600	3100	500	1800
1999	1844	1544	300	922
2000	1360	1380	250	815
2001	1810	1510	300	905
2002	1558	1258	300	935
2003	1787	1487	300	1072
2004	1862	1562	300	1117
2005	2115	1815	300	1269
合计	28855	24225	4630	14682

（二）木材加工

1988 年，全县林业木材加工企业 31 家。是年 9 月，城关制材厂、湖村制材厂和人造板厂 3 家合并成立宁化县林产品加工总厂，从业人员 232 人，生产锯材 6541 立方米。1990 年，生产锯材 9847 立方米、胶合板 352 立方米、枕木 1210 立方米、木片 1068 吨、地板木 1800 平方米，包装箱 5197 个，为产量最高的一年。1991 年 1 月，宁化县林产品加工总厂拆分为 3 家分厂，各自恢复原名，实行独立经营，单独核算，自负盈亏。1992 年，湖村制材厂率先实行承包责任制，实现扭亏为盈。1994 年，木材加工销售行情下滑，城关制材厂停工待料 6 个月。1995 年，因原材料供应紧缺，产品销售市场疲软，生产成本不断提高，导致部分企业经营亏损。2003 年，县政府出台扶持政策，发展规模经营。至 2005 年，全县木材加工企业发展到 36 家（详见卷十三　林业）。

八、饲料加工

1988 年，国有企业宁化县饲料公司从业人员 26 人，生产混合饲料 6234 吨，产值 129.80 万元。1991 年，引进微机技术控制生产工艺。1993 年，与全县 20 多家养殖专业大户建立供求关系。1996 年，开发小包装精饲料系列产品。1997 年，粮价调整，销售不畅，生产饲料 367 吨，亏损 59.70 万元。1998 年停产关闭。

第三章　乡镇企业

第一节　工业企业

1988 年，全县乡（镇）工业企业 3662 家，从业人员 14686 人，总产值 8628.61 万元，占乡（镇）企业总产值 47.29%。乡（镇）工业企业出口钨酸、羽绒服装、稀土、木碗、竹编等产品总额 551 万元人民币，其中翠江镇出口创汇 90.80 万元人民币，济村乡办羽绒厂和羽绒服装厂出口服装各 50 万元人民币。1990 年，全县乡（镇）工业企业总产值 16478 万元，其中产值 300 万元以上 4 家，50 万元以上 10 家。治平乡生产玉扣纸 1500 吨、笋干 51 吨，笋壳叶加工的地毯销往国外。

1991—1992 年，禾口陶瓷厂改扩建，紫砂陶器产品品种由 10 种增加到 100 种，年产值由 50 万元增长到 200 万元。1994 年，城郊乡引进台资 675 万元建成城关水泥厂，济村乡出口羽绒服装产值 220 万元。1995 年，全县乡（镇）工业企业年产值 500 万元以上的企业 9 家，100 万元以上 40 家，其中翠江镇引进外资 100 万美元、县外资金 303 万元，新办中澳合作企业福建省宁化翠冠矿业有限公司。1996—1997 年，乡（镇）办企业与村办企业合称为集体企业。1999 年，淮土乡农副产品加工厂注册"淮土"牌茶油商标，参加全省农产品展销会，河龙乡新办沙坪切片厂。2000 年，泉上镇与厦门早晚日用化工有限公司合资 160 万元建成年产保健茶 30 万箱的泉上客家藤茶厂；淮土乡组建淮土鞭炮生产联合体，年最大生产能力 18 亿响。2001 年，翠江镇发展 100 万元以上产值民营企业 8 家（其中，浙江商人创办的华琪家具厂年产值 400 万元），50 万元以上产值 13 家；中沙乡从江西引资 600 万元创办年产值超千万元的宁化县石磊矿业有限公司，年利税百万元；济村乡引进江西商人 100 余万元开采和精选铅锌矿、引进永泰商人 100 万元开采钨矿和开办木制品加工厂、引进清流商人 4 万元开采石英石、钾长石；治平畲族乡引进资金 210 万元，技改和创办笋竹加工企业 8 家；水茜乡引进一家竹制品加工厂，生产竹凉席 1.50 万床。

2004 年，宁化县石磊矿业有限公司投入技改资金 167 万元，年生产能力扩大到 3 万吨，生产萤石精粉 2.40 万吨，产值 1112.80 万元；城郊乡投资 215 万元和 316 万元兴办宁化县东溪化工有限公司和宁化县恒鑫木业有限公司；宁化县拳力木业有限公司投资 200 万元新建指接板生产线一条；宁化县联创精工竹木艺品有限公司投资 200 万元新建竹拼板生产线，新增产值 350 万元；治平畲族乡加工销售春水笋 1200 吨、笋干 60 吨、竹香心 300 吨、竹凉席半成品 4 万床、竹胶合板半成品 18 万套，实现竹业加工产值 1600 万元。

2005 年，宁化县三和木业有限公司投资 500 万元建成出口产品集成材生产线 1 条，年产值 2000 余万元，利税 80 余万元；宁化县石磊矿业有限公司年生产 2.50 万吨萤石精粉，产值 1500 万元，利税 160 万元；济村乡锌铍矿开发完成投资 2600 万元。工业总产值 500 万元以上规模企业 10 家，产值 15071 万元，占乡（镇）工业总产值的 28.59%。

1988—2005 年宁化县乡(镇)企业数及人数情况表

表 16-7

年份	企业数(家)					年末人数(人)				
	合计	乡办	村办	联户	个体	合计	乡办	村办	联户	个体
1988	9332	269	1200	689	7174	31338	5569	9046	2568	14155
1989	10597	258	544	685	9110	36345	5689	7892	3328	19436

续表 16-7

年份	企业数(家)					年末人数(人)				
	合计	乡办	村办	联户	个体	合计	乡办	村办	联户	个体
1990	7807	189	448	353	6817	35207	4957	7731	2813	19706
1991	9083	176	514	380	8013	35404	5650	6393	2408	20953
1992	10617	182	472	414	9549	47261	5866	6639	3145	31611
1993	11371	195	561	463	10152	45650	6074	7578	3624	28374
1994	6211	191	380	242	5398	30164	5591	5595	2150	16828
1995	8288	207	429	393	7259	33039	5611	5853	3827	17748
1996	6151	151	256	247	5497	23002	3707	2287	1767	15241
	合计	集体		私营	个体	合计	集体		私营	个体
1997	1559	310		1249	—	10358	4981		5377	—
1998	6752	354		1016	5382	26137	5473		10773	9891
1999	6542	301		992	5249	26097	4958		8436	12703
2000	6878	272		869	5737	27728	5572		8313	13843
2001	6752	229		680	5843	27054	3658		6850	16546
2002	6521	165		475	5881	26640	3268		50099	18273
2003	6690	141		227	6322	27082	2370		2454	22258
2004	6634	130		194	6310	28927	2077		2228	24622
2005	6569	118		528	5923	27689	2183		4142	21364

1988—2005 年宁化县乡(镇)企业产值情况表

表 16-8

年份	现价总产值(万元)					增加值(万元)				
	合计	乡办	村办	联户	个体	合计	乡办	村办	联户	个体
1988	18248	4725	5088	1802	6631	—	—	—	—	—
1989	27073	6416	5204	2402	12749	—	—	—	—	—
1990	38502	8029	9071	4104	17298	—	—	—	—	—
1991	46562	8697	8468	2979	24618	—	—	—	—	—
1992	98188	18264	18742	7876	53306	—	—	—	—	—
1993	137993	22669	23812	9335	82177	—	—	—	—	—
1994	112191	26283	22233	12815	50860	—	—	—	—	—
1995	172401	30676	27769	25672	88284	33732	5422	4219	4373	19718
1996	107531	14205	10829	12817	69680	20968	2590	1959	2141	14278
	合计	集体		私营	个体	合计	集体		私营	个体
1997	75000	25066		49934	—	10630	5502		5128	—
1998	152677	38647		43519	70531	22848	5857		5557	11434
1999	182808	42837		45174	94797	27062	6979		7220	12863
2000	208294	40627		55765	111902	31476	7532		7167	16777
2001	216033	39750		53125	123158	31764	5098		8211	18455
2002	220535	24518		51285	144732	31751	3482		6398	21871
2003	225660	18328		31099	176233	39492	3729		4272	31491
2004	231554	15025		29911	186618	40883	2941		4003	33939
2005	214078	16530		42686	155162	43658	3119		7503	33036

注:从 1997 年起乡(镇)办企业与村办企业合称为集体企业,联户企业改称为私营企业。此表由乡镇企业局提供。

2005 年宁化县乡(镇)工业 500 万元以上规模企业情况表

表 16-9　　　　　　　　　　　　　　　　　　　　　　　　　　　　　　　单位:万元、人

企业名称	产品名称	增加值	现价总产值	利税总额	工资总额	固定资产原值	年末人数	所在乡(镇)
宁化县腾龙水泥有限公司	水泥	300	4000	36	260	600	450	湖村
宁化县东溪化工有限公司	松香	609	2900	22	30	36	43	城郊
宁化县石磊矿业有限公司	萤石矿	280	1410	56	—	—	98	中沙
宁化县联创精工竹木艺品有限公司	工艺品	450	1340	16	120	750	280	湖村
宁化县宏凌硅业有限公司	红晶硅香粉	56	1000	10	63	101	145	湖村
宁化县涌金木业有限公司	胶合板工木板	415	1296	15	77	630	200	湖村
宁化县旺顺木业有限公司	胶合板	395	1160	14	120	330	200	湖村
宁化县安丰煤业有限公司	原煤	300	800	10	80	560	70	泉上
宁化县佳穗米业有限公司	优质米	153	645	17	85	156	31	翠江
宁化县拳力木业有限公司	杉细木工板	156	520	4	52	328	242	泉上
合计		3114	15071	200	887	3491	1759	

注:宁化县石磊矿业有限公司的工资总额、固定资产原值不在合计范围内。

第二节　农业企业

1988 年,全县乡(镇)农业企业 128 家,从业人数 1889 人,总产值 1112.90 万元,利润 98.83 万元。1990 年,农业企业 99 家,总产值 1936 万元,利润 114.40 万元。1994 年,县委、县政府推行"公司+农户"模式,出台扶持养殖业和茶果业等用地、税费优惠政策,发展农业产业化,乡(镇)农业企业总产值 6209 万元,比 1988 年增长 5.58 倍。

1995 年,发展食用菌种植加工和特种养殖。全县食用菌种植面积 33 万平方米,总投资 700 万元,生产香菇 663 吨、蘑菇 37 吨、黑木耳 27 吨、金针菇 49 吨、草菇 16 吨、凤尾菇 69 吨、其他菇类 61 吨;沿海养殖专业大户投资 2993 万元创办养鳗场 1 家、养鳖场 4 家,总产值 660 万元。1998 年,全县农业企业总产值 17956 万元,占乡(镇)企业总产值的 11.76%。

2002—2004 年,发展宁化县农星农牧有限公司、宁化县春辉茶叶有限公司等龙头企业,建立农业产业化基地。至 2005 年,乡(镇)农业企业总产值 7991 万元,比 1988 年增长 7.18 倍。

第三节　建筑企业

1988 年,全县乡(镇)建筑企业 581 家,从业人数 3178 人,房屋竣工面积 18.66 万平方米,总产值 2579.82 万元,占乡(镇)企业总产值的 14.14%。1996 年,有建筑企业 592 家,从业人数 2564 人,房屋竣工面积 19 万平方米,产值 12511 万元。

2000 年,建筑企业业务范围扩大至室内外装饰装修及设备安装等,总产值 37578 万元,占乡(镇)企业总产值的 18.04%。2005 年,乡(镇)建筑企业总产值 20041 万元,占乡(镇)企业总产值的 9.36%,比 1988 年增长 6.77 倍。

第四节　交通运输企业

1988 年，全县乡（镇）交通运输企业从业人员 4200 人，年运输量 2.20 万吨，总产值 2381.32 万元，占乡（镇）企业总产值的 13.05%。1991 年，年运输量 32 万吨，总产值 4979 万元。1996 年，运输量突破 100 万吨，总产值 20891 万元。2002 年，交通运输业总产值 40296 万元，增加值 6198 万元。2005 年，全县乡（镇）交通运输业总产值 43932 万元，占乡（镇）企业总产值的 20.52%，比 1988 年增长 17.45 倍，增加 8461 万元。

第五节　商业服务企业

1988 年，全县乡（镇）商业服务从业人数 7385 人，实现产值 3545.64 万元，占乡（镇）企业总产值的 19.43%。1996 年，商业服务业总产值 42084 万元，比 1991 年的 9932 万元增长 3.24 倍。2000 年，商业服务业总产值 89111 万元，其中批发零售贸易业 60993 万元、旅游饮食服务业 28118 万元。2005 年，商业服务业总产值 89416 万元，占乡（镇）企业总产值的 41.77%，比 1988 年增长 24.22 倍。其中，批发零售业 61534 万元、住宿餐饮业 16662 万元、社会服务业 11220 万元。

第四章　重点企业与名优产品

第一节　重点企业

一、宁化县安丰煤业有限公司

2003 年 8 月，由原宁化县煤矿改制成立，为县级重点保护的私营企业之一，在采矿许可证规定的矿界范围内保有无烟煤储量 20.25 万吨，服务年限 5 年 9 个月。2005 年，生产煤炭 1.57 万吨，产值 808.70 万元。

二、宁化县利丰化工有限公司

1999 年 3 月成立，投资 50 万元，位于安乐乡谢坊村（原硅铁厂内）。2000 年 11 月迁至华侨经济开发区（城南工业园区），更名为宁化县利丰化工有限公司。2001—2004 年，固定资产投入逾千万元，建成生产松香及松香改性树脂系列产品等 6 条生产线，具备年产 5000 吨树脂、4000 吨松脂、600 吨松节油以及 2500 吨乳液增粘剂的生产能力。2003 年，公司获得 ISO 质量管理体系认证。2005 年产值 1701.80 万元。

三、宁化县佳穗米业有限公司

2001 年 10 月成立，位于宁化县北山原无线电器材厂内。2002 年 4 月，被三明市政府授予"农业产业化市级龙头企业"称号。2003 年，与厦门百拓粮油食品公司合作，以"公司+基地+农户"模式联结固定粮农 1800 户，建设优质稻生产基地 6 万亩，收购粮食 23000 吨。是年 9 月获得 QS 食品生产加工许可。2004—2005 年，投资 515 万元，建成日产大米 120 吨生产线，年销大米 11000 吨，被三明市政府授予"农业产业化龙头企业"和"重点粮食加工企业"称号。

四、宁化县联创精工竹木艺品有限公司

2002 年 1 月成立，位于原宁化监狱水泥厂，投资 410 万元；9 月试产；是年，生产 60 个品种旅游工艺品 5 万件套，产值 300 万元。2004 年，投资 260 万元扩建竹胶板系列工艺板材生产线，年生产能力 3000 立方米，主要产品为竹木器皿系列 130 个品种，销往义乌、上海、广州等城市及欧美、东南亚市场。2005，年产值 1524.30 万元，为县政府重点保护企业。

五、宁化县腾龙水泥有限公司

2002 年 6 月，宁化县腾龙水泥有限公司以 500 万元收购原宁化县水泥厂，组建民营企业，员工 120 人，固定资产 4750 万元，生产能力为年产 30 万吨水泥。是年，生产 "蛟龙" 牌 425R（32.5R）、525（42.5）普通硅酸盐水泥 3 万吨。2003—2004 年，投入技改资金 230 万元，新增"宁燕"牌 32.5R 水泥产品，先后获得"县政府重点保护企业""三明市民营企业纳税大户""纳税信用 A 级纳税户"和"宁化县纳税先进企业"称号。2005 年，生产水泥 11.44 万吨，销售收入 2064.30 万元，利润 45.20 万元，交税 209.62 万元。

六、宁化县东溪化工有限公司

2004 年 3 月动工兴建，7 月试产，总投资 405 万元，位于城郊乡连屋村整尾坝。是年，生产松香 2000 吨、松节油 200 吨，产品销往欧洲、日本、印度和中国台湾地区，产值 900 万元。2005 年，松香产量 4000 吨，产值 3000 万元，产品质量特一级品率达 100%。

七、行洛坑钨矿有限公司

2004 年 5 月成立，位于湖村镇境内。2005 年 8 月动工建设，一期工程项目总投资 3.80 亿元，形成年产钨精矿 2600 吨规模。

八、宁化县三和木业有限公司

2004 年 6 月成立，位于中沙乡下沙村（原宁化职中农场），投资 680 万元，建成自控、自检、自动定型多种功能的板材加工生产线，年生产细木工板和集成板 30 万张。2005 年，产值 1984.30 万元。

第二节 名优产品

一、YX（D）–45T 压力成型机

1988 年，宁化县通用机械厂生产的 YX（D）–45T 压力成型机（45 吨平板硫化机），获"福建省优质产品"称号。

二、"新歌"牌黑白电视机

1988 年，宁化县沪宁电视机厂生产的"新歌"牌 YX44U–2–1 型黑白电视机获"电子工业部第五届全国黑白电视机评比三等奖"。

三、"小凤王"牌羽绒服装

1988 年，宁化县羽绒服装厂生产的羽绒服装系列产品，在北京展销会上被评为福建省优秀产品，获得福建出口商品检验局颁发的"出口产品质量许可证"。1989 年，获福建省首届"消费者信得过产品"称号。1991 年，"小凤王"牌羽绒服装获"福建省优质产品"称号和福建省羽绒服装行业质量评比第一名。

四、"东华山"牌脂松香、脂松节油

1988 年和 1989 年，宁化县林产化工厂生产的"东华山"牌脂松香、脂松节油先后获得林业部部优产品称号。

五、"金龙山"牌黑钨精矿

1989 年，宁化县钨矿生产的"金龙山"牌黑钨精矿获省优质产品称号。钨矿品位 68%，比国家标准高出 3%。

六、"蛟龙"牌水泥

1991 年，宁化县水泥厂生产的"蛟龙"牌 425R 普通硅酸盐水泥荣获省优质产品称号。1992 年及 1998 年先后 2 次通过 ISO 质量管理体系认证。

七、茶油

2001 年，"宁花"牌天然茶籽油获三明市名特优商品交易会金奖。2004 年 5 月，"淮土"牌山茶油被授予"三明市知名商标"。

第五章　管理

第一节　管理机构

一、宁化县经济贸易局

1988 年，县经委主管全县工业。1989 年，宁化县经济技术开发办公室归口县经委管理。1997 年，县政府撤销县经委、经济协作办公室，成立宁化县经济局，内设办公室、党委办公室、企业职工管理股、计划企管股、经济技术开发股；1998 年增设审计股。2002 年，宁化县经济贸易局成立，内设办公室、经济运行股、企业与政策法规股、商品市场股、贸易与行业管理股，行政编制 17 人。是年，组建宁化县安全生产监督管理局，归口宁化县经济贸易局管理。2005 年机构不变。

二、宁化县第二轻工业总公司

1988 年，宁化县第二轻工业局内设人秘股、财务股、生产股和开发股，有干部、职工 12 人。1998 年，该局改制为宁化县第二轻工业总公司，内设综合办公室、财审科、生产技术科和行业管理办公室。2005 年 12 月，宁化县第二轻工业总公司设综合办公室、资产财务科和企业管理科，行政编制 4 人，自收自支事业编制 6 人。

三、宁化县乡镇企业管理局

1988 年，宁化县乡镇企业管理局归口宁化县农业委员会，内设人秘股、财务股、生产技术股；1992 年，增设审计股、联销办公室。1997 年 6 月，更名为宁化县乡镇企业局；是年 12 月与宁化县农业局合署办公。2002 年 5 月，宁化县乡镇企业局并入宁化县农业局。

第二节　营销管理

1988 年，企业营销采取不同形式的承包责任制。1990 年，县政府成立宁化县扩销领导小组和办公室，部分企业开展工资、奖金、差旅费与销售任务挂钩大包干试点和联销、展销、有奖销售等活动，减少松香、胶合板、钨精矿等产品库压资金 700 万元。1992 年，各企业加强横向联合，以销定产，县水泥厂、县通用机械厂、县无线电器材厂、县食品厂等企业与县内外建立协作关系，其中县水泥厂扩大当地及江西的销售量，吨水泥增利 20—30 元。1996 年，县化工实业总公司实行"模拟市场核算，实行成本否决"管理机制，各项指标创造全省同行业先进水平和建厂后最高班产、日产、月产和最低消耗。

1997 年，宁化县各企业组团参加"3·20"香港招商、"5·20"福州招商、"6·16"深圳招商和"9·8"

厦门招商活动，宁化县举办"8·18"三明宁化边贸洽谈会，共签订 39 个项目（含协议项目），总投资 9323 万元（其中外资 7698 万元）。1999—2000 年，宁化县经济局在县水泥厂举办全县销售总承包暨生产调度现场会，在全县工业企业推行销售承包，先后组织企业参加省、市举办的各种产品展销会。2003 年，工业产品销售率 90%。2005 年，规模企业产品销售率为 95.06%，出口总额 700 万美元，比 2004 年增长 3 倍。

第三节 技术管理

1988 年，宁化县吸纳联合 20 家省、市大专院校和科研机构，先后开展县合成氨厂年产 200 吨仲钨酸铵和 600 吨乳酸、县水泥厂年产 10 万吨水泥、县林产化工厂年产 300 吨萜烯树脂和年产 1000 吨食用松香甘油酯松香、县煤矿 6 万吨井型、稀土分离等 10 个重大项目技改，同时开发涤纶电容、录放机、橡塑机械、矿山机械、锡锭、三氧化钨等多种新产品。1989 年，全县取得生产许可证的新产品 5 个，其中钨酸钠被鉴定为国家级新技术产品。1990 年，全县投资 400 万元技改 12 个项目，其中县林产化工厂完成市科研项目盐酸黄连素左旋多巴第一期工程。1991 年，全县技术改造和引进开发新产品共 38 项，其中开发生产的 DWST-1 型单片微机励磁调节器、电调、电热膜等 8 项新产品投产见效。1992 年，全县技改 10 项，新产品开发 6 项，总投资 869.30 万元。1993 年，县水泥厂 4.40 万吨填平补齐、县林产化工厂萜烯树脂、县羽绒服装厂生产线技改竣工。1994 年，全县技改投资 3894 万元，占三明市下达任务 1200 万元的 324.50%，其中县水泥厂年产 7.50 万吨水泥生产线建成投产。1995 年，县水泥厂、县林产化工厂、县合成氨厂先后成立厂办科研所。1996 年，新开发太阳能热水器、闸门启动器等 13 种新产品。

1997 年，先后技改宁化县客家酒厂易拉罐生产线、宁化县彩色印刷厂激光照排和胶印生产线、县化工实业总公司造气系统、县林产化工厂锅炉、县电力公司网络等 18 个项目。1998 年，宁化县稀土厂与北京京磁技术公司签订技改协议，形成年分离氧化稀土 1000 吨的生产能力技改可行性报告。1999 年，全县技改投入 1067 万元，其中"客源"牌酒娘被列入市级创品牌、响品牌产品。2000—2001 年，县水泥厂、县化工实业总公司分别投资 168 万元、200 万元进行技改，达到国家环保治理标准。列入省"五新"（新产品、新技术、新材料、新工艺、新设备）计划的废次烟叶提取茄尼醇项目试验阶段通过省级技术鉴定。2002 年，工业技改投资 1650 万元，其中宁化县腾龙水泥有限公司生产线挖潜扩改、宁化县石磊矿业有限公司扩改增产、宁化县利丰化工有限公司松香生产线扩建、宁化县拳力木业有限公司细木工板生产线技改等项目投产。2003 年，企业技术改造、更新改造投资 2130 万元，占年计划的 106.50%。2004 年，更新改造项目 13 个，共投资 4060 万元，增幅居全市第三位。2005 年，开工建设 21 家企业（项目），其中上千万元的项目 5 家，累计投资 11171 万元，占全部投资额的 70.70%。列入县级重点项目 7 个，固定资产投资 7230 万元，占投资任务的 141.50%。城镇工业固定资产投资 15795 万元，为市、县目标任务的 175.50% 和 187.20%。

第四节 质量管理

1988 年，县林产化工厂二级计量、县合成氨厂三级计量通过复审考核验收，县煤矿、县矿山机械厂、县制材厂、县粮油加工厂等 18 家企业计量定级验收合格，县水泥厂、县通用机械厂、宁化县沪宁电视机厂 3 家企业达到省基础级标准，县机电厂、县酒厂、县钨矿等 13 家企业制定企业标准化体系。1989 年，全县采用国际标准或国外先进标准组织生产企业 7 家，产品 8 种，宁化县无线电器材厂、宁化县无线电二厂、宁化县沪宁电视机厂、宁化县胶木厂取得生产许可证。1990 年，全县上等级企业 14 家，通过计量升级、定级验收企业 23 家，修订、制定企业标准体系企业 21 家，按标准体系组织生产的工业企业超过 70%。是年，宁化县被福建省授予"省 A 级工业标准化示范县"称号。

1991 年，县政府下发质量管理文件，奖优罚劣。是年，县林产化工厂获省质量管理奖，全县计量上等级企业 48 家，县水泥厂、县合成氨厂通过二级计量验收，县属 28 家企业的 70 个产品全部按标准组织生产（其中 20 个产品经过标准化备案）。1992 年，国家水泥质量论证验收会在县水泥厂召开，验收确认县水泥厂产品质量符合论证标准，获得国家质量认证证书。1993 年，县经委组织开展"质量信得过班组竞赛"活动，县水泥厂、县林产化工厂、县通用机械厂、宁化县沪宁电视机厂被定为质量体系试点。1994 年，宁化县保险公司为县水泥厂"蛟龙"牌水泥承担质量保险。

1996 年，全县建立标准化管理体系的工业企业 31 家，县食品厂等 6 家企业编写质量管理手册。1999 年，县化工实业总公司、宁化县建达水泥厂、宁化县翠湖水泥厂的产品使用采标标志。2000 年，全县消灭无标生产企业 85 家，产品 98 个，办理标准备案和注册登记的企业 81 家，产品 94 个，产品标准覆盖率提高到 96.40%，消灭无标生产试点县通过三明市技术监督考核验收。2001—2005 年，宁化县建立生产企业质量基本情况数据库，宁化县时尚防火建材有限公司等 3 家私营企业通过 ISO 质量管理体系认证。

第五节　安全管理

1988 年，全县各工业企业制定安全生产、防火、保卫等规章制度，配备专、兼职安全员，定期开展安全生产检查、举办各类安全技术、劳动保护培训班。1991 年，开展创安全合格班组达标活动，抽查 169 个班组，评出安全合格班组 138 个；11 家厂矿推行安全系统工程，31 家企业被评为"安全管理合格单位"。1992—1996 年，县政府与主管部门、主管部门与各企业签订安全目标责任书，先后组织企业开展夏季百日安全无事故竞赛活动和"查隐患、抓整改"活动，13 家企业被三明市评为安全管理合格单位。

1997 年，全县各工业企业开展"企业安全生产管理零缺陷"竞赛活动，在 20 个重点安全生产责任单位试行风险抵押制度，责任单位的法人代表缴纳风险抵押金，全年无重伤以上事故给予奖励，反之则没收风险抵押金。

1999 年，县政府制定《宁化县安全生产责任制暂行规定》和《宁化县安全生产事故报告和处理决定》，规定安全生产事故的报告、统计、调查和处理。2000 年，举办新工人上岗持证及持证复审等各种安全技术培训，县规模以上企业参加三明市经委组织的安全生产基本知识竞赛活动，县水泥厂开展"安康杯"安全竞赛活动，县煤矿举行安全生产签名活动，县钨矿人手一份安全生产小册。

2001 年，县政府下发《关于转发安全生产专项整治方案的通知》，县经济局成立安全生产管理监察专项整治工作小组，开展检查和专项整治煤矿、易燃易爆、有毒有害化工企业的安全生产，强行封闭非法小煤矿 18 处，查处案件 10 个，总案值 25 万元，查出安全隐患 167 处。2002 年，县政府设立宁化县安全生产监督管理局。2004—2005 年，加强监管规模以上企业的安全生产，层层落实责任制，县供电公司投资 68 万元、宁化县安丰煤业有限公司投资 20 万元建设供电系统及矿井排水增容项目，宁化县翠江化工有限公司配套厂区消防设备。

附：重大事故

1991 年 2 月 3 日 10 时 20 分，县煤矿地面推车工和风钻操作工违反操作规程，造成一起重大跑车事故，一名合同工当场死亡。

1992 年 3 月 12 日，县煤矿北斜井 358 南 3 号煤采煤小眼，违反操作规程，通风与上人同时进行，致使 2 名矿工一氧化碳中毒死亡，2 名矿工重伤。

1993 年 6 月 22 日，县水泥厂立窑车间 1 名看粉工上班后发现 2 号库底有生料粉，擅自拆开螺旋机盖板铲粉，事后未及时盖好盖板。凌晨 1 时 20 分，该名看粉工见 2 号库发生塌粉，为去堵塞，在原拆盖板跨越螺旋机时，不慎右脚踩空在 2 条并排的螺旋机间缝中，身体重心失控，左脚滑入螺旋机内，后送往县医院抢救无效死亡。

1995 年 8 月 13 日 13 时 15 分，县煤矿北井 280 水平南翼 3 号煤工作面有毒有害气体涌出量增大，同时配风巷通风量不足，1 名矿工没有听从班长安排，私自进入与本班工作无关的第一顺槽时中毒致死。

1995 年 11 月 12 日 11 时 15 分，县煤矿北井 323 南翼外段 2 号煤回采工作面，当班人员没有严格执行工作面每班必须有 6 人以上交接班制度，该班点只有 4 人上班，上下无法正常联络，工作面发生冒顶事故造成 1 名矿工死亡。

2000 年 3 月 30 日 14 时 30 分左右，县钨矿 1 名矿工回家吃饭返回 681 硐 4 号面有轨巷道左侧老巷道作业点，没按规定戴安全帽，井下冒顶坍塌，头部和下肢被掉落的岩石压住，当场死亡。

专记：华侨经济开发区

1999 年 6 月，福建省人民政府批准设立宁化华侨经济开发区（又名城南工业园区，以下简称开发区），2005 年 12 月，通过国家发展改革委员会、国土资源部等部委审核（国家发改委公告 2005 年第 74 号）。开发区是福建省 65 家省级开发区之一，是宁化实施"东扩南伸"战略决策和"招商兴工"的重要平台。

一、开发区规划

（一）规划背景

随着经济环境改善，外商投资增多，宁化县由于没有统一规划的工业开发区，引进的工业项目难以形成规模效应。县委、县政府为推进工业化进程，加快宁化县经济社会发展，2003 年，正式启动开发区建设（2006 年 9 月和 12 月，先后委托三明市城乡规划设计研究院编制开发区总体规划、福建省环境保护设计院编制开发区环境影响报告书）。

（二）用地规划

开发区地处宁化县城区东南部，范围包括城南乡、城郊乡和翠江镇的部分用地，东至红冬坑国有林地，西至翠江，南至翠江，北至高堑村水田、中山村豺狗坪果园，规划面积 420 公顷，规划结构为"一带一心两区"组团式结构："一带"即翠江沿岸形成一条宽 30 米以上的滨河生态绿化景观带；"一心"，即以慈恩湖生态绿地为核心；"两区"，即工业区和综合服务、配套生活区。

（三）产业规划

开发区产业发展的主要方向为宁化县支柱产业及高新技术产业，重点发展纺织服装、食品、木竹加工和金属加工等现代化产业，限制发展低技术含量、高污染、高耗能的产业。纺织服装：主要发展化纤、纺纱、织造、非织造布及成衣制作，开发中高档仿真化纤织物、装饰织物深加工及高附加值产品。木竹加工：主要发展新型、节材、综合利用资源的新型人造板品种，开发木器、竹编加工新产品。特色食品加工：以绿色食品为发展方向，充分挖掘宁化县的特色，重点发展粮食深加工、食用菌加工和果蔬加工。金属加工：主要指污染小的有色金属加工，重点发展铜、铝、钨精深加工，结合发展其他有色金属产品加工。

（四）规划建设目标

开发区规划建设总体目标为：以科学发展观为指导，以建设海峡西岸经济区为契机，依靠科技和体制创新，充分利用市场机制，加快培育特色产业，带动县域经济全面增长，把开发区建设成为文明、优美、充满生机活力的一流开发区。按照开发过程，具体目标分形成期（近期）、扩张期（中期）、成熟期（远期）3 个阶段性目标。近期（2003—2009 年）目标：以开发区跨河大桥的建设启动为突破口，依靠政府对基础设施、公共服务设施和园林绿化工程的投入，保证120公顷起步区建设顺利完成，为开发区进入开发高潮做铺垫。中期（2010—2012年）目标：通过政府的政策性倾斜及引导市场资金滚动利用，掀起区内各项工程开发建设高潮，工业、公共服务、居住小区形成一定规模，初步呈现现代化生态经济开发区的雏形。远期（2013—2014年）目标：完善开发区各项工程建设，形成集产业群、居住、公共设施于一体的经济开发区。

二、开发区建设

（一）基础设施建设

2003年，推进一期控制性详细规划、入园大桥施工图纸设计、建设工程项目立项审批等基础工作，征用土地4.60公顷，平整工业用地1.37公顷，11月1日动工建设长157米、宽21米的入园大桥，全年完成投资236万元。2004年，开发区征用土地117.20公顷，首期23.33公顷工业用地平整、800米主干道及沿线排污排水工程完成工程量360万元，入园大桥主桥和入区水电主线路、主管网竣工，全年基础设施投资累计4000万元。2005年，建设土方、道路、排洪渠、排污排水、护坡、大桥附属工程和绿化等基础设施，挖、运土方265万立方米，平整工业用地30公顷并交付使用，铺设混凝土道路17000平方米，800米主干道竣工通车，道路两侧布设排污排水管道、种植绿化树，建成主排洪渠820米；6月中旬通水、通电；6月25日举行入园大桥通车仪式，全年投资累计3010万元。

（二）项目引进与建设

2003年，开发区项目组接洽福华食品、坤兴针织、稀土加工、益顺鞋业、成正食品和振兴竹制品6个投资近千万元的企业。2004年，开发区管理委员会洽谈华丰电子有限公司、园春食品有限公司、建新彩印有限公司、华茂服装织造有限公司、恒源服饰有限公司和台商蔬菜脱水保鲜项目6个，其中成正食品有限公司、建新彩印有限公司、华丰电子有限公司和园春食品有限公司4个项目签订入园投资协议金额9880万元。2005年6月25日，举行建新彩印有限公司、成正食品有限公司和园春食品有限公司项目奠基仪式。其中，建新彩印有限公司项目总投资1500万元，固定资产投资1100万元，主要生产经营彩色印刷、纸箱彩印包装及编织袋彩印，年创产值3000万元以上；8月，宏光玻璃有限公司项目一期工程开工建设；10月，成正食品有限公司项目退出开发区。

三、管理体制

（一）机构设置

2003年4月，县委、县政府成立开发区建设项目组，负责开发区建设前期筹建。2004年8月，成立开发区建设领导小组。2004年5月31日，三明市机构编制委员会下发《关于成立宁化县城南工业园管理委员会的批复》。2004年8月3日，宁化县下发《关于成立宁化县城南工业园管理委员会的通知》，成立开发区管理委员会，为县政府派出正科级机构。2004年8月10日，县委下发《关于成立"中共宁化县委城南工业园工作委员会"的通知》，成立开发区党工委，为县委派出机构，设立"中共宁化县委城南工业园纪律检查工作委员会"。2005年1月19日，宁化县机构编制委员会下发《关于成立宁化县城南工业园开发有限责任公司的通知》，成立开发区开发有限责任公司，为县政府直属事业单位，实行管委会、党工委、开发公司三块牌子、一套人马管理。

（二）人员编制

开发区管委会核定编制19名，其中行政编制13名、事业编制5名（开发区服务中心编制）、机关工勤人员事业编制1名。

四、优惠政策

2003 年 9 月 27 日，县政府下发《宁化县人民政府关于加快工业园区建设的若干意见》（宁政〔2003〕18 号），规定开发区企业用地、规费、用水、用电、信贷和税收优惠政策。2004—2005 年，因国家政策调整和开发区实际情况，县委、县政府先后两次修订开发区优惠政策。

（一）用地及厂房建设优惠

工业用地在"六通一平"（通路、通电、通信、供水、排水、通电视和土地平整）后，从 1 亩 4 万元起实行招、拍、挂方式竞价出让，使用期限 50 年。

鼓励投资者在园区内按规划建设标准厂房。经县政府批准兴建的标准厂房，由有资质的单位设计、图审、施工，工程验收合格并交付使用 3 年内，投资者可自行出租，或者由开发区管委会统一承租，租赁的租金标准为：标准厂房两层结构的每平方米每月租金 4 元，三层以上结构的每平方米每月租金 4.50 元，职工宿舍与办公用房每平方米每月租金 5 元，其租金按年给付，每承租年度第 6 个月一次性支付。开发区管委会将工业厂房转租给生产企业使用的租金收入低于应付承租租金的差额，由县财政补贴。

企业在园区兴建厂房及附属用房，经有资质的单位设计，砖混结构三层以下、跨度 6 米以内，钢架结构单层、跨度 15 米以内的施工图免送图审。

（二）水、电、通信（含宽带）及有线电视优惠

供电　入园企业供电线路由县供电公司负责布设至厂区围墙。入园企业的大工业用电按每千瓦时 0.48 元，非、普工业用电按每千瓦时 0.55 元优惠电价标准执行。

供水　入园企业供水管道由供水单位布设至厂区围墙。入园企业的用水按县工业用水时价的 90%收取水费，自行取水的免收水资源费。

通信线路（含宽带）及有线电视　由通信、广电部门按企业指定的地点接到终端机。

（三）用工扶持

县招工管理机构（挂靠县劳动和社会保障局）建立全县劳动力资源信息动态库，协助解决入园企业所需劳动用工。

全县 16—40 周岁有转、就业愿望的社会人员，由乡（镇）与县劳动和社会保障局有计划组织进行专门技能免费培训，帮助解决入园企业劳动用工。

（四）财政奖励

为鼓励入园企业做大做强，企业固定资产投资 1000 万元以上，且达到闽国土资综〔2005〕58 号文件规定投资强度的项目，开工建设后，县财政根据建设项目投资规模标准可享受的奖励总额和投资完成进度比例序时给予业主专项奖励，其奖金用于该项目的厂房、设备等固定资产投资。具体奖励标准：一次性固定资产投资 3000 万元以上的项目，按其出让地面积每亩奖励 3.50 万元；一次性固定资产投资 2000 万—2999 万元的项目，按其出让地面积每亩奖励 2.50 万元；一次性固定资产投资 1000 万—1999 万元的项目，按其出让地面积每亩奖励 1.50 万元。

凡自带项目、自建厂房建筑面积 5000 平方米以上的入园规模企业投资者，或在园区一次性建设出租厂房建筑面积达到 5 万平方米以上的投资者，按厂房建筑结构，由县财政给予一定的厂房建设补助。具体标准：单层（钢架式）工业厂房按建筑面积一次性补助每平方米 30 元；两层钢筋混凝土工业厂房，按建筑面积一次性补助每平方米 60 元米；三层以上（含三层）钢筋混凝土结构工业厂房，按建筑面积一次性补助每平方米 100 元。经确认，属重大项目、特别项目（科技含量高、产业链长、税性收入高）可一次性补助每平方米 120 元。

入园新办企业除享受国家规定的有关减免税收政策外，3 年内缴纳的产品增值税、企业所得税，属县级财政留成部分，由县财政按留成部分的 50%奖励给企业。

（五）金融扶持

各金融机构对符合条件的入园企业应给予及时办理评信评级，并给予贷款授信额度适当倾斜。对经营业绩好、资信程度高的入园企业在使用商业汇票承兑、贴现和再贴现时给予优先受理。入园企业扩大生产规模或进行技改资金不足，可以申请县工业发展基金给予适当支持和县担保公司的担保贷款。对省政府认定的高新技术企业和产品技术含量较高的入园企业，以及有一定生产规模的入园龙头企业，县政府引导企业向上争取各类扶持资金。

（六）规费优惠

生产性项目免收城市基础设施配套费和人防工程异地建设费。

涉及入园企业的行政事业性收费项目，凡属县本级收费的，企业入园后两年内一律免收，第三年起按规定标准的最低限额收取；经营性有偿服务收费项目（包括一次性和企业生产过程中的常规检验、检测、员工体检及培训等）和入园企业施工建设项目的服务性收费，凡属县本级收费的，按规定标准最低限的50%收取。

五、投资环境

引资入园建设项目，实行联审联批限时办结制，由开发区管委会、县招商局等县委、县政府指定的招商引资服务单位全程代为办理各种证照的报批手续。

入园企业由引资服务单位成立项目跟踪服务工作领导小组，实行"零距离"跟踪服务，为业主做好项目审批、证照办理、项目选址、项目建设施工图纸设计、开工、建设施工直到投产全过程的服务协调工作。同时对建成投产的企业实行跟踪服务，及时解决企业生产经营活动中存在的困难和问题，使投资项目尽早发挥效益，做大做强。

凡固定资产投资2000万元以上的入园项目，由1名县副处级领导挂钩服务；固定资产投资5000万元以上的入园项目，由县主要领导挂钩服务。

投资者在园区投资，其固定资产投资达1000万元以上的，由县政府发给"宁化绿卡"，发放1张自用商务车"特别通行证"，免缴宁化县公路通行费。

入园企业聘用的大中专毕业生、专业技术人员的职称评定由政府有关部门以人事委托方式统一受理。持"宁化绿卡"投资者的子女、入园企业引进的中级以上技术职称人才的子女、入园企业中宁化县农村和外来务工人员的子女（持企业用工合同和户籍所在地借读证明）需在城区入托、入学的，享受城区居民同等待遇。

卷十七　城乡规划与建设

　　1988—2005 年，宁化县城乡建设坚持"改拓并举"方针，一方面改造旧城，一方面建设新区，先后完成横街改造、小溪河两岸拓宽改造、江滨路、南大街路段改造等工程，建成金叶大厦、县委大楼、烟草大厦、电力大厦、国土大厦、翠景大厦等地标性建筑，开发朝阳新村、松树园新村、城东广场商住楼小区、林业新村、东方花园等住宅新区，提升了城市品位。宁化北山革命纪念园的扩建和宁化红军长征出发地纪念广场的竣工，凸显了革命老区的精神风貌。城市规划面积从 1988 年的 20 平方公里扩大到 40 平方公里，城区建成区面积由 1988 年的 2.66 平方公里扩大到 6 平方公里，城镇居民人均居住面积从 1990 年的 15.40 平方米提高到 2005 年的 47.50 平方米。城区防洪堤、道路、桥梁、管道、供水、液化气等基础设施建设大为加强，城市功能日臻完善。乡（镇）公共基础设施建设步伐加快，至 2005 年，先后编制全县农村新村规划 120 个、新建改建村民住宅 12023 户、拆旧建新 86799 户，总投资 76917.10 万元，人均住房面积 37.19 平方米。133 个村庄建有自来水设施，179390 人受益。全县农村新扩建桥梁 30 座，筑防洪堤 9440 米，新铺设水泥路面 166.24 公里，架高压电线 496.77 公里。

第一章　城乡规划

第一节　城市规划

一、县域城镇体系规划

　　2001 年，县政府委托浙江大学城乡规划设计研究院编制宁化县城镇体系规划；2003 年完成；2005 年，经三明市政府批准实施。规划确定建设"一个中心、两极轴线、四个集聚点"，"一个中心"为县中心城区，是重点建设的综合性中心城镇，在规划期内优先发展；"两极轴线"分别为泉南高速公路及 307 省道构成的县域城镇经济空间横向发展轴线和邵长高速公路及 205 省道构成的县域城镇经济空间纵向发展轴线；"四个集聚点"为湖村、石壁、曹坊、安远，在规划期内重点发展。同时规划建设"一纵一横一斜"快速公路交通干道网："一纵"为规划邵长高速公路和 205 省道，"一横"为规划泉南高速公路和 307 省道，"一斜"为规划翠（江）湖（村）一级公路。

二、城市总体规划

1984年，县政府委托福建建筑专科学校编制第一轮宁化城市总体规划；1985年10月，三明市政府批准实施，规划期限至2000年。城市性质确定为全县政治、经济、文化中心，发展农副产品加工和林木加工为主的工业，积极发展农工商联合企业。1988年3月，调整、完善原城市总体规划，主要内容为城市用地功能组织、城市对外交通、城市道路系统及城市工程规划。规划区范围为东至东山桥，西至城隍岭村，北至无线电一厂，南至制材厂，面积约20平方公里，规划用地4平方公里。城市性质拟定县城政治、经济、文化中心，发展农业产品加工为主的工业，加快发展成为福建省边贸县城。规划人口为近期4.50万人，其中非农业人口3.30万人、农业人口1.20万人，远期发展到6万人。人均用地控制在90平方米左右，建设用地4平方公里左右，用地发展方向由中心点集中向东、东北、西南的山坡、低丘陵地发展。

1993年，县政府委托哈尔滨建工学院专家对宁化总体规划进行第二轮调整修编，7月完成。1994年11月，县人民代表大会审议通过《宁化县城区总体规划》；1997年4月，三明市政府批准实施。规划期限为近期1993—2000年，远期2001—2010年。规划范围为东至东山桥，西至瓦庄，南至曲段，北至双茶亭。规划控制区面积为32平方公里，比上一轮城市总体规划扩大12平方公里。城市人口近期控制在13万人，城市近期用地规模6.30平方公里，远期10.80平方公里，城市建筑面积11平方公里。城市性质确定为全县政治、经济、文化中心，发展成以边界贸易、轻工业和第三产业为主的城市。城市建设采取"一城两片单核心的环状组团式"的布局结构，确定今后向东和东南方向延伸发展的城市格局。2004年，委托浙江大学城市规划设计院完成第三轮城市总体规划调整修编。规划期限近期至2010年，远期至2020年，规划控制区面积扩大到40平方公里，近期用地规模9平方公里人口9万人，远期用地规模12平方公里人口12万人。确定城市性质为客家朝圣中心、闽西北红色旅游生态工贸城市。2007年3月，三明市政府批准实施。

三、控制性详细规划

1989年，县政府编制松树园新村小区详细规划、南大街拓宽改造规划；1994年，编制紫竹新村一层至二层别墅、三层至五层民用住宅、六层至八层公共建筑详细规划，占地1.80平方公里。1995年，编制东街路、翠城影剧院改造、江滨延伸路段等详细规划。2000年，县政府委托天津大学编制南大街、东大街（粮食批发市场地段）拓宽改造详细规划，委托三明市城市规划设计院编制西大路控制性详细规划和老城区60公顷的1个高档次小区及江下段新村、禾坑口、五坑口、鸡山等4个农民新村的控制性详细规划。2001年，委托三明市建筑设计院规划所编制城内片区110公顷，其中用地17.13公顷、城东片区用地62.46公顷；城区道路建设"两纵一横"（"两纵"为中环路、西环路，"一横"为新桥路）项目及小溪片区等控制性详细规划。

四、修建性详细规划、专项规划

（一）修建性详细规划

2000年，县政府编制江滨路改造、松树园新村和工业园区210公顷、下东门21公顷、中环花园26.60公顷、东方花园5.80公顷修建性详细规划。2005年，编制瑶上片区（用地规模198.27公顷）、紫竹新村（用地规模14.90公顷）、金刚亭新村（用地规模10公顷）、城南斑竹小区新村、翠江茶果场、农业新村小区、宁化县第一中学、宁化县城东中学、宁化第六中学、宁化县职业中专、城郊中心学校等修建性详细规划编制。

（二）专项规划

2004年，县政府分别委托三明市城乡规划设计研究院、浙江大学城乡设计研究院、三明市规划设计院编制燃气专项规划、绿化和消防专项规划及城区道路、综合管线等专项规划。2005年，委托浙江大学城乡设计研究院开始编制城区环卫专项规划，同时进行道路、综合管线等专项规划前期调查。

第二节　村镇规划

1988年，宁化县调整全县15个乡（镇）总体规划和208个中心自然村第一轮初步规划。1991年，编制16个乡（镇）和208个建制村建设规划，其间，宁化县建设委员会抽调技术员20名组成测量队、规划队突击编制48个试点村庄规划。1992年，编制4个集镇和40个建制村规划。1994年，石壁镇被定为全国小康城镇建设试点，安远乡被定为市级小城镇建设试点，当年全县规划集镇7个、建制村30个。1995年，村镇规划设计重点建村镇、分类建村庄试点村，促进村镇建设上档次，当年编制6个村镇重点地段详细规划，调整石壁、济村、曹坊、安乐、中沙、河龙、水茜7个集镇第二轮总体规划和36个建制村规划，其中石壁镇36个村庄第三次规划调整方案获福建省规划方案评比三等奖。1996年，宁化县建设局成立小康建设领导小组，开展治平彭坊村、安乐马家村、方田朱王村等15个小康村规划。

1997年，调整全县中心村规划169个、集镇小区规划18个、重点中心村规划30个，其中调整石碧村、朱王村等7个建制村详细规划。1998年，结合整改村容村貌开展全县旧村改造详细规划，1999年编制精品村规划15个。2000年，开展湖村镇陈家村、邓坊村、黎坊村、店上村，中沙乡廖家村，石壁镇杨边村、拱桥村、刘村、陂下村等中心村及泉上华侨农场规划，推进中心村建设，进行石壁镇石碧村省级村镇住宅建设的旧村改造试点项目规划。2001年，进行石壁镇立新村、杨边村、小溪村，淮土吴陂、罗坑及方田乡综合市场等受灾村、受灾点规划。2003年，按照宁化"突出一点、强化两轴、带动四翼"城镇发展格局要求，调整县城两个副中心湖村镇、石壁镇和县重点乡曹坊乡、安远乡小城镇建设规划，强化各乡（镇）公共建筑的放样、验线管理，促进项目规划建设。至2005年，先后编制全县16个乡（镇）、210个建制村建设规划。

第二章　县城建设

第一节　道路桥梁建设

一、街道

1988年，县政府维修中山路、北大街、南大街、新桥路、西大路、小溪路、五星路等城区主要街道37025.70平方米，重新铺设水泥路面42710.80平方米；新建西门路、朝阳路等街道。1989年，县政府投资115.20万元新铺设水泥路面、人行道26230平方米。其中,投资14万元铺设南大街水泥路面6000平方米、人行道2400平方米，投资9万元铺设朝阳路水泥路面2460平方米、人行道4043.64平方米，投资7

万元铺设伍家山交叉路水泥路面 490 平方米、北大街水泥路面 4200 平方米、立新弄水泥路面 160 平方米，投资 5 万元铺设西门路面 3580 平方米、铺设零星路面人行道 500 平方米。

1990 年，城区主次干道总长 15.47 公里，面积 27.50 万平方米。1991 年，城区主次干道 16.10 公里，面积 29.60 万平方米。1993 年年底，城区主次干道 17 公里，面积 30 万平方米，路面硬化率 95%。1999 年年底，城区主次干道总面积 33 万平方米，硬化达 95%以上，设交通护栏近 3 公里。2005 年年底，城区道路面积共计 63.80 万平方米。其中，主干道 10 条，面积 25.08 万平方米；次干道 8 条，面积 5.76 万平方米；巷干道 10 条，面积 6.32 万平方米；系统外道路面积 26.64 万平方米。

城区 10 条主次干道分别为：

中山路　为城区主干道，从宁化县实验幼儿园至新桥路，全长 0.80 公里，宽 21 米，水泥路面。路两旁古樟翠绿，浓荫蔽日，沿翠江东段路南侧，1984 年建成翠园公园，2001 年 6 月改建为开放式广场，为城区举行文艺演出等活动的重要广场之一；北侧有工商、农业、建设 3 家银行和金叶大厦、县图书馆、县中医院、县文化馆、县卫生防疫站、县政府、县实验幼儿园以及服装、饮食、花卉、茶庄等商业店铺，南侧为翠园公园。

北大街　为城区主干道，从寿宁桥至北山顶，全长 1.10 公里，宽 20 米，水泥路面。西侧有北山公园、县实验小学、中国人民银行宁化县支行、县自来水公司、新华书店门市部，东侧有县教育局、宁化第一中学、宁化县农村信用合作联社等单位，沿街有服装、电脑、书店、餐饮等商业服务店铺。

南大街　为城区主干道，在原先的基础上向南拓展延伸，从寿宁桥至城南加油站，全长 2.40 公里。其中，从寿宁桥至新桥路 0.60 公里宽 20 米，两侧商店密布，为县城商业中心；从新桥路至中环路 1.80 公里宽 30 米，沿途主要有县汽车站、县司法局、翠江派出所、县酒厂、县烟草公司、县电力公司、县青少年宫等单位及居民住宅和商业店铺。

新桥路　为城区主干道，从中环路北端县货车队三岔路口沿下东门至南大街，全长 0.80 公里，宽 23 米，沿途多为商业店铺。

东大路　为城区主干道，从中环路北端县货车队三岔路口往东至东山桥，全长 2.10 公里，宽 11 米，两侧居民住宅为多。

西大路　为城区主干道，在原先的基础上向西拓展延伸，从南大街经五家山至烤烟厂，全长 1.40 公里，其中从南大街至小溪 0.60 公里宽 11 米，从小溪至县烤烟厂 0.80 公里宽 24 米。县医院和县物资总公司位于该路中段，沿途多为居民住宅。

中环路　为城区主干道，从县货车队至南门加油站，全长 2.10 公里，宽 50 米，中间建有绿化带，总投资 3800 万元。1993 年 4 月 9 日动工；1995 年建成，单向混凝土路面和桥梁；2004 年 10 月，宁化县城市经营公司组织续建，三明华宇建筑工程有限公司承建；2006 年 12 月竣工。沿途有天鹅大酒店、翠江大厦、县法院、县体育中心、翠江明珠住宅区、新车站等，是宁化新区主要干道。

龙门路　为城区主干道。2003 年 6 月，龙门桥竣工后，新开辟自南大街的县电力公司跨翠江河至新法院楼，沿途有县电力公司、国土大厦、永辉超市、翠江明珠住宅区等，长 650 米，宽 18 米。

小溪路　为城区次干道，从南大街中段红军桥沿小溪而上至宁化第六中学，全长 680 米。1988 年和 1991 年，县委、县政府先后投资 200 多万元改造拓宽小溪上下游道路，拓宽后的小溪路河东、西两侧街道由原来的 4 米增至 6 米，两岸店铺林立。

五星路　为城区次干道，从县政府至县公安局，全长 510 米，宽 5.50—6.50 米。沿途有县人民检察院、县人民法院、县人民武装部和县公安局。清代隶书大师伊秉绶故居位于路中段。

二、桥梁

1988 年前，建成寿宁桥、新桥、水门桥、猪子坝桥、城西桥等桥梁。1988 年 11 月，建成长 100 米、宽 3.20 米的双跨铁索农贸市场吊桥。至 2005 年，先后新建中环大桥、龙门桥、城南大桥，改建猪子坝桥为西门石拱桥、水门桥为铁索吊桥。

城区 7 座主要大桥分别为:

东山桥 桥长 125.10 米,测设为 3 孔净跨 30 米石拱桥,矢跨比 1/5,河床至桥面高 13 米,桥面净宽 9+1.5×2 米。采用悬链线等截面拱圈,拱圈厚 80 厘米,设计洪水频率为 1/100,荷载汽—20,挂—100,造价 54.50 万元。1986 年 11 月动工,1988 年 7 月 24 日正式通车。

西门石拱桥 位于宁化城关西门。桥长 76.86 米,宽 6+2×0.50 米,为截面悬链线空腹式石拱桥。1988 年年底竣工,造价 40 万元。

寿宁桥(大桥) 位于城关南大街与中山路交合处。1965 年,改建为钢筋混凝土墩平板桥。1989 年拓宽改建为墩台平板桥。桥长 60 米、宽 12.50 米,两边人行道各 2 米。

东门桥(新桥) 位于城关新桥路,桥长 80 米、宽 16.20 米,上部构造为 16 米空心板梁,下部构造为石砌墩身悬臂墩帽、重力式 U 形桥台,1989 年 8 月竣工,造价 125 万元。

龙门桥 位于城关龙门路,桥长 84 米、宽 21 米,两边人行道各 3 米,为墩平板水泥桥。2003 年 6 月底竣工,总投资 750 万元。

中环大桥 位于中环路中段,全长 150 米。宽 25.40 米(中间设绿化隔离带),高 10.40 米。5 孔,最大跨径 50 米。上部为桁架拱,下部为壁墩台。设计荷载汽—20,挂—100。两端建砼引道 240 米。总投资 1500 万元,分两期建设:一期工程 1994 年 8 月动工,1995 年竣工通车;二期工程 2004 年 10 月动工,由宁化县城市经营公司续建,三明华宇建筑工程有限公司承建,2006 年 12 月竣工通车。

城南大桥 位于宁化城南,桥长 157 米,宽 21 米,系钢筋砼预制 T 梁桥,三明市交通建设公司承建。2003 年 11 月动工,2005 年建成通车,总投资 750 万元。

第二节 供水、供气建设

一、供水

(一)水厂建设

1988 年,县政府投入 580 万元分两期兴建城关沙子甲水厂,水源为寨头里水库。

一期工程于 1989 年 12 月动工,投资 200 万元铺设直径 100 毫米以上供水管道 18.53 公里。1990 年 7 月建成,供水能力 1.66 万吨/日,城区居民自来水普及率 84%,用水人口 75%。1990 年 11 月 23 日,宁化自来水厂更名为宁化县自来水公司,管理自来水工程建设。

二期扩建工程于 1994 年动工,投资 366 万元铺设直径 630 毫米供水管道 1600 米,1995 年投产,城区供水能力增至 3.66 万吨/日。2005 年,宁化县建设局招商引资 600 万元铺设从东南广电基站至工业园直径 400 毫米 PE 管 3955 米及南门加油站至中环路口直径 300 毫米 PE 管 1497 米。至 2005 年,全县有直径 75 毫米以上管道 52 公里,城区管网以枝状供水管网为主。

(二)自来水供应

1988 年起,投资 10 万元先后购置加氯机、测漏仪、化验仪器仪表、管道钻孔机等设备。1994—2002 年,共调整水价 3 次。其中,1994 年水价由 0.32 元/吨提至 0.58 元/吨,1996 年提至 0.80 元/吨,2002 年生活用水 1 元/吨、工业用水 1.05 元/吨、商业和服务业用水 1.10 元/吨。2005 年,城区供水普及率 100%,用水户 13694 户。

1990—2005 年宁化县自来水建设供应情况表

表 17-1

年份	售水量(万吨)	产值(万元)	利润(万元)	新增用户(户)	综合水质合格率(%)
1990	242	41.65	12.80	270	96.70
1991	253	—	15.21	—	—
1992	265	—	—	—	98.60
1993	318	—	—	231	99.89
1994	334	124.97	—	319	98.20
1995	301	—	13.60	—	99.60
1996	301	—	—	—	99.80
1997	292	102.22	7.00	—	99.87
1998	298	71.50	—	561	99.00
1999	275	39.00	14.00	463	99.80
2000	257	—	—	770	99.80
2001	—	—	—	—	—
2002	257	199.00	2.00	770	99.80
2003	239	—	1.50	317	99.80
2004	242	—	—	1000	99.80
2005	261	—	2.00	1000	99.80

二、供气

（一）液化气站建设

1991 年，城区开始供应少量瓶装液化石油气。1992 年，动工建设容量 100 立方米的沙子甲液化气贮罐站。1993 年 4 月 1 日，宁化县与香港裕景实业公司合资 300 万元成立翠景液化气有限公司；8 月 1 日沙子甲液化气贮罐站投入使用，用户 3600 户，普及率 35%。1996 年，设立石壁、安远、泉上液化气供应点 3 个。1997 年，新建沙子甲容量 174 立方米液化石油气贮罐站 1 座。2002 年，宁化县液化气公司改制为私营企业"宁化县燃料液化气有限公司"。2003 年 7 月 1 日，招商引资新建城南狗子脑容量 200 立方米液化石油气贮罐站 1 座，成立"宁化县华兴管道液化气有限公司"。2005 年，全县液化气均由宁化县燃料液化气有限公司和宁化县华兴管道液化气有限公司供应。

（二）液化气管理

1991 年，宁化城区开始供应少量瓶装液化石油气后，县建设局建立液化气瓶检测制度，开始对液化气瓶进行抽检。1992 年后，随着液化气的普及使用，县建设局严格执行液化气经营许可证制度，建立健全液化气瓶的年检制度，每年定期对经营液化气企业及供应站（点）进行安全检查。1995 年，县建设局在全县 16 个乡（镇）对 23 个液化气供应点进行安全检查 1 次，取缔无证经营点 2 个，没收不合格带气钢瓶 47 个，扣押超期未检钢瓶 21 个。2000 年，县建设局对全县 59 个液化气经营站（点）进行安全检查，是年获准领取液化气经营许可证的经营站（点）5 个，书面通知整改 6 个，停止营业 1 个，发放燃气安全知识手册 3200 份。2002 年，开展《中华人民共和国安全法》《危险化学品管理条例》和《城市燃气管理条例》培训，燃气行业人员 100 人次受训。出台必须将实瓶存放城区燃气实瓶中心库规定，每季度专项检查全县 16 个乡（镇）47 个液化气供应点 1 次，共取缔无证经营点 3 个，没收带气钢瓶 78 个，扣押超期未检钢瓶 16 个，对曹坊、安远、治平、安乐、湖村、泉上等不遵守固定安装和钢瓶托管协议规定的 6 个供应点发出限期整改通知书。2003 年 12 月 1 日起，实施《福建省燃气管理条例》，全县办理 50 个销售站（点）《燃气经营企业分销点登记证》。2004 年，宁化县城市规划建设局（简称县城建局）与宁化县液化气公司签订年度安全生产目标责任书，开展大检查 4 次，共检查液化气站 2 个、门点 51 个，发现安全事故隐患 29 条，下发整改通知书 29 份。2005 年，开展安全检查 2 次，共检查液化气站 2 个、实瓶库 2 个、门点 50 个，查出安全隐患 9 条，并责令整改。

第三节　园林绿化　公园　广场

一、园林绿化

（一）公共绿化

1990—1991 年，城区园林绿化面积 82.88 万平方米，公共绿地 13.99 万平方米，园林绿地 0.83 公顷，绿化覆盖率 22.93%。1992 年，全民义务植树 67.97 万株，城区绿化覆盖率 25.10%，人均公共绿地面积 5.10 平方米。1997 年，城区人均公共绿地面积由 1995 年的 5.41 平方米提高到 6.20 平方米。2005 年，城区公共绿地面积 29.67 公顷，居住小区绿化面积 4.93 公顷，其中林业新村、朝阳新村、城东广场、东方花园等居民小区绿化率 25% 以上。

（二）城区道路绿化

1988—1992 年，城区 14 条主干道绿化树主要为樟树、广玉兰、火力楠、大叶女贞、深山含笑、法国梧桐等 10 余种 4000 余棵，其中樟树占 60%。1997 年，投资 6 万元绿化新桥一路、横街、南大街、中山街、西大路等主要街道。1998 年，绿化南大街、北大街、新桥一路、二路、中山街、小溪及农贸市场河边。1999 年，种植道路绿化树苗 1751 株。2002 年，改造及补植南大街、新桥二路、小溪路、西大路、翠园绿地绿化树 3800 多株。2003 年，种植南大街、新桥二路、小溪边、北大街、西大路街道绿化树苗 3000 株。2004 年，新种城区人行道绿化树苗 500 株。2005 年，补种道路绿化树苗 2000 株、花草 1100 平方米，中环路、红军长征出发地纪念广场新种绿化树 2000 株，中环路隔离带新增绿化面积 4500 平方米，城区道路绿化面积 2.90 万平方米。

（三）生产基地

1976 年，建立瓦庄苗圃面积 3.33 公顷。1997 年，瓦庄苗圃改制承包给原单位职工。1998 年，新建苗圃 4 公顷。至 2005 年年底，瓦庄苗圃面积达 7 公顷。

二、公园广场

（一）翠园

位于中山路东段南侧，临翠江、倚城墙，呈带状三角形向寿宁桥延伸，1984 年建成，占地 0.50 公顷，为封闭式公园，内有假山天桥、鹤池碧水、亭阁水榭、花架回廊、曲径小桥等景观。2001 年 6 月改建为开放式广场，用地面积 1.50 公顷，绿化面积 1.35 公顷，绿地率 90%。新建圆形广场大理石铺地，建有演出台，全园安置夜景灯光，为城区举行文艺演出等活动的重要广场之一。

（二）北山公园（革命纪念园）

位于北大街西侧北山，1991 年动工扩建，1992 年建成。全园总面积 16.01 公顷，陆地面积 14.70 公顷，湖面 1.31 公顷，绿化面积 14.29 公顷，绿地率 85%。公园内建有革命纪念馆、革命烈士纪念碑，是县内进行革命传统教育的基地。

（三）黄慎公园（街心公园）

位于南大街与新桥路交汇处，1983 年建成；1986 年园中建造 9.90 米高的黄慎塑像；1989 年被县政府命名为"瘿瓢园";2000年12月公园改建,占地0.60公顷,绿化0.40公顷,铺设瓷砖地面,设置不锈钢护杆,安装夜景灯光,为宁化重要人文景观之一。

(四) 红军长征出发地纪念广场 (红土地广场)

位于县城南门,占地8000平方米,包括广场、雕塑、金水桥、灯光和绿地等,集纪念、休闲、城标为一体。广场中央为"人"字形主题雕塑,矗立在九级台阶圆形平台上,高21.80米,铜雕为红军指挥员、赤卫队员和红军小号手举旗吹号出发长征场景。2004年10月开工,2005年11月建成,总投资230万元,宁化县与晋江市各出资50%共建,广州美术学院设计。

第四节 排水 防洪 照明 公厕

一、排水

1988年,县城建部门疏通城区原有下水道,铺设新下水管道1175米。1989年,铺设下水管道、水沟1735米。1990年,铺设下水管道2350米,沟通宁化县第一中学、下东门、县货车队及车站一带的排水管网,投资17万元疏通下水道1511.75米,形成污水排放网络。1991—1993年,共铺设下水管道12.30公里,疏通北大街、西环路、城隍岭下水道1800米及新桥、东街两条主干路下水道11.13公里,更换下水道盖板600块。

1997—1998年,疏通新桥路、红色巷、县体育场、朝阳新村、南大街、北大街、西大路下水道10公里及北大街、少年宫及道士巷排水沟600米;改造花心街、中山路、宁化县第七中学至龙门桥、新桥路等城区排水系统2公里;建设朝阳新村排水沟涵洞和排水沟120米;投资100多万元建设和坑下水道,解决150多公顷良田内涝排水,受益农户3000户。

2001年,清理中环北路暗沟25米,疏通西大路、北大路、新桥一路、南大街等城区主要路段下水道,新铺设扩建下水道104米,改造伍家山坡底105米下水道及三明工贸学校坡底至交警大队700米明沟。2002年,改造伍家山坡底至小溪路段地下暗沟。2003年,调换下水道盖板,清理下水道窨井4公里。2004年,清理、改造伍家山坡底、北山坡底、下东门、客家农贸市场下水道4公里。2005年,疏通西大二路、城郊烟草站门口、北大街、下东门路段、横街、宁化县第一中学门口、中山街等下水道,拆换破损盖板,修缮窨井,解决污水乱流问题。

二、防洪

1988年12月27日,城区横街防洪堤工程竣工,全长157米,总造价16万元。1990和1991年,续建防洪堤2.60公里和3.40公里。2001年,将75米长的小溪河道挖深1米,清淤泥500立方米,抗洪能力提高到20年一遇。2005年,城区防洪堤共11.80公里。

三、照明

1990年,城区安装路灯1680盏。2002年,投资3万元整修城区照明工程,修复加固照明设施。2003年,修复中山街、横街、南大街、新桥路、江滨路、小溪路等路段和翠园、黄慎公园路灯。2005年,城区主要街道和公园等主要公共场所的照明设施安装齐备。

四、公厕

1989—1990 年，城区新建和改建水冲式公厕 5 座。1991—1992 年，城区改建水冲式公厕 7 座。1997—2000 年，新建县电影院、横街、中山街水冲式公厕 3 座。2001 年，拆除客家宾馆水冲式公厕。2005 年，全县共有水冲式公厕 14 座。

第五节　旧城改造

1993 年，调整修编第二轮县城总体规划，改造旧城开发新区，规划路网格局。先后改造南大街、横街，整治小溪路，建设中环路、新桥路。1994 年，拆迁改造县货车队沿街、江滨路。1999 年起，以开发建设商住套式住宅为主改造旧城，先后开发建设江滨花园、客家边贸城、农贸市场商住楼、北街商住楼、意华园、运明园、永利花园、盈盛园、东方花园住宅区等 34.40 万平方米。

1988—2005 年，全县旧城改造 6 个片区，共拆迁房屋建筑面积 4 万平方米，占地面积 3 万平方米，其中住宅建筑面积 3 万平方米、非住宅建筑面积 1 万平方米；开发居民小区 12 个；改造主次街道 8 条（中山街、南大街、北大街、新桥路、西大路、小溪路、江滨路、横街）；拓宽桥梁 2 座（寿宁桥、东门桥）。

一、横街改造

横街为县城果杂公司至薛家坊吊桥头的沿河街道，全长 380 米，地势标高在五年一遇的洪水位以下（315.48 米），路面狭窄，坑洼难行，两旁房屋破烂，沿河搭建栏杆式悬空木屋，严重影响市容和排洪。1988 年，改造横街街道 80 米，拆迁沿河边住房 30 户，占地面积 1185 平方米，建筑面积 2270 平方米，浆砌堤高 6—8 米河堤 157 米，总造价 20.80 万元。1992 年，改造拓宽横街道土巷口至薛家坊吊桥街道，全长 330 米，宽 22—26 米，总面积 8580 平方米。拆迁房屋 100 户，占地面积 4968.29 平方米，建筑面积 8735.14 平方米。12 月 12 日，拍卖横街 1060 平方米国有土地使用权。扩建后，道路平坦整洁，临河绿树成荫，街道环境改观。

二、小溪河上游路拓宽改造

小溪河上游路，原长 295 米宽 4 米，两岸店铺林立，贸易繁荣，人流量大，但道路狭小，地势低凹，卫生状况不佳。1988 年 4 月县委、县政府投资 100 万元改造拓宽小溪河上游道路；12 月底完工，共拆迁 91 户，占地 2544.30 平方米，建筑面积 4787.60 平方米。改建民房 65 幢 70 户，总造价 46 万元，其中拆迁安置费 24 万元。小溪路改建后全长 300 米，河东、西两侧街道各宽 6 米。小溪河宽 5 米，堤高 3 米，河堤砾石贴面，堤半壁每隔 10 米砌一花坛，两岸砌筑 1 米高的防护墙，墙上设铁链防护栏，左岸种垂柳，右岸植松柏，溪河上每隔 60 米建 1 座 4 米宽的小桥连接东西两岸，由南至北依次为"清泉桥""细水长流桥""腾飞桥""揽月桥""悦来桥"。溪东、西两岸街道建筑均仿古设计，装饰古色古香，与小桥流水、垂柳人家共同构成客家古城风韵。小溪路上游改造设计方案获三明市建设委员会设计三等奖。

三、江滨路拓宽改造

江滨路原占地面积 0.23 公顷。拓宽后的江滨路占地面积 3.36 公顷，路长 280 米、宽 12 米，绿化面积 700 平方米。拆迁 6 户占地面积 600 平方米、建筑面积 0.12 万平方米，新建安置房面积 1200 平方米。

1990 年 2 月动工，8 月完工，总投资 30 万元。

四、小溪河下游路改造

1991 年，县政府投入 212 万元改造小溪河 400 米下游路。共拆迁公、民房占地面积 2943.50 平方米，建筑面积 4427.22 平方米，共征地 4133.75 平方米安置拆迁户；整治河堤 870 米，路基加高夯填土方 5623.68 立方米，埋设混凝土下水管道 1032 米，铺设混凝土路面 4815 平方米，建造河堤栏杆 680 米，11 月完工。

五、南大街路段改造工程

南大街路原总长 975 米、宽 7 米，北起原宁化汽车站，南至林产化工厂。1991 年 1 月，县政府投入 140 万元进行拓宽改造，共铺设混凝土路面 5460 平方米、人行道 4043.64 平方米，路面宽 30 米，其中机动车双道 14 米、非机动车道 4 米、两边人行道各 6 米。采用合流制溢浪式排水，各路上设窨井，连接涵口，逐级分解，流入翠江，电力电讯设施采用明暗网相结合方式和电缆相结合方式设计。年底完工。

六、客家中心农贸市场东侧拆迁改造（农贸市场商住楼建设）

1992 年，建设客家中心农贸市场。1997 年，建设农贸市场商住楼，共拆迁位于市场东侧的县百货公司、县纺织品公司、县五交化公司宿舍楼及民房 2568.39 平方米，其中县百货公司、县纺织品公司、县五交化公司宿舍楼建筑面积分别为 1106.36 平方米、420.00 平方米和 658.78 平方米；1998 年年底，拆建工程完工。

第六节　新区开发

1988—1990 年，国家控制基本建设规模，全县新区开发项目很少。1991 年，县政府建成北山、小溪、下东门等居民住宅小区 10 个。1992 年，县政府开发朝阳新村（一、二期投资 450 万元定向开发出售 140 户地基，9 月份交付用户自建）、林业新村。1993 年，国家调整宏观调控政策，全县以居民住宅小区为主开发较大规模项目 14 个，相继建成北山新村、玉林新村、茶园背新村、小溪新村、林业新村、朝阳新村，共竣工 16.50 万平方米，城市规模达到 4.80 平方公里，比 1988 年扩大 2 倍。1994—1995 年，县政府共投资 830 万元开发农业新村、新庙段新村、翠江新村、紫竹新村，开发城区商品房 320 套、面积 3.60 万平方米、竣工 2.10 万平方米。1999 年，县政府投资 1000 万元开发客家边贸城（建筑面积 2.10 万平方米）、江滨花园、意华园、运明园住宅小区。2000—2003 年，县政府续建玉林新村、沙坝园新村、城东广场一期商住楼，新建松树园新村，开发东方花园、朝阳新村、城东广场第二期商住楼。2005 年，县政府开发翠江明珠商住区，设计用地面积 51877 平方米，建筑面积 11.50 万平方米。至年底，城区共开发居住小区面积 101.22 万平方米，居民居住环境得到改善。

城区 5 个新开发重点生活小区：

朝阳新村　位于城区北部，为宁化县开发的第一个住宅小区，东至东环路、西至朝阳路、南至城镇烟草公司宿舍楼后、北至宁化县田径运动场围墙外，占地面积 75000 平方米，建筑面积 84400 平方米，投资 3271 万元。其中，商品房住宅建设 1682 万元，分 4 期开发建设：第一期投资 567 万元，1992 年征地 13000 平方米，地产开发 6500 平方米，房产开发 10000 平方米，安置 40 户。后 3 期以群众集资为主，商品房占地面积 33750 平方米，占总地面面积 45%；征地面积 14250 平方米，占总地面积 19%，人均占地面积 4.75 平方米；道路面积 22500 平方米，占总地面积 30%；公共建筑面积 3300 平方米。共建设单元公寓式住宅楼 10 幢，庭院式私人住宅 300 户，总安置 3000 人。新村内配套设置保健、幼托、文化娱乐、邮电储蓄、公安户籍、居委会、粮店等公益设施。

松树园新村　坐落于翠江镇中山村猪牯山，总占地面积 24730 平方米，分 2 期建设：第一期工程 1997 年 11 月动工，2002 年完工，占地面积 18700 平方米，其中拆迁民宅 7 幢，占地面积 3100 平方米。第二期 2002 年 4 月动工，2005 年 8 月完工，占地面积 6030 平方米，新增住户 132 户，其中安置拆迁户 9 户（北大街 2 户）；小区铺设水泥路面 8300 平方米、下水管道 520 米，街道两旁种植绿化树，外墙面统一装修。

城东广场商住楼小区　位于翠江镇东大路观音亭地段，占地面积 3 万平方米，建筑面积 6.50 万平方米，总投资 5350 万元。前座一、二层为商店，二层以上为居住套房；后两座底层为柴火房，其余为居住套房。项目分两期建设：第一期占地面积 11200 平方米，建商住房 4 幢，建筑面积 29150 平方米（其中商业用房 1515 平方米，住宅用房 27635 平方米），投资 2350 万元，2001 年 4 月开工，2002 年 12 月交付使用，共 184 套。第二期工程占地面积 16380 平方米，总建筑面积 3.60 万平方米，建商住楼 4 幢，共建套房 346 套，总投资 2686 万元，2003 年 10 月开工，2005 年 12 月完工。广场使用花瓷砖铺地，配套设施齐全，设有警务室、小区管理办公室和门卫等。

林业新村　位于新桥和龙门桥间的临河边，总占地面积 2.06 万平方米，1991 年开工，1994 年竣工。建有独立庭院住房 80 户和占地面积 3000 平方米的幼儿园 1 所。小区绿树成荫，为城区绿化较优的住宅小区之一。

东方花园　地处宁化南大街东方段，总地价 1915 万元，总投资 1.15 亿元，占地面积 55334 平方米，建筑面积共 10.50 万平方米，共建商住楼 17 幢、联排别墅 50 幢，其中建成宁化第一座安装使用电梯的商住房。2003 年动工，2005 年完工。

第三章　村镇建设

第一节　集镇建设

一、公共基础设施建设

1988—2005 年，全县乡（镇）驻地共建街道 5605 米，铺筑水泥路面 26130 米，道路硬化面积 463300 平方米，主要街道硬化率 91.70%；新建、扩建桥梁 31 座，修筑防洪堤 9440 米，新增排污管道 26.93 公里、排水沟 29120 米，新建、扩建自来水厂 2 座，日供水量 15400 吨，受益人口 67174 人，普及率 77.93%；建公厕 27 座、农贸市场 11 个、变电站 8 个；新增公园 2 个占地面积 66310 平方米，新增景点 7 处，种花草树木 8973 株。

二、商住建设

1988—1989 年，全县新建农房面积 157.60 万平方米，铺设村镇水泥路面总长 120 公里。1990—1993 年，全县集镇动工开发房产 12 万平方米。1995 年，集镇建设遵循"整体推动上规模，突出重点上水平"

原则，全县13个集镇带动57个村庄新建、152个新村续建，共建房41.12万平方米，竣工面积23.29万平方米。1997年，集镇动工建房3256户。2004—2005年，全县农村新建房面积30.90万平方米，受灾重建家园面积21.80万平方米，共52.70万平方米。

1988—2005年，全县乡（镇）驻地新建商住楼512座、工贸小区2个、农贸市场11个；新建大型项目26个，占地面积2650.80平方米，建筑面积4712.90平方米，总造价1407万元。

附：重点集镇建设简介

石壁镇　1991年前，街道狭小、拥挤，长不足500米，宽仅11米，住房多为土木结构，有的年代久远，破旧不堪，"沿街五分钟，逢墟停交通"是当时真实写照。1992年始，禾口乡党委、政府按照"总体设想、一次规划、分期实施"的原则制定建设规划。1993年，石壁镇（1993年12月7日，撤销禾口乡，改建石壁镇）拓宽主街道至30米，改建、扩建面积9万平方米，共拆迁农户345户、单位11个。1994年，委托三明市规划设计院编制《石壁镇小城镇1994—2010年建设规划》，规划面积1.42平方公里，涉及4个建制村和1个居委会，人口1.80万人。1995年，石壁镇被列为建设部小康城镇建设试点，分东、西两片进行城镇建设。东片建成红旗、立新两村总长1500米、宽30米的主街道水泥路面及附设工程、街两旁学校、农贸市场、医院等公共设施，延伸拓建新华村、松华村、农贸新街、腊树坝等居民区；西片杨边、石壁新建客家公祠、医院、客家中学，拓宽改造主街道水泥路面。是年，石壁镇获福建省新农村建设试点一等奖。1996—2005年，集镇扩建达1.50万平方米，增建横街3条，新建占地面积5000平方米的中心市场及中型市场2个，延伸长2000米、宽20米的江滨路，铺设主街道两边下水管道2000米，建绿化带2000米，新建镇中心占地2500平方米街心花园和镇北面占地面积2平方公里的农民公园，有400多户居民建成砖混结构楼房，占地面积2.40万平方米，建筑面积1.20万平方米。

安远乡　1992年起，新建、扩建集镇所在地"四纵三横"街道，街道硬化率100%。至2005年，建成占地1760平方米的农贸市场及小猪、耕牛交易市场和小商品市场各1个，日供水2000吨的自来水厂1座，自来水普及率达90%。境内四级水泥公路17公里，割畲、马家、张坊、营上、硝坊、灵丰山、增坑等村共铺设水泥路31公里，村村通公路。

湖村镇　1988—1989年，采取拆旧建新等办法，拓宽铺设1500米新街水泥路面，修建巫坊至湖村罗坊口的西大街和石下石灰桥至县水泥厂的东大街，合称"十里大街"，新建3层以上砖混结构商品楼59幢面积1.20万平方米，新建砖混结构民房1560幢面积25.16万平方米。镇政府投资205万元新建校舍5所，修建危房4座；投资500万元新建中学及学区教学楼面积5430平方米；投资128万元新建湖村卫生院门诊楼面积2558平方米；投资120万元新建5000平方米的农贸市场1座；投资150万元扩建坑尾自来水溶量池，建成巫坊村溶水量20万立方米的自来水厂，集镇自来水普及率95%。1990年，853户村民改建房屋，567户房屋拆旧建新，共建砖木结构房3.60万平方米，人均居住面积45平方米；建成桥梁26座，村村通公路，架高压线162.14公里，自然村100%通电，农户自来水普及率85%以上。1991—1995年，坚持"两条腿"（新建型、改建型）走路，以巫坊、下埠、店上3个村为试点，进行村镇规划建设管理，完善自来水设施5处，铺设水泥路面7.20公里，新建房屋296座，改建467座房屋，新建车站、农技站、畜牧水产站、中学教学楼、学区教师宿舍楼、镇政府办公楼等。1996—2000年，加快基础设施和新村建设，全镇共建房屋322座，完善东大街水泥路面铺设1.80公里。2001—2005年，投资50万元新建占地1000多平方米敬老院，完成农贸市场扩建、邓坊村2.30公里水泥路面铺设，新建房屋649座，7个建制村实现有线电视与县级联网。

曹坊乡　1988年起，先后新建街道5000米，铺设水泥路8000平方米，道路硬化面积2200平方米，主要街道硬化率100%。全乡建成自来水厂1座，日供水量5000吨，3200人受益，自来水普及率70%。2003—2004年，分别投资180万元和120万元新建宁化县第三中学综合实验楼和中心小学综合教学楼。至2005年，新农村建设总投资1800万元，村民新建、改建房屋2250户、拆旧建新1800户，人均居住面积20平方米；投资4000多万元铺设通村水泥公路66公里；建成5个建制村的自来水设施，受益2860人。

第二节 新村建设

1991 年，县政府确定全县 48 个经济较发达的建制村为新村建设试点，其中泉上镇泉下村、曹坊乡罗溪村率先建成示范村，带动新村建设，是年，全县村镇新建公私房面积共 30 万平方米。1992 年，推进泉上、禾口、湖村、城南、中沙等乡（镇）示范村（镇）建设，全县村镇新建农房 1810 户面积 34 万平方米，修建村镇道路 101.90 公里，建成自来水设施 5 处日供水能力 2700 吨，修建公厕 30 个、排水沟 1 万余米，新增绿地 1.70 万平方米。1993 年，结合"奔小康工程"统一规划新村，铺开泉上、禾口、湖村、城南、中沙 5 个集镇和 55 个村庄村镇试点建设。1994 年，调整"6·16"特大洪灾后重建规划，全年共成片集中重建 26 个村 622 户，分散重建 319 户，新建房屋面积 30.90 万平方米，重建公园面积 21.30 万平方米。1995 年，按照"方向明、起点高、规划全、分步走"标准进行 50 个中心村规划，占全县建制村总数 24%，共有 152 个村开展新村建设，占中心村 75%，全年新建房屋面积 35 万平方米。

1996 年，推进 13 个集镇和 57 个村新村建设。1997 年，整治改造旧村村容村貌，开展 169 个村庄新村建设，占村庄总数 88.50%，建新房 3256 户，总面积 75.32 万平方米。1998—1999 年，全县共建设小康村 75 个、建新房 3117 户，总面积 71.11 万平方米。2000 年，全县农村建新房 1053 户，总面积 21.20 万平方米。2001—2003 年，全县农村个人建新房 2598 户，总建筑面积 57.28 万平方米。2004 年，开始变零星分建为成片开发，全县农村个人建新房 729 户，总建筑面积 14.80 万平方米。至 2005 年，先后编制全县农村新村规划 120 个、新建改建村民住宅 12023 户、拆旧建新 86799 户，总投资 76917.10 万元，人均住房面积 37.19 平方米；133 个村庄建有自来水设施，179390 人受益；全县农村新扩建桥梁 30 座；筑防洪堤 9440 米；新铺设水泥路面 166.24 公里；架高压电线 496.77 公里。

附：石壁镇枫树垅新村建设简介

新村由三明市规划设计院和县建设局规划设计院共同规划设计。2001 年，列入省住宅建设试点小区后开始动工建设；至 2005 年，原宽不足 11 米、长仅 200 米的旧街被改造为宽 28 米、长 1000 米的新街，铺设长 1000 米、宽 18 米的水泥路面机动车道及长 200 米的彩砖人行道，安装 700 米下水管道，建成占地 4500 平方米、建筑面积 13000 平方米的客家祖地综合服务中心（综合农贸市场）。房屋建筑采用具有客家特色的马头墙建筑式样，占地面积 7 万平方米，建筑面积 8 万平方米，共 4 排，第一、第二排为商住楼，第三、四排为别墅楼，中间建有占地面积 4000 平方米的中心广场。

第四章 建筑业

第一节 测绘 设计

一、测绘

1988—1991 年，县建设局测量队进行全县 207 个建制村初步测绘。1992 年 4 月，宁化县成立城乡测绘队；1994年，更名为宁化县勘察测量队（简称县勘察测量队），属自收自支事业单位，编制6人。是年10月，成立宁化县测绘管理站，与测量队两块牌子、一套人马，主要职能是开展全县城乡建设基础测绘工作。2000年，县勘察测量队通过福建省测绘局审查，成为全省第一批具有房屋测绘资格的测绘单位。2001年，县勘察测量队成为福建省首批数字化测绘的县级单位。2004年6月起，县勘察测量队对县城区40平方公里进行GPS基础测绘控制网及18平方公里数字化基础测绘，并于2005年9月通过福建省测绘局质监站及市测绘管理站的成果验收。

二、设计

20世纪80年代前，宁化建筑设计以注重实用为主，形象平淡，建筑外立面朴素，显得普通化。随着改革开放的深入，建筑设计从单一的实用型开始向实用、美观和便捷方向发展。1988年，宁化县规划设计室和建筑设计室设计宁化县建筑公司办公楼、宁化县环保局办公综合楼、翠湖水泥厂、中国建设银行股份有限公司宁化支行综合楼、县委老干部活动中心等工程，全年建筑设计面积6.87万平方米。其中，中国建设银行股份有限公司宁化支行综合楼综合楼一改过去建筑格式，整栋大楼乳白色瓷砖贴面、一楼为落地玻璃橱窗。县委老干部活动中心集休闲娱乐户内外多功能活动为一体，亭台楼阁、曲径通幽，获市建筑设计表扬奖。1989年，设计县实验幼儿园、县自来水公司综合楼、县建设局办公楼、南大街街道扩建（获福建省建设委员会单项奖）、猪牯山小区（获三明市建设委员会佳作奖）及横街拓宽等工程，小溪路上游设计小桥流水，融古今建筑于一体，具有浓重的客家风情。1990—1991年，设计县税务局办公大楼、北山公园（获三明市设计评优三等奖）、县烟草公司烟叶复烤厂仓库及小溪河下游拓宽等项目。1992年，设计宁化大酒家、客家边贸中心市场、县中医院门诊楼、县防疫站综合楼、永虹商场、计划生育服务中心大楼、交通综合楼等工程，总建筑设计面积9.10万平方米，宁化县规划设计室设计质量获福建省设计质量抽查评比三明市第一名。1993—1994年，设计县客家宾馆（获三明市设计评优二等奖）、客家购物中心、工业品贸易大厦、天鹅水泥厂、建达水泥厂、县青少年宫、县总工会综合楼、县交通工程公司综合大厦、宁化师范艺术楼等工程。

1995—1996年，设计宁化县计划生育服务综合楼、宁化六中综合实验楼、建峰水泥厂、公路稽征办公楼、客家中学教学楼等工程，同时拓展县外业务，设计闽南黄金海岸度假村。1997年，进行治平彭坊村、安乐马家围村、方田朱王村等15个村庄小康村规划设计和12个洪灾重灾村重建家园设计，是年，县委办公楼设计获三明市评优三等奖。1998—2000年，设计县地税局业务楼、县交警指挥中心、县医院急救中心大楼、县电力公司电力调度中心大楼、金叶大厦、农贸市场商住楼、翠景大厦、江滨花园商住楼、成人教育中心大楼、新华书店综合楼、翠江房地产公司中环路商住楼、宁化一中高中部教学楼、宁化六中礼堂综合楼等工程。2001—2004年，设计城东广场商住楼、宁化一中教学楼、宁化一中学生公寓、宁化六中教学楼、运明园商住楼、县中医院医技楼、朝阳新村六期A幢商住楼、县检察院技侦综合大楼、县农业科技培训中心、东方花园商住楼、天和山庄、宁师附小教学楼、翠竹山庄等工程。2005年，设计红旗小学教学楼、宁化六中学生公寓、宁化一中科技实验楼及城东中学实验楼、教学楼、学生宿舍楼等工程。在设计上讲究造型比例适度、空间结构图明确美观，强调外观的明快、简洁。体现了现代生活快节奏、简约和实用，但又富有朝气的生活气息

1988—2005年，宁化县规划设计室和建筑设计室共完成工程设计98个，其中获省、市奖励6个。

第二节　建筑施工与监理

一、施工

1988 年前，宁化县建筑施工以小型机械为主，建筑材料以手扶拖拉机、汽车和吊车运输。1989 年，开始使用垂直提升机械，全年施工开发商品房 4000 平方米。1991—1998 年，施工现场使用翻斗车、塔式起重机、井架升降机和混凝土搅拌机，泥水工使用插入式振动器、平板振动器、打夯机、切割机和磨石机等，钢筋工使用电焊机、卷扬机和断材机等。先后施工的主要工程有北山公园第一期工期、中环路第一期工程、中心农贸市场（一、二层）、翠江大桥、沙子甲水厂扩建、水果批发市场、客家宾馆会议楼、县委办公楼、石壁客家公祠及服务楼等。1999 年，塔式起重机、铲车、挖掘机和推土机等成为主要操作工具。新开工工程总造价 2450 万元，建筑面积 4.90 万平方米。2000 年，建筑行业开始使用 SSD 系列施工起重设备。2001 年，使用夯扩桩机械打桩，全年主要施工工程有城东广场、建材批发市场、翠景大厦、意华园、盈盛园、中环路城东小区 3 号楼，总建筑面积 54130 万平方米，总投资 4695 万元；续建项目 3 个，总建筑面积 2 万平方米，总投资 5600 万元。2002 年，施工工程主要有城郊中心小学、济村中心小学、治平中心小学、淮土中学、河龙学区等学校教学楼及公安武警大楼、县中医院综合楼，至年末共有机械设备 331 台，总功率 2012 瓦。2004 年，建筑行业开始使用静压桩机械打桩，施工工程主要为中环路大桥、龙门路、城南大桥、城南供水管网、新汽车站、农业科技中心大楼、县法院审判综合楼、红军长征出发地纪念广场等，全年建筑业增加值 29687 万元。2005 年，全县建筑业增加值 18746 万元，竣工产值 1213 万元。

1994—2005 年宁化县建筑施工情况表

表 17-2

年份	建筑单位施工企业（家）	建筑单位施工工程（个）	房屋建筑面积（平方米）	房屋竣工面积（平方米）	建筑业总产值（万元）	增加值比上年增减 (%)	机械数（台）	总功率（千瓦）
1994	—	41	34100	23900	3973	18.30	354	3585
1995	46	21	49767	25547	25547	24.80	384	3651
1996	18	40	57753	20878	16762	—	262	4615
1997	7	43	52866	20397	1796			4925
1998	36	21	40242	23812	1581	−13.60		
1999	9	42	50400	14715	1858	11.10	360	3069
2000	9	—	82334	30309	3008			
2001	9	42	78184	46182	51699	8.00	360	3069
2002	—	12	47950	12190	2219	9.00	331	2012
2003	6	—	—	—	2177	19.60	—	—
2004	4	—	—	—	1650	25.40	25	
2005	4	—	—	—	1926	−6.00		

1989—2005 年宁化县新开工工程项目情况表

表 17-3

年份	新开工项目(个)	建筑面积(万平方米)	造价(万元)
1989—1995	—	平均 2.00	年均 2000
1996	40	2.30	1473
1997	41	4.00	1320
1998	44	4.50	1944
1999	32	4.90	3145
2000	34	6.90	4154
2001	26	11.30	6195
2002	22	6.40	3150
2003	16	9.50	5753
2004	26	11.60	7796
2005	18	4.80	3200

附：宁化城区主要建筑简介

金叶大厦　位于城内下东门新桥北端与中山街起点交会处，9 层框架结构，建筑面积 5080 平方米，造价 300 万元。1992 年 2 月动工，1993 年竣工。

县委大楼　原址拆旧建新，9 层框架结构，建筑面积 5680 平方米，造价 500 万元。1997 年 3 月动工，1998 年竣工。

烟草大厦　地处南大街延伸路段左侧，10 层框架结构，为县烟草专卖局、县烟草公司办公用楼。楼体为半圆形，楼前有宽敞空坪，地面铺设大理石并设花坛、花带，绿化树，建筑面积 7300 平方米，投资 800 万元。1999 年 5 月动工，2001 年竣工。

电力大厦　城区标志性建筑之一，位于龙门桥南端龙门路南侧，12 层框架结构，建筑面积 5360 平方米，造价 800 万元。2003 年竣工。

国土大厦　城区标志性建筑之一，位于龙门桥南端、电力大厦正对面，12 层框架结构，建筑面积 4360 平方米，投资 700 万元。2002 年竣工。

翠景大厦　城区标志性建筑之一，地处新桥南端，与桥北端金叶大厦遥遥相对，13 层框架结构，用地面积 510 平方米，建筑面积 6800 平方米，造价 500 万元。2001 年 3 月动工，2003 年竣工。

县检察院技侦大楼　地处南大街，10 层框架结构。用地面积 6400 平方米，建筑面积 5600 平方米，造价 400 万元。2003 年 3 月动工，2005 年竣工。

二、监理

1999 年 5 月，宁化县方正建设监理公司成立，为宁化唯一社会监理中介机构。有员工 22 人，其中高级工程师 3 人、工程师 16 人，国家注册监理工程师 9 人、省注册监理师 7 人、注册建筑师、结构师各 1 人、注册造价师 2 人，持证上岗监理员 8 人。注册资金 50 万元，房屋建筑、市政工程监理丙级资质，主要承担全县房建、市政工程施工监理及对工程建设实施的投资、工程质量和建设工期进行控制的监督管理。2000 年，随着《中华人民共和国建筑法》《中华人民共和国招标投标法》《建筑工程质量管理条例》和《房屋建筑工程和市政基础设施工程竣工验收备案暂行办法》的相继出台，实施项目法人责任终身制，推行建设工程监理制。全年监理建设项目 19 个，建筑面积 3 万平方米，合格率 100%。2001—2004 年，进一步加强质量控制、进度控制、投资控制和安全建设监理，对重点工程派出建设监理人员全程驻点跟踪监理，签署重要分项工程、分部工程和单位工程质量评定表 58 份。对施工测量、放样等进行检查 69 次，按建设单位授权和施工合同的规定审核变更设计 19 项。发现存在安全事故隐患 11 起，下达整改或停工处理意见书 11 份。2005 年 8 月，宁化县方正建设监理公司改制变更为有限责任公司。至 2005 年，先后承接县政府大楼改建、县土地局大楼、县电力大厦、县法院审判大楼、县检察院综合大楼、翠景大厦、县医院门诊大楼、农业科技大楼、客家边贸城、朝阳新村小区、城东广场商住小区、东方花园小区、天鹅大厦、宁化一学、宁化六学、城东中学及县域内各乡（镇）中小学教学楼、综合楼、学生公寓楼等房建工程及中环路、龙门桥、土地整理、水毁工程等市政道路、桥梁、涵洞近百个工程项目的施工监理。质量合格率 100%，合同履行率 100%，业主满意率 93%。

第三节　建筑与装饰企业

一、建筑企业与队伍

1989 年 8 月 1 日起，宁化建筑企业开始实施建设部《施工企业资质等级管理规定》，按照省建委《关于颁发非等级建设施工企业等三种企业资质暂行标准的通知》，复查审定宁化县第一批允许施工的当地施工企业为宁化县建筑公司、宁化县交通工程公司、宁化县市政工程公司、宁化县村镇建设公司、宁化县供销修建队、宁化县劳务公司工程队、宁化县城镇工程队、翠城建筑公司、翠江镇复兴工程队、泉上镇工程队、宁化县禾口工程队、淮土工程队、二建公司等 13 个，第二批允许施工的外来施工企业为福清县宏路队、福清县高山队、惠安县山霞队、惠安县东园队、连江县富坂队、永泰县锦斗队，第三批允许施工的企业为宁化县房地产开发公司、惠安县洛阳队。另允许城关建筑队、治平建筑队、水茜建筑队可在乡（镇）承建 3 层以下、500 平方米以内的民用建筑和安装。1993 年，成立宁化翠保建设工程机械施工有限公司。1996 年，全县有宁化县建筑公司、住宅建筑公司、城乡建筑公司、翠江建筑公司、村镇建设公司、宁化县城区建筑公司、客家建筑公司、宁化县市政工程建筑公司、林业建筑队、东园建筑队、福清县高山队等建筑施工企业 11 家。2001 年，根据建设部出台的《建筑业企业资质管理新规定》，审定宁化县交通工程公司、客家建安有限公司保留三级施工总承包资质，宁化县城乡建筑公司、林业基建公司、宁化县市政工程建筑公司与三明、沙县等地企业联合组建新公司，并在三明、沙县注册。2003 年 5 月 30 日，宁化县建筑公司以 266 万元承债式整体拍卖给福建省安立信集团有限公司。至 2005 年在宁化县注册的建筑企业仅为宁化县交通工程公司 1 家。

附：主要建筑企业简介

宁化县建筑公司　1955 年 8 月成立，属集体所有制企业。1977 年，经县政府批准、工商局登记注册为福建省宁化县建筑公司，属县办大集体企业。1984 年，经福建省建委审定为三级工民建施工企业，内设土建分公司 5 家、水电安装公司 1 家，外设三明、清流、沙县、建宁分公司。20 世纪 80 年代，县建筑公司施工建设的县医院家属住宅楼、宁化县第六中学教学楼和教工宿舍楼、宁化师范音乐楼等工程获福建省建设主管部门授予的"全优工程奖"。1990 年起，先后承建客家宾馆（建筑面积 6696 平方米，5 层框架结构）、金叶大厦（建筑面积 5080 平方米，9 层框架结构）、邮电综合楼（建筑面积 2772 平方米，7 层框架结构）、客家农贸市场（建筑面积 1382 平方米，8 层框架结构）、水果批发市场（建筑面积 3200 平方米，8 层砖混结构）、三明塑料厂宿舍（1 座建筑面积 2890 平方米为 8 层砖混结构，另 1 座建筑面积 2599 平方米为 7 层砖混结构）、沙县工商银行综合楼（建筑面积 5230 平方米，12 层框架结构）、建宁电力大厦（建筑面积 4080 平方米，8 层框架结构）、县委办公大楼（建筑面积 5680 平方米，8 层框架结构）等公共建筑，其中县实验小学逸夫楼、县委办公楼被评为宁化县优质工程。1999 年，在册职工 232

人，管理人员 53 人，其中工程师 9 人、助理工程师 11 人、技术员 17 人。2001 年，通过新的资质核定，达到房建三级标准，注册资金 801.80 万元，总资产及应收款 1841.93 万元，应付款 109.18 万元，净资产 750.75 万元。2003 年 4 月 1 日，宁化县建筑公司将全部产权以承债式整体拍卖，5 月 30 日被福建省安立信集团以 266 万元承债式整体收购。

宁化县市政工程公司　1983 年成立，为四级资质施工企业。2001 年，因未达企业资质新标准，组建安泰建筑公司房建施工总承包三级企业。2003 年，设立宁化分公司。至 2005 年承接的工程主要有南大街水泥路面改造、龙下水电站大坝、卫生防疫实验综合楼、西门悬索吊桥（重建）、县医院职工集资楼、宁化县第二中学（简称宁化二中）教学楼、运明园商住楼、新汽车站、乌龙峡水电站大坝及城区市政维修等。在册职工 156 人，管理人员 23 人，其中工程师 5 人、助理工程师 8 人、技术员 12 人。

宁化县城乡建筑公司　1992 年，宁化城关工程队、水茜工程队、泉上工程队、宁化县第二建筑公司联合组建宁化县城乡建筑公司，有职工 113 人，管理人员 14 人，其中工程师 8 人、助理工程师 13 人、技术员 12 人。先后承建县计划生育委员会办公楼（民福大厦）、新华书店办公楼、翠江大厦、三明工贸学校宿舍楼和教学楼、宁化县职业中专学生宿舍楼（1995 年被评为市优工程）和教学实验楼等工程项目。2002 年，因达不到建设部颁布实施的资质标准，与三明市企业局下属工程队联合组建三明市联发建设工程有限公司，先后承建朝阳新村商住楼（B1、B2 座）、水茜初级中学教学楼、宁化县第五中学综合楼、宁化县第六中学学生公寓楼、安乐乡政府食堂综合楼、宁化县气象局业务科技楼等工程项目。

宁化县村镇建设公司　1984 年 11 月成立，为四级资质企业，至 2005 年先后承接县司法局办公住宅楼、物价委员会住宅楼、医药公司门市部、土地局住宅楼、水厂办公楼、北山新村、黄慎公园、北山公园、货车队沿街改造、中环北路及松树园新村等工程。有职工 76 人，管理人员 6 人，其中工程师 4 人、助理工程师 7 人、技术员 9 人。

二、装饰企业与队伍

20 世纪 80 年代后期，宁化城区有少数零星装饰装修个体户。1995 年起，随着人民生活水平的不断提高，室内装饰装修业兴起。城区新建楼房住宅每幢（套）大多进行装修。室内墙面装饰有贴墙纸、墙布，有刷乳胶漆、钉硅酸钙板，也有钉三夹板做图案油漆的。地板以花岗岩石板、瓷砖、仿石材、高级地砖或竹木地板砖铺设。顶部装吊顶或豪华灯具。门窗普遍采用铝合金、不锈钢（框）和塑钢材料。装饰装修工程造价不一，有的是主体造价的一倍或以上。涌现出一批专门从事室内装饰装修业的个体户，满足广大业主需求，推动全县装饰装修业的发展。至 2000 年，城区有大小装饰装修企业 11 家（其中丙级 3 家、丁级一等 5 家、丁级二等 3 家），从事装饰装修人员近 300 人。另有一些外来企业承揽公建、宾馆、酒家及娱乐场所的装饰装修工程。2001 年，根据建设部出台《建筑企业资质管理新规定》，审定县内符合规定的建筑装饰企业为三明市鑫发广告装饰公司、宁化县鑫宝装饰有限公司和宁化县华辉装饰有限公司 3 家，职工 205 人。

附：主要装饰企业简介

三明市鑫发广告装潢有限公司　原为宁化县鑫发广告装潢有限公司。1995 年更名为三明市鑫发广告装潢有限公司，设技术工程部、财务部、档案室，有职工 30 人（其中高级技术人员 1 人、中级技术人员 4 人、初级技术人员 12 人，电脑专业等广告设计 5 人），注册资金 100 万元，建筑装修装饰工程三级，具备省建设厅颁发的建筑企业资质。先后承接县农业大楼、县检察院大楼、县法院大楼、客家宾馆、国税大厦、翠景大厦、县电力大厦、客家急救中心、县质量技术监督局办公楼、县政务中心大楼、县政府办公楼、县林业局办公楼、跨街广告、翠城沿街夜景、客家祖地、红色旅游等工程装潢项目，多次被县委、县政府评为先进企业、纳税先进企业。2004 年，被三明市工商局广告协会授予市级广告文明单位。2005 年，有职工 78 人，其中高级技术人员 3 人、中级技术人员 11 人、初级技术人员 15 人，电脑专业等广告设计 9 人。

宁化县华辉装饰有限公司　1996 年成立，内设技术工程部、财务部，员工 26 人（其中中级技术人员 3 人、初级技术人员 10 人），注册资金 50 万元，建筑装修装饰工程资质三级。先后承接宁化广播电视大楼、中国工商银行股份有限公司宁化支行、宁化一中行政办公楼、清流农村信用社、县农业发展银行、县委宿舍楼、安远信用社及城区信用社室内装饰装修工程。2005 年，有员工 65 人，其中高级技术人员 2 人、中级技术人员 8 人、初级技术人员 18 人。

第四节　建筑管理

一、建筑质量管理

1988 年，宁化县建设工程质量管理站（以下简称县质监站）坚持"四抓"（抓工程监督覆盖率、抓原材料检测、抓隐蔽工程验收、抓竣工验收评定）和"四不放行"（基础地质未经设计认可不放行、无"二强"试块、钢筋、砖等材料检验报告不放行、分项工程不合格或检查记录未经认可不放行、材料无合格证不放行），监督项目 71 个，核验工程 4 个，总建筑面积 6.90 万平方米。1989 年，监督项目 123 个建筑面积 9.47 万平方米，县质监站被评为"三明市先进单位"。1990 年 2 月 18 日，县政府颁布《宁化县建筑工程质量监督细则》，全年查处工程质量隐患 26 起，检测工程质量 88 项建筑面积 5.92 万平方米，验收房建工程 46 座建筑面积 28371 平方米，其中 20 座合格，合格率 43.48%。1991 年，县质监站自筹 1.80 万元购置水泥软件全套设备，健全质量检测试验室设备，核定分项目工程质量 960 项，验收工程 48 个，其中合格 25 个，合格率 52.08%；验收竣工面积 34150 平方米，合格 18071 平方米，合格率 52.92%，其中当年开工并竣工工程 10 个，合格率 80%。

1992 年，县质监站会同设计、建设、施工等人员审查把关设计图纸、图纸会审、施工技术方案、工程建设、工程竣工验收、质保资料、观感质量评定，促进工程项目质量提高，是年，受理质监工程建筑面积 6.28 万平方米，土建工程质量合格率 60%，经三明市工程建设质量评比，县建筑公司施工工程质量从全市第 13 名上升为第 5 名。1993 年，编发《宁化建筑工程质量缺陷防止办法》小册，普及建设知识及操作规程。通过大练兵、大比武、现场选评等方式治理工程"渗、漏、滴"通病，全年验收项目 22 个建筑面积 26407 平方米，其中合格项目 12 个，合格率 54.55%。工程质量监督覆盖率和检测率 100%，县质监站被评为全省先进质检站。1994 年，核验单位工程 29 个建筑面积 3.90 万平方米，个数合格率 68.10%，面积合格率 52.70%。开展危房鉴定及质量仲裁 72 项，查出质量隐患 23 起。1995 年，受理项目 30 个建筑面积 5.50 万平方米，核验工程项目 21 个面积 31738 平方米，合格率 76.20%。

1996 年，改进检验方法、加强中间检查和巡查，规范专业工程操作。1997—1998 年，开展工程质量大检查，查出需拆除重建建筑 34 座，需加固校舍 16 座面积 7390 平方米。1999 年，建立业主、设计与施工单位、项目经理、监理、监督部门工程质量终身责任制，全年监督工程项目 26 个建筑面积 4.50 万平方米，核验工程质量等级 16 个，合格率 100%。2000 年，专项治理屋面、卫生间工程质量，监督工程 21 个建筑面积 2.88 万平方米，核验工程 11 项，合格率 100%。2001—2002 年，办理群众投诉，重点监督屋面、卫生间防水、基础、栏杆高度、主体质量，办理受监项目 19 个建筑面积 5.08 万平方米。2003—2004 年，监督新开工工程 41 个。2005 年，工程质量检测室具备钢筋、水泥、砖、混凝土、砂浆强度及混凝土配合比、砂浆配合比、建筑涂料、防水材料、砂石原材、混凝土抗渗、土工等多项工程检测能力，实现数据自动采集、自动打印并与省、市监督站联网，全年受理质量监督工程 13 个建筑面积 3.20 万平方米，验收竣工工程 16 个计建筑面积 6.22 万平方米，合格率 100%。

1988—2005 年，县质监站受理质量监督工程 603 个（项），总建筑面积 59.40 万平方米。工程合格率逐步提高，初期仅 20%—30%，1999 始工程合格率 100%。

二、建筑市场管理

(一) 工程招投标管理

1988 年 7 月，成立宁化县整顿建筑市场领导小组、建设工程招投标领导小组，建立工程发包制度，规定 20 万元以上工程实行招投标，检查 49 个单位（城区 30 个、乡村 19 个）62 个工程，发现存在无证设计、无图施工、草图施工、施工质量差、施工队伍混乱等问题，下达 8 个施工单位工程拆除、部分返工、停建、处理决定，造册登记施工队伍。1989 年，整顿全县建筑市场，县计委、县工商局等部门协同检查建设单位 40 个、施工队伍 35 个、建设项目 54 个、建筑工程 908 个，发现无证设计、无图施工、越级承包、逃避监督监证、工程质量低劣、施工队伍混乱等严重违规现象，其中治平村委综合楼、淮土乡政府宿舍楼、曹坊水利电力工作站无设计图纸，泉上电厂无图纸施工，县钨矿在建 6 个项目无施工手续，县政府宿舍楼、曹坊工商所宿舍楼工程质量低劣。县质监站作出拆除重建县政府宿舍楼 3 层主体、停建曹坊工商所综合楼等处罚决定。审查全县施工企业和外来建筑队，公布符合承建和安装施工条件规定的企业，凡榜上无名的不准参加建筑投标和工程承建，实施施工单位挂牌亮证施工、持证上岗制，遏制私招乱雇现象。7 月起 10 万元以上新开工工程 100%实行公开招投标，5 万元以上新开工项目招投标 94.40%。参加招投标施工企业 88 家（次），工程建筑面积 15931.67 平方米，工程中标造价 426.54 万元，降低造价 8.68 万元，降低率 2.27%，缩短工期率 11.10%。

1990 年，清退无证挂靠的外来施工队及资质低、信誉和质量安全差的工程队，重新审批并造册登记施工队 7 个从业人员 117 人；改进工程招投标制，制订《宁化县建设工程招标投标办法补充规定（试行）》；开展"质量、品种、效益年"系列活动，采取集体评标标准，增强工程发包的透明度，全年 5 万元以上造价工程 61 个，招（议）标发包项目 55 个，招（议）标覆盖率 90.16%；经招（议）标工程总建筑面积 38745.46 平方米，合同造价 1022.08 万元，降低造价率 1.93%；全年新开工各类工程项目 80 个（次），合同造价 917.10 万元，其中 5 万元以上项目 42 个，办理招投标项目 35 个，建筑面积 26507 平方米，工程总造价 674.80 万元；参加投标施工企业 103 家（次），工程招投标覆盖率 94.60%；中标造价 651.35 万元，降低造价 23.62 万元，降低造价率 3.50%，缩短工期率 12.30%。1991 年，重新登记全县施工企业人员，发放班组长以上人员岗位证 131 份，解决施工队乱挂靠、一头多靠现象，县纪委和县监察局列入招投标领导小组成员单位，提高招投标透明度。

1992 年，招投标项目 34 个建筑面积 38671 平方米，覆盖率 90%，降低造价率 1.20%，缩短工期率 4%。1993 年，招（议）标发包覆盖率 90%。1994 年，办理各类工程项目合同手续 36 份，总造价 1936 万元。其中，5 万元以上项目 26 个，实行招投标发包 23 个，覆盖率占新开工工程 90%以上，降低造价率 3.20%，缩短工期率 5%。1995 年，开展工程招投标专项检查，查处曹坊乡政府食堂、石壁中学教学楼等违规建设工程；办理招投标项目 21 个建筑面积 29242 平方米，造价 1463.33 万元，降低造价 33.60 万元，降低率 2.60%，缩短工期率 4%，招投标覆盖率 90%以上。1996 年，因全县建筑市场疲软，县内部分建筑企业开始开拓县外市场。1997 年，按立项、报建、招投标、质量监督等程序新开工项目 39 个。1998 年，新开工项目 41 个建筑面积 39815 平方米，工程造价 1619 万元；办理工程报建手续工程 36 个，办理招标手续工程 35 个，报建率 85%，招投标率 89%。

1999 年，修订《宁化县建设工程招投标方案》，推行项目经理责任制，加强工程招投标申请、开标、评标、定标的监督管理；新开工工程 24 项，招标发包 15 项、议标 6 项。2000 年，根据《中华人民共和国招标投标法》，宁化县修改《宁化县建筑工程项目施工招标、评标、定标管理暂行规定》，组建评标专家评委库，开标前当场随机抽取评委。全年新开工项目 24 个，招标发包 18 项、议标 2 项，招投标率 90%。2001 年，招标发包烟草大楼室内装修、土地局业务楼室内装饰装修、龙门大桥、宁化第六中学教学楼、县公安局看守所等工程项目 17 个。2002—2004 年，招标发包工程 43 个，招标发包率 100%，总建筑面积 103451 平方米。2005 年，严格审查建筑工程，查处各种违法建筑行为，新开工项目 21 个，建筑面积 39829 平方米，中标工程总造价 2384.80 万元，优惠造价平均下浮 16%，新开工工程招投标发包率 100%。

（二）工程安全管理

1988—1989 年，每年开展建筑安全生产大检查 2 次，未发生较大事故，轻伤率低于 3%。1990 年，共检查建筑单位 50 家（次），查出事故隐患 163 条，督促整改 128 条，整改率 78.53%。是年，因违章操作发生一起事故，死亡 1 人。1993 年，成立宁化县安全生产领导小组，签订施工企业安全生产责任书，举办安全知识、法规培训班，开展安全生产检查。1995 年，县建筑公司承建的宁化师范技术楼发生质量事故，县水泥厂工地发生一起安全事故死亡 1 人。1997 年，根据市政府下发《开展建设工程安全质量大检查，全面整顿建筑市场的通知》，县建设局普查全县"八五"计划后的 277 个建设项目，查出未按建设程序办手续，导致工程质量低劣，存在严重结构隐患项目 10 个，其中石壁镇大路小学教学楼被鉴定为危房。1998 年，县建设局实施建筑系统"安全工作责任制"，签订责任状，召开安全例会，开展安全检查；9 月查出 5 个施工现场存在安全隐患，责令停工整顿。

1999 年，执行建设部颁发的 JG159-99《建筑施工安全检查标准》，实行施工现场封闭管理，全县有 16 个工程项目参加建设工程意外伤害保险。成立宁化县质量安全普查小组，检查大型公共建筑，发出隐患整改通知书 3 份。加固城区吊桥，普查各部门所属工程项目 142 个，查出安全事故隐患 106 条，发出事故隐患责令整改通知书 15 份，处罚发生安全事故的三兴土木工程公司宁化办事处停止参加工程招投标和承接施工任务 6 个月。2000 年，检查在建施工现场 11 个，查出事故隐患 98 条，发出责令整改通知书 11 份，责令存在事故隐患的 8 个施工现场限期整顿。开展施工现场防护产品专项"打假"活动，查出非标准单扣开关箱 6 个、非标准井架 2 台、失灵漏电保护开关 2 个、非标准密目式安全网 30 张。2001 年，检查在建工程 32 个（次），受检建筑企业 10 家，受检建筑面积 8 万平方米，查出事故隐患 160 条，下发指令性整改通知书 32 份。开展建筑施工高处坠物、坍塌事故、施工用电、机械伤害、模板工程专项整治。6 月和 9 月查出宁化县第三中学实验楼和治平学区学生宿舍楼工程使用非标准井架，木工机械、井架卸料平台，电缆、电线、漏电保护开关和钢丝绳等安全设施设备不符安全质量要求，当场责令施工单位整改。

2002 年，检查在建工程项目 58 个（次），受检建筑面积 12 万平方米，发现事故隐患 230 条，下发指令性整改通知书 58 份；开展全县所有在建工程施工现场安全质量专项检查，查出各类事故隐患 145 条，下发指令性整改通知书 16 份，责令 12 个存在安全事故隐患较大，严重违反《工程建筑标准强制性条款》的施工单位停工，限期整改；举办安全生产法和防范安全事故培训班 2 期，培训 110 人。2003 年，组织管理、经营、生产人员 80 人参加省、市建设主管部门举办的安全生产培训学习。2004 年，建立健全安全生产规章制度及防范特大安全事故应急预案，签订 13 家施工建筑企业年度安全生产目标管理责任书，检查在建项目 66 个（次），受检面积 10 万平方米，发现安全事故隐患 290 条，下发指令性整改通知书 16 份。2005 年，开展"安全生产月"活动，发放安全员知识读本和各种操作规程 600 本，张贴标语 100 张，悬挂横幅 6 条，开辟宣传栏 8 处；组织安全大检查 3 次，检查在建工程 30 个（次），受检建筑面积 8 万平方米，发现事故隐患 100 条，下发指令性整改通知书 20 份。

1988—2005 年，全县共开展建筑安全生产检查工程项目 621 个（项），查出事故隐患 1327 条，下发指令性整改通知书 309 份，保障建筑施工和建设项目安全。

（三）工程造价管理

1988 年，宁化县建设工程造价管理站履行建设工程造价监督、检查、协调、仲裁、审查工程预（结）算和编制工程标底等职能，是年编制工程预算造价 908 万元，其中城区 704 万元，乡村 204 万元。1989 年，健全一编一审制度，实行定额管理，审核建设项目 62 个，金额 178.20 万元，净核减 11.95 万元，核减率 6.71%；编制工程标底 13 个，计 20098 平方米，造价 546.26 万元。1990 年，审核工程项目 8 个，造价 221.42 万元，净核减 16.69 万元，核减率 7.54%。1991 年，审核工程决算项目 12 个，金额 236 万元，净核减 17.88 万元，核减率 7.58%。1992 年，测定、发布建材价格指数 2 次，审核工程项目 14 个，送审造价 500 多万元，净核减 44 万元，核减率 8.90%。1993 年，审核工程项目 48 个，总造价 130 万元，净核减造价 10 万元。1995 年，定额颁布建材价格指数 2 次，审核工程项目 12 个，送审造价 840 万元，净核减 78.62 万元，核减率 9.36%。2002—2005 年，执行《福建省建设工程造价管理规定》，规范建设工程计价行为，合理确定工程造价，维护工程建设各方的合法权益。严把投资估算、设计、概算、施工图预算、竣工估算关。施工过程中，针对设计变更、隐蔽工程和其他影响工程造价的事项，做好现场签证记录，作为结算依据。建设工程竣工后，依据合同价、设计变更现场签证记录及有关造价确认文件等编制竣工结算。

第五章　房地产业

第一节　住房制度改革

一、公有住房提租出售

从中华人民共和国成立至 1991 年，宁化县党政机关、国有企事业单位干部及职工住房基本上由政府和各单位投资建设，实行单位分配、低租金的"福利分房"制度。房屋维修管理属政府投资建设的由县财政局房管所负责，企事业单位投资建设的由各投资单位负责。1992 年 4 月，县政府成立宁化县住房制度改革委员会（简称县房改委）及其办公室，主管全县住房制度改革事务，组织调查 180 个单位公房，建立资料卡，随后开展公房计租面积和不同结构公房的租金标准等试点，并将宁化县招待所宿舍和宁化县第二轻工业联社宿舍出售给租住职工，为宁化县向私人出售的首批公有住房。

1993 年 6 月，《宁化县 1993—1996 年出售公有住房方案》正式实施，全县可供房改出售的公有住房1750 套，面积 14 万平方米；是年年底，售出 1152 套，面积 7.70 万平方米，售房款 551 万元。同时县房改委组织全面清查全县公有住房使用情况。1998 年，清房工作通过省级验收，处理因房违纪人员 156 名，清退公房 87 套，建筑面积 5208 平方米，15 人签订退房协议，3 名违纪处级干部补缴税费 8616 元。2000年，县政府下发《关于调整城镇公有住房租金标准的通知》，提高城区县直机关和翠江、湖村、泉上、石壁镇所属机关及镇治所在地学校、企事业单位公有住房租金标准。计租面积一律按建筑面积 70%计算，砖混结构住房租金标准为每平方米 2.31 元/月，砖木结构住房租金标准为每平方米 2 元/月，土木结构和木结构住房租金标准为每平方米 1 元/月。至 2005 年年末，全县累计出售公房 1600 套，建筑面积 12.70 万平方米，售房款 1600 万元。

二、职工集资建房

1994—2001 年，县自来水公司、县文明委等 25 家单位干部职工，共计集资 2220.43 万元，建设解困房425 套，建筑面积 57838.02 平方米，缓解部分干部职工住房困难。2002 年后，停止干部职工集资建房。

1994—2001 年宁化县干部职工集资建房情况表

表 17-4

单位名称	建筑面积（平方米）	套数（套）	造价（元）	开工时间	竣工时间
宁化县林业局	3320.68	24	1551269.00	1999 年 12 月	2000 年
宁化县车队	1853.14	12	989884.69	1998 年 6 月	2000 年 4 月
宁化县公安局	3162.08	24	980701.31	1998 年 10 月	1999 年

续表17-4

单位名称	建筑面积 （平方米）	套数（套）	造价（元）	开工时间	竣工时间
宁化第六中学	2640.83	20	1110579.00	1999年12月	2000年
宁化县钨矿	2200.00	12	660000.00	1998年11月	1999年
宁化县医院	4013.13	22	1855061.52	1998年8月	1999年
宁化县公路局	2140.00	24	760000.00	1998年6月	1999年9月
宁化县机关事务管理局	3200.00	24	130000.00	1997年8月	1998年
宁化县交警大队	1910.00	12	1500000.00	1996年10月	1998年4月
宁化县人民武装部	2650.00	12	1119553.00	1998年6月	1999年5月
宁化县农机公司	2579.00	20	1084373.90	1995年6月	1997年2月
宁化第一中学	2222.00	24	974747.44	1996年8月	1998年11月
宁化县农资公司	1676.00	14	450000.00	1995年6月	1997年5月
宁化师范学校	2115.25	10	774369.08	1996年	1998年8月
宁化县货车队	1835.00	12	660000.00	1999年10月	1999年9月
宁化县煤炭公司	1500.00	12	1000000.00	1998年10月	1999年11月
宁化县文明委	1256.91	14	300000.00	1994年8月	1995年7月
宁化县电力公司	2784.00	24	1030000.00	1994年	1995年
宁化县自来水公司	600.00	7	150000.00	1994年8	1995年7月
城关粮站	2099.00	12	600000.00	1994年	1997年6月
宁化县煤矿	2100.00	24	600000.00	1996年	1997年
中国农业银行股份有限公司宁化县支行	2400.00	24	1000000.00	1995年	1996年
宁化县计划生育委员会	2000.00	12	1000000.00	1996年	1997年
宁化县气象局	1981.00	8	700000.00	2001年10	2002年10月
宁化县地税局	3600.00	24	1223716.06	1996年12月	1998年4月
合计	57838.02	425	22204255.00	—	—

三、住房公积金管理

　　1997年11月19日，宁化县住房公积金管理中心（简称公积金管理中心）成立。1998年起，全县实行住房公积金制度，公积金管理中心开展全县职工住房公积金的归集、支取、贷款业务，住房公积金的缴交比例为财政供养的机关事业单位工作人员按基本工资6%，中央、省、市属企业及其他企事业单位工作人员按工资总额的6%—15%。2004年3月29日，公积金管理中心更名为三明市公积金管理中心宁化管理部。至2005年12月，共归集单位个数227个，缴纳住房公积金的干部职工8970人，归集住房公积金7079.85万元，发放个人住房贷款1680户，计6084.06万元，贷款余额2910.13万元，个人退休、工作调动、购建房、归还贷款等共支取1923.60万元。

1998—2005 年宁化县住房公积金管理主要指标情况表

表 17-5 单位:万元、万人、户

指标 \ 年份	1998 年	1999 年	2000 年	2001 年	2002 年	2003 年	2004 年	2005 年
一、缴存情况								
本期实缴职工数	0.24	0.39	0.46	0.47	0.51	0.52	0.54	0.90
本期实缴存额	146.48	332.00	565.04	596.54	866.48	968.17	1648.58	1956.56
期末缴存总额	146.48	478.48	1043.52	1640.06	2506.54	3474.71	5123.29	7079.85
期末缴存余额	145.47	467.50	1002.98	1554.19	2302.97	2895.70	3956.78	5156.25
二、使用情况								
期末累计提取额	1.01	10.98	40.54	85.87	203.57	597.01	1166.51	1923.60
其中:本期提取额	1.01	9.97	29.56	45.33	117.70	375.44	587.50	757.09
本期个贷发放额	0	70.86	605.80	993.50	840.10	699.30	908.40	1966.10
本期个贷回收额	0	1.86	74.29	226.32	530.22	758.86	769.19	813.19
期末个贷总额	0	70.86	676.66	1670.16	2510.26	3209.56	4177.96	6084.06
期末个贷余额	0	69.00	600.51	1367.69	1677.57	1618.01	1757.22	2910.13
本期放贷户数	0	35.00	235.00	401.00	348.00	206.00	186.00	269.00
期末累计放贷户数	0	270.00	270.00	671.00	1019.00	1225.00	1411.00	1680.00

第二节　房地产开发

　　1988 年,宁化县房地产公司、宁化县村镇建设公司共开发房产 1.40 万平方米、房屋 150 套。新成立翠江、城郊房地产公司和宁化县房地产综合开发公司,其中翠江、城郊房地产公司开发房产 6000 平方米。1989—1991 年,未开发新项目,在建工程项目扫尾产值 58.48 万元。1992 年,为国家"基础建设年",县房地产开发迅速升温,由以往的零星开发,转变为城区大面积开发住宅小区,相继开发朝阳新村、沙坝园新村、林业新村项目,全年城区开发房产 13 万平方米、乡(镇)9 万平方米。1993 年,开发较大规模的住宅小区 14 个,动工 28.50 万平方米,其中城区 16.50 万平方米,乡(镇)12 万平方米;年底竣工 15 万平方米。1994 年,开发城区农业新村、新庙段新村、翠江新村、紫竹园新村、朝阳新村第四期、北山商品房、南大街延伸地段房地产项目,全县共开发 29.30 万平方米,竣工 13.10 万平方米,其中乡(镇)房屋建筑施工 3.41 万平方米,竣工 2.39 万平方米。1995—1997 年,先后开发朝阳新村第五期(占地面积扩大至 8 万平方米)、县货车队沿街拆迁地段和农业新村、紫竹新村。铺设朝阳小区下水管道 723 米、水泥路面 4020 平方米及小区内宽 20 米的水泥大路。横街、朝阳新村解困房竣工,建筑面积共 1 万平方米。

　　1998 年,继续建设朝阳新村小区配套设施,铺设下水管道 64 米,浇筑混凝土路面 905 平方米。1999 年起,宁化县房地产开发从征地建新村为主转变为开发建设商住套式住宅为主,县政府招商引进福建省南方建设实业有限公司,投资建设占地 7400 平方米、建筑面积 21200 平方米的客家边贸城,带动全县商住小区开发。宁化县建筑公司成立房地产开发公司,投资 500 万元开发占地面积 1813 平方米、建筑面积 10200 平方米的江滨花园。是年,全县向市场推出商住房 2 万平方米。2002 年,开工建设的房地产项目 10 个,总面积 10.45 万平方米,总投资 9000 万元。2003 年,开发朝阳新村商住楼 A 幢(54 单元)建筑面积 7764 平方米、B 幢(89 单元)建筑面积 13200 平方米。2004 年,建成续建项目东方花园一期及城东广场二期 A、C 栋和朝阳新村商住楼二期，全年商品房竣工 7.80 万平方米，投资 6377 万元。2005 年，续建、新建东方花园、城东广场二期等房产 9.50 万平方米，竣工 6.80 万平方米。

1988—2005 年，全县房地产开发总投资 5.29 亿元，施工总面积 100.81 万平方米。

1999—2005 年宁化县房地产开发销售项目情况表

表 17-6　　　　　　　　　　　　　　　　　　　　　　　　　　　　　　　单位：万平方米、元/平方米

序号	项目名称	建设规模	开工时间	竣工时间	开发企业	住房售价
1	客家边贸城	2.10	1999 年 9 月	2000 年 10 月	福建省南方建设实业有限公司	720
2	江滨花园	1.02	1999 年 1 月	2000 年 11 月	县建筑公司	780
3	农贸市场商住楼 A 幢	0.36	2000 年 1 月	2001 年 3 月	县房地产开发公司	850
4	松树园新村	0.65	2000 年 11 月	2001 年 6 月	县村镇建设公司	800
5	永利商住楼	0.68	2000 年 11 月	2001 年 7 月	榕湘建筑公司	700
6	农贸市场商住楼 B 幢	0.43	2000 年 12 月	2001 年 11 月	县房地产开发公司	880
7	中环路 2# 商住楼	0.646	2000 年 8 月	2001 年 6 月	翠江房地产公司	850
8	翠景大厦	0.68	2001 年 2 月	2003 年 1 月	鑫发房地产公司	1300
9	意华园商住楼	1.70	2001 年 1 月	2002 年 6 月	意华房地产公司	720
10	盈盛园商住楼	0.92	2001 年 2 月	2003 年 3 月	盈盛房地产公司	700
11	北街商住楼	0.53	2001 年 1 月	2002 年 10 月	福建省南方建设实业有限公司	850
12	城东广场一期	2.60	2001 年 9 月	2002 年 12 月	县建筑公司	810
13	中环路 3# 商住楼	1.02	2002 年 3 月	2004 年 1 月	翠江房地产公司	850
14	运明园商住楼	1.90	2001 年 9 月	2003 年 3 月	运明房地产公司	700
15	七兴商住楼	0.47	2002 年 4 月	2003 年	运明房地产公司	700
16	松树园小区二期	0.65	2001 年 1 月	2005 年 12 月	县村镇建设公司	800
17	朝阳新村商住楼一期	0.77	2002 年 12 月	2003 年 10 月	县房产公司	850
18	城东广场二期	4.21	2003 年 10 月	扫尾	七星苑房地产公司	1030
19	朝阳新村商住楼二期	1.26	2003 年 5 月	扫尾	县房地产开发公司	900
20	六和楼	0.255	2003 年 10 月	扫尾	运明房地产公司	800
21	东方花园	11.50	2003 年 11 月	扫尾	三明华宇房地产公司	1010
22	翠江明珠	建筑面积 11900 平方米，2005 年年底启动开发建设程序				
	合计开发量 34.432 万平方米，年均开发量 5.74 万平方米					

第三节　房地产市场

一、房地产交易

1988 年 12 月，宁化县成立房地产交易管理所（简称县房管所），评估房产 18 户。1991 年，办理房产交易 48 起，收取税费 6 万元。1992 年，办理房产交易 55 起，成交额 130 万元，代征契税 10 万元。1993 年，办理房产交易 22 起，成交额 100 万元，代征契税 5 万元。1994 年办理房产交易 51 起，成交额 123 万

元，代征契税 11.10 万元。1995 年，办理房产交易 93 起，成交金额 544.40 万元，代征契税 11.25 万元。1998 年，办理房产交易 55 起，成交金额 183.71 万元，代征契税 18.05 万元、营业税 18.46 万元，价格评估 19 起，成交金额 92.88 万元。2001 年 6 月，县房管所成立宁化县房地产中介服务中心，为宁化第一家有营业执照和资质证书的房产中介机构。2004 年，全县二手房交易 98 起，面积 1.40 万平方米，成交金额 707 万元。至 2005 年年底，县房管所共办理房产交易 323 起，代征契税 61.40 万元；办理房屋买卖监证 717 起，建筑面积 11.10 万平方米，成交金额 10551.17 万元。

二、房屋租赁与抵押

1988—1991 年，宁化县民间房产租赁主要以字据形式订立契约。1992 年起，推行房屋租赁签订合同、交抵押租房保证金管理办法。1994 年开始房产抵押业务。至 2005 年年底，全县房产共抵押登记 6571 起，抵押面积 1487278.19 平方米，抵押金额 64199.37 万元。

1995—2005 年宁化县房屋抵押情况表

表 17-7

年份	抵押登记(起)	抵押面积(平方米)	抵押金额(万元)
1995	226	—	2055.20
1996	—	—	—
1997	268	80278.19	2389.94
1998	398	146600.00	3333.47
1999	467	159000.00	6410.70
2000	1094	229300.00	8242.93
2001	566	130600.00	4906.13
2002	824	180000.00	6938.00
2003	844	196900.00	8624.00
2004	827	166400.00	8414.00
2005	1057	198200.00	12855.00
合计	6571	1487278.19	64199.37

第四节 房地产管理

一、产权发证登记

1988 年 8 月，宁化县开始发放翠江镇、泉上镇第一批房屋所有权证。至 1991 年 5 月，全县完成房屋所有权登记 4810 起，其中私人房屋所有权登记 3000 起、单位房屋所有权登记 1810 起；7 月，县政府下发《关于撤销宁化县城镇房屋所有权登记发证工作领导小组机构的通知》，由县房管所办理后续房屋所有权登记发证。1993—1995 年，全县发放房屋产权证 1203 本，其中私人房屋产权证 1110 本、单位公房产权证 93 本。1998 年 12 月，更换全国统一的房屋权属证。至 2005 年年底，全县共发放房屋所有权证 13460 本、房屋共有权证 15 本，核发房屋建筑面积 223 万平方米。

二、直管公房管理

（一）房产变动

1987年10月，全县有直管公房47座，占地面积8641.11平方米，建筑面积15230.65平方米。后因国家建设用地（划拨）公房14座、落实政策退还给个人公房4座，分别减少占地面积2464.96平方米和223.74平方米。至1990年8月，全县有直管公房29座，占地面积5952.41平方米，建筑面积11059.55平方米。至2005年无变化。

（二）管理改革

1988年，全县直管公房收房租4万元，用于房屋的维护，不足部分由县财政局拨付。1989—1990年，全县直管公房收房租5.90万元，改建公房740平方米。1991年，改革管理办法，设立租赁合同，租房户需先交租房保证金。1993—2001年，执行《中华人民共和国城市房地产管理法》，建立健全房地产管理体系。2002年，成立宁化县城市经营公司。是年6月，县政府将房管所管理的县直管公房业务划归宁化县城市经营公司管理。（2002—2005年，县直管公房管理情况，见"附：福建省宁化县城市经营有限公司"有关部分。）

1993年宁化县直管公房情况表

表17-8　　　　　　　　　　　　　　　　　　　　　　　　　　　　　　　　　　单位：平方米

序号	房屋坐落	房产证号	土地证号	房屋面积	土地面积	结构	用途	户数（户）
1	中心巷36号	002615	—	731.13	—	砖木	住宅	14
2	红色巷21号	002612	8147	360.39	92.96	砖混	住宅	9
3	红色巷67号	002613	8141	99.81	93.52	木瓦	住宅	1
4	中山路8号	002581	8145	1757.02	688.08	砖混	综合	—
5	五星路63号	002614	—	113.93	—	木瓦	住宅	1
6	小河边	002619	—	50.79	—	砖混	住宅	1
7	团结弄8号	002616	—	173.47	—	砖木	住宅	2
8	五星路7号	002805	—	675.27	—	砖混	综合	9
9	北山一路1座	002620	8146	1671.63	387.60	砖混	住宅	24
10	北山一路2座	002586	8152	2273.98	422.45	砖混	住宅	32
11	北山一路3	002593	—	627.04	—	砖木	住宅	8
12	北山一路6	002592	—	184.60	—	砖木	住宅	3
13	北山一路5	002589	8154	257.06	82.60	砖混	住宅	4
14	北山一路4	002582	—	284.43	—	砖木	住宅	4
15	北山一路8	002590	—	119.50	—	木瓦	住宅	4
16	北山三路	002588	—	1005.25	—	砖混	住宅	17
17	北山三路42	002585	—	10072.87	—	砖混	综合	12

第六章　管理机构

第一节　机构

1986 年 12 月，宁化县成立城乡建设环境保护局。1991 年 7 月，更名为宁化县建设委员会，编制 35 人，内设办公室、规划办公室、城市建设管理股、定额站、建筑工程管理站、村镇建设管理站、城乡档案室、监察室。1993 年 2 月 3 日，宁化县建设委员会更名为宁化县建设局，编制 22 人，内设办公室、财务室、规划办、城市建设管理股、监察室、经济开发办。2002 年，宁化县建设局更名为宁化县城乡规划建设局，行政编制 15 人，事业单位编制 13 人，内设办公室、城市建设管理股、城市规划管理股、房地产业管理股、建筑业管理股、财务股（审计股）、监察室（派驻）等。机关直属事业单位有村镇建设管理站、建筑工程管理站、建设工程造价管理站、城区拆迁事务所、城建档案馆、室内装修行业管理办公室（2002 年 3 月由宁化县第二轻工业有限公司划入）、宁化县住房制度改革委员会办公室（1992 年 4 月成立）。另有规划建筑设计院、城市建设管理监察大队、建设工程质量监督站、房地产管理所、园林管理所、环境卫生管理站、测绘队等事业单位和宁化县自来水公司、宁化县村镇建设公司、宁化县建筑公司（2003 年 10 月，整体承债式转让改制）、宁化县房地产开发公司（2005 年破产）、液化气站（2001 年改制）、宁化县机械施工公司（2004 年改制）、宁化县市政工程建筑公司、宁化县城区拆迁工程处、宁化县技术开发公司等基层建设管理企事业单位 16 个。

2005 年年底，宁化县城乡规划建设局实有干部职工 31 人，其中行政编制 15 人、事业单位编制 16 人；内设办公室、城市建设管理股、城市规划管理股、房地产业管理股、建筑业管理股、财务股（审计股）、监察室（派驻）等。有城市建设管理监察大队、房地产管理所、建设工程造价管理站、档案馆、建筑工程管理站、村镇建设管理站、测绘队、住房制度改革委员会办公室、规划建筑设计院、园林管理所、城区拆迁事务所、室内装饰行业管理办公室等基层建设管理企事业单位 12 个。

宁化县城乡规划建设局连续 4 届被省政府评为"省级文明单位"，先后获"省支持农村扶贫开发与小康建设先进单位"和"省清房工作先进集体"称号。

第二节　规划监督

1988 年 3 月起，实施《宁化县城市总体规划》。1991 年，实行"一书两证"（建设项目选址意见书、建设用地规划许可证、建设工程规划许可证）制度。是年 10 月 30 日，县政府作出"限制零星批地和分散建设"决定，开始推行"规划一张纸、审批一支笔、建设一盘棋、管理一个法"。1993—1994 年，按照《宁化县城市规划管理办法》，建立健全规划建设审批制度，履行立项参与权、用地核定权、建设工程批准权、监督检查权等规划管理权限，管理和控制小区开发，停建、拆除违反规划的建设工程。1995 年 4 月，县政府摄制《客家新城》专题片，开展"城市规划年"暨普法宣传活动。2000 年，推进规划"两个转向"（从总体规划编制转向详细规划、专业规划编制，从规划编制转向规划管理），城市规划建设向旧城成片改造和新区成片建设方向发展。2005 年，审批城区建设项目选址意见书 21 份，总用地面积 7.10 万平方米；建设用地规划许可证 14 份，总用地面积 20.10 万平方米；建设工程规划许可证 10 份，总建筑面积 14.70 万平方米；村镇公建项目选址意见书 29 份，总用地面积 360.70 万平方米；村镇公建项目建设工程规划许可证 62 份，总建筑面积 1.18 万平方米。发出《责令停止违法建设通知书》7 份，查处违法建设（搭盖）19 户面积 800 平方米、建筑材料占道堆放 42 起、洒漏 9 起、乱倒弃土 13 起，调解建房纠纷 20 余起。

1991—2005 年，全县核发审批建设项目 1278 个，办理选址意见书 222 项，核发建设工程规划许可证 2891 份、建设用地规划许可证 68 份；发出整改通知书 162 份，责成拆除违章建筑 80 次（起），拆除违章搭盖 175 户；处理各类纠纷 165 起、占地占摊堆放建筑废料 67 起，制止违法挖掘道路 8 起。

第三节　城建执法

1986 年 12 月，宁化县成立城市建设管理监察大队（简称城监大队）。1988—1996 年，城监大队贯彻《福建省城市建设监察条例》，执行城建管理法律、法规，整治"脏、乱、差"现象，维护市容市貌。1997 年，建设文明窗口，规范占道管理，警告、处罚占道经营、乱摆摊点、乱排放污水、乱倒垃圾等现象，简化下岗人员、残疾人占道经营审批手续，减免占道费。1998 年，定人定岗，增设夜间岗、双休日岗，重点整治城区主要街道店外店、乱摆摊设点、乱倒垃圾现象。1999 年，清理、拆除城区主干道未经批准悬挂的残、旧、破损横幅，签订城区门点门前卫生责任制，每月一检查、季度一评比、年度一总评。2000 年起，城监大队改革内部管理方法，实行聘任制，因岗设人，优化组合，竞争上岗。对城区主要街道实行 14 小时监管，拆除不符合市容标准和安全要求的户外广告、霓虹灯 30 个。2003—2005 年，重点落实门前卫生责任制，加强对占道摊点的管理，共清理占道夜点 214 处、大排档 69 处，清理占道摊点 481 处，店外店、店外摊 342 处，收缴违规广告招牌 636 块，拆除跨街横幅 580 条，捕杀无主犬、放养犬 210 只。对江滨路、北大街、中山街、新桥路、南大街、西大路等 6 条主干道进行整治，取缔江滨路蔬菜占道市场，拆除沿小溪河电影院至农贸市场占道摊点，在江滨路设置 300 米临时摊位。收缴乱散发小宣传单 1.30 万份。

第四节　环卫管理

1988 年，宁化县环卫站（简称县环卫站）日清扫保洁作业面积 10.10 万平方米，日清理生活垃圾 15 吨。（二级环卫由翠江镇管理，负责垃圾清扫、收集）。

1989 年，环卫作业实行班、组、个人包干责任制，年运垃圾 4800 吨，清运粪便 1600 吨。1990 年，清运垃圾 7200 吨。1991 年，日清扫保洁作业面积 17 万平方米，日清生活垃圾 38 吨。1992 年，县政府制定《宁化县城区市容环境卫生管理条例》，招聘环卫计划内临时工 40 名，配备环卫监察 4 名，城区清扫面积扩大到 19 万平方米，日清理生活垃圾 45 吨。是年 11 月，宁化县被评为省级卫生县城。1993 年，改革环卫管理体制，环卫管理从公益服务转变为部分有偿服务。1994 年"5·2"洪灾后，环卫工人清理淤泥 4600 立方米。

1996 年，新建垃圾收集站 1 座，县环卫站被评为市级文明单位。1997 年，一级环卫道路清扫保洁 21 万平方米，日清理垃圾 55 吨。1998—2000 年，县环卫站实行城区四大片路段"五定"（定任务、定经费、定人员、定标准、定责任）承包制。2001 年，实行各岗位作业绩效考核，投资 7000 元治理垃圾堆放场，进行消毒灭菌，防止二次污染。2002 年，日清扫保洁作业面积 24 万平方米，日清理垃圾 65 吨。2003 年，推行环卫社会化试点，宁化县第七中学（简称宁化七中）至县林产化工厂 1 万平方米的保洁作业向社会公开招标，以1万元清扫保洁一年的价格承包给个人。2005年，开展专项和联合整治12次，添置垃圾清运车2辆，完善环卫设施，迎接县卫生县城、文明县城检查。

附：福建省宁化县城市经营有限公司

2002年4月26日，福建省宁化县城市经营有限公司成立（简称县城市经营公司），为县政府直属国有独资公司，以财政公房和国有存量土地使用权作价注册，注册资本1000万元，下设公共、财务、收储、经营、工程和拆迁工作部门。经营范围为可用于经营的公共资产和生产要素，包括土地收储、房地产开发、可经营的城市基础设施、供水、供电、供气、广告经营、出租车牌及线路、融资等。公司成立董事会和监事会，实行董事会领导下的总经理负责制，董事会成员由县政府办公室、县发改局、县财政局、县城建局、县国土资源局等单位主要领导组成，监事会由县监察局、县审计局主要领导和公司职工代表组成。9月3日成立"宁化县土地收储中心"，两块牌子，一套人马，先后开展土地收储出让、国有资产管理、城市基础设施投资建设等工作。2003年，县政府授权县城市经营公司向国家开发银行申请政府授信贷款。2004—2005年，启动城东"四纵三横"路网建设，改善城区交通环境，提升周边土地价值。

一、土地收储

2002—2005年，宁化县土地收储中心共收储土地13宗，总面积39.54公顷；出让土地使用权8宗，总面积21.53公顷。出让土地使用权总收入9086.77万元。2005年年末，存量土地18.01公顷。

2002—2005年宁化县土地收储出让情况表

表17-9

年份	收储土地		出让(使用)土地		
	收储地块单位名称或位置	收储数(公顷)	出让(使用)地块项目名称	出让数(公顷)	出让收入(万元)
2002	1.观音亭集体土地	0.73			
	2.原通用机械厂大门东侧及通用机械厂土地	4.77			
2003	1.中山村、双虹村东方墩集体土地	6.87	1.东方花园用地	4.86	1859.53
	2.中山村观音亭集体土地	1.10	2.城东广场（二期）	1.40	858.54
	3.双虹、红卫、小溪村牛心坝集体土地	6.58	3.协议出让新车站建设用地，置换老车站用地	1.87	421.65
			4.提供红土地广场及东方花园、城东广场道路建设用地	3.30	
2004	1.原林产化工厂国有划拨土地	2.59	1.划拨供应财福园广场项目用地	0.52	
	2.中山村墩上集体土地	9.44	2.出让中环路天鹅宾馆用地	0.39	500.0
	3.东方墩集体土地	0.78			
2005	1.中环路1号土地	0.42	1.翠江明珠用地	5.19	
	2.双虹村铜锣丘集体土地	0.10			
	3.原林业车队土地	3.34	2.江滨路、龙门路、城东中路及南门转盘、江边河堤与绿化用地	4.00	5447.05
	4.原粮油总公司土地	0.38			
	5.中山、高堑村江下墩集体土地	2.44			
合计		39.54	合计	21.53	9086.77

二、国有资产管理

2001 年前，宁化县财政公房由县建设局管理。2002 年，县城市经营公司从县城建局接管财政公房 38 座，建筑面积 14243.20 平方米，占地 21229.78 平方米；接收原县车队、县水泥厂改制剥离和城关工商所房屋 6 座，建筑面积 4817.90 平方米；办理过户 44 座，建筑面积 19061.10 平方米；登记造册、建立台账、变更租赁合同 170 户。是年 8 月，县政府授权县城市经营公司与中国华融资产管理公司磋商县外贸公司、县纺织品公司等 11 家企业单位债权整体打包转让相关事项。2003 年，县城市经营公司公开招租经营性店面增加收入 7 万元，投入 10 万元修缮北山公房 3 座面积 3900 平方米；收购县糖烟酒公司房屋 11 座建筑面积 4107.40 平方米，占地面积 6361.17 平方米；购买翠景大厦政务中心用房 656.55 平方米，土地分摊面积 510 平方米。2004 年，县城市经营公司接管原县电力公司和原县化肥厂改制剥离资产及原 5102 厂搬迁后的资产，其中县电力公司房屋 8 座建筑面积 2800 平方米、占地面积 19000 平方米，原县化肥厂生活区房屋面积 8500 平方米、占地面积 66000 平方米，5102 厂资产土地面积 16100 平方米、房屋建筑面积 38000 平方米。维修砖木结构财政公房及伍家山原县车队房屋，进行水改、电改，消除安全隐患，方便承租户居住。是年 12 月，签订县外贸公司、县纺织品公司等 11 家企业单位债权转让合同，打包转让价款 380 万元，收购债权总额 5449.08 万元，其中本金 2444.72 万元，利息 3004.36 万元。

2005 年，县城市经营公司接管宁化监狱（原凉伞岗农场）房屋 128 座，其中厂部 32 座、直属一中队 11 座、直属二中队 18 座、直属三中队 8 座、龙头一大队 8 座、石下二大队 9 座、石下四大队 19 座、甘木潭五大队 23 座；总建筑面积 36715 平方米，建设用地 22.45 公顷，农用地 278.78 公顷、林地 3.46 公顷。收购原县机电厂、食品厂、稀土材料厂等房屋 52 座，建筑面积 18131.81 平方米、占地 43134.40 平方米。县城市经营公司委托天立拍卖公司公开拍卖 2003 年收购的原县糖烟酒公司南大街 16 号、100 号两宗房地产建筑面积 779 平方米、占地面积 516.90 平方米，拍卖收入 474.70 万元，店面成交均价 14035 元/平方米。是年，根据县政府关于将原宁化监狱部分资产划归泉上华侨农场的批复（宁政文〔2004〕155 号），移交给泉上华侨农场农用地 53.33 公顷、住房 50 套。根据县政府专题会议纪要，县城市经营公司移交给湖村镇政府邓坊村农田 33.70 公顷、武警营房 4 座，占地 1954 平方米、建筑面积 817 平方米。

三、基础设施建设

2004 年 6 月，宁化县启动城东"四纵三横"路网建设，"四纵"为中山路长 630 米、宽 30 米；中环路，含 2 座桥长 2100 米、宽 50 米；城东中路，长 760 米、宽 24 米；东环路，长 575 米、宽 24 米；"三横"为东大路，长 1500 米、宽 36 米；龙门路，包括延伸段长 1040 米、宽 30 米；江滨路，长 1000 米、宽 24 米。路网总长 7.60 公里，道路总面积 26.11 万平方米，工程内容含车行道、人行道、雨污排水系统、路灯等。至 2005 年，城区交通环境改善，周边土地价值提升。

卷十八　商贸业　服务业

1988年后，宁化县商品流通体制改革不断推进，粮油物资等生产、生活资料逐步实现市场定价、自由购销，边界贸易复兴，城乡商品市场快速发展。1996年起，实施国有、集体商业企业改制，促进了城乡商业贸易繁荣，自选超市、连锁经营、物流配送、电子商务、网上购物等现代经营方式逐步兴起，商品更加丰富，物流更加快捷，服务更加灵活，交易更加方便。至2005年，个体和私营商业成为全县商业贸易的主力军，登记注册的个私工商户达4058户，从业人员9860人，注册资金33689万元。其中，私营企业278户，从业人员4837人，注册资金30268万元。社会消费品零售总额达65292万元，为1988年的4.62倍。

宁化县对外经济贸易加快建设引资平台，组织开展各种招商活动，不断扩大对外经济贸易合作，先后建成宁化县边贸中心市场、客家边贸城、荣华装饰材料城、翠江明珠商业集中区、家具市场、中环购物广场、酒业配送中心等一批大型批发零售市场。自2000年，宁化县山海协作领导小组及其办公室成立后，宁化县加大山海协作发展力度，先后与厦门市思明区、海沧区，泉州市丰泽区结成山海协作帮扶对子共建生产基地。至2005年，全县出口总值831万美元，比1988年增加4.14倍。

第一章　商业

第一节　体制改革

一、机构改革

1988年，宁化县商业局（简称县商业局）下属商业企业7家，分别为宁化县百货公司、宁化县糖烟酒公司、宁化县食品公司、宁化县饮服公司、宁化县贸易信托公司（简称县百货公司、县糖研究公司、县食品公司、县饮服公司、县贸易信托公司）、5102厂服务部和宁化县商业贸易公司（劳动服务公司）。全县商业系统干部职工522人，其中干部73人、职工449人。1989年1月1日，县百货公司分解为县百货公司、宁化县五交化公司（简称县五交化公司）、宁化县纺织品公司（简称县纺织品公司）；4月23日，宁化县商业贸易公司更名为宁化县边界贸易公司（简称县边贸公司）。1990年7月5日，县边贸公司划归县糖烟酒公司管理；12月，5102厂迁至福州市马尾，5102厂服务部撤销，人员、财产划归县商业局其他下属公司。

1991年9月24日，县百货公司、县五交化公司、县纺织品公司经省商业厅批准升格为二级采购供应站，分别更名为宁化县百货采购供应站、宁化县五交化采购供应站、宁化县纺织品采购供应站（简称县百货站、县五交化站、县纺织品站）。1994年12月20日，设立宁化县牲畜定点屠宰场（简称县屠宰场）。1995年8月18日，宁化县钟表销售公司（县钟表公司）成立。1997年11月，县商业局退出政府成员单位序列，更名为宁化县商业集团总公司（简称县商业总公司）。1999年10月，县商业总公司与三明东方拍卖中心联合成立三明市东方拍卖中心宁化办事处；2002年，转为个人经营，更名为三明东方拍卖公司宁化征集处。

二、企业改制

1998年，宁化县商业系统推行"国家转让产权、企业转换机制，政府转变职能，职工转变身份"体制改革，县商业总公司下属县百货站、县五交化站、县纺织品站、县钟表公司、县食品公司、县糖烟酒公司、县饮服公司、县贸易信托公司等8家企业列入改制。1999年，县百货站和县钟表公司解除108名职工劳动合同并予安置，企业关闭撤销。2001年，县糖烟酒公司和县纺织品站解除94名职工劳动合同并予安置，县糖烟酒公司关闭撤销；县贸易信托公司解除16名职工劳动合同（至2006年用县财政返回房屋土地拍卖出让金发放职工安置费），企业关闭撤销；县食品公司重组为宁化县牲畜定点屠宰有限责任公司，39名公司人员以身份置换股份，按1:1配股，入股职工出资认购剩余资产，认购资金专项用于安置未入股职工和退休人员。

2002年1月1日，股份合作制企业——宁化牲畜定点屠宰有限责任公司挂牌成立；12月，县纺织品站关闭撤销，县五交化站进入破产清算程序，职工得到安置。2003年12月，县五交化站撤销。至2005年12月，国有商业系统7家企业改制，由县城市经营公司收储管理改制企业清偿银行贷款债务后全部资产；共安置在职职工399人、退休人员136人、遗属20人，离休干部7人归县商业总公司托管；兑现经济补偿金691.56万元，安置补偿金人均12759.40元。

1998—2005年宁化县国有商业系统企业改制人员安置情况表

表18-1   单位:人

单　　位	在职职工	退休职工	离休干部	备　　注
宁化县百货采购供应站	97	28	1	1999年关闭
宁化县钟表销售公司	11	0	0	1999年关闭
宁化县食品公司	87	44	5	"5·12"2人；2001年重组为宁化县牲畜定点屠宰有限责任公司
宁化县糖烟酒公司	36	17	0	2001年关闭
宁化县纺织品采购供应站	58	21	2	"5·12"2人；2002年关闭
宁化县贸易信托公司	16	10	0	2001年关闭
宁化县五交化采购供应站	63	16	2	2002年破产
宁化县饮服公司	64	47	0	
合计	432	183	10	

注:"5·12"指1950年5月12日前参加革命工作并享受供给制的退休干部,退休费为在职工资的100%领取。

第二节　重点商业企业

一、宁化县百货公司（宁化县百货采购供应站）

1988年，县百货公司主营钟表、缝纫机、洗涤用品、搪瓷制品、服装鞋帽和文化用品，设大百货、小百货、鞋帽、文化用品4个批发部和3个门市部共18个零售柜组，分布县城南大街、中山街和北大街。是年，百货商品价格持续上扬，其中缝纫机、手表出现抢购风潮并脱销。1989年1月1日，县百货公司分解为县百货公司、县五交化公司、县纺织品公司。手表、缝纫机、胶鞋等传统商品销售逐渐萎缩，火柴退出市场，皮鞋、服装、化妆品类商品销量上升。1991年9月24日，县百货公司经省商业厅批准升格为二级采购供应站，更名为宁化县百货采购供应站。1993年，投资2万元建成县内首家国有国营商业服装自选商场。1994年，商业服装自选商场改扩建南门商场，引进石狮服装企业联办服装大世界。1995年，设立"999金屋"黄金首饰柜并试营；是年，受银根紧缩和"5·2"洪灾影响，县百货站批发类商品销售萎缩，负债经营，出现亏损。1998年企业改制，1999年关闭撤销。

二、宁化县五交化公司（宁化县五交化采购供应站）

1988年，县五交化公司主营家用电器、交通工具、化工材料、建筑材料，设五金、家电、交电、化工4个批发经营部和3个零售门市部共12个柜组，分布在县城南大街和中山街。是年，取消"凤凰""永久"牌自行车和彩电凭票供应，自行车销量4526辆。1989年，实行承包经营责任制，遥控彩电、影碟机、电冰箱、洗衣机、燃气热水器销量逐渐增加。1989年1月1日，县五交化公司从县百货公司分出。1991年9月24日，县五交化公司经省商业厅批准升格为二级采购供应站，更名为县五交化站。1993年，实行"国有民营"经营方式改革。1994年，组建物资分公司。1995年，开辟东门商场。1998年，首次出现经营性亏损。2002年12月进入破产清算程序，2003年12月破产关闭。

三、宁化县纺织品公司（宁化县纺织品采购供应站）

1988年，县纺织品公司主营布匹、针织品、床上用品，设针织科、纺织科2个批发部和4个门市部共15个柜组，分布在县城南大街、中山街、小溪路。1989年1月1日，县纺织品公司从县百货公司分出。1991年9月24日，县纺织品公司经省商业厅批准升格为二级采购供应站，更名为县纺织品站。1992年，增设综合科，经营摩托车、自行车、电视机等交电、家电产品，至1993年综合科销售额268万元。1993年，实行"国有民营"，一次性拍卖门市部零售柜组商品。1995年，南大街商场设立鞋科，销售上海名牌优质皮鞋，至1996年销售额85万元。1997年5月，县纺织品站与三明纺织品站合作在宁化开设全市首家经营连锁店。1999年出现经营性亏损。2000年，停止批发经营。2001年改制，2002年关闭撤销。

四、宁化县糖烟酒公司

1988年，县糖烟酒公司主营食糖、白酒、啤酒、调味品，设3个综合批发部、3个零售门市部，分布在县城中山街、南大街、小溪路。是年食糖计划分配，酒类实行专卖。1989年，酒类经营放开，1990年起，供销社、个体私营批发商店开始经营食糖，公司食糖年购销量由1700吨急剧下降到200吨。1992—1994年，主销邵武华光啤酒和古井贡酒、江西信丰谷烧等白酒。1994年5月，改造南大街门市部为全县首家糖烟酒自选商场，日营业额由 100 多元提高到 1000 多元。1995 年，改造北大街与中山街交汇处门市部为自选、批零合一和货仓直销商场，日销售额增加数十倍。2001 年 12 月关闭撤销。

五、宁化县食品公司

1988 年，县食品公司设副食品基地（瓦庄种猪场）、商业货栈、议购议销班组 3 个，仓库 1 座，农贸市场猪肉零售摊点 10 个。1993 年，上市生猪 4714 头、鲜鱼 750 公斤、蛋 1600 公斤。2001 年 10 月，停止生猪购销，管理牲畜定点屠宰。2001 年，公司改制重组为宁化县牲畜定点屠宰有限责任公司。

六、宁化县钟表销售公司

1995 年 8 月，宁化县钟表销售公司成立，随着 BP 机、手机普及，手表销量逐年减少。1999 年关闭撤销。

七、宁化县贸易信托公司

1988 年，县贸易信托公司主营家用电器、交通用具、啤酒等。在县城南大街设综合批发部 1 个和零售门市部 2 个。1991 年，设县城西大路门点，经营副食品和酒类批发。1993 年，批发零售自行车、啤酒、电视机等商品。1998 年，停止批发业务，出现经营性亏损。2000 年 12 月，停止经营。2001 年 12 月，改制撤销。

八、宁化县饮服公司

1988 年，县饮服公司在南大街设宁化旅社、交通旅社、翠城旅社、宁化旅社（宾馆）酒家、交通饭店等 5 个服务网点，以租赁方式经营餐饮、住宿。1993 年，宁化大酒家建成。1995 年，宁化旅社更名为宁化宾馆。2000 年，翠城旅社更名为长城大饭店。2005 年 9 月，共有宁化宾馆、长城大饭店、交通旅社、宁化宾馆酒家和宁化大酒家等 5 个服务网点，资产总额 495.99 万元，负债总额 155.07 万元，资产负债率 31.25%，在职 64 人，退休职工 47 人。

第三节　商品经营

一、针纺织品

1988 年，县内针纺织品主要由国有、集体商店经销，销售棉布、棉花化纤混纺布、化纤布 59.45 万米，呢绒 14300 米，汗衫背心 10.78 万件，棉毛棉裤 5.99 万件，毛线 21 吨，各种服装 14.67 万件。1995 年，羊毛衫、风雪衣、皮衣、牛仔裤、夹克、西服成为畅销品，传统的毛线、布匹销量锐减。1997 年，全县布匹和呢绒销售量比 1991 年分别减少 78.21% 和 53.98%。

2000 年，宁化客家边贸城建成后，成为三明市最大的服装批发市场之一。南大街个体服装店及服装专卖品牌店，床上用品、窗帘等个体商店逐年增加。2005 年，全县经销针纺织品商店 529 家（其中县城有服装店 321 家、床上用品专卖店 52 家、窗帘专卖店 31 家、毛线专卖店 8 家），衣裤专卖店占 63%，名牌服装专卖店占 38%。

二、五金交电

1988 年，县五交化公司和基层供销门市部均有销售五金商品，其中销售铁钉 27 吨、铁丝 29.03 吨。1995 年，全县销售五金商品金额比 1991 年增长 32%。1996—1999 年，五金商品品种增加。2000 年后，五金商品均由个体商户经销。2005 年，全县经销五金商品的个私商店 124 家（其中县城五金专卖店 43 家、灯具专卖店 28 家），从业 173 人。

三、食品副食品

（一）肉类

1988 年，全县收购生猪 67990 头、肉牛 2198 头，肉羊 796 只；销售猪肉 5437 吨、牛肉 321 吨、羊肉 13 吨。1991—1995 年，为保障节日供应，县食品公司从外地购进生猪 4320 头，批发给个体商户销售。1996 年后，随着县内牲畜饲养量逐年增加，全县猪肉供应充足，牛羊肉销量大幅增长。2001 年，县食品公司改制后，畜肉购销全部由个体户经营。2005 年，全县销售猪肉 6579 吨、牛肉 443 吨、羊肉 201 吨。

（二）禽蛋品

1988 年，全县购销鸡、鸭、鹅 4.70 万只，鲜蛋 687.40 吨。其中，县食品公司购销鲜蛋 98.10 吨。1993 年，县食品公司不再经营蛋品，禽蛋品由个体商户经销，品种有鸡、鸭、鹅和鲜蛋，还有烤鸭、板鸭、鸡蛋卤制品和蛋制品。2005 年，县内有禽蛋品经销店 249 家（其中县城烤卤经销店 24 家，城乡集贸市场专销禽、蛋品摊点 180 个），全年购销活禽 8.43 万只、鲜蛋 1021 吨。

（三）乳制品

1988—1996 年，县内经销的乳制品主要为奶粉。1997—2004 年，县内先后有“长富”“光明”“伊利”“蒙牛”等牛奶制品面市，奶品销售量大幅增加。2005 年，全县有经销奶制品的商店 721 家，销售奶制品 651 吨。

（四）水产品

1988 年，县内淡水产品有草鱼、鲤鱼、鲢鱼、鲫鱼、鳅、鳝、田螺等，海产品有海带、紫菜、咸带鱼、鱿鱼干、墨鱼干等。海产品多由莆田、厦门、福州等地购进。1995 年后，活鲜海产品逐年增加，主要有蟹、龙虾、鱼、螺、贝类等。2005 年，县内客家中心农贸市场和各乡镇集贸市场有经销水产品的个体户 42 家，销售水产品 879 吨。

（五）蔬菜

1988 年，全县购销蔬菜价值 508 万元。翠江镇建立蔬菜基地 146.70 公顷，种植、销售反季节蔬菜。1994 年，县内发生特大洪灾，县内城关、郊区菜地受灾，县商业部门从外地调运购进蔬菜，缓解市场蔬菜供应紧张状况。1995—2000 年，逢蔬菜上市淡季，个体商贩从外地调进蔬菜，丰富市场。2005 年，水茜乡建成反季节蔬菜生产基地 200 公顷，种植、销售反季节蔬菜。其中，黄瓜、苦瓜、韭菜花、辣椒、荷兰豆、甘蓝 6 个产品通过省级无公害蔬菜认证。县内产蔬菜品种主要有白菜、油菜、包菜、空心菜、芥菜、菠菜、芹菜、大蒜、葱、豆芽、南瓜、冬瓜、丝瓜、葫芦瓜、茄子、生姜、豆荚、辣椒、芋头、魔芋、马铃薯、淮山等，外地购进的蔬菜品种有 30 多个，全县购销蔬菜价值 3290 万元。

（六）糖制品

1988 年，县糖烟酒公司门市部、基层供销社门点和个体食杂店均有销售食糖和各种糖果，全县购销食糖 579 吨，其中县商业、供销部门购销 413 吨，个体商户购销 166 吨。1990 年，全县购销食糖 631.03 吨。随着人民生活和需求质量的提高，县内市场糖果品种也不断增加。1995 年后，县内食糖及糖果主要由个体商户经销。2005 年，全县购销食糖 792 吨，各类糖果品种上百种。

（七）酒

1988 年，全县销售食用酒 1689 吨，其中商业、供销部门销售 1025.89 吨，个体商户销售 663.11 吨。1990 年后，县内市场酒品种逐年增加，啤酒、白酒比例逐年上升，出现专营啤酒、白酒、葡萄酒的 代理商。1995 年，县内除自产的客家酒娘、谷烧、米烧酒外，啤酒、白酒、葡萄酒上升为主要品种，全 县销售食用酒 2213.34 吨。此后，县内各类酒产品购销总量年增长 3.25%。2005 年，全县销售食用酒 3532.12吨。

四、日杂用品

1988 年，全县销售火柴 2190 件、肥皂 12890 箱、洗衣粉 31.20 吨、缝纫机 611 架、保温瓶 12554 个、手表 5322 只，以及镜子、手电筒、电池、照相机、铝制品、皮革、眼镜、雨伞、化妆品等，全年销售金额 1199 万元。1990—2000 年，县内日杂用品品种达 8100 多种。2005 年，全县日杂用品商店 299 家，销售金额 5534 万元。

五、医药用品

1988 年，宁化县医药公司（简称县医药公司）设有批发部 1 个、零售门市部 2 个，主要经营范围为中药材、中成药、西药和医疗器械 4 大类。是年，药品总购进 446 万元，药品总销售 417 万元。2005 年，零售门市部增加到 6 个，共计 3910 个品种，药品总购进 1212 万元，药品总销售 1435 万元。

第四节　经营管理

一、国有国营

1989 年 4 月和 9 月，宁化县和江西省宁都县协作，分别在两县召开边界贸易交流会，5 个地区（市）15 个县的 800 多名代表参加，宁化县商业系统成交额 886.48 万元。1991 年 9 月起建边贸综合商场，1994 年竣工启用。至 1998 年，商业系统各类不良债务 1500 万元，占流动资金近 70%。是年 12 月，县商业总公司 1050 万元债务以资抵债并停息。2000 年，县商业总公司办理化学危险品许可证 97 本。2005 年，化学危险品经营许可职能移交县经济贸易局。

二、承包经营

1988 年，实行国有商业企业经理目标责任制。1989 年，推行内部经营责任制和第一轮承包经营责任制，县百货公司、县纺织品公司、县五交化公司与下属 8 个门市部签订 3 年承包经营合同。1992 年，实行第二轮承包经营，推行"四放开"（经营权、用工权、分配权、价格权放开），建立进货分级分权管理、资金定额有偿使用、库存有问题商品定期审计、风险工资调节等制度。

三、国有民营

1993 年 7 月 1 日，县百货站率先实行"四自三联两保证"（自筹资金、自销库存、自主经营、自负盈亏；联销售、联风险、联利润；保证上交国家税金、保证缴纳职工公共费用）的国有民营模式，下属科股室、门市部、柜组、仓库实行一条龙承包，职工优化组合，交风险金上岗；10月，县五交化站实行"公开招标、确保上交、超利分留、歉收自补、风险抵押"的国有民营模式。县饮服公司对各租赁门店实行"三定"（定人员、定指标、定门店）、下放"三权"（经营权、作价权、分配权）。县食品公司对副食品基地、冷冻厂、商业货栈、议购议销组实行"以块划细、五定五包（定门点、定人员、定资金、定销售额、定上缴税利）"。1996年，县百货站对门市部所有零售柜组实行买断商品经营，县五交化站对科室调整指标后一次性拍卖给承包人。

第五节　牲畜屠宰管理

一、牲畜屠宰场

2000—2001年，县食品公司投资63万元先后引进生猪机械化屠宰生产项目和污水排放处理系统。2003年，牛、羊纳入牲畜定点屠宰范围，投资5万元改建牛、羊屠宰车间；10月1日，实行肉品品质检验，登记肉品检验和处理结果。2004年10月，牲畜屠宰场通过省屠宰管理中心达标验收。

二、定点屠宰执法管理

1991年12月，宁化县成立定点屠宰领导小组办公室，办公地点设县商业局。1994年12月20日，城区实行生猪定点屠宰管理，禁止非定点屠宰场宰杀猪肉上市。2003年，宁化县定点屠宰领导小组办公室印发省人大修订的《福建省牲畜屠宰管理条例》2000多份，并组织部分肉品经营户和市民代表座谈学习。2005年，城区牲畜屠宰量25200头，定点屠宰生猪24656头，定点屠宰率98%；查处病猪86头，查处私屠滥宰33例，取缔非法屠宰窝点14个。

第二章　粮油经营

第一节　体制改革

1988—1992年，全县粮油经营实行"双轨制"（平价经营、议价经营），城区粮店推行批零兼营和租赁经营。1993年，取消城镇居民粮食供应制度（即统销制度），粮油价格和经营放开，收购单位与农民签订合同，价格随行就市。1994年，宁化县粮油总公司（简称县粮油总公司）成立，与宁化县粮食局（简称县粮食局）一套人马、两块牌子。1996年，宁化县粮油贸易公司撤销，粮兴食品开发公司划归城南粮站。1998年，宁化县粮食收储有限责任公司成立，主营政策性业务；保留县粮油总公司（主营经营性业务），宁化县饲料工业公司停产关闭。

1999年，宁化县粮食收储有限责任公司更名为宁化县粮食购销有限公司。2000年，宁化县粮食购销有限公司解除季节工和计划内临时工劳动合同245人，退休、退职人员245人买断经济关系。2001年，解除职工劳动合同 270 人，返聘 70 人，离退休人员 30 人一次性给予养老经济补偿。2002 年 6 月，宁化县粮食购销有限公司定编定岗定员，返聘员工 39 人；8 月，县粮油总公司与 41 名员工全部解除劳动合同，21 名退休人员及遗属一次性给予养老经济补偿；10 月，股份制客家粮食贸易有限公司成立。2000—2002 年，粮食系统支付 511 名解除劳动合同的在职职工一次性补偿金 667.76 万元，分别支付 174 名退休人员和 11 名遗属一次性补偿金 199 万元和 4.50 万元。

2003 年，县粮食局增设粮食行业管理股，县粮油总公司返聘员工 5 人。2004 年 10 月，县粮食局成立粮油质量检测站，监督检测粮食加工企业和个体工商户产品质量。2005 年，全县经审核具备收购资质和工商行政管理部门注册登记的国有粮食企业 2 家，民营粮食加工企业和个体工商户 42 家、粮商 5 家、粮食经纪人 5 户。其中，宁化县粮食购销有限公司收购、保管和代管国家储备粮、省级储备粮和县级储备粮，费用包干，自负盈亏。

第二节　粮油购销

一、粮食收购

（一）粮食统购

征粮收购　1988 年，宁化县征粮入库 3357 吨。1999 年，实行农业税利双轨制（农民可交粮，也可交钱），农户交粮入库 5424 吨。2005 年 1 月 1 日，国家取消农业税，发放种粮补贴鼓励农民种粮。

合同订购　1988 年，全县收购订购粮 32500 吨，粮食合同订购实行"三挂钩"（与化肥、柴油、预购订金贴息挂钩）奖售政策，农民每交售 50 公斤订购粮发给预购订金 3.50 元，奖售平价化肥 12.50 公斤和平价柴油 1 公斤，全县共奖售平价化肥 5237 吨、平价柴油 650 吨。1991 年，收购订购粮 32500 吨，订购价每 50 公斤 23.70 元，化肥奖售标准提高到 20 公斤，共奖售化肥 13000 吨。1992 年，改"三挂钩"实物发放为发平议差价款和预购定金贴息款，农户每交售 50 公斤订购粮补贴 3.98 元（其中化肥差价款 3.00 元、柴油差价款 0.75 元、预购定金贴息款 0.23 元）。是年，合同收购订购粮 32500 吨，发放差价和贴息款 247 万元。

1994 年，宁化县遭遇"5·2"特大洪灾，早、晚谷订购价从 1993 年每 50 公斤 27.50 元分别上调至 50 元和 55 元。因受灾严重，仅完成订购任务 32740 吨的 71.70%。1995 年，实行粮肥挂钩奖售和价外补贴政策，农户每交售 50 公斤订购粮奖售议价优质化肥 12.50 公斤、补助化肥平议差价款 15 元及价外补贴 10 元，共奖售优质化肥 1644 吨，补贴化肥平议差价 986.40 万元，价外补贴 657.6 万元。1996 年，早、晚谷收购价格分别上调至每 50 公斤 72 元和 77 元，为 1988—1995 年之间价格最高的年份，全县收购 33386 吨，占订购任务的 102%。

1997 年，国家出台粮食收购最低保护价政策，出现收购价与销售价倒挂，销售困难并致仓容紧张。是年，宁化县对订购任务中议购粮部分不收实物，按农户收购任务数每 50 公斤补贴 10 元差价，以缓解仓容紧张，共收购订购粮 28208 吨，占任务的 86%。1998 年，订购任务调减为 28500 吨，比 1997 年减少 4240 吨；晚谷收购价格下调至每 50 公斤 66.50 元。全年收购 28024 吨，占任务的 98%。2000 年，晚谷订购任务调减至 11000 吨，比 1999 年减少 17500 吨。2001 年，宁化县取消粮食订购任务。至 2005 年，国有粮食企业按市场价向农户收购粮食。

（二）订单收购

2004 年，国家实行对种粮农民直接补贴和良种补贴政策，宁化县采取直接补贴与储备粮订单收购捆绑的补贴方式，农民每交售 50 公斤粮食获补贴 5 元，其中直接补贴 4 元、良种补贴 1 元。是年，全县订单收购粮食 12000 吨。2005 年，全县订单收购粮食 13900 吨。2004—2005 年，共发放直接补贴款 207.20 万元。

（三）议价收购

1988 年，县国有粮食企业收购议价粮食 12620 吨。1990 年，收购 24401 吨。1993 年，粮食价格放开，收购 6892 吨，仅占 1990 年的 28.24%。1999 年，收购议价粮食 1548 吨，占 1990 年的 6.34%。2000 年，收购议价粮食 2177 吨，占 1990 年 8.92%。至 2005 年，累计收购议价粮食 187541 吨，年均 10419 吨。

1988—2005 年宁化县粮食收购情况表

表 18-2   单位:吨

年份	订购任务	粮食收购				
		征粮	订购	省、市订单收购	议购	合计
1988	32500	3357	32500	0	12620	48477
1989	32500	3361	32500	0	23050	58911
1990	32500	3374	32500	0	24401	60275
1991	32500	3397	32500	0	11939	47836
1992	32500	3167	32500	0	14472	50139
1993	33000	4891	33000	0	6892	44783
1994	32740	5056	23410	0	19551	48017
1995	32740	5119	32740	0	17990	55849
1996	32740	5122	33386	0	7720	46228
1997	32740	4896	28208	0	3665	36769
1998	28500	5123	28024	0	3014	36161
1999	28500	5121	27700	0	1548	34369
2000	11000	4623	11000	0	2177	17800
2001	0	0	0	0	4901	4901
2002	0	0	0	0	5347	5347
2003	0	0	0	0	16727	16727
2004	0	0	0	12000	5141	17141
2005	0	0	0	13900	6386	20286

二、粮油销售

（一）粮食销售

城乡居民口粮供应　1988 年，计划供应城镇居民（含机关、团体、厂矿干部和职工）粮食，普通居民每人每月 12 公斤，干部每人每月 14 公斤，居民口粮供应量为 10090 吨。1991 年 10 月 1 日起，城镇居民口粮改凭粮票为凭购粮证并按"定点供应、当月购清、过月不补"的办法供应，居民口粮供应量为 10030 吨。1993 年起，取消城镇居民口粮定量供应政策。2001 年 5 月 1 日起，取消《市镇居民粮食供应转移证明》，结束国家统一定量凭证凭票供应城乡居民口粮（油）历史。

行业用粮　1988 年全县供应行业用粮 41 吨。1989 年供应 25 吨。1993 年起取消。

1988—1992 年宁化县粮食统销情况表

表 18-3 单位:吨

年份	居民口粮	行业用粮				侨汇	工业	事业	饲料	各项补贴	其他
		小计	食品	副食	酿造						
1988	9852	41	23	0	18	16	0	93	22	60	7
1989	9123	25	25	0	0	2	0	76	3	53	6
1990	9810	0	0	0	0	8	0	53	128	29	6
1991	9915	0	0	0	0	11	0	100	1	4	1
1992	7615	0	0	0	0	0	0	43	6	0	6
合计	46315	66	48	0	18	37	0	365	160	146	26

回销粮供应 1988 年全县供应造纸、种菜等缺粮农业人口回销粮 130 吨。1989 年供应 586 吨,1990 年供应 607 吨,1991 年供应 318 吨,1993 年起取消。

议价销售 1988 年,全县粮食企业议价销售粮食 13629 吨。1990 年,议价销售 19994 吨。2003 年议价销售 30589 吨,为 1988 年来销售最高年份。2005 年议价销售 4060 吨,为 1988 年来销售最少的年份,仅占 2003 年的 13%。1988—2005 年,共议价销售 290808 吨,年均 16156 吨。

1988—2005 年宁化县粮食议价销售情况表

表 18-4 单位:吨

年份	数量	年份	数量
1988	13629	1997	9639
1989	15049	1998	4850
1990	19994	1999	8894
1991	8665	2000	16753
1992	29282	2001	12756
1993	21522	2002	17646
1994	26559	2003	30589
1995	21707	2004	16989
1996	12229	2005	4060

(二) 食油销售

1988 年,计划供应城镇居民食油、食品加工行业和餐饮业用油,城镇居民每人每月 0.25 公斤,全县计划供应食油 170 吨。1988—1992 年,共供应城乡居民平价食油 787.20 吨,年均 157.40 吨。1993 年,取消计划供应,国有粮食企业销售议价食油 399 吨。至 1999 年,共售食油 1207.10 吨,年均 172.44 吨。2000 年,国有粮食企业退出食油经营。

第三节 粮油加工

一、粮食加工

1988 年年初,全县有以城关粮油加工厂为主的国有加工厂 5 家,另有代农加工专用联合米机 10 台。

是年，加工生产大米 14989 吨，比 1987 年减少 1156 吨。1989—1990 年，城关粮油加工厂进行技术改造，年增加工生产能力 7650 吨。1992 年，粮价调整，调销困难，大米加工产量比 1991 年锐减 6006 吨，粮食加工业亏损 24 万元。1993—1995 年粮价放开，加工生产量逐年下降，至 1996 年城关粮油加工厂亏损 5.48 万元，1997 年亏损 35.18 万元。1996 年，城关粮油加工厂实行租赁承包经营，基层粮站加工厂相继停产。至 1997 年，全县加工生产大米累计 110507 吨，年均 11050 吨，其中城关粮油加工厂 53636 吨，年均 5364 吨，占 46.60%。1998 年，国有粮食加工厂停产，全县民营个体加工和粮食经营户 117 家，其中城区 35 家。2005 年，县粮食行业协会登记在册并办理证照的粮食加工会员企业 43 家，其中班产 40 吨的 2 家，其他班产 10—20 吨，部分农户购置小型电动碾米机自行加工。

二、油脂加工

1988 年，民营个体加工户以小型拖拉机配备榨油设备，走村串户，就地加工农民生产的油菜籽、油茶籽、花生、芝麻等。国有油脂加工企业因缺乏原料，仅生产糠油 36 吨。至 1992 年，共生产糠油 120 吨，年均 24 吨；1993 年停产。随着粮油市场放开，个体民营油脂加工业发展较快，2005 年，宁花科技有限公司年生产能力达到 1000 吨，其"宁花""淮土"牌茶油产品销往北京、上海、福州、厦门等地。

三、复制品加工

1988 年，城关粮油加工厂生产粮食复制品（挂面、切面、线面、粉干等）195 吨，比 1987 年减少 16 吨；1989 年起半停产。至 1992 年，复制品生产总量 501 吨，年均 100.20 吨。1993 年，宁化县粮兴食品开发有限公司成立，于 1994 年建成豆腐皮生产线，后因原料外购成本高、产品质差而滞销，连年亏损，至 1995 年亏损 26.67 万元，1996 年 7 月员工合并到城关粮站。1997—2005 年，民营个体复制品加工厂（店）快速发展，方田古坑粉干、禾口光饼、安远粉条等宁化传统复制品加工工艺迅速复兴，产品受群众欢迎。

四、饲料加工

1988 年，县饲料公司配合饲料厂加工生产饲料 5482 吨，比 1987 年增加 724 吨。1989 年，基层粮站加工厂新增 2 台饲料粉碎机，全县年生产能力 7500 吨。1991 年，县饲料公司与国家粮食局无锡科学研究设计院合作开发微机控制工艺，优化配方，提高质量，降低成本。1993 年起，随着粮价放开，外购主要原料玉米、麸皮等价格上涨，饲料加工生产企业效益逐年下降，1996 年亏损 40.20 万元，1997 年亏损 59.70 万元。1998 年，饲料公司人员分流，关闭停产。

第三章　供销合作

第一节　体制改革

一、机构体制改革

1988 年，县供销社机关设业务科、财计科、人事科、基层科、商办工业科、基建科、保卫科、办公室、监事会办公室等 9 个科室。宁化县供销系统直属企业有储运公司、土产公司、日杂公司、农资公司、果杂公司、贸易货栈、工业品公司、综合加工公司、染织厂、茶厂、修建队 11 家。基层供销社有城关供销社、济村供销社、禾口（石壁）供销社、淮土供销社、方田供销社、中沙供销社、水茜供销社、安远供销社、泉上供销社、湖村供销社、安乐供销社、曹坊供销社、治平供销社 13 家。全系统干部、职工 1194 人（其中县供销社机关 38 人），固定资产 2300 万元，自有资金 1300 万元。

1990 年 3 月，县供销社成立废旧物资回收公司，撤销综合加工公司。1991 年，日杂公司和贸易货栈合并为宁化县生活用品总公司。1992 年，修建队更名为宁化县城区建筑公司。农资公司纳入省农资集团公司，更名为福建省农资集团宁化县农业生产资料分公司。1993 年，精简机构，压缩人员，县供销社机关 9 个科（室）撤并为业务科、人事科、财计科、办公室等 4 个科室，员工由 38 人精减到 23 人，13 家基层供销社精减行政人员 56 人。1994 年，供销茶厂被染织厂兼并，资产、人员归染织厂管理。1995 年，实行企业全员劳动合同制，干部、固定工、合同工均与企业签订劳动合同，统称职工；至 1996 年 6 月，有 1066 名职工签订全员劳动合同。1997 年，县供销社创办专业合作社，以中沙乡农副产品专业合作社和方田乡竹柴炭专业合作社规模较大。县委出台《关于深化供销合作社改革的实施意见》，县供销社列入事业单位管理，核定事业编制 28 名，为财政差额拨款。是年，全县供销企业资产总额 8408.41 万元，负债 4476.12 万元，净产值 3932.29 万元。1998 年 5 月，宁化县农副产品信息中心成立。

2000 年，县政府批准县供销社企业改革改制方案。是年 10 月，染织厂率先改制，资产整体拍卖，与 69 名职工解除劳动关系；至 12 月，宁化县供销系统有 358 人解除劳动关系。2002 年 4 月，宁化县烟花爆竹经营有限公司成立，实行全县烟花爆竹专营；8 月，宁化县城区建筑公司 5 名职工解除劳动关系，公司解体。2003 年 7 月，石壁供销社、泉上供销社与 146 名职工解除劳动关系。11 月，宁化县农资公司（简称县农资公司）与 49 名职工解除劳动关系；石壁供销社、泉上供销社、县农资公司经县法院裁定破产。2004 年，县农资公司重组为股份制绿丰农资有限责任公司。至 2005 年年底，县供销社全系统有 977 人解除劳动关系，占职工总数 1023 人的 95.50%；安置退休人员 317 人，占退休人员总数 336 人的 94.35%；发放安置费 1850 万元；保留公司 7 家、基层供销社 11 个，共有职工 46 人。

二、经营体制改革

1988 年，宁化县供销系统批发网点以"联销计酬"经营方式为主，零售门点以"利润大包干"方式承包经营。1989 年，推行主任、经理任期目标责任制，实行"定人员、定任务、定资金、定费用、定效益"。1991 年，在城区老铁门门市部试行"租赁经营"，并向全系统推广。1993 年，扩大租赁经营范围，加大"利润大包干"比重，曹坊供销社除农资门点外全部实行租赁经营，安乐供销社的所有门点实行风险抵押利润大包干，包干利润比 1992 年增加 1.30 万元。1997 年，零售网点全部实行个体经营，企业收取管理费。1999 年，企业收入只有门（店）管理费。2000 年起企业改制。

第二节 农业生产资料经营

一、网点

1988 年，全县设农资门市部、分销店、代购代销店等农资经营网点 290 个。1992 年 7 月，在基层供销社设立农资分公司 13 家、经营网点 215 个。1998 年，基层供销社的农资分公司更名为农资供应站，全县设供应站 12 个、经营网点 106 个。2004 年 10 月，绿丰农资有限责任公司设大丰收、田野 2 个配送中心，粮丰、田园、城区、城西、西大路 5 个批发部，网点 96 个，连锁加盟店 32 个，经营人员 145 人。

二、销售与服务

（一）销售

化肥　1988 年，全县农资经营网点化肥销售主营氮肥、磷肥、钾肥、复合肥、微肥 5 大类 13 个品种，销售 51120 吨。1989 年，销售化肥 61028 吨，比 1988 年增长 19.38%。1996 年，受烟草部门为适应烟叶种植面积扩大而自行供应烟叶用肥影响，销售化肥 27186 吨，比 1988 年下降 46.82%。1998 年，宁化县取消化肥指令性生产计划和统配收购计划。1999—2004 年，农业部门、个体户等多渠道销售经营。2005 年，供销系统销售化肥 5003 吨。

农用薄膜　1988 年起，全县农资经营网点经营水稻育秧、经济作物早春苗期覆盖用的农膜、地膜，最高年份销售 1401 吨。至 2005 年，累计销售 3037 吨。

农药　1988 年，全县农药经营为 3 大类 45 个品种，总销售 7433 吨，其中粉剂农药 6323 吨。1991 年，国家禁用极毒高残的 1605 粉剂，仅售农药 440 吨，比 1988 年减少 6993 吨。1991—2004 年销量逐年下降，2005 年销售 119 吨。

农药器械　1988 年，全县农资经营网点农药器械主营喷雾器、喷粉器及零配件，总销售 2472 架。至 2005 年，累计销售农药器械 20422 架。

中小农具　1988 年，全县农资经营网点农药器械中小农具主营打谷机、铁步犁、棕绳、斗笠、禾刀、牛链、锄头等，总销售 55312 件。1989—1995 年，农村集市交易繁荣，供销系统销量锐减。1996 年，销售 10700 件，比 1988 年下降 80.66%。2001 年销售 2357 件。2002 年起不再统计销量与金额。

（二）服务

1988 年，全县供销系统培育并供应菇农香菇、蘑菇、金针菇菌种 6 万瓶。1989—1990 年，县供销社举办食用菌栽培技术培训班 8 期，受训 460 人次。1990—1991 年，设庄稼医院 16 所、农资科技咨询处 20 个、村级服务站 41 个，配备专职人员 55 人；县供销社举办庄稼医生培训班 3 期，培训 150 人；播放农资科技录像 150 场次，接受咨询 3100 人次，巡诊问诊 520 人次。1992 年，县供销社在湖村镇陈家村进行微肥试验，每亩节省成本 10%。1995 年，县供销社在安乐乡黄庄村建立 30 万袋香菇栽培示范基地。1996—1997 年，县供销社开展稻田测土施肥、微毒新农药 "杀虫双颗粒剂" 代替 1605 粉剂水稻早期杀虫和 "除草剂" 稻田除草试验并向全县推广。1998—2005 年，庄稼医院、村级综合服务站和信息中心开展测土施肥、安全用药、病虫害诊治和发布信息等服务。

三、专营管理

1988 年，省政府委托各级供销社农资公司专营化肥、农药、农膜。1989 年，县农资公司成立专营股，对农资按 "统一计划、统一筹资、统一进货、统一调拨、统一管理" 的方式专营，优质肥、粮食收购奖励肥按计划分配，碳氨按 "一凭四定"（凭票、定时、定点、定品种、定数量）供应。1989—1992 年，县农资公司开展农资专营检查和农资市场整顿，查处倒卖化肥案件 28 起，查获劣质化肥 250 吨。全县累计销售化肥 229250 吨、农药 1958.70 吨、农膜 1007.40 吨、农药械 6441 架。

1988—2005 年，农资经营经历计划分配（1988 年）、专营（1989—1992 年）、一主二辅（1993—2003 年）和股份制（2004—2005 年）4 个不同时期，宁化县供销系统累计销售化肥 582004 吨、农药 14652.20 吨、农膜 2966 吨、农药器械 20422 架、中小农具 186489 件，销售额累计 3.78 亿元。

1988—2005 年宁化县供销系统化肥、农用薄膜供应情况表

表 18-5　　　　　　　　　　　　　　　　　　　　　　　　　　　　　　　单位:吨

年份	化肥小计	化　　肥				农用薄膜
		氨肥	磷肥	钾肥	复合肥	
1988	51120	36333	11166	2201	1420	1401.00
1989	61028	42120	10015	3649	5244	193.90
1990	60386	41430	11911	5928	1117	624.00
1991	51349	32627	13571	3438	1713	51.00
1992	56487	33936	11736	5010	5805	138.50
1993	53209	33022	14062	3940	2185	68.10
1994	24168	17711	4646	1039	772	65.60
1995	47944	35127	10135	1768	914	107.80
1996	27186	18489	6014	1553	1130	92.00
1997	25592	16004	6347	1496	1745	62.40
1998	21457	13434	5486	1155	1382	31.70
1999	16134	7633	6349	722	1430	—
2000	16663	11151	4248	596	668	20.00
2001	22667	12164	5209	1496	3798	7.00
2002	26000	9000	9000	3000	5000	—
2003	9015	3150	3450	1015	1700	—
2004	6596	2378	2005	993	1220	90.00
2005	5003	2400	1260	422	921	64.00
合计	582004	368109	136310	39421	38164	3017

1988—2005 年宁化县供销系统农药、农药器械、中小农具供应情况表

表 18-6

年份	农药小计 (吨)	农　药			农药器械 (架)	中小农具 (件)
		杀虫剂(吨)	杀菌剂(吨)	除草剂(吨)		
1988	7433.00	7394.00	36.00	3.00	2472	55312
1989	590.00	547.00	38.00	5.00	1380	14153
1990	601.00	556.00	36.00	9.00	1689	12363
1991	440.00	396.00	32.00	12.00	1981	11096
1992	327.70	273.10	33.00	21.60	1391	13324
1993	413.30	305.60	81.20	26.50	1322	11228
1994	379.90	283.00	59.70	37.20	2004	10982
1995	641.00	537.10	51.30	52.60	2226	11625
1996	900.00	774.10	62.60	63.30	1128	10700
1997	683.50	565.30	56.20	62.00	1217	9635
1998	845.60	719.20	58.00	68.40	1158	9436
1999	599.20	463.00	65.20	71.00	1036	8962

续表 18-6

| 年份 | 农药小计(吨) | 农药 | | | 农药器械(架) | 中小农具(件) |
		杀虫剂(吨)	杀菌剂(吨)	除草剂(吨)		
2000	22.00	10.00	11.00	1.00	70	5316
2001	387.00	202.00	86.00	99.00	898	2357
2002	60.00	50.00	8.00	2.00	—	—
2003	45.00	32.00	10.00	3.00	—	—
2004	165.00	66.00	28.00	71.00	—	—
2005	119.00	87.00	30.00	2.00	450	—
合计	14652.20	13260.40	782.20	609.60	20422	186489

第三节　农副产品收购

一、收购网点

1988 年，县土产公司、宁化县果杂公司、宁化县供销茶厂经营农副产品收购，在城区设 7 个销售网点，基层供销社设 13 个农副产品收购站，以收购黄麻、桐籽、棕片、毛竹、土纸、茶叶、柑橘、木炭、香菇、莲子为主。1994 年，宁化县供销染织厂兼并宁化县供销茶厂并接管茶叶收购，网点不变。1999 年企业改制，收购网点撤销。

二、收购业务

1988 年，全县农副产品收购金额 559 万元。1989 年，土纸滞销，县供销社扶持茶叶生产资金 20 万元，茶叶收购比 1988 年增加 4.60 吨，桐籽收购比 1988 年增加 45 吨。1990 年，扶持城郊乡瓦庄村 8 万元开垦茶园 10 公顷，联合江西省赣南造纸厂收购冬茅秆 100.30 吨。1990 年农副产品收购 288 万元，比 1988 年减少 271 万元，下降 48.48%。1991 年，农副产品收购由二类降至三类并放开经营，县供销社扶持安乐乡马家村土纸、毛竹生产基地和淮土乡林场、淮阳村、竹园村等 40 万元，签订 17.33 公顷柑橘、13.33 公顷茶叶收购合同。1991 年农副产品收购 322 万元，比 1990 年增加 11.81%。1992 年，巩固土纸、茶叶生产基地，与长汀县合作土纸收购联营，全年农副产品收购 341 万元。1993—1998 年，实行农副产品收购责任制，土纸仍由县土产公司集体经营，其他品种实行业务人员利润大包干，由县土产公司员工每人向公司借款 2 万元，个人单独或组合承包，按月上交承包费，因员工不适应市场竞争，造成货款及借款难以收回，累计亏损 129.80 万元。1999 年起，停止农副产品收购，由生产者外销及个体户经营。

1988—1998 年宁化县供销系统农副产品收购情况表

表 18-7

品种\年份	土纸(吨)	毛竹(根)	木炭(吨)	茶叶(吨)	桐油桐籽(吨)	棕片(吨)	莲子(吨)	柑橘(吨)	芒秆(吨)	收购金额(万元)
1988	1506.20	281200	583.50	89.60	籽 165.70	83.20	35.20	123.00	—	559
1989	1403.20	261300	792.60	94.20	籽 210.70	78.30	28.60	121.70	—	552
1990	703.20	83200	172.80	63.20	籽 63.70	50.20	17.60	350.80	100.30	288

续表18-7

年份\品种	土纸（吨）	毛竹（根）	木炭（吨）	茶叶（吨）	桐油桐籽（吨）	棕片（吨）	莲子（吨）	柑橘（吨）	芒秆（吨）	收购金额（万元）
1991	601.80	76200	263.20	76.20	籽 73.20	60.10	23.60	360.20	98.20	322
1992	608.80	74600	172.80	87.20	油 12.50	1.60	11.80	111.50	14.20	341
1993	708.80	—	—	78.10	油 12.10	1.80	6.50	125.00	—	242
1994	307.80	—	—	52.70	油 8.20	2.60	—	105.00	—	169
1995	71.20	—	—	1.10	油 0.90	50.00	—	—	—	74
1996	85.00	—	567.50	8.00	油 56.60	—	—	—	—	311
1997	71.70	—	4.20	—	油 65.70	—	14.10	—	—	276
1998	—	—	55.50	5.00	—	—	—	—	—	218
合计	6067.70	776500	2612.10	555.30	—	327.80	137.40	1297.20	212.70	3352

第四节　废旧物资回收

　　1988年，宁化县日杂公司经营废旧物资回收，基层供销社设收购网点13个。1990年3月，宁化县废旧物资回收公司成立，设专业收购网点18个，专营废旧金属收购，由网点按月交售公司统一调运。1991年，收购废金属301吨。1995年，增加报废汽车回收拆解业务，收购大小报废车辆50部。1998年起，报废车辆回收划归宁化县物资局再生利用公司经营。1999年废旧物资收购金额55.80万元，比1988年增长120.55%。2001年3月，宁化县废旧物资回收公司解除19名职工劳动关系，停止购销业务。

1989—2001年宁化县供销系统废旧物资收购情况表

表18-8　　　　　　　　　　　　　　　　　　　　　　　　　　　　　　　单位：万元、吨

年份	收购金额	废旧物资	废钢铁	其他废品
1989	25.30	15.50	120	85
1990	40.60	28.50	280	160
1991	38.50	30.00	301	210
1992	35.40	27.60	278	190
1993	23.00	15.40	248	165
1994	25.50	15.50	167	96
1995	26.60	18.80	212	175
1996	37.00	14.20	138	89
1997	46.70	24.90	174	101
1998	55.80	35.20	304	260
1999	55.80	43.70	517	350
2000	57.20	45.00	586	370
2001	21.40	51.40	608	420
合计	508.10	365.70	3933	2671

第五节　烟花爆竹专营

一、销售经营

1988 年，烟花爆竹由宁化县日杂公司经营。1991 年，划归宁化县生活用品总公司经营。1991—1994
年，经营烟花爆竹年销售额 20 万—40 万元。1995—1996 年，烟花爆竹划归县土产日杂公司，由职工承包
经营，年均销售额 5 万元。1997—2000 年，宁化县土产日杂公司主营淮土乡生产的鞭炮和三明供应的烟
花；2001 年，主营湖南省浏阳、醴陵市和江西省万载县产品。2002 年 4 月，宁化县烟花爆竹经营有限公
司成立，实行专营。2005 年，全县烟花爆竹持证经销户 90 户，销售额 90 万元。

二、专营管理

2001 年，县政府下发并实施《宁化县民爆物品开展烟花爆竹专项整治工作方案》，收缴违法生产销售
鞭炮 180 万发、鞭炮原材料 250 公斤、黑火药 119.25 公斤、引线 50 公斤及加工机器 4 台，治安处罚 7 人。
2002 年，县政府成立宁化县烟花爆竹管理办公室，检查民爆物品、烟花爆竹 12 次，查处非法生产销售案
件 24 起，收缴鞭炮 180 万发、鞭炮半成品 874 盘、春雷 500 公斤、成品 126 箱、礼花弹 4 万个、其他烟
花 700 个、原材料 312 公斤、引线 125 公斤和加工机器 17 台，治安处罚 34 人。2003 年，收缴违法生产销
售鞭炮 6500 万发、鞭炮半成品 42 盘、引线 40 公斤，行政拘留 12 人，治安处罚 54 人（次）。2005 年，查
获走私烟花爆竹 1 亿发。

1988—2005 年宁化县烟花爆竹持证经销情况表

表 18-9

年份	烟花爆竹经营单位	销售额(万元)	全县持证经销户(户)
1988	宁化县日杂公司	20	195
1989	宁化县日杂公司	22	200
1990	宁化县日杂公司	24	204
1991	宁化县生活用品总公司	31	150
1992	宁化县生活用品总公司	33	153
1993	宁化县生活用品总公司	36	160
1994	宁化县生活用品总公司	40	160
1995	宁化县土产日杂公司	4	80
1996	宁化县土产日杂公司	6	83
1997	宁化县土产日杂公司	10	86
1998	宁化县土产日杂公司	15	86
1999	宁化县土产日杂公司	18	90
2000	宁化县土产日杂公司	20	90
2001	宁化县土产日杂公司	30	80
2002	宁化县烟花爆竹经营有限公司	40	85
2003	宁化县烟花爆竹经营有限公司	50	89

续表 18-9

年份	烟花爆竹经营单位	销售额(万元)	全县持证经销户(户)
2004	宁化县烟花爆竹经营有限公司	80	92
2005	宁化县烟花爆竹经营有限公司	90	90

第四章　物资供应

第一节　体制改革

一、机构改革

1988—1991 年，宁化县物资部门为局辖股行政建制，县物资局下设金属材料股、机电设备股、化工建材股、综合业务股。1992 年，县物资总公司成立，与县物资局"一套人马、两块牌子"，县物资局金属材料股更名为宁化县物资总公司金属材料公司，机电设备股更名为宁化县物资总公司机电设备公司、化工建材股更名为宁化县物资总公司化工建材公司、综合业务股更名为宁化县物资总公司综合业务部。1997 年，县政府撤销县物资局；同时，县物资总公司成立宁化县物资行业管理办公室，承担原县物资局管理职能。1998 年，县物资总公司成立物资再生利用分公司。1999 年，县物资总公司成立民爆器材专卖分公司。截至 2005 年，县物资总公司机构不变。

二、价格改革

1988 年，宁化县实现价格"双轨制"（计划内物资平价供应，计划外物资议价买卖）。1991 年，宁化县开展计划内外物资价格并轨试点。1992 年，宁化县指令性计划管理的重要生产资料价格并轨，对县内重点工矿企业、宁化县计划委员会安排的基本建设项目和原享受计划内物资供应的单位实行价格上倾斜，并补贴差价。自 1993 年起，全县不再划分计划内外物资。

三、经营改革

1988 年，县物资局继续履行与县财政局签订的第一轮（1987—1990 年）承包经营合同。1991 年起，实行第二轮（1991—1993 年）承包经营，局机关与股室签订内部承包合同，经济指标分解到股（室），经营效益与职工利益挂钩。

四、人事用工制度改革

1988—1991 年，县物资局实行任命与统配人事用工制度。1992 年，县物资总公司成立，与县物资局"一套人马、两块牌子"，人事用工依旧实行任命与统配人事用工制度。1994 年起，推行干部聘任制，设立

8 档岗位技能工资，以岗定薪，岗变薪变。1997 年，县物资局撤销，县物资总公司除物资行业管理办公室保留 2 个事业编制外，其他编制被宁化县机构编制办公室收回，公司职工有 4 人内退、7 人下岗。2002 年，有 12 人提前退休。

第二节　物资经营

一、经营种类

1988 年，县物资局主要经营金属材料、化工建材和机电产品 3 大类物资，主要品种为钢材、生铁、铜、铝、烧碱、纯碱、塑料、轮胎、水泥、玻璃、电焊条、工业轴承、电动机、汽车等。1992 年，县物资总公司成立后，发展氧气、乙烷气、防水油膏、摩托车等品种业务。1998 年，重点经营小汽车、空调、摩托车、民爆物品和重点工程物资。1999—2001 年，重点经营金属材料、汽车、空调、机电产品、火工产品、报废汽车、废旧金属回收、旧车交易以及重点工程配套物资。2005 年，经营品种有钢材、生铁、铜、铝、烧碱、纯碱、塑料、轮胎、水泥、玻璃、电焊条、工业轴承、汽车、空调、机电产品、火工等金属、化工、机电、运输等物资产品。

二、经营状况

1988 年，县物资局购进物资 1280 万元，销售生铁 104 吨、钢材 3342 吨、铜 4.50 吨、铝 4.20 吨、铜材 15 吨、铝材 10.80 吨、烧碱 132 吨、纯碱 10 吨、塑料 18 吨、轮胎 4843 套、水泥 1284 吨、平板玻璃 3295 重量箱、汽车 5 辆、布电线 246 千米、电焊条 20 吨、工业轴承 2.20 万套；销售总额 1312 万元，利润 45.23 万元，纳税 19.63 万元，分别比 1987 年增长 58.60%、53.90%、162.50%、86.75%。1989 年，县物资局购进物资 1150.71 万元，销售 1313 万元，利润 50.64 万元。1990 年，拓展边界贸易，购进物资 1160 万元，销售 1255 万元，利润 29.20 万元，其中边贸销售额 300 多万元，占销售总额的 25.80%。1991 年，"坐商"改"行商"，业务员下乡 104 次，送货上门 525 吨，进销额分别为 1736.57 万元和 1871 万元，利润 14.32 万元。

1992 年，县物资总公司分别与柳州汽车制造厂、南京汽车制造厂、吉林化学工业有限公司，武汉钢铁厂以及福州摩托车销售公司建立供销关系，进销额分别为 2315 万元和 2303 万元，利润 25.10 万元，其中省外货源占购进总额的 50%，县外销售占销售总额的 70%。1993 年，县物资总公司（县物资局）在厦门设立办事处，在吉林、上海、柳州、三明等地设立联络处，稳固吉林、上海、武汉、南京、无锡、柳州等地十几家厂家供销业务；发展氧气、乙烷气、防水油膏等业务，销售钢材 2164 吨、轮胎 5047 套、化工原料 380 吨、平板玻璃 5309 重量箱、汽车 16 辆、摩托车 344 辆、氧气及乙烷气 1200 瓶；进销额分别为 3403 万元、3086 万元，利润 34.50 万元，纳税 50 万元。

1994 年，物资价格下跌，进销差价缩小，潜亏物资库存增加，县物资总公司进销额分别为 3550 万元、3582 万元，盈亏基本持平。1995 年，随着个体和私营物资流通企业快速发展，县物资总公司进销额分别下降为 1391 万元、1667 万元，亏损 5.90 万元。1996 年，进销额分别为 881 万元、1000 万元，亏损 44.65 万元，其中县物资总公司本部亏损 15.24 万元、金属材料公司亏损 3.90 万元、化工建材公司亏损 19.45 万元、机电设备公司亏损 4.86 万元、综合业务部亏损 1.20 万元。1997 年，县物资总公司改革经营机制，实行全员承包，清理债权债务，收回债权 40 多万元，进销额分别为 636.85 万元和 716 万元，亏损 12.54 万元。

1998 年，县物资总公司重点经营小汽车、空调、摩托车、民爆物品和重点工程物资，进销额分别为

395.74 万元和 416 万元，亏损 1.21 万元。1999—2001 年，重点经营金属材料、汽车、空调、机电产品、火工产品、报废汽车、废旧金属回收、旧车交易以及重点工程配套物资，出租仓库、门店、办公楼、楼梯间，年均进销额分别为 427 万元和 487.50 万元，盈利 2.90 万元。2002—2005 年，县物资总公司金属材料公司降价处理积压轮胎、玻璃、化工、机电产品及部分金属材料，累计 60 多万元；宁化县物资再生利用分公司的废旧物品购销业务以每年 3 万元管理费（含场租金）承包经营；县物资总公司业务仅剩民爆物品经营和仓库、门店等物业租赁，每年租赁收入 10 万元。

第三节　民爆物资供应

1988—1998 年，民爆物品由县物资总公司下属化工建材公司经营，每年销售炸药 100—140 吨。1999 年宁化县民爆器材专卖分公司成立后，购进民爆物品价值 114.79 万元，销售 175.56 万元，其中销售炸药 175.70 吨、雷管 23.88 万发、导火索 35.79 万米。2000—2001 年，宁化县民爆器材专卖分公司销售炸药 373.12 吨、雷管 62.31 万发、导火索 53.98 万米。2002 年，宁化县民爆器材专卖分公司投资 100 万元建成城郊乡连屋村新民爆物品仓库及管理房，销售炸药 183.10 吨、雷管 26.72 万发、导火索 28.18 万米。2003 年，宁化县民爆器材专卖分公司新建火工库，添置民爆物品运输专车，销售炸药 236.45 吨、工业雷管 35.51 万发、工业索类 29.25 万米。2004 年，宁化县民爆器材专卖分公司实行仓管员、运输员、押运员持证上岗，销售炸药 212.33 吨、工业雷管 38.87 万发、工业索类 21.17 万米。2005 年，宁化县民爆器材专卖分公司销售炸药 197 吨、工业雷管 33 万发、工业索类 20 万米。

1988—2005 年宁化县物资购销情况表

表 18-10　　　　　　　　　　　　　　　　　　　　　　　　　　　　　　　　　　　　单位:万元

年份	购进总额	销售总额	金属材料		化工建材		机电产品		综合业务		民爆物品	
			购进	销售	购进	销售	购进	销售	购进	销售	购进	销售
1988	1280.00	1312.00	623.25	654	486.75	489	170.00	169	—	—	—	—
1989	1150.71	1313.00	608.71	720	375.00	407	167.00	186	—	—	—	—
1990	1160.00	1255.00	691.00	738	335.00	372	132.00	145	—	—	—	—
1991	1736.57	1871.00	910.31	969	355.10	415	182.65	195	288.50	292	—	—
1992	2315.00	2303.00	907.00	990	795.00	700	293.00	316	320.00	297	—	—
1993	3403.00	3686.00	1061.00	1115	641.00	850	532.00	535	1169.00	1186	—	—
1994	3550.00	3582.00	1760.00	1774	845.00	879	945.00	929	—	—	—	—
1995	1391.00	1667.00	575.00	653	445.00	592	371.00	422	—	—	—	—
1996	881.00	1000.00	445.00	451	218.00	276	218.00	273	—	—	—	—
1997	636.85	716.00	—	132	—	204	—	380	—	—	—	—
1998	395.74	416.00	—	62	—	198	—	156	—	—	—	—
1999	425.98	492.45									114.79	175.56
2000	487.14	545.94									122.11	183.95
2001	368.20	424.00									114.17	172.77
2002	—	211.00									114.35	172.76
2003	—	248.00									145.52	217.82

续表18—10

年份	购进总额	销售总额	金属材料		化工建材		机电产品		综合业务		民爆物品	
			购进	销售	购进	销售	购进	销售	购进	销售	购进	销售
2004	—	280.00	—	—	—	—	—	—	—	—	146.34	194.87
2005	—	297.00	—	—	—	—	—	—	—	—	120.18	179.06

注:1.表中1993年数字为1—11月份统计数。

2.本表为宁化县物资总公司(宁化县物资局)物资经营购销额,不包括个体及私营企业。

第五章　食盐经营

第一节　食盐专营

一、食盐销售

1988—1998年,宁化未设置独立的盐业执法机构和经营机构,由县供销社经营食盐销售。1999年,福建宁化盐务局(以下简称县盐务局)、福建省盐业公司三明分公司宁化支公司(以下简称县盐业公司)成立,合署办公,职责分开,县盐务局负责盐政执法,县盐业公司负责营销业务。食盐价格按省物价委员会核定500克加碘食盐批发价每吨1086.70元、零售价每吨1600元(每500克0.80元),全县销售小包装碘盐1600吨。2001年,省物价委员会核定500克加碘食盐批发价每吨1592.92元、零售价每吨1800元(每500克0.90元,提价0.10元),部分乡(镇)出现抢购风潮,全年销售碘盐2322吨,为历年来最高水平。2002年,受2001年抢购风潮影响,销售碘盐1320吨,为历年来最低水平。2003—2005年,销售小包装碘盐5083吨。

二、配送供应

1988—1998年,宁化县城关及各乡(镇)、村级代销点设有食盐专柜,食盐由县供销社统一配送和销售。1999年后,全县食盐供应由县盐业公司负责调运供应。2003年,县盐务局(县盐业公司)利用省盐业ERP(现代化企业资源管理信息系统)信息系统,推进食盐流通现代化,改客户提货制为送货制,通过800免费电话或手机短信订货,在承诺时间内将盐产品直接送达客户手中,食盐销售实现统一管理、统一配货、统一服务。2004年,福建省盐业公司三明分公司在宁化县中心城区选择连锁超市、大卖场等现代商业渠道,调整和增设县内食盐销售网络。2005年,全县碘盐供应网点19个,比1999年增加8个。

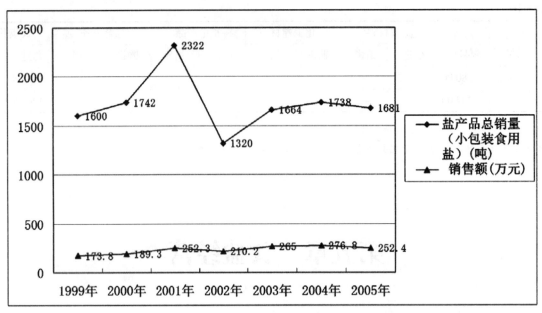

图 18-1　1999—2005 年宁化县食盐销售情况图

第二节　盐业管理

1996 年起，随着市场经济和个体私营经济发展，大量非碘盐流入市场，影响食用碘盐合格率和普及率。1999 年，三明市盐务局成立宁化县盐政执法大队，查处盐政案件 10 起，缴获私盐 59.65 吨，处罚 10 人，其中李某某因非法经营无碘盐累计 80 余吨，被法院判处有期徒刑 1 年 6 个月。2000 年，查处盐政案件 13 起，查获私盐 29.33 吨，处罚 14 人。2001 年起，盐政执法重点从查缉转为宣传和市场管理，进万村、进万店、进万户，开展 "走网点、访用户、普盐法、促专营" 及 "保护儿童智力发育" 等宣传活动。2005 年，县盐务局、工商局、卫生局、技术监督局等组成联合执法工作小组，驻点稽查曹坊乡、治平畲族乡等私盐销售重点地区，规范食品加工用盐户的用盐行为，向长期食用私盐的重点村庄、农户宣传食用碘盐等科普知识。

第六章　个体私营商贸

第一节　个体商贸

1988 年，全县有个体工商户 4737 户，从业人员 5369 人，注册资金 797.60 万元，社会商业零售额 16510.54 万元，纳税 195.65 万元。1992 年，县政府扶持个体私营商贸发展，简化登记手续，下放登记权限，减收管理费，新增个体工商户 1509 户。是年，全县个私工商户 6440 户，从业人员 8573 人，注册资金 1711 万元，分别比 1991 年增长 31.40% 和 32%。1993 年，县工商局成立第三产业协调办公室，乡（镇）个体工商户登记发照职能下放到工商所，全县登记注册个私工商户 11773 户，从业人员 14997 人，注册资金 2627 万元，比 1988 年增加 7036 户 9628 人。2000 年，县政府出台《关于加大发展个体私营经济的若干规定》，鼓励个体私营经济发展。是年，新发展个体工商户 1499 户，从业人员 1653 人，注册资金 1515 万元，社会商品零售额 70445 万元，纳税 2428 万元，出现 10 户投入资金 200 万元以上的商业户。2005 年，县委、县政府出台《关于贯彻落实三明市委市政府〈关于进一步加快发展个体私营经济的决定〉实施意见》，推动个体经济从粗放型向合理化发展，由商品批发、零售、餐饮扩展到建材、能源、文化娱乐、汽车、机械等行业。是年，全县个体私营经济 4058 户，从业人员 9860 人，注册资金 33689 万元，社会消费品零售额 65292 万元，纳税 3770 万元。

第二节　私营商贸

1988 年，全县私营企业 10 家，从业人员 94 人，注册资金 309 万元，纳税 195.65 万元，比 1987 年分别增长 28.50%、40.20% 和 58.70%。随后，县委、县政府相继出台一系列鼓励、扶持、引导个体私营经济发展政策，在经营范围、经营方式、注册资金等方面给予放宽登记，私营商贸迅猛发展。至 1998 年年底，全县城镇私营企业 53 家，从业人员 651 人，注册资金 1772 万元，产值 5966 万元，纳税 1933 万元。2000 年，全县挂牌保护重点私营企业 19 家，注册资金 100 万元的 5 家、200 万元的 2 家。2005 年，全县私营企业 278 家，从业人员 4837 人，注册资金 30268 万元，完成产值 116345 万元，营业额 59060 万元，税收总额 3222 万元，占全县税收的 62%。其中，第三产业私营企业 157 家，占总数 56.47%。

第三节　集市与网点

一、集市

1988 年，随着农村商品经济的发展和集市开放，县内墟场贸易日趋繁荣，综合性市场遍布全县各地，全县有集市（墟场）19 个。集市贸易成交额 4648 万元，其中农村集市贸易 2307 万元，城镇集市贸易 2341 万元。1992 年，宁化县投资 800 万元的客家边贸中心市场投入使用，时为闽赣边界最大的农贸市场，主要经营肉类、蔬菜、水产、干货等农副食品。2000 年，宁化县投资 1780 万元建成面积 21220 平方米的客家边贸城，时为三明市最大的服装批发市场之一。该商场集零售、仓储、批发为一体，主要经营中低档服装、针织品、鞋帽、床上用品、小百货等。

2005 年，全县有集市 20 个，其中除县城中心集镇翠江镇外，农村集市以安远、石壁、湖村、泉上等乡（镇）较大。

二、商业网点

1988 年，全县有个体商业网点 1617 个，从业人员 1824 人。1991 年，县政府下发《关于大力发展个体私营经济的决定》，制定放宽开业条件，简化注册手续，放宽从业人员条件限制，放宽经营方式、经营范围等一系列发展个私经济的有关政策。是年，个体商业户 1812 户，从业人员 2264 人，全县商业网点 1922 个。1995 年后，对非公有制经济做到 4 个不限（不限发展比例、不限发展速度、不限经营方式、不限经营规模），民营商业得到长足发展，全县个体商业户发展到 2135 户，从业人员 3211 人，商业网点 2100 个。2000 年，先后建成客家边贸城、荣华装饰材料城、翠江明珠商业集中区、家具市场、中环购物广场、酒业配送中心等一批大型批发零售市场，形成覆盖城乡的市场网络，人均商业面积 1.80 平方米，达到全国先进水平。自选超市、连锁经营、物流配送、电子商务、网上购物等现代经营方式逐步兴起。县工商局设立办事大厅，实行受理、审理、发照、驳回、政策咨询一条龙服务，推行公开承诺制度，缩短办照时限，凡申办个体商业户、民营企业开业登记或变更、歇业登记，做到当日办结。对国有企业下岗职工申办个体商业户的给予优先安排经营场地、摊位，设立下岗职工专用摊位，允许下岗职工先试营业 6 个月再办营业执照，减半收取管理费和摊位费，个体私营贸易得到进一步发展。是年，全县个体商业户 3211 户，从业人员 4232 人，商业网点 3533 个。2004 年 5 月 1 日，宁化万福隆超市开业。2005 年，全县个体商业户 3969 户，从业人员 5015 人，商业网点 3400 个。

附：宁化客家边贸城

位于宁化县城关新桥二路，2000 年 10 月建成。该商场集零售、仓储、批发为一体，主要经营服装、针织品、鞋帽、床上用品、小百货等；二楼商场经营面积约 4200 平方米，有 135 户个体工商户，是三明市最大的服装批发市场之一。商场服装、针织品主要从江苏省常熟市、南通市调运，小百货到浙江义乌进货，商品流向为江西省的南丰、赣州、于都、瑞金、广昌、石城等地。2005 年，交易额 1 亿元左右。

第四节　客家边贸

1988 年起，宁化县不断深化商品流通体制改革，扩大多种经济成分，改变经营方式和流通渠道，实施"以放对放、以活对活"的发展边界贸易策略，打开山门，搞活流通，大力发展边界贸易，壮大县域经济。1989 年 3 月 28 日—30 日，宁化县与江西省宁都县边界贸易会在宁化县召开，5 个地（市）、15 个县的 300余名代表参加，35 个单位参展，展出商品 2 万余种，成交金额 791 万元。1992 年，宁化县建成边贸中心市场，为当时闽西北最大的县级中心农贸市场，主要经营禽畜、蔬菜、海产品、干货等农副产品。是年 9月 13 日，全县秋季物资展销会在城关举办，福建、江西、广东、上海、浙江、天津、江苏、山东等 8 省（直辖市）15 地（市）46 个县（区）代表 800 人参加，贸易成交额 3502 万元，创历史最高水平。

1995 年 9 月 12—14 日，1995 年三明（宁化）边贸暨投资合作洽谈会在宁化县召开，13 个省（直辖市）68 个县的代表 1000 人参加，3 天贸易成交额 1.57 亿元。

1996 年 9 月 29 日—30 日，1996 年三明（宁化）边界贸易暨投资合作洽谈会在宁化县召开。全国 8 个省（直辖市）42 个县（区）的 500 多位商人参加大会。会议共签订投资合作项目 18 个，金额 4100 多万元，成交贸易额 1.39 亿元。

1997 年，依照"建设大市场、发展大边贸、搞活大流通"指导思想，在城区续建一定规模的粮油综合批零市场，在安远、石壁等边贸重镇抓好商业网点的延伸和建设，使全县边贸网点上档次、上规模、增效益。至年底，全县拥有 12 个专业交易市场、22 个边贸集市、38 个专业批发中心，形成多层次、多功能、初具规模、城乡结合的边贸市场。是年 9 月 18 日—20 日，1997 年三明（宁化）边贸暨投资合作洽谈会在宁化县举办，闽赣 2 省 5 个地区 30 多个市、县 800 名商人及参观者参加，贸易成交额 1.60 亿元。

2000—2005 年，宁化县从完善基础设施入手，先后建成城区建材批发市场、淮土肉牛市场、安远仔猪市场等交易市场 15 个、各类专业市场 8 个，形成了覆盖全县、辐射周边、连接赣南的大市场。与江西省石城县建立边界协作联系制度，互开宣传窗口，提供市场信息，加强中介组织的培育，宁化县禽畜、水果、蔬菜等营销协会分别成立，架起产品流通"立交桥"，全县 2300 多户个体私营户活跃在边贸市场，200 多个各类贩运联合体每年贩运粮食、油茶、药材、食用菌等各类农副土特产品和工业品价值 6 亿多元。

用活边贸政策，在交通运输、商品检验等方面撤除关卡，为农副产品流通开辟"绿色通道"，与赣南的边界贸易日益活跃，人流、物流、资金流、信息流进一步扩大。边界贸易的发展，促进了宁化县产业结构的调整，带活了一批相关产业。水果、毛竹、食用菌、油茶、优质禽畜等特色产业迅速崛起，全县特色农业生产基地发展到 21 个，聚集农户 6 万多户。

2005 年，全县边贸交易额实现 7.20 亿元，其中客家边贸城商品成交额 9300 万元。

第七章　饮食服务业

第一节　饮食业

1988 年，全县有国有饮食业 10 家、集体饮食业 49 家（其中供销社系统 21 家）、个体有证从事饮食店的 316 家，从业人员 490 人，营业额 802 万元。

1990 年，全县有饮食店 418 个，从业人员 742 人，其中县城 148 个 330 人，总营业额 1006 万元。1991—1995 年，随着边贸运输不断发展，宁化县城关至安远、清流，石壁至江西石城公路沿线个体餐饮业（路边店）蓬勃发展，全天候为过往驾驶员、旅客服务，生意红火，全县公路沿线个体餐饮店发展到 150 多家，成为宁化餐饮业的重要组成部分。

2001 年，随着人们生活水平不断提高，饮食需求从"温饱型"向"营养型""保健型""美食型"和"文化型"转变。饮食店注重专业、特色、环境设施、卫生和服务质量。自选快餐、早点小吃和集饮食、娱乐休闲为一体的餐饮酒店及茶馆、冷饮、排档等应运而生。全县饮食店发展到 1200 多家，营业收入 7067 万元，比 2000 年增长 10.30%

至 2005 年，全县有饮食店 1590 家，从业 7560 人；年营业额 9200 万元，是 1988 年 11.47 倍，其中城区饮食店 679 家，从业 2790 人，年营业额 7980 万元。规模较大、设施配套有客家宾馆、泰隆大酒店、金叶大酒店、天河山庄、长城大饭店、阳光假日酒店等 19 家。其他酒店餐馆、快餐排档、风味小吃、冷饮热食也生意红火。

1988—2005 年，宁化县本土特色菜点主要有客家擂茶、烧卖、松丸子、韭菜包、客家八大碗、老鼠干、生鱼片、大卷等，外来品牌名菜风味小吃有四川麻辣烫、湘菜、粤菜、龙岩牛肉汤、沙县小吃、天津小笼包等。

附：宁化客家美食

客家擂茶　擂茶工具有擂钵、擂持。擂钵是口大底小，内有牙纹，圆形陶瓷容器，擂持是用一根长约 1 米的圆木棍（樟木、枫木、油茶木、楠木等）制成。擂茶的原料，根据饮用的对象不同而分为荤茶、素茶、自用茶和待客茶。自用茶俗称"盐水茶"，只需将茶叶擂烂，放入香草、黄花加少许盐巴，然后冲入沸水即可饮用。待客茶其原料包括茶叶（擂茶用的茶叶有老茶叶、雪薯叶等），青草药如积雪草（俗称客食碗）、细叶金钱草、紫苏、苦艾、野菊花、香草、马兰、黄花等；佐料有扁花罗豆、赤豆、玉米、花生仁、粉干等；按荤素要求决定，加猪油、茶油、肉丝、猪小肠等。擂茶有清热泻火、解暑生津、调节脾胃的功效。

韭菜包　为宁化客家传统小吃。做法是用优质大米磨浆，入热锅不断搅动，熬成糊状米团，出锅待用。将韭菜、腊肉、香菇、冬笋、虾仁等原料切成馅，把米团揉捏成皮包馅，入笼蒸熟，后装盘，趁热即食。特点：清香扑鼻，味鲜皮滑。

老鼠干 系由人工捕捉的田鼠加工制成。宁化属山区农业县，田野宽广，田鼠多。每年冬季，为捕鼠的最好时机，特别是立冬后，为捕鼠旺季。捕鼠方法简便，多数使用竹筒捕鼠器。田鼠干加工制作方法为首先蒸熟去毛，其次剖腹去肠肚，用水洗净，最后用米糠烟熏，待烟熏成酱黄色即可。田鼠干美味可口，含蛋白质高，营养丰富，具有补肾壮阳功效，对尿频或小孩尿床症也有显著疗效，颇有药用价值。

烧卖 为宁化客家传统小吃。制法是把芋子煮烂，剥皮，捣成糊状，拌入地瓜粉反复揉搓，切成小圆团，捏成圆形皮，再用葱、笋、香菇、瘦肉丁、萝卜等做馅，包成圆锥形，放入蒸笼约蒸 20 分钟，取出装盘，洒上麻油、酱油，趁热食用。有嫩、香、鲜、滑的特色。

松丸 为宁化客家传统小吃。制法是将豆腐搅碎，拌入切成丁状的瘦肉、荸荠、冬笋等原料，再加葱花，搓成小圆团，在干地瓜粉中滚一下，水烧开后放入，再加调料，煮熟，连汤一起食用。有滑、松、脆、鲜的特点。客家人传统说法，吃了松丸，可轻轻松松地过日子。每逢"立春"之日，家家户户在迎春的喜庆气氛中吃松丸，以祈盼新的一年过得轻松舒适。

鱼生 又名生鱼片，宁化传统名菜。选用 1.50—2.00 公斤鲜活草鱼一尾，迅速去鳞、皮、内脏，再剔去排刺，然后横切成薄片，洒麻油，再蘸酱油、芥辣即可食用。鱼生鲜脆爽口，降火滋阴，为下酒名菜。

大卷 是宁化客家传统宴席上的主菜。做法是把豆腐捣碎，拌入切成丁状的萝卜、瘦肉、笋等原料，调入适量的地瓜粉，放笼内蒸熟后切块，或锅中煸炒熟后装盘，再淋上酱油、麻油，洒上少许葱花，即可食用。口感润滑，其味鲜美。

第二节 旅店业

1988 年，全县旅馆业 49 家，从业人员 137 人，其中县城 15 家，从业人员 90 人。城区有新光饭店、新桥饭店、中山饭店、林业大楼饭店以及水电、供销等单位劳动服务公司开设的旅馆。营业收入 190 万元。

1990 年，全县旅馆业 89 家，从业人员 290 人，其中县城 27 家，从业人员 180 人。营业收入 270 万元。

1991 年始，实行国有民营经营承包体制，个体旅馆发展迅速，集综合住宿、餐饮、娱乐等设施为一体饭店开始兴起。1992 年，县烟草公司投资 300 万元兴建金叶大酒店。1995 年，宁化县饮服公司投资 35 万元改造装修宁化旅社，升格为宁化宾馆。

2000 年，金叶大酒店被评为二星级旅游酒店，填补宁化星级饭店空白。2003 年，客家宾馆被评为三星级酒店。

2005 年，全县旅馆业 457 家，城区上规模和档次的宾馆酒店有客家宾馆、天河山庄、长城大酒店、东方宾馆、泰隆大酒店、外贸大酒店、城东宾馆、客家康乐中心、中环宾馆、客家楼宾馆、好又多宾馆、中山旅社、泉上旅社、客家源宾馆、凯悦宾馆、金元宾馆、百乐园、金叶大酒店、阳光假日酒店等 19 家。旅馆业营业额 7593 万元。

第三节 其他服务业

一、理发业

1988 年，全县有理发店 57 家，从业人员 60 人，其中城区 21 家，从业人员 29 人。随着改革开放的深入和人民生活水平提高，传统理发逐渐被各种美容美发店替代。人们不光仅仅停留在理发，从发型设计、烫染、修整等方面的追求越来越高，与此应运而生的美容美体馆深受女士欢迎。2005 年，全县美容美发店197 家，是 1988 年的 3.46 倍。

二、照相业

1988 年，全县有照相馆 27 家，从业人员 34 人，其中城关有"风华""艺华""翠园"等 8 家照相馆，从业 15 人，基本采用胶卷照相机。20 世纪 90 年代初开始，黑白冲印被彩色冲印替代，各旅游景点也有流动照相。2000 年后，数码快照速印开始普及，业务范围扩大，并开展特约外拍、彩车迎亲、婚纱摄影、摄像、光盘刻录、MTV 制作一条龙服务。2005 年，城区有"天鹅""钟爱一生"婚纱摄影等照相馆（点）11 家。

三、修理业

1988 年，全县有修理自行车、钟表，配匙、修补锅盆、补鞋、修伞、家电维修店（点、摊）295 家。1990 年后，摩托车开始普及，摩托车修理业务快速增长，全县摩托车修理店（点）59 家。至 2005 年，全县有家用电器、汽车、摩托车、日常用品、自行车、人力三轮车、手机电话、钟表、配匙、家居管道、水龙头等各行各业修理店（点、摊）657 家。

四、娱乐服务业

1988 年，全县有歌厅、舞厅、卡拉 OK 厅（简称"三厅"）26 家，电子游戏机室 13 家，旱冰场 1 座等文化娱乐服务业。1996 年，宁化县机关单位招待所及社会个体旅社进行改造升级，内设音乐茶座、卡拉OK 歌舞厅，开设单间 KTV。2000 年，全县"三厅"增至 67 家，有 KTV21 家、电子游戏机室 19 家，祁剧、越剧、采茶戏、木偶戏等业余剧团 60 多家。至 2005 年，随着娱乐活动日益多元化，业余剧团逐渐萎缩，县越剧团改制，祁剧业余剧团仅剩下河龙、中沙等乡保留，在传统节日和庙会其间演出。2005 年年底，全县有娱乐经营单位 135 家，其中"三厅"38 家，电子游戏厅 5 家，桌（台）球室 89 家，旱冰场 3家。

五、商务服务业

1988 年，宁化县以经纪中介服务为基础的商务服务业开始出现，分散各行各业，人数众多，素质参差不齐。随着市场经济体制逐步建立和完善，经纪中介作用凸显。2000 年，宁化县翠江水果民营营销协会成立，全年销售水果 2 万余吨。经三明市工商局批准，宁化县设立 2 家拍卖办事处，为拍卖市场提供中介服务。全县有 52 人经过工商局培训取得一般经纪人资格。至 2005 年，全县经纪人涉及业务有拍卖、销售、企业咨询、商业贸易、广告制作、家政服务、房产中介等行业，从业人员 290 人。

第八章　贸易协作

第一节　进出口商品

一、出口商品

1988 年，全县出口供货（为外地外贸企业提供出口货源）22 种。其中，新增胶木、快餐筷、雨伞柄、漆木碗、精锡锭、乳酸、木珠帘坐垫、木玩具、稀土等 9 种，新增产值 398.87 万元；稀土出口 104.92 吨，乳酸出口意大利 30 吨，漆木碗出口日本、韩国、马来西亚等 12 个国家和地区。1989 年，钨砂、羽绒服、钨酸出口大幅增长，出口供货总值 2951.37 万元，比 1988 年增加 1447.36 万元，增长 96.23%。1990 年，宁化县羽绒服装厂羽绒服出口供货 3.55 万件计 355.70 万元，比 1989 年增加 1.65 万件，松香、漆木碗、钨砂、钨酸钠、稀土、鸡毛扫等价格波动，出口减少。1991 年，宁化振兴竹制品有限公司生产的竹凉席、竹筷、竹香芯、竹签等出口日本，为县内企业首次自营出口（县内注册、并具有外贸进出口权的企业直接对外出口），收入 20.50 万美元。

1992 年，县外贸公司出口供货中药材、厘竹、竹串、土纸等，总值 1080 万元，占全年出口总值 40%。1993 年，出口供货以农林竹木产品、羽绒服装、矿产品、建材、化工、紫砂陶等为主，总值 3497.28 万元。其中，县外贸公司出口供货 2010.20 万元，占 42.50%，"三资"企业出口创汇 48 万美元。1994—1995 年，县外贸公司和"三资"企业，分别出口供货 4512 万元和 5401 万元。1996 年 12 月，县外贸公司经国家对外贸易经济合作部批准取得进出口经营权，为全县首家拥有进出口经营权的专营公司。2000 年，县外贸公司首次出口创汇 49.75 万美元。

2002 年，宁化振兴竹木制有限公司、富士竹木有限公司、宁化利丰化工有限公司和坤兴针织服装有限公司外贸出口共 137 万美元。2003 年，松香、结晶硅、竹木制品、农副产品等出口增加，总值 162 万美元。2004 年，外贸出口企业发展到 6 家，分别为三明市志豪进出口贸易有限公司、三明大自然木业公司、宁化大自然贸易有限公司、宁化南宁针织时装有限公司、宁化利丰化工有限公司、宁化振兴竹木制品有限公司。外贸企业的服装、工艺品类产品、木制装饰材料出口美国，松香化工产品出口印度尼西亚。2005 年，出口总值 831 万美元，比 1988 年增加 4.14 倍，其中三明市志豪进出口贸易有限公司出口服装、工艺品 720 万美元，宁化南宁针织时装有限公司、宁化大自然贸易有限公司共出口 65 万美元。

二、进口商品

20 世纪 80 年代以前，宁化县直接进口商品很少。1990 年，宁兴包袋服装有限公司进口少量涤纶布。1991 年，宁化振兴竹木制品有限公司进口自用旧生产设备约 20 万美元。至 1997 年，"三资"企业进口自用小轿车 9 辆（享受国家减免关税 100 余万元）。2004—2005 年，宁化南宁针织时装有限公司年均进口棉纱线 15 吨。

1988—2005 年宁化县外贸出口情况表

表 18-11

年份 项目	1988	1989	1990	1991	1992	1993	1994	1995	1996	1997	1998	1999	2000	2001	2002	2003	2004	2005
全社会出口供货(人民币万元)	1504	2951	2080	2530	2700	3497	4512	5401	6328	7100	—	—	—	—	—	—	—	—
自营出口(万美元)	—	—	—	20.5	30	48	81.60	110	155	220	—	—	—	—	—	—	—	—
全社会外贸出口(万美元)	—	—	—	—	—	—	—	—	—	—	237.50	20	58	120	137	162	180	831

第二节　经济协作

一、山海协作

1988—1998 年，受地理区位、交通条件影响，山海协作发展较慢。1999 年，宁化县与厦门市思明区建立山海协作对口帮扶关系。2000 年 2 月，中共宁化县委、县政府成立山海协作领导小组及办公室。2001—2002 年，与厦门市思明区共建生产基地，思明区帮助引进农作物新品种和农产品加工技术。两地共同开发旅游产业，宁化推出"厦门游"专线，思明区推出"客家祖地——天鹅洞"专线。思明区捐赠宁化县医疗急救中心建设资金 30 万元，捐赠宁化 2002 年"6·15"洪灾后重建资金 20 万元。

2003—2004 年，宁化县先后与厦门市海沧区、泉州市丰泽区结成山海协作帮扶对子，至 2005 年，丰泽区帮助引进 3 家沿海企业与县内 3 家企业结对合作，投资 1500 多万元建立半成品生产基地，沿海企业为宁化提供 5000 多个用工岗位。泉州市丰泽区支持宁化资金 180 万元，用于建设新农村示范村，为整治村改厨、改水、改厕，发展食用菌生产及村组道路硬化等。

二、政策补助

2000 年县委、县政府成立山海协作领导小组及办公室后，大力扶持山海协作企业发展生产，是年贴息贷款 45 万元扶持项目企业 4 家。至 2005 年，全县有 25 家山海协作企业共获得贷款贴息资金 356 万元。

2000—2005 年宁化县山海协作重点项目贷款贴息资金情况表

表 18-12　　　　　　　　　　　　　　　　　　　　　　　　　　　　　　　单位:万元

年份	项目单位	项目名称	贴息金额
2000	宁化县菌草公司	食用菌生产及加工	12
	宁化县客家绿色食品有限公司	绿色食品加工	9
	宁化县安远乡农技站	出口蔬菜生产经营	9
	宁化县城郊乡农技站	外销出口果菜生产经营	15
2001	宁化县治平竹制品工艺厂	竹凉席、竹香芯生产	12
	宁化县申达木业有限公司	豪华木门生产	18
	宁化县福宁鳗业有限公司	水产特种养殖	10
	宁化县闽乐蛋鸡场	蛋鸡、番鸭养殖场	10
2002	宁化县农信农畜开发有限公司	畜禽产业化建设	18
	宁化县旺顺木竹制品有限公司	木竹产品深加工	17
	宁化县春辉茶业有限公司	台湾高山茶种植基地及产品深加工	17
	宁化县申达木业有限公司	豪华实芯木门及指接板生产	18
2003	宁化县农信农畜开发有限公司	畜禽产业化开发	18
	宁化县申达木业有限公司	豪华门及杉木集成板	17
	宁化县春辉茶业有限公司	茶叶种植及深加工	15
2004	宁化县农信农畜开发有限公司	畜禽产业化开发	18
	宁化县春辉茶业有限公司	台湾高山茶基地及产品深加工	18
	宁化县闽乐蛋鸡场	禽蛋、鱼产业化	11
	宁化县旺顺竹木制品有限公司	竹木工艺品综合开发	10
	宁化县佳穗米业有限公司	优质稻产业化生产基地建设	6
2005	宁化县农信农畜开发有限公司	畜禽产业化建设	20
	宁化县春辉茶业有限公司	台湾高山茶基地及产品深加工	15
	宁化县申达木业有限公司	豪华实蕊木门及指接集成板	13
	宁化万士利食品有限公司	蘑菇产业化建设	15
	宁化县佳穗米业有限公司	优质米种植与加工	15

第三节　招商引资

一、引进内联企业

1988—1993 年，内联企业未列入统计范畴。1994 年，县委、县政府出台鼓励客商投资优惠政策，推进内联企业发展，全县引进内联企业（项目）94 个，总投资 14515 万元，客方到资 5432 万元。2004 年，开展项目竞赛，招商引资纳入乡（镇）、县直单位年度目标考核内容，引进内联企业（项目）120 个，比 2003 年增加 102 个。2005 年，引进内联企业（项目）118 个，总投资 84434 万元，其中客方合同投资 81208 万元，到资 45905 万元。

1994—2005 年宁化县引进内联企业(项目)情况表

表 18-13　　　　　　　　　　　　　　　　　　　　　　　　　　　　　　　　　单位:个、万元

年份	引进内联企业	总投资	客方合同投资	客方到资
1994	94	14515	8692	5432
1995	88	12789	8081	5442
1996	53	12185	8387	5787
1997	44	9323	7698	4620
1998	55	5736	4527	4485
1999	50	6247	5534	4104
2000	33	9222	7621	6301
2001	25	10854	9670	5343
2002	23	11040	10240	5011
2003	18	7365	6290	5640
2004	120	61700	57700	29500
2005	118	84437	81208	45905

二、利用外资

1988 年，宁化县成立来料加工装配服务公司，利用外资发展"三来一补"（来料加工、来样生产、来件装配，补偿贸易）企业，收入 107.55 万港元。1990 年，宁化县首次引进外资项目 3 个，实际利用外资 245 万元。1994 年，宁化县合同利用外资 239.80 万美元，实际利用外资 203 万美元。1996 年，县政府批办外商独资企业 5 家，实际利用外资 253 万美元；2000 年，批办宁化县宏凌硅业有限公司、宁化县富士竹木制品有限公司外资企业 2 家。2001 年，实际利用外资 262 万美元。2002 年，实际利用外资 318 万美元。2003 年，县政府批办外资企业 6 家，实际利用外资 430 万美元。2004 年，通过"5·18"福州海峡西岸经贸交易会、厦门"9·8"中国国际投资贸易洽谈会等招商，签约外资项目 7 个，实际利用外资 570 万美元。2005 年，批办外资企业 6 家，合同利用外资 910 万美元、实际到资 720 万美元。至年底，由于批办的外资企业实际到资少、固定资产投资少，投资年限短，全县外资企业 25 家，正常生产经营不到 10 家。

1990—2005 年宁化县利用外资情况表

表 18-14

序号	企业名称	批准时间	企业性质	外方	中方	投资总额		注册资本		合同外资资金额	
						万美元	万元	万美元	万元	万元	万美元
1	熙华纸制品有限公司	1994 年 1 月	合资	马来西亚利瀚工业公司	宁化县钨矿	—	500	—	500	—	300
2	华闽木业有限公司	1994 年 1 月	合资	日本华闽集团公司	宁化县二轻联社	—	100	—	100	—	80

续表 18-14

序号	企业名称	批准时间	企业性质	外方	中方	投资总额		注册资本		合同外资资金额	
						万美元	万元	万美元	万元	万元	万美元
3	翠冠矿业有限公司	1999年9月	合作	澳大利亚皇冠国际有限公司	宁化县第三产业服务公司	—	850	—	600	—	600
4	富士竹木有限公司	2000年9月	合作	日本		60	—	50	—	40	—
5	富山教学仪器有限公司	2005年2月	独资	日本			136	—	136	—	136

三、利用中国港澳台地区资金

1990年，宁化县引进台湾地区商人投资30万美元创办独资企业福建吉发工艺有限公司，香港商人投资224万元人民币创办合资企业2家。1991—1995年，宁化县共引进港澳台地区资金2260万美元、8555万元人民币，创办独资、合资企业27家。1996—2000年，宁化县共引进港澳台地区资金420万美元、1296万元人民币，创办独资、合资企业12家。2001—2005年，宁化县共引进港澳台地区资金1879.50万美元、3060万元港币、750万元人民币，创办独资、合资企业22家。

1990—2005年宁化县利用中国港澳台地区资金情况表

表 18-15

序号	企业名称	批准时间	企业性质	中国港澳台地区	宁化方	中国港澳台地区企业或商人	投资总额		注册资本		合同港澳台资金额	
							万美元	万元	万美元	万元	万元	万美元
1	福建吉发工艺有限公司	1990年3月	独资	台湾			30	—	30	0	30	—
2	宁兴包袋服装有限公司	1990年4月	合资	香港	宁化县食品厂	香港顺兴贸易公司	—	86	—	86	—	65
3	胶木电器有限公司	1990年11月	合资	台湾	宁化胶木厂	程氏企业有限公司	—	108	—	108	—	30
4	惠宁电子产品有限公司	1991年1月	合资	澳门	宁化沪宁电视机厂	惠海远东有限公司	—	30	—	30	—	16
5	福泰水产养殖有限公司	1991年1月	合资	台湾	横锁水产养殖场	高雄福硕兴业公司	—	140	—	140	—	105
6	萤石精选有限公司	1991年11月	合资	台湾	宁化县水泥厂	程氏企业有限公司	—	120	—	120	—	40
7	振兴竹木制品有限公司	1991年12月	独资	台湾	—	刘雪梅等3人	160	—	160	—	160	—
8	福建省宁化万昌宾馆	1992年1月	合资	香港	城关供销社	万山行有限公司	—	300	—	300	—	100

续表 18-15

序号	企业名称	批准时间	企业性质	中国港澳台地区	宁化方	中国港澳台地区企业或商人	投资总额		注册资本		合同港澳台资金额	
							万美元	万元	万美元	万元	万元	万美元
9	宁达服装织带有限公司	1992年1月	合资	香港	宁化县羽绒服装厂	鸿达贸易有限公司	—	100	—	100	—	51
10	福建省宁吉卷烟有限公司	1992年7月	独资	香港	—	华明企业有限公司	2100	—	840	—	2100	—
11	华宁文化用品印刷有限公司	1992年7月	合资	香港	宁化县文化用品厂	华昌企业有限公司	—	50	—	50	—	15
12	永标纸业有限公司	1992年12月	独资	台湾	—	陈文聪	—	350	—	250	—	250
13	翠景液化气有限公司	1993年3月	合资	香港	宁化县建设委员会液化气站	裕景实业有限公司	—	300	—	300	—	140
14	万协竹木艺品有限公司	1993年3月	合资	台湾	宁化县制材厂	万协竹木艺品公司	—	100	—	100	—	60
15	振宁食品发展有限公司	1993年3月	合资	香港	宁化县食品厂	振明发展有限公司	—	110	—	100	—	33
16	新宁制衣有限公司	1993年3月	合资	香港	宁化羽绒服装厂	新宁制衣有限公司	—	100	—	100	—	50
17	昱星竹木制品有限公司	1993年6月	合资	台湾	—	昱星股份有限公司	—	500	—	350	—	350
18	宁鑫建材有限公司	1993年7月	合资	台湾	宁化县电力公司	南安利鑫机械公司	—	120	—	120	—	64
19	翠保建设工程有限公司	1993年8月	合资	香港	工程施工公司	保富运输公司	—	700	—	500	—	200
20	莆泉手袋制品有限公司	1993年10月	合资	香港	莆泉服装厂	南泉企业贸易公司	—	300	—	300	—	195
21	恒大水泥有限公司	1994年6月	合资	香港	恒大联营水泥厂	金杭实业有限公司	—	888	—	680	—	204
22	利丰服装针织制品有限公司	1994年6月	合资	香港	城关供销社		—	400	—	280	—	154
23	城关水泥有限公司	1994年8月	合资	台湾	城关水泥厂	王振明	—	650	—	460	—	354
24	港福针织时装有限公司	1994年10月	合资	香港	宁化县投资公司	港福实业有限公司	—	700	—	500	—	400
25	昌宁装饰有限公司	1994年11月	合资	香港	宁化县建筑公司	香港华昌企业公司	—	100	—	100	—	25

续表 18-15

序号	企业名称	批准时间	企业性质	中国港澳台地区	宁化方	中国港澳台地区企业或商人	投资总额		注册资本		合同港澳台资金额	
							万美元	万元	万美元	万元	万元	万美元
26	宏兴服装鞋业有限公司	1995年2月	合作	香港	翠江镇房地产公司	辉煌贸易公司	—	310	—	310	—	300
27	蛟龙水泥有限公司	1995年4月	合资	香港	宁化县水泥厂	香港加利西亚公司	—	1557	—	1557	—	700
28	洋宁木业有限公司	1995年6月	合资	香港	中沙萤矿	香港环建实业有限公司	—	80	—	60	—	15
29	建峰水泥有限公司	1995年9月	合资	台湾	宁化县化工总公司	程氏企业有限公司	—	450	—	450	—	200
30	翠鸿服装织造有限公司	1996年3月	独资	香港	—	鸿艺实业公司	—	200	—	200	—	200
31	联发织造有限公司	1996年4月	独资	香港	—	东兴贸易公司	—	230	—	230	—	230
32	三联纺织有限公司	1996年10月	独资	香港	—	联丰贸易公司	—	0	50	—	50	—
33	宏业针织有限公司	1996年11月	独资	香港	—	正利实业有限公司	—	100	—	100	—	100
34	利源丰食品有限公司	1996年11月	独资	香港	—	利源丰贸易公司	—	500	—	500	—	500
35	信益针纺有限公司	1997年4月	独资	香港	—	许友智	50	—	50	—	50	—
36	泉上港龙水产养殖有限公司	1997年11月	独资	香港	—	黄小兰	100	—	100	—	100	—
37	农星农牧有限公司	1998年3月	合资	香港	张清禄	香港星星公司	—	136	—	136	—	70
38	荣丰涂料有限公司	1998年4月	独资	香港	—	香港荣丰贸易公司	—	130	—	130	—	130
39	客家保龄球有限公司	1998年8月	独资	香港	—	倪农生	30	—	30	—	30	—
40	泉上宏发特种养殖有限公司	1998年10月	独资	香港	—	黄灿尧	50	—	50	—	50	—
41	宏凌硅业有限公司	2000年8月	独资	台湾	—	陈明光	50	—	40	—	50	—
42	坤兴针织服装有限公司	2000年12月	独资	台湾	—		140	—	100	—	50	—

续表 18-15

序号	企业名称	批准时间	企业性质	中国港澳台地区	宁化方	中国港澳台地区企业或商人	投资总额		注册资本		合同港澳台资金额	
							万美元	万元	万美元	万美元	万元	万美元
43	福建恒大钨制品有限公司	2001年9月	独资	香港	—		140	—	100	—	100	—
44	宁化森灿建材有限公司	2001年11月	独资	台湾	—		15	—	10.50	—	10.50	—
45	泓兴竹木制品有限公司	2002年6月	独资	台湾	—	张秋蓉	140	—	140	—	140	—
46	时尚防火建材有限公司	2002年12月	独资	香港	—	黄伟雄	10	—	7	—	7	—
47	创伟金属制品有限公司	2002年12月	独资	香港	—	黄伟城	140	—	100	—	100	—
48	奔牛产业发展有限公司	2003年3月	独资	香港	—	倪加林	140	—	100	—	100	—
49	翠竹休闲山庄有限公司	2003年7月	独资	台湾	—	昱星股份有限公司	60	—	60	—	60	—
50	大自然木业有限公司	2003年9月	独资	香港	—	大自然木业有限公司	50	—	50	—	50	—
51	三联木业有限公司	2003年11月	独资	香港	—	三联木业有限公司	50	0	50	0	50	0
52	成正食品有限公司	2003年12月	独资	台湾	—	坤珀有限公司	50	—	50	—	50	56
53	立英塑料制品有限公司	2004年5月	独资	香港	—	立英有限公司	—	150	—	150	—	150
54	南宁针织时装有限公司	2004年9月	独资	香港		南华针织时装有限公司	560万港元	—	468万港元	—	468万港元	—
55	华茂服装织造有限公司	2004年10月	独资	香港	—	华茂企业有限公司	1500万港元	—	1200万港元	—	1200万港元	—
56	恒源服饰织造有限公司	2004年10月	独资	香港	—	建华企业公司	1000万港元	—	800万港元	—	800万港元	—
57	和裕农业发展有限公司	2004年12月	独资	香港	—	叶松民	40	—	30	—	30	—
58	杜葛生物发展有限公司	2004年12月	合作	台湾	德信制衣有限公司	陈翰霖	—	600	—	500	—	500

续表 18-15

序号	企业名称	批准时间	企业性质	中国港澳台地区	宁化方	中国港澳台地区企业或商人	投资总额		注册资本		合同港澳台资金额	
							万美元	万元	万美元	万元	万元	万美元
59	中泰食品有限公司	2004年12月	独资	香港	—	郭泰裕	150	—	150	—	150	—
60	金星牧业有限公司	2005年3月	独资	香港	—	星星实业有限公司	34.50	—	24.20	—	24.20	—
61	成正织造服装有限公司	2005年4月	独资	香港	—	李成正	40	—	40	—	40	—
62	湖兴轻质碳酸钙有限公司	2005年6月	独资	香港	—	柯雄	50	—	50	—	50	—
63	宏诚婚纱有限公司	2005年11月	独资	香港	—	张淑娟	70	—	50.90	—	50.90	—
64	冠林宁化银杏实业有限公司	2005年12月	独资	香港	—	银杏集团有限公司	700	—	500	—	500	—

第四节　管　理

一、机　构

1988年，县政府相继成立驻福州、厦门、上海办事处；宁化县对外经济贸易委员会（简称县外经委）设办公室，下辖投资企业公司。1989年，宁化县对外贸易公司划归县外经委管理。1990年，县外经委增设调研室、综合业务股，编制10名。1993年6月，县外经委成立宁化县对外经济贸易发展咨询服务部。1995年，投资企业公司破产撤销。1997年8月，县外经委更名为宁化县对外经济贸易局（简称县外经局）。2002年，县外经局更名为宁化县外经贸工作领导小组办公室（简称县外经办），保留正科级，对外加挂宁化县对外贸易经济合作局牌子，编制6名。2004年，县外贸公司破产撤销。2005年，县外经办属正科级单位，编制保留6名。

二、业务管理

1988年，县外经委组织参加省、市、县招商投资洽谈会8次，编印宣传宁化投资环境及优惠政策小册子1万册。

1990—1993年，县政府先后出台《关于鼓励外商、台商投资的优惠条件》《吸引外资的优惠条件》和《鼓励外商投资的优惠办法》，给予外商减免土地使用费及水、电、路三通费用，补贴外贸产品运费，支持外商亲属就业、户口农转非、出国（境）定居等优惠政策。1995—1997年，县委、县政府先后出台《宁化县引进资金奖励办法的通知》《关于取消或暂缓征收自立的涉及外商投资企业税外收费项目的通知》《关于成立清理外商投资企业税外收费工作领导小组的通知》《关于印发〈鼓励外商在宁化投资的特别优惠规定〉的通知》和《关于强化外引内联招商引资考核力度的通知》，给予外商税费优惠，免征"三资"企业车辆公路建设附加税费，清理和制止向外资企业乱收费、乱摊派、乱集资。

1999 年，宁化县招商引资（含内资）按县直机关在编在册人数及乡（镇）副科级以上干部人均引资 10 万元分配任务并年终考评，96%以上单位、个人完成。2000 年，县政府下发《关于印发外引内联引资奖励暂行规定的通知》，引资奖励标准从到资总额的 1‰提高到 3‰。2001 年，县政府制定《关于加快工业发展的特别优惠规定》和《关于实行投资批办代理服务的规定》，外商投资企业投产后前 10 年形成地方财力的 30%给予奖励，影响较大的项目奖励可再上浮 10%，引资有功人员按实际投入固定资产的 6‰一次性奖励。2002 年，对重点外商发放"重点客商优待证"51 份、"重点客商用车特别通行证"82 张。2003 年，宁化县成立县招商引资工作领导小组和办公室、县客商投资服务中心，为外商提供"一站式"服务。2005 年，出台奖励办法鼓励外贸出口，兑现出口产品运费补助 7.42 万元、地产品出口定额补助 2 万元。

卷十九　交通

1988年，宁化境内有省道2条，全长171.70公里；县道2条，全长27公里；乡道10条，全长123.49公里；村道全长521.70公里；林业公路全长406公里。1993年3月起，全县掀起交通"先行工程"建设热潮，全县16个乡（镇）及宁化县建设委员会、农业委员会、财政委员会、经济委员会、林业委员会等5个县直部门签订公路"先行工程"建设目标责任状。至1998年，全县建成公路"先行工程"项目7个，共完成路基改造86.77公里，铺设高级路面32.84公里，次高级路面127.52公里，二级公路达108.67公里，总投资1.52亿元，结束了宁化县无高等级公路历史。

2003年，宁化县成立县农村公路建设领导小组，实施农村公路项目30个，投资1699万元，铺筑路基工程80公里和铺设水泥路面28.65公里。2004年，中共宁化县委、县政府与各乡（镇）签订建设101.40公里的通村公路责任书，建成104.45公里。随着林区伐木结束，多数林业公路归为乡村公路。2005年12月，宁化县成立由县长任总指挥的高速公路建设指挥部，开始高速公路筹建工作。至2005年年底，全县县、乡（镇）、村公路总里程1754公里，形成一个以省道为龙头，县道为骨干，乡、村、专业公路为脉络的交通网。

随着交通基础设施逐年完善，交通运输及其配套行业迅速发展，客、货运输市场由单一国营经营形式逐步转型为国有、集体、个体多种经营形式相结合。至2005年，全县有运输企业3家，汽车维修企业10家，摩托车及轮胎专项维修企业90家。日发班车330班次，全年客运量411.30万人，客运周转量23349.40万人公里，分别为1988年的1.64倍和2.49倍；货运量277.80万吨，货运周转量130505.20万吨公里，分别为1988年的21.05倍和70.36倍。

第一章　公路　桥梁　涵洞

第一节　公路

一、省道

1988年，宁化境内省道有福五线和建文线2条，共计171.70公里；1990年新增洋万线1条，38.89公里。3条省道合计210.59公里。

（一）福五线（福州至宁化五里亭）

福五线宁化境内路段于1957—1959年建成。序号13-102线。经泉上、湖村、城关、禾口、石碧、五里亭，境内83.20公里。至1988年，三级路32.73公里，**四级路**27.07公里，等外路段19.52公里，高级路面（水泥路面）里程3.88公里。桥梁20座计601.75延米。

（二）洋万线（将乐县洋布至武平县万安）

洋万线宁化境内路段于1990年建成，序号13-206线。**由清流县进入宁化县安乐乡的黄庄，经谢坊、**安乐、下赖、曹坊、长汀至武平县的万安。境内38.89公里，**其中谢坊至下赖与建文线重复13.40公里。**

（三）建文线（建宁县城关至连城县文亨）

建文线宁化境内路段1935年10月开工，为宁化县**最早修建**的公路。至1969年，先后4次修建。序号13-207线。由隘背进入宁化县境内，经安远、河龙、中沙、**城关**、丁坑口、谢坊、安乐，里程88.50公里。1988年，等外路30.90公里，高级路面（水泥路面）**2.08公里**，次高级路面17.87公里，中级路37.65公里。桥梁17座计350.85延米。

1991—2000年，省道在宁化境内走向未变。2001年7月，**重新划分省、**县道走向，境内省道为岭文线、富下线、东石线3条，共计152.36公里；至2005年未变。

（四）岭文线（政和县岭腰至连城县文亨）

又称省道204线，编号S204。由清流县进入宁化县安乐乡的黄庄，经谢坊、安乐、刘坊、俞坊口，境内19.80公里。其中，黄庄至谢坊路段7.20公里，1994年5月动工，1995年8月竣工，改建为二级水泥路；谢坊至田坪路段12.60公里，于2004年7月至2005年年底，改建为二级公路，水泥路面（改建后谢坊至俞坊口与省道富下线重复）。

（五）富下线（浦城县富岭至武平县下坝）

又称省道205线，编号S205。由建宁县均口进入宁化县安远，经河龙、中沙、城关、城南、安乐、曹坊、燕子塘，境内85.58公里。1994—1997年，先后改建成水泥路面二级公路67.58公路，三级公路18公里。

（六）东石线（泉州东海至宁化五里亭）

又称省道307线，编号S307。由清流暖水塘进入宁化城郊乡杨禾村，沿旧墩、马元亭、城关、石壁至五里亭，境内46.98公里。全线有三级公路33.34公里，四级公路11.81公里，其余为等外路。2001年，省道调整，改由清流县的峰头进入宁化县东风林场，沿城南工业园、城南乡，翠江镇的瑶上、魔子山、瓦庄至五里亭。

二、县道

1988年，县道2条共27公里，其中曹坊至治平15公里（1957年修建），泉上至鳌坑12公里（1959—1960年修建）。2001年，县道5条计134.29公里；至2005年未变。

（一）城治线（X781）

始于城郊乡坪埠，经方田、曹坊至治平，全程49.42公里。其中，坪埠至方田路段11.61公里为四级路沥青路面，方田至曹坊路段23.61公里、曹坊至彭坊路段10.00公里为四级路泥结碎石路面，彭坊至治平路段4.20公里为四级路沥青贯入式路面。2005年，曹坊至治平路段改建成三级水泥路面。

（二）沙水线（X782）

始于水茜，经沿溪至沙坪，全程11.40公里。其中，水茜至沿溪路段4.37公里为沥青贯入式路面，沿溪至沙坪路段7.03公里为泥结碎石路面。至2004年，均为四级公路。2005年，改建成三级水泥路面。

（三）城济线（X783）

始于省道307线城隍岭，经武层、神坛坝至济村，全程13.76公里。其中，1999年，陂下至古背路段4.14公里改为沥青贯入式路面。2004年列入通乡硬化项目后，全程于2005年改建成三级水泥路。

（四）石方线（X784）

始于石壁镇禾口，经淮土至方田水尾，与县道城治线相接，全程 15.21 公里。其中，禾口至淮土路段 7.54 公里为沥青贯入式路面四级公路，淮土至竹园路段 3.11 公里为水泥路面四级公路，竹园至方田水尾 4.56 公里为机耕道。

（五）盖宁线（X796）

始于明溪县盖洋与宁化县交界处，经泉上、湖村、店上、溪口，至城郊马元亭，与省道东石线（S307）相连，全程 44.50 公里。其中，明溪盖洋交界至泉上路段 6.71 公里为泥结碎石路面，泉上至湖村 15.13 公里为沥青贯入式路面，湖村至巫坊路段 2.17 公里为水泥路面，巫坊至马元亭路段 20.49 公里为沥青贯入式路面。除巫坊至马元亭路段局部为等外公路外，其他均为四级公路。

三、乡（镇）村道与林业公路

1988—2000 年，乡、村道统称乡村公路。1988 年，全县有乡、村道 521.70 公里。2001 年，区分乡、村道，村道建设速度加快。至 2005 年，全县共投资 10896 万元，完成 290.70 公里农村路网建设，有村道（含建制村和自然村）1287.39 公里。其中，四级公路 4.29 公里，等外公路 310.10 公里，机耕道 973 公里。全县有乡道 10 条计 123.49 公里。

1988—1992 年，主要以国营和民办公助两种方式修建林业公路。至 1993 年，全县有林业公路 406 公里，林区便道 131.40 公里。1995 年后，随着林区伐木结束，多数林业公路归为乡村公路，至 2000 年，全县林业公路 5 条共计 51.70 公里，均为四级公路，泥结碎石路面。2005 年未变。

四、公路建设

（一）"先行工程"建设

1993 年 3 月，县委、县政府先后成立公路"先行工程"建设指挥部和领导小组，制订实施方案。乡（镇）和县直责任单位均成立相应领导机构。全县 16 个乡（镇）及宁化县建设委员会、农业委员会、财政委员会、经济委员会、林业委员会等 5 个县直部门签订公路"先行工程"建设目标责任状。至 1998 年，全县建成公路"先行工程"项目 7 个，完成路基改造 86.77 公里，铺设高级路面 32.84 公里，次高级路面 127.52 公里，二级公路达 108.67 公里，总投资 15200 万元（上级补助 4930 万元，县级共筹资 10270 万元）。"先行工程"建设结束了宁化县无高等级公路历史。

福五线宁化城关至五里亭油路建设　全程 31 公里，其中油路改造 27.32 公里，水泥路 3.68 公里。按山岭重丘二级路标准建设，路基宽 8.50 米，路面宽 7 米。沿线拆迁房屋 320 多幢，征地 6.33 公顷，工程总造价 2200 万元（其中，省、市补助 350 万元，县级自筹 1000 万元，贷款 850 万元）。分 2 个阶段施工：城关至田背 26 公里为第一阶段，1992 年 11 月动工；田背至五里亭 5 公里为第二阶段，1993 年 10 月动工。工程于 1994 年 8 月竣工，1994 年 12 月 9 日通过市公路建设领导小组验收。

建文线宁化城关至谢坊和洋万线谢坊至黄庄路段改建　全程 25.14 公里，按山岭重丘二级路标准建设，路基、路面宽分别为 8.50 米、7 米，过村（镇）路段加宽，水泥砼路面。工程于 1994 年 6 月动工，1996 年完工，新建 3.60 公里，改建 21.54 公里，比原路程缩短 2.33 公里，总投资 3978.64 万元。1997 年 1 月 10 日，通过市公路建设领导小组验收。

建文线宁化城关过境路段改建　又称中环路，起点为省道建文线 90K+594.31—92K+693.60，全程 2.10 公里，按城市道路设计修建，路幅宽度 32—50 米，中间为隔离带。建有 150 米大桥 1 座、32 米小桥 1 座、5.10 米涵洞 1 个。一期工程由中环路工程指挥部管理，1993 年 8 月动工，1995 年完成路一侧的混凝土路面及桥梁建设，总投资 3800 万元；二期工程由宁化县城市经营公司组织续建，三明华宇建筑工程公司承建，2004 年 10 月动工，2006 年竣工。

建文线隘背至宁化城关路段改建　起点为省道建文线 40K+200 处，经安远、河龙、中沙至城关，全程 47.20 公里，由三明市交通规划设计院设计，宁化县油路工程指挥部组织修建。按山岭重丘二级公路设计，沥青贯入式路面。路基宽 8.50 米（村镇路段 12 米），路面宽 7 米（村镇路段 9 米）。桥涵设计为荷载汽车—20，挂车—100。在河龙至白水寨事故多发地段采取降低纵坡、截弯取直方法进行改造。工程于 1997 年 5 月动工，1998 年 9 月竣工，总投资 6389.84 万元，全线缩短 2 公里。

福五线宁化县城关至湖村镇巫坊改建　全程 23 公里，就地铺设沥青路面，个别地段略加改造。其中，城关至店上 15 公里由三明市公路局以每公里 22 万元承建，1997 年 3 月开工，是年 10 月竣工，总投资 330.00 万元（其中，县政府出资 157.50 万元，市补助 75 万元，省公路局补助 97.50 万元）；店上至巫坊 8 公里，由宁化公路分局以每公里 24 万元承建，1997 年 4 月开工，1998 年 6 月竣工，总投资 182.40 万元（其中，县政府出资 136.80 万元，省、市补助 45.60 万元）。

洋万线双石至燕子塘路段改建　全程 18.20 公里，就地铺设半刚性油路，个别地段略加改造，由三明市公路局每公里 32 万元承建，1997 年 4 月动工，1998 年 6 月竣工。总投资 582.40 万元，其中县政府出资 245.70 万元，省、市补助 336.70 万元。

建文线安乐荷树里至俞坊路段改造　全程 8.50 公里，就地铺设油路，个别地段略加改造，由三明市公路局以每公里 22 万元承建。1996 年 6 月动工，是年 12 月竣工。总投资 187 万元，其中县政府出资 100 万元，省、市补助 87 万元。

（二）改造工程

松香厂至南门加油站公路改建　全程 0.65 公里，路基 30 米，水泥路面，主车道宽 16 米，桥宽 20 米，涵洞与路基同宽，由三明市交通规划设计院测设，宁化县交通工程公司承建。1999 年 2 月 15 日开工，2000 年 9 月竣工，总投资 480 万元。

谢坊至田坪公路改建　全程 12.63 公里，按二级公路标准建设，其中新建 9 公里、改建 3.63 公里。水泥路面，涵洞与路基同宽，谢坊至甲路亭段、甲路亭至田坪段路基宽分别为 12 米、10.50 米，路面宽均是 9 米。荷载汽车—20、挂车—100，由三明市交通规划设计院勘测设计，宁化县公路建设有限公司承建，2003 年 7 月开工，2005 年 5 月竣工，总投资 3882 万元。

（三）农村公路建设

1988 年，新建扶贫公路 3 条、支农公路 2 条，计 46.45 公里。1990 年，先后完成鱼龙埔至内乌石第二期扩建工程、河龙至石城岩岭 1.30 公里路基工程。1991 年，先后完成鱼龙埔至内乌石 12.55 公里改造，水茜至张坊 1.50 公里、中寮至城门 1.50 公里扩建工程，完成湖村至天鹅洞 4.80 公里外业测量和内业设计。1992 年 2 月和 4 月，先后开工建设凤山至隘门、湖村至天鹅洞共 9.40 公里经济线路，是年年底竣工，共投资 99.68 万元。1994—1995 年，建成建宁伊家至安远东桥公路 2.30 公里、济村龙头至江西丰山福村 2.10 公里、淮土凤山至隘门 4.70 公里。1995 年 6 月，开工建设河龙牛岭至岩岭公路 1.30 公里，是年年底竣工，投资 16 万元。

1996 年，全长 8 公里的城郊乡沙子甲至都寮等外路改造竣工，开工建设安远营上至江西广昌塘坊 7.10 公里和淮土至方田水尾 6.27 公里等外路。1997—1998 年，加快建制村公路建设，宁化县交通局对全县未通公路的建制村，进行公路测量设计和施工技术指导。1999 年，改造石壁至淮土 8.10 公里、方田至村头 6 公里和湖村至泉上 13 公里油路，总投资 588.30 万元。2000 年，铺设通乡油路，其中治平 4.06 公里、泉上 4.03 公里、济村 4 公里、沙坪至水茜 5.21 公里。2001—2002 年，先后建成坪埠至方田油路 1 公里，三黄至根竹、淮土至桥头、水东至青平村级水泥路 3 条 6.20 公里。

2003 年，宁化县成立农村公路建设领导小组。县财政补助一般农村公路每公里 3 万元，补助通乡公路每公里 15 万元；实施农村公路项目 30 个（含国债项目 6 个），铺筑路基工程 80 公里和铺设水泥路面 28.65 公里，总投资 1699 万元。2004 年，县委、县政府与各乡（镇）签订建设 101.40 公里的通村公路责任书，建成 104.45 公里；实施通乡公路硬化项目 3 个，其中城隍岭至济村铺设水泥路面 5.10 公里，沙坪至水茜铺筑路基 3.75 公里、铺设路面 1.50 公里，曹坊至治平铺筑路基 2 公里、铺设路面 1 公里。2005 年，通乡公路城济线建成通车，沙水线河龙段 2.80 公里竣工，曹治线曹坊段单幅贯通。

（四）红色旅游经典景区公路建设

2005 年年底，交通部确定福建省红色旅游精品线路公路建设项目 2 个，共 61 公里；经典景区公路建设项目 6 个，共 186 公里。其中，宁化蔡屋至燕子塘公路建设、东风林场至五里亭公路改建、城关至湖村锣鼓坪公路改建，前期工程经国家发改委批准，被列入经典景区公路建设项目，经福建省发展改革委员会批复立项，共 86.58 公里。

蔡屋至燕子塘公路建设　该路段属省道 205 线，始于宁化安乐蔡屋，沿夏益园至下赖、经双石、曹坊、庄背、黄坊、滑石、彭家庄至燕子塘（与长汀交界处），全程 20.70 公里，按二级公路标准建设，工程概算投资 6193 万元。

东风林场至五里亭公路改建　该路段属省道 307 线，始于宁化东风林场，经城南工业园、瑶上、磨子山、瓦庄、石壁镇、田背，至与江西石城交界处的五里亭，全程 34.58 公里，按二级公路标准建设。2005 年，福建省发展改革委员会批复工程可行性研究报告，由三明市交通规划勘测设计院勘测设计，工程概算投资 14436 万元，实际投资 15024 万元。

城关至湖村锣鼓坪公路改建　该路段属县道 796 线，始于宁化城关中环北路与省道 205 线交叉口处，经江下、东山桥、渔潭、溪口、店上、下埠至湖村红军医院旧址及锣鼓坪，全程 31.30 公里，按二级公路标准建设。2005 年，福建省发展改革委员会批复可行性研究报告，三明市交通规划勘测设计院勘测设计，工程概算投资 9285 万元。

（五）高速公路建设

泉南高速公路永（安）宁（化）段（简称永宁高速），全长 123 公里，按双向四车道高速公路标准建设，设计时速 100 公里。其中宁化境内长 42 公里，设有城区、石壁互通口 2 个，综合服务区 1 个，闽赣界收费服务站 1 个，估算总投资 80.80 亿元。2004—2005 年，福建省交通厅规划设计院编制永宁高速规划实施方案和可行性研究报告文本报国家审批。2005 年 12 月，宁化县成立由县长任总指挥的高速公路建设指挥部，开始高速公路筹建工作。

第二节　桥梁　涵洞

一、桥梁

1988 年，全县公路有石墩木面桥（半永久性桥梁）10 座、石拱桥 131 座、钢筋混凝土桥 44 座。至 2005 年，省道、县道、乡道中共有大、中、小桥梁 274 座，计 8214.70 延米。其中，大桥 4 座，545.70 延米；中桥 29 座，3668.80 延米；小桥 241 座，4000.20 延米。新建桥梁注重科技创新，结构式样由石拱空心板桥发展为桁架拱壁墩台式或钢筋预制丁架桥。省道、县道、乡道的荷载（吨）分别为汽车—20、汽—15、汽—10。半永久性桥梁全部改建成永久性桥梁。城区新建大桥有东山桥、中环大桥、龙门桥和城南大桥（具体参见"卷十七　城乡规划与建设"）。

2005 年宁化县各类公路桥梁情况表

表 19-1

种类	全县桥梁		省道		县道		乡道		村道		专用公路	
	座数	长度	座数	长度	座数	长度	座数	长度	座数	长度	座数	长度
大桥	4	545.70	1	150.00	1	122.70	1	114.00	1	159	—	—
中桥	29	3668.80	4	2356.00	5	272.60	13	663.60	6	336.60	1	40.00
小桥	241	4000.20	29	664.60	25	386.00	117	1823.00	61	1019.10	9	107.50
合计	274	8214.70	34	3170.60	31	781.30	131	2600.60	68	1514.70	10	147.50

注：全县公路桥梁均为永久性桥梁。

1988—2005 年宁化县公路桥梁建设情况表

表 19-2

路线名称	建桥地址	中心桩号	孔数（个）	桥长（米）	桥宽（米）	桥高（米）	结构式样		荷载（吨）	建桥时间
							上部	下部		
省道 205 线	上坑	418K+553	1	7.60	8.50	4.60	实心板梁	重力式墩台	汽—20	1997 年 12 月
省道 205 线	中沙	439K+812	3	51.00	12.00	3.20	空心板梁	重力式墩台	汽—20	1997 年 12 月
省道 205 线	前进	427K+263	1	19.50	8.50	3.20	石拱	重力式墩台	汽—20	1997 年 12 月
省道 205 线	下伊	430K+204	1	31.00	12.00	4.00	石拱	重力式墩台	汽—20	1997 年 12 月
省道 205 线	沙坪	434K+008	1	33.10	8.50	7.20	石拱	重力式墩台	汽—20	1997 年 12 月
省道 205 线	沙坪	434K+338	1	21.60	8.50	2.80	石拱	重力式墩台	汽—20	1997 年 12 月
省道 205 线	白水寨	434K+478	1	18.40	8.50	2.50	石拱	重力式墩台	汽—20	1997 年 12 月
省道 205 线	下沙	442K+586	2	39.40	12.00	2.60	空心板梁	重力式墩台	汽—20	1997 年 12 月
省道 205 线	小肩	451K+368	1	18.00	8.50	2.00	石拱	重力式墩台	汽—20	1995 年 12 月
省道 205 线	城区中环路	455K+864	5	150.00	25.40	10.40	桁架拱	属壁墩台	汽—20	一期 1995 年、二期 2006 年 12 月
省道 205 线	中环路	456K+611	1	32.30	25.40	5.70	实心板梁	重力式墩台	汽—20	1997 年 12 月
省道 205 线	斑竹	458K+377	1	16.40	30.00	1.50	石拱	重力式墩台	汽—20	1995 年 12 月
省道 307 线	东山桥	469K+050	3	125.10	12.00	13.00	石拱	重力式墩台	汽—20	1988 年
省道 307 线	城区东门	471K+756	5	88.70	14.00	6.00	实心板梁	重力式墩台	汽—20	1988 年
县道沙水线	沿口	4K+233	1	14.00	6.50	2.50	实心板梁	重力式墩台	汽—15	2000 年 10 月
县道沙水线	寒坑	7K+305	1	9.00	7.50	2.70	石拱	重力式墩台	汽—15	1993 年 12 月
县道石方线	城佬上	9K+446	1	9.00	6.60	3.80	实心板梁	重力式墩台	汽—10	1996 年 9 月
乡道 002 线	治平	0K+019	3	25.00	8.50	2.00	实心板梁	重力式墩台	汽—10	1988 年 9 月
乡道淮五线	管家山	7K+395	1	12.00	7.00	3.10	石拱	重力式墩台	汽—10	1990 年 5 月
乡道济福线	过见排	4K+558	1	36.50	6.90	3.40	石拱	重力式墩台	汽—10	1994 年 7 月
乡道济福线	龙头	8K+870	1	36.00	6.50	6.70	石拱	重力式墩台	汽—20	1995 年 12 月
乡道隘伊线	东桥	3K+451	1	9.10	7.00	2.90	石拱	重力式墩台	汽—10	1993 年 12 月

二、涵洞

宁化公路网涵洞基本为管形、箱形及拱形，箱型和拱形多分布于省道和县道，管型主要分布于乡村道，起迅速排除公路沿线的地表水、保证路基安全的作用。宁化为山区县，公路易积水，每公里平均约有 4—6 座大小涵洞，大部分为钢筋混凝土结构，少部分为砖石和水泥管结构。根据路面实际情况，省道涵洞长 20—25 米、高 5—8 米，县道涵洞长 8—12 米、高 2—5 米，村道长 4—8 米、高 1.50—3 米。1988 年，全县公路网共有各类涵洞 3071 处，其中省道 301 处、县道 238 处、乡道 1134 处、林业公路 78 处、村道 1320 处。随着交通基础设施的建设和发展，至 2005 年，宁化公路网有涵洞 4326 处，其中省道 571 处、县道 401 处、乡道 1922 处、专用公路 69 处、村道 1363 处。

第二章　公路运输

第一节　客运

一、汽车客运

1988 年，宁化有省、县属客运站各 1 个，营运客车 82 辆，座位 2606 个。长途班车可直达三明、邵武、长汀、明溪、永安、龙岩、建宁和江西石城瑞金等地，全年客运量 294.99 万人，客运周转量 8997.97 万人公里。1990 年，开通宁化至福州、石狮、泰宁长途旅客班车线路，增加城关经方田至曹坊、安远营上至城关过夜班车线路，全年完成客运量 250.82 万人，客运周转量 9376.22 万人公里。1991 年，开展"质量、品种、效益年"活动，全年完成客运量 277.80 万人，客运周转量 10591.10 万人公里。1992 年，新增客车 12 辆，开通宁化至南昌客运班车线路。1993 年，闽运宁化车站、宁化县运输公司客运站两站合一，组建公共型客运站，个体经营户挂靠经营。全县社会客运量达 264 万人，客运周转量 14358 万人公里。

1994 年，全县客车 158 辆，其中福建省三明市汽车运输总公司宁化分公司 42 辆、宁化县运输公司 34 辆、个体 82 辆；公共型客运站日发班车 325 班次；经营线路 56 条。1997 年，宁化县公交公司成立，投入出租车 8 辆，设城区环城运行线路 3 条和城区至石壁客家祖地、湖村天鹅洞旅游客运专线各 1 条。1999 年，宁化县车队营运客车 14 辆，个体客车 14 部，分别挂靠闽运宁化分公司和宁化县运输公司。2000 年 11 月 29 日，三明市汽车运输总公司并购宁化县汽车运输公司，原宁化县运输公司经营的所有客运线路并入三明市汽车运输总公司宁化汽车站经营。2001 年，购置 8 部豪华中型客车投入宁化至泉上客运线路运营，淘汰老旧客车。2002 年，完成客运量 323 万人，客运周转量 10033 万人公里。2004 年 7 月，宁化县公交公司引进 41 部昌河牌小型客车组建宁化面的出租公司，其中 30 部城区运营，11 部运营城关至城郊乡马元亭、巫坊、杨禾以及石壁、安乐、中沙乡（镇）等农村线路，缓解当地群众出行困难；12 月，位于宁化城南牛心坝的新车站开工建设。

2005 年，全县日发班车 330 班次，全年客运量 411.30 万人，客运周转量 23349.40 万人公里。

1988 年宁化县客运班车营运路线和班次站点情况表

表 19-3

营运路线		日发班次	途经主要站点
起	讫		
宁化	泉上	8	溪口、店上、湖村
	泉下	2	溪口、店上、湖村、泉上
	石碧	8	陈岗、禾口
	安乐	1	鱼龙铺、丁坑口、谢坊
	淮土	9	陈岗、禾口、大路
	田背	1	陈岗、禾口、石碧、南田
	方田	2	陈岗、寨角、社下

续表 19-3

营运路线		日发班次	途经主要站点
起	讫		
宁化	济村	3	城隍岭、武义、神坛坝
	安远	3	中沙、河龙、伍坊
	治平	3	丁坑口、谢坊、安乐、曹坊
	中沙	1	下沙
	曹坊	1	丁坑口、谢坊、安乐
	钨矿	1	溪口、店上、湖村、龙头
	明溪	1	溪口、湖村、泉上、盖洋
	连城	2	丁坑口、安乐、里田、北团
	三明	3	丁坑口、清流、明溪
	将乐	1	清流、明溪
	永安	1	安乐、长校、连城
	长汀	2	谢坊、曹坊、新桥
	三明	2	湖村、泉上、明溪
	荆西	1	湖村、泉上、明溪
	瑞金	1	陈岗、禾口、石碧、五里亭
	建宁	1	中沙、河龙、均口
	龙岩	1	丁坑口、连城、小池
	清流	2	丁坑口、黄地桥
	石城	2	禾口、石碧、五里亭

2005 年宁化县客运班车营运路线和班次站点情况表

表 19-4

营运路线		日发班次	途经主要站点
起	讫		
宁化	清流	12	谢坊
	明溪	1	泉上
	将乐	2	清流、明溪
	永安	2	连城
	建宁	6	中沙、河龙、安远
	三明	31	清流、明溪
	水茜—三明	1	明溪
	连城	6	安乐、四堡、北团
	龙岩	4	文亨、朋口
	邵武	1	建宁、泰宁
	福州南站	1	316 国道
	福州北站	1	316 国道
	莆田	1	永安、仙游

续表 19-4

营运路线		日发班次	途经主要站点
起	讫		
宁化	泉州	1	龙岩、同安
	石狮	3	三明、三郊线
	惠安	1	三明、三郊线
	漳州	1	龙岩
	厦门	3	龙岩、漳州
	长汀	9	曹坊、馆前
	宁都	3	石城
	深圳	1	上杭、梅州
	赣州	1	瑞金、宁都
	南昌	1	建宁、南城
	梅州	1	朋口、上杭
	珠海	1	上杭、蕉岭
	广州	1	上杭、蕉岭、惠州、东莞
	汕头	1	沼安、澄海
	石城	35	石壁
	泉上	24	溪口、店上、湖村
	安远	22	中沙、河龙
	淮土	18	石壁
	凤山	20	石壁、淮土
	小姑	3	石壁、淮土
	石壁	8	茶湖江
	水茜	12	中沙
	治平	24	安乐、曹坊
	济村	4	武层
	安乐	14	鱼龙铺、丁坑口、谢坊
	中沙	28	下沙
	巫坊	21	溪口、店上

注：县内短途发车为循环班次。

1988—2005 年宁化县汽车客运情况表

表 19-5

年份	客运量（万人）	客运周转量（万人公里）	年份	客运量（万人）	客运周转量（万人公里）
1988	294.99	8997.97	1992	276.50	10804.30
1989	261.04	9169.97	1993	264.00	14358
1990	250.82	9376.22	1994	322.00	12261
1991	277.80	10591.10	1995	323.00	9870.00

续表 19-5

年份	客运量 （万人）	客运周转量 （万人公里）	年份	客运量 （万人）	客运周转量 （万人公里）
1996	296.00	9413.00	2001	352.00	10895.00
1997	333.00	10392.00	2002	323.00	10033.00
1998	349.00	10622.00	2003	354.00	10871.00
1999	352.00	10631.00	2004	356.00	18478.00
2000	348.00	10628.00	2005	411.30	23349.40

二、人力三轮车营运

1988—1994 年，人力三轮车以运货为主。1995 年，城区三轮黄包车载客逐渐兴起，最多时达 200 多辆。为解决城区交通拥堵，县政府规定城区人力三轮车控制在 187 部以内，并实行"四统"管理（统一停放地点、统一车型、统一收费标准、统一管理）。1996 年 5 月，宁化县人力三轮车运输协会成立。2000 年 11 月 20 日起，县政府规定人力三轮车凭号牌分单、双日隔天运营，每天早、中、晚，职工上（下）班、学生上（放）学前后 15 分钟，禁止人力三轮车进入主街道，以防止交通拥挤。至 2005 年，城区人力三轮车控制数未变。

三、摩托车营运

1988—1995 年，全县摩托车营运数量依次为 652、918、560、1205、1414、1752、1780 和 2230 辆。由于二轮摩托车载客严重影响城区交通，并扰乱短途客运市场，1997 年 3 月 31 日，宁化县交通局、宁化县交警大队联合下文严禁二轮摩托车非法载客营运。1998—2005 年，县政府规定客运三轮摩托车和残疾人代步用的摩托车控制在 50 辆和 10 辆以内，允许下岗职工和残疾人参与城区客运。

第二节　货　运

一、普通货运

1988 年，全县有货车 501 辆（2447 吨位），大、中型拖拉机 50 辆，手扶拖拉机 1300 辆。至 1990 年，全县有货车 542 辆（2139 吨位），拖拉机 1497 辆（其中手扶拖拉机 1446 辆）。车多货少，运力过剩，报停的汽车、农用车分别为 30% 和 50%。交通部门货运量 9.55 万吨、周转量 1175.71 万吨公里，非交通部门营业性货运量 38.90 万吨、周转量 3128.60 万吨公里。1991 年，交通部门运输企业实行承包经营，货运量 11.20 万吨、周转量 1401.90 万吨公里，非交通部门货运量 25.60 万吨、周转量 2368.30 万吨公里。1992 年，全县有货车 564 辆，拖拉机 1928 辆，完成货运量 46 万吨（其中交通部门 36 万吨、个体联户 10 万吨），货物周转量 4344 万吨公里（其中交通部门 3303 万吨公里，个体及联户 1041 万吨公里）。1993 年，交通部门货运量 8.30 万吨，周转量 684.50 万吨公里；非交通部门新增营运货车 45 辆（225 吨位），货运量 73 万吨，周转量 5190 万吨公里。

1994—1995 年，"先行工程"建设拉动运输业发展，货运量依次为 307 万吨、332 万吨，货运周转量依次为 6173 万吨公里、6870 万吨公里。1997 年，国有国营运输企业主抓客运，放弃货运。是年，全县货运量 305 万吨，周转量 8421 万吨公里，其中国有国营运输企业货运量 6 万吨，周转量 615 万吨公里，分别占 1.97% 和 7.30%。2000 年 11 月起，省、县汽车运输公司专营客运，全县货物运输由社会车辆承担。2005 年，全县有恒通、顺通等民营运输公司 4 家，营运货车 75 辆。是年，全县货运量 277.80 万吨，货运周转量 130505.20 万吨公里。

1988—2005 年宁化县货物运输情况表

表 19-6

年份	货运量（万吨）	货运周转量（万吨公里）	年份	货运量（万吨）	货运周转量（万吨公里）
1988	56.50	4607.51	1997	305.00	8421.00
1989	32.55	3250.05	1998	306.00	8391.00
1990	48.45	4304.31	1999	308.00	8393.00
1991	36.80	3770.20	2000	288.00	7511.00
1992	46.00	4344.00	2001	278.00	7480.00
1993	81.30	5874.50	2002	284.00	7848.00
1994	307.00	6173.00	2003	307.00	7993.00
1995	332.00	6870.00	2004	278.00	9737.00
1996	269.00	7751.00	2005	277.80	130505.20

二、零担（快速）货运

2000 年始，宁化陆续出现多家道路零担货物运输业户，分别经营宁化至厦门、福州、南昌、义乌、揭阳、三明、龙岩等地的零担运输。2005 年，道路零担货物运输业户仍在经营，县运管部门未进行登记管理。

三、危险货物运输

2001 年 9 月，宁化个体户张耀兄组建宁化安顺危险货物运输公司，联合清流、明溪等县相关公司配备 10 辆油罐车，开展民营危险货物运输业务。2005 年，宁化安顺危险货物运输公司主要运输汽油、柴油，宁化县液化气公司配备 1 台槽罐车运输液化气。

第三节　车辆维修

1988 年，全县共有机动车维修企业 105 家，从业人数 363 人，其中二类企业 3 家 123 人，三类企业 9 家 98 人，四类企业 93 家 142 人。1989 年，成立宁化县机动车维修行业管理办公室和宁化县机动车维修质量仲裁办公室。1990 年，全县有机动车维修企业 95 家，从业人员 363 人。其中，二类企业 3 家 123 人，三类企业 9 家 98 人，四类企业 83 家 142 人。1994—1995 年，三明市机动车维修协会宁化联络处举办三级汽车维修培训班，组织维修人员 199 人（次）参加岗位培训，换发客、货汽车和农用车维修卡 700 本，分别检测营运货车、客车、农用车 237 辆、125 辆和 241 辆。1997 年，全县有机动车维修企业 81 家，其中二类企业 11 家、三类企业 70 家。

1998 年，维修企业"三上墙"（厂牌上墙、岗位人员照片上墙、维修规范上墙），接受社会监督。

2003—2005 年，举办中、高级工培训班各 1 期和维修人员从业资格培训班 2 期，取得从业资格 236 人。宁化县道路运输管理所和宁化县工商局先后专项整治全县汽车维修市场 2 次，取缔不符合条件维修业户 5 户。至 2005 年年底，全县共有汽车维修企业 10 家（其中一类维修企业 1 家、三类维修企业 9 家）、摩托车及轮胎专项维修企业 90 家，维修企业经营条件达标率 95%，维修人员持证上岗率 100%。

第四节　运输企业选介

一、福建省闽通长运股份有限公司宁化分公司

1988 年，福建省汽车运输总公司永安分公司宁化车队为省属运输企业；1993 年 1 月，更名为福建省三明市汽车运输总公司宁化分公司，为三明市市属企业；2001 年 4 月，更名为福建省闽通长运股份有限公司宁化分公司；至 2005 年未变。

二、福建闽通长运股份有限公司宁化车站

1988 年，福建省汽车运输总公司永安分公司宁化车站为省属运输企业。1993 年 1 月，更名为福建省三明市汽车运输总公司宁化车站；2001 年 4 月，更名为福建闽通长运股份有限公司宁化车站；至 2005 年未变。

三、宁化县运输公司

1988 年，宁化县运输公司共有汽车 43 辆（其中客车 11 辆 304 座位，货车 32 辆 168 吨位），职工 130 人。2000 年 11 月 29 日，福建省三明市汽车运输总公司以 175 万元并购宁化县运输公司，接收安置全体在册人员（含离退休人员）。

第三章　交通管理

第一节　管理机构

一、宁化县交通局

1988 年，宁化县交通局（简称县交通局）内设人秘、工程、计财、运管、安全、车辆代管等职能股（站）6 个，行政编制 14 人、事业编制 19 人。1997 年 8 月，宁化交通局内设人秘股、计财股、工程计划管理股、公路路政管理股、汽车驾驶培训管理股等职能股室 5 个，行政编制 10 名、事业编制 7 名。2002 年 11 月，撤销汽车驾驶培训管理股，增设安全监督股，宁化县国防动员委员会交通战备办公室（正科级

机构）挂靠县交通局，全局行政编制 12 名、事业编制 1 名。截至 2005 年，内设职能股（室）及人员编制未变。

二、三明市公路局宁化分局

1988 年，福建省公路管理局宁化公路段设道班 25 个，有职工 160 人。1993 年 1 月，更名为三明市公路局宁化分局（简称宁化公路分局），下设班（站）23 个、机修车间和苗圃各 1 个，职工 184 人（其中管理人员 26 人）。2001 年，下设班（站）14 个、机修车间和苗圃各 1 个，职工 147 人。2005 年，下设班（站）12 个、机修车间 1 个，职工 137 人。

第二节　公路养护

一、专业养护

1988 年，宁化公路段下设道班 25 个，养护里程 731.94 公里（其中沥青路面 26 公里、水泥路面 6.10 公里、泥结碎石路面 407 公里、砂土路面 292.84 公里）。1991 年，实行公路养护责任制，推行"年公里路况工资包干"和"年公里成本承包"，公路干线好路率 80.50%。1992 年，养护里程 249.73 公里，其中省道 188.38 公里、县道 27 公里、乡道 34.35 公里，年终平均好路率为 74.90%。1993—1994 年，宁化公路分局管养公路 249.73 公里，其中省道 188.38 公里、县道 27 公里、乡道 34.35 公里。1994 年，制定《公路养护目标责任制》，实施"五定"（定工、定料、定里程、定目标、定责任人）管理，公路养护质量综合好路率均达 79%。1995 年，养护公路列入"先行工程"路段 31.70 公里，养护质量综合好路率 84.35%。1996 年，清理路肩 89.80 公里，深挖边沟 233.80 公里，疏通涵洞 10 道，列入"先行工程"路段 24.15 公里，综合好路率 75.70%。1997 年，养护里程 256.73 公里，养护质量及工程质量综合好路率 90.13%，其中省道好路率 92.62%，全年养护总投资 819 万元。

1998 年，宁化公路分局制定《小修作定额》方案，量化考核高级、次高级的路面养护，实行计量工资。1999 年，养护里程 254.09 公里，养护经费支出 825.52 万元，好路率 79.90%（其中省道好路率 89.60%）。2000 年，普修公路，实行"边沟标准化、路肩线条化、边坡直顺化"，新挖标准排水沟 13 公里，补设百米桩 55 个，修复栏杆、护栏柱 76 个，修复、新建涵洞 16 道，修复路基缺口 137.90 立方米，砌路缘 111.60 立方米，好路率 81.90%（其中省道好路率 84.70%），经费支出 438.06 万元。2001 年，管养里程 252.66 公里，清理塌方 23728 立方米，修复涵洞 7 道、土路面 113500 平方米、油路坑槽 12630 平方米，经费支出 429.99 万元。2002 年，好路率 78.10%，经费支出 456.41 万元。

2003 年，宁化县建设省道 204 线、205 线丁坑口路段的"文明样板路"，翻修 307 线 K443+800 至 K448+300 石壁路段沥青路面，改造四类危桥 2 座，修复路基缺口 29 立方米、涵洞 101 道，好路率 80.11%，经费支出 501.17 万元。2004 年，公路养护由修复式养护向预防性养护转变，好路率 80.30%，经费支出 547.74 万元。2005 年，养护公路全长 252.63 公里（其中省道 146.94 公里、县道 84.43 公里、乡道 21.26 公里），修复沥青路坑槽 4761.10 平方米，调整下沉路面 9239.20 平方米，修补水泥路面 1787.20 平方米，修复涵洞 19 道，增设圆管涵 142 延米，修复路基缺口 356.70 立方米，完成路缘和边沟砌体 1111.60 立方米。

2005 年宁化县专业养护里程情况表

表 19-7 单位:公里

类别	路线简称	路线	起讫桩号	里程	水泥路面	沥青路面	砂石路面
省道	小计			146.94	34.77	112.17	—
	岭文线	S204	373.88—397.74	23.86	7.18	16.68	—
	富下线	S205	407.02—505.94	85.66	19.90	65.76	—
	东石线	S307	420.34—457.76	37.42	7.69	29.73	—
县道	小计			84.43	3.95	46.56	33.93
	城治线	X781	35.23—50	14.77	—	4.20	10.57
	沙水线	X782	0—11.40	11.40	—	4.37	7.03
	城济线	X783	0—13.76	13.76	—	4.14	9.62
	盖宁线	X796	5.79—59.30	44.50	3.95	33.84	6.71
乡道	小计			21.26		5.32	15.94
	安塘线	—	0—9.30	9.30	—	—	9.30
	泉明线	—	0—11.96	11.96	—	5.32	6.64
总计				252.63	38.72	164.05	49.87

二、农村公路养护

1988 年,农村公路实行多渠道集资养护,对重点线路乡(镇)财政每公里投入 200—300 元充实养路经费,沿线村庄一般线路每公里集资 50—100 元,每人每年义务投工 2—3 个工日养护。1989 年,全县 430 公里县乡公路养护质量综合好路率 76.70%,其中马元亭至暖水塘 9.60 公里文明路好路率 87.25%。1990—1991 年,实行乡村公路县、乡、村三级责任管理,县、乡列养公路 447 公里,乡村自养 271 公里,好路率 79.10%(其中 8 条经济线路好路率 95.84%)。1992 年,逐级签订公路绿化承包责任书,植树 4399 株,绿化县、乡公路 4 条 41.50 公里,组织公路沿线村民义务养路 850 人次,方田、淮土等乡集资 6.75 万元养护重点经济路线,创建市、县、乡级文明路分别为 4 条 39.50 公里、4 条 45.60 公里和 8 条 56.20 公里。

1993 年,按路况等次安排养护经费,一等(重点经济线路)9 条 92.80 公里,年公里补助 1200—1500元;二等(一线多村路线)15 条 123.60 公里,年公里补助 500—1000 元;三等(一般路线)37 条计 230.60 公里,年公里补助 200 元。清理水沟 90 公里,疏通涵洞 45 道,填补坑槽 10.40 公里,投入 8.80 万元修复水毁的重点路线,植树 4000 株,绿化县乡公路 5 条,创市、县、乡级文明路分别为 5 条 51.70 公里、4 条 45.60 公里和 8 条 56.20 公里。1994 年,县乡公路列养 62 条 451 公里,其中通班车线路 10 条 103公里;下拨补助款 45 万元修复水毁公路。

1995—1996 年,县乡列养公路 61 条 458.30 公里,其中列养 15 条 141.70 公里,扶养 46 条 316.60 公里,乡村自养公路 271 公里。重点经济线路年公里补助提高到 1850 元,受益乡(镇)每公里补助 200—300 元,通村公路由沿线受益村集资每公里 50—100 元。创建市、县示范路分别为 1 条 12.20 公里和 8 条 78.30 公里。1997 年,组织公路沿线群众抢修水毁路面 81.50 公里 28.52 万平方米、路基 27300 立方米、涵洞 103 道、小桥 20 座、挡墙 48 处 2956 立方米。1998 年,重点管养县道 45.60 公里、乡道 56.70 公里,清除塌方 13 处 3650 立方米,修复涵洞 18 道、小桥 2 座,修筑挡墙 2 段 230 立方米。1999—2000 年,公路养护实行风险抵押承包,尝试量化管理。县、乡列养公路 43 条 350 公里,村道 78 条 324.98 公里。

2001 年,县交通局与各乡(镇)签订责任书、养护管理实行"四定"(定人员、定养护里程、定养护经费、定路况质量),开展养护人员培训管理和路况检查评比。2002 年,"6·16"特大洪灾冲毁路基 3 公里 1.80 万立方米，冲毁路面 79 公里 27.65 万平方米，冲塌小桥 10 座 85 延米，全毁涵洞 35 道 176 延米，全县 35 个建制村公路中断，县交通局组织人力物力日夜抢修，恢复通车。2005 年，农村公路路面硬化 307 公里；县、乡列养公路合计里程 93.80 公里，分别为马元亭至暖水塘 9.60 公里、坪埠至曹坊 35.80 公里、石壁至淮土 8.10 公里、淮土至竹园 3 公里、鱼龙铺至内乌石 12.20 公里、水茜至庙前 9.60 公里、大王至隘门 3.20 公里、陈岗至方田 12.30 公里，列入扶持养护的乡村道路（水泥路面）19 条 120.80 公里。县交通局按年度计划安排养护资金，根据不同线路每公里 500—2300 元。

2005 年宁化县列入扶养乡村道路(水泥路面)情况表

表 19-8

路线	里程(公里)	年公里经费(元)	年度经费(元)
营上—塘坊	7.00	500	3500
济村—江西福村	11.20	500	5600
治平—社福	3.00	500	1500
凤山—五星	3.70	500	1850
西门—九柏嵊	6.10	500	3050
S204—三大	8.0	200	1600
黄地—南坑	6.60	200	1320
三黄—根竹	3.50	200	700
城关—社背李七	13.50	300	4050
马元亭—马源	4.90	200	980
S205—夏家	5.50	200	1100
东山桥—连屋	5.70	200	1140
双岭桥—泗溪	4.20	200	840
新市场—官坑	2.80	200	560
中沙—武昌	8.00	200	1600
水茜—张坊	7.80	200	1560
连海寨—下付	7.20	200	1440
沿溪—沿口	5.70	200	1140
南田—邓坊桥	6.40	200	1280
合计	120.80		34810

三、林业公路养护

1988 年，林业公路段下设 6 个道班，养护店上至泉上 4.50 公里、豪亭至庙前 13.30 公里、湖村至黄山寨 6.90 公里、永建至下洋坑 10.10 公里、横溪岭至于坑口 6.30 公里，共 5 条线路 41.10 公里，路况完好率 100%，好路率 76.25%。1994 年，"5·2"洪灾冲毁大量林业公路和桥梁，其中横坑线 3 座砼桥中断交通 3 年。1995 年年底，泉下至海中坑 12.00 公里弃养，泉正道班同时取消。1997 年，"6·9"洪灾毁坏林业公路路面 10.00 公里，塌方 119 处 16000 立方米，冲毁挡墙 22 处 5600 立方米。2004—2005 年，林区公路养护管理体制改革，庙（前）吾（背）线 13.30 公里和永（建）翁（家）线 14.30 公里林区公路移交宁化县交通局接管，其他 4 条林区公路移给当地乡、村管理。

第三节　运政管理

一、运政稽查

1988年，针对运输市场不使用统一路单结算凭证、虚报里程、偷漏规费、垄断货源、抬高运价等现象，宁化县运政管理部门设立城郊、安乐、禾口、安远、泉上乡（镇）交通运输管理站，组建3个稽查队，建立运输市场客、货运输的基础档案和经营许可证制度，规范运输市场。是年，处理违章机动车13辆，处罚金额4.50万元。1990年，加强整治运输市场粗暴待客、脱班晚点、哄抬运价、倒卖货源问题。全年征收运输管理费30.20万元，拖拉机养路费25.50万元，其他机动车养路费39.50万元，为税务部门代征营业税54万元。1991年，宁化县交通运输管理所被三明市交通局定为整建工作试点单位；是年11月，以总分300分实得283分的成绩，成为全省第一个优秀运管站。1993年，开始建立统一、开放、有序的运输市场，全年办理多种运输换证1297本，其中汽车383本、农用车358本、拖拉机556本；征收运管费64.25万元、拖拉机养路费25.78万元、其他机动车养路费52.13万元、代征营业税94.30万元。1994年10月，县法院驻县交通局交通行政执法联络室成立，加强行政执法。是年，宁化县交通运输管理所向法院申请执法案件5起。1995年，调整、充实稽查力量，实行早、晚、节假日不定时稽查办法，对抗缴规费的"钉子户"依法处理，使交通规费"应征不漏，应免不征"。全年移送法院执行案件28起，执行金额5.53万元。

2000年，福建省交通厅颁发《关于进一步规范交通公路稽查工作，巩固治理公路"三乱"成果的紧急通知》，县政府组织公安、农机、安监、运管等部门联合执法队，专项整治非法营运。2001年，县交通局领导驻点挂包，各乡（站）站长竞争上岗，实行目标管理。2005年，查处违章车辆94辆，罚金67.50万元。宁化县运政管理部门打击非法营运，强化运政稽查，连续3年居全省之冠，受到福建省交通厅表彰。

1988—2005年宁化县主要年份公路运输违章车辆稽查情况表

表19-9

年份	违章车辆(辆)	处罚金额(万元)
1988	13	4.50
2000	53	1.75
2001	57	10.00
2004	80	40.00
2005	94	67.50

二、客运管理

1988年，全县营运客车实行统一票价、统一售票、统一发站，整治运输市场粗暴待客、脱班晚点、乱停靠、刁难旅客、哄抬票价等现象。1989年，组建社会公共型客运站，规范管理社会客车35辆。1990年，强化公共型客运站业务职能，每月召开一次客运例会，宁化县运政管理部门与物价部门联合上路检查，查处乱涨价、多收款行为。是年，福建省三明市汽车运输总公司宁化客运站投资19万元，把原200平方米的候车厅扩建为460平方米。1993年，福建省三明市汽车运输总公司宁化车站与宁化县运输公司客运站合并，宁化至三明客运线路进行招标经营，并以标额高低安排班次，解决争抢客源矛盾。

1994年，宁化县交通运输管理所组建驻站办公室，每天派5名运管人员到车站12小时值班，随时解决客运纠纷。1996年，交通部门开展"旅客信得过客车"竞赛活动。1997年1月1日起，一律使用统一的行车路单，由驻站运管负责人员签发、回收、考核。是年成立公共型客运站管理委员会，监督管理客运站经营。2000年，全县营运客车开始统一到三明市综合检测中心进行检测和技术评定。

2001年1月，宁化县开展打击"票贩子"站外组客、揽客行为和在营运过程中的"宰客、甩客、兜客、卖客"等违章行为活动，专项整治农用车、私家车、微型货车非法载客营运，查获各种违章车辆57辆（次），处罚和补交规费10万元。2004年，加强源头管理，杜绝营运客车超载运行，禁止站外私自揽客、组客，取缔站外发车。2004年，评定运输行业资质，建立严格市场准入制度，组建稽查队伍，查处各类非法违章经营事件80起，罚款40万元。2005年，按照运营地域和运营线路，实行全县59部短途客车一线一联合，统一经营运作，适应人流量增加的需要。

三、货运管理

1988年，全县共办理车辆运输许可证1002份，其中汽车、大中型拖拉机、农用车、手扶拖拉机办证率分别为96.30%、83.20%、79.60%和73.30%。1993年，民营宁化县社会车辆配载联络处成立，为社会货运车辆提供配载和协调服务。1996年，货运市场疲软，报停车辆增多，宁化县运输管理部门控制县内货源，维护货运车辆利益。

1997年10月1日起，实施道路货物运单使用和管理办法，将道路货物运单作为道路货物运输及运输代理的合同，运输经营业户承运保管和交付货物的凭证，记录车辆运输运行和行业统计的依据，宁化县运输公司配载中心各设立运单签发点1个，每月签单2000余份。2000—2005年，推行"三减（简）—提高"（减少审批项目和审批范围，简化审批程序，降低收费标准、减轻企业负担，提高办事效率），营造营运良好环境，发展道路货物运输。

四、驾驶员培训

1987年3月起，由宁化县公安交通管理部门负责组织驾驶员培训。1997年起，营业性驾驶员均需参加岗位培训。1998年，宁化县实行取得岗位服务证后方可持证上岗制度。2004年7月，实行社会化办学培训机动车驾驶员，宁化县道路运输管理机构实行机动车驾驶培训学校（班）资格管理，公安交通管理部门负责考核发证；是年开办驾驶员从业资格培训班1期，参训50人。至2005年，批准许可的机动车培训机构有鑫盛交通服务有限公司和明畅汽车驾驶培训中心，均为专项类三级；是年，核实《培训记录》411份，其中C1车型295份、B2车型116份。

第四节 路政管理

一、路产路权管理

1988年，宁化县成立交通综合治理领导小组，组织实施《中华人民共和国公路管理条例》，全县上路检查各种车辆2265辆次，抢修路面191平方米，清理路障22处，清理公路溜方65处共1万立方米。1990年10月，宁化县组建公路路政管理站。1993年，县政府印发《关于严格公路路政管理的通知》，清理把公路当墟场摆摊设点等违章占道现象。1995年，县政府印发《关于加强公路路政管理的通知》，路政管理站人员上路巡查770人次，处理违章190起，收取路产损坏赔偿费6.20万元。

1996年4月，宁化县路政管理站更名为宁化县路政管理所，负责省、县干线公路的路政管理，各养路道班班长兼任路政管理员。县交通局增设路政股，在 16 个乡（镇）分片聘请 9 名路政协管员，负责农村公路路政管理。路政管理所和路政股创新路政管理模式，聘请兼职义务路政员。宁化县路政管理所和路政股全年接到举报破坏路产、路权案件 26 起，收取路产、路权损坏赔偿金 13 万元。1997 年，宁化县路政管理所和路政股查处较大案件 73 起，收取路产、路权损坏赔偿金 14.60 万元；制止公路两侧违章建筑 3 起、公路挖沟引水 15 次。1998 年，宁化县路政管理所通过电视、广播、电影、幻灯等形式宣传《中华人民共和国公路法》等路政管理法律法规 334 次，出动路政宣传车 48 辆次，路政执法人员上路巡查 1085 人次，制止违法违章建筑 5 座 468 平方米，清理晒谷场、摆摊设点、占道作业 171 起，查处各类损坏公路路产案件 34 起，收取路产、路权损坏赔偿金 10.10 万元，行政处罚 115 起、罚款 400 元。

1999 年，宁化县路政管理所上路巡查 970 人次，制止、纠正违章 291 起，拆除违章搭盖 5 处，制止占道作业 53 起，清理各类堆积物 126 处共 260 立方米，查处损坏路产、路权案件 40 起（其中行政处罚 31 起），收取路产、路权损坏赔偿金 26.60 万元。2000 年，宁化县路政管理所执法人员上路巡查 985 人次，纠正和制止违章 236 起，清理占道晒粮 79 起、违章设置摊点 37 起、种植农作物 8 起、堆积物 144 起、搭盖 5 起，制止占道作业 56 起；查处路政案件 15 起，行政罚款 920 元，收取路产、路权损坏赔偿金 45 万元。2004—2005 年，组织上路巡查 685 人次，制止、纠正违章 262 起，清理摆摊设点 19 起、种植作物 15 起、乱堆乱放 183 起、占道作业 45 起，查处路政案件 10 起，责令赔偿损失 5 起，其他赔偿费 42775 元。

二、超限超载整治

1988—2000 年，宁化县路政管理部门开展车辆超限、超载专项治理活动 54 次，检查超限超载车辆 3758 辆次，强行卸载 1924 辆次，责令自卸分载 968 辆次，行政处罚 213 起。2001 年，检查超限超载车辆 1448 辆，强行卸载 229 辆次，责令自卸分载 273 辆次，行政处罚 8 起。2002 年，查处超限运输车辆 4985 辆次，责令自卸分载 1164 辆次，强制卸载 534 辆次，收取赔、补偿费 101.35 万元。2003 年，查处超限运输车辆 4500 辆次，责令自卸 1628 辆次，强行卸载 21 辆次，行政处罚 1 起并罚款 800 元。2004 年，宁化县成立治理车辆超限超载工作领导小组，制定实施治理车辆超限超载工作方案，重点控制省道 204 线、307 线路面。全年查处超限运输车辆 1574 辆次，强行卸载 58 辆次，自行卸载 298 辆次，行政处罚 5 起并罚款 300 元，收补偿费 41.90 万元。2005 年，检查超限运输车辆 5243 辆次，行政处罚 483 起并罚款 32.09 万元，收取补偿费 53 万元。

第五节 规费征收

一、公路养路费征收

1988 年，宁化县按全省统一征收标准征收公路养路费，客车每月每吨 160 元，货车每月每吨 140 元。1994 年 6 月 1 日起，执行《福建省公路养路费征收管理实施办法》，公路养路费征收标准，统一按费额计征；截至 2005 年未变。

1988—2005 年，全县共征收公路养路费 5366.50 万元。

二、客运附加费征收

1988—1992 年，宁化县客运附加费按车票里程每人每公里加收人民币 1 分的标准，由车属单位或车主在客车售票时征收。1993 年 12 月 1 日起，根据福建省交通厅、财政厅、物价委员会调整公路客运交通建设基金的有关规定，卧铺客车每个铺位按 1.50 个座位折算缴交客运基金，每人每公里折缴人民币 3 分；至 2005 年未变。

1993—2005 年，全县共征收客运附加费 2823.02 万元。

三、货运附加费征收

1993 年 1 月 1 日，全县开征各种机动车辆货运附加费（山区公路建设还贷基金），征收范围包括各种营业性载货汽车（含小四轮、三轮货车、特种车、专用车、农用运输车、半挂车、拖带的平板车、挂车、轮式拖拉机等），征收标准为每月每吨 40 元，挂车减半计征，使用省财政厅统一印制的行政性收费专用票据，收入金额纳入财政预算管理。

1993—2005 年，全县共征收货运附加费 581.03 万元。

四、车辆通行费征收

1993 年 1 月 15 日，福建省交通厅、财政厅、物价委员会批准宁化县按省政府《关于贷款修建公路、桥梁、隧道，收取车辆通行费管理规定》标准，在省道福五线 471k+100 m 处（城东）和 488k+420 m 处（禾口）设立车辆通行费收费点，实行单向收费，收费期限暂定于 1993 年 3 月 15 日至 1995 年 3 月 15 日。1995 年 4 月 17 日，省政府批准宁化原福五线 488k+420 m 和 417k+100 m 两个收费点收费期限延长至 1998 年 12 月 31 日，其中 471k+700 m 处（即宁化城关下东门建文线与福五线交叉点）改在建文线 111k+700 m 处（谢坊）设点，均为单向收费，所收资金用于省道"先行工程"拓宽改造。

1999 年 3 月 2 日，福建省政府批准福五线 488k+420 m 处（禾口）并入谢坊收费点并实行双向收费。2001 年 9 月 14 日，省政府批准谢坊通行费征收站征收期限延至 2007 年 12 月 31 日。2003 年，全省清理整顿公路收费站点，保留宁化收费站。

1993—2005 年，全县共征收车辆通行费 4572.89 万元。

五、运输管理费征收

1988—2005 年，运输管理费由宁化县交通运输管理所按照经营者的营业收入计征，最高不超过 1%。至 2005 年，共征收车辆运输管理费 2343.01 万元。

六、车辆购置附加费征收

1988 年 7 月，县交通局设立车辆购置附加费征收管理办公室，国内生产或组装的车辆购置附加费率为 10%，国外进口的车辆费率为 15%（汽车类的车辆购置附加费，由三明市车购费征管办征收）。2001 年 1 月 1 日，车辆购置附加费改为车辆购置税。至 2004 年 12 月，车辆购置税仍由县交通局车购办代征。2005 年 1 月 1 日起，由县国税局征收。

1988—2005 年宁化县交通规费征收情况表

表 19-10   单位:万元

年份	公路养路费		货运附加费	客运附加费	运管费	通行费
	县运管所	县公路稽征所	县公路稽征所	县公路稽征所	县运管所	县通行费征管所
1988	27.55	—	—	—	48.55	0
1989	39.06	—	—	—	76.15	0
1990	65.00	—	—	—	30.20	0

续表 19-10

年份	公路养路费		货运附加费	客运附加费	运管费	通行费
	县运管所	县公路稽征所	县公路稽征所	县公路稽征所	县运管所	县通行费征管所
1991	54.91	—	—	—	39.00	0
1992	75.00	—	—	—	37.70	0
1993	64.25	292.47	63.58	149.40	46.80	167.25
1994	75.30	302.08	62.85	168.62	80.90	349.37
1995	93.30	350.65	53.66	169.06	118.49	277.11
1996	98.00	348.76	55.48	199.02	128.00	229.48
1997	91.00	328.45	49.64	227.32	140.00	352.25
1998	86.87	300.24	49.01	241.91	186.82	322.59
1999	72.07	311.87	39.96	320.86	185.16	456.39
2000	89.70	309.65	40.23	300.23	171.78	423.12
2001	97.73	287.08	35.10	252.80	208.57	427.76
2002	117.42	264.96	35.15	236.26	206.13	438.98
2003	99.18	259.27	30.45	193.06	187.00	373.73
2004	76.04	283.75	30.56	179.78	209.96	369.51
2005	75.74	329.15	35.36	184.70	241.80	385.35
合计	1398.12	3968.38	581.03	2823.02	2343.01	4572.89

第六节　安全管理

一、道路运输安全管理

1988—1990 年，县交通局开展道路运输安全宣传教育，建立健全安全生产管理制度，层层签订责任状，坚持日常检查和专项检查，查找事故隐患，落实整改措施。1991 年，县交通局开展首次"安全生产周"活动，交通事故起数、受伤人数和经济损失，分别比 1990 年下降 25.50%、38.60% 和 10.80%，死亡人数下降为 1 人。1997—1998 年，县政府采取"客运安全为重点、技术质量为保证、制度建设为根本、源头管理为基础、隐患整改为手段"的五项措施，专项整治全县道路运输安全，遏制恶性交通事故发生。1999—2001 年，县政府印发和转发有关安全生产文件 20 份，召开安全生产专题会 15 次，举办安全知识竞赛 4 场。运输企业坚持开展安全周和道路安全专项整治活动，组织系统大检查 16 次，查出安全隐患 5 条，及时制定整改措施，整改率 100%。

2002 年，县交通局开展"安全生产月"活动，共查获鞭炮 69 封、油漆 25 公斤、摩丝 12 瓶、农药（乐果）12 瓶等易燃、易爆和危险化学品。2003—2004 年，县交通局制定《道路运输交通安全预案》《危险品运输应急预案》和《公路建设施工安全预案》，建立快速反应机制，开展安全生产大检查 12 次，"查隐患、堵漏洞、抓整改"，共查处违章车辆 110 起，处罚 50 万元。2005 年，全县召开安全会议 26 次，开展安全生产检查 248 次，检查企事业单位 24 家，检查车辆 1260 辆，发现事故隐患 52 处，完成整改 50 项，查获鞭炮 17 封、烟花 3 捆、打火机气体 14 瓶。全年发生道路运输安全事故 5 起，死亡 5 人，比 2004

年下降 61.50%。

附：道路运输特大恶性事故案例

1997 年 12 月 25 日凌晨 1 时 40 分，宁化县运输公司闽 GT7002 号中型客车，从三明回宁化县，途经三明市莘口镇黄沙大桥时，由于车速过快，驾驶员操作不当，翻车并跌入 16.80 米深的桥底，造成车上 17 人（男 11 人、女 6 人）全部遇难的特大交通事故。

1998 年 8 月 27 日 5 时 30 分，三明市汽车运输总公司宁化分公司闽 G7022 号华西牌中型客车（核载 19 人），由宁化县发往建宁县，出站时乘坐 7 人，沿途陆续上客 37 人，共 44 人，超载 25 人。8 点 6 分，行至省道建文线 32K+250 处（建宁县均口镇龙下村路段），因刹车失灵，驾驶员处理不当，冲出公路，摔入 20 米深的山谷，造成死亡 38 人、重伤 3 人的特大交通事故。

二、农用船舶安全管理

1988 年，宁化县尚存横锁乡鱼龙、肖家、龙下农用 3 个渡口。1990 年，鱼龙建桥撤渡。1999 年 6 月，公路交通条件改善，龙下、肖家 2 个渡口撤销，自此县境内再无渡口渡船。2000 年 1 月 20 日，交通部、国家经济贸易委员会颁发交通部、国家经济贸易委员会《关于贯彻实施〈关于进一步加强乡镇船舶交通安全管理责任制的意见〉的通知》，2002 年 10 月 24 日福建省政府颁发《关于进一步加强乡镇船舶安全管理的意见》，宁化县水利和海事部门造册登记乡、镇采砂船舶，实行乡（镇）船舶安全管理"三长"（分管副县长、乡（镇）长、村长）安全责任制，制订汛期船舶防漂流预案，实行预警和报警制度。2005 年，地方海事处向城南、方田 2 个辖区水域的乡（镇）船舶人员发放救生圈 28 个、救生衣 16 套。

三、公路工程建设安全管理

1988—2003 年，公路工程施工均要求成立安全机构，配备安全监督员；施工现场工人必须佩戴安全帽，工程爆破人员持证上岗，作业路段两端设置明显标志，危险路段设置警示标志。2004—2005 年，宁化县交通运输管理部门加强公路工程施工管理，重点检查企业安全生产许可证和"三类人员"（专职安全员、项目经理、企业负责人）的持证情况和安全预案制订落实情况，专项整治谢坊至田坪公路建设安全，排除工程支架、吊装设备、特种机械作业、易燃易爆物品和施工用电等事故隐患。

卷二十　邮政　通信

　　1988年，宁化邮政业务涵盖函件、包裹、汇兑、报刊发行、邮政储蓄、集邮等方面。随着经营渠道的拓宽，1997—2005年，先后开办代缴话费、代发医疗保险金、代缴固定电话费和BP机（无线寻呼系统中的被叫用户接收机，中文名叫寻呼机）费，代收水费、电费、邮购、快递、特快汇款等业务。至2005年，全县邮政业务总收入1210万元，为1994年172.73万元的7倍；电信业务收入2916万元，为1988年118万元的24.71倍；邮政储蓄总余额42767.10万元，为1988年151.55万元的282.20倍，居全县金融机构之首。

　　随着信息化技术的迅猛发展，通信部门加大基础设施建设资金投入，完善经营责任制，提升服务水平。1988年5月，开通宁化城区自动电话。1992年3月，开通BP机。1993年5月，开通模拟移动电话。1994年9月，乡（镇）程控电话开通，结束宁化电话人工交换历史。1999年7月，电信重组，移动电话业务从宁化县电信局剥离，组建宁化移动分公司，承办移动通信业务；12月，中国联通三明分公司在宁化设立营业部。2000年，宁化县电信局开设INTERNET国际互联网业务。至2005年，全县电话装机容量由1988年的1100门扩展为70000门，电话普及率由1988年的0.44%提高到19%，国际互联网用户2093户，移动通信网络信号覆盖宁化城区及所有乡（镇）、国道、省道、旅游景点及97%以上的建制村，实现与216个国家和地区的国际漫游。

第一章　邮政

第一节　场所　设备

一、场所

　　1988年，宁化县邮电局（简称县邮电局）生产用房5170平方米。1992年邮政综合大楼动工，1993年12月竣工并投入使用。1998年，邮政与电信分营，邮电大楼资产划归电信，各乡（镇）邮电支局（所）资产及城关北街邮政综合楼划归邮政。县邮政局购买宁化县建筑公司房产及城关下东门（原宁化县矿业公司），改造成办公、生产场所。是年县邮政局房产建筑面积共18311平方米，其中县城7007平方米（生产用房2168平方米）、乡（镇）邮政支局（所）11304平方米（生产用房4010平方米）。2004年，新建3层生产用房1幢，增加建筑面积1480平方米。至2005年，县邮政局房产建筑面积19791平方米。

二、设备

（一）邮运设备

1988年，县邮电局有邮运汽车1辆、自行车51辆，各乡（镇）报刊、邮件由汽车运输部门托运。1994年，县邮电局购置2辆邮运车，自行运送各乡（镇）报刊、邮件。1998年9月，邮政与电信分营，县邮政局有邮运汽车4辆，其中区乡支局邮件运输车2辆，邮储专用送款车、物流业务车各1辆。是年，购置防弹运钞、速递揽收邮运车各1辆。2002年，自办汽车邮路改为委托代办后，先后报废汽车2辆。2005年，县邮政局共有邮政汽车4辆。

（二）营业设备

1988—1993年，县邮政营业使用2公斤式信函秤；1994年起，改为电子营业秤。1995年，城区10个营业窗口均运用微机操作，邮政储蓄微机联网，通存通兑。1997年，全县邮储网点全部并入全国"绿卡"网络，实现通存通取。1998年，新增信函制作系统1台，配备并开通ATM自动柜员机，各支局邮件可对三明直封，成本下降。2005年，全县有电子化营业窗口9个、邮资机2台、商函设备1套、ATM自动柜员机1台。

第二节　邮路

一、省内邮路

1988年，宁化至三明省内二级汽车邮路1条，总长165公里。2005年，出口邮件改为经转南平邮区中心局，新增宁化至南平的省内二级汽车邮路1条，总长253公里（其中宁化境内21公里）。

二、县内邮路

1988年，全县邮路16条共1877公里（其中农村10条），单程长1451公里。1991年，全县邮路总长1789公里，农村投递路程总长度1373公里。1994年10月1日起，自办汽车邮路2条，分别为城关—湖村—泉上—水茜—河龙—安远—中沙，城关—济村—石壁—淮土—方田—曹坊—治平—安乐—城南，单程215公里。2002—2005年，自办汽车邮路改为委托代办汽车邮路，共6条，单程203公里。

三、乡邮投递

1988—1992年，县邮电局自办汽车投递、自行车投递、步班投递的邮路条数、邮路及投递的单程长度保持平稳状态。1993年起，因乡村道路硬化工程逐步实施，投递邮路数和投递的长度特别是步班投递线路随之变化。至2005年，仅剩7条，单程217公里。

1988—1993年宁化县邮政投递情况表

表20-1　　　　　　　　　　　　　　　　　　　　　　　　　　　　　　　　单位：条、公里

年份	邮路	邮路投递单程长度	自办汽车投递单程长度	自行车投递单程长度	步班投递单程长度
1988	16	1877	405	824	648
1989	16	1873	405	979	489

续表 20-1

年份	邮路	邮路投递单程长度	自办汽车投递单程长度	自行车投递单程长度	步班投递单程长度
1990	15	1932	405	1169	358
1991	15	1789	405	1028	356
1992	15	1787	405	1036	346
1993	16	417	405	12	—

注:1994 年后统计口径改变,未再做统计。

四、城区投递

1988 年,城区投递段道共 4 个。1996 年,城区投递段道增至 9 个,投递员 14 人,每日投递 1 次,兼办报刊订阅、邮品销售、发展邮储等业务。2005 年,全县 210 个建制村全部通邮,邮政投递线路 1474 公里。

第三节　邮政业务

一、邮递

(一) 函件

1988 年,县邮电局加快发展经济快件业务,共寄出各种快件 15822 件,投递专送业务专送费收入 4555 元。1989 年,全国实行四级六位数邮政编码,使用标准信封,宁化编码为 "365400"。是年,邮政编码书写率和标准信封使用率均达 95%,出口计费函件 101.91 万件,邮政快件业务占 20%。1990 年,出口函件 98.03 万件,快件业务占 74.80%。1991 年,出口计费函件 106 万件,年底试办邮政贺年 (有奖) 明信片业务和商业信函业务。1992—1995 年,正式开办中国邮政贺年 (有奖) 明信片业务,全县出口计费函件 634.88 万件。1996 年,出口平常函件 171.84 万件、给据函件 2.54 万件。1998 年,全县计费出口邮政函件 122.30 万件。1999 年,进口邮件为出口邮件的 2—3 倍,回音卡使用量比 1998 年提高 30%。2000 年,重点开发商函业务市场,建立潜在函件大户档案,引导用户使用邮政函件业务,全县发展企业金卡 5 枚,收入 53250 元;函件业务收入 14.24 万元。2002 年,函件收入 45.77 万元。2003 年,窗口回执业务从年初的月均 500 件逐步提升到月均 2000 件,月增收 6000 元。2004 年,重点发展函件广告业务,其中拜年中邮专送广告 13 期,创收 27790 元,户外广告创收 6600 元,获三明市 "经营创新杯" 一等奖。2005 年,销售邮资封 5.25 万枚,企业金卡 3 万枚,函件业务收入 70 万元,其中商函广告收入 22.91 万元。

(二) 包件

1988—1989 年,全县出口包件 2.28 万件、进口包件 9241 件。1990 年,取消快递小包、航空快递小包业务,出口包件 0.79 万件。1991—1995 年,共出口包件 3.47 万件。1996 年,取消民包、商包、纸包划分,出口包件 8.96 万件。1997—2000 年,共出口计费包件 3.39 万件。2001 年,开办快递包件业务,80% 普包转为快包,出口计费包件 0.90 万件,收入 27 万元,比 2000 年增长 190%。2002 年,组织收集大户名称、地址、联系号码、产品种类等函件潜在信息,主动上门服务。安远、湖村、水茜、淮土支局 (所) 组织人员上门收寄季节性竹木制品、纸制品、茶叶、笋干、香菇等出口商品,全县包件收入 1.80 万元。2003—2004 年,全县出口计费包件 2.99 万件。2005 年,收寄包件 8389 件,其中进口包件 7201 件、出口包件 1188 件。

（三）报刊发行

1988年起，部分报社和出版社自办发行，县邮电局分别在治平乡泥坑村、高峰村、田畲村，济村乡上龙头村、新田村，安乐乡黄庄村，中沙乡石门村，水茜乡张坊村等边远村成立送报站9个，聘请送报员51名，加快报刊投递。

1989—1990年，全县报刊流转额163.15万元。1991年，全县报刊流转额88.70万元，订销报纸期发数2.70万份，订销报纸累计数450万份，订销杂志期发数38.20万份。1992年起，县邮电局成立报刊发行组，实行报刊零售门市部经营承包管理，运用微机进行报刊内部处理。1998年，成立以班、组建制的报刊收投公司，增加图书、音像、文化用品等业务。1999年，一次性收订报刊流转额居三明市县局榜首，2000年，全县报刊流转额226万元，名列三明市第一。2002年，开展双渠道发行报刊征订业务，新增双渠道发行《福建党刊》《党员特刊》《福建教育》（中学版）、《婚育导刊》等报刊，新签订自办发行《支部生活》代投协议。2004年，收订《福建日报》1989份、《求是》杂志333份，全县报刊流转额188.90万元。2005年，全县共有报刊发行站（点）46个，报刊流转额180.60万元。

1988—1993年宁化县报刊发行情况表

表 20-2　　　　　　　　　　　　　　　　　　　　　　　　　　　　　　单位：万份、万元

年份	订销报纸累计数	订销杂志累计数	报刊流转额
1988	476.10	51.09	59.90
1989	375.94	42.25	81.39
1990	397.29	39.21	81.76
1991	450.00	38.20	88.70
1992	437.50	33.80	110.70
1993	390.09	28.82	115.80
1994	391.50	20.50	143.50
1995	412.00	25.10	139.10
1996	384.00	18.00	193.00
1997	406.00	16.00	206.80
1998	388.30	14.40	213.50
1999	346.00	14.00	196.20
2000	327.00	12.00	226.00
2001	333.00	13.00	226.00
2002	191.80	11.30	175.10
2003	192.90	15.60	177.80
2004	201.60	14.10	188.90
2005	208.10	12.10	180.60
合计	6309.12	419.47	2804.75

（四）特快专递

1993年，县邮电局开办EMS特快专递业务。1995年，全县出口计费特快专递5386件。1996年，巩固点对点、同城礼仪特快专递业务，新开办接送新娘、礼仪小姐业务，服务2000人；全县出口特快专递4966件，收入16.10万元。1997年，县邮电局制定《邮件处理规范考核办法》，明确规定办理进出口特快专递邮件时限。1998年，县邮电局成立专业速递公司，发展点对点货运、邮政礼仪业务，开办特快汇款业务，特快业务收入34.90万元。1999年，特快专递收入45万元，同城礼仪发展1434户。2000年，开办电子信函、代送法院诉讼文书等业务。2002年，特快收入45.61万元。2003年，新增驾驶证、身份证快递业

务，速递各类单证照共 5823 件，创收 6.20 万元。2004 年，速递各类单证照 2847 件，开展中秋"思乡月"月饼营销活动。2005 年，速递各类单证照 11883 件，比 2004 年增长 3.17 倍；新发展同城生日礼仪 420 户，销售"思乡月"月饼 2435 盒。

1988—2005 年宁化邮递业务情况表

表 20-3　　　　　　　　　　　　　　　　　　　　　　　　　　　　　　　　单位：万件

年份	出口函件	出口包件	特快专递	年份	出口函件	出口包件	特快专递	年份	出口函件	出口包件	特快专递
1988	108.11	1.25	—	1994	158.60	0.70	—	2000	1.08	1.10	2.70
1989	101.91	1.03	—	1995	193.08	0.86	0.54	2001	0.90	0.90	2.30
1990	98.03	0.79	—	1996	174.38	8.96	0.50	2002	1.79	1.80	1.50
1991	106.00	0.60	0.65	1997	185.00	0.77	0.59	2003	29.14	1.79	1.25
1992	151.40	0.69	—	1998	122.30	0.80	1.16	2004	1.35	1.20	2.10
1993	131.80	0.62	—	1999	114.40	0.72	3.00	2005	1.19	0.84	3.50

（五）邮送广告

1992 年起，县邮电局新增邮政商业信函业务，提供咨询、设计、印刷、代发等服务。1999 年，揽收邮送广告 13.50 万份、促销商函 38 件、企业金卡 2.50 万枚。2000 年，开发商函业务市场，每月固定制作《中邮专送广告》3 期，收入 6.60 万元。2001 年 6 月 1 日，开办 6 开铜版彩色印刷的《中邮专送广告》宁化版业务，是年发行 40 期，同时开办信箱广告业务。2002 年，扩大商函广告市场，发展名片、请柬印刷及搭载酒店广告等业务。2003 年，扩展灯箱、横幅等广告业务，开展"百姓消费商务指南"名片广告活动，创收 4 万元，开展"一校一封"活动，发展中小学邮资封 2.25 万枚，发展企业金卡 2 万枚，征订宁化风情风光邮资封 3 万枚。全年邮送广告收入 14.70 万元，利润 6.20 万元。2004 年，开发"家校联系卡""黄页号簿广告"等系列商函新业务，创收 15 万元。中邮专送广告推出拜年广告、商品销售广告、会员卡等个性营销业务，发行 36 期，收入 4.28 万元。制作户外条幅广告 720 条，创收 5.04 万元。发展企业金卡 4 万枚，宁化风光风情邮资封 22 万枚。全年商函广告业务收入 29.50 万元，比 2003 年翻了一番。2005 年，率先在三明市开发医保账单、公积金账单搭载广告业务，创新邮送广告，揽收《"吃、住、娱、游、购在宁化"经营指南》1 期，制作户外条幅广告 730 条，创收 5.84 万元。

二、邮政储蓄

1988 年元旦和 2 月 21 日，县邮电局先后举办邮政储蓄摸彩活动 2 期。是年，安乐、安远、禾口 3 个邮政储蓄所开业，全县邮政储蓄年末存款余额 151.55 万元。1989 年 1 月 1 日，开展"迎春邮政双定双奖储蓄"活动，定额 20 元，定期 1 年，以奖代息，最高奖为价值 3280 元的 46 厘米（18 英寸）彩电 1 台；年末存款余额 250.52 万元。1990 年，开展"纪念邮政储蓄开办四周年"有奖吸储活动，共吸储 11 万元，职工协储 35 万元，年末存款余额 353.29 万元。1991 年，县邮电局设立储蓄营业厅，新开办北大街储蓄点，新开储户 9522 户，年末储蓄余额 590 万元。1992 年，湖村、禾口、安乐、泉上、安远、中沙、淮土 7 个支局邮储点开业。是年 7 月 1 日起，开办国际邮政汇兑业务，中美首先通汇，双方均使用美元兑付，每张汇票最高限额为 700 美元。是年 8 月，中日通汇，中国兑付日本汇票用日元，每张汇票最高限额为 20 万日元；日本兑付中国汇票用美元，每张汇票最高限额为 2000 美元。是年全县邮政储蓄户 63364 户，其中新增 2063 户。

1996 年，县邮电局增设邮政储蓄点 9 处（其中县城 2 处、乡（镇）7 处），实行邮政储蓄储汇经营承包，年末储蓄余额 8357.30 万元，比 1995 年净增 3352.70 万元。2000 年，聘请 30 名邮储营销员，发展农村入账汇款业务，入账 11925 笔，存款 831.60 万元，入账汇款率 23.90%。2001 年，与县城镇医疗保险中心达成邮储中心独家代发全县医保诊费协议,烤烟收购季节农村储蓄点组织人员上门揽储。2002年,开发中间业务品种,开始代办水费、电费业务,2月,农村邮储余额均实现1000万元以上;8月,全局邮储余额突破2亿元,总余额居全县各金融机构榜首,市场占有率23.31%。

　　2003年,县邮电局发展代发工资和代缴水电、三机(手机、传呼机、住宅电话)话费、社保金等中间业务2.78万户,沉淀余额838万元;年末储蓄余额29706.60万元,净增数名列三明市首位,其中泉上、安乐、安远等农村邮储分别比2002年净增484万元、336万元和287万元。2005年,全县邮储总余额42767.10万元,新增余额9138.20万元,居全县金融机构之首。其中,新开活期户1.30万户,新增活期余额3501万元,占净增余额的38%,活期比例33.48%。是年,代办中国人寿"鸿丰""红利发"保险业务,发展绿卡1.20万张。

1988—2005年宁化县邮政储蓄年末存款余额情况表

表20-4　　　　　　　　　　　　　　　　　　　　　　　　　　　　　　　　　　　单位:万元

年份	年末存款余额	年份	年末存款余额	年份	年末存款余额	年份	年末存款余额
1988	151.55	1993	1700.00	1998	11442.90	2003	29706.60
1989	250.52	1994	2725.60	1999	12865.00	2004	33628.90
1990	353.29	1995	5004.60	2000	13790.00	2005	42767.10
1991	590.00	1996	8357.30	2001	17022.00		
1992	1123.50	1997	12779.00	2002	21121.00		

三、集邮

　　1989年,宁化县集邮协会成立。1990年,县邮电局上缴福建省邮票公司集邮利润14458.82元。1991年9月28日,宁化县集邮协会举办"宁化、清流、归化(明溪)三县集邮联展",50人参加联展,共展出各种邮票7448张,邮品592件,其中精美邮票16部、贴片804个。1996年,宁化县集邮公司(简称县集邮公司)成立。1997、1998、1999年,县集邮公司集邮收入分别为98.30万元、117.40万元和154.95万元。2000年,县集邮公司调整邮品库存结构,开发集邮边缘业务,筹集金银币等收藏品投入市场,6月购进一批金箔画,收入50万元。2001年,县集邮公司销售中国共产党成立80周年纪念册,全年集邮收入145万元。2002年,县集邮公司促销年册集邮礼品,收入30万元;促销山水大理石仿真盆景及部分生肖金银币礼品,创收10万元;开发春节贺岁挂历、年画业务,获利5万元。2003年,县集邮公司销售集邮礼品、年册30万元,代销上海、湖北邮商及邮社《宁化1985—2001年年册》898册。2004年,宁化一中集邮分会成立,新增会员100名,举办"体育艺术"集邮展览,发行"宁化一中体育艺术暨集邮分会成立"纪念封一枚2500套;印发"宁化地税局成立10周年"个性化邮票200版、《客家祖地》旅游门票明信片2万枚、客家祖地《中国·石壁》个性化邮票1000版。2005年,全县有集邮点3个、会员625人;开发《红军长征出发地·宁化》专题邮票纪念册1000册、个性化邮票800版、邮品《客家祖地·中国石壁》1000折;全年集邮收入63万元。

四、代理业务

　　1997年起,县邮电局开办代缴话费业务。2002年,代发医疗保险金、代缴固定电话及BP机费,代收水费、电费,其中代缴电话费2558户,代收水费876户,代缴电费348户,金额107.50万元。2003年,邮政网点支局开办IP公话超市、代售移动IP储值卡、代管移动基站等业务。代办电信、移动业务收入月均达4万元。2004年,新增代理移动业务客户741户,发展机卡捆绑30套,代售IP充值卡4万元,销售号码卡260张、呱呱通卡160万元,其中农村市场占有率比2003年提高10%。2005年,代办保险业务收入 12 万元，代理电信业务收入 16 万元，代投各类单证照 9969 件。

五、邮购

2000 年始，宁化开办邮购业务，是年商品邮购收入 24.32 万元，差价收入 4.01 万元，毛利率 16.49%。2001 年，成立促销小组上门推销、下乡赶墟、摆摊设点，其中 8 月份促销邮购库存商品 4 万元。至 2005 年，邮购业务开展优质服务活动，满足群众需求，业务量长足增长。

1994—2005 年宁化县邮政业务收入情况表

表 20-5　　　　　　　　　　　　　　　　　　　　　　　　　　　　　单位：万元

年份	函件	特快	汇票	包件	机要报刊	储蓄	集邮	代办电信	物流	其他收入	总计
1994	30.86	4.15	15.63	5.03	33.69	58.34	25.03	—	—	—	172.73
1995	29.93	9.60	19.97	5.99	38.98	116.10	27.50	—	—	—	248.07
1996	24.66	10.64	24.56	5.04	47.37	199.04	31.34	—	—	—	342.65
1997	59.45	16.16	23.86	3.86	52.27	327.19	98.30	—	—	—	581.09
1998	50.08	34.90	12.45	3.44	52.38	287.21	117.40	—	—	—	557.86
1999	64.25	44.72	9.94	5.36	53.09	431.62	154.95	—	—	—	763.93
2000	62.29	55.76	7.59	14.24	57.68	349.10	145.00	—	—	229.44	921.10
2001	60.15	67.66	6.74	27.99	56.18	430.64	145.00	—	—	250.64	1045.00
2002	61.15	66.21	6.43	29.95	51.84	525.68	95.49	—	—	144.75	981.50
2003	50.35	35.50	5.29	17.18	51.48	615.04	84.11	99.71	6.71	24.63	990.00
2004	55.00	51.00	7.00	19.00	54.00	813.00	53.00	41.00	5.00	27.00	1125.00
2005	71.00	45.00	7.00	14.00	51.00	892.00	63.00	16.00	6.00	45.00	1210.00

第四节　邮政管理与服务

一、管理机构

(一) 县级机构

1988 年，宁化县邮政、电信合营，称宁化县邮电局（简称县邮电局）。县邮电局设办公室、业务组、财务组、工会、储汇组、邮件组、投递组、报务组、交换室、话务组、机修组、机线组、机务站、修补班等机构。1995 年，县邮电局内设行政、工会、办公室、计划财务管理部、邮政业务经营部、邮政业务管理部、电信业务经营部、电信运行维护部、通信建设办、服务办、储汇分局、鸿达公司等行政职能机构，下设邮电信息中心、区乡设备维护组、报话营业组、邮件组、投递组、话务组、储汇组、机线组、自动室、电力室、工程班等班组机构。1997 年，县邮电局调整为局长室、工会室、办公室、电信股、邮政股、移动分公司、邮储分局、市话组、装机公司、交换室、传输室、电力室、投递组、营业组、报话组、发行室。1998 年 9 月 24 日，邮政、电信分营，分别成立县邮政局、宁化县电信局（简称县电信局），行政分属福建省、三明市邮政和电信部门管理。县邮政局内设办公室、经营服务部、财务部、储汇股、集邮公司、函件广告部、收投公司等机构。2005 年，县邮政局职工 178 人，其中管理人员 19 人、生产人员 159 人。

（二）分支机构

1988 年，全县乡（镇）邮电机构 16 家，分别为湖村邮电支局、泉上邮电支局、中沙邮电所、水茜邮电所、河龙邮电所、安远邮电所、济村邮电所、禾口邮电所、淮土邮电所、方田邮电所、横锁邮电所、5101 厂邮电所、5102 厂邮电所、安乐邮电所、曹坊邮电所和治平邮电所。1992 年，因 5102 厂搬迁至福州马尾，5102 厂邮电所业务收入骤降，不再符合省邮电局规定设置标准，4 月 25 日撤销。2005 年，全县有自办邮政支局 10 个，委托代办支局 5 个，邮储网点 9 个（城关 3 个）。

二、行政管理

1988 年，县邮电局实行局长负责制，投标招聘局长、支局长、班组长、所主任。1989 年，横锁、方田、治平、河龙 4 个邮电所实行"一包五保"（包核定上缴收支差额基数，保线网指挥调度、保质量指标、保现有服务水平、保安全生产、保基础管理）经济责任承包制。1990 年，县邮电局成立企业经营管理领导小组，制订责任目标，实行目标管理。1993 年，县邮电局监督检查邮件规格、时限及邮件、票款安全、作业现场等，共检查邮路 35 条 950 公里，查访用户 290 人次。1998 年，县邮政局改革经营承包机制，实行全员经营计件承包。2000 年，重新制定《宁化邮政奖惩规定》；2001 年，制定《经营承包考核方案》，商函专业实行风险责任经营，农村支局改自办为政府委托代办，以河龙乡为改革试点，精减人员 3 人，减少工资、福利负担 2 万元，减亏 1 万元。

2002 年，县邮政局制定《行政职能人员考核暂行办法》，健全效能机制，岗位按月考核，提高工作效率。2003 年，重新修订《邮政基础管理及通信安全服务量化考核办法》，开展邮政储蓄网点和储汇资金、仓库、票房、运钞车等安全检查，及时发现并整改安全隐患。2004 年，鲜花门市部和邮购超市实行职工承包制，自负盈亏，按年上缴管理费。商函广告部、速递公司、集邮公司等推行专业化经营、公司化运作，核定上缴利润、超利润分成。代办电信、收投公司、邮政营业、自办支局（所）工效与业务收入挂钩考核。行政人员和没有收入的班组工资与个人完成积分挂钩考核，对邮储中心 17 名职工实行工资浮动制。2005 年，执行《邮政量化考核办法》，开展通信管理规范评比活动。

三、劳动与工资管理

1988 年，县邮电局实行工资同业务总量挂钩的全额工资浮动制。1989 年，推行报刊零售承包经营责任制。1991 年，以邮政"三无"（无管理人员不履行职责，无脱班、积压延误、丢失损毁和破坏通信案件，无贪污、盗窃、挪用邮电款件）为目标，开展"优质高效开门红"竞赛活动。1992 年，坚持"三抓三促"（抓宣传促发行、抓订阅促落实、抓领导促平衡），推进报刊发行，全年报刊期发数 45830 份，全县订报订刊的建制村、居委会 204 个，村小组 1095 个。1993 年，实行岗位技能工资制。1994 年，公开向社会招聘营业员，择优录用女营业员 6 名，同时对外营业员、投递员、机线员的岗位工资、奖金、津贴改为按件计资。1995 年，实行全员劳动合同制和计件、计时、定额承包等多种形式的分配制度。1996 年，实行生产岗位全员计件承包。2001 年，实行岗位工资与绩效工资相结合的考核机制，绩效工资与企业和个人的业绩挂钩考核，拉大分配差距。2003 年，推行业务积分制，160 名职工参与业务积分竞赛；9 月，河龙、中沙、济村、治平、方田等 5 个支局（所），由自办邮政改为委托代办邮政，节省人工和办公开支成本。2004—2005 年，重点开展局所、金库、票库和运钞车安全防范工作，保证企业生产经营的正常运行。

四、生产与服务质量管理

（一）生产质量管理

1988 年，安乐、湖村、泉上、禾口等 4 个支局被评为福建省标准化邮电支局（所）。1990 年，全县有标准化支局（所）9 个，占支局（所）总数的 60%。1991 年，开展企业"质量、品种、效益年"活动，福建省邮电局授予县邮电局"邮袋管理良好单位"称号。1997 年，县邮电局成立储汇分局，实行专业化经营。1998 年，推行限时和承诺服务，承诺寄 1 件国内快件 3 分钟、开具 1 张汇票 3 分钟、收寄 1 个包裹 5 分钟。当年邮政收入 343 万元，比 1997 年增加 95 万元。2000 年，县邮电局举办班、组、支局（所）长培训班和企业管理培训班，提高管理水平。2001 年，开展岗位练功活动，县邮政局获省邮政系统岗位练功比赛第六名，林秋妹获三明市邮政系统邮政储蓄岗位练功比赛第一名。

2002 年，县邮政局制定《2002 年邮政单项业务发展奖励办法》，明确 13 项业务奖励标准，按月直接奖励揽收人或经办人；开展"新职工、新业务、新技能"教育，外送培训 32 人次，举办 7 期培训班，98 人次受训；鉴定初级和部分中、高级工职业技能，合格率居全市前茅。2003 年，开展对外服务班、组、支局（所）"服务标兵"竞赛评比活动，评出"服务标兵"9 名。加强职工业务技能培训，外送培训 30 人次，举办业务、技术培训班 6 期，86 人受训。2004 年，实行责任连带制度，规范服务考核，明确责任处罚，编发业务通报，减少业务差错。2005 年，外送培训 80 人次，举办新业务、新技能培训班 4 期，96 人次受训，10 名职工参加技能鉴定考试合格。

（二）服务质量管理

1988 年，县邮电局建立管理规章，强化服务意识，保障事业发展。1991 年，全省开展"满意在邮电"活动，安乐邮电所被评为福建省先进集体。1992 年，解除死信 313 件、投递疑难电报 737 份，收到感谢信 7 件；发征询函 198 张，回收 145 张，满意率 90%。1994 年，开展"树邮电新风，创优质服务"活动，签订《优质服务承诺合同》，严格落实奖惩，提高服务质量。1997 年，开展邮政营业、投递对外服务达标活动。1998 年，实行管理岗位竞聘上岗。1999 年，推行规范、承诺、限时服务制和出台营业员晨班前谈话制度，1 名招聘工被辞退，2 名正式职工分别待岗 4 个月和 2 个月。2002 年，开展"最佳和最差营业员、投递员、营业厅评比活动"，评出最佳营业员 3 人、最差营业员 1 人。2003 年，开展以"新邮政、新服务、新形象"为主题的"优质服务月"活动，是年，行业测评获三明市邮政系统第一名。2004 年，通报处理服务质量问题 9 起，扣款 620 元，辞退乡邮投递员 1 名；宁化邮政综合服务用户测评满意度 88.39 分，宁化县邮储中心被三明市邮政局评为服务工作先进单位。2005 年，开展"提高服务质量，让用户满意"专项活动，邮政综合服务用户测评满意度 84.71%，泉上支局被三明市邮政局评为服务工作先进集体。

（三）财务管理

1988 年，县邮电局推行二级经济核算，工资金额浮动。1990 年，建立资金计划管理制度，费用包干，控制支出。1991 年，建立邮电金库，集中管理资金、票券。1993 年，重点治理乱收费，停止、纠正 10 项收费项目。1997 年，制定《邮政汇总业务划账处理规定》，解决划账混乱问题。1999 年，费用定额包干，控制话费、办公费、水电费，加强管理车辆、油耗、修理费用。2000 年，全年业务单册 2.50 万元、办公费 1.50 万元、水电费 3.91 万元、修理费 2.70 万元、电话费 1.50 万元，分别比 1999 年节约 5 万元、3 万元、5 万元、14 万元和 18 万元。2001 年，开展追欠清缴，盘活资金，压缩库存。2002 年，开展财会整顿，防止业务收入"跑、冒、漏、滴"现象；6 月清产核资，待报废资产损失总额累计 186.18 万元，其中待处理固定资产 58 项损失 18.12 万元，待处理流动资产损失 168.06 万元。2003 年，控制成本支出，建立健全欠费考核通报、用户欠费管理等制度，盘活闲置房产，房产收入增收 2 万元。2004 年，加强收入稽查，杜绝 3 个月以上欠费情况，进一步盘活房产，全年房产出租收入 25 万元，比 2003 年增收 9 万元。财务会计信用等级通过等级达标评定。2005 年，定额管理各专业、班组、支局（所）成本费用。

第二章　电信

第一节　电话

一、电话分类

（一）市内电话

1988 年 5 月 24 日始，宁化城区自动电话开通并投入使用，城区手摇式电话停止使用，全县市话用户 840 户。1991 年，宁化至三明数字微波电路开通，市话用户发展至 2585 户。1992 年，程控电话投入建设。1993 年 7 月 26 日，割接开通 5000 门程控电话，电话号码增至 6 位数，市话用户增至 3913 户。1994 年，宁化市话进行 7200 对扩容；7 月 4 日零点（北京时间）起，宁化电话号码由 6 位升为 7 位，新号码在原来的 6 位号码前加 "6"，取消长途区号 5080 至 5089，统一使用三明长途区号 0598。1997 年，市话用户 8944 户。1998 年，实行计费系统受理、催缴、停开机等自动服务。1999 年 8 月 25 日，开通固定电话 "显示主叫号码" 新功能。是年，全县用户突破 1 万户。2000 年，城乡装机费收取 408 元/部。2001 年 7 月 1 日起，取消电话初装费。2002 年 5 月 21 日起，用户一次性申请停机保号业务最长服务期限为 12 个月。11 月 15 日起，装移机电话每部收费 158 元。2003 年 3 月 21 日，开发 "20130 固定电话跟我走" 新业务。2004 年，新装电话每部收费 108 元。2005 年 12 月 31 日零时起，实行自然月计费。

（二）农村电话

1988 年 8 月，湖村、济村等乡实现电话半自动拨号和全自动拨号。1989 年，开通横锁自动电话网。1992 年 10 月，开通泉上 500 门程控电话。1993 年 3 月，开通曹坊 240 门程控电话，10 月泉上再开通 500 门程控电话，12 月 16 日开通安乐 500 门程控电话。1994 年 5 月，中沙、河龙开通程控电话，6 月水茜开通程控电话，7 月安远开通程控电话，9 月取消 "118" 农话台（程控电话开通前，拨打农村电话先拨 118，再拨对方电话号码）。是年，全县 16 个乡（镇）全部实现电话程控化。1996 年 2 月 10 日零时起收取农话附加费：长途电话每分钟增收 0.20 元附加费，农话区间通话收取 0.10 元附加费，区内通话费中含有 1/5 附加费，其余农话资费中含有 20% 附加费。是年，建设每村用户 10 户以上 "电话村"，至 9 月新增 "电话村" 27 个。

1997 年 3 月 20 日，取消农话附加费。全县集镇所在地安装电话 10782 部，实装率 51%，集镇以外农村安装 1741 部，实装率 3.20%。1998 年，全县乡（镇）程控电话改制扩容 4000 门。6 月 1 日起，乡（镇）用户障碍申告统一拨打 "112"，障碍修复时限一般为 24 小时，电缆障碍为 72 小时。8 月，农村电话带 "4" 号码实行优惠，最后一位号码带 "4" 的优惠初装费 200 元，倒数 2、3 位带 "4" 号码优惠 100 元，一组号码优惠最多不超过 300 元。1999 年，全县有 175 个建制村开通程控电话。2003 年，全县有 207 个建制村开通程控电话。2004 年 4 月，农村固定电话发展新业务 "118326" 幸福村电话（提供外呼预定、农业科技、休闲娱乐、生活百科、农产品信息资讯等）包月服务。至 2005 年年底，全县农村固定电话 34718 户，除城郊乡上坪村外（移动电话开通），其他建制村均开通程控电话。

（三）公用电话

宁化公用电话起步较晚，1992 年开始普及，最初为有人值守公用电话。1993 年 5 月，城区开始设立邮电公用电话服务亭。1994 年，城关有人值守公用电话点 32 个。1997 年，全县有人值守公用电话 411 部。1998、1999、2000 年城区和乡（镇）安装 IC 卡话机分别为 122 台、272 台和 160 台。2002 年，安装有人值守公用电话 150 部、IC 卡机 400 台。2003 年，安装有人值守公用电话 310 部。2005 年，安装有人值守公用电话 46 部、IC 卡机 24 部。至 2005 年年底，全县有人值守公用电话 1148 部、IC 卡机电话 978 部。

二、电话交换机

（一）人工交换机

1988 年 5 月 24 日前，宁化地区电话以人工交换电话为主，市话交换机容量 400 门，农村交换机容量 700 门。1994 年 9 月，乡（镇）程控电话开通，宁化电话人工交换历史结束。

（二）自动交换机

1988 年 5 月 24 日，县邮电局投资 160 万元引进日本 C400 型纵横制 2000 门长市合一自动电话交换机。10 月，开通国内长途直拨电话。1989 年，济村乡建成全县第一个农村自动电话网络。1991 年，县邮电局完成 1600 门 C400 纵横制交换机扩容工程，湖村安装 C22 型 800 门自动交换机，建成全县第一个农村自动交换点。1993 年 7 月 26 日，宁化开通 5000 门程控电话，湖村、泉上、禾口、淮土、方田、安乐、曹坊、治平等 12 个乡（镇）开通自动电话业务。1994 年，市话程控扩容 5000 门，形成 S1240 型万门程控。1998 年，完成城关程控交换机 E 升 J 工程，扩容 3000 门。2002 年 12 月，建成交换局汇接局（S1240 交换母局）1 个，S1240 模块点 14 个，电话设备容量 35536 线，实装用户 27046 户，实装率 76.11%；荣群接入网机房点 29 个，电话设备容量 5668 线，实装用户 5009 户，实装率 89.96%；华为 HONET 接入网机房点 36 个，电话设备容量 14120 线，实装用户 1 万户，实装率 70.82%。全县交换设备实装率 76.15%。2005 年，所有机房全部采用光纤传输，中继容量 400 多个 2M，满足全县装机需求。

三、传输

（一）传输设备

1988 年 5 月 24 日前，县邮电局乡（镇）支局（所）使用传输设备以磁石交换机为主，辅助设备有载波机、增音机、长话交换机。2000 年，数据业务先后开通分组交换、DDN 网、帧中继和 INTERNET 国际互联网。2002 年，安装 S1240 交换母局、S1240 模块点、荣群接入网、华为 HONET，传输设备从模拟、机电技术为主发展到以数字、程控技术为主。2004 年，全县通信传输有村点机房接入网 67 个，移动油机 15 台。2005 年，全县所有乡（镇）传输设备实现光缆传输。

（二）传输线路

1988 年 8 月，全县农话中继线路水泥电杆 197 杆程公里，实现市、县、乡三级联网。1993 年，长途程控电路 300 对线。1994 年，宁化出局电缆 1.50 万对，城区实现一户一线。2005 年，城区出局电缆 3 万对，区乡 8 万对。

第二节　电报　传真

一、电报业务

1988 年 1 月，县邮电局电报设备有载报机 1 台、双机头 2 台、人工机 1 台、电传打字机 4 台、机械式电传机 4 台、55 型电传机 4 台、自动发报机 2 台；11 月购进自动中文译码机 1 台。1989 年 10 月 1 日起，开办贺电、唁电电报业务。1992 年 12 月 20 日起,公众电报基础资费由每字 0.07 元调整为每字 0.13 元,特急、加急业务电报,每字按原电价目加倍计算,每份国内电报过线费按 0.40 元收取。1993 年,礼仪电报去报 222 份、来报 374 份。1996 年,开办春节鲜花礼仪拜年预约电报、中秋月饼电报业务。随着电话的普及和邮政快件投放、短信小灵通服务项目的出现,电报业务量从 1988 年 6.10 万份逐渐减少到 2005 年的 32 份。

二、图文 传真

1991 年 1 月,福建省邮电局分配给县邮电局"日立"牌旧传真机 1 部,开展文字、图表、统计数字等传真业务。公众用户传真去报按通话时长(不足 3 分钟的按 3 分钟起算)和长途电话费基本价目计费,另外每页收取附加费 6 元,来报每页收取 6 元,需专投的每份按实际里程收取专送费。1999 年 1 月 1 日起,停办国内公众相片传真业务。

第三节 信息与网络服务

一、信息服务

1988 年 9 月 26 日,宁化县通信服务特种业务 114(市内查号)、117(报时)、121(气象预报)改为有偿服务,纳入市话计时计次收费。1994 年 10 月,开通 168 自动声讯信息服务台。1995 年 10 月,开通交通事故"122"报警。1996 年 3 月,开通"180"用户投诉台。1997 年 2 月,开通"96135"消费者投诉服务电话。1998 年,960、968 全市联网;6 月 7 日起,实行 110 报警求助电话 24 小时值班服务,所有固定电话、移动电话、公用电话呼叫 110 免费;7 月,开通检察机关"96100"举报电话;12 月,开通法律服务专用电话"1600148"。1999 年 3 月,开通农业银行服务电话"96155"和"68121"宁化气象信息自动答询电话;5 月,开通电力抢修服务专用电话"96996"。6 月,开通消费者投诉服务专用号码"12315"。2000 年 9 月 20 日,推出"16800168",实现一对一通话、多人通话、自建会议室、收发留言等服务。2003 年 4 月,推出"16800121"气象信息订制热线和来电显示、信息点播、订阅、收发短消息等新业务。2004 年 6 月,推出高考查分热线"16893168"和中考查分热线"16888016"。2005 年 1 月,推出"118322 欢乐城",提供 160 人工导航、专业咨询、股彩即时听、娱乐串串烧、少儿乐园、有声图书馆等服务;2 月推出小灵通铃声"七彩铃音"服务。

二、网络服务

(一)数字数据网络

1993 年起,宁化县电话网从模拟、机电技术向数字、程控技术发展。1994 年 6 月,中沙乡、安远乡开通数字程控 512 门,治平、河龙乡开通数字程控 256 门。1995—2005 年,推进交换程控化,实现传输数字化。

2000 年 1 月宁化县数据网络发展情况表

表 20-6

名 称	计量单位
分组交换节点机端口总数	64 个
分组交换节点机实占端口数	34 个

续表 20-6

名　　称	计量单位
数字数据网节点机端口总数	64 个
数字数据网节点机实占端口总数	14 个
本地网内中继电路带宽	4Mbps
其中:本地网内跨市县电路带宽	4Mbps
数字数据网中继电路总带宽	4Mbps

注:Mbps 是指集线器的数据交换能力,也叫"带宽",单位是兆位/秒。

(二) 分组交换网络

1995 年,县邮电局开通分组数据交换设备,连接全球数据通信网络。1996 年,开通 DDN 数据设备 (DDN 为同步数据传输网)。1998 年 5 月,调整部分电信业务资费标准: 9.60 kbps 及以下的国内 DDN 数字数据电路,本地网营业区内的月租费收费标准由每月 1200 元降为 900 元;19.20 kbps 的国内 DDN 数字数据电路,本地网营业区内的月租费收费标准由每月 1330 元降为 1200 元。2002—2005 年,优化数据 DDN 网络,帧中继扩容,提高数据通信质量。

(三) 国际互联网络

2000 年,宁化县电信局开设 INTERNET 国际互联网业务。3 月,开通 "960" 上网辅导热线,开办 ADSL (非对称数字环路) 拨号上网 (163、169 网) 和 ADSL 专线上网 (9163、169 网) 业务;8 月,开通 "8163" 网上股市交易直通车业务。是年,全县 7 个电脑培训部以 ISDN (综合数字信息网) 方式接入局域网,宁化出现第一批社会网吧。

2000 年宁化县 ADSL 业务资费情况表

表 20-7

方式项目	服务类型	开户费	终端调测试费	网络使用费+通信费
拨号上网	169	100 元/户	50 元/户	250 元/月
		100 元/户	50 元/户	600 元/月
专线上网	169	100 元/户	200 元/户	包月制:速率≤512K 2800 元;512<速率≤1M 3750 元
	163	100 元/户	200 元/户	包月制:速率≤512K 1 万元;512<速率≤1M 1.70 万元

2002 年,宽带资费执行新标准:普通住宅用户,工料费每户 158 元,安装调测费每户 100 元,月使用费包月 60 元;对单位组建局域网或学校组建专线网站采用光纤加 LAN 或 ADSL 方式,月使用费按单位局域网所选速率收取,512K 为每月 1 万元,1M 为每月 1600 元,2M 为每月 3000 元。2003 年,发展 "数字政府网" 及教育城域网。12 月,推出学生寒暑假 "宽带天骄" 业务,使用期限为 2 月、7 月、8 月。2004 年,推进政府信息化上网工程和教育网区乡校校通工程,改造大用户、楼宇群用户、网吧光纤,提速不提价。2005 年,开展打击违法盗接宽带活动。

2005 年宁化县宽带服务收费标准情况表

表 20-8

类型	用户性质	速率	资费	时长限制	超过部分	封顶金额	赠送	附注
标准版	ADSL及LAN	1M	60元/月	不限时	无	无	1.新开户用户,赠送一年瑞星防杀病毒软件一套、网上家园10元体验卡一张。2.老用户凭宽带账号密码拨打10000号领取指定厂商在线杀毒账号,免费在线杀毒一年。	一次性预存720元,新客户免费租借adslmodem一台,连续使用两年后赠送。
标准版	ADSL	2M	70元/月	不限时		无		一次性预存840元,新客户免费租借adslmodem一台,连续使用两年后赠送。
体验版	ADSL及LAN	1M	38元/月	30小时	2元/小时	98元		一次性预存760元（20个月费用）,新客户免费租借adslmodem一台,连续使用两年后赠送。
宽带天骄	ADSL及LAN	1M	198元/3个月	2、7、8月份不限时使用，其余月份按时长2元/小时计费				

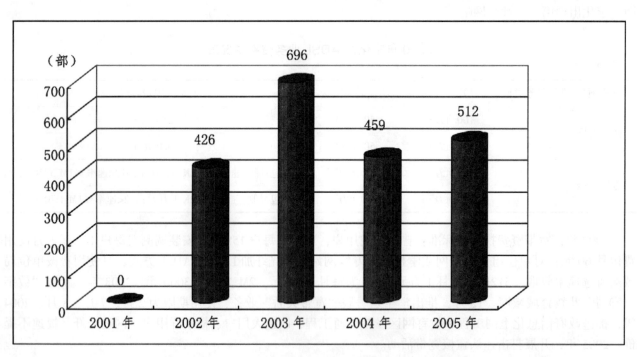

图 20-1　2001—2005 年宁化县宽带用户发展情况图

第四节　通信

一、蜂窝式移动电话（大哥大）

1993 年 3 月，县邮电局开通蜂窝式移动电话（大哥大）交换网；5 月，移动通信首次对外运营。移动电话手持机售价 12400—17500 元，初装费 6000 元，漫游登记费 50 元，选号费甲级 500 元、乙级 300 元、丙级 100 元。1995 年 11 月 18 日，开通"全球通"移动电话。1996 年，新增模拟基站 1 个、GSM 基站 1 个、模拟基站扩容 1 个、无线寻呼发射点 6 个（13 台发射机），移动电话接通率 44%。1997 年，新增模拟基站 5 个、GSM 基站 1 个，移动电话接通率不低于 50%。1998 年 6 月 1 日，开通全球通"136"新网号；7 月 22 日，移动网 GSM 升位，升位方式为在手机号码开头 3 位数 135、136、137、138、139 后加"0"，其余号码不变；10 月 31 日，开通移动电话话费语音传真查询系统。是年，新增 GSM 移动基站 9 处，GSM 基站覆盖全县各乡（镇）。1999 年 3 月 31 日，执行《福建省电信分营财务划分实施意见》，宁化县电信局、宁化移动公司通信收入分别独立核算。

二、无线寻呼（BP 机）

1992 年 3 月，县邮电局开通 BP 机业务。其中，开户费 100 元、加振费 120 元、附件费 10 元、月租费每月 20 元，中文无线寻呼机售价 2500 元、开户费 120 元、附加费 10 元。收费标准为对全省使用本地自动寻呼业务的用户，每月收取服务费 30 元（含地方电信建设附加费 20%）；对既要使用自动寻呼又要使用人工寻呼业务的用户，每月收取服务费 45 元；对需要异地开通无线寻呼业务的用户，每月另收服务费 20 元。1994 年 12 月 4 日，开通"127"自动寻呼系统，宁化城乡寻呼全区联网。1995 年，无线自动寻呼台特服号由"127"改为"129"；6 月 1 日，开通大哥大与 BP 机连通语音信箱，开户费 300 元、月租费 30 元；9 月，开展移动、无线呼机租机业务，中文寻呼机按每月每台 50 元收费、数字寻呼机按每月每台 30 元收费、移动电话按每月每台 150 元收费，押金分别按无线寻呼机、移动电话售机机身价收取。1996 年，无线寻呼分为人工接续、自动寻呼两种方式。是年 4 月 1 日起，收取无线寻呼全国联网月服务费，资费由本地月服务费加全国联网月服务费组成。数字无线寻呼资费为开户费每台次 100 元，服务费每台次 20 元，租机费每月每台 30 元；中文无线寻呼资费为开户费每月每台 150 元，服务费每月每台 35 元，租机费每月每台 50 元。5 月 17 日起，无线寻呼全国联网业务正式开办，联网资费为在本地服务费基础上每月每台加收 20 元；已办理全省联网的用户在省内服务费的基础上每月每台加收 10 元。1997 年，无线寻呼增设三频点，全县新增寻呼发射点 14 个。1999 年，BP 机业务从电信剥离，划归宁化联通公司管理。

1997 年 5 月宁化县蜂窝式移动电话及无线寻呼数量情况表

表 20-9　　　　　　　　　　　　　　　　　　　　　　　　　　　　　单位:部

单位	城关	城郊	城南	湖村	泉上	中沙	河龙	安远	水茜	安乐	曹坊	治平	石壁	方田	济村	淮土	合计
蜂窝式移动电话	447	1	0	18	36	3	2	3	2	19	15	4	25	2	2	7	586
无线寻呼	6666	74	19	240	432	71	41	97	172	276	169	156	394	105	242	310	9464

三、无绳电话（小灵通）

2001 年 3 月起，县电信局开办无绳电话（小灵通）业务，收费标准为初装费每部 300 元、机身价每部 1330 元、月租费 25 元。2002 年，实行带机（自购小灵通）入网；8 月，小灵通基站总数为 106 户，单基站用户 66 户；12 月，推出预存话费赠送小灵通促销措施。2003 年 1 月，小灵通转为实时计费，增设来电显示、短信收发功能。5—7 月，安远乡、石壁镇、淮土乡先后开通小灵通业务；12 月，小灵通网络覆盖全县所有乡（镇）。2004 年 1 月，县电信局推出小灵通机号分离和一机多号业务；2 月起，组建小灵通虚拟网，每个网用户数 10—20 个左右，网内通话费每月 3 元。2005 年 6 月，小灵通与手机实现短信互通。

2001—2005 年宁化县城乡无绳电话发展情况表

表 20-10　　　　　　　　　　　　　　　　　　　　　　　　　　　　　　单位：部

年份	2001 年	2002 年	2003 年	2004 年	2005 年	合计
发展数	1770	4886	1613	2279	2576	13124

第五节　管理与服务

一、管理机构

1988—1998 年 8 月，宁化电信业务由县邮电局管理。1998 年 9 月，县电信局成立，行政隶属福建省、三明市电信部门管理。1999 年 7 月 16 日，移动通信分局从县电信局剥离。县电信局内设局长室、综合办公室、市场经营部、财务室、欠费管理、网管交换中心、线路中心、112 管理中心、技术支援中心、营销部、输电源中心、电信营业组、驾驶班、计费稽核等机构。2005 年，县电信局调整为局长室、财务部、营销部、综合部、工会、设备中心、集团客户组、商业客户组、增值业务组、公众客户组、客户中心、设备中心、112 管理中心、宽带办、计费中心、欠费中心、驾驶班；外有泉上、湖村、安远、中沙、水茜、河龙、安乐、曹坊、治平、石壁、方田、淮土、济村等乡（镇）电信客服中心 13 家。

二、服务

1988 年，宁化电信业务统归县邮电局管理，电信采取"责任+奖金"与通信指标挂钩考核办法管理，重点改造通信线路，提高通信质量指标，为电信事业发展打基础。

1988 年宁化县通信管理主要指标完成情况表

表 20-11

	1	全市话网接通率	%	60—65
电信	2	市话装移机及时率	%	80
	3	长途自动去话接通率	%	22
	4	长途自动来话接通率	%	40
	5	长途人工,半自动电话有效接通率	%	全自动业务量的局的自动业务量≥50%总业务量
	6	长途电话电路合格率	%	75

续表 20-11

电信	7	长途电传电路合格率	%	83
	8	电报服务差错率	%	0.008
农话	9	农村电话中继线障碍历时(月)	分钟/百对公里	150

1989 年，县邮电局重点建设农村中继线大修、增音站载波、电力搬迁工程。1990 年，开展电信设备大整治，交换设备整治 90%、传输载波设备整治 95%，电源整治基本完成，农话中继杆路合格率 98%。1991 年，优化通信作业组织，加强机线设备综合管理。1992 年，开展市话压障工种竞赛，进行技术革新，挖潜改造，安装微机复式计次，解决长、市计次不分状况。1993 年，开展"满意在邮电"活动，机线、装机人员带卡上门为用户办申请，代用户收缴机款、代选购电话机，成立市线组，增设专修人员 4 人，市话故障报修 112 台工作人员由 1 人增为 3 人，向社会公布装移机、修障时限规定，接受社会监督，解决市话装移机难、修机难等问题。

1994 年，县邮电局开展"经营服务年"活动，推行全员经营机制，电话、BP 机、大哥大等主要单项业务指标分解落实到每个职工，促进电信事业发展。1995 年，实行装机人员划片管理、分段维护、责任到人，明确装移机时限，基本实现 7 天内完成。推进硬件建设，改善服务环境，各繁华地段增设邮电服务亭和公用电话点等服务网点，电信、市话营业厅安装空调。1996 年，县邮电局先后制定《电信二部及管理人员岗位职责》《宁化局电信运行维护工作处罚条例》《区乡支局所机务工作考核评分竞赛办法》《宁化局网络管理工作考核办法》等制度，成立装机公司，改革分配制度，机线维护和装机工作实行计件承包。1997 年，制定、修订《电信管理人员职责分工及管理人员内部考核办法》《线务工奖惩办法》《市话机线障碍考核办法》《区乡电信设备维护管理考核办法》《运行维护工作检查制度》《网管工作考核办法》和《区乡小程控接通率考核办法》，进一步明确职责、权限，提高设备维护技术水平和网管运行质量。

1998 年 8 月，邮电分营，县电信局开展"爱岗敬业、争先创优"企业精神教育活动，改革人事、分配制度，公开竞聘行政职能岗位、技术岗位人员，实行计件承包，前端人员工资 50%、后端人员工资 40%、管理人员工资 30% 与通信指标挂钩考核，"倒计时"排名，辞退连续 2 个月完不成基本任务的 5 名工作人员。1999 年，利用节假日在城乡摆摊设点、因特网上网演示，电信日组织流动彩车等多形式多渠道宣传推广业务。加强设备、网络运行维护等管理，严格推行规范承诺服务，是年理赔承诺赔偿金 4600 余元。2000 年，开拓城乡电话市场，城区主推 983 店面电话、家庭同址电话、分期付款装机、批量装机等业务，农村开展村村通工程，减免已开通电话占农户 20% 以上的建制村界外月租费。推进数据业务宣传，深入政府部门、金融系统、教育、烟草、税务、工商等部门进行因特网演示，利用节假日、晚上在网吧和电信大楼广场举办学生专场咨询演示、培训，全年共演示培训 27 场次 1100 人次参加。设立 68180 投诉、咨询服务台，障碍投诉直接下达服务督办单，限期查修并反馈。实行首问负责制和"一次申告待岗制"，职工待岗期间只发生活费。推行规范承诺服务，全年理赔 20 次，理赔金额 1700 元。

2001 年，县电信局设立 189 投诉咨询服务台，每周通报服务情况，深化人事、分配制度改革，行政岗位竞聘上岗管理员 10 名，大户部主任、线路中心主任各 1 名，工资奖金与业务发展、工作业绩挂钩承包，是年与宁化县农村信用合作联社签订中沙、湖村等 5 个乡（镇）的代办电话发展协议，首季发展电话 563 部，县电信局工会被福建省总工会评为"模范职工之家"。2002 年，改变传统营销策略，公开竞标买断承包城乡放号、来电显示、数据业务、IC 卡公话、话费收缴等业务，被三明市电信公司作为典型经验向全市推广。2003 年，县电信局推行全业务承包，范围扩大到公话部、大客户部、宽带办、城关社区及 13 个区乡客户服务中心所有员工；建立完善客户服务体系，在全县各个社区、住宅楼院张贴"电信服务联系便民卡"，营业厅设立"委屈奖"，县电信局获服务宁化发展"先进单位"称号，电信营业厅获三明市电信公司"优秀团队"称号，机线班组获"青年文明号"称号。

2004 年，县电信局建立《规范化服务考核办法》，优化营销方案，推行精细化服务，重点拓展小灵通、宽带网、增值业务，充实一线机线员，行风服务与绩效奖金挂钩，全方位营销，倒计时督办，加快发展业务。2005 年，县电信局重新修订《宁化电信服务考核办法》，执行服务差错追究制和电话、宽带修障回访制，聘请电信行风监督员，增强服务意识，提高服务质量，树立企业形象。

至 2005 年，县电信局先后获福建省第八届（2000—2002 年）、第九届（2003—2005 年）文明单位称号，获三明市电信分公司综合业绩考评第一名，跻身福建省电信公司综合业绩考评十佳行列。

2005 年宁化县电信管理主要指标完成情况表

表 20-12

1	全市话网接通率(%)	≥65
2	市话装移机及时率(%)	≥99.80
3	长途来话接通率(%)	≥64
4	长途网路接通(%)	≥99
5	宽带用户申告率(%)	≤6
6	宽带用户修障及时率(%)	≥98
7	电路开通及时率和大用户电路故障处理及时率(%)	100
8	小灵通来话接通率(%)	≥56
9	小灵通基站掉话率(%)	≤1.30

1988—2005 年宁化县电信收入情况表

表 20-13　　　　　　　　　　　　　　　　　　　　　　　　　　　　　单位：万元

年份	业务收入	年份	业务收入	年份	业务收入
1988	118.00	1994	792.20	2000	2894.20
1989	148.30	1995	1038.90	2001	2500.80
1990	210.10	1996	1685.79	2002	2488.80
1991	269.30	1997	2929.71	2003	2521.00
1992	368.20	1998	2215.00	2004	2633.90
1993	526.60	1999	2254.90	2005	2916.00

第三章　通信运营公司

第一节　中国移动公司

一、通信设施

（一）基站

1993 年 5 月，县邮电局投资 40 万元在城区建立第一个 TACS 模拟移动电话基站，开通第一部模拟移动电话，6 个信道进入三明交换局。是年 12 月 26 日，移动电话系统正式运行，全年发展用户 50 户。1994 年，增建模拟基站 4 个、直放站 1 个及 900 兆通信信道 30 个，覆盖面扩大到 10%，用户 386 户，为 1993

年的 7.72 倍。1995 年，新增模拟移动通信基站 9 个，移动通信道扩容 20 个，新增用户 632 户，总户数 1018 户，是 1994 年的 1.64 倍。1996 年，开通城区第一个 GSM（由欧洲电信标准化协会提出，后来成为全球性标准的蜂窝无线电通信系统）移动电话基站，用户增至 2310 户。1997 年，开通石壁、安乐、泉上、湖村、安远、曹坊数字移动基站和河龙、中沙、淮土模拟移动电话直接站，全县数字移动电话基站 6 个，模拟移动电话基站总数 13 个，新增 GSM 载频 5 个（总数 23 个）、移动电话信道 70 个（总数 200 个），移动通信信号覆盖 75%的乡（镇）所在地。至年底移动电话用户 3098 户，其中数字移动电话计费用户 1011 户。

1998 年，全县有 BSC（基站收发台和移动交换中心之间的连接点，也为基站收发台和操作维护中心之间交换信息提供接口）机房 1 个、基站 26 个，其中新增移动通信基站 24 个（900 兆蜂窝模拟移动通信基站 3 个，GSM 数字移动基站 9 个），信号覆盖所有乡（镇）所在地。1999—2000 年，中国移动通信集团福建有限公司宁化县分公司（简称县移动公司）新建城区、农村数字基站 4 个和 16 个，对国道和省道沿线进行网络补点，提高信号覆盖率。2001 年，实施 GSM 数字移动工程和原有基站、直放站扩容、搬迁、改造等优化工程。2001 年 6 月，宁化县辖区内的模拟网全面退出市场。2002 年，南山直放站改建为基站。2003 年，乡（镇）新建开通基站 9 个、边际网站 34 个；搬迁 4 个基站；扩容 23 个基站，扩容载频 35 个；新建 15 个直放站，其中 3 个为电梯室内覆盖；增加覆盖 32 个建制村，覆盖面提高 14%。新建开通朝阳新村、宁化六中 2 个基站和城郊乡、马元、城隍岭、城南乡、无线电一厂等 5 个边际网站；增加覆盖 13 个建制村，覆盖率提高 5%。是年，完成 BSC 机房、传输设备机房、接点机房的搬迁割接以及城区 3 个基站微波传输光缆的传输改造。

2004 年，县移动公司新建开通基站 14 个、边际网站 25 个和直放站 1 个；搬迁基站 5 个、扩容基站 35 个；扩容载频 54 个；全年新增加 20 个建制村的信号覆盖，覆盖面比 2003 年提高 14%。扩大网络覆盖规模，提升网络技术层次，建设传输网、智能网、支撑网，推出优惠套餐，促进客户增长。2005 年，县移动公司实施"移动通信畅通工程"，建设 GSM 精品网络。至年底累计建基站 222 个、直放站 7 个，移动信道 10936 个，传输光缆 870 公里。网络信号覆盖宁化城区及所有乡（镇）、国道、省道、旅游景点及 97%以上的建制村，实现与 216 个国家和地区的国际漫游。

（二）营业厅

1997 年，县电信局在城关南大街 22 号开办移动电话业务营业厅，开展产品功能及服务线的申请、定制、变更等业务，提供附加业务的申请、取消以及积分查询、兑换产品查询、积分兑换、短消息、账单查询、套餐办理等服务。随着互联网发展，至 2005 年，县移动公司先后开通网上营业厅和掌上营业厅，通过网站、手机向客户提供短信服务介绍、自写短信、查看定时短信、在线客服营业厅导航、归属地查询、查询话费和 WAP、PDA、彩信等服务。

（三）专营店

1996 年，县邮电局成立第一家专门提供无线通信产品的社会专营店。1999 年，县移动公司共有社会专营店 3 家。2001 年，发展乡（镇）专营店 9 家。2003 年，县移动公司共有城区合作营业厅 3 家、专营店 9 家、特约代理店 6 家，乡（镇）农村合作营业厅 10 家、特约代理店 1 家。2005 年，有县移动公司自办营业厅 2 个、社会专营店 3 个、乡（镇）营业厅 10 个，城乡共设专营店、代办点 33 个和缴费服务网点 55 个。

二、通信业务

（一）基础语音业务

县移动公司基础语音业务主要包括电子渠道业务（查费、缴费及营销案渠道）、I-HOME 计划（移动公司面向家庭客户推出的各类服务品牌），国际业务（国际长权、国际漫游、国际租机业务）、资费业务、跨区服务、全球通"一卡多号—香港"业务。

（二）服务热线电话

1997 年起，宁化移动通信业务先后开通 1860、1861 服务热线电话。2004 年起，客服热线变更为 10086，开办邮储、建行、工行、农行、兴业银行等网点话费账单查询业务和话费账单寄送业务。

（三）综合业务

1998 年起，县电信局相继开办 139、138、136、135 数字移动电话业务。1999 年 7 月，县移动公司建立代办营销网点，方便用户购买使用移动电话。2003 年，3 家合作营业厅开办综合业务，2 家专营店开办现金缴费及套餐办理业务，6 家移动邮政代理处开办套餐业务、现金缴费、国内漫游、国际漫游、国际短信等业务。至 2005 年，县移动公司经营全球通、动感地带、神州行 3 种品牌。

三、通信管理

（一）管理机构

1999 年 7 月，电信机构重组，移动电话业务从县电信局剥离，组建县移动公司，承办移动通信业务，业务隶属三明市移动分公司管理。县移动公司设经理室、办公室、市场部、营业组、网络组，财务、人事等业务部门。2000 年 4 月，县移动公司内设经理室、综合办及市场经营部，下设网络维护中心、市场营销中心、客户服务中心及营业厅；2005 年，县移动公司设综合办公室、市场经营部、网络建设部以及营业厅。

（二）业务管理

1988—1998 年 8 月，县邮电局设立移动分局，通信业务归县邮电局移动通信分局管理。1998 年 9 月，邮电分营，县邮电局移动通信分局隶属县电信局，仍然承办移动通信业务管理。1999 年 7 月，县移动公司成立，业务范围不变。2000 年，县移动公司实行办公自动化管理，结束纸质上传下达各种文件、决策、指标及业务报表、数据的历史。2003 年，县移动公司优化、简化内部管理和业务流程，推广"业务密码"和"免填单"式业务，缩短业务办理时间，制定《宁化移动分公司投诉管理办法》，提供客户投诉保障。2005 年，县移动公司签订专营店、普通代理店合作协议，建立二级批发点，执行《城区自营厅销售服务考核管理办法》，考核营业人员服务质量、业务量、销售量 3 项指标，增强自营厅销售功能，提高自营率。

（三）质量管理

生产质量管理　1988—1998 年，县邮电局移动通信分局推行方针目标管理制，企业全年方针目标层层分解到股室、班组，明确经营责任，核定工作实绩，提高生产质量。1999 年 7 月，县移动公司成立后，加强生产现场管理，执行生产现场封闭作业、通信事故次数、差错率列入通信质量准确、安全考核指标，制定生产岗位责任制，建立质量检查、质量分析制度及营业厅值班长班前"防火、防盗、防抢"和"三查"制度。2003—2005 年，县移动公司加强宁化当地网维护巡视，强化维护质量、网络管理、原始记录、技术资料等工作的督促检查。

服务质量管理　1988—1998 年，宁化移动业务服务质量先后由县邮电局移动通信分局和县电信局管理。1999 年起，县移动公司执行国家制定的电信业务资费政策和标准，营业厅服务明码标价，推行规范承诺服务制、"首问责任制"和客户意见、建议征集制度。承诺网络接通率 99.75%、网络覆盖率 99.90%、移动电话掉话率低于 0.20%，新客户入网、用户 SIM 卡补卡即补即通，用户办理恢复通信手续后，平均 15 分钟内恢复通话，最长时间不超过 4 小时，回复用户咨询、投诉时限不超过 48 小时，回复率 100%。同时不断拓宽服务渠道，增加业务品种，至 2005 年，先后增设石壁、安远、安乐、泉上、曹坊 5 个营业厅，增加营业厅营业终端和营业员，各营业厅每天 10 个小时为客户提供免填工单等服务，开通网上营业厅（www.FMCC.com.CN）、金融系统缴费、自助式充值、免费查询话费等多种业务，开展全球通 VIP 卡贵宾服务和发送星级客户节日问候短信、免费寄送签约用户近 3 个月内账单等服务。

第二节　中国联通公司

一、通信设施

(一) 基站

2000年，中国联合网络通信有限公司在宁化开始网络建设，11月开通第一个GSM移动通信基站，是年共建设GSM移动通信基站4个。2001年，新建GSM基站2个。2002年4月，开始建设经营CDMA（是在数字技术的分支——扩频通信技术上发展起来的一种崭新而成熟的无线通信技术）133网，全年新建GSM基站11个、CDMA基站17个，GSM和CDMA覆盖率分别为50%和85%。2003年，建有GSM基站17个、CDMA基站18个。2004年，新建GSM基站6个、CDMA基站21个。GSM信号覆盖县境93%乡（镇）、村，主要公路覆盖95%以上。CDMA网络平滑升级为CDMA20001X网络，提供彩E、掌中宽带、互动视界、定位之星等无线互联网服务。至2005年，中国联合网络通信有限公司宁化县分公司（简称县联通公司）有GSM基站23个，网络覆盖全县所有乡（镇）和国道、省道，建成CDMA基站39个，信号覆盖全县所有乡（镇）和80%的自然村。

(二) 经营场所

1999年12月至2004年1月，中国联合网络通信有限公司在宁化设立营业部，租用宁化图书馆一楼（中山街34号）作为经营场所，营业场所面积80平方米，办公场所面积50平方米。2000年4月，县联通公司成立后，购买翠景大厦一楼3个店面为自有营业厅、四楼整层为办公场所，营业场所面积160平方米，办公场所面积500平方米。截至2005年未变。

二、通信业务

(一) 产品

无线寻呼　1999年，BP机业务从县电信局剥离，归属中国联合网络通信有限公司宁化营业部管理。2000年，县联通公司代办无线寻呼BP机业务，分为人工接续、自动寻呼两种服务方式。人工寻呼台特服号128，自动寻呼台特服号129；全国联网自动台特服号127、199，人工台126、198，人工漫游特服台1251。设发射机1部、操作终端机2部，实行人工汇接传呼。至年底，全县无线寻呼用户发展到6900户，其中省网数字机用户6037户、省网中文机用户863户，发展省重点业务全国呼105部、信息通162部。2001年，无线寻呼用户4161户，其中中文机用户325户，数字机用户3795户，信息机用户19户（信息宝典用户2户），全国网用户22户。2002年，随着移动电话发展，寻呼用户锐减为1157户，其中中文机用户220户，数字机用户934户，信息机用户3户。2003年3月，无线寻呼业务拆网并停止运营。

移动电话　2000年11月起，县联通公司开办移动电话业务，设数字移动电话基站4个。是年，发展移动电话用户294户，其中称心卡用户132户、自由卡用户107户、如意通用户55户。2001年，县联通公司在全县拥有移动电话用户3182户。2002年，开通中沙、曹坊、水茜3个乡（镇）基站。是年，用户7118户，其中130、131GSM网用户5560户，如意通、如意卡用户1104户，CDMA用户452户，互联网用户1户、专线用户1户。2003年，用户15155户，其中GSM用户13313户、CDMA用户18□□户。2004年，用户11385户，其中GSM用户8425户、CDMA用户2960户。2005年，用户18356户，其中CDMA用户6081户、GSM用户12275户。

数据互联网业务　2000年，县联通公司推出17910/17911 IP电话卡、193长途卡、165上网卡业务。IP电话开通59个城市漫游，开通美国、加拿大等6个国家国际漫游，165开通68个城市漫游，193开通

25 个城市漫游。全年销售 IP 卡、165 上网卡等收入 2 万元。2001 年，IP 一次拨号业务开通 191 个城市，IP 电话卡国际漫游增至 15 个国家，全年销售 IP 卡 346 张、193 长途电话卡 659 张、165 上网卡 32 张。2002 年，IP 业务一次拨号业务开通 344 个城市，全年销售长途卡类业务收入 4.53 万元，数据、互联网收入 14.83 万元。2003 年，开通无线公话 IP 超市、网吧宽带、如意邮箱、联通秘书、联通企业秘书、CDMA、插卡式无线公用电话等业务，发展使用 CDMA 插卡式无线话机 5 台、IP 超市 2 家、网吧 1 个、单位专线 2 户。2004 年，主推 GSM、CDMA 无线公话及 CDMA1X（CDMA1X 作为 3G 标准之一，允许用户通过手机快速下载铃声和图片，实现屏幕保护动画，并能使用手机进行动态游戏、多媒体聊天、卡拉 OK，享受电子书籍、股票信息、移动银行、电子交易等各种信息服务）、IP 一次性拨号等业务。2005 年，主推无线公话、17911 卡类、IP 专线业务，全年数据业务收入 25 万元。

2000—2005 年宁化县联通公司用户业务量统计情况表

表 20-14 单位：户、万元

年份	用户数			业务量		
	寻呼	GSM	CDMA	寻呼	数据/互联网	移动业务
2000	6900	294	2002 年新推出	43.50	2	67
2001	11061	3182		55.80	3.60	115
2002	12218	5560	452	64.44	14.83	269.77
2003	10113	13313	1842	28.49	11.82	359.24
2004	2003 年 3 月寻呼拆网	8425	2960	2003 年 3 月寻呼拆网	4.30	555.70
2005		12275	6081		25	723.30

（二）品牌种类

县联通公司主要经营移动通信业务（GSM130/131/132 和 CDMA133）、数据业务（17910/17911 IP 电话、193 长途电话）、互联网业务（165 拨号上网、165 专线接入）及寻呼业务（126/127、128/129、198/199）。2000 年，拥有寻呼、GSM（130/131）、数据卡类业务（17910/17911 IP 电话、193 长途电话、165 上网卡）等品牌。2002 年，开通 CDMA 网络，CDMA "联通无限" 提供利用手机收发电子邮件、下载铃声及图片、在线游戏、卫星定位、手机银行、掌上股市等服务。2003 年，开通无线公话，推出宝视通可视电话、联通秘书（企业秘书、个人秘书）、随身电话会议系统、掌中宽带等新业务。2004 年 1 月，开通本地电话 QQ 业务，春节期间开通团拜语音祝福业务。是年 8 月 5 日，推广 "世界风" 业务，实现 GSM 和 CDMA 网用户双向自由切换。2005 年 1 月，开通手机银行，推出手机办理所有非现金类银行业务、各类远程支付业务及移动电子商务业务。同时推出如意邮箱、博客、传真、杀毒、存储、圈圈和手机 QQ 等系列业务。

三、管理

（一）管理机构

1999 年 12 月 16 日，中国联合网络通信有限公司三明分公司（简称三明联通公司）在宁化设立营业部，承办中国联通业务，设置综合部、市场营销部、客户服务中心 3 个部门，公司财务、人事、业务、党群组织均由三明联通公司管理。2000 年 4 月 21 日，县联通公司正式挂牌营业，有员工 6 人。2005 年有员工 23 人。

（二）内部管理

2000 年起，县联通公司执行三明联通公司合同管理办法，推进县级分公司制度化、规范化管理。2001 年，制定营业厅人员管理制度，明确规定营业员、营业班长（值班长）、营业员录用、转岗流程，建立专营店管理规章，提升营业员综合素质和服务水平。2005 年，全省统一的办公 OA 系统上线，实现各种文件、决策、指标和业务报表、数据与全省乃至总部互联互通、信息共享，提高管理水平。

（三）财务管理

2000—2002 年，县联通公司以报账方式由三明联通公司统一进行财务管理。2003 年，执行三明联通公司下发的日常费用开支管理细则，规范业务、宣传、固定资产、差旅费等开支流程和管理。2004 年，县联通公司执行三明联通公司下发的县级机构财务管理实施细则，加强预算、资金、固定资产、存货、稽核、票据、会计电算化等财务管理基础工作，财务核算实施全面预算管理。2005 年 1 月起，县联通公司实行部分费用预算额度控制管理，执行三明联通公司重新修订的差旅费开支标准，规范使用差旅费。

（四）渠道管理

2000 年，县联通公司加强专营店的管理协调，发展 17 个营业点，其中合作点 5 个、二级营业点 12 个。2001 年，发展联通客服中心、专营店、代办点 26 家，形成县、乡、村三级营销、服务网络。2002—2004 年，依托媒体宣传 CDMA 优惠政策，挑选 CDMA 特约经销商，招收 16 名直销员，发展 C 网业务，向石壁镇、安远乡派驻客户经理、业务员点对点营销。至 2005 年，共发展自有营业厅 1 个、合作营业厅 1 个、一级客户中心 1 个、二级客服中心 1 个、社会渠道网点 20 个。

（五）服务管理

1999 年 12 月 16 日，三明联通公司设立宁化营业部后，制定《营业员考核制度》《营业投诉受理流程》《营业员岗位职责》《营业厅培训制度》《营业厅早会制度》《服务星评选制度》等相关制度，建立考核机制，每月通报一次，考核结果与奖金挂钩。2000—2002 年，建立健全"首问责任制""值班长管理制"，开展创建"青年文明号""文明示范窗口"等活动，规范"四声服务"（站立迎接第一位客户，业务空闲时站立服务，受理业务过程中来有迎声、问有答声、走有送声、唱收唱付）等日常客户服务管理。聘请行风监督员 6 人，发放征询函 980 多份，走访客户 1200 户，召开座谈会 18 次，处理受投诉和违反相关制度的营业员 7 人（待岗 2、调岗 4 人、下岗 1 人）。

2003 年 4 月起，县联通公司实行客户经理制，重点对象为集团客户、个人高端客户，兼顾中、低端客户，提供售前、售中、售后个性化服务。成立客户俱乐部，采用三明联通公司客服部直接监督和县联通公司大客户负责人现场考核管理相结合的方式，及时发现并整改客户服务中存在的问题。至 2005 年，有客户经理 5 人、业务员 7 人。

卷二十一　金融

1988 年，全县有金融机构 7 家，其中银行 4 家，农村信用联社、邮政储蓄、保险公司各 1 家，共有员工 367 人。1994 年，随着国家金融法律的完善和金融体制改革推进，宁化县金融机构实行"分业经营、分业监管"。中国人民银行宁化县支行主要通过实施货币政策间接调控和管理金融机构，中国工商银行宁化县支行、中国农业银行宁化县支行、中国人民建设银行宁化县支行转型为商业银行，构建起以人民银行为中央银行，银监会、保监会和证监会分业监管，国有控股商业银行为主体、政策性金融与商业性金融相分离，多种金融机构分工协作、多种融资渠道并存、功能互补和协调发展的金融体系。1996 年 10 月，《中华人民共和国保险法》实施后，宁化县保险公司分设为中保财产保险有限公司和中保人寿保险有限公司，实行产、寿分业经营。1997 年 3 月，中国农业发展银行宁化县支行成立。各金融机构调控货币流量，开展金融监管，组织资金存款，调整信贷结构，依托现代科学技术，优化金融业务功能，创新金融业务品种，提高金融服务质量，促进金融、保险和证券业务加快发展，形成支持地方经济和社会发展的货币和金融环境。至 2005 年年末，全县金融机构发展到 12 家（其中银行 5 家、农村信用联社 1 家、邮政储蓄 1 家、保险公司 3 家、证券机构 1 家、监管机构 1 家），员工 477 人。各项存款余额 186460 万元，为 1988 年 11604 万元的 16.07 倍；各项贷款 75263 万元，为 1988 年 13013 万元的 5.78 倍。保险费收入 3699.36 万元，赔付 2271.02 万元，分别比 1988 年增长 18.12 倍和 42.35 倍。股民开立证券资金账户 2850 户，年交易量 4.90 亿元。

第一章　金融机构

第一节　银行机构

一、中国人民银行宁化县支行

1988 年，中国人民银行宁化县支行（简称县人行）内设人秘股、计划信息股、会计国库股、发行保卫股，员工 16 人。2000 年体制改革，内设人秘股、会计国库股、货币发行股、信贷计划调统股、农村信用合作管理股、金融监管股、保卫股。2005 年，县人行内设办公室、信贷调统股、保卫股、外汇管理股、营业室，员工 32 人。

二、中国工商银行股份有限公司宁化支行

1988年，中国工商银行宁化县支行（简称县工行）内设出纳股、会计股、计划股、信贷股、储蓄股、人秘股、办公室、稽核室、工会等9个部门和10个营业网点，员工82人。1996年撤并氨厂储蓄所。1998年撤并龙门、塔街储蓄所。2000年6月，县工行内设机构合并为业务发展科、会计结算科、零售业务科和办公室。2005年9月，县工行更名为中国工商银行股份有限公司宁化支行；年末，设营业网点1个，员工39人。

三、中国建设银行股份有限公司宁化支行

1988年，中国人民建设银行宁化县支行（简称县建行）内设人秘股、业务股、会计出纳股，辖储蓄专柜和集市储蓄所，职工15人。1989—1991年，先后增设小溪、南街、新桥、北山储蓄所。1996年3月，更名为中国建设银行福建省宁化县支行。2001年，南街储蓄所撤销。2003年，中国人民建设银行宁化县支行更名为中国建设银行股份有限公司宁化支行，撤并集市储蓄所。2004年，北山储蓄所撤并。2005年，新桥储蓄所撤并；年末，县建行设办公室（保卫部）、公司业务部、个人金融业务部、营业部和储蓄专柜、小溪储蓄所2个网点，员工47人。

四、中国农业银行宁化县支行

1988年，中国农业银行宁化县支行（简称县农行）内设办公室、人事股、监察室、计划统计股、稽核审计股、农业信贷股、工商信贷股、信用合作股、资金组织股、会计股、出纳股、保卫股等12个股室，下设14个乡（镇）营业所和北大街、小溪、翠江3个储蓄所，员工129人。1993年，设立支行营业部。1994年，农业政策性业务从县农行分离并代理经营，成立翠南和下东门储蓄所。1996年，横锁营业所撤并。1998年，济村、安乐、方田和中沙营业所撤并。2000年，治平营业所撤并。2001年，淮土营业所撤并。2002年，下东门和翠江储蓄所撤并，水茜、泉上营业所迁址并更名为东门、新泉营业所。2003年，北大街储蓄所撤并。2004年，东门、小溪储蓄所和湖村营业所撤并，城关、新泉营业所更名为分理处。2005年，县农行内设综合部、业务经营管理部、客户部、风险资产经营部、经警小分队、营业部，辖城关、新泉2个分理处和石壁、曹坊、安远3个营业所，共有员工82人。

五、中国农业发展银行宁化县支行

1997年3月28日，中国农业发展银行宁化县支行（简称县农发行）成立，属农业政策性银行，内设综合科、财会科、办公室，员工14人（县农行分离而来）。2004年年底，县农发行接收清流、建宁县农行代理的信贷会计业务，实行自营。2005年，三明市分行实行一级经营改革，县农发行成为农发行三明市分行的派出机构，对外保留牌子，设客户部、会计科，员工9人。

第二节　保险机构

一、中国人民保险公司宁化县支公司

1988年，中国人民保险公司宁化县支公司（简称县保险公司）设经理室、人秘股、财务计划股和业务

股，员工 14 人。聘请保险员 20 人先后在安乐、泉上、湖村、禾口、淮土、安远、城郊、中沙、水茜、曹坊等乡（镇）设立保险站，拓展业务范围，加强保险服务。1991 年，根据人身保险业务的发展，增设人身保险股。1993 年，随着基层保险站业务的扩大，设立网点管理股。

1995 年 10 月，实施《中华人民共和国保险法》，国务院批准中国人民保险公司改组为中国人民保险（集团）公司（简称中保集团），实行产、寿分业经营。1996 年，县保险公司分设为中保财产保险有限公司和中保人寿保险有限公司宁化县支公司。

二、中国人民财产保险股份有限公司宁化支公司

1996 年 4 月 1 日，中保财产保险有限公司宁化县支公司（简称县财保公司）成立，承担和经营县保险公司的财产保险业务，内设经理室、综合科、业务科、计财科，员工 16 人。1998 年 10 月，国务院撤销中保集团，中保财产保险有限公司沿用中国人民保险公司名称。1999 年 6 月，中保财产保险有限公司宁化县支公司更名为中国人民保险公司宁化县支公司（简称县人保公司），全部继承县财保公司的保单责任和债权债务。2001 年，县人保公司成立营销部。2003 年 7 月，公司改制，中国人民保险公司宁化县支公司更名为中国人民财产保险股份有限公司宁化支公司（简称县人保财险公司）。2005 年，县人保财险公司内设经理室、综合部、业务部、营业部，员工 13 人。

三、中国人寿保险股份有限公司宁化县支公司

1996 年 4 月 1 日，中保人寿保险有限公司宁化县支公司（简称县寿保公司）成立，继续承担和经营县保险公司的人身保险业务，下设综合管理科、计划财务科、业务科，管辖 10 个乡（镇）保险站。1997 年，为适应市场的需要，引入个人寿险代理营销机制，营销队伍由业务科管理。1998 年 10 月，国务院撤销中保集团，中保人寿保险有限公司更名为中国人寿保险公司。1999 年 6 月，中保人寿保险有限公司宁化县支公司更名为中国人寿保险公司宁化县支公司（简称县国寿公司），全部继承县寿保公司的保单责任和债权债务。2003 年，公司改制，中国人寿保险公司宁化县支公司更名为中国人寿保险股份有限公司宁化县支公司。2005 年，中国人寿保险股份有限公司宁化县支公司内设办公室、客户服务部、个人代理业务部、团体业务部、中介代理部，下辖乡（镇）保险业务部 16 个，共有正式员工 22 人，业务营销员 228 人。

四、太平洋人寿保险股份有限公司宁化营销服务部

2001 年 6 月 13 日，太平洋人寿保险股份有限公司宁化营销服务部（简称县太保寿险公司）成立，内设经理、组训、综合内勤、客服人员、营销主管、业务人员等岗位。至年底，有营销主管 3 人，业务员 26 人。2005 年年底，内设经理室、办公室、客户服务部，有部门员工 4 人，业务营销员 55 人。

第三节　证券机构

2001 年 7 月 11 日，闽发证券有限责任公司三明列东街证券营业部宁化服务部（简称闽发证券宁化服务部）成立。2005 年年末，闽发证券宁化服务部有员工 3 人。

第四节　其他机构

一、宁化县农村信用合作社联合社

1988年，宁化县农村信用合作社联合社（简称县农信社），内设社务股、业务股、财务股、稽核监察股、办公室，下设15个乡（镇）信用社、9个信用分社，共有员工111人。1989年，翠江信用社成立。1996年10月，农村金融体制改革，县农信社与县农业银行脱离行政隶属关系，改属三明市农村金融体制改革领导小组领导。2000年，宁化城市信用社并入县农信社管理，更名为宁化县城区农村信用合作社。2005年，县农信社组建县联社统一法人，建成地方性股份合作制金融机构，归福建省农村信用社联合社管理。至年底，内设人秘科、业务科、会计出纳科、监察稽核科、保卫科、电脑信息中心和营业部，辖信用社14个、信用分社5个，员工154人。

二、中国银行业监督管理委员会三明监管分局宁化办事处

2003年12月29日，县人行划转4名干部组成宁化监管组。2004年3月9日，中国银行业监督管理委员会三明监管分局宁化办事处（简称县银监办）成立，为中国银行业监督管理委员会三明监管分局派驻机构。2005年，县银监办有员工4人。

三、宁化县邮政储蓄

1986年4月，县邮电局开办邮政储蓄业务（简称县邮储）。1988年，安乐、安远、禾口乡邮电所开办邮政储蓄业务，有员工9人。1991年，县邮电局设立储蓄营业厅，开办北大街储蓄点。1992年，湖村、泉上、中沙、淮土支局先后开办邮储业务。1997年，储汇分局成立，专职管理邮政储蓄业务。2005年，县邮储辖营业网点9个，员工54人。

第二章　金融业务

第一节　货币

一、货币流通

1988年，县人行按照国务院"控制货币，稳定金融"的决定，组织县内金融机构做好现金收付工作，全年现金收入23409万元，现金支出24879万元，现金净投放1470万元。1989年，控制总量、缩紧银根，全年现金收入26480万元，现金支出26725万元，现金净投放245万元，比1988年少投放1225万元。

1990年，保证重点、稳定金融，全年现金收入27469万元，现金支出29098万元，现金净投放1629万元，比1989年多投放1384万元。1993年6月，实行货币发行回笼报告制度，各金融机构在月初5日前编制当月现金投放和回笼计划报县人行批准执行，全年现金收入65642万元，现金支出70244万元，现金净投放4602万元，比1992年少投放1274万元。1994年，加强现金管理，保持货币稳定，严控消费基金过快增长，全年现金收入77469万元，现金支出81643万元，现金净投放4147万元。1995年，加强现金投放监控，对企事业单位10万元以上大额现金支付，严格执行审批制度，按月考核各行社投放回笼进度，全年现金收入105056万元，现金支出109454万元，净投放4398万元。1998年，调控市场货币流通量，支持地方经济发展，改进结算方式，非现金结算量增加，现金收付呈现回笼态势，全年现金收入229927万元，现金支出228797万元，净回笼1330万元。2005年，现金收入552420万元，现金支出552221万元，现金回笼199万元。

1988—2005年，县人行累计现金收入3607508万元，现金支出3617923万元，现金净投放10415万元。

1988—2005年宁化县金融机构现金收支情况表

表21-1　　　　　　　　　　　　　　　　　　　　　　　　　　　　　　　单位：万元

年份	现金收入	现金支出	投放(+)回笼(−)
1988	23409	24879	1470
1989	26480	26725	245
1990	27469	29098	1629
1991	34795	38289	3494
1992	43937	49813	5876
1993	65642	70244	4602
1994	77496	81643	4147
1995	105056	109454	4398
1996	135786	141330	5544
1997	181923	183692	1769
1998	229927	228797	−1130
1999	264912	266287	1375
2000	295284	289999	−5285
2001	296770	292269	−4501
2002	341471	342641	1170
2003	415134	408728	−6406
2004	489597	481814	−7783
2005	552420	552221	−199
合计	3607508	3617923	10415

二、残损币

1988年，县人行回笼损伤人民币2866.90万元。1998年，县人行兑换回笼残破人民币9853.90万元。2001年，县人行回笼损伤人民币9515万元。2004年1月，县人行按照中国人民银行《不宜流通人民币挑剔标准》规定，加大5种不宜在市场上流通的损伤人民币兑换工作，全年回笼损伤人民币18159.20万元，上缴损伤人民币20239万元。2005年，回笼残损人民币16754.60万元。

1988—2005年，县人行和商业银行累计回笼残损人民159070.40万元，提高流通人民币整洁度。

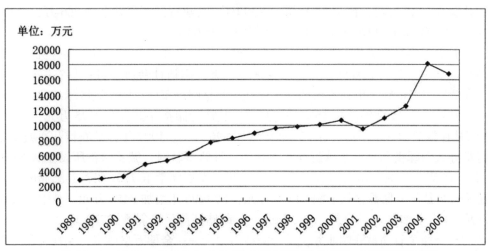

单位：万元

图 21-1　1988—2005 年宁化县金融机构回笼损伤人民币情况图

三、发行库

1988 年，县人行加强发行库管理，控制货币投放，抑制消费基金增长，全年现金净投放 1470 万元。1989 年，加强控制货币发行，全年现金净投放 244.80 万元。1992 年，在现金供应上长计划短安排，调入发行基金 5419 万元，全年现金净投放 5876 万元。针对库款被抢被盗案件逐年增多新形势，县人行成立经济民警小队，建立"以守护金库为中心，护送库款为重点，全行安全为目标"的安全保卫责任制。1993 年，县人行组织开展库房库款安全管理自查活动，确保库款无事故；是年，调入发行基金 5120.40 万元，现金净投放 4602 万元。1994 年，县人行灵活调拨发行资金，调入发行基金 6669.20 万元，现金净投放 4147 万元，满足了全县资金需要，未发生现金脱供和挤兑现象；是年，县人行被中国人民银行福建省分行授予"货币发行工作先进单位"称号。1997 年，县人行组织开展发行库管理达标升级考核验收工作，是年，组织货币回笼 25930.20 万元，现金投放 28940.70 万元，现金净投放 1769 万元。2001 年，县人行坚持"谁主管、谁负责"原则，签订"三防一保"（防诈骗、防抢劫、防盗窃，保证资金安全）责任状，加强发行基金管理，确保库款安全无事故，全年现金回笼 4501 万元。2002 年，县人行制定发行库升二级工作方案，对发行库房实施改造，通过福州中心支行检查组二级库验收；是年，县人行组织货币回笼 341417 万元，现金投放 342641 万元，现金净投放 1170 万元。2005 年，宁化支库按照《中国人民银行人民币发行库达标升级管理办法》开展达标升级活动，是年，被三明市中心支行评定为三级发行库；全年现金收入 552420 万元，现金支出 552221 万元，现金净回笼 199 万元。

第二节　银行业务

一、储蓄存款

（一）个人储蓄存款

1988 年通货膨胀，城乡居民一度挤兑存款，县内各银行机构提高存款利率，开办保值储蓄，增设储蓄网点，推行上门服务，延长营业时间，推出实物有奖储蓄、大额可转让定期存单等新业务，扭转储蓄存款滑坡状况。年末，全县储蓄存款余额 6063 万元，比 1987 年增长 7.30%；全县人均储蓄 195 元，比 1987 年增长 5.41%。1990 年年末，全县储蓄存款余额 10864 万元，首次突破亿元大关，比 1988 年增长 79.19%。其中，县农行储蓄余额 2346 万元，比 1988 年增长 90.11%；县建行储蓄存款余额 866 万元，比 1988 年增长 969.13%；县农信社储蓄余额 4279 万元，比 1988 年增长 55.03%。

1993 年，针对社会上高息集资热、股票热、房地产热、农业合作基金热，全县银行机构采取措施应对储蓄存款严重滑坡局面。县建行完善储蓄责任效益承包方案，聘请社会协储员；县农信社采取"增加总量、优化结构、降低成本"措施，单独考核低利率存款，调整网点布局，增设城区翠江双虹分社。全县年末储蓄余额 20827 万元，比 1992 年增长 15.03%。其中，县建行储蓄存款余额 2625 万元，比 1992 年增加 971 万元；县农信社存款余额 6872 万元，比 1992 年增加 596 万元。1997 年，县农行开通城乡储蓄电脑联网业务；县工行举办大型踩街和自行车越野赛活动宣传全省储蓄联网，城关储蓄所设立 ATM 机；县建行增设 POS 特约商户 14 家，设立宾馆大门边离行式 ATM 机，发展储蓄卡 7761 张；县邮储网并入全国"绿卡"网络通存通兑。全县年末储蓄存款余额 54675 万元，比 1996 年增加 8456 万元。其中，县农行储蓄存款余额 10920 万元，县工行储蓄存款余额 11012 万元，县邮储储蓄存款余额 12779 万元。

1998 年，县农行开通全省储蓄联网业务，发行储蓄借记卡——金穗万事顺卡，实现金穗万事顺卡和金穗信用卡"双卡"并轨，年末储蓄存款余额 11810 万元，比 1997 年增长 8%。1999 年，县建行开展"建行杯"青年歌手赛等活动宣传推动储蓄存款，是年，储蓄存款首次突破亿元大关，余额 11019 万元。2003 年，全县年末储蓄存款总量突破 10 亿元，余额达 104623 万元，比 2002 年增长 21.45%，比 1999 年增长 68.74%。其中，县建行储蓄存款余额 17192 万元，县农行储蓄存款余额 19675 万元，县农信社储蓄存款余额 24743 万元，县邮储存款余额 29706 万元，净增额占全县的 37.72%，储蓄增量和总量均跃居全县各金融机构之首。2005 年，全县金融机构开展"建文明行业、创满意窗口"活动，创建高效业务功能和优质服务机制。县工行实行存款贡献积分制，改革内部收入分配机制；县农行开展"迎新春"营销活动，抓好季节性资金吸储；县建行实施个人金融业务"精品战略"，细分客户，抓好 VIP 客户营销；县农信社组织信贷员深入农户，吸收农村储蓄；县邮储实行营业员按业绩计工资，组建专职营销组，发展绿卡 12000 张。全县年末储蓄存款余额 145891 万元，为 1988 年的 24.06 倍；人均储蓄 4214 元，为 1988 年的 21.61 倍。其中，县工行储蓄存款余额 12472 万元，比 1988 年增长 442.49%；县农行储蓄存款余额 31424 万元，比 1988 年增长 1239.47%；县建行储蓄余额 21656 万元，比 1988 年增长 2400.69%；县农信社储蓄存款余额 37572 万元，比 1988 年增长 778.06%；县邮储实储蓄余额 42767.10 万元，比 1988 年增长 899.46%。

（二）对公存款

1988 年，全县各金融机构加强资金归口管理，建立健全考核激励机制，全年新开对公存款账户 161 户，年末对公存款余额 5541 万元。1993 年，各金融机构建立存款信息网络，聘请企业存款协存员，加强企业资金监管，协助企业清理不合理资金占用。年末对公存款突破亿元大关，余额 11152 万元，比 1988 年增长 101.26%。1995—2002 年，县内各银行先后开通电子汇兑业务，加速企业资金周转，开展企业账户清理，促进对公存款增长。2003 年，全县对公存款突破 2 亿元，余额 22146 万元，比 2002 年增加 6606 万元，增长 42.50%。2005 年，各金融机构组织开展对公账户年检，建立营销信息传导体系，构建新型客户群体，培育支柱性系统、行业客户群。年末全县对公存款突破 4 亿元，余额 40569 万元，比 1988 年增加 35028 万元，增长 632.16%。

1988—2005 年宁化县金融机构各项存款余额表

表 21-2

年份	各项存款年末余额（万元）	增长（%）	其　中				全县人均储蓄余额（元）
			对公存款（万元）	增长（%）	储蓄存款（万元）	增长（%）	
1988	11604	-6.07	5541	-17.34	6063	7.30	195
1989	14671	26.43	6607	19.24	8064	33.00	256
1990	18165	23.82	7301	10.50	10864	34.72	333

续表21-2

年份	各项存款年末余额（万元）	增长(%)	其 中				全县人均储蓄余额（元）
			对公存款（万元）	增长(%)	储蓄存款（万元）	增长(%)	
1991	22038	21.32	7699	5.45	14339	31.99	435
1992	27651	25.47	9546	23.99	18105	26.26	546
1993	31979	15.65	11152	16.82	20827	15.03	619
1994	36529	14.23	10291	−7.72	26238	25.98	774
1995	48954	31.28	12506	21.15	35448	35.10	1036
1996	55638	16.02	9419	−24.68	46219	30.39	1333
1997	67573	21.45	12898	36.94	54675	18.30	1574
1998	72565	7.39	15177	17.67	57388	4.96	1649
1999	76032	4.78	14033	−7.54	61999	8.03	1781
2000	86428	13.67	17666	25.89	68762	10.91	1990
2001	92290	6.78	17134	−3.01	75156	9.30	2174
2002	101678	10.17	15540	−9.30	86138	14.61	2490
2003	126769	24.68	22146	44.25	104623	21.46	3029
2004	149793	18.16	26955	21.72	122838	17.41	3548
2005	186460	24.48	41537	54.10	144923	17.98	4175

1988—2005年宁化县金融机构存款余额表

表21-3　　　　　　　　　　　　　　　　　　　　　　　　　　　　　　　　　　　单位：万元

年份	工商银行			农业银行			建设银行			农业发展银行	农村信用社			邮政储蓄
	存款余额	其 中		存款余额	其 中		存款余额	其 中		对公存款	存款余额	其 中		储蓄存款
		储蓄存款	对公存款		储蓄存款	对公存款		储蓄存款	对公存款			储蓄存款	对公存款	
1988	3238	2299	939	4538	1237	3304	917	81	836	—	2760	2298	462	151
1989	4500	2824	1676	5558	1760	3798	1163	420	743	—	3200	2810	390	250
1990	5445	3472	1973	6565	2346	4219	1523	866	657	—	4279	3827	452	353
1991	6080	4237	1843	7697	3176	4521	2092	1259	833	—	5579	5077	502	590
1992	6935	4976	1959	9661	4076	5585	2845	1654	1191	—	7087	6276	811	1123
1993	6363	4634	1729	12235	4996	7239	3866	2625	1241	—	7815	6872	943	1700
1994	8171	6458	2013	12396	6102	6294	4307	3239	1068	—	8930	8014	916	2725
1995	10496	7961	2535	15515	7911	7604	5980	4329	1651	—	10959	10243	716	5004
1996	12555	9537	3018	13179	9738	3441	8925	6830	2095	—	12622	11757	865	8357
1997	14632	11012	3620	14698	10920	3778	11584	8082	3502	778	13102	11882	1220	12779
1998	17869	12593	5276	16113	11810	4303	13079	9582	3497	584	13478	11961	1517	11442
1999	16201	12062	4139	18218	13888	4330	14143	11019	3124	496	14109	12166	1944	12865
2000	18224	13461	4763	19373	14611	5126	15920	12283	3637	427	18330	14617	3713	13790

续表 21-3

| 年份 | 工商银行 | | | 农业银行 | | | 建设银行 | | | 农业发展银行 | 农村信用社 | | | 邮政储蓄 |
| | 存款余额 | 其中 | | 存款余额 | 其中 | | 存款余额 | 其中 | | 对公存款 | 存款余额 | 其中 | | 储蓄存款 |
		储蓄存款	对公存款		储蓄存款	对公存款		储蓄存款	对公存款			储蓄存款	对公存款	
2001	15342	11762	3580	20838	15866	4972	18591	14468	4123	541	19957	16039	3918	17021
2002	16306	12479	3828	20239	16277	3962	19235	15112	4123	511	24266	21149	3117	21121
2003	17551	13307	4244	23449	19675	3774	25289	17192	8097	638	30136	24743	5393	29706
2004	18494	13651	4843	29452	24762	4690	29709	19078	10631	978	37532	31719	5813	33628
2005	19065	12472	6593	37959	31424	6535	40615	21656	18959	1720	44334	37572	6762	42767

（三）外币存款

1994 年 3 月，县工行开办港币和美元储蓄存款业务，年末港币存款余额 35.75 万元、美元存款余额 17.34 万元。1995 年，县建行开办外币储蓄存款业务，年末全县港币存款余额 54.73 万元、美元存款余额 36.94 万元，分别比 1994 年增长 53.09%和 113.03%。1996 年，县工行开办日元储蓄存款业务，年末存款余额 48.07 万元。2003 年，县农行开办外币储蓄存款业务，年末美元存款余额 2.03 万元。至 2005 年年末，全县金融机构外币存款余额 115.20 万美元，其中，县工行 46 万美元、县建行 67 万美元、县农行 2.20 万美元。

1994—2005 年宁化县金融机构外汇存款年末余额表

表 21-4　　　　　　　　　　　　　　　　　　　　　　　　　　　单位:万元

| 年份 | 全　县 | | | 工　行 | | | 建行 | 农行 |
	美元	港币	日元	美元	港币	日元	美元	美元
1994	17.34	35.75	0	17.34	35.75	0	0	0
1995	36.94	54.73	0	26.77	54.73	0	10.17	0
1996	42.52	44.10	48.07	24.44	44.10	48.07	18.08	0
1997	43.58	95.54	98.96	23.00	96.54	98.96	20.58	0
1998	62.91	118.44	56.57	31.33	118.44	56.57	31.58	0
1999	81.01	76.51	54.29	41.41	76.51	54.29	39.60	0
2000	123.81	87.80	8.90	63.80	87.80	8.90	60.01	0
2001	159.60	0	0	84.50	0	0	75.10	0
2002	176.51	0	0	83.00	0	0	93.51	0
2003	167.94	0	0	75.40	0	0	92.54	0
2004	144.78	0	0	64.40	0	0	78.35	2.03
2005	115.20	0	0	46.00	0	0	67.00	2.20

二、信贷

1988 年，信贷管理实行"统一计划，划分资金，实贷实存，相互融通"的计划管理体制。1994 年 2 月，信贷管理改为"总量控制，比例管理，分类指导，市场融通"的体制。1998 年起，人民银行取消对国有独资商业银行贷款规模控制，实行"计划指导，自求平衡，比例管理，间接调控"的新信贷管理体制。各金融机构调整信贷结构，服务县域经济，兼顾经营效益和社会效益。至2005年年末，全县各项贷款余额75263万元，比1988年增长6.45倍。其中，工业贷款7153万元、商业贷款6404万元、农业贷款26462万元、基建借款7808万元、其他贷款18816万元、政策性贷款8620万元。

（一）工业贷款

1988年，按照"收紧信贷、调整结构、扶优限劣、提高效益"的信贷方针，重点扶持工业骨干企业技术改造、资源开发，开展企业信用评估，资金优先投放产品适销对路和出口创汇的一、二类企业。至年末，全县工业贷款4984万元，其中县工行2872万元、县农行1689万元、县建行169万元、县农信社254万元。1990年，按照"控制总量、调整结构、保证重点、压缩一般、适时调节，提高效益"信贷方针，协助企业清仓挖潜和清理拖欠，提供重点建设资金。年末，全县工业贷款6980万元，比1988年增加1996万元，其中县工行投放县化肥厂、5102厂流动资金贷款696万元和532万元，县建行投放县化肥厂、县自来水厂贷款70万元和40万元。

1991年，各银行执行"控制总量、调整结构、强化管理，提高效益"信贷方针，支持重点骨干企业发展生产和技术改造。县工行发放县合成氨厂生产出口创汇产品"高纯钨酸钠"贷款1541万元，实现销售收入1037万元；县农行发放县矿业公司贷款743万元，支持发展锰矿项目替换滞销的钨矿项目，实现销售1236万元，创利税29.20万元。1992—1993年，县工行发放县邮电局5000门程控电话技改项目贷款400万元，县建行发放乌龙峡电站技改工程贷款150万元和县电力公司建设清宁1100千伏输变电工程项目贷款100万元，县农信社发放乡（镇）企业贷款1086万元。1994年，全县工业贷款总量突破亿元，年末余额10879万元，比1990年增加3899万元，增长55.86%。

1995年，县内各银行机构按照国家产业政策和效益优先原则，工业贷款重点投向科技开发应用和高效益的技术改造项目，县工行投放信贷资金支持县林产化工厂、县水泥厂、县人造板厂、县电力公司等3A和部分2A企业扩大生产能力。1996年，县建行发放县烟草公司打叶复烤技改项目贷款1600万元。1997年，县农信社发放县水泥厂、县电力公司等企业贷款2594万元。1999年，县农行发放县电力公司农村电网改造贷款500万元。2000年，全县银行工业贷款余额10322万元。2001年，随着县内工业企业改制、关停、倒闭，工业信贷有所下降。2003年，县建行发放县供电有限公司贷款3800万元，置换他行贷款2900万元。至2005年年末，全县工业贷款余额7153万元，比1988年增加2169万元，增长43.52%。其中，县建行6070万元、县农行381万元、县农信社702万元。

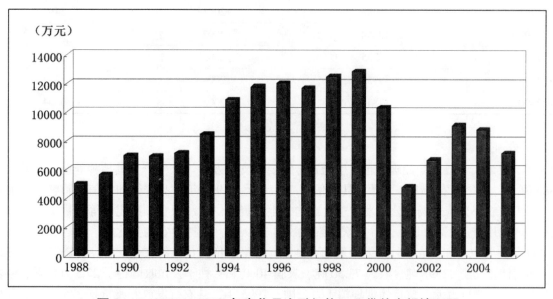

图21-2　1988—2005年宁化县金融机构工业贷款余额情况图

（二）商业贷款

1988 年，县内各银行机构调整信贷结构，提高经济效益，重点支持国有商业企业和供销社扩大商品购销。至年末，全县商业贷款总量 6036 万元，其中县工行 1162 万元、县农行 4447 万元、县建行 130 万元、县农信社 297 万元。1989 年，县工行评估 101 家工商企业等级，划分一类企业 19 家、二类企业 37 家、三类企业 27 家、四类企业 18 家。信贷资金向一、二类企业倾斜，比 1988 年增加 161 万元；三、四类企业贷款比 1988 年减少 101 万元。

1991 年，县工行发放县五交化公司购进彩电、冰箱、摩托车等商品贷款 80 万元，支持县五交化公司举办为期 5 天的商品交易会，实现销售收入 49.30 万元，赢利 3 万元；县农行创新信贷支农新方式，试行代付烟草收购现金，全年累计发放烟草收购贷款 1400 万元，运送收购现金 6600 万元。1992 年，县农行支持供销社"经营、价格、用工、分配"四放开改革，累计发放供销企业贷款 7911.96 万元。1993 年，县农行压缩一般商品流通贷款，集中资金支持粮食收购，全年累计发放收购贷款 3069.68 万元，比 1992 年增加 1365.43 万元，增长 44.48%。1994 年，县工行发放商业贷款 2518 万元，支持烟草、五交化、石油等 3A、2A 企业扩大商品流通；县农行代理农业发展银行累计发放粮食收购贷款 3637 万元，比 1993 年增加 567 万元。

1999 年，县农行先后发放县烟草公司烤烟收购贷款 11565 万元，县种子公司短期贷款 200 万元，县农资、农机部门购进化肥、农药、农机具贷款 1260 万元，为农业生产发展提供信贷支持。2000—2004 年，国有商业企业、供销社、粮食经营体制改革，县烟草公司资金管理体制变化，商业贷款逐年下降。2005 年，全县各银行商业贷款余额 6404 万元，比 1988 年增长 6.10%。其中，县农行 1498 万元、县农信社 4906 万元。

1988—2005 年宁化县金融机构商业贷款余额情况表

表 21-5　　　　　　　　　　　　　　　　　　　　　　　　　　　　　　　　　单位：万元

年份	贷款余额	年份	贷款余额
1988	6036	1997	20107
1989	7569	1998	9205
1990	7541	1999	11705
1991	8482	2000	7329
1992	9989	2001	5467
1993	13294	2002	4087
1994	8785	2003	6202
1995	9939	2004	6333
1996	12841	2005	6404

（三）农业贷款

1988 年，县农行和县农信社确保粮食生产资金需要，支持发展烤烟生产和其他种养业，全县农业贷款余额 1583 万元，其中县农行 838 万元、县农信社 745 万元。1990 年，县农行和农信社调整、增加农业信贷投入，组织支农小分队现场办公，发放粮食定购、生产资料供应、粮食预购定金等春耕贷款，县农信社累放农业生产费用贷款 1330 万元，占贷款总累放数的 73.90%，支持粮农购买化肥、农药、良种、耕牛和农具。1994 年，县农行和县农信社压缩一般商业贷款，筹集农贷资金，县农行发放春耕贷款 2133.82 万元，支持农资部门储备化肥 22398 吨、农药 73.50 吨、农膜 40 吨和县种子公司收购种子 27.5 万公斤；县农信社发放烤烟生产贷款 700 万元，扶持烤烟种植 1 万公顷。1995 年，县农行发放养鳗贷款 225 万元、养甲鱼贷款 330 万元，扶持特种养殖业发展；县农信社发放食用菌生产贷款 160 万元，扶持食用菌生产 2000 万袋，实现产值近 3000 万元。1998 年，县农信社发放宁化县农星农牧有限公司实施"公司+农户"养殖贷款 195

万元，带动 8 个乡（镇）96 户共养鸡 60 万只，创利 59 万元。2000 年，县农信社推广"授信贷款""小额贷款""联户联保"等贷款方式，发放农业贷款 3639 万元，其中烤烟生产贷款 1897 万元、粮食生产贷款 1600 万元、食用菌生产费用贷款 142 万元。2002 年，县农信社开展"信用村"建设，全年评选信用村 15 个、信用组 41 个、信用户 2266 户、信用企业 7 家，解决农民贷款难和信用社难贷款矛盾，发放农业贷款 10080 万元，比 2001 年增加 4934 万元，余额 11225 万元。

2004 年，县农行通过行内银团贷款方式发放台江电站水电贷款 3000 万元；县农信社累计发放农业贷款 13994 万元，支持烤烟、木竹、果茶、食用菌等特色种植业和生猪、肉牛等特色养殖业以及宁化佳穗米业有限公司、宁化县农星农牧有限公司等农业龙头企业发展。2005 年，县农行再次以行内银团贷款方式发放街面电站水电贷款 4000 万元，年末全县农业贷款余额 26462 万元，比 1988 年增长 16.72 倍。其中，县农行 8398 万元，比 1988 年增长 10.02 倍；县农信社 18064 万元，比 1988 年增长 24.25 倍。

1988—2005 年宁化县金融机构农业贷款余额情况表

表 21-6

单位：万元

年份	贷款余额	年份	贷款余额
1988	1583	1997	6549
1989	1860	1998	8312
1990	2390	1999	7691
1991	2897	2000	7694
1992	3379	2001	9647
1993	3495	2002	13347
1994	3645	2003	17898
1995	4511	2004	21894
1996	5307	2005	26462

（四）基本建设贷款

1988 年，县建行加大旧城改造、公路、电力等基础设施和重点工程项目建设信贷投入，全年基本建设贷款余额 61 万元。1990 年，县建行发放烟草大楼基建贷款 100 万元。1992 年，县建行参与银团贷款发放安砂至宁化 11 万伏输变电工程项目贷款 100 万元、石油液化气建站项目贷款 80 万元、边贸市场旧城改造开发贷款 400 万元以及土地连片开发贷款 100 万元。1993 年，县建行发放国防公路拓宽建设和城区中环路主干道开发贷款 100 万元、县食品边贸大楼建设贷款 50 万元。同时，信贷支持日产 10000 吨自来水的沙子甲水厂建设，年末县建行基建贷款余额 383 万元。1997 年，县建行先后发放县公路建设先行工程贷款 2300 万元、县电力公司 11 万千伏输电线路技改贷款 150 万元。年末，县建行基建贷款余额 1444 万元，比 1993 年增长 2.77 倍。1998 年，县农行发放先行工程贷款 707 万元（含农发行划转 607 万元），支持地方公路交通基础设施建设，年末县农行基建贷款余额 888 万元。

1999 年始，县建行先后发放县电力公司和乌龙峡电站贷款 1130 万元、县房地产开发公司贷款 400 万元、县建筑公司贷款 800 万元、县土地收储中心贷款 800 万元、"东方花园"房地产开发项目贷款 1800 万元、"翠江明珠"房地产开发项目贷款 3800 万元、"先行工程"公路建设贷款 1370 万元、行洛坑钨矿固定资产贷款 3000 万元。至 2005 年年末，全县基建贷款余额 7808 万元，比 1988 年增长 127 倍。其中，县建行 6920 万元、县农行 888 万元。

1988—2005 年宁化县基建贷款余额情况表

表 21-7　　　　　　　　　　　　　　　　　　　　　　　　　　　　　　　　单位：万元

年份	贷款余额	年份	贷款余额
1988	61	1997	1444
1989	31	1998	1917
1990	76	1999	1958
1991	24	2000	1958
1992	145	2001	2148
1993	383	2002	2268
1994	416	2003	1958
1995	1129	2004	888
1996	1610	2005	7808

（五）其他贷款

1988 年，全县其他贷款余额 349 万元，其中县工行 58 万元、县农行 29 万元、县农信社 262 万元。至 2005 年年末，全县各银行个人生产经营贷款、个人消费贷款、个人住房贷款、小额扶贫贷款、教育助学贷款等其他贷款余额 18816 万元，是 1988 年的 53.91 倍，其中，县工行 2848 万元、县农行 3291 万元、县建行 7832 万元、县农信社 4845 万元。

个人生产经营贷款　1988 年，县农信社发放个体工商户贷款 358 万元。1989—2003 年，县内各银行逐年加大对个体私营经济的信贷支持。2004 年，县农行新推出个人"金博士"理财卡自助可循环生产经营贷款业务，一次授信，三年循环使用，累计发放贷款 1525 万元。2005 年，县农行"金博士"个人生产经营贷款累计授信额 1303 万元，累计贷款 7990 万元，贷款余额 924 万元。

个人消费贷款　1999 年，随着城乡居民消费观念变化，装修房屋、大宗消费物品和家庭其他方面支出的个人消费信贷业务成为商业银行信贷新增长点，县农行开办抵押担保个人消费贷款，发放 248 万元。2000 年，县农行、县工行分别累放个人消费贷款 1719 万元和 1030 万元。2003 年，县农行发放个人消费贷款 583 万元，县工行主营优质客户综合消费贷款，年末贷款余额 3137 万元。2004 年，县建行发放住房装修贷款 31 笔 240 万元、汽车消费贷款 16 笔 74 万元。2005 年年末，县建行综合消费贷款余额 1227 万元，比 2004 年增加 413 万元。

1999 年，县建行、县农行等相继开办住房贷款，其中县建行发放个人住房按揭贷款 690 万元。2000 年，县建行发放个人住房按揭贷款 2968 万元。2001 年，县建行发放意华园、城东广场、朝阳商住楼等个人住房按揭贷款 1100 万元。2003 年，县建行发放个人住房按揭贷款 866 万元，县工行发放运明园等项目贷款 1173 万元。2004 年，县建行、县农行分别发放个人住房按揭贷款 2516 万元和 219 万元。2005 年，县农行累放住房按揭贷款 1367 万元；县建行新增个人住房按揭贷款 1862 万元，余额达 6212 万元。

（六）小额扶贫和助学贷款

2000 年，县农行在石壁镇试点小额扶贫贷款业务，是年，发放小额扶贫贷款 575 户，贷款金额 103.35 万元；发放助学贷款 52 户，金额 21 万元，支持 52 名贫困家庭学生进入高等学府接受教育。此后未再办理。

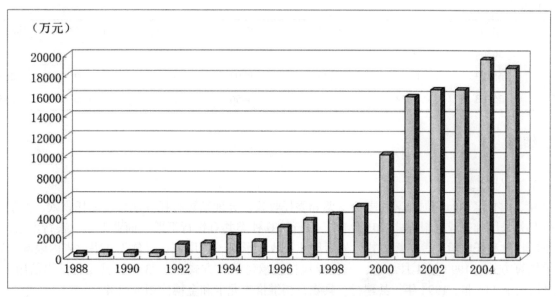

图 21-3　1988—2005 年宁化县金融机构其他贷款余额情况图

（七）政策性贷款

1997 年 4 月始，县农发行自办政策性信贷业务，是年，发放粮食贷款 8211 万元，其中储备贷款 100 万元、收购贷款 8111 万元。1999 年，县农发行发放粮食贷款 3832 万元。2000 年始，粮食购销体制改革，政策性粮食贷款余额逐年下降，至 2003 年年末，县农发行贷款余额 4512 万元，比 1997 年减少 3699 万元。2004 年始，县农发行发展涉农性商业贷款业务。2005 年年末，县农发行政策性贷款余额 8620 万元，比 1997 年增长 4.98%。

1988—2005 年宁化县金融机构政策性贷款余额表

表 21-8　　　　　　　　　　　　　　　　　　　　　　　　　　　　　　单位:万元

年份	合计	增长(%)	县工行	县农行	县建行	县农发行	县农信社
1988	13013	—	4092	7003	360	—	1558
1989	15567	19.60	4694	8698	385	—	1787
1990	17389	11.73	5246	9237	546	—	2360
1991	18741	7.78	5735	9927	486	—	2593
1992	21934	17.04	7216	10476	699	—	3543
1993	27037	23.27	7401	14381	1052	—	4203
1994	25884	-4.27	8413	10715	1352	—	5404
1995	28950	11.85	8752	11542	1853	—	6803
1996	34752	20.04	9593	13440	2783	—	8936
1997	51595	48.47	14362	16688	2742	8211	9592
1998	44893	-12.99	8963	13781	3194	8910	10045
1999	48086	7.11	9722	15699	3626	8835	10204
2000	45422	-5.54	8496	9414	6532	7947	13033
2001	43895	-3.36	7936	9461	6741	5904	13853
2002	48413	10.29	9305	8047	7658	5377	18026

续表 21-8

年份	合计	增长(%)	县工行	县农行	县建行	县农发行	县农信社
2003	56304	16.29	8869	6962	12292	4512	23666
2004	65323	16.02	7483	9792	13864	7809	26375
2005	75263	15.22	2848	14456	20822	8620	28517

三、结算

（一）支付结算

1988 年，县内各银行同城结算主要为支票和委托收款，异地结算有托收承付、委托收款、汇票、汇兑等，联行业务采用邮寄或电报方式。1989 年，银行结算种类共有银行汇票、商业汇票、银行本票、支票、汇兑、委托收款和托收承付等结算方式，先后废止托收无承付、信用证、付款委托书、省内限额结算、托收承付等结算方式。1990 年 4 月 1 日，恢复异地托收承付结算方式。1993 年，县工行推出信用卡业务，发行牡丹信用卡 116 张。1994 年，县建行、县农行相继推出龙卡和金穗信用卡业务。

1996 年，县农行开通全国和省辖电子汇兑系统，县建行实现会计清算系统全国联网，结束联行业务寄信和拍电报历史。1997 年 12 月 1 日，县内各银行机构以"三票一卡"（汇票、本票、支票和信用卡）为核心，推广使用票据、信用卡和汇兑、托收承付、委托收款等结算方式进行货币给付及资金清算。1999 年，县农行开通实时汇兑系统。2002 年，县农信社开通县辖电子联行系统。2003 年，县农行推出金穗信用卡（贷记卡）。2005 年，县建行办理支付结算 1376738 笔，比 1988 年增长 26.52 倍；县农信社办理支付结算业务金额 240579 万元，为 1988 年的 83.86 倍。

（二）现代化支付系统

现代化支付系统是指利用现代计算机技术和通信网络处理银行异地、同城支付业务及其资金清算的银行公共支付清算平台，包括大额支付系统和小额批量支付系统两个应用系统。

大额支付系统实行逐笔实时处理同城和异地商业银行间跨行贷记支付业务和查询查复业务，主要开展汇兑、委托收款、托收承付以及人民银行电子联行业务。2005 年 3 月，县工行、县农行、县建行和县农信社开始上线运行，其中县农信社当年办理大额支付 4350 笔，金额 28620 万元。

小额支付系统处理跨行同城、异地纸质凭证截留的借记支付业务以及金额在规定起点以下的小额贷记支付业务。主要开展普通贷记业务、普通借记业务、实时贷记业务、实时借记业务、定期贷记业务、定期借记业务、贷记退汇业务、信息服务业务。2005 年 11 月 28 日，县工行、县农行、县建行和县农信社同时上线运行。是年，县农信社办理小额支付业务 368 笔金额 425 万元，县农行办理小额支付业务 31 万元。

四、中间业务

1988 年，县建行开展建设工程造价咨询业务，收入 2.25 万元。1994 年，县内商业银行开始办理代收代付业务，县农行代理发行凭证式国债等中间代理业务，收入 2.61 万元。1997 年，县农行代收县公安局和县技术质量监督局行政处罚款，代理发行、兑付国债和公积金业务，中间业务收入 2.26 万元。1999 年，县建行开办工程监理、招标投标、造价咨询业务，先后承接县先行工程、农贸市场、中环路、客家祖地、县电力大楼、宁化一中、县电信大楼、县烤烟厂、金叶大厦等工程项目造价咨询业务，总金额 8 亿元。

2000 年，县农行开办代收固定电话费、手机费、法院诉讼费业务以及兴业证券公司新股申购二级市场账户和银证转账业务，县建行代发工资单位 58 个，县工行代理保险保费和电话费，是年，全县各银行中间业务收入 50.19 万元。2001 年始，全县各银行机构先后开办代收居民电费、水费，代扣县烟草公司卷烟销售款、税款、工商规费，代理销售基金、住房公积金，同时发展特约商户、电子银行等中间业务。至

2005 年年末，县农行、县工行、县建行中间业务收入 257.28 万元，比 1988 年增加 113.35 倍。其中，县建行 110.63 万元、县农行 86.65 万元，县工行 60 万元。

第三章 保险证券业务

第一节 财产保险

一、保险品种及收入

1988 年，县保险公司开办的财产保险有企业财产险、家庭财产险、附加盗窃险、锅炉险、机动车辆险、第三者责任险、驾驶员意外伤害险、承运人责任险、货物运输险、公路旅客意外伤害险、附加挡风玻璃破碎险、自行车盗窃险、烤烟险、个体工商户综合险、森林火灾险等 15 个险种，先后与县交通监理站、武警宁化县消防大队、县农行、县建行和县工行建立业务代办关系。是年，保险费收入 86.64 万元，其中机动车辆保险费收入 59.67 万元，企业财产保险费收入 22.01 万元，家庭财产保险费收入 2.40 万元，货物运输保险费收入 2.40 万元，农业保险费收入 0.16 万元。

1989 年，县保险公司通过召开乡（镇）长座谈会，举办"保险杯"体育比赛等活动宣传保险业务。抓好机动车辆保险，发展公路货物运输险和承运人责任险，是年，保险费收入 112.60 万元。

1991 年，县保险公司开办企业财产险附加机器设备损失保险、水稻"三寒"（春寒、五月寒和秋寒）和制种保险等新险种，是年，农业保险费收入 31.20 万元。

1992 年，新开设钞票保险及附加解提款人员意外伤害责任险、烤烟种植险，实现农业保险费收入 94.50 万元，比 1991 年增加 63.30 万元；加大家庭财产保险宣传营销力度，是年，发展家庭财产综合保险 7137 户，收入 32.30 万元，比 1991 年增加 30.30 万元。年末财产保险保费收入 472.40 万元。

1993—1995 年，县保险公司抓住洪灾理赔中出现企业财产未保全保足现象，做好巩固挖潜工作，稳步发展企业财产保险。发挥交警代理业务优势，利用机动车辆新条款实施的契机，配合交警上路检查，把好承保关，快速发展运输工具险。1995 年，财产保险保费收入 532.09 万元，其中机动车辆保险收入 372.17 万元，比 1992 年增加 225.57 万元。

1996 年，新成立的县财保公司树立"以业务发展为中心"观念，巩固机动车辆保险、企业财产保险等险种业务，向社会推出业务服务承诺。拓展县公安局、县交警大队、县国税局等单位机动车辆保险业务，共承保车辆 20 辆，保费收入 6 万元；为 3 家水泥厂新开办水泥质量保险；开发《货物（烤烟）运输预约统保合约》，走出山区发展货运的新路子。全年保险费收入 592.16 万元。

1999 年 6 月，中保财产保险有限公司宁化县支公司更名为中国人民保险公司宁化县支公司（简称县人保公司），县人保公司调整业务结构，发展摩托车、拖拉机保险分散业务，承保摩托车、拖拉机 712 部，保险费收入 19.48 万元；加强与银行合作，承保液化气公司和交通工程公司等企业贷款抵押货物保险，放弃无效益的烤烟种植保险 50 万元。是年，保费收入 511.46 万元。

2001 年，试行营销制度，招聘 3 名营销人员，成立营销部。做好上门服务，落实机动车辆保险跟踪业务，巩固闽通公司和县烟草公司、县公安局、县法院、县国税局、县地税局、县邮政局、县电信局等大保户，拓展零星散户；新开办金锁系列家庭财产保险，承保 512 户，保险费收入 8.70 万元。是年，保险费收入 487.32 万元。

2003 年，县人保公司开办机动车消费贷款保证保险业务。通过招标独揽县直机关、行政事业单位 220

辆公务用车的保险承保权。是年,保费收入489.63万元,比2002年增加77.35万元。

2005年,县人保公司将公务用车的保险业务扩展到县烟草公司、县地税局、县国税局等单位。年末财产保险保费收入455.36万元,比1988年增加368.72万元,增长5.25倍。

1988—2005年宁化县财产保险保费收入情况表

表21-9   单位:万元

年份	合计	企财险	家财险	机车险	货运险	责任险	农业险	其他
1988	86.64	22.01	2.40	59.67	2.40	—	0.16	—
1989	112.60	29.00	3.40	76.00	3.60	—	0.60	—
1990	121.80	28.10	4.10	88.10	0.80	—	0.70	—
1991	183.80	31.30	2.60	116.81	0.40	—	31.20	15.00
1992	472.40	49.20	32.30	146.60		—	94.50	—
1993	411.80	94.50	32.00	236.50	1.30	—	45.60	19.00
1994	401.76	74.35	33.19	232.05	4.00	—	16.15	2.02
1995	532.09	96.82	9.10	372.17	—	—	51.63	2.37
1996	592.16	105.14	7.42	415.38	12.75	—	51.47	—
1997	567.53	123.75	10.21	360.72	15.00	4.02	53.80	0.03
1998	501.02	66.67	23.44	342.65	16.00	0.48	51.42	0.36
1999	511.46	82.36	13.01	395.27	18.28	2.44	0.10	—
2000	500.41	67.30	10.60	395.84	19.85	4.99	1.83	—
2001	487.32	76.25	15.00	375.22	15.05	5.73	0.07	—
2002	412.28	71.63	20.04	285.62	18.69	15.32	0.98	—
2003	515.23	46.09	35.28	301.88	14.63	15.14	76.61	25.70
2004	417.25	25.80	7.50	334.40	4.60	14.20	—	30.75
2005	455.36	14.30	10.10	369.00	11.10	10.00		40.86

二、理赔

1988年,县保险公司按照《中国人民保险公司核保、核赔制度》,建立岗位明确、责权分明、操作规范、相互制约、分级管理、逐级负责的理赔业务管理机制,遵循"主动、迅速、准确、合理"的原则,规范理赔操作流程,做好理赔给付。是年,共处理财产保险赔案298件,支付保险赔款41.47万元;1989年4月,县城何家园一带遭龙卷风袭击,县保险公司及时查勘赔付3家工厂财产损失,11月26日和12月10日,安远乡、水茜乡发生两起特大火灾事故,公司及时查勘赔付7万元;1992年4—5月,安远、水茜、翠江、城南、中沙、河龙等6个乡(镇)连续遭受3次特大龙卷风、暴雨、冰雹袭击,烤烟、房屋、公路严重受损,县保险公司组织8人深入受灾乡村查勘定损,抢险救灾。7月5—6日洪水灾害后,县保险公司打破以往先结案后赔款的方式,采取现场勘估预付赔款方法,对受损单位和个人财产进行现场赔付兑现,帮助企业恢复生产。7月16日,曹坊烟草站两名职工护送11万元烟叶收购款到南坑收烟点途中遭歹徒劫杀,县人保公司按钞票保险及附加解提款人员意外伤害责任险条款,及时赔付意外保险金2万元,并出资2000元奖励县公安局破案有功人员。是年,办理财产险赔案765件,给付赔款345.90万元;1993年,县保险公司扭转"重展业、轻理赔"现象,加快理赔速度和结案时间,对重大灾害现场公开兑现赔款。2月1日,济村乡洋地村发生特大火灾,县保险公司及时为参加家庭财产保险的50户农户支付赔偿款37万元;1994年5月2日,宁化县发生百年不遇的洪水,全县16个乡(镇),195个建制村,5.30万户27万人受灾,直接经济损失8.60亿元,6月15日,宁化县再次遭受洪水袭击,安远、河龙、石壁等乡(镇)灾情严重，直接经济损失 3.50 亿元。县保险公司先后组织 6 个查勘理赔小组，采取预付理赔款和现场理赔等方式，支付 42 个受灾单位和 195 户群众房屋赔款 500 万元；1997 年，县财保公司承诺理赔服务速度，3000元以内的小案做到立等可取，3 万元以内案件 3 天内支付赔款，3 万元以上案件、疑难案件在上级公司批复后 2 天内支付。是年 6 月 4 日、6 月 9 日和 6 月 25 日，宁化县连续发生 3 次洪灾，县财保公司组织 3 个查勘组深入受灾单位、群众家中勘查定损，及时为 16 家企业、3 户群众和 10 户个体户支付赔款 70 万元；1998 年，县财保公司开通 96555 热线咨询服务电话，加快现场查勘定损工作。12 月 25 日，宁化县联合汽车运输公司闽 GT7002 号"少林"牌中巴在三明莘口黄沙大桥发生特大交通事故，导致 17 人死亡，车辆报废，县财险公司及时支付赔款 37 万元；2001 年，县人保公司严格执行机动车现场双人查勘和定损制度，是年，支付赔款 245 万元；2002 年，县人保公司执行核保核赔规定，加大现场查勘力度，实行轮流值班、定损制度。在"6·15"洪灾中，及时做好营运客货车交通事故理赔工作。全年支付赔款 263.66 万元；2004年，县人保公司实行计算机定损系统和零部件核价系统，强化定损理赔的标准化、制度化，提高定损、理赔质量和透明度；2005 年，县人保公司支付赔款 309.18 万元，比 1988 年增长 6.46 倍；

1988—2005 年，县人保财险公司共支付财产保险赔款 4814.91 万元。

1988—2005 年宁化县财产保险理赔给付情况表

表 21-10　　　　　　　　　　　　　　　　　　　　　　　　　　　单位:万元

年份	合计	企财险	家财险	机车险	货运险	责任险	农业险	其他
1988	41.47	2.34	0.56	38.57	—	—	—	—
1989	60.65	10.77	6.70	42.14	1.04	—	—	—
1990	73.98	4.44	4.14	65.00	—	—	—	0.40
1991	72.50	5.50	2.30	60.80	—	—	2.90	1.00
1992	345.90	33.10	3.70	120.30	—	—	188.40	0.40
1993	274.70	19.40	40.40	171.60	—	—	43.30	—
1994	622.83	389.81	19.34	210.44	—	—	0.94	2.30
1995	330.77	22.85	4.21	253.12	—	—	50.59	—
1996	317.37	21.66	1.30	236.09	4.98	—	50.59	2.44
1997	372.73	106.98	12.74	195.89	3.60	0.89	50.63	—
1998	324.05	17.79	2.34	250.58	—	2.98	50.00	0.36
1999	263.59	27.53	5.90	226.48	0.18	3.50	—	—
2000	314.95	9.32	2.81	294.90	7.19	0.09	0.67	—
2001	245.40	20.20	0.61	221.70	2.73	—	0.10	—
2002	263.66	38.99	3.50	211.67	9.49	0	0.01	—
2003	225.95	3.36	2.21	213.02	5.81	0.73	—	0.82
2004	355.20	7.90	0.90	252.80	11.30	9.57	70.32	2.41
2005	309.18	16.60	1.30	261.30	4.40	5.70	—	19.88

第二节　人寿保险

一、保险品种及收入

　　1988年，县保险公司开办简易人身险、养老金险、学生平安险、老人平安险、团体人身保险、团体人身意外伤害险、独生子女险、农村劳动力意外伤害险、双定两全保险等9个险种。是年，保险费收入73.74万元，其中人寿保险67.11万元、意外伤害保险6.63万元；1989年6月，根据省政府《福建省集体企业职工和私营企业职工养老保险暂行规定》，县保险公司开办集体企业职工养老保险新险种，有4个集体企业参加保险。是年，保险费收入190.36万元，其中人寿保险178.21万元、意外伤害保险12.15万元。1990年，在继续抓好集体企业职工养老保险的基础上，推广村干部养老保险，在横锁乡试点后向全县拓展，承保面达60%以上。推出义务兵养老保险、农村二女计划生育养老保险等新险种，养老金保费收入达87.89万元。是年，保险费收入215.51万元，其中人寿保险191.31万元、意外伤害保险24.20万元；1991年，新开办子女教育金和子女婚嫁金保险、天鹅洞景区游客意外伤害保险、母婴安康和绝育平安保险等险种，是年，保险费收入263.20万元。1992年，新出台简易人身险附加住院医疗保险，开办社会治安综合保险，县政府为全县35万人民投保见义勇为人身意外险。是年，保险费收入434.30万元，其中人寿保险371.30万元、意外伤害保险险63万元。1993年，全面铺开住院医疗保险，吸收保险费48.20万元。新开办寿星保险，配合县农行开办储蓄性平安保险及子女婚嫁金贺卡等险种。是年，实现保险费收入836.20万元，其中人寿险711.90万元、意外伤害险76.10万元、健康险48.20万元。1994年，继续推广住院医疗险，增办福寿安康保险等新险种，总险种达100个。调整险种结构，协调发展储金性业务，是年，储金性人身险收入675万元。1995年，发展分散性、效益性险种，开展发展简易人身险和子女教育金和子女婚嫁金保险竞赛活动，收入179万元。是年，保险费收入544.69万元，其中人寿保险420.33万元、健康保险万38.56元、意外伤害保险85.80万元；1996年4月1日，县财产人寿保险分业经营，设立中县寿保公司。是年，保险费收入576.38万元，其中人寿保险473.18万元、健康保险40.11万元、意外伤害保险63.09万元。1997年，县寿保公司引入个人代理寿险营销机制，成立营销业务组，建立营销晨会活动室，壮大营销队伍，是年，营销业务保险费收入123.37万元；学生平安保险承保24900人，实现保险费收入251.69万元；发展简身人身保险、子女教育金和子女婚嫁金保险57327份，实现保险费收入34万元。是年，保险费收入757.86万元，其中人寿保险696.03万元、健康保险28.47万元、意外伤害保险33.36万元。1998年，县寿保公司开办98版99鸿福两全保险、98版88鸿利终身保险、中保人寿卡等新险种。是年人寿保险业务收入900.31万元，其中人寿保险793.45万元、健康保险40.91万元、意外伤害保险65.95万元；1999年，县国寿公司深化改革，打破直销与营销界限，允许正式员工、保险员和农村保险站代理员做营销业务，培育新增长点，营销业务快速发展，实现营销业务收入386.21万元；推出国寿康宁、英才少儿、福瑞两全、福馨两全等保障型险种。是年，保险费收入1086.14万元，其中人寿保险958.03万元、意外伤害保险83.29万元、健康保险44.82万元。2000年，县国寿公司新开办国寿99鸿福两全保险、团体年金等险种；抓好学生平安保险宣传，实现学生平安保险费收入125万元，比1999年增长83.82%；全年保险费收入1305.46万元，其中人寿险1129.07万元、健康险29.48万元、意外伤害险146.91万元。2001年，县国寿公司落实代理人管理制度，扩充营销队伍，营销队伍人数保持150人，全年营销收入524.09万元；推出千禧理财两全、鸿泰两全保险等分红型保险业务新险种，加大团体业务拓展，9月份实现单笔团体寿险保费150万元；全年寿险业务收入1398.05万元。2001年6月13日，县太保寿险公司成立，经营关爱女性重疾险、投资理财型险、少儿教育金险、综合意外保障险、乘客意外保障险等险种，保险费业务收入35万元。是年，全县保险费收入2681.38万元，其中人寿保险1261.89万元、健康保险101.09万元、意外伤害保险 70.08 万元；2003 年，县国寿公司成立客户服务部，设专人回访客户，改善业务结构，发展中国人寿卡、卡折式家庭套餐、驾驶员意外伤害等险种，短期意外伤害保险业务收入达 151.19 万元。是年，保险费收入 2681.38 万元，其中人寿保险 2469.93 万元、健康保险 102.09 万元、意外伤害保险 109.36 万元；2005 年，县国寿公司主要经营学生团体平安保险、建筑施工人员意外伤害保险、康宁终身保险、康宁定期保险、国寿英才少儿保险、国寿福馨两全保险、国寿 99 鸿福两全保险、国寿千禧理财两全保险（分红型）、国寿鸿福相伴两全保险（分红型）、国寿鸿泰两全保险（分红型）、国寿鸿丰两全保险（分红型）、国寿鸿寿年金保险（分红型）、国寿永泰团体年金保险（分红型）、国寿鸿鑫两全保险（分红型）、人身意外伤害保险等险种，是年，保险费收入 2675.90 万元；县太保寿险公司经营关爱女性重疾保险——阳光丽人，投资理财型保险——鸿运年年、鸿福年年、岁岁登高、华彩人生，少儿教育金保险——小博士，综合意外保障险、乘客意外保障险等险种，实现保险费收入 103 万元。年末，全县人寿险保险费收入 2778.90 万元，比 1988 年增长 36.69 倍，其中人寿保险 2530.30 万元、意外伤害保险 146.40 万元、健康保险 102.20 万元。

二、理赔与给付

1988 年，县保险公司按"重合同、守信用，及时、主动、准确、合理"的理赔原则，做好人身保险理赔、给付工作，全年处理人身保险理赔、给付 97 件，支付各种赔款、给付金 6.90 万元。1989 年，县保险公司加强理赔工作，全年有 113 位学生，因意外事故造成伤亡，公司派员把 64002 元赔款分别上门送到学生家长手中，维护了保险信誉。是年，支付各类赔款 23.50 万元。1995 年，县保险公司加强理赔管理，建立节假日值班制度，随时处置各类事故，明确理赔时限，提高服务水平。是年，支付各类赔款、给付金 215.03 万元。1996 年，县寿保公司针对保户反映赔款慢问题，落实赔案各流程环节限时服务，全年支付赔款、给付 368.59 万元。1998 年，县寿保公司规定属县公司审批权限赔案 10 天内给付，是年，支付各类赔款、给付金 311.78 万元。2001 年，县太保寿险公司推出"服务无时限、服务无大事、服务无小事"的全新理赔服务理念，开通热线电话 95500，建立理赔服务小组，设立小案件理赔绿色通道，提供预约上门理赔服务。是年，支付赔款、给付金 10.35 万元。2005 年，县国寿公司完成"一站式"服务，做好理赔工作，加大理赔调查力度，查实带病投保及骗赔案件 6 起，金额 8.10 万元。是年，支付赔款、给付金 1240 万元。县太保寿险公司支付赔款、给付金 34.89 万元。年末，支付人寿保险各类赔款、给付金 1274.89 万元，比 1988 年增长 183.77 倍。

附：人寿保险理赔案例

（1）2003 年 3 月 15 日，一名被保险人意外身亡，县太保寿险公司根据邱某 2002 年 6 月 21 日投保的长泰安康 C 险种条款，一次性赔付保险金 50000 元，另每年缴费对应日给付其家人保障金 10000 元，共计 240000 元。

（2）2003 年 4 月 16 日，一名被保险人因患脑瘤死亡，县太保寿险公司依据该名被保人 2002 年 9 月 1 日投保的学生平安险，赔付保险金 15364 元。

（3）2004 年 11 月 25 日，一名被保险人外出送货回家途中发生车祸死亡，县国寿公司根据其投保的一份人寿卡，经调查核实，属保险责任事故，按最高保额赔付保险金 60000 元。

（4）2005 年 3 月 29 日，某工厂因机器旋动机事故造成一名工人死亡，县国寿公司按照该厂 2004 年 12 月 13 日为该名工人投保的人身意外伤害综合保险，经核实符合保险责任事故，赔付保险金 60000 元。

（5）2005 年 4 月 6 日，一名被保险人在鱼龙铺发生车祸死亡，县太保寿险公司根据该名投保人 2005 年 1 月投保的一年期短期意外保险，赔付保险金 8000 元。

第三节　证券业务

2001 年 7 月 11 日，闽发证券宁化服务部成立，主要经营代理有价证券、证券本息和红利的代收代付、证券代保管、证券投资咨询和经中国人民银行批准的其他业务，是年，开立股民资金账户 120 余户。随后兴业证券和广发华福证券与县内各银行合作开展新股集中申购和证券资金账户开户业务。至 2005 年年末，闽发证券宁化服务部股民资金账户 2850 户，年交易量达 4.90 亿元

第四章　金融管理

第一节　金融监管

一、银行监管

1988 年，县人行行使监管县内金融机构法定职能，普查清理全县金融机构，更换和发放经营金融业务许可证。1991 年，组织开展企业账户清理整顿，撤并账户 343 户，保留并办理账户开户许可证 813 户。1991 年，县人行加强金融规范管理，建立金融新秩序，对全县 61 个金融机构进行检查，限期整改存在问题，为 55 个金融机构换发新经营许可证。1992 年，县人行对县辖 59 个金融机构和 7 个邮储网点合规性、合法性及政策执行情况进行检查，及时纠正存在问题。1993 年，县人行开展执法检查，清理社会集资，撤销宁化县得宝信托典当公司和宁化县信托典当拍卖部两家非法典当机构，制止县教育局违规办理学习安全互助金融保险业务，对全县 62 个金融机构进行年检，报市人行批准新增 4 家金融机构。1995 年，县人行加强金融机构日常规范化管理，成立金融机构年检工作领导小组，组织县辖 78 个机构进行自查，复查 40 个机构；加强社会金融活动监管，关闭违规设立的宁化县农村合作基金会联合会。1998 年，县人行规范保险市场经营行为，开展保险公司机构设置、高级管理人员资格审查、经营险种、承保、理赔、财务管理的清理整顿工作，对三明平安、太平洋保险公司在宁化开展业务情况进行清理，维护保险市场秩序。是年，中国证券监督管理委员会和中国保险监督管理委员会相继成立，分别监管证券业和保险业，县人行专司全县银行业、信托业的监管。1999 年，县人行建立金融监管网络、监管风险责任追究和中小金融机构月度风险分析三项制度，派驻金融机构监管员，监管业务合规经营情况，清理整顿金融"三乱"（单位或个人乱集资、乱批设金融机构、乱办金融业务），查处县工行漏缴财政性存款、县建行延压结算资金、城市信用社专用账户违规取现、邮政储蓄代缴话费未及时划转等违规经营行为，共罚款 3.30 万元。

2000 年，县人行实行区别监管和风险监管，与辖区金融机构签订《创建金融安全区目标责任状》，联手制裁逃避银行债务行为，调查 8 家小水泥企业和 14 家列入改制企业的金融债权债务，提出处理意见并监督执行。向县农信社发出《风险监管预警通知书》黄牌警告 14 份，清理关闭农村合作基金会 7 家。2001 年，县人行加强现场与非现场监管，推广县农行修改储蓄软件系统经验，增置没有录入人身份证号码拒绝进入系统办理任何业务的功能，为执行实名制规定增加一道防线。处罚县邮储遗失金融许可证行为，

评定县农行、县工行为内控管理二级银行。2004 年 3 月，**县银监办接替县人行监管银行**、金融资产管理公司、信托投资公司及其他存款类金融机构；县人行建立风险预警监测机制、重大突发事件报告制度和联席会议制度，关注闽发证券公司委托理财业务兑付风险及社会集资与"六合彩"动向。2005 年，县银监办撤销效益差、风险大的商业银行基层网点 8 个，审批机构网点**迁址** 3 个，督促县农信社撤销代办站 34 个，查处严重违规经营 1 起，罚款 4.12 万元；县人行建立金融风险分析、监测和预警制度，及时报告县农信社一代办站人员挪用客户资金案，对外商投资企业主逃逸事件进行调查并风险提示，做好闽发证券委托理财245 户 792 万元个人债权确认、兑付跟踪工作，确保社会稳定。

二、反假币

1988 年，针对人民币制假、贩假违法犯罪活动增多的情况，**县金融机构开展反假币宣传**，增强群众识假、反假能力。1991 年，县人行举办 2 期人民币"两反"（反制假、反贩假）培训班，加强防假知识宣传，全县金融机构收缴假币 66 张 2950 元、破坏币 17 张 43.50 元。1992 年，收缴假币 251 张 45937 元。1993 年，县人行开展人民币常识和反假币知识培训，组织**各银行**和信用社出纳人员、企事业单位财务人员和商业网点柜台营业员 500 人参加，是年，收缴假币 667 张 11322 元。1994—1996 年，县人行先后转发《关于办理伪造国家货币，贩运伪造国家货币，走私伪造货币犯罪案件具体应用法律的若干问题的解释》《反假人民币奖励办法（试行）》《关于开展反假货币的通知》等文件，组织各金融机构开展"反假货币宣传周""爱护人民币宣传周"等活动，发放第四套人民币彩图宣传单 1000 份、人民币知识宣传单5000 份，共收缴假币 779 张 32697 元。1998 年，县金融部门配合县公安局破获贩卖假币案件 3 起，共收缴假币 5000 元，犯罪分子被依法追究刑事责任。1999 年，县公安局破获 1 起贩卖 5 万元假币案件，主犯陈某被判处有期徒刑 5 年，罚款 5 万元；同案犯伊某被判处有期徒刑 4 年 6 个月，罚款 5 万元。2000 年，收缴假币 11795 元。2001 年 6 月，国务院下发《关于开展 2001 年度反假币宣传周活动的通知》，县金融机构开展现场咨询活动，发放反假币宣传材料，传授辨识真假人民币知识，接受咨询 2000 人次。2003 年，县人行举办人民币反假培训考试，金融系统出纳人员 120 人通过考试获得"反假货币上岗资格证书"，是年，收缴假币 279 张 15115 元。2005 年，县人行按照国务院反假货币会议精神，组织开展"反假货币工作年"活动。

1988—2005 年，全县共收缴假货币 4190 张，金额 245363 元，破获制贩假币案 3 起，5 人被判处有期徒刑。

1988—2005 年宁化县金融机构收缴假币情况表

表 21-11　　　　　　　　　　　　　　　　　　　　　　　　　　　　　　　单位：张、元

年份	收缴假币数量	收缴假币金额	年份	收缴假币数量	收缴假币金额
1988	—	—	1997	207	9865
1989	—	—	1998	281	11735
1990	—	—	1999	656	46911
1991	66	2950	2000	236	11795
1992	251	45937	2001	248	12740
1993	667	11322	2002	233	10745
1994	383	21830	2003	279	15115
1995	225	10362	2004	203	9555
1996	231	10955	2005	240	13546

三、反洗钱

2003 年，修订后的《中华人民共和国中国人民银行法》明确中国人民银行作为国务院反洗钱行政主管部门的职责。3 月 1 日，随着中国人民银行《金融机构反洗钱规定》《人民币大额和可疑支付交易报告管理办法》和《金融机构大额和可疑外汇资金交易报告管理办法》（简称"一规定两办法"）开始实施，县人行承担反洗钱职责，建立反洗钱制度体系，指导、部署金融业反洗钱工作，负责反洗钱资金监测，举办大额和可疑外汇资金交易报告培训班，提高金融机构业务人员反洗钱工作能力。2004 年，县人行建立反洗钱责任制度，开展收集分析、跟踪金融机构办理大额和可疑的支付交易，报告反洗钱工作情况。组织各银行反洗钱工作人员培训，指导开展反洗钱工作，构建金融机构反洗钱网络。2005 年，协助公安机关破获涉嫌洗钱重大案件 1 起。

第二节　外汇管理

1988 年，县人行行使外汇管理职能，开展相应业务监管。1991 年，县人行健全和完善外汇额初级账户，建立健全外资企业基础档案，深入创汇和用汇企业开展外汇法规宣传和监督检查。1992 年，普查外商投资企业资本到位情况，年审外汇券收取单位。2001 年 12 月，宁化县外汇管理局（简称县外管局）成立，与县人行两块牌子、一套人马，组建外汇管理股，实行网上申领核销单和国际收支按季申报制度。2003 年，县外管局年检外资企业外汇登记证 5 家，审批开立县外贸公司等企业经常项目外汇账户，举办大额和可疑外汇交易报告培训。2005 年，县外管局开展外汇监管与调查，年检辖内外资企业 18 家。

1990—2005 年，县外管局为辖内 16 家出口企业办理出口收汇核销单 942 份，核销 797 笔，金额 2678.33 美元。核准外商投资企业外汇登记和外汇账户 64 家，年检 82 次户。办理企业和居民外汇结汇 370 万美元，其中国内居民 198 万美元、企业 172 万美元。

第三节　金银管理

1988—1994 年，县人行按照国家金银管理政策开展金银收兑工作。1995 年 11 月起，县人行实行新的《福建省黄金、折银（银圆）收兑暂行管理办法》。1996 年 7 月 31 日，人民银行福建省分行下文（闽银金〔1996〕167 号）批准宁化县二轻物资供应公司、宁化百货采购供应站、宁化城关供销社经营金银饰品零售业务；12 月 9 日，县人行收购县公安局没收银圆 528 枚。1997 年 3 月 4 日，县人行实行《福建省金银收购管理实施细则》。1998 年 5 月 7 日和 6 月 10 日，县人行分别收购县公安局没收银圆 1278 枚和 125 枚。2000 年 1 月 1 日，县人行按照人总行《关于折银管理改革有关问题的通知》精神，取消折银统购统销管理体制，放开折银市场。2000 年 6 月，县人行撤销金银收兑点，停办金银收兑业务。2002 年 12 月 11 日，县人行根据中国人民银行《关于调整携带黄金有关规定的通知》（银发〔2002〕320 号），不再审批黄金生产、加工经营企业跨省区携带批量黄金业务。

1988—2000 年宁化县人民银行金银收购牌价表

表 21-12

执行日期	黄金(元/克)	白银(元/克)	甲类银圆(元/枚)	规格标准
1988 年 6 月 1 日	38.40	0.55	13	—
1988 年 7 月 20 日	38.40	0.85	20	—
1989 年 1 月 1 日	48.00	0.85	20	—
1993 年 5 月 20 日	51.20	0.85	20	—
1993 年 9 月 1 日	96.46	0.85	20	—
1996 年 2 月 18 日	95.73	0.85	20	含金不足 99.90%
1996 年 2 月 18 日	96.23	0.85	20	含金 99.90%
1997 年 1 月 2 日	90.49	1.17	28	含金不足 99.90%
1997 年 1 月 2 日	91.19	1.19	28	含金 99.90%
1998 年 2 月 23 日	80.50	1.17	28	含金不足 99.90%
1998 年 2 月 23 日	81.20	1.19	28	含金 99.90%
1999 年 5 月 20 日	75.50	—	—	国家标准 2 号黄金
1999 年 5 月 20 日	76.30	—	—	国家标准 1 号黄金
1999 年 6 月 9 日	72.64	—	—	国家标准 2 号黄金
1999 年 6 月 9 日	73.44	—	—	国家标准 1 号黄金
2000 年 3 月 6 日	82.00	—	—	国家标准 2 号黄金
2000 年 3 月 6 日	82.80	—	—	国家标准 1 号黄金
2000 年 3 月 10 日	79.00	—	—	国家标准 2 号黄金
2000 年 3 月 10 日	79.80	—	—	国家标准 1 号黄金
2000 年 4 月 3 日	75.50	—	—	国家标准 2 号黄金
2000 年 4 月 3 日	76.30	—	—	国家标准 1 号黄金

第四节　国库管理

　　1988 年，县人行加强财政库款监管，监督收纳各级财政预算收入 1964 万元。1989 年，县人行组织对安乐、曹坊、治平等国库经收处和税务所国库款项的收纳、报解情况调查，采取措施确保国库资金及时入库。是年，监收各级预算收入 80862 笔，金额 2728.85 万元，拨付库款 1387 笔，金额 3269.39 万元。1990 年，按照《国家金库条例实施细则》规定国家财政管理体制"一级财政设立一级国库"的要求，县人行成立中华人民共和国国家金库宁化县支库，办理全县一般预算收入与退付和地方级国库收支业务。1991 年，加强国库业务核算管理，共收纳各级预算收放 21324 笔，金额 3215.57 万元；退库 135 笔，金额 190.58 万元。1993 年，完善国库账务核算，做好国库款项工作，是年共收纳各级预算收入 39726 笔，金额 3784.39 万元；拒退不合规、超范围退库 13 笔，金额 23.60 万元；堵住不合规拨付 18 笔，金额 163 万元。1995 年，完善国库管理和账务核算，及时完整入库资金，收纳各级预算收入 3956 笔 5868.70 万元，未出现混库、串库、延解、积压和挪用现象。1997 年，加强预算级次监督检查，堵住不合规拨付、超范围退库 10 笔 158 万元。2000 年，建立健全国库各类报表，完善制度，规范业务操作，切实做好国库收纳报解工作。2002 年，对县建行延压国库资金问题进行处罚。2005 年，履行国库监督管理职能，继续严厉查处延压国库资金行为。

1988—2005 年宁化县一般预算收入与退付情况表

表 21-13　　　　　　　　　　　　　　　　　　　　　　　　　　　　　　单位：万元

项目 年份	中央级 一般预算收入	省级 一般预算收入	县级 一般预算收入	一般预算 收入合计	预算收 入退付
1988	—	—	—	1964.00	—
1989	—	—	—	2728.85	188.57
1990	—	—	—	2638.80	—
1991	—	—	—	3425.57	190.58
1992	19.62	237.33	2969.67	3226.62	335.17
1993	39.45	340.62	3404.32	3784.39	458.15
1994	1255.89	258.93	3004.08	4518.90	526.32
1995	1305.94	292.24	4270.63	5868.81	572.59
1996	2094.20	314.22	5220.48	7631.90	1059.80
1997	2360.66	319.95	5621.29	8301.90	655.78
1998	3013.69	325.86	4784.07	8123.62	639.41
1999	2779.15	230.86	5447.66	8457.67	794.25
2000	3387.24	331.65	5917.89	9637.78	896.61
2001	3738.66	1011.96	5967.07	10717.69	857.15
2002	3322.07	1904.91	5988.68	11215.66	414.02
2003	2778.43	1918.83	6288.17	10985.43	500.40
2004	3039.58	1817.68	6918.00	11777.13	304.09
2005	3864.70	2118.84	7609.40	13621.51	—

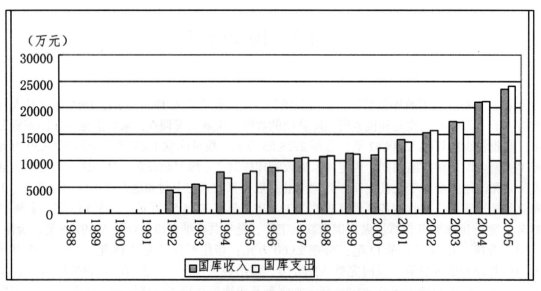

图 21-4 1988—2005 年宁化县地方级国库收支情况图

第五节　国债管理

　　1988 年，县人行组织各专业银行做好国债的发行与兑付工作，全年发行单位国库券 31.44 万元、个人 3 年期国库券 90.80 万元、个人国家建设债券 4.66 万元，兑付单位国库券 3.51 万元、个人国库券 10.98 万元。1989 年，发行 3 年期个人保债公债 93.83 万元、3 年期个人国库券 159.51 万元，兑付单位国库券 0.55 万元、个人国库券 26.20 万元。1990—1998 年，发行 3 年期个人国库券 3463.62 万元；兑付单位国债 123.07 万元、个人国库券 898.76 万元。1999 年起，国家采用承购包销方式发行国债，国债发行收入由总库统一收纳，到期国债继续由商业银行兑付后与国库结算或国库直接兑付，是年，发行个人国库券 320 万元，兑付单位和个人国库券 60.08 万元。2001 年始，单位国债收款单由县人行直接办理兑付，无记名个人国债由县农信社设置常年兑付点办理兑付，其他银行机构停止办理国债兑付业务。2005 年，县农信社兑付个人国库券 3200 元。

1988—2005 年宁化县国债发行和兑付情况表

表 21-14　　　　　　　　　　　　　　　　　　　　　　　　　　　　　　　　　　　　单位:元

年份 \ 项目	发行个人国库券	兑付个人国库券	兑付单位收款单
1988	908070	109759	35055
1989	2533435	261959	5450
1990	1151770	490014	—
1991	500000	706769	—
1992	—	1806037	86151
1993	4200000	593957	65046
1994	7200000	625950	312292
1995	6675400	195629	158545
1996	2009000	2423062	493455
1997	9000000	28699	212495
1998	3900000	2117474	2800
1999	3200000	585087	15800
2000	2435200	108551	—
2001	1792400	32149	—
2002	500000	10495	150
2003	500000	679	—
2004	820000	12982	—
2005	—	3200	—

　　注：1988 年发行单位国库券收款单 314455 万元，国家建设债券 46600 万元，以后年度未再发行。

第六节　利率管理

1988 年，县人行监督各金融机构执行国家统一的利率政策。1990—1993 年，强化利率管理，监督贷款浮动利率执行情况，组织检查专业银行和其他金融机构执行国家利率政策情况，通报批评县邮储变相提高储蓄存款利率（发纪念品）的违规行为，制止和纠正县邮储及部分专业行以协储费名义变相提高利率揽储的做法。1994—1997 年，县人行先后查处纠正农村基金会吸收社会存款和高利率放款、宁化信托拍卖公司非法经营信贷业务牟取高额利息、县邮储将邮政营业性收入转存储蓄、县建行和县农信社提高贷款利率等违规行为。1998 年，县人行根据《人民银行总行关于坚决制止和严禁高息揽存的紧急通知》精神，组织签订银行同业协会公约和金融机构自查自纠，清理和废止不合规定的存款考核办法。调整商业银行小企业贷款利率浮动幅度为上浮 20%、下浮 10%，农村信用社贷款利率最高上浮 50%。

1999 年，县人行组织辖内金融机构储蓄、计划资金、中间业务、信贷业务及邮政储蓄从业人员参加人行三明中心支行储蓄利率政策考试，参试人员占应试人员的 82%，考试合格率达 95.50%。扩大商业银行小企业贷款利率浮动区间上限为贷款基准利率的 1.30 倍。2002 年，县人行现场检查邮政储蓄机构，责成退还县人行周转存款利差滞留多计利息 8370.19 元，并通报批评。2004 年 11 月 1 日始，商业银行、城市信用社贷款利率的浮动区间上限扩大到贷款基准利率的 1.70 倍，农村信用社贷款利率的浮动区间扩大到贷款基准利率的 2 倍，金融机构贷款利率的浮动区间下限为贷款基准利率的 0.90 倍。2005 年 3 月 17 日始，调整商业银行自营性个人住房贷款利率，住房贷款优惠利率回归到同期贷款利率水平，实行下限管理，可下浮到 0.90 倍。

卷二十二　水利　电力

1988 年，全县有各类大小水利工程 5231 处，灌溉面积 20833 公顷，为农业生产和全县经济发展奠定了基础。1990 年后，重点推进饮水工程、防洪工程、节水灌溉改造和蓄水工程除险加固等水利建设，提高水资源利用效率，减少洪涝灾害损失。至 2005 年，全县有大小水利工程 3877 处，水利工程效益灌溉面积 19900 公顷，占总耕地面积的 70.78%。

宁化地处水头电尾，电力不足是长期制约全县经济发展的主要瓶颈之一。1988 年起，重点开展国家农村水电初级电气化试点县建设和国家农网改造试点县建设，建成一批电站工程和输变电工程，架设连接省网覆盖全县的电网。至 2005 年，全县有水电站 75 处，总装机 134 台、26677 千瓦，年发电量 8600 万千瓦时，占可开发水能资源 36500 千瓦的 73.09%。架设高低压线路 3700 公里，有 110 千伏变电站 1 座、35 千伏变电站 7 座，初步形成省、县、乡（村）三级联网格局，电力供需矛盾缓解，保障了全县经济建设顺利发展。

第一章　水利

第一节　水利工程

一、蓄水工程

1988 年，全县有小（2）型以上水库 50 座。其中，中型水库 4 座，总库容量 5363 万立方米；小（1）型水库 9 座，正常库容合计 1602 万立方米；小（2）型水库 37 座，总库容量 657 万立方米。随着水利建设的发展以及部分水库因总库容增加，等级升级，还有一些水库存在安全隐患、无灌溉效益等原因报废或降级。至 2005 年，全县有小（2）型以上水库 41 座。其中，中型水库 4 座，库容合计 5323 万立方米；小（1）型水库 9 座，正常库容合计 1602 万立方米；小（2）型水库 28 座，正常库容合计 629.89 万立方米。有小山塘 621 座。蓄水工程灌溉面积 4666.67 公顷，占灌溉工程灌溉面积的 23%。

（一）中型水库

隆陂水库　位于石壁镇隆陂村，由福建省九龙江规划队、三明市水利电力局（简称市水电局）、县水电局 设计。坝高 29.75 米，为黏土斜墙土石混合坝。侧槽式溢洪道位于大坝左端，钢筋混凝土输水涵管在大坝右侧，放水塔建于右坝迎水坡上，安装一道平板闸门，配用 15 吨手动螺杆启闭机。库区集雨面积

31.30平方公里，多年平均来水量3247万立方米，总库容1764万立方米，灌溉面积1200公顷。1969年11月动工，1971年4月竣工，总投资602万元，其中国家补助312万元。该水库为宁化县第一座中型水库，也是宁化最大蓄水工程。

泉上水库 位于泉上镇青瑶村，由福建省水利规划队规划，三明市水电局和县水电局设计。主坝高32米，副坝高9米，为均质土坝。溢洪道位于主坝左端，安装3扇1米×5米平板闸门。主副坝输水涵管为钢筋混凝土结构，使用5吨卷扬机启动转动门盖放水。主坝涵管作施工导流用，副坝涵管作灌溉放水用。库区集雨面积26平方公里，多年平均来水量2523万立方米，总库容1440万立方米，灌溉面积1066.70公顷。1971年10月开工，1974年9月竣工，总投资750万元，其中国家补助475万元。

桥下水库 位于淮土乡礁下建制村礁下自然村，拦蓄赣江水系横江水，由县水电局设计。坝高44.90米，为多种土质坝。溢洪道位于大坝左端，开敞式宽顶堰，鼻坎挑流。输水隧洞位于大坝右端，钢筋混凝土结构。放水口由竖井与隧洞连接，用斜拉闸门启闭。总干渠道11.80公里，左右干渠25.74公里，支渠22条97公里，有渡槽49座5964米，倒虹吸管10座1464米，隧洞14座882米。库区集雨面积21.50平方公里，多年平均来水量2180万立方米，总库容1012万立方米，灌溉面积1133.30公顷。1972年10月动工，1976年6月竣工。总投资578万元，其中国家补助293万元。

沙坪水库 位于河龙乡沙坪村，由福建省九龙江规划队设计。坝高30米，为均质土坝。溢洪道位于主坝左端，输水隧洞位于大坝右端，钢筋混凝土结构。库区集雨面积22.60平方公里，多年平均来水量2080万立方米，总库容1136万立方米，灌溉面积400公顷。1977年8月动工，1984年6月竣工，总投资525.30万元。

（二）小（1）型水库

1988年，宁化县有山湖塘水库、寨头里水库、上谢水库、溪源水库、各溪水库、南山桥水库、岩背水库、夏坊水库、召光水库等小（1）型水库9座。其中，8座为1988年之前建成，1座（济村乡溪源水库）为1988年12月竣工。1994年，泉上镇井塘水库溢洪道增加闸门，因总库容增加，升格为小（1）型水库。2002年，安乐乡夏坊水库由于库容达不到原定小（1）型水库标准，降级为小（2）型水库。至2005年，全县小（1）型水库仍为9座。

（三）小（2）型水库

1988年，全县有小（2）型水库37座。2001年，由于存在安全隐患、无灌溉效益等原因，县政府批准淮土乡曹地水库、水茜乡大坑水库、湖村镇龙头小（1）水库、城郊乡黄河坑水库、安远乡里坑水库降级为山塘，安乐乡铜盘水库报废。2003年，泉上镇延祥水库、湖村镇莲花掌水库、淮土乡雷公寨水库降级为山塘，泉上镇社坑水库报废，湖村镇龙头小（2）库划归宁化钨矿洗矿砂，不计入小（2）型库之列。至2005年，新建小（2）型水库6座，全县共有小（2）型水库28座，分别为泉上镇3座、湖村镇3座、城南乡1座、安乐乡1座、治平乡1座、石壁镇5座、淮土乡4座、济村乡1座、方田乡1座、安远乡2座、水茜乡6座。其中，1988—2005年，新建小（2）型水库6座：双溪口水库，位于安远乡张垣村，1986年9月动工，1988年3月竣工，正常库容8万立方米，灌溉面积28.70公顷；叶坊水库，位于城南乡肖家村，1990年10月动工，1992年12月竣工，正常库容8.90万立方米，灌溉面积23.30公顷；河中坑水库，位于泉上镇豪亨村，1990年11月动工，1992年12月竣工，正常库容11万立方米，灌溉面积33.30公顷；井王坑水库，位于湖村镇邓坊村，1995年10月动工，1997年6月竣工，正常库容16.50万立方米；陂田水库，位于方田乡大罗村，2003年8月动工，2004年8月竣工，正常库容49.90万立方米；高峰水库，位于治平畲族乡高峰村，2003年9月动工，2004年10月竣工，正常库容73.79万立方米。

（四）小山塘

1985年全县有大小山、围塘1654处。1988年起，多数山、围塘因缺乏水源、淤积严重相继报废。至2005年，全县山、围塘剩下621处。

2005年宁化县小(2)型以上水库简明情况表

表 22-1

序号	水库名称	水库类型	所在地点	集雨面积(平方公里)	水库特性				大坝		溢洪道			放水设备			灌溉面积(公顷)	发电装机(千瓦)	竣工日期
					死库容(万立方米)	正常水位(米)	正常库容(万立方米)	总库容(万立方米)	坝型	坝高(米)	型式	净宽(米)	最大汇流量(立方米/秒)	结构形式	启闭型式	最大放水量(立方米/秒)			
1	隆陂	中型水库	石壁	31.30	65.00	419.00	1335.00	1735.00	土石混合	29.75	侧槽式实用堰	48	450.00	砼管	闸阀Φ1000	7.60	1200.00	450	1971年4月
2	泉上		泉上	26.00	450.00	466.50	1330.00	1440.00	土质坝	32.00	开敞式宽顶堰	3×5	202.00	砼管	闸阀Φ1000	6.90	1066.70	200	1974年9月
3	桥下		淮土	24.50	44.00	434.50	786.00	1012.00	土质坝	44.90	开敞式宽顶堰	20	209.00	砼管	闸阀Φ1000	5.30	1133.30	1360	1976年6月
4	沙坪		河龙	22.60+3.10	28.00	472.13	918.00	1136.00	土质坝	30.00	开敞式宽顶堰	20	220.00	砼管	闸阀Φ1000	1.70	400.00	1200	1984年6月
1	寨头里	小(1)型水库	翠江	13.50+2.30	2.00	432.00	379.00	486.00	土石混合坝	37.80	开敞式宽顶堰	20	145.00	砼管	闸阀Φ1000	6.00	26.70	500	1984年9月
2	山湖塘		湖村	1+3.50	8.00	428.00	110.00	138.00	土质坝	14.60	开敞式宽顶堰	3	5.40	砼管	闸阀Φ350	0.70	126.70		1984年9月
3	上谢		水茜	5.50	6.00	467.00	261.00	293.00	浆砌石拱坝	32.00	坝面溢流板	40	940.00	铸铁	闸阀Φ400	1.60	133.30	325	1968年1月
4	南山桥		曹坊	1.70+1.30	1.00	535.60	97.00	104.00	浆砌石拱坝	32.10	开敞式宽顶堰	30	18.50	铸铁	闸阀Φ400	1.60	66.70	75	1977年10月
5	岩背		曹坊	5.30	3.00	540.50	110.00	121.00	浆砌石拱坝	22.80	坝面溢流板	40	55.00	砼管	闸阀Φ400	1.50	13.30	124	1979年4月
6	各溪		安乐	55.70	25.20	382.60	141.00	249.00	浆砌石拱坝	24.50	坝面溢流板	50	795.00	砼管	闸阀Φ1000	6.00	66.70	800	1984年10月
7	召光		治平	35.30	14.50	539.00	102.00	146.00	浆砌石拱坝	22.00	坝面溢流板	50	400.00	铸铁	闸阀Φ1000	7.20	13.30	400	1984年7月
8	溪源		济村	16.30	17.00	515.00	320.00	414.00	浆砌石拱坝	38.20	开敞式宽顶堰	60	475.00	铸铁	闸阀Φ600	2.80	13.30	200	1988年12月
9	井塘		泉上	5.70	1.50	433.70	64.00	106.00	土质坝	14.20	开敞式宽顶堰	0.40	57.00	坝工管	转动Φ300	0.25	133.30		1958年5月
1	寨下	小(2)型水库	济村	0.80	0.70	19.45	23.20	29.20	土质坝	21.60	开敞式宽顶堰	0	12.00	坝工管	转动Φ300	0.70	20.00		1976年10月
2	泉塘丘		泉上	0.60	1.40	13.40	15.00	21.30	土质坝	15.00	开敞式宽顶堰	3.30	3.70	铸铁	闸阀Φ250	0.30	66.70		1958年12月

续表 22-1

序号	水库名称	水库类型	所在地点	水库特性					大坝		溢洪道			放水设备			灌溉面积(公顷)	发电装机(千瓦)	竣工日期
				集雨面积(平方公里)	死库容(万立方米)	正常水位(米)	正常库容(万立方米)	总库容(万立方米)	坝型	坝高(米)	型式	净宽(米)	最大汇流量(立方米/秒)	结构形式	启闭型式	最大放水量(立方米/秒)			
3	横坑		泉上	0.50	0.15	513.00	10.20	11.00	土质坝	17.00	开敞式宽顶堰	3	10.50	砼管	闸阀Φ300	0.20	40.00		1985年12月
4	坑尾		湖村	2.30	1.00	14.00	14.50	15.80	砌石坝	14.55	开敞式宽顶堰	45.50	34.60	砼管	闸阀Φ300	0.50	33.30		1974年6月
5	大洋坑		湖村	0.80	0.10	19.00	10.00	13.00	砌石坝	19.50	开敞式宽顶堰	1.50	11.00	砼管	闸阀Φ300	0.80	26.70		1977年12月
6	破溪		水茜	1.20	0.70	13.30	10.00	12.80	浆包干砌石坝	15.14	开敞式宽顶堰	14	20.30	坞工管	卧管Φ100	0.05	26.70		1977年10月
7	雷地		水茜	8.50	4.00	450.85	33.60	49.60	土质坝	24.00	宽顶堰	17.80	125.00	砼管	闸阀Φ400	1.40	66.70	55	1976年10月
8	石寮		水茜	1.60	0.80	17.50	12.00	13.50	砌石拱坝	18.00	宽顶堰	10	22.50	铸铁	闸阀Φ300	0.70	13.30	75	1979年10月
9	下付		水茜	1.70	0.20	17.50	10.30	11.60	砌石拱坝	18.75	宽顶堰	10	31.50	铸铁	闸阀Φ200	0.70	46.70	75	1979年10月
10	洋畲	小(2)型水库	水茜	3.00	1.80	21.00	40.00	51.40	砌石拱坝	22.50	宽顶堰	15.00	48.00	铸铁	闸阀Φ300	0.80	20.00	75	1979年2月
11	下龟岽		水茜	1.00	0.70	15.50	12.80	14.50	砌石拱坝	16.00	宽顶堰	15.00	20.00	铸铁	闸阀Φ300	0.60	26.70	75	1979年10月
12	石南		石壁	0.90	2.40	8.00	16.00	22.10	土质坝	11.00	宽顶堰	6.00	11.00	混合	卧管Φ150	0.10	26.70	0	1959年4月
13	佑坑		石壁	2.70	6.00	8.25	48.00	71.00	土质坝	10.00	宽顶堰	10.00	27.00	混合	卧管Φ150	0.15	86.70	0	1960年4月
14	大路		石壁	0.20	0.80	8.00	10.00	13.10	土质坝	9.00	宽顶堰	1.70	2.00	坞工	卧管Φ150	0.10	21.30	0	1960年4月
15	黄泥垄		石壁	0.24	0.09	358.50	9.20	10.86	土质坝	10.50	宽顶堰	3.00	5.40	砼管	卧管Φ200	0.08	33.30	0	1960年4月
16	杨梅坑		石壁	0.40	0.30	418.00	19.70	22.40	土质坝	19.20	宽顶堰	4.50	6.00	砼管	卧管Φ300	0.70	73.30	0	1982年1月
17	岩前		淮土	0.60	0.60	10.50	21.00	25.30	土质坝	11.90	宽顶堰	5.30	8.00	坞工	卧管Φ150	0.15	20.00	0	1968年7月
18	五坑		淮土	0.80	0.50	6.70	11.20	17.60	土质坝	8.30	宽顶堰	3.50	8.50	瓦管	闸阀Φ200	0.20	26.00	0	1959年4月

续表 22-1

序号	水库名称	水库类型	所在地点	集雨面积(平方公里)	水库特性				大坝		溢洪道			放水设备			灌溉面积(公顷)	发电装机(千瓦)	竣工日期
					死库容(万立方米)	正常水位(米)	正常库容(万立方米)	总库容(万立方米)	坝型	坝高(米)	型式	净宽(米)	最大汇流量(立方米/秒)	结构形式	启闭型式	最大放水量(立方米/秒)			
19	湖坑	小(2)型水库	淮土	0.20	0.20	375.00	9.80	11.80	土质坝	8.00	宽顶堰	3.50	3.00	三合土	卧管Φ130	0.08	40.00	0	1958年4月
20	大坑垄		淮土	0.40	0.20	8.55	17.60	21.50	土质坝	10.30	宽顶堰	4.70	4.70	三合土	闸阀Φ250	0.30	56.70		1960年3月
21	增坑		安远	4.80	2.00	513.00	14.70	18.80	砌石重力坝	19.20	宽顶堰	19.00	4.70	砼管	Φ400	1.00	13.30		1982年3月
22	双溪口		安远	0.75	1.50	548.50	8.00	10.00	砌石拱坝	10.00	宽顶堰	40.00	116.00	钢管	Φ500	0.03	28.70		1988年3月
23	叶坊		城南	0.20	0.50	358.00	8.90	10.20	砼拱坝	16.00	宽顶堰	16.00		管	闸阀Φ200		23.30		1992年12月
24	河中坑		泉上	0.70	0.15	510.00	11.00	11.70	砌石拱坝	21.00	宽顶堰	8.00	9.27	砼管	Φ300		33.30	0	1992年12月
25	陂田		方田	8.05	10.42	529.00	49.90	63.80	双曲拱坝	29.50	宽顶堰	21.00		钢管	闸阀Φ750			320	2004年8月
26	井王坑		湖村	2.00	10.00	529.25	16.50	19.35	砌石拱坝	18.00	坝顶溢流				闸阀Φ400			0	1997年6月
27	夏坊		安乐	1.60	3.00	470.20	93.00	101.00	土石混合	22.80	坝面溢流板	21.00	14.50	砼管	闸阀Φ400	1.30		75	1980年5月
28	高峰		治平		13.79	667.00	73.79	83.00	双曲拱坝	24.00	宽顶堰	20.00			斜拉闸门(1×1.20)			1600(2×800)	2004年10月

二、引、提水工程

(一) 引水工程

1988 年，全县引水工程 3331 处，占灌溉工程总数的 90%，灌溉面积 14393.30 公顷。是年起，引水工程基本停建，部分小型引水工程陆续被流域开发、拼坝开发的骨干水利所替代。2005 年，全县引水工程

3084 处。其中，灌溉 66.67 公顷以上 19 处，灌溉 6.67—66.67 公顷 318 处，灌溉 6.67 公顷以下的小陂小圳 2747 处；引水工程灌溉面积 14073.30 公顷，占灌溉工程效益面积的 71%。

（二）提水工程

1988 年，全县提水工程 240 处。其中，水轮泵站 71 处 139 台；电力排灌站 70 处 80 台，容量 993 千瓦；机灌站 51 处 53 台，共计 54 万千瓦；喷灌站 48 处 65 台（其中固定喷灌站主机 8 台、喷头 3520 个），提水工程灌溉面积 1852 公顷。是年起，因提水工程机具配件不全、型号改变、维修困难，喷灌站相继报废，仅存湖村镇银杏山庄茶园喷灌站和城郊乡高堃茶园喷灌站。其中，部分提水工程改建为水电站：东溪水轮泵站（2003 年改建）、西溪水轮泵站（1996 年改建）、官家水轮泵站（1994 年改建，改称茶湖江电站）、泉上隧洞抽水站（1995 年改为电灌站，1996 年电动机二次被盗，工程废弃）。2005 年，全县提水工程 43 处，灌溉面积 1194 公顷，占灌溉工程效益面积的 6%。

三、防洪工程

1988—1992 年，宁化县先后进行 2 次城区防洪规划，防洪标准分别为 10 年一遇洪水和 20 年一遇洪水。1993 年编写完成《宁化县城区防洪规划报告》，1995 年 10 月福建省水利电力厅通过《规划报告》中主要工程项目城区防洪堤。1998 年 8 月，动工兴建城区防洪堤工程，是年，建成西门石拱桥至西门吊桥右岸防洪堤和加高旧堤，长度 1 公里，投资 82.26 万元。1999 年，建成县委党校及林业新村防洪堤和加高旧堤，长度 2.60 公里，投资 616.01 万元。2000 年，建成西门石拱至西门吊桥左、右岸及中环大桥至合水口左岸，合水口至广济桥等 4 处防洪堤 4 公里，投资 723.92 万元。

2001 年，建成中环大桥至合水口右岸，合水口至铜锣丘右岸，小溪河西岸防洪堤及加高旧堤，长度 4.20 公里，投资 592.47 万元。历时 4 年共新建、改建防洪堤 11.80 公里，10 月 30 日，通过三明市水电局验收。2002 年，城区小溪河、西溪部分河道清障 22.20 万立方米，投入资金 115.34 万元。城区防洪堤及河道清淤工程总投资 2350 万元，城区受保护人口 4.50 万人，农田 1533.30 公顷。2005 年，全县有防洪工程 43 处，防洪堤 37.71 公里（其中达标防洪堤 11.80 公里），保护人口 5.20 万人，保护耕地 2133.30 公顷。

四、饮水工程

（一）城区饮水工程

1988 年，城区饮水工程为沙子甲自来水厂，水源为寨头里水库，日供水量 7000 吨。1994 年，改、扩建沙子甲水厂，设计日供水能力 3 万吨，2005 年实际日供水量 1 万吨。

（二）乡（镇）饮水工程

1988—1994 年，先后建成安远、湖村、泉上、石壁（禾口）、淮土、水茜、曹坊、治平 8 个乡（镇）所在地及淮土乡凤山片（4 个村）9 座规模型水厂，供水 21 个建制村，供水人口 6.33 万人。总投资 277.50 万元，其中，国家投资 77.20 万元、自筹 168.30 万元。1995—2002 年，先后建成河龙、安乐、济村、中沙、方田、城南 6 座乡级自来水厂。2004 年，改、扩建水茜、曹坊自来水工程，投资 235 万元，受益人口 5900 人。2005 年，全县 16 个乡（镇）所在地除翠江镇和城郊乡由城区饮水工程统一供水外，其他 14 个乡（镇）全部建成规模型自来水厂。

附：部分乡（镇）所在地规模型自来水厂

泉上水厂 1988 年竣工，设计用水人数 5000 人，日供用水量 400 吨，投资 45 万元（其中国家补助 35 万元）。

淮土水厂 1989 年 1 月动工，年底主体竣工，设计用水人数 1.01 万人，日可供水量 1000 吨，为全县第一个自动化饮水工程，投资 35 万元（其中国家补助 8.50 万元）。

禾口水厂 1989年动工，1990年竣工，设计用水人数5000人，日可供水量500吨，投资35万元（其中国家补助7.50万元）。

水茜水厂 1990年6月动工，1994年5月主体竣工，设计用水人数5600人，日可供水量400吨，投资12万元（其中国家补助2万元）。

曹坊水厂 1990年10月动工，1992年10月主体竣工，设计用水人数1万人，日可供水量1000吨，投资32万元（其中国家补助8.50万元）。

治平水厂 1991年3月动工，1994年年底主体竣工，设计用水人数5000人，日可供水量500吨，投资16.50万元（其中国家补助5万元）。

凤山水厂 1991年动工，1993年年底主体竣工，设计用水村为宁化最困难的寒谷等9个建制村，1.30万人，日可供水量1100吨，工程投资80万元（其中国家补助10万元）。

（三）村级饮水工程

1988—1999年，村级自来水处于自建自管自用小范围竹筒引水状态。2000年起，开始建设村级饮水工程。至2004年，相继建成村级饮水工程37处，分别为城郊乡夏家、马源、上畲，治平畲族乡光亮、邓屋，济村乡三村、长坊，淮土乡禾坑、罗坑、团结，中沙乡下沙、半溪、练畲，河龙乡大洋，泉上镇罗李，石壁镇小吴、江头、陈家坑、三坑，安远乡硝坊、洪围、东桥，安乐乡谢坊，城南乡肖家、上坪、青塘，曹坊乡下曹、滑石、曾家背，方田乡村头、泗溪，水茜乡沿口、焦坑，湖村镇邓坊、谌坑、龙头、黎坊。总投资313.07万元，供水人口2.80万人。2005年，投资352万元，建成村级饮水工程40处，供水40个建制村，供水人口2.96万人。是年，全县规模化饮水工程共35处，农村饮水安全达标人口16.14万人，农村饮水基本安全人口17.04万人，农村自来水供水人口16.14万人。

第二节　防汛抗旱

一、防汛

（一）防汛抗旱指挥部与设施设备

1988年，县政府防汛抗旱指挥部下设办公室（简称县防汛办），办公室挂靠县水电局，负责日常工作。成员由有关部门领导组成，分管副县长任指挥，各乡（镇）及县直有关单位相应成立防汛抗旱组织。是年6月，县防汛办成为县政府常设机构，核定专职编制3人，设立特大防汛专项预算资金20万元。加强气象、水文的观测预报。每年防汛抗旱期间，逐级建立由行政首长、包库领导、管库责任人的带班、值班责任制，层层落实工程管护责任制。2002年，在县水利局设立县防汛抗旱指挥中心，防汛抗旱指挥系统由洪水预警报、卫星云图接收、多媒体电视、电话监控和工程数据库查询系统等组成，配备短波电台1台、卫星接收云图机1台、全球卫星电话1台、固定电话5部，防汛指挥车1辆、冲锋舟1艘，救生衣100件等设备。

（二）洪水预报

1995年6月，三明市水文站、三明市防汛办联合界定宁化县城区警戒水位为假定高程9米（黄海高程316.15米）。1998年，建设城区防洪堤提高防洪能力。2000年，双水位重新核定，警戒水位定为314.50米，危险水位为316.30米；2001年1月起实行。

1997年起，开展宁化县洪水风险图与洪水预警报系统科研，县防汛办委托三明市水文分站先后编写城区和泉上、湖村、水茜、中沙、石壁、方田、淮土、济村、安远等乡（镇）洪水风险图13幅及分析报告。按洪水频率，将城区及乡（镇）居民区划分成高危险区（无法抵御5年一遇洪水），中危险区（无法抵御20年一遇洪水），低危险区（无法抵御50年一遇洪水）并提出相应对策。至2001年，建成宁化县洪水预警报系统，包括水位、雨量自动测报站，添置卫星云图接收装置，架设防汛警报器等内容。洪水预警报系统分为 1 个中心站（县防汛办），1 个中继站（东华山顶）和 7 个雨量、水位自动测报站（城关、鱼潭、隆陂水库、泉上水库、桥下水库、沙坪水库、寨头里水库）和 3 个雨量自动测报点（济村、曹坊、水茜），实现省、市、县防汛办同步观测宁化各站点雨情、水情。

（三）防洪抢险

1988—2005 年，全县受暴雨造成的重大洪涝灾害有 13 次，直接经济损失 26.24 亿元。主要有：

1988 年 6 月 13 日，城区降雨量 108.88 毫米，翠江、城郊、禾口、城南 4 个乡（镇）受灾，受灾人数 1.80 万人。领导和机关干部到灾区组织群众抢险救灾，恢复生产，修复水毁工程 945 处，恢复灌溉 379 公顷。

1994 年 5 月 2 日城区降雨量 334.80 毫米，济村乡 443.10 毫米，石壁镇为 427 毫米，为 1800—1994 年最大一次洪灾。城区翠江水位 13.96 米，超警戒水位 4.46 米，超危险水位 3.46 米，城区大街小巷全部过水，水深 1.50 米以上。全县 16 个乡（镇）195 个建制村 5.30 万户 27 万人受灾，死亡 44 人、重伤 37 人。全县农作物受灾 27200 公顷，毁坏大小水利工程 2002 处，倒塌房屋 8006 栋 23678 间，损坏房屋 20646 户 31420 间，冲毁村庄 27 个。全县公路崩塌 3516 处，总长 349 公里；毁坏桥梁 457 座，其中造价 300 万元以上 25 座；冲倒高压电杆 1058 杆，线路总长 278 公里；县城供水供电中断，大部分商店、中小学校、工厂被淹，直接经济损失 8.60 亿元。6 月 15 日，全县再次遭暴雨袭击，水茜、河龙、安远、中沙、石壁等乡（镇）降雨在 100 毫米以上。翠江水位 10.31 米，超警戒水位 0.81 米，4 座中型水库全部溢洪。全县直接经济损失 3.50 亿元。防汛抗旱指挥部组织小（2）型以上水库安全检查，落实责任制，县委、县政府组织应急分队，机关干部到重灾区抗洪抢险，全县群众积极开展生产自救，救灾投劳 112 万个工日，修复水毁工程 4798 处，恢复灌溉 5963 公顷。

1995 年 6 月 16 日—17 日，城区降雨量 215 毫米，全县直接经济损失 2.57 亿元。全县投劳 87 万工日，修护水毁工程 2187 处，恢复灌溉面积 3120 公顷。

1997 年 6 月 9 日，全县 16 个乡（镇）有 197 个建制村遭到洪水袭击，受灾面积 9333 公顷，直接经济损失 3.14 亿元。县委、县政府组织中共党员干部 200 多人分赴各乡（镇）组织抗灾抢险，乡、村两级投劳 54 万个工日，恢复灌溉 3200 公顷，修复水毁工程 3211 处。

2001 年 5 月 17 日和 6 月 13 日先后发生洪涝灾害。尤以 6 月 13 日洪水为猛，城区降雨 154.90 毫米，最高洪峰水位 317 米，超警戒水位 2.50 米，超危险水位 0.70 米，全县大小水库普遍溢洪，冲毁水陂 1153 处、河堤 1520 米，渠道塌方 77 处 18.20 公里，3000 余处大小水利设施不同程度受到破坏，影响灌溉面积 6267 公顷。全县受灾 17.63 万人，直接经济损失 2.80 亿元。洪灾期间，县委、县政府组织抗洪抢险队伍 700 多人分赴各乡（镇）组织抗洪抢险，疏散安置群众 35200 多人，加强水库监测，落实县领导包库责任制和 24 小时巡逻。全县投劳 95 万工日，修复水毁工程 2900 多处，恢复灌溉面积 3500 公顷。

2002 年 6 月 13 日—18 日，全县普降大到暴雨，城区过程雨量 521.20 毫米，全县最大过程雨量 560 毫米（安远乡）。暴雨期间城区最高水位 315.69 米，超警戒水位 1.19 米，安远、水茜乡所在地街道数次上水，局部最高深达 3 米左右。全县 44 座水库暴涨，大多数水库溢洪。全县 16 个乡（镇）129 个建制村共 25.10 万人受灾。农作物受淹 21620 公顷，倒塌房屋 4923 间，因灾死亡 6 人，无家可归 3020 人。全县冲毁水陂 423 处，渠道塌方 3713 处 70.50 公里，供水管道受损 37 处 2.57 公里，防汛公路塌方 30 处，损坏堤防 14 处，冲毁塘坝 2 座，淹没电站、电灌站 38 座，共有 4303 处大小水利设施不同程度遭到破坏，影响灌溉面积 1.2 万公顷，直接经济损失 3.10 亿元。灾情发生后，县、乡、村组织疏散安置群众 74500 多人，全县群众积极开展生产自救，修复水毁工程 3210 处，恢复灌溉面积 7200 公顷。

2003 年 5 月 14 日—16 日，全县过程最大降雨量 239 毫米，其中水茜乡 24 小时最大降雨量 218 毫米，街面水深 0.80 米，全县有 7 个乡（镇）68 个建制村 5.23 万名群众受灾，直接经济损失 6028 万元。水茜、河龙、中沙、安远等乡（镇）组织疏散安置群众 1300 多人，全县投劳 32 万工日，修复水毁工程 2120 处，恢复灌溉面积 2200 公顷。

2004 年 7 月 7 日，城区最大降雨量 108.70 毫米，受灾人口 13.20 万人，死亡 1 人，全县直接经济损失

5000 万元。

2005 年 5 月 8 日—9 日、5 月 22 日和 6 月 19 日—21 日三降暴雨，全县受灾人口 20.60 万人，死伤 175 人，直接经济损失 1.79 亿元。

1988—2005 年，全县共投入资金 8.23 亿元，组织 198 万人次抗洪救灾，转移安置灾民 38 万人次，重建家园 372 处（其中集中建房 132 处，分散建房 240 处），恢复耕地 2167 公顷，修复省级以上公路 763 公里、乡级公路 697 公里、村级道路 7433 公里，修复水利设施 1543 处，水渠、水圳 10.53 万米。

1994 年 5 月 2 日宁化县城区洪痕测量记录数据情况表

表 22-2　　　　　　　　　　　　　　　　　　　　　　　　　　　　　　　　　单位：米

测　点	地面高	洪痕	测　点	地面高	洪痕
县政府门口	317.641	319.641	省车队门口	316.450	318.900
幼儿园	317.624	319.874	红砖厂	317.620	319.120
西门桥	—	320.270	广济桥面	317.700	—
西门桥面	322.091	—	建委门口	317.253	319.160
县公安局门口	317.715	319.565	交通工程公司门口	317.980	319.180
县人武部	317.281	319.780	总工会门口	315.720	319.000
寿宁桥面	317.523	319.603	农械厂	316.950	318.950
下吊桥左	317.346	319.446	松香厂路边	318.460	318.900
县汽车站	317.560	319.050	宁化酒厂	316.980	319.260
县委党校门口	316.015	319.265	印刷厂	316.290	319.070
县新桥头	317.600	319.449	东风小学	318.739	319.939
宁化一中教学楼	318.770	319.790	医院门口	317.846	319.596
宁化一中大门口	318.136	319.756	羽绒厂	318.190	319.590
县物资局	318.780	319.500	客家宾馆	318.660	319.610
县水电局	317.904	319.470	—	—	—

三、抗旱

1988 年 6 月 30 日起，连续 27 天未降雨，干旱气候使早稻灌浆受影响，晚稻缺水插秧，全县受旱面积 8667 公顷。县防汛办投入抗旱资金 9 万元，向全县各乡（镇）调拨柴油机 7 台、电动机 13 台、水泵 30 台、电泵 31 台、微型泵 22 台、水轮泵 2 台、水泥 19 吨支援农民抗旱。

1992 年 7 月暴雨过后，连续 3 个月未下过透雨，除三大灌区外，各地发生严重干旱，全县受旱面积 3000 公顷，县防汛办补助抗旱机具 3 万元，并派技术人员提供服务。

1994 年秋冬旱，1998 年夏秋旱，县财政核拨抗旱专项资金共 15 万元，县防汛办购置各类型水泵 76 台及一批抗旱机具，无偿提供各乡（镇）抗旱。

2000 年 6 月，出现旱情，受旱面积 2667 公顷，县财政紧急核拨抗旱专项资金 10 万元，县防汛办购置各类型水泵 32 台及一批抗旱机具，无偿提供各乡（镇）抗旱，加强水库有限库水调度，缓解旱情。

2002 年 1—5 月，城区降雨仅 575.50 毫米，旱情为 1971 年后同期旱情最为严重一次，旱情频率在 50 年一遇以上，全县受旱面积 14667 公顷。县防汛办组织 15 人的抗旱机动服务队，配备抗旱机具 30 台，分赴受灾乡（镇），对相对集中连片亟须灌溉的农田抽水抗旱，并按照"一保生活、二保灌溉、三保发电"的原则，加强水库水资源的合理调度。由于措施得当，加上 6 月全县普降大雨，全县旱情得到缓解，旱情对农业生产未造成太大影响。

2003 年下半年，出现 1958 年有气象记录以来时间最长、最热、最干旱的年份，42 天无雨，持续高温，全县有 886.70 公顷农田无水插播，2.80 万农村人口饮水困难，15067 公顷农作物受旱。全县组织 4.23 万人参与抗旱，共投入抗旱资金 254.40 万元、抗旱机具 3152 台套。县防汛办购置 50 多套抽水设备分发各乡（镇），实施人工增雨 13 次，发射高射炮增雨弹 260 发，增加局部地区降雨量 100 多毫米。所有水库停止发电，库水用于抗旱，缓解旱情 2250 公顷。同时全县打井 303 口，供特困村群众生活用水。

第三节　水利管理

一、管理机构

1988 年，县水电局设办公室、水利股、工管股、农电股、水利水电勘察设计室等 5 个股室，下辖 16 个乡（镇）水利电力工作站。隆陂水库、泉上水库、桥下水库、沙坪水库、寨头里水库被先后收归县管。宁化县成立水库管理处，副科级单位，业务归口县水电局管理。1998 年 1 月，县水电局增设质监站、水政站。1999 年 11 月，县电力公司划归县经济局主管，2000 年，宁化县水土保持办公室（简称县水保办）挂靠县水电局。2002 年，县水电局改称县水利局，乡（镇）水利电力工作站更名为水利工作站，划归乡（镇）政府管理。2002—2005 年，县水利局设办公室、水利股、工管股、农电股、质监站、水政站、勘察设计室 7 个股站室，挂靠单位有县防汛办、县水保办。

二、工程管理

（一）蓄水工程除险加固

泉上水库除险加固　1999 年 6 月 23 日（汛期），发现副坝出水口有浑水流出，漏水量 10 升/秒。经省、市、县水利部门技术人员现场勘察，认定漏水主要原因是通气孔腐烂漏水、涵管伸缩缝漏水和副坝坝体渗漏。是年 7 月 4 日，副坝背水坝 466 米高程处发现一漏洞，表面 3×3 米，深 2.10 米。1999 年 9 月（汛后），组织实施省、市水利专家制定的泉上水库抢险加固方案，挖开副坝坝体三分之二，回填土方 9000 立方米，维修加固通气孔及重新铺设涵管，2000 年 3 月完工，投资 37 万元。

溪源水库除险加固　1988 年建成，至 1998 年坝身漏水 10 余处。1999 年 10 月至 2001 年 2 月，投入 12 万元进行工程加固，大坝漏水减少 8 处。2003 年汛前，检查发现坝脚形成冲刷坑；是年 9 月再次加固，实施坝体灌浆止漏，坝脚冲刷坑用混凝土浇筑回填；2004 年 11 月完工，投资 42.20 万元。

河中坑水库除险加固　由于 1992 年建坝时两岸接治槽开炸较浅、裸露部分未用混凝土封堵等原因，坝端及坝体漏水严重，2000 年被省定为三类库（险库）。2001 年 2 月动工加固，4 月完工，投资 19.20 万元。经开挖接治槽、混凝土补强处理、进水改造及放水设备检查、迎水面水泥砂浆抹面、坝体灌浆等技术处理，未再发现坝体漏水。

上谢水库除险加固　1977 年建成，至 2003 年坝身漏水 20 余处，坝脚外部形成冲刷坑。2003 年 10 月，动工加固，坝体灌浆，坝脚冲刷坑用混凝土浇筑回填；2004 年 11 月完工，投资 41.19 万元。

南山桥水库、岩背水库除险加固　南山桥水库、岩背水库先后于 1979 和 1981 年建成，至 2003 年坝身漏水严重。2003 年 10 月，两座水库加固工程同时开工，主要进行坝体灌浆。两座水库加固工程先后于 2004 年 10 月和 11 月完工，分别投资 43.73 万元和 40.25 万元。

石南水库除险加固　1959 年 4 月建成。2002 年 6 月 13 日，土坝背水坡因洪灾出现大面积滑坡，危及大坝安全，采用坝脚压载，迫降水位，炸低溢洪道等措施紧急抢险。2002 年 10 月 8 日动工加固，主要工程为土坝排水棱体改造，坝体开挖回填，溢洪道改造；2003 年 2 月完工，投资 37.30 万元。

寨头里水库除险加固　1984 年建成。2004 年汛期，安全检查发现土坝背水坡严重渗漏 3 处，防洪墙明显裂缝 2 处。2004 年 9 月，动工加固，加固项目为坝体二期灌浆，防浪墙改造；2005 年 10 月完工，投资 30.50 万元。

2001—2005 年，全县水库除险加固总投资 591.34 万元，完成土石方 5.61 万立方米，其中混凝土 135 万立方米，坝体灌浆进尺 12512 米。

2001—2005 年宁化县重点险病水库除险加固情况表

表 22-3　　　　　　　　　　　　　　　　　　　　　　　　　　　　　单位：立方米、万元

水库名称	所在地点	险病情况		加固主要项目	加固投资	工程量			完工时间
		险	病			土石方	砼	灌浆	
龙头(2)	湖村	险		坝体墙厚、迎水坡修补抹面	18.05	1320	—	—	2001 年 6 月
河中坑	泉上	险		迎水面粉刷、左右坝肩与山体结合部浇砼截水槽	19.20	300	250	—	2001 年 9 月
石南	石壁	险		排水棱体改造、坝体开挖回填、溢洪道改造	37.30	13683	—	—	2002 年 2 月
岩前	淮土	险		背水陂增设棱体、排水沟、坝面整修	13.50	360	—	392	2002 年 10 月
增坑	安远	险		溢流段两侧增高导流边墙、坝脚外侧加厚	12.60	1580	—	—	2002 年 10 月
湖坑	淮土	险		背水陂增设棱体、排水沟、坝面及溢洪道整修	12.90	571	—	322	2002 年 11 月
寨下	济村	险		放水涵管漏水处理、修复卧管进水口	13.20	2970	—	—	2002 年 11 月
大洋坑	湖村	险		坝体灌浆、左右坝肩与山体结合部浇砼截槽	10.60	560	388	—	2002 年 11 月
山湖塘	湖村	险		坝体灌浆，迎水面护坡翻砌，修建防浪墙	39.00	1520	—	917	2003 年 6 月
井塘	泉上	险		坝体灌浆，迎水面护坡翻砌，修建防浪墙	34.30	6262	—	307	2003 年 6 月
寨头里	城郊	险		坝体灌浆，溢洪道加固	70.60	5962	—	1789	2003 年 8 月
桥下	淮土		病	更换通气管	3.00	—	—	—	2003 年 10 月
上谢	水茜	险		坝体灌浆、坝脚冲刷坑浇筑	41.19	570	295	792	2004 年 11 月
岩背	曹坊	险		坝体灌浆、坝脚冲刷坑浇筑、坝顶修建防浪墙	43.73	50	350	993	2004 年 10 月
南山桥	曹坊	险		坝体灌浆、坝顶修复防浪墙、改造防汛公路	40.25	20	140	968	2004 年 11 月
溪源	济村	险		坝体灌浆、坝脚冲刷坑浇筑	42.20	210	276	415	2004 年 11 月
泉塘丘	泉上	险		主、副坝迎水坡干砌护坡、副坝涵管进口加固	10.79	1907	—	—	2004 年 10 月
泉塘丘	石壁	险		坝体灌浆、背水坡布设导渗沟、坝顶整修	8.15	537	—	720	2004 年 10 月
雷地	水茜	险		坝体灌浆、坝面整理	8.64	2535	7	448	2004 年 10 月
寨头里	城郊	险		防浪墙改造加固、二期灌浆	30.50	200	—	1200	2005 年 10 月

（二）节水灌溉改造

1988—1996 年，宁化县农业灌溉运用渠道引水与田间漫灌传统方式，水利用率平均为 45%，浪费严重，随着灌区内农业生产发展，供需矛盾日趋突出。1997 年，开始实施节水灌溉工程，改造隆陂水库石壁片灌区和桥下水库水东片灌区支渠，铺砌 U 形槽 9.30 公里，投资 35 万元，改善灌溉 353.30 公顷。1999 年，建设方田、石壁两个乡（镇）节水工程，铺设渠道 U 形槽防渗 4 处 6 公里，改善灌溉 333.30 公顷。2004 年，建设石淮灌区节水工程，水泥预制板衬砌防渗干支渠 9.10 公里，投入 162 万元，新增节水灌溉面积 213.30 公顷。2005 年，兴建石壁灌区，石碧村和翠江镇车停坪节水灌溉工程，完成架道砼防渗衬砌 4300 米，铺设田间 U 形槽 5300 米，工程投资 160 万元，新增节水灌溉面积 240 公顷。

三、水政水资源管理

1989 年 9 月，宁化县成立水资源水政管理站（简称县水管站）。1991 年 4 月 9 日，宁化县建立水政监察队伍，配备水政监察员 26 人。1992 年 8 月，建设水利执法体系试点县工作通过三明市水电局验收，福建省水利电力厅批准宁化县为全省第二批取水许可制度基础工作试点县。1994 年 9 月，县水管站编写《宁化县水资源开发利用分析评价》和《宁化县实施取水许可制度基础工作试点报告》，提出全县水资源开发利用方案。1995 年，县水管站对取水户实施取水许可申请，登记发放取水许可证。1995 年，《实施取水许可证制度基础工作试点报告》通过省水电厅验收。

1997 年，宁化县成立水政监察大队。1999 年，征收采砂管理和水资源费共 3.50 万元。2004 年，立案查处水事案件 3 起，协助解决水事纠纷案件 6 件。2005 年，开展整顿规划水资源开发秩序专项行动，在全县主要河流设置水资源保护区界碑 5 块。县水管站派员入驻宁化县行政服务中心办公，简化行政审批程序和手续，全年审批发放采砂许可证 35 套，征收河道采砂管理费 3.80 万元，水资源费 15 万元。

四、综合经营管理

（一）水费征收

1985 年 7 月，按照国务院《水利工程水费核定、计收和管理办法》，宁化水利工程实行有偿供水，水费标准按成本核定。是年，县小（1）型以上征收灌溉水费合计 8.80 万元。1990 年 4 月始，按照三明市政府《水利工程水费核定、计收和管理办法若干规定的补充通知》，规定农业水费改收稻谷或按稻谷计价，工业用水每立方米不低于 5 分，城镇生活用水每立方米不低于 3.50 分。1999 年，蓄水工程水费标准为中型水库稻谷每亩 17.50 公斤（1 亩等于 0.067 公顷，下同），小型稻谷每亩 8 公斤，以实物或实物折抵征收。2005 年，隆陂、泉上、桥下、沙坪 4 座中型水库征收农业水费 38 万元。

（二）多种经营

1988—1994 年，全县水库管理单位开展种植、养殖、发电、加工、供水等多种经营，其中桥下水库发展较快，发电装机从 400 千瓦增加到 1360 千瓦，增长 2.40 倍；年发电量从 30 万千瓦时增加到 550 万千瓦时，增长 17.33 倍；电费收入从 3.50 万元增加到 70 万元，增长 19 倍；养鱼产值从 0.24 万元增加到 3 万元，增长 11.50 倍；种植杉树、松树从 3.33 公顷发展到 36.70 公顷，增长 10.02 倍；1994 年总产值 96 万元，为 1984 年 6 万元的 16 倍。2005 年，全县水利工程管理单位总收入 855 万元，其中水库管理单位 410 万元，乡（镇）水利管理单位 445 万元。全县水库水产品产量 50 吨（其中鱼产量 10 吨），水果产量 70 吨，水库电站全年发电量 1530 万千瓦时，年售电量 1278 万千瓦时，占全县 2005 年全年售电量 10849.19 万千瓦时的 11.78%。

第二章　电力

第一节　水电站建设

一、县属电站建设

（一）乌龙峡水电站

位于城南乡鱼龙村，距县城8公里，拦河坝高5米，长90米，渠道长650米，坝址以上集雨面积1332平方公里，装机250千瓦（2×125），6.30千伏线路直送城关，1966年2月建成投产。1992年8月，扩建乌龙峡水电站，拦河坝加高至10米。1994年完工，总投资1960万元。至2005年，总装机3000千瓦（3×1000），主变容4000千伏安，年平均发电量1288万千瓦时，35千伏线路直送县城城东110千伏变电站。

（二）龙下水电站

位于城南乡肖家村，1976年6月动工。1981年1月竣工，工程总造价430万元。大坝高9.40米，坝长98米，集雨面积1532平方公里，装机容量3750千瓦（3×1250）。1990年技改，翻板闸改为平板闸并加高1米，水头增加1米。至2005年，年平均发电量1300—1500千瓦时。为全县最大水电站。

二、乡（镇）电站

1988—2005年，全县新建或改建乡（镇）电站31座，装机容量7030千瓦，占全县2005年总装机容量的26.40%。其中，装机容量400千瓦以上电站9座，装机容量5830千瓦，占新建或改建电站总装机容量的82.93%。至2005年，全县乡（镇）电站71座，装机容量19302千瓦。

1993年后，宁化县大力发展小水电建设，其中乡（镇）新建400千万以上电站9座：岩岭水电站，位于泉上镇泉下村，1993年6月动工，1995年10月建成，工程投资220万元，装机容量400千瓦（2×200）；茶湖江水电站，位于城郊乡茶湖江村，1993年9月动工，1994年10月竣工，投资260万元，装机容量450千瓦；西溪水电站，位于城郊乡瓦庄村，1996年开工，1996年7月竣工，投资255万元，装机容量480千瓦（3×160）；东溪水电站，位于城郊乡高垄村，2003年动工，2003年10月竣工，投资400万元，装机容量1000千瓦（2×500）；双源水电站，位于中沙乡双源村，2002年9月动工，2004年1月投产，工程投资237.50万元，装机容量450千瓦（1×200+1×250）；梅林二级站，位于中沙乡练畲村，2002年10月动工，2004年4月投产，投资309万元，装机容量450千瓦（1×200+1×250）；增畲水电站，位于水茜乡儒地村，2002年11月动工，2004年10月投产，投资239万元，装机容量500千瓦；高峰水电站，位于治平畲族乡高峰村，2002年8月动工，2004年10月建成，投资1075万元，装机容量1600千瓦（2×800）；坪上水电站，位于曹坊乡坪上村，2003年10月动工，2005年1月投产，投资142万元，装机容量500千瓦。

1988—2005 年宁化县水电站建设情况表

表 22-4

序号	地址	电站名称	设计水头（米）	装机容量（台×千瓦）	年利用（小时）	年发电量（万千瓦时）	投资（万元）	投产年月	所属体制
1	湖村镇	太平山	6	2×55 1×125	3000	65	30	1988 年 10 月 2000 年 8 月	私营
2	淮土乡	桥下水库三级	26	2×160	4500	150	98	1988 年 12 月	集体
3	翠江镇	沙子甲	42	2×125	2000	50	50	1989 年 10 月	县水电局
4	曹坊乡	黄坑	—	2×75	—	—	—	1989 年 10 月	集体
5	中沙乡	马嘴	19	2×75	1500	25	24	1990 年 10 月	集体
6	湖村镇	店上	7	2×160	4000	140	90	1991 年 10 月	集体
7	方田乡	水尾	30	2×160	4500	150	110	1991 年 12 月	集体
8	济村乡	古背峡	12	2×75	4000	60	30	1992 年 10 月	集体
9	石壁镇	陂下	6	2×160	4000	140	130	1992 年 11 月	集体
10	城郊乡	茶湖江	4.50	1×200	4000	170	65	1995 年 10 月	私营
11	淮土乡	桥下水库坝后	17	1×200 1×160	1300	44	25	1979 年 2 月 1995 年 10 月	集体
12	泉上镇	岩岭	110	2×200	4000	160	220	1995 年 10 月	集体
13	湖村镇	园顶山	80	1×125	2000	25	28	1995 年 12 月	私营
14	城郊乡	西溪	4.60	3×160	4000	200	255	1996 年 7 月	私营
15	淮土乡	彭石地	62	1×200 1×125	3000	100	130	1996 年 10 月	集体
16	济村乡	溪源水库二级	42 38	1×200 1×125	2500 3000	50 40	16 35	1981 年 10 月 1998 年 1	集体 私营
17	湖村镇	下埠	6	2×160	4500	150	160	1998 年 1	私营
18	方田乡	大罗	28	1×125 1×55	4000	60	32	1998 年 5 月	私营
19	城南乡	水口	3	1×75	3000	24	16	1998 年 11 月	私营
20	湖村镇	红卫	21	2×55	2500	27	21	1999 年 6 月	私营
21	湖村镇	龙沟曲	4	2×75	4200	70	3	2000 年 2 月	私营
22	济村乡	溪源水库坝后	20	1×100	2500	25	28	2000 年 5 月	私营
23	安远乡	阁背	3	1×75	4500	30	20	2000 年 8 月	私营
24	中沙乡	武昌	4	320(2×160)	3750	120	180	2003 年 10 月	私营
25	城郊乡	东溪	3.30	2×500	4400	110	400	2003 年 10 月	私营
26	中沙乡	双源	60	450(1×200) (1×250)	4711	212	237.50	2004 年 1 月	私营
27	中沙乡	梅林二级	5	450(1×200) (1×250)	4000	180	309	2004 年 4 月	私营
28	水茜乡	增畲	42	500	1980	99	239	2004 年 10 月	私营
29	治平	高峰	125	1600(2×800)	—	—	1075	2004 年 10 月	私营

续表 22-4

序号	地址	电站名称	设计水头（米）	装机容量（台×千瓦）	年利用（小时）	年发电量（万千瓦时）	投资（万元）	投产年月	所属体制
30	方田	陂田	56	320(2×160)	—	—	210	2004 年 11 月	私营
31	曹坊乡	坪上	40	500	2280	114	142	2005 年 1 月	私营

2005 年宁化县水电站情况表

表 22-5

乡镇	电站（处）	装机（台）	容量（千瓦）	本年发电量（万千瓦时）	电站站名/台×容量	并网情况
县属电站	4	11	7375	2890	龙下 3×1250　乌龙峡 3×1000　东方红 3×125 寨头里二级站 2×125	县网
翠江镇	1	3	780	200	西溪 3×160	县网
城郊乡	3	9	1950	650	寨头里一级站 2×12　东溪 2×125+2×500 茶湖江 2×125+1×200	县网
城南乡	1	1	75	15	水口 1×75	县网
济村乡	3	5	550	200	溪源二级站 1×200+1×125　古背峡 2×75　溪源坝后 1×75	县网
泉上镇	3	5	845	320	泉上水库坝后 1×125　岩岭 2×200　延祥 2×160	县网
湖村镇	8	17	1820	650	石板桥 4×125　店上 2×160　红卫 1×55+1×40 太平山 2×55+1×125　甘木潭 1×75　莲花掌 1×125 下埠 2×160　龙沟曲 2×75	县网
石壁镇	4	9	1195	350	隆陂水库 1×200+1×125　二级 3×125　陂下 2×160 隆陂排上 1×100+1×75	县网
淮土乡	4	8	1735	530	桥下水库 1×200+1×125　二级 2×320　三级 2×160 彭沙地 1×250+1×200	县网
方田乡	4	6	980	450	水尾 2×160　大罗 1×55+1×125　陂田水库 1×320 泗坑 1×160	县网
安乐乡	8	11	1382	400	各溪 1×400+2×200　龙潭 1×75　龙地 2×75　马家 1×26 夏坊 1×125　黄庄 1×125　铜盘 1×55　（陈坊 1×26 自供）	省网
曹坊乡	7	10	1265	320	南坑 2×200　廖坑寨 2×75　黄坑 2×75　岩背坝后 1×25 二级 1×100　（三黄 1×40 自供）　坪上 1×400	省网
治平乡	2	4	2400	800	召光水库 2×400　高峰 2×800	县网
中沙乡	8	16	2895	550	白水寨 2×400　小岭 2×125　沙坪坝后 2×125　马嘴 2×75 武昌 2×160　双源 1×200+1×250　梅林二级 1×200+1×250 红门二级站 1×100+1×125	县网
水茜乡	8	10	1100	200	上谢渠道 2×125　赤岭 1×75　小寨 1×20　雷地 1×55 儒地 2×75　下付 1×75　洋畲 1×75　增畲 1×400	县网
安远乡	7	9	630	75	共青团 1×75　郑坊桥 2×75　郑坊 1×100　永跃 1×20 增坊 1×75　黄塘 2×55　张坊 1×100	县网
总计	75	134	26677	8600		县网

第二节　农网改造

1999年，宁化县被列入国家农网改造试点县建设，年底动工改造全县16个乡（镇）165个建制村电网。至2000年3月，共新架改造10千伏高压线路150公里，0.40千伏线路326公里，新立电杆7052条，铝线用量220吨，更换变压器316台，新装电表50682个。福建省电力公司共投入资金5710万元用于农网改造，其中，安远、泉上2座35千伏变电站投资890万元，沙坪、石壁、城关变电站技改投资170万元，10千伏及以下线路改造投资4650万元，受益农户5万户计25万人。2000年11月20日，34个无电自然村通电工程通过验收，农网改造覆盖208个建制村，100千伏以下网改99%，共投资8019.50万元。农网改造惠及广大农民，改造前全县城乡电价超每千瓦时1元的占70%，其中安远、水茜、济村等乡（镇）最高电价达每千瓦时1.30—1.80元，改造后同网同价，每千瓦时0.95—0.90元的电价占30%，每千瓦时0.80—0.70元的电价占30%，每千瓦时0.70元以下的电价占40%。

第三节　供电

一、变电站建设

（一）110千伏变电站

1993年2月，城东变电站在城郊乡高堑村动工建设，1993年12月25日，工程竣工，1994年1月8日，城东变电站投入运行，工程总投资1138万元。主变容量1×20000千伏安，35千伏出线有乌宁线、宁湖线、宁城线、沙宁线，总长度43.50公里；10千伏出线有宁化氮厂、东郊线及新三路，总长8.50公里。2001年技改，除110千伏线路保护装置换新外，其余均更换为DMP-300系列微机。城东变电站是宁化枢纽变电站，为全县经济发展提供电力保障。

（二）35千伏变电站

城关变电站　1972年2月建成，工程总投资22.05万元，主变容量3150千伏安，10千伏出线4回。1981年10月和2001年8月，先后两次增容技改，主变容量增至10000千伏安，35千伏进出线4回，10千伏公线4回，总投资182万元（其中110万元为农网改造资金）。1994年，城关变电站与城东变电站联网，原有丁坑口—城关线作为备用的网架结构，供电范围翠江、城郊、城南3个乡（镇）。

湖村变电站　1977年建成，工程投资59.20万元，主变容量2000千伏安，共有4条10千伏线路，1条石板桥电站联网线。1979年9月增容技改，新增3150千伏安变压器1台，主变容量增至5150千伏安。1994年4月第二次增容技改，主变容量增至9450千伏安，供电范围湖村镇辖区和县水泥厂、煤矿、钨矿。

石壁变电站　1998年11月建成。2001年技改后，主变容量1×2000千伏安，工程总造价315万元，供电范围石壁、淮土、方田、济村、治平5个乡（镇）。

.沙坪变电站　1999年11月建成。2001年4月增容，主变容量1×2000千伏安，工程总造价120万元，供电范围中沙、水茜、河龙、安远乡。

丁坑口变电站　1968年12月竣工，主变容量1×1800千伏安。2000年技改，主变增容为1×3100千伏，归清流供电所管辖，供电范围安乐、曹坊乡。

泉上变电站　属国家农网改造项目，2001年8月建成，投资360万元，主变容量3150千伏安，供电范围泉上镇辖区和泉上华侨农场。

安远变电站 属国家农网改造项目，2002 年 3 月建成，投资 530 万元，主变容量 3150 千伏安，供电范围安远乡。

二、输电线路

（一）110 千伏输电线路

1993 年 11 月，由三明供电局工程公司承建的清宁线动工建设；12 月 25 日，清宁线竣工。1994 年 1 月，投入运行，投资 227.25 万元。清宁线始于清流县坪背变电站，经青利坑、大基头村、暖水塘村、刘家村、危家坑、鱼龙林场，终至 110 千伏宁化城东变电站。全线长 17.212 公里，共有塔杆 50 基，其中铁塔 27 座，18 米双杆水泥杆 40 组，20 米双杆水泥杆 8 组。导线采用 LGJ-150/2 平方毫米。

（二）35 千伏输电线路

丁宁线 丁坑口至宁化城关，全长 13.80 公里，水泥杆 104 基，采用导线 LGJ-50 平方毫米，1972 年 2 月竣工，工程投资 22.05 万元。

龙宁线 龙下水电站至城关变电站，全长 11.30 公里，水泥杆 62 基，采用导线 LGJ-50 平方毫米，1980 年 12 月竣工。

宁沙线 沙坪水库至城关变电站，全长 19.60 公里，水泥杆 180 基，采用导线 LGJ-70 平方毫米。

禾城线（宁石线） 禾口至城关变电站，全长 15.40 公里，水泥杆 110 基，采用导线 LGJ-50 平方毫米。1987 年 10 月投入运行，造价 38.60 万元。1998 年 11 月 30 日，石壁变电站竣工，线路由 10 千伏改用 35 千伏，名称变更为宁石线。

乌宁线 乌龙峡水电站至城关 110 千伏变电站，全长 5.90 公里，水泥杆 35 基，采用导线 LGJ-50 平方毫米，造价 82 万元，1994 年 1 月投入运行。

宁城线 城东变电站至城关变电站，全长 5.13 公里，水泥杆 24 基，采用导线 LGJ-50 平方毫米，造价 71.21 万元，1994 年 1 月投入运行。

宁湖线 城东变电站至湖村变电站，全长 24.22 公里，水泥杆 156 基，采用导线 LGJ-70 平方毫米，造价 160.33 万元，1994 年 4 月投入运行。

沙安线 沙坪变电站至安远变电站，全长 20.55 公里，水泥杆 73 基，采用导线 LGJ-70 平方毫米，造价 100.90 万元（农网改造资金）。2001 年 2 月动工，7 月竣工，12 月投入运行。

湖泉线 湖村变电站至泉上变电站，全长 13.25 公里，水泥杆 65 基，采用导线 LGJ-70 平方毫米，工程造价 123.91 万元（农网改造资金）。2001 年 3 月动工，5 月竣工，12 月投入运行。

清湖线 清流至湖村，全长 20.50 公里，水泥杆 162 基，采用导线 LGJ-70 平方毫米，1978 年 6 月竣工，投资 59.20 万元。1994 年 1 月，城东 110 千伏变电站投入运行，新架设 35 千伏宁湖线，是年该线路被拆除。

三、供电网络

1988 年，宁化县仅有城关、湖村 2 座变电站。其他 14 个乡（镇）自发自供电，电压不稳定，供电质量差，大面积停电现象时有发生。1996—2003 年，宁化开展国家农村初级电气化试点县建设和国家农网改造试点县建设。至 2005 年，全县有 110 千伏线路 17.27 公里，35 千伏线路 136 公里，10 千伏线路 1054 公里，低压线路 2493 公里，变电站总容量 49750 千伏安，配电变总容量 76207 千伏安，形成以城东 110 千伏变电站为中心，覆盖全县的供电网络。安乐、曹坊 2 个乡直接与省电网联网，其他 14 个乡（镇）与县电网联接并通过城东 110 千伏变电站与省电网联网，实现省、县、农村三级联网。

第四节　用电

1988—1999 年 10 月，除湖村外，各乡（镇）用电由各乡（镇）水电工作站管理。2000—2005 年，实施农电体制改革和农网改造，用电划归各乡（镇）供电所管理，实现城乡同网同价，用电量逐年增加，用电结构也逐年变化。

一、用电量

1988 年，全县售电量 3654.86 万千瓦时；1990 年，全县售电量 4185.10 万千瓦时；1995 年，全县售电量 6061.25 万千瓦时；2000 年，全县售电量 6833.06 万千瓦时；2005 年，全县售电量 10885.19 万千瓦时。

二、购省网电

1991 年，县电力公司购省网电 2257.40 万千瓦时；1995 年，县电力公司购省网电 2360.80 万千瓦时；2000 年，县电力公司购省网电 1970 万千瓦时；2005 年，县电力公司购省网电 5000 万千瓦时。

三、用电结构

1988 年，工业用电 1829 万千瓦时，占宁化全年售电量的 50.04%。其中，县化肥厂生产用电 1539 万千瓦时，普通工业用电 290 万千瓦时。2005 年，县化肥厂用电 1628 万千瓦时，县水泥厂用电 1331 万千瓦时，硅厂用电 1464 万千瓦时，石磊矿业用电 288 万千瓦时，非普通工业用电 2305 万千瓦时，居民生活照明用电 2602 万千瓦时，商业用电 555 万千瓦时，农业用电 124 万千瓦时。

四、电费收取

1988—1998 年，乡（镇）及城区采用人工抄表核算电费，乡（镇）用户电费由乡（镇）水利电力工作站按月上户收取，城区用户在城内、城外两个收费点现金缴费。1999—2004 年，乡（镇）及城区逐渐由人工抄表收费改采用抄表机抄表，现金收费。2005 年，城区淘汰旧的用电系统软件，采用福州力合众智公司开发的用电营销系统，全年电费回收率 99.50%。

五、电价

1988—1999 年，乡（镇）电价由各乡（镇）水利电力工作站根据实际情况定价，价格不一，电价超每千瓦时 1 元的占 70%，其中安远、水茜、济村等乡最高电价每千瓦时 1.30—1.80 元。1999 年，城区居民生活用电每千瓦时 0.148 元，1995 年每千瓦时 0.266 元。2000 年后，经过实施农电体制改革和农网改造，实现城乡"同网同价"，居民用电每千瓦时 0.347 元。2005 年，居民照明用电每千瓦时 0.56 元，非居民照明用电每千瓦时 0.645 元，普通工业用电每千瓦时 0.645 元，商业用电每千瓦时 0.86 元，大工业用电每千瓦时 0.58 元，农业用电每千瓦时 0.35 元。

1988—2005 年宁化县供电公司供用电情况表

表 22—6　　　　　　　　　　　　　　　　　　　　　　　　　单位:万千瓦时

年份	供电量	售电量				
		合计	其　中			
			工业	照明	农业	其他
1988	3995.95	3654.86	2845.03	691.77	31.49	86.57
1989	4678.06	4334.40	3527.58	709.91	81.16	15.75
1990	4515.27	4185.10	3439.98	720.27	24.85	0
1991	4286.64	4022.00	3161.57	832.36	8.77	19.30
1992	5193.40	4545.53	3650.76	862.85	2.08	29.74
1993	5171.68	4836.09	3814.36	967.90	4.28	49.22
1994	5986.26	5529.37	4469.34	1030.53	2.11	27.39
1995	6758.65	6061.25	4886.35	1161.35	1.29	12.26
1996	6830.94	6025.99	4784.30	1219.29	0.05	22.35
1997	6920.56	6114.66	4831.52	1256.32	—	26.82
1998	7012.35	6279.09	4894.98	1366.80	1.10	16.21
1999	7523.21	6552.09	5298.04	1239.90	3.10	11.05
2000	7716.89	6833.06	5275.05	1537.21	3.20	17.60
2001	8025.56	7121.01	5495.39	1602.32	4.80	18.50
2002	8256.27	7221.87	5301.82	1898.94	—	21.11
2003	9258.40	7941.48	5481.35	2365.89	44.43	49.81
2004	10775.33	9523.13	6366.63	3073.73	39.56	43.21
2005	12610.18	10885.19	7202.52	3584.76	58.40	39.51

第五节　农村初级电气化建设

　　1992 年起，全县先后筹集资金 1800 万元，改建、新建水电站。1993 年，投资 1710 万元建成城东 110 千伏变电所。1994 年，县政府编制宁化县农村水电初级电气化规范，制定具体的电源、电网、资金、实施计划，投资 180 万元对湖村 35 千伏变电站进行技改，增容 4300 千伏安。1996 年，全县建成水电站 75 处，125 台，新增装机容量累计 4125 千瓦。总装机容量 2.0499 万千瓦，较基准年（1993 年）的 1.6492 万千瓦增长 24.30%，各类变电站总容量 47650 千伏安，较基准年（1993 年）的 19350 千伏安增长 146.25%。全县人均用电量 243 瓦，增长 30.60%，自供用电量占有率 60.30%。户均年生活用电 338 千瓦时，增长 94.20%，生活用电保证率 94%，户通电率 98.30%。县属电力企业固定资产总值 4560 万元，较基准年（1993 年）1340 万元增长 240.30%，电力企业实现利税总额 505 万元，较基准年（1993 年）241.02 万元增长 109.53%。同年宁化县被列入全国第三批农村水电初级电气化建设县。1997 年 12 月，宁化县电气化建设各项主要指标全部达标，并通过国家验收。

第六节　电力管理

一、管理机构

1988 年，宁化县电力公司内设办公室、计量室、工程师室、财务室、生产技术股、用电管理股、调度室、材料股，下设城区供电所、电力综合开发服务公司，干部员工共 186 人。1999 年 5 月 23 日，宁化县电力公司由三明市电业局代管，内设总支办公室、行政办公室、工会办公室、总工室、财务科、生产技术科、维护队、用电科、安监科、调度室、变电运行科、材料科和安装工程公司，下设城东变电所，城关、湖村、石壁、沙坪变电站及 13 个乡（镇）供电所。公司本部人员 212 人，农村电工 210 人。

2004 年 7 月，宁化县电力公司改制，成立宁化县供电有限公司，福建省电力有限公司占 80% 股份，县政府占 20% 股份。调整设立总经理工作部、政工部、纪检监察审计部、安监部、财经部、人力资源部、输变电站、生产技术计划部、营销部、工会及宝元公司。公司本部人员 197 人，农村电工 205 人。

二、供电管理

1988—1999 年 10 月，宁化县城区和湖村镇供电由宁化县电力公司管理，其他乡（镇）供电由乡（镇）水电工作站管理，乡（镇）小水电未并入大网，电压不稳定，线损率 48%。2000—2005 年，农电体制改革，各乡（镇）供电划归各乡（镇）供电所管理，乡（镇）供电所隶属宁化县电力公司。农网改造后，全县小水电并入大网，线损率减少到 12%。

2005 年宁化县乡(镇)供电所基本情况表

表 22-7

名　称	供电范围	变压器台数(台)	容量(千伏安)	管理人员(人)
城关供电所	城区、中山、红卫、双虹、小溪、高堑	69	11710	35
城郊供电所	城郊乡 9 个建制村	60	2130	23
城南供电所	城南乡 9 个建制村	22	1400	10
湖村供电所	县水泥厂、湖村镇 12 个建制村	30	2455	19
泉上供电所	泉上华侨农场、泉上镇 11 个建制村	45	4815	22
治平供电所	治平乡 12 个建制村	49	1650	16
中沙供电所	中沙乡 13 个建制村	32	1505	12
河龙供电所	河龙乡 8 个建制村	17	1010	9
安远供电所	安远乡 19 个建制村	86	3825	21
水茜供电所	水茜乡 15 个建制村	62	2805	15
济村供电所	济村乡 13 个建制村	39	1580	13
石壁供电所	石壁镇 22 个建制村	40	3425	22
淮土供电所	淮土乡 21 个建制村	34	2640	23
方田供电所	方田乡 8 个建制村	27	1170	7
安乐乡供电所	安乐乡 11 个建制村	44	2790	15
曹坊乡供电所	曹坊乡 14 个建制村	59	4295	14

三、用电监察

1988—1999 年，县电力公司每年开展一次城乡居民用电大检查，对厂矿企业用电大户进行定期用电监察，共查处违章用电 1218 起，处罚 1098 人，下发限期整改通知书 754 份。2000 年，查处违章用电 147 起，处罚 78 人，对 21 个违章用电单位下发限期整改通知书。2005 年，县供电公司加强对煤矿企业用电监察，在全县组织春、秋季用电大检查，全年查处违章用电 143 起，处罚 102 人，对 11 个违章用电单位下发限期整改通知书。

四、安全管理

1988—1992 年，县电力公司成立安全委员会和安全监察科，各发电、供电单位配备安全监督员。县电力公司每季度组织一次安全大检查，县水电局每年进行春、秋二次电力生产安全大检查，定设备、定区域、定人员分工负责，重大问题现场鉴定，制定措施，限期整改。1995 年，强化安全生产用电管理，逐级落实安全生产责任制，组织春、冬季电网安全大检查，查处安全隐患 389 处，限期整改。1999 起，每年发放、张贴用电安全宣传挂历、画册及标语，提高用电安全意识，增加用电安全知识。2003 年，开展"安全性评价"和"危险点控制"工作，组织春、冬季电网安全大检查，举办安全技术培训班 7 期，印发安全用电宣传画 3 万多张。2005 年，重新制定《安全生产奖惩规定实施细则》和《违章记分考核办法》，开展"安全性评价"和"反事故斗争"。

附：安全事故案例

案例一：1992 年 12 月 5 日，湖村变电所外线班对 10 千伏煤矿线路进行登杆检修，一名工作人员误登上层同杆架设的 10 千伏石板桥线，触电后从 8 米高处坠落稻田，左腿和右手被电弧烧伤，右手小指截除。

案例二：2000 年 3 月 21 日，厦门铁路工程公司三明顺达分公司一名施工人员在城郊乡马源村拆除 10 千伏线路电杆上导线时，电杆突然倒下，随电杆倒下的该名施工人员因头部被电杆压击死亡。

案例三：2000 年 6 月 13 日，淮土供电所一名电工私自拆装三相表，搭火时触及带电导线，从梯子上坠落，经抢救无效死亡。

案例四：2001 年 11 月 13 日，电力安装工程公司外线班一名临时工在电杆上组装泉上镇泉下村 10 千伏配网线路时，因未系安全带不慎从高空坠落，经抢救无效死亡。

案例五：2002 年 11 月 13 日，济村供电所在装运 10 米电杆过程中，所长指挥并参与工人将电杆抬放在超高的拖拉机斗支架上，电杆突然向前滑行，并从肩膀滑脱，该名所长因头部被电杆压击死亡。

卷二十三　国土资源管理

1988 年，宁化县国土资源管理推行用地审批，开展土地监察、土地详查、地籍调查、登记发证、地价评估、土地分等定价、划分全县基本农田保护区等工作。1989 年始，每年开展土地变更情况调查，逐步建立完整的土地利用现状数据库。1997 年，开展用地清查，查出未经批准非法用地 111 宗，并依法进行处理。2000 年，县政府把土地管理纳入乡（镇）工作考核重要内容。2001 年，宁化县获"全国土地执法模范县"称号。2002 年起，开展全县农村集体土地所有权登记，至 2005 年，共颁发"国有土地使用证"1.37 万本，面积 1.78 万公顷；"集体土地使用证" 6.83 万本，面积 733.06 公顷。同时加强矿产资源管理，组织编制《宁化县矿产资源开发利用与保护规划》，不断发展矿产市场，规范矿业经营，有序开发矿产资源。

第一章　土地使用权制度改革

第一节　国有土地有偿使用

1990 年 5 月 4 日，县政府制定《关于城区个人旧房改建用地管理若干规定》，规定 1987 年 1 月 1 日以后土地使用权发生变更的（含拆迁户 1987 年 1 月以后购买的现住房屋），应向县土地局地籍管理股（以下简称地籍股）申报并办理土地使用权变更登记，缴纳土地增值费。征收标准（每平方米）：一级地 40 元、二级地 30 元、三级地 20 元。是年，办理宅基地使用权变更登记 16 宗，收增值费 1 万元。1992 年，办理划拨土地使用权转让手续 155 宗，面积 2.51 万平方米，收取出让金 14.73 万元，收回土地使用权 3 幅，面积 3416 平方米，其中收回翠城影院闲置土地 900 平方米，出让给居民建住宅，收取出让金 18 万元；12 月12 日，宁化县首次拍卖横街国有土地 1063.12 平方米，平均每平方米 1401.74 元，拍卖金总额 149 万元。是年，成立宁化地产开发事务所，县土地局（2002 年更名为县国土局）作为出让方，协议出让国有土地使用权 9.40 万平方米，收取出让金 271 万元。调整土地出让金标准（每平方米）：一级地 25 元，临街宗地50 元；二级地 20 元，临街宗地 40 元；三级地 15 元，临街宗地 30 元；四级地 10 元，临街宗地 20 元。1993 年 6 月，成立宁化县地产交易所，承担土地使用权转让业务。1994 年，县政府颁发《宁化县土地市场管理的若干规定》，规定县政府垄断县城及建制镇的土地一级市场；商业性、经营性用地以出让方式提供用地，收取出让金；居民住宅、生产等非经营性用地采用行政划拨使用土地，收取耕地补偿费、耕地占用税、耕地开发基金、管理劳务费、教育附加费、评议粮价差、公路设施配套费等，严格加强原划拨国有土地使用权流转的管理。规定划拨土地使用权转让、出租、抵押，补交土地出让金为标定地价的 15%。

10 月成立土地估价所，负责地价评估。是年补办出让合同 42 宗，面积 3551.54 平方米，补收出让金 66143.25 元。

1996 年，县土地局重新规范划拨土地使用权转让办理程序。1997 年，县政府调整土地出让金为标定地价的 30%。2000 年，扩大国有土地使用权出让，搞活地产市场，全年办理国有土地使用权出让 47 宗，面积 17948.29 平方米，收取补办国有土地使用权出让金 133.36 万元；公开拍卖国有土地 2 宗，面积 11700 平方米，收取出让金 449.85 万元。至 2005 年，县国土局作为出让方，协议出让给单位、个人国有土地使用权 718 宗，面积 34.35 公顷，出让金 4020.51 万元。

第二节　集体土地有偿使用

1990 年，根据国务院《关于进行农村宅基地有偿使用试点，强化自我约束机制》的文件要求，县土地局在中沙乡下沙村搞试点，每年可收取宅基地使用费 4000 多元，收回村内空闲地 2003 平方米，批给 16 户村民建房，收取土地使用费 9000 多元。中沙、禾口、曹坊、安乐、泉上等乡（镇）试行土地使用权有偿转让。禾口乡第一期出让 30 幅地的使用权，每幅 54 平方米，共 1620 平方米，收取土地出让金 23.49 万元。

1991 年，全面推行农村宅基地有偿使用，全县有 42 个建制村，有偿使用 11252 宗地，面积 1333876.50 平方米，收取 93336 元，退地 155 宗 9874.50 平方米。在泉上、安乐、安远、淮土等乡（镇）引进土地有偿转让机制，总面积 4.83 公顷，收取土地资源费 84.83 万元。

1994 年《宁化县土地市场管理的若干规定》出台后，在坚持集体所有制和不改变土地用途的前提下，宁化县开展延长土地承包期和土地承包使用权有偿转让，向社会公开拍卖"四荒"（荒山、荒坡、荒丘、荒滩）经营使用权，允许农户将土地使用权转包、转让、租赁给专业户、联合体开发。2004 年，宁化县落实省政府《关于加强征地补偿管理切实保护被征地农民合法权益的通知》，开展对征用农民集体所有土地补偿费管理使用情况专项检查，规范土地补偿费发放，采取先安置后拆迁的办法，解决群众征地拆迁后顾之忧。

2005 年，宁化县制定下发《2005 年度各乡（镇）农村村民住宅建设用地土地补偿标准》和《关于加强农村村民住宅建设用地管理的通知》，加强征地补偿监督管理，切实保护被征地农民的合法权益。宁化县城东中学、宁化县体育中心征地补偿款 1095.80 万元全部按征地协议和补偿标准发放到被征地农民手中。

第二章　土地测绘与地籍管理

第一节　土地测绘

一、基础测绘

（一）三明市规划勘测设计院地形测量

1990 年 10 月，县土地局聘请三明市规划勘测设计院对宁化城区进行 25 平方公里的四等平面控制测量和约 5 平方公里的建成区 1：500 地形图测量，完成 1：500 测图面积 4 平方公里，控制面积 25 平方公里。1991 年 7 月，通过福建省测绘产品质量监督检验站（简称省测检站）、三明市测绘产品质量监督检验站（简称市测检站）、三明市土地管理局、县土地局、宁化县建设委员会 5 个单位的联合验收。

（二）江西省地矿测绘院数字化地形测量

2004 年 6 月至 2005 年 1 月，县城建局聘请江西省地矿测绘院在县城区规划范围内开展 1：500、1：1000 比例尺数字地形测量，1：500 数字化地形测量 10.79 平方公里，1：1000 数字化地形测量 7.61 平方公里，总面积 18.40 平方公里，2006 年 3 月 22 日，通过省测检站检查验收。

二、测量标志

（一）平面控制点

宁化县城周围老虎窠为国家二等三角点，黄家山为国家三等三角点，坐标系统为 1954 年北京坐标。1990 年，三明市规划勘测设计院进行城区 1:500 地形测量时，将其作为首级平面控制点。2002 年，福建省测绘局外业大队重新施测布设了 2 个全省统一的国家 C（三）级 GPS 控制点——Ⅲ136P、Ⅲ137P，一个在宁化至石城公路邻近石壁镇陂下村的分水坳右边的山上，一个在城南乡政府附近山上（2006 年，因修筑红色旅游公路，福建省测绘局将其迁移至城南福林山新建慈恩塔附近）。2004 年，江西地矿测绘院对宁化城区进行数字化地形测量，以这个新控制点为测区平面控制起算，并在宁化县城规划区 40 平方公里内施行测量四等 GPS 网（点）控制测量 94 点。

（二）高程控制点

1958 年由中国人民解放军总参谋部测绘局布设，福建省地震综合队 1974 年复测平差的广连 15 和广连 16 二等水准点，高程系统为 1956 年黄海高程系统，水准点的标石存护良好，并被 1990 年三明市规划勘测设计院测量城区 1:500 地形所利用。福建省煤炭学校测量队 1981 年在宁化城区周围施行测量的四等水准点宁城 6、城东 2、城南 1、城南 4，点位保存完好，属 1956 年黄海高程系统，为 2004 年江西地矿测绘院城区数字化地形测量用于测区高程控制起算。

三、图件管理

1995 年 7 月 10 日《中华人民共和国地图编制出版管理条例》颁布后，宁化县着手整顿地图市场。是年，全县清理、没收不合格地图 13 幅。2003 年 4 月，宁化县国土资源、工商行政管理、文化、教育等部门联合组成整顿小组，检查全县学校、新华书店等重点单位，没收不合格地图 25 幅，整改上墙版图 3 处。至 2005 年，全县共组织清理检查地图市场 15 次，检查中小学校 98 所（次）、书店 47 个，没收不合格地图 75 幅，整改上墙版图 13 处。

第二节　地籍管理

一、土地登记发证

（一）初始登记发证

1988 年 3—4 月，福建省土地管理局、县政府先后下发《关于加快开展城镇土地申报登记工作的通知》和《关于开展土地登记发证的通告》，县土地局以翠江镇、泉上镇为试点开展建设用地登记申报，翠江镇、泉上镇发证区域面积分别为 4.50 平方公里和 1.50 平方公里；1989 年 5 月，翠江镇、泉上镇建设用地申报登记分别为3292宗和896宗。1990年3月，县政府颁布《土地使用权登记发证实施细则》，开展全县土地使用权登记发证；12月20日，颁发首批土地证书，其中农村建设用地登记发证2738本。至1991年，共发放土地证书3505本，占申报数的84%。1993年年底，城镇和农村土地登记发证数达到福建省土地管理局规定应占发证数的85%以上的标准。2002年起，开展全县农村集体土地所有权登记，共有210个建制村申报，计320宗（含"飞地"）。至2005年，共颁发"国有土地使用证"1.37万本，面积1.78万公顷，"集体土地使用证"6.83万本，面积733.06公顷。

（二）变更登记

1990年，县土地局开始办理土地使用权转让变更登记，对房屋买卖中的宅基地使用权转让的管理进行大胆探索，办理土地使用权过户手续，并按地理位置差异每平方米收取土地使用权出让金（增值费）10—20元，全年办理宅基地使用权转让变更16宗，面积5.12公顷，收取出让金1万余元。1995年，印发《关于变更土地登记工作的若干规定》，建立健全城乡土地变更登记制度，全年办理土地使用权转让变更登记45宗，面积11.42公顷。至2005年，全县共办理土地使用权转让变更登记1187宗，面积52.24公顷。

（三）抵押登记

1994年6月10日，县土地局开始办理土地使用权抵押登记；全年办理土地使用权抵押登记17宗，面积13.89公顷，抵押金额390万元。2000年，全县办理土地使用权抵押登记121宗，面积47公顷，抵押金额3720万元。至2005年，全县共办理土地使用权抵押登记747宗，面积180.96公顷，抵押金额2.53亿元。

二、土地分等与定级

（一）农用地分等

2002年7月至2003年7月，县国土局与福州农科土地资源利用技术研究所合作成立技术工作小组，首次开展全县农用地（耕地）分等工作，依照部颁《农用地分等定级规程》和省国土资源厅《农用地（耕地）分等技术方案》，将全县耕地分为9等。

2003年宁化县耕地分等面积情况表

表23-1

类　别	一等地	二等地	三等地	四等地	五等地	六等地	七等地	八等地	九等地
面积(公顷)	552.76	2375.35	5132.35	4224.23	4258.84	3404.33	4019.69	4613.61	3731.83
比例(%)	1.71	7.35	15.88	13.07	13.18	10.54	12.44	14.28	11.55

一等耕地主要分布于石壁、泉上、水茜、安远等乡（镇）；二等耕地主要分布在曹坊、湖村、泉上、石壁等乡（镇）；三等耕地主要分布于安远、水茜等乡（镇）；四等耕地主要分布在安乐、安远等乡（镇）；五等耕地主要分布在安远、城郊、淮土等乡（镇）；六等耕地主要分布在安远、曹坊、城郊、石壁等乡（镇）；七等耕地主要分布在安远、城郊、水茜等乡（镇）的偏远山村；八等耕地大多数分布在安远、曹坊、济村、水茜等乡（镇）条件较差的山村；九等耕地主要分布在曹坊、治平等乡（镇）的高山村。

（二）县城土地定级

1991年3—9月，县政府开展并完成城区土地定级；12月通过省、市有关专家评审鉴定。城区定级范围为建成区3.30平方公里，北至机电厂，南至石窠口，东至观音村，西至金鸡山。经土地定级课题组和技术组编制技术方案，选择商业繁华度、交通通达度、公用服务设施完备度、农贸市场繁华度、环境条件优越度5个因素及其12个因子为城区分级因素，参照城区自然、经济、社会等方面上万个数据，修绘1：2000土地分级工作图，采用特尔斐法和因素成对比较法，确定各分级因素的权重值，再经各因素分析值计算、分值图的绘制与分级单元的划分，确定将城区318.66公顷土地划分为4个级别。

一级地　面积 14.37 公顷，占 4.51%，集中分布于南大街两侧和中山街与北大街交会处。北至县科委，南至县农资公司，东至县老干活动中心，西至宁化师范附属小学。

二级地　面积 40.47 公顷，占 12.70%。分布在一级地外围，北至教育局，南至青少年宫，东至直征税务所，西至县医院。

三级地　面积 87.43 公顷，占 27.44%。位于二级地外围，东面分布于玉林路、交警大队一带，西面分布在县烤烟厂、曹家山一带，北面分布在宁化第一中学、县公安局一带，南面分布于县酒厂、宁化第七中学、县电力公司一带。

四级地　面积 176.39 公顷，占 55.35%。位于三级地外围，主要分布在城区边缘的山坡上，呈不连续状分布。北面分布在宁化县职业中专学校、北山新村、鸡山新村一带，南面分布在伍家山、叶家山、小河坑、石窠一带，东面分布在县林委、城关粮油加工厂一带，西面分布在金鸡山、宁化第六中学、早禾排一带。

1992 年 8 月 5 日，省土地局下达《关于福建省城镇土地分等（试行）的通知》，把全省 68 个城镇划为 8 个土地等级，宁化为第八等。1997 年 12 月，县土地局依据县城镇建设现状，定级范围扩大至 6.70 平方公里（670.40 公顷）。其中，一级地面积 42.35 公顷，占 6.32%；二级地面积 159.39 公顷，占 23.78%；三级地面积 198.45 公顷；占 29.60%；四级地面积 270.21 公顷，占 40.30%。至 2005 年延续。

三、地价基准与评估

（一）基准地价

1994 年，县土地局组织技术人员以 1991 年县城土地定级为基础、以土地级差收益为核心和土地市场交易价格为参照，测算出县城各级土地商业、住宅、工业各用途用地的基准地价，呈报县政府审查。5 月 14 日，县政府公布《宁化县城区基准地价（试行）》，其中一级一类每平方米商业用地 750 元，住宅用地 450 元，工业用地 300 元，商业年地租 82 元；一级二类每平方米商业用地 638 元，住宅用地 383 元，工业用地 255 元，商业年地租 70 元。二级一类每平方米商业用地 455 元，住宅用地 273 元，工业用地 182 元，商业年地租 50 元；二级二类每平方米商业用地 410 元，住宅用地 246 元，工业用地 164 元，商业年地租 45 元。三级一类每平方米商业用地 392 元，住宅用地 235 元，工业用地 157 元，商业年地租 43 元；三级二类每平方米商业用地 310 元，住宅用地 186 元，工业用地 124 元，商业年地租 34 元。四级一类每平方米商业用地 264 元，住宅用地 158 元，工业用地 106 元，商业年地租 29 元；四级二类每平方米商业用地 164 元，住宅用地 100 元，工业用地 65 元，商业年地租 18 元。

依规定，基准地价依经济的发展和土地市场的发育每两年修订一次。

2005 年宁化县城区商业用地路线价情况表(一)

表 23-2　　　　　　　　　　　　　　　　　　　　　　　　　　　　　　　单位:元/平方米

级别	序号	路线号	街道名称	范围	路线价	修正幅度
I	1	L8	南大街北段	寿宁桥—农资公司	5505	±20%
	2	L11	新桥二路	东门桥—边贸大厦	4654	±20%
	3	L9	小溪路	红军桥—物资公司	4078	±20%
	4	L10	小溪下游	红军桥—农贸市场—交通局	3929	±20%
II	5	L12	南大街中段	农资公司—龙门路口	3303	±18%
	6	L7	江滨路	寿宁桥—皇冠大酒店	3143	±18%
	7	L5	北大街南段	寿宁桥—实验小学	3043	±18%
	8	L3	新桥一路	东门桥—中环路口	2989	±18%
	9	L4	中山路	金叶大酒店—五星路口	2325	±18%

续表 23-2

级别	序号	路线号	街道名称	范围	路线价	修正幅度
Ⅱ	10	L1	西大二路	物资公司—县医院—运明园	2306	±18%
	11	L13	南大街南段	龙门路口—新车站	1873	±18%
Ⅲ	12	L6	横街	寿宁桥—吊桥	1548	±16%
	13	L2	中环南路 新三路	翠江大厦—桑拿中心 城东广场——里亭	1285	±16%

2005 年宁化县城区商业用地路线价情况表(二)

表 23-3　　　　　　　　　　　　　　　　　　　　　　　　　　　单位:元/平方米

级别	序号	路线号	区片范围	区片价	修正幅度
Ⅰ	1	I1	江滨花园—边贸大厦—客运站	1799	±20%
	2	I2	新桥二路以北,南大街两侧	1751	±20%
	3	Ⅱ1	林业新村—龙门路,宁化第七中学以北—农资公司	1468	±18%
	4	Ⅱ2	朝阳新村以南—玉林路,中环路两侧	1188	±18%
Ⅱ	5	Ⅱ3	中山路以北,花心街,体育场以南至城关粮站	—	±18%
	6	Ⅱ4	运明园以南—西大一路—第二轻工业局宿舍	—	±18%
	7	Ⅲ1	龙门路以南—东方花园	—	±16%
	8	Ⅲ2	北大街以东—朝阳新村—紫竹新村—翠江明珠	—	±16%
	9	Ⅲ3	运明园以西,县烤烟厂以东	—	±16%
	10	Ⅲ4	曹家山以东,土产公司以西	—	±16%
	11	Ⅲ5	北山公园以南,花心街以北	—	±16%
Ⅲ	12	Ⅲ6	鸡山—宁化职业中专学校—合成氨厂	—	±14%
	13	Ⅳ2	宁石公路以南,曹家山以西—金鸡山—六中—金山染炽厂	—	±14%
	14	Ⅳ3	东方花园,农机培训站以南	—	±14%
	15	Ⅳ4	宁石公路以北,县烤烟厂以西—城隍岭	—	±14%

2005 年宁化县城区住宅用地路线价情况表

表 23-4　　　　　　　　　　　　　　　　　　　　　　　　　　　单位:元/平方米

级别	序号	路线号	区片范围	区片价	修正幅度
Ⅰ	1	I1	新桥二路以南、龙门路以北	855	±20%
	2	I2	永新弄、宁化师范附属小学以东、南大街以西	773	±20%
	3	I3	新桥二路以北、南大街以东	691	±20%
Ⅱ	4	Ⅱ1	宁化第七中学、龙门路以南、地税局以北	610	±18%
	5	Ⅱ2	翠江大厦以北、朝阳新村 20 米大街以南	610	±18%
	6	Ⅱ3	食品厂以北、西大路以南至环卫站	560	±18%
	7	Ⅱ4	城西路、宁化第一中学以南至中山街	495	±18%
	8	Ⅱ5	西大路以北、永新弄,客家宾馆以西至第二轻工业局宿舍	495	±18%
	9	Ⅱ6	新桥一路以南至翠江明珠	446	±18%

续表23-4

级别	序号	路线号	区片范围	区片价	修正幅度
II	10	III 1	地税局以南至新长途汽车站	413	±16%
	11	III 2	朝阳新村20米大街以北至松树园、紫竹新村	413	±16%
III	12	III 3	薛家坊（上进路）、新庙段片	413	±16%
	13	III 4	曹家山、五家山、小河坑，石寨口片	331	±16%
	14	III 5	城西路以北至北山公园	331	±16%
IV	15	IV 1	鸡山、城北新村、宁化职业中专学校、三明工贸学校、高垄村	250	14%
	16	IV 2	七〇四台以西至城隍岭	250	14%
	17	IV 3	金鸡山、宁化第六中学、早禾排、毛巾厂、小河坑片	210	14%
	18	IV 4	瑶上、铜锣坑片	210	14%

2005宁化县城区工业用地区片基准地价情况表

表23-5　　　　　　　　　　　　　　　　　　　　　　　　单位:元/平方米

级别	序号	区片号	区片范围	区片价	修正幅度
I	1	I 1	县烤烟厂片	155	±18%
	2	I 2	粮食加工厂片	150	±18%
	3	I 3	坤兴针织厂片	145	±18%
II	4	II 1	通用机械厂、林产化工厂片	135	±16%
	5	II 2	五家山仓储区	125	±16%
III	6	III 1	合成氨厂、机砖厂片	120	±14%
	7	III 2	机电厂、无线电一厂片	115	±14%
	8	III 3	制材厂片	105	±14%
	9	III 4	金山染织厂片、矿山机械厂片、城隍岭片	100	±14%

2005年宁化县乡(镇)商业用地基准地价情况表

表23-6　　　　　　　　　　　　　　　　　　　　　　　　单位:元/平方米

类区	乡(镇)	基准地价	修正幅度(%)
一类区	安远乡	420	±30%
	曹坊乡	425	±30%
	石壁镇	425	±30%
二类区	泉上镇	360	±25%
	湖村镇	360	±25%
	淮土乡	330	±25%
	安乐乡	320	±25%
	水茜乡	350	±25%
三类区	中沙乡	290	±20%
	河龙乡	260	±20%
	治平乡	280	±20%
	方田乡	260	±20%
	济村乡	260	±20%

2005 年宁化县乡(镇)住宅用地基准地价情况表

表 23-7　　　　　　　　　　　　　　　　　　　　单位:元/平方米

类区	乡(镇)	基准地价	修正幅度(%)
一类区	安远乡	230	±20%
	曹坊乡	200	±20%
	石壁镇	210	±20%
二类区	泉上镇	175	±18%
	湖村镇	180	±18%
	淮土乡	170	±18%
	安乐乡	160	±18%
	水茜乡	170	±18%
三类区	中沙乡	150	±15%
	河龙乡	120	±15%
	治平乡	135	±15%
	方田乡	120	±15%
	济村乡	120	±15%

2005 年宁化县乡(镇)工业用地基准地价情况表

表 23-8　　　　　　　　　　　　　　　　　　　　单位:元/平方米

类区	乡(镇)	基准地价	修正幅度(%)
一类区	石壁镇	90	±15%
	湖村镇	85	±15%
	泉上镇	85	±15%
二类区	中沙乡	75	±12%
	安远乡	75	±12%
	安乐乡	70	±12%
	曹坊乡	70	±12%
	淮土乡	70	±12%
三类区	河龙乡	65	±10%
	水茜乡	65	±10%
	治平乡	60	±10%
	方田乡	60	±10%
	济村乡	60	±10%

(二) 地价评估

1994 年 10 月 18 日, 宁化县土地估价所成立, 负责全县土地估价评估, 根据县政府公布的《宁化县城区土地基准地价》, 全年土地资产评估 74 宗, 面积 6573.40 平方米。2000 年, 全县土地资产评估 320 宗, 面积 85900 平方米。2004 年 6 月, 宁化县土地估价所撤销, 改由有资质的社会中介机构评估。至 2005 年, 全县土地资产评估 1902 宗, 面积 32.70 万平方米。

四、土地调查

(一) 土地详查

1988 年 3 月，县政府组织开展土地利用现状调查 (简称"土地详查")；1988 年 6 月至 1989 年 12 月完成外业调查；1990 年 1 月至 1993 年 3 月，由国家测绘科学研究所完成内业转绘；1993 年 4 月 22 日，通过福建省土地资源调查办公室和三明市土地管理局验收。经土地详查，全县土地总面积为 2462.59 平方公里 (1996 年变更调查，省级汇总确定为 2381.28 平方公里)，其中耕地占 13.80% (耕地坡度分布：0°—2° 占 16.42%，2°—6° 占 36.75%，6°—15° 占 28.86%，15°—25° 占 15.55%，>50° 占 2.42%)，园地占 0.80%，林地占 75.30%，居民点及工矿用地占 1.60%，交通用地占 0.80%，水域面积占 1.90%，未利用土地占 5.80%。查清各乡 (镇) 间的行政界线，各建制村村间的权属界线，以及各独立工矿区、国有林场的使用权界线，编制 1:10000、1:50000 土地利用现状图、权属图和 1:20000 乡级土地利用现状图等各种专题图件，建立完整的土地利用现状数据库 1 套，共 80 片 1.2BM 磁盘。此后，每年以上年 11 月 1 日至当年 10 月 31 日为时限，按准备阶段、外业调绘、面积量算汇总和成果整理 4 个阶段调查土地变更情况，变更调查成果逐级上报至国土资源部。2005 年，经土地详查，全县土地总面积 2407.19 平方公里，比 1996 年增加 25.91 平方公里。

(二) 地籍调查

县城地籍调查

1988 年 4 月，宁化县开展城镇土地申报登记试点工作。1990 年 3 月，依照国家土地管理局重新颁布的《城镇地籍调查规程》开展地籍调查，范围东至县合成氨厂，西至县矿山机械厂，南至铜锣丘，北至原县无线电一厂，区域以北大街、中山街、新桥路、南大街、西大路、小溪路等街道为界线，划分 10 个调查区，按街道号、街坊号、宗地号三级编号方式编制地籍号，首批调查 790 宗地，至 1994 年年底，累计调查县城 4859 宗地权属界址。1995 年 8 月，县土地局利用 1:500 县城地形图和地籍调查资料，采用编绘方式，编制县城 6.70 平方公里 1:500 的地籍图 108 幅。1996 年，县城地籍图编绘通过省、市土地管理局验收。

建制镇地籍调查

泉上镇镇区地籍调查　1990 年 4—10 月，调查镇区 896 宗地权属、界址、面积，作为"土地使用权证"发证根据。1992 年 8—10 月，县土地局测量队对镇区 1.10 平方公里土地进行地籍测量，绘制 1:500 地籍图 18 幅，通过省、市验收组验收。

湖村镇镇区地籍调查　1990—1993 年，调查镇区宗地权属、界址、面积。1994 年 6—11 月，县土地局测量队对镇区土地进行地籍测量，范围为天鹅洞路口以东，制材厂以西，湖村中学以南，翠湖水泥厂以北，实测面积为 0.97 平方公里，绘制 1:500 地籍图；1996 年年底通过市土地管理局验收。

石壁镇镇区地籍调查　1990—1993 年，调查镇区宗地权属、界址、面积。1995 年 5—11 月，县土地局测量队进行地籍测量，范围为陶瓷厂以西，卫生院以东，石壁溪以北，宁化县第二中学以南，实测面积为 0.73 平方公里，绘制 1:500 地籍图，1996 年年底通过市土地管理局验收。

村庄地籍调查

1990 年 3 月起，开展全县农村集体土地建设用地初始地籍调查，主要调查宗地权属、界址、面积；至 1992 年年底，共完成 4.61 万宗地籍调查，面积 520.36 公顷，同时完成湖村镇 10 个建制村 1688 宗地地籍测量，面积 29.40 公顷。至 2005 年，累计调查国有土地使用权 1.37 万宗，面积 1778.67 公顷，集体土地建设用地使用权 6.83 万宗，面积 733.06 公顷。

变更地籍调查

1990 年起，开展变更地籍调查，对权属界线发生变化的宗地进行变更地籍调查，修正原宗地图表，将调查结果绘制在地籍图上，保持地籍资料的延续性和现实性。全年完成城镇变更地籍外业调查 1704 宗，面积 23.03 公顷。1995—2000 年，共完成变更地籍外业调查 5290 宗，面积 47.73 公顷。至 2005 年，全县完成变更地籍外业调查 12600 宗，面积 139.79 公顷。

第三章　土地利用保护与开发

第一节　土地规划

一、1993—2000 年规划

1993 年 9 月至 1994 年 11 月，县政府组织编制《宁化县土地利用总体规划（1993—2000 年）》。1995年 1 月 19 日，县政府召开土地利用总体规划论证会议，形成《会议纪要》。1995 年 3 月，通过省、市土地管理局联合审查小组验收和省土地利用总体规划领导小组办公室审查。

《宁化县土地利用总体规划（1993—2000 年）》以 1993 年为基期年，2000 年为规划目标年，2010 年为展望年。确定 2000 年宁化县土地利用目标：耕地面积稳定在 3.22 万公顷，将耕地净减少控制在 200 公顷以内；改善农业用地结构，烤烟等高优经济作物种植面积稳定在 1.33 万公顷，园地面积稳定在 1.87 万公顷；复垦耕地 800 公顷，改造中低产田 2333.33 公顷，综合治理水土流失地 1.07 万顷。

二、1997—2010 年规划

1997 年 10 月 28 日，县政府下发《关于开展 1996—2010 年县乡两级土地利用总体规划编制、修订工作的通知》，成立县级土地利用总体规划修编工作领导小组。1997 年 11 月至 1998 年 6 月，组织编制《宁化县土地利用总体规划（1997—2010 年）》。1998 年 7 月 3 日和 8 月 6 日，县级土地利用总体规划修编工作领导小组先后召开土地规划与城镇规划协调会和论证会；11 月 9 日，县政府常务会议通过规划方案。1999 年 4 月 2 日—3 日，省、市土地主管部门在三明市召开《宁化县土地利用总体规划》评审会。2000 年12 月 8 日，福建省国土资源厅（简称省国土厅）下发《福建省国土资源厅关于宁化县土地利用总体规划的批复》。

《宁化县土地利用总体规划（1997—2010 年）》以 1996 年为基期，2000 年为近期规划年，2010 年为目标年，确定规划期内全县土地利用的目标：开展土地整理，复垦增补耕地 733.40 公顷，开发耕地后备资源 393.30 公顷，2000 年全县耕地保有量 3.27 万公顷，2010 年保有量 3.28 万公顷，规划期内净增耕地146.60 公顷。充分利用和改造现有园地，开发园地后备资源，2000 年园地面积保有量 3510.60 公顷，2010年 3856.10 公顷，规划期内净增园地 345.50 公顷。2000 年，林地面积保有量 17.69 万公顷，森林覆盖率达68%；2010 年，林地保有量 17.64 万公顷，森林覆盖率 70%。提高时有耕地的综合生产力，2000 年改造中、低产田 2152 公顷，2001—2010 年达到 3466.70 公顷。综合治理水土流失，改善生态环境，至 2000 年治理 3311 公顷，2001—2010 年治理 8279 公顷。严格建设用地管理，控制非农业建设占用耕地，到 2000年非农业建设占用耕地控制在 100.10 公顷以内，2010 年控制在 186.60 公顷以内；严格控制城镇建设用地规模，新建项目用地占用耕地 2000 年控制在 28.50 公顷以内，2010 年控制在 79.10 公顷以内。

《宁化县土地利用总体规划（1997—2010 年）》将全县土地划分为农业用地区、园地区、林业用地区、城镇建设用地区、村镇建设用地区、独立工矿用地区共 6 个一级区，基本农田保护区和一般农田区 2 个二级区，自然和人文景观保护区、特定水土保持区 2 个复区。规划城镇村庄非农建设用地总规模控制数，安排 43 项重点工程建设用地，其中县城到 2010 年用地总规模 728.40 公顷，占用耕地 88.90 公顷，并将

1997—2010 年非农建设占用耕地控制指标 286.70 公顷和开发耕地后备资源、农地整理、旧宅基地复垦补充耕地指标 1126.70 公顷，分解到项目乡（镇）。

2000 年 3—6 月，各乡（镇）先后编制乡（镇）级《土地利用总体规划（1997—2010 年)》。

三、规划局部调整

经省、市政府批准，宁化县于 2002 年调整 4 个建设项目用地规划，面积 6.18 公顷，其中耕地 4.18 公顷；2003 年调整 25 个建设项目用地规划，面积 95.92 公顷，其中耕地 26.67 公顷；2005 年调整 13 个建设项目用地规划，面积 38.10 公顷，其中耕地 8.51 公顷。

第二节 土地开发整理

一、垦荒造田

1988 年 3 月，县土地局制订《关于保护耕地、鼓励开垦耕地的暂行办法》，全县零星开发水田 27.93 公顷、农地 17.06 公顷，复垦抛荒水田 5.20 公顷。1989 年，全县零星开发水田 38.31 公顷、农地 2.80 公顷，复垦水田 22.40 公顷。1991—1992 年，为弥补省水口水电站建设占用的大量耕地，全县垦荒造田 73.33 公顷。1993 年 5 月和 1994 年 4 月，县政府先后下发《关于保护和稳定耕地的若干规定》和《宁化县开发耕地管理规定》，全县零星开发水田 54.23 公顷、农地 3.70 公顷，复垦抛荒水田 44.90 公顷。1995—2000 年，全县零星开发水田 167 公顷、农地 15.40 公顷，复垦抛荒水田 110 公顷。2002 年，复垦洪灾损毁耕地 33.33 公顷，2005 年，复垦洪灾损毁耕地 39.11 公顷。

据统计，1988—2005 年，全县新增耕地 471.16 公顷，其中水田 414.83 公顷，旱地（又称农地）56.33 公顷；复垦水田 222.40 公顷。

二、土地整理

2002 年始，宁化县为提高耕地质量，增加有效耕地面积，改善农业生产条件和环境，泉上、湖村、石壁等 3 镇经省国土厅批准立项进行土地整理。

（一）泉上镇泉正、泉永片土地整理项目

2002 年 11 月向省国土厅申报，2003 年 3 月立项。由福建省地质测绘院测量、福建大地土地开发整理工程设计公司规划设计和预算投资。2003 年 11 月，省国土厅和省财政厅批复该项目规划设计和投资预算。2004 年 1 月，由承建商厦门中铁建设公司开始施工，2005 年 8 月竣工。该项目规模面积 289.91 公顷，新增耕地 29.54 公顷，总投资 908 万元，其中省拨耕地开发专项补助资金 726 万元，县配套资金 182 万元。

（二）湖村镇湖村片土地整理项目

2004 年 1 月向省国土厅申报，9 月立项。由福建省第一测绘院进行测量、福建省大地土地开发整理工程设计公司进行规划设计和投资预算。该项目分两期：陈家村、邓坊村一片为第一期，巫坊、湖村、石下、黎坊、龙头一片为第二期（2006 年 10 月动工）。第一期于 2005 年 4 月经省财政厅、省国土厅批复规划设计和投资预算，10 月由宁德市水利电力工程局开始施工。第一期规模面积 291.64 公顷，新增耕地 29.49 公顷，总投资 875 万元，省下拨耕地开发补助资金 872 万元。

（三）石壁镇立新、小吴片土地整理项目

2005 年 5 月向省国土厅申报，8 月立项（含立新、小吴、杨边、石碧、拱桥、江家村）。由辽宁地矿测绘院福州分院进行测量、三明闽地土地利用规划设计有限公司规划设计和预算投资。项目规模面积290.63公顷，新增耕地23.37公顷，总投资887万元，省下拨耕地开发补助资金872万元。项目于2006年12月动工。

第三节　基本农田保护

1989年，县土地局将县城规划区范围内的水田、菜地划为耕地保护区。1992年，县土地局根据省土地局制定的《福建省基本农田保护区管理暂行规定》，开展基本农田保护区的试点工作，划定中沙乡基本农田保护区666.67公顷，分片竖牌立标，明确界址、面积与保护责任人。至1993年，全县各乡（镇）先后试点设立基本农田保护区共109片1.01万公顷。

1994年4—11月，县政府颁发《宁化县基本农田保护区管理暂行规定》，批转县土地局、县农委制定的《宁化县划定基本农田保护区规划》，县土地局制发《宁化县划定基本农田保护区工作方案》和《宁化县划定基本农田保护区技术方案》，全县共划定基本农田保护区1448片2.48万公顷，占全县耕地2.92万公顷的85%。1994年12月和1995年1月，先后通过市、省土地管理局验收。

1994年宁化县基本农田保护区面积情况表

表 23-9

项目 乡镇	利用 类别	保护 片数	保护面积 （公顷）	作物总产量 （吨）	作物总产值 （万元）	耕地总面积 （公顷）	保护比率 （%）	保护牌数 （个）
翠江镇	水田	19	370.73	3674.11	734.80	540.87	68.54	4
泉上镇	水田	45	2090.63	13346.83	1176.07	2318.53	90.17	10
湖村镇	水田	41	1636.40	13246.00	1718.09	1883.80	86.87	7
石壁镇	水田	101	1689.87	13761.70	2517	1991.93	84.84	6
城郊乡	水田	112	2107.97	16934.93	2064	2374.40	88.78	6
淮土乡	水田	56	1335.33	13508.80	1589.26	1607.60	83.05	10
济村乡	水田	264	1512.35	8048.10	450.60	1826.00	82.82	5
方田乡	水田	62	915.05	5218.52	422.70	1076.53	85.00	6
城南乡	水田	94	918.40	7229.85	1016.53	1069.67	85.86	5
安乐乡	水田	155	1373.07	7310.37	525.20	1616.40	84.98	6
曹坊乡	水田	96	2019.92	19433.08	2331.96	2352.47	85.86	12
治平乡	水田	67	457.13	3673.10	546.40	556.53	82.14	3
中沙乡	水田	138	1458.47	12731.90	891.23	1715.80	85.00	15
河龙乡	水田	63	811.58	5729.40	712.30	954.80	85.00	4
水茜乡	水田	83	2878.87	8264.90	2320.70	3491.93	82.44	10
安远乡	水田	45	3015.73	19163.70	161.80	3549.07	84.97	10
国营农林场	水田	7	215.17	485.73	181.48	240.67	84.40	6
合计		1448	24806.67	171761.02	19360.12	29167.00	84.05	125

1995年，市政府批准《宁化县人民政府关于要求批转实施划定基本农田保护区成果的请示》，市长与县长、县长与乡（镇）长、乡（镇）长与村主任逐级签订《基本农田保护区责任书》。县政府发布《宁化县人民政府关于基本农田保护公告》，县土地局制定《关于严格依法审理报批占用耕地的建设用地的有关

规定》。1996年9月，县人大常委会、县政府对保护区进行专项执法检查。1997—1998年，县土地局先后向省土地局申领"基本农田使用许可证"，建设河龙、庙前、淮土、石壁4所中学和改建建文线中沙至安远公路，并按规定补划同等质量的耕地。

　　1998年7月至1999年8月，根据《福建省人民政府关于开展全省基本农田保护区核查工作意见的通知》，县政府制定实施《宁化县基本农田保护区核查工作实施方案》，核查全县基本农田保护区，共核定基本农田保护片1081片，面积2.83万公顷（其中水田2.77万公顷、旱地609.26公顷），基本农田保护率86.90%，通过三明市基本农田保护区核查领导小组验收，颁发《三明市基本农田保护区划定验收鉴评书》。2000年4月27日，县、乡（镇）、村再次逐级签订《基本农田保护责任书（1999—2003年）》。2002年，开展全县基本农田调整补划，调整保护区30处，面积42.85公顷；补划保护区7处，面积47.16公顷。调整补划后全县保护区1087片，面积2.83万公顷（其中水田2.77万公顷、旱地608.38公顷），保护率86.91%。2004年4月26日，县、乡（镇）、村第三次逐级签订《基本农田保护责任书》。2005年全县基本农田保护面积未变。

1999年宁化县基本农田保护区核查面积情况表

表 23-10 　　　　　　　　　　　　　　　　　　　　　　　　　　　　　单位：片、公顷

项目 乡镇	保护片数	面积			1996年10月31日土地详查耕地面积	基本农田保护率
		面积小计	其中：耕地			
			水田	旱地		
翠江镇	19	386.52	371.27	15.25	493.30	78.35
泉上镇	39	2210.84	2210.84	0	2407.61	91.83
湖村镇	41	1777.23	1772.79	4.44	2063.18	86.14
石壁镇	101	2215.91	2057.16	158.75	2510.60	88.26
城郊乡	111	2560.67	2535.85	24.82	2993.22	85.55
淮土乡	56	1681.39	1517.73	163.66	1948.00	86.31
济村乡	44	1590.73	1588.29	2.44	1888.01	84.25
方田乡	62	1152.26	1145.81	6.45	1368.60	84.19
城南乡	94	1039.83	992.64	47.19	1221.13	85.15
安乐乡	154	1687.52	1653.35	34.17	1868.70	90.30
曹坊乡	96	2542.37	2542.37	0	3107.80	81.81
治平乡	62	823.37	708.12	115.25	1009.50	81.56
中沙乡	26	1681.39	1386.10	23.57	1601.51	88.02
河龙乡	48	836.40	823.13	13.27	924.68	90.45
水茜乡	83	2891.19	2891.19	0	3305.10	87.48
安远乡	45	3468.46	3468.46	0	3826.89	90.63
合计	1081	28274.36	27665.10	609.26	32537.83	86.90

2002 年宁化县基本农田保护区调整补划面积情况表

表 23-11　　　　　　　　　　　　　　　　　　　　　　　　　　　　　　　单位：片、公顷

项目 乡镇	保护 片数	面积			1996 年 10 月 31 日土地详 查耕地面积	基本农田 保 护 率
		面积小计	其中耕地			
			水田	旱地		
翠江镇	19	378.80	365.27	13.53	493.30	76.79
泉上镇	39	2210.84	2210.84	0	2407.61	91.83
湖村镇	41	1777.23	1772.79	4.44	2063.18	86.14
石壁镇	102	2215.98	2055.99	159.99	2510.60	88.26
城郊乡	112	2562.87	2538.05	24.82	2993.22	85.62
淮土乡	56	1681.39	1517.73	163.66	1948.00	86.31
济村乡	44	1590.73	1588.29	2.44	1888.01	84.25
方田乡	62	1151.26	1144.81	6.45	1368.60	84.12
城南乡	93	1018.62	971.43	47.19	1221.13	83.41
安乐乡	154	1684.52	1653.35	34.17	1868.70	90.30
曹坊乡	98	2568.35	2568.35	0	3107.80	82.64
治平乡	64	830.65	715.40	115.25	1009.50	82.28
中沙乡	26	1408.20	1385.03	23.17	1601.51	87.93
河龙乡	48	836.40	823.13	13.27	924.68	90.45
水茜乡	84	2892.05	2892.05	0	3305.10	87.50
安远乡	45	3467.76	3467.76	0	3826.89	90.62
合计	1087	28278.65	27670.27	608.38	32537.83	86.91

第四章　　用地管理

第一节　征地管理

一、征地补偿

（一）补偿标准

1988 年，宁化县征地补偿标准按照县政府宁政〔1982〕22 号文件规定执行。（1）征用农田，补偿近 3 年的产量产值，产品单价按国家规定价格计算（下同）。（2）征用种有作物的农用地和宅基地，补偿近两年产量产值。（3）征用种植有多年经济作物如油茶、食茶、油桐的山地及池塘，补偿当年的产量产值和原来的投资成本。（4）社员承包的鱼塘和自留地被征用后，补偿费发给生产队，由生产队依青苗补偿和中止合同造成的实际损失酌情发给社员，并给另行安排自留地。（5）对无收益的荒山、城区内闲置的宅基地和其他空地，均可无偿征用。

1985 年 10 月 12 日，县政府下发《宁化县人民政府关于征地拆迁暂行规定》，补偿标准：（1）征用水田、鱼塘、农用地按被征用前 3 年平均年产量乘国家定购价 5 倍补偿。无征购任务的开垦地，种植时间不超过 3 年的，按水田补偿标准折半补偿；种植 3 年以上的 7 成补偿；荒芜的不予补偿。（2）征用竹木林地，成林补偿砍伐费和运输费（运至最近贮木场），幼林酌补工本费，中林按成幼林补费标准酌补。被征地上砍伐的林木归原经营者所有。如用地一方需要保留林木的，按实折价补偿。征用人工营造的竹木林地，土地开发费按水田补偿标准 20% 补偿。（3）征用果木地，未产果的酌补工本费，已产果的按征地前两年平均产值的 3 至 7 倍补偿。（4）青苗费，按年产值 50% 补偿。（5）安置补偿费，有征购任务的耕地，按被征地年产值两倍补偿，非耕地和其他无征购任务的土地不付安置补助费。2005 年延续。

（二）城区补偿费

1987 年至 1988 年 6 月，城区建设征用水田、菜地，每平方米 10—13 元。1988 年 6 月—1989 年，每平方米 19—26 元。1990—1991 年，每平方米 30—45 元。1992—1995 年，每平方米达 55—65 元；1996—2005 年，每平方米 70—80 元。

第二节　建设用地管理

一、用地审批

（一）计划指标用地审批

1987 年始，实行建设用地年度计划控制指标管理；至 1996 年，宁化共有建设用地计划指标 283.83 公顷，其中使用耕地指标 108.75 公顷。共审批新建设用地 235.93 公顷，其中使用耕地 94.57 公顷。1997—1998 年，中央冻结审批耕地转建设用地。

（二）新村建设用地审批

1988—1990 年，宁化县农村个人建房用地，由个人申请、政府审批，分散建设。1991 年 11 月 30 日，县政府下发《关于加强村镇规划建设管理工作的若干意见》，要求先规划后建设，合理、节约用地，是年，审批新村建设用地 1095 项，面积 11.38 公顷。1996 年 12 月 16 日，县政府下发《宁化县人民政府关于整治村容村貌的若干规定》，规定小康村一次规划，分年实施。县城规划区范围内的新村建设用地，以个人申请、县建设局规划、县土地局审核、县政府批准和县土地局统一征地出让给房地产公司开发后再转让给个人建房两种方式提供，全年审批个人建房用地 1029 宗，面积 10.14 公顷。2000 年，审批新村建房用地 476 宗，面积 3.73 公顷。至 2005 年城区先后开发朝阳新村、紫竹新村、松树园新村、黄坑口新村、城东小区新村、东方段新村、流水坊新村、林业新村、农业新村、金鸡山新村和鸡山新村，新村建设用地面积 666.76 公顷。

（三）征、占林地、农用地审批

1994 年 7 月 19 日，县林委、县土地局联合下发《关于加强征占用林地审核管理及收取四项费用的通知》，规定征用、占用林地（包括郁闭度零点三以上的乔木林地、疏林地、灌木林地、采伐迹地、火烧迹地、苗圃地和国家规划的宜林地）0.067 公顷以下、66.67 公顷以下、133.34 公顷以下分别须经县、市、省林业主管部门审核。农民建房占用林地的向林业站申请，经林业站、土地管理所联合实地调查测量、签署意见，土地管理所审查办理占用林地审批手续，报乡（镇）政府批准后，缴纳森林植被恢复费。国家建设、乡（镇）建设征、占林地的，应提交经批准的建设项目设计任务书或相关部门批准的申请用地报告、所征占用林地权属凭证办理报批手续，县林委、县土地局指定专人到实地调查测量，用地单位填报《征占用林地申请表》，经山、林所有权单位、林业站签署意见后，报县林委按审批权限审批，并缴纳林地补偿费、林木补偿费、安置补助费、森林植被恢复费。

1999 年 1 月 1 日起，实行新的《中华人民共和国土地管理法》，按照国家规定的建设征地审批权限办理农用地转用审批手续。2000 年起，实行征地"两公告一登记"（征地公告、补偿登记和补偿安置公告）。2001 年 7 月起，实行建设项目用地预审制度。至 2005 年，经省政府批准的建设用地总面积 157.10 公顷，批准农转用 148.76 公顷，其中耕地 71.76 公顷。国家、集体、个人建设（新建）实际供地 133.41 公顷，其中使用耕地 48.89 公顷。

（四）预收守法保证金

1989 年起，预收建设用地守法保证金，县城规划区内标准为：个人建房用地每户 500 元，单位用地县政府批准的，每项非耕地 1000 元，耕地 2000 元；市政府批准的每项非耕地 2000 元，耕地 3000 元；省政府批准的每项非耕地 3000 元，耕地 4000 元。农村用地守法保证金收取标准由乡（镇）政府决定，土地管理所预收。1992 年 11 月 1 日起停收。

（五）计生户建房

1990 年 4 月 6 日，县土地局、宁化县计划生育委员会联合下文规定村民（居民）申请建房，必须先经乡（镇）计划生育办公室核实、由乡（镇）计划生育办公室出具证明后，乡（镇）土地管理所方可审批，并规定独生子女户可享受双份住宅用地照顾。1996 年 4 月，县土地局要求各乡（镇）土地管理所优先审理报批实行计划生育家庭的建房用地申请，优先安排独生子女户、二女计划生育户的建房用地，并规定农村独生子女户可按两个子女份额安排宅基地面积，即农村每一独生子女户增加 20 平方米以下宅基地。2005 年延续。

（六）国家、集体、个人建设用地

国家建设用地　1988—1998 年，宁化县国家建设用地 636 宗，面积 208.89 公顷，其中新建 297 宗，用地 169.49 公顷。县城用地较多的工程为中环路、城东小区、宁化第七中学、南大街皮防院、双虹综合楼、明福大厦、居民新村、县地税局、县公路稽征所、县移动公司通讯楼等。

1999—2005 年，宁化县国家建设用地 266 宗，面积 152.64 公顷，其中新建 95 宗，用地 133.41 公顷。县城用地主要供地项目为翠江河两岸防洪堤，东方段东方花园商品房，县检察院大楼，牛心坝新汽车站及宿舍楼，朝阳新村第五、六期商品房，紫竹新村县农业局大楼，中环路西侧住宅小区，中环东路住宅小区，城东广场第一、二期商品房，天鹅大厦，宁化县新华书店，翠江大厦，县法院，宁化县体育中心，财富大楼，翠江明珠商品房，宁化县华侨经济开发区（城南工业园区）等。

乡、村集体建设用地　1988—2005 年，全县用于建设乡村公共设施、村部、学校的集体建设用地共 159 宗，用地 18.73 公顷。

个人建房用地　1988—1998 年，个人新建房用地 1.46 万宗，占地 137.19 公顷。其中，耕地 14.48 公顷，旧房改建 1.40 万宗，占地 118.93 公顷。1999—2005 年，个人新建房用地 3669 宗，占地 32.77 公顷。其中，耕地 0.56 公顷，旧房改建 3687 宗，占地 39.77 公顷。

第三节　用地监察

一、法制宣传

1988—1989 年，开展《中华人民共和国土地管理法》《福建省土地管理实施办法》和其他土地法律法规宣传活动。1991 年起，每年 4 月 22 日、6 月 25 日和 8 月 29 日前后围绕"世界地球日""土地日""测绘日"等主题，开展系列大型宣传活动。1994 年 4 月，县土地局获省土地局"1993 年度全省土地管理宣传工作先进单位"。至 2005 年，共召开座谈会、报告会、演讲会等各种宣传会议 854 场次，讲授国土教育课 801 次（节），举办土地业务知识培训班 44 期，分发年画、贺年明信片、挂历、世界地球日和全国土地日特刊等 14.40 万张（份），印刷、制作、张贴、悬挂宣传标语、宣传牌、宣传画 1.60 万张（条、块、幅），印发宣传小册子和宣传材料 1.56 万份（册），广播宣传 1433 天（次），放映幻灯、电视、录像 1602 场（次），举办文艺晚会大型采街宣传活动 153 场（次），组织新闻稿件 67 篇。

二、土地监察

1988 年，县土地局内设监察股，各乡（镇）设土地管理所，村级设兼职土地管理员，根据中发〔86〕07 号文件、闽委〔86〕09 号以及宁委〔87〕04 号文件精神，对 1982 年以来非农业建设用地进行清查，全县共查出违法占地 5966 户，面积 43.30 公顷。按照宁政〔87〕36 号、37 号文件规定对违法占地进行处理，拆除房屋 19 座，督促违法占地者补交土地使用费 25.99 万元，退还耕地 17 亩。

1992 年 7 月，县法院成立驻县土地局行政执法联络室。1995 年 6 月，宁化县土地监察大队成立，与县土地局监察股股队合一。制定《土地执法人员守则》《土地监察工作须知》《土地执法巡回检查制度》，依照"严格监督、严肃查处、预防为主"的方针，坚持放样—验基—中间检查—验收一条龙跟踪管理制度和日常监督与半年、年终执法检查相结合的动态监察，严格土地执法，建立健全四级（县、乡<镇>、村、小组）监察网络。全年查处单位违法占用土地案件 1 起，面积 87 平方米；查处个人少批多占土地案件 2 起；制止违法用地 35 起；清理历史遗留的各类建设未批先用土地 63.41 公顷。1997 年 5 月，宁化县监察局与县土地局联合成立"宁化县土地行政执法监察联络室"。1997 年 7 月，县政府下发《关于开展非农业建设用地清查的通知》，组织清查全县 1991 年 1 月 1 日至 1997 年 4 月 14 日的非农业建设用地，查出未经批准非法用地 111 宗，面积 13.11 公顷，其中占用耕地 3 公顷；非法批地 56 宗，面积 0.91 公顷，其中耕地 0.61 公顷；少批多占 834 宗，面积 1.20 公顷，其中耕地 581 平方米；私自转让 134 宗，面积 1.47 公顷，私自抵押 247 宗，面积 3.47 公顷；改变批准用途 3 宗，面积 0.10 公顷；闲置土地 24 宗，面积 1.43 公顷。对于违法用地户（单位），分别给予立案查处、注销非法批地文件、补交出让金、收取土地使用费、土地闲置费及其他相关税费，重新办理用地审批手续或变更登记手续等处理。1998 年，配备土地执法监察专用车 1 辆、摩托车 16 部和执法人员通信工具。2000 年，坚持每月组织一次土地巡回检查，全年制止土地违法行为 76 起面积 10375.23 平方米；拆除单位、个人违法抢建 9 起，面积 388.16 平方米；查处单位土地违法案件 2 起，面积 1363.86 平方米，罚款 2.04 万元；查处个人非法占用基本农田案件 4 起面积 246.38 平方米。

2005 年，开展执法大检查，制止违法用地 30 起，非法采矿 20 起，制止率 100%。全县有县级专职监察员 8 人，特邀监察员 30 人，乡级专职监察员 16 人，特邀监察员 80 人，村级兼职监察员 210 人，村民小组土地协管员 2073 人。

第四节 土地管理创建活动

一、创建"六无"村

1988 年年初，县土地局开展创建农村土地管理"六无"（无擅自占地、无占田建房、无越权审批、无少批多占、无荒毁耕地、无纠纷积案）村活动，县土地局与乡（镇）土地管理所，土地管理所与村委会签订责任状，全县 42 个试点村全部达到"六无"标准。1989 年 3 月 24 日，县政府作出《关于表彰 1988 年度开垦耕地先进单位和土地管理"六无"村的决定》，授予 42 个试点村"1988 年度土地管理'六无'村"牌匾。1989—1990 年，全县达到"六无"标准的建制村 192 个。1991 年 6 月 10 日，县政府下发《宁化县人民政府关于继续深入开展争创土地管理"六无"村、"四无"乡（镇）活动的通知》；至 2005 年，由各乡（镇）政府继续组织开展"六无"村活动，保持"六无"标准建制村199个。

二、创建"四无"乡（镇）

1989年，县土地局根据省土地局《关于土地管理"四无"乡（镇）评选表彰的通知》，开展创建"四无"（无擅自占地、无未批先用、无少批多占、无越权审批）乡（镇）活动，中沙乡、济村乡、安远乡获省土地局表彰。1995年10月，国家土地管理局授予安远乡"全国土地管理'四无'乡（镇）活动模范乡"称号。1997—1998年，全县13个乡（镇）获省土地局表彰。1999年，国土资源部改"四无"为"三无"（无越权批地、无违法占地、无违法管地），全县达"三无"标准的乡（镇）14个。2000年，全县达"三无"标准的乡（镇）13个。至2005年，全县达"三无"标准的乡（镇）16个。

三、创建土地执法模范县

1995年2月6日，县政府向省土地局呈报《宁化县人民政府关于要求确定我县为创建土地执法模范县单位的请示》；8日，省土地局下发《关于浦城、漳平、华安、闽清、宁化五县（市）开展创建土地执法模范县试点工作的通知》。4月5日，县政府下发《宁化县人民政府关于开展创建土地执法模范县活动的通知》，并于11日成立宁化县创建土地执法模范县工作领导小组，18日，县政府印发并开始组织实施《创建土地执法模范县实施方案》。

1996—1997年，县政府先后召开创建土地执法模范县专题会4次，分管土地工作的副县长与各乡（镇）长签订《宁化县创建土地执法模范县责任书》，县长与各乡（镇）长签订《一九九七年度乡镇土地管理目标责任书》。1998年2月27日，县政府召开全县创建土地执法模范县工作动员大会、县长与各乡（镇）长签订《宁化县创建土地执法模范县责任书》；4月，县人大常委会组织全县土地执法检查；7月7日，县政府提请省土地局验收宁化县创建土地执法模范县工作；9月23日，通过省检查验收组验收；10月16日，省政府授予宁化县"省土地执法模范县"称号。

1999年5月县、乡（镇）、村逐级签订"土地管理责任状"；10月县土地局、宁化县监察局联合检查各乡（镇）土地执法工作。2000年，县政府把土地管理纳入乡（镇）工作考核重要内容，6月和10月，县人大常委会、县政府先后开展全县土地执法大检查。2001年，县政府下发各乡（镇）政府《土地管理工作目标责任书》（宁政〔2001〕147号），8月通过"省土地执法模范县"复查，12月国土资源部授予宁化县"全国土地执法模范县"称号。至2005年，继续保持"全国土地执法模范县"称号。

第五章　矿产资源管理

第一节　矿产资源勘查与管理

一、勘查

1988年，江西省地质局赣南地质调查大队先后对石壁乌竹管锡矿区进行地质详查，探明全矿工业储量达1万吨，该锡矿地处闽赣交界，初步测定宁化境内矿床工业储量3507吨。至1993年，福建省区域地质调查队、闽西地质大队、江西赣南地质调查队、南昌有色金属研究所等地勘部门先后普查300平方公里区域中离子吸附型稀土矿32个，查明城郊乡张家塘、俞坊、旧墩、翠江镇中山粪斗窠、金鸡山，安远乡杜家、井坑，安乐乡夏坊，中沙乡田螺坑，济村乡武层，城南乡横锁等11个稀土矿工业储量8000吨，其余21个稀土异常点估算稀土远景储量达1.80万吨。江西赣南地质调查大队普查石壁乌竹管锡矿，闽西地质大队普查济村溪源铅锌矿、中沙萤石矿，查明中沙萤石矿储量40万吨。

1994年，县矿管地质普查湖村镇狮岩、石下、翠湖，泉上镇墨科龙，城郊乡石门楼，安乐乡龙地，曹坊乡等7个石灰岩矿体，提交地质储量3.20亿吨，并估算全县石灰石资源量达15亿吨以上。2001年，福建省闽西地质大队勘探济村溪源矿区锌矿，查明锌金属量25.96万吨。2005年，福建省地质调查研究院普查河龙乡下伊锡矿，提交金属资源储量1000吨。泉上镇甘木潭煤矿保有资源量约20万吨。

二、管理

1988—1990年，对勘查矿产资源依法进行申请、登记，由国家土地管理局、省土地局审批，方能领取勘查许可证，取得探矿权，全县发放勘查许可证3本。1995年，加强对全县煤矿及钨矿非法勘查进行检查查处，全年查处无证非法探矿12起。2000年，加大对境内稀土资源的保护力度，是年，查处非法勘探5起，核发勘查许可证4本。2005年，全县共有经省国土厅办理的勘查许可证15本。

第二节 矿产开发利用

一、矿产开发

（一）钨矿

宁化县钨矿（行洛坑钨矿有限公司） 1988年，生产钨精矿502吨。1990年，生产钨精矿599吨。2004年，宁化县钨矿进行企业改制，采矿权转让给行洛坑钨矿有限公司，是年开始技改，筹建首期日处理原矿2500吨规模选厂，2008年正式生产。

济村钨矿 为乡办集体矿山企业，年产钨精矿不超过20吨。2004年技改，建成日处理矿石50吨规模选厂，2005年试产。

（二）锡矿

东华矿业石壁松岭锡矿和河龙乡下伊锡矿年生产能力300吨。2005年，东华矿业石壁松岭锡矿技改，筹建首期日处理矿石200吨规模选厂并试产。

（三）稀土矿

1989—1993年，原县属国有企业三明稀土材料厂生产镧铈镨、钕、钐铕钆、铽、镝、重稀土和荧光级氧化钇等稀土分组分离产品，1994年起因稀土行情下跌停产，2002年企业改制关闭。至2005年，城郊乡张家塘、翠江镇中山村粪斗窠、安乐乡夏坊、中沙乡田螺坑、城郊乡俞坊先后生产过稀土矿，年生产能力100吨。

（四）宁化县煤矿（安丰煤业有限公司）

原县属国有宁化县煤矿，最高年产煤达4.27万吨。2003年企业改制，采矿权转让给安丰煤业有限公司，年产原煤2万吨，年产值900万元。

（五）石灰石

宁化县水泥厂（腾龙水泥有限公司） 原宁化县水泥厂利用境内石灰石生产水泥，年生产能力30万吨。2002年改制，被腾龙水泥有限公司收购。设计开采矿石25万吨，年生产水泥20万吨，产值4000万元。

恒大水泥有限公司　港资企业，1993 年成立，年生产水泥能力 6 万吨，年产值 1200 万元。

湖村镇旭日红矿业　利用石灰石生产石氧化钙（别名生石灰），年产 5 万吨。2005 年，产值 1000 万元，创税 100 万元。

湖村等乡（镇）石灰窑　湖村、泉上、城郊、安乐、曹坊等 5 个乡（镇）的石灰窑利用石灰石生产石灰及石灰粉，2005 年，年产能力 1 万吨以上。

（六）萤石

宁化县石磊矿业有限公司开采安远、中沙两乡萤石矿，2005 年，处理矿石 5 万吨，年出口萤石精粉 3 万吨，产值 1400 万元。

（七）硅石

2001 年，宁化县宏凌硅业有限公司投资 400 万元在湖村镇建设结晶硅厂，年生产中高档结晶硅 1600 吨，产品主要销往浙江和日本、美国、韩国等地，年产值 1500 万元。全县乡（镇）集体及个体户采矿户年产硅石约 6000 吨，主要销往梅列、三元、明溪、清流等地的结晶硅厂和铁合金厂。

（八）黏土

主要用于生产机砖和水泥，2005 年产量 50 万吨，其中各乡（镇）集体及个体砖瓦厂利用 40 万吨、水泥配料利用 10 万吨。

（九）锌矿

2005 年，闽宏矿业有限公司日处理矿石 300 吨规模选厂试产，年产锌精矿 0.60 万吨，年产值 600 万元。

（十）零星矿产

部分乡（镇）集体及个体采矿户零星开采铅锌矿、高岭土、紫砂陶土、辉绿岩石板材等，产量很少。

二、矿业总产值

1988—1999 年，县属国有和集体矿业总产值占全县工业总产值的 9.35%。1988—1997 年，全县乡以上矿业总产值占全县乡以上工业分行业总产值的 25.72%。1998—2005 年，全县矿业总产值占全县工业企业工业总产值的 25.05%。

宁化县县属国有和集体矿业总产值在全县工业总产值比重情况表

表 23-12　　　　　　　　　　　　　　　　　　　　　　　　　　　　　单位：万元

年份	矿产总产值	全县工业总产值	百分比	备注
1988	1415.90	15291.80	9.26	按 1980 年不变价
1989	1793.80	19065.10	9.41	不变价
1990	3202.50	28708.20	11.16	按 1990 年不变价
1991	3506.20	33705.00	10.40	不变价
1992	4243.10	40608.00	10.45	不变价
1993	4740.90	57571.30	8.23	不变价
1994	5518.70	75279.80	7.33	不变价
1995	4941.50	30956.10	15.96	不变价
1996	3364.60	36408.00	9.24	不变价
1997	3427.30	45664.50	7.51	不变价
1998	2636.10	39391.70	6.69	不变价
1999	2943.20	44730.00	6.58	不变价
平均占			9.35	

宁化县乡以上矿业总产值在全县乡以上工业分行业总产值比重情况表

表 23-13　　　　　　　　　　　　　　　　　　　　　　　　　　　　　　　单位：万元

年份	矿产总产值	全县工业总产值	百分比	备　注
1988	2153.90	9867.70	21.83	按 1980 年不变价
1989	2552.00	11260	22.66	不变价
1990	4447.90	16081.20	27.66	按 1990 年不变价
1991	4439.00	18858.00	23.54	不变价
1992	3451.80	20688	16.69	不变价
1993	9637.80	28033.80	34.38	不变价
1994	12144.90	35079.80	34.62	不变价
1995	5994.60	22719.00	26.39	不变价
1996	6708.80	26339.00	25.47	不变价
1997	7638.40	31872.50	23.97	不变价
平均占			25.72	

宁化县矿业总产值在全县工业企业总产值比重情况表

表 23-14　　　　　　　　　　　　　　　　　　　　　　　　　　　　　　　单位：万元

年份	矿产总产值	全县工业总产值	百分比	备　注
1988	2013.70	8531.40	23.60	不变价
1999	2725.10	10208.80	26.69	不变价
2000	3132.30	11150.40	28.09	不变价
2001	3858.20	12139.50	31.78	不变价
2002	3862.70	14982.00	25.78	不变价
2003	5183.40	18292.90	28.34	不变价
2004	6995.80	32353.00	21.62	按当年价
2005	8793.30	60501.40	14.53	不变价
平均占			25.05	

三、矿产市场

（一）探矿权、采矿权有偿出让

2002 年，县政府制定《宁化县 2002 年度采矿权招标、拍卖计划》和《宁化县采矿权招投标管理办法（试行）》，决定采取招标、拍卖、挂牌等方式出让普通建筑用砂、石、黏土等矿种的采矿权。是年，以招标方式出让曹坊乡黄田馆建筑用石料矿山采矿权，成交价款 4300 元。2003—2005 年，依据国土资源部下发的《探矿权采矿权招标拍卖挂牌管理办法（试行）》和省国土厅下发的《福建省矿业权招标拍卖与挂牌出让管理办法》，全县挂牌出让采矿权 10 宗，协议出让 34 宗，拍卖出让 1 宗，共出让 45 宗，出让总成交款 319.16 万元。

2003—2005 年宁化县矿业权出让情况表

表 23-15 　　　　　　　　　　　　　　　　　　　　　　　　　　单位:万元

年份	交易名称	矿业权名称	数量	成交价款
2003	挂牌出让	采矿权	4	9.45
2004	挂牌出让	采矿权	4	23.20
2005	挂牌出让	采矿权	1	7
2005	协议出让	采矿权	34	6.51
2005	拍卖出让	探矿权	1	260
2005	挂牌出让	探矿权	1	13
合　计			45	319.16

（二）矿业权转让

2004 年，根据《探矿权采矿权转让管理办法》和《矿业权出让转让管理暂行规定》，原宁化县钨矿采矿权转让给行洛坑钨矿有限公司（厦门钨业下属公司），成交价款 562 万元。

第三节　矿产资源规划与管理

一、划定"三区"

2001 年年初，县政府组织编制《宁化县矿产资源开发利用与保护规划》，划定可采区、限采区、禁采区（简称"三区"）。10 月 20 日，市政府批复同意；11 月 2 日，县政府印发《宁化县矿产资源开发利用与保护规划》并组织实施。

（一）可采区

湖村镇　主要开采钨（钼）、石灰石（大理岩），次为黏土、高岭土、铁矿。

泉上镇　主要开采煤、石灰石（白云石），次为高岭土、硅石。

石壁镇　主要开采锡、紫砂陶土、黏土。

济村乡　主要开采铅锌多金属，钨矿，次为高岭土、硅石、稀土。

城郊乡　翠江镇　主要开采建筑砂石土、高岭土、硅石，次为稀土。

城南乡　主要开采砂石土、高岭土，次为石板材、稀土。

中沙乡　主要开采萤石、黏土，次为稀土、高岭土。

安远乡　主要开采黏土、萤石，次为稀土、钾长石。

安乐乡　主要开采硅石、建筑砂石土，次为稀土、钾长石。

曹坊乡　主要开采黏土、硅石，次为石灰石、石板材、稀土。

治平畲族乡　主要开采硫铁矿、滑石。

淮土乡　主要开采建筑砂石土、紫砂陶土、高岭土。

（二）限采区

省道及重要公路两侧—重山。城区饮用水寨头里水库上游汇水溪流两侧—重山。旅游风景区沿线两侧目视距离—重山。中型水库、小（1）型、小（2）型水库两侧—重山。城建规划区目视距离—重山。一般农田区。

（三）禁采区

省级天鹅洞群风景规划区、客家祖地游览规划区等旅游区。小（2）型以上水库规定距离内区域。天然林保护区以及生态公益林区。基本农田保护区。其他特殊保护区（泉上镇延祥明代建筑群、石壁镇东华山等名胜古迹区及军事设施区）。

二、年检、储量检测、采矿权审批

1988—2003 年 11 月，按照《福建省采矿权人年度报告监督检查暂行规定》年检。2003 年 11 月至 2005 年，按照修订后的《福建省采矿权人矿产开发利用情况年度报告检查规定》年检，县国土资源部门年检机关规定时间内审查采矿权人提交的年度报告书，办理年检注册手续，历年年检合格率为 95%以上。对于年检不合格的采矿权人，责令限期整改，逾期不改报请原发证机关吊销其采矿许可证。同时县国土资源部门监督管理本辖区矿产资源储量，组织开展年度矿产资源储量动态检测及核查，并进行采矿权审批。

第四节　矿业秩序整顿

1996 年，宁化县首次整顿全县矿业秩序，成立宁化县矿业秩序检查整顿领导小组，制订实施《宁化县矿业秩序检查整顿实施方案》。至 1998 年，共清理各类小煤井 62 个（其中停采、闭坑 34 个），查处无证采矿 10 起、私自转让采矿证 1 起、无证经营矿产品 3 起、越界开采 12 起，12 月 22 日，经市政府检查验收达标。

2001 年，开展第二轮全县矿业秩序整顿，制定实施《宁化县小矿实行关闭、淘汰、联合、改造工作方案》和《宁化县矿产资源管理秩序整顿工作方案》，关闭矿山企业 6 家，制止无证采矿 3 起，地矿行政处罚立案 9 起，联合、改造矿山企业 4 家，扩大开采规模 32 个，12 月 12 日，通过市检查组检查验收。2002 年，关闭矿山企业 8 家，炸封和填埋小煤洞 8 个、旧采钨矿洞 4 个，制止无证开采建筑石料和稀土 3 起，联合、改造矿山企业 4 家，查处无矿产品准运单运销 5 吨锡矿案 1 起，罚款 2000 元。

2003 年，"拉网式"清查整治全县采矿活动，炸封和填埋小煤洞 10 个，制止无证开采沙、石、土矿 12 起和稀土矿 1 起，没收稀土 5 吨，制止无证勘查萤石矿、钾长石矿各 1 起，查处无矿产品准运单运销 6 吨钨砂案 1 起，罚款 1000 元，注销采矿许可证 11 本。2004—2005 年 4 月，县政府取缔和关闭不符合开采条件的矿山企业，共注销采矿许可证 20 本，制止无证采矿违法行为 25 起，炸封填堵盗采小煤洞 6 个，查处无矿产品准运单非法运销 9.98 吨萤石案 1 起，罚款 3000 元。

第五节　矿产资源补偿费征收

1997 年始，县土地局矿产资源管理站（简称矿管站）负责征收全县矿产资源补偿费，是年征收 5.20 万元。2000 年，征收 25 万元。2002 年，由于矿业生产发展较快，全县征收矿产资源补偿费 42.50 万元。至 2005 年，矿管站直接征收腾龙水泥厂、恒大水泥厂、长湖水泥厂、建达水泥厂、安丰煤业公司、行洛坑钨矿、闽宏矿业、石磊萤石矿、石壁锡矿、济村钨矿、佳盛房地产开发公司机砖厂、湖村采石队等 12 个较大型矿山企业矿产资源补偿费，各基层国土资源所负责征收其他 36 个矿山企业的矿产资源补偿费。是年征收 30 万元。

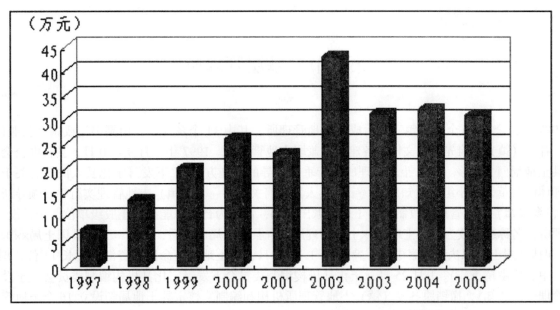

图 23-1　1997—2005 年宁化县矿产资源补偿费征收情况图

第六章　管理机构

第一节　县国土资源管理机构

一、县国土局

1986 年 10 月 12 日，成立县土地管理局。1987 年 1 月 1 日，县土地管理局正式对外办公。1996 年党政机构改革，保留县土地管理局为县政府 28 个局级机构之一，规格为正科级。2002 年 3 月，党政机构改革，不再保留县土地管理局、县地质矿产局，组建县国土资源局。2005 年 9 月 8 日，中共宁化县国土资源局党组成立。

二、矿产管理机构

1979 年，宁化县有色金属公司（原名宁化县矿业公司）设立矿业管理站。1985 年，矿业管理站挂靠宁化县经济委员会。1989 年 11 月，县政府成立矿产资源管理委员会，下设矿产资源管理办公室（副科级），同时撤销矿业管理站。1996 年 12 月，成立宁化县地质矿产局。1997 年 8 月，县政府下文明确宁化县地质矿产局为归口宁化县经济局管理的副科级机构。2005 年延续。

第二节　基层管理所

　　1987 年，全县 16 个乡（镇）先后成立土地管理所，其中 11 个乡（镇）由副书记或副乡长兼任所长。同时，各乡（镇）政府先后发文任命各建制村兼职土地管理员。1997 年 1 月 9—10 日，县长办公会议审议通过县土地局《关于乡（镇）土地管理所实行垂直领导的实施方案》，下发《宁化县人民政府关于成立土地管理体制改革领导小组的通知》和《宁化县人民政府关于县、乡（镇）土地管理实行垂直领导新体制的决定》，乡（镇）土地管理所改制为县土地局派出机构，性质为行政职能型的正股级单位，全县设 16 个土地管理所，名称统一改为"县土地局××土地管理所"（县国土局成立后，改称"宁化县国土局××国土资源所"，加挂"国土资源执法监察中队"牌子）。1 月 20 日，县土地局任命国土资源所所长 11 位，副所长 6 位（其中 5 位主持工作）。1 月 25 日，宁化县机构编制委员会下发《宁化县机构编制委员会关于设立基层土地管理所的通知》，撤销原各乡（镇）土地管理所机构和编制，核定县土地局新设立 16 个土地管理所人员编制共 62 人，其中行政编制 16 名，事业编制 46 名。3 月 3—5 日，基层土地管理所首批录用工作人员 37 名。至 2005 年延续。

卷二十四　环境保护

1988年，宁化县健全环保机制，加大资金投入与监管力度，整治污染，落实责任目标，加强行政执法，实施建设项目环保审批制度，推进生态环境规划建设。1996—1998年，先后申报设立宁化市级自然保护区和牙梳山省级自然保护区。从1998年开始监测城区环境质量。2001年，环境空气质量达到国家一级标准。2002—2003年，编制《宁化县城市环境规划》和《宁化县生态功能区划》。至2005年，全县共投入环保资金2099.07万元，治理工业企业"三废"（废气、废水、废渣）污染，建设项目环保投资达4285.41万元。全县整体环境质量较好，主要河流地表水水质达国家Ⅱ类标准，饮用水源水质达国家Ⅰ类标准，城区环境空气质量为国家二级标准，城区噪声控制在国家相应功能区标准内。全县建立2086.97平方公里的生态功能区、自然保护区和饮用水源保护区。

宁化县是福建省严重水土流失区，为改善自然生态环境，治理水土流失，县委、县政府坚持"预防为主，全面规划，综合防治，因地制宜，加强管理，注重效益"的方针，先后编制《宁化县1996—2010年水土保持建设规划》和《宁化西部区域水土保持生态环境建设规划》，开展"五个结合"（试验示范与面上治理相结合，生物措施与工程措施相结合，草、灌、乔相结合，治理山头与改造灶头、砖瓦窑相结合，水保林、薪炭林和经济林相结合）和以小流域为单元的山、水、田、林、路水土流失综合治理。2000年起，石壁镇杨边小流域和陂溪小流域治理工程先后被列为全国水土保持生态环境建设"十百千"示范工程（1999年，水利部和财政部在全国选择了10个城市、100个县、1000条小流域作为全国水土保持生态环境建设试点，简称"十百千"示范工程），西部水土流失综合治理项目被县政府列为重点民心工程。至2005年，全县共投入水土流失综合治理资金1994.20万元，水土流失面积减少13829公顷，保护耕地2041公顷，增加林木蓄积量5.80万立方米，生态环境质量明显提高。

第一章　环境质量

第一节　空气环境

1988年，随着工业发展，烟（粉）尘排放量增加，宁化城区空气质量有所下降。1990年，建立城区4.80平方公里烟尘控制区，加强大气污染源监管，加大城区工业锅炉、窑炉治理，改善大气环境质量。1998年，开始监测城区大气污染排放量和环境质量，城区全年工业废气排放量139628万标立方米，二氧化硫排放量934吨，工业粉尘排放量2490吨，烟尘排放量507吨。2001年，城区二氧化硫年均值每标立方米0.015毫克，氮氧化物年均值每标立方米0.037毫克，大气总悬浮颗粒年均值每标立方米0.059毫克，环境空气质量达到国家一级标准。2002年，城区二氧化硫年均值每标立方米0.010毫克，氮氧化物年均值每标立方米0.035毫克，大气总悬浮物年均值每标立方米0.062毫克。二氧化硫、氮氧化物比2001年分别下降每标立方米0.005毫克、每标立方米0.002毫克，总悬浮颗粒上升每立方米0.003毫克。环境空气质量保持国家一级标准。

2005年，由于人口、机动车辆及建筑施工场地增多，空气中道路扬尘及施工粉尘增加，城区工业废气排放量161556万标立方米，比1998年增加21928万标立方米。影响环境空气质量的主要污染物二氧化硫、工业粉尘、烟尘的排放量分别为598吨、925吨和455吨，烟尘控制区内所有炉窑烟气排放浓度及黑度均达到国家规定的排放标准，影响环境空气质量的首要污染物总悬浮颗粒年均值每标立方米0.09毫克，比2001年上升52.50%，二氧化硫年均值每标立方米0.006毫克，下降60%，氮氧化物年均值每标立方米0.006毫克，下降83.80%，环境空气质量指数38，上升52%，城区环境空气质量为国家二级标准。

1998—2005年宁化县大气污染物排放情况表

表24-1

年份	1998	1999	2000	2001	2002	2003	2004	2005
工业废气排放量(万标立方米)	139628	155772	120708	42465	65081	119655	136008	161556
二氧化硫排放量(吨)	934	906.93	679.41	537.53	715.25	725.89	608	598
工业粉尘排放量(吨)	2490	3411.57	1124.60	336.80	279.00	1006.28	890	925
烟尘排放量(吨)	507	339.31	214.48	90.03	163.09	145.37	456	455

2001—2005年宁化县空气环境质量监测情况表

表24-2　　　　　　　　　　　　　　　　　　　　　　　　　　　单位:毫克/立方米

年份	国家标准		2001	2002	2003	2004	2005
二氧化硫	≤0.02	≤0.06	0.015	0.010	0.010	0.004	0.006
总悬浮颗粒物	≤0.08	≤0.20	0.059	0.062	0.061	0.104	0.090
氮氧化物	≤0.05	≤0.05	0.037	0.035	0.018	0.004	0.006
环境空气质量指数	≤50	≤100	25	26	26	44	38
质量现状	一级	二级	一级	一级	一级	二级	二级
评价结果	良	良	优	优	优	良	良

注:1998—2000年缺监测数据。

第二节　水环境

一、地表水质量

宁化县影响水环境质量的污染源主要为工业废水、畜禽养殖废水、生活污水、农田地表径流污染，其中以生活废水中的化学需氧量、氨氮为主要污染物。1988—1997年，宁化县尚未开展水环境质量监测。1998年，开始水环境质量监测，全县设地表水监测点位3个，分别为东溪源头水茜河张坊段、西溪河茶湖江段、翠江河肖家段，其中肖家段为省控监测断面。

1998—2005年，3个监测点位监测结果:西溪河茶湖江段水质均达国家Ⅱ类水质标准，水质达标率100%，符合Ⅲ类水域功能区水质标准。东溪源头水茜河张坊段2000年、2001年和2003年降雨量少，水体中高锰酸盐指数浓度偏高，水质为国家Ⅱ类水质标准，其他年度均达国家Ⅰ类水质标准、Ⅰ类水域功能区水质。翠江河肖家段水质均达国家Ⅱ类水质标准、Ⅲ类水域功能区水质，但高锰酸盐指数由 2002 年的 2.36 毫克/升上升到 2005 年的 3.08 毫克/升，增 0.72 毫克/升；化学需氧量由 2002 年的 5 毫克/升上升到 2005 年的 7.93 毫克/升，增 2.93 毫克/升；氨氮由 2002 年的 0.059 毫克/升上升到 2005 年的 0.190 毫克/升，增 0.131 毫克/升。

1998—2005 年宁化县西溪河水质监测情况表

表 24-3　　　　　　　　　　　　　　　　　　　　　　　　　　单位:毫克/升(pH 值无量纲)

项目	国家标准	平　均　值							
		1998 年	1999 年	2000 年	2001 年	2002 年	2003 年	2004 年	2005 年
水温	—	—	22.70	19.90	23.30	19.20	20.70	19.50	19.00
pH 值	6—9	6.89	6.88	6.86	6.91	6.91	7.08	7.06	6.90
高锰酸盐指数	≤6	—	1.70	2.90	2.37	2.37	2.44	2.48	2.85
溶解氧	≥5	—	8.05	6.88	8.01	9.24	8.70	8.89	8.61
非离子氨	—	$3.06×10^{-4}$	$3.06×10^{-4}$	$1.80×10^{-4}$	$2.12×10^{-4}$	—	—	—	—
氨氮	≤1.0	—	0.074	0.051	0.078	0.053	0.085	0.153	0.174
挥发酚	≤0.002	—	0.001	0.001	0.001	0.001	0.001	0.001	0.001
水体功能类别	Ⅲ类	Ⅲ类	Ⅲ类	Ⅲ类	Ⅲ类	Ⅲ类	Ⅲ类	Ⅲ类	Ⅲ类
水质状况	—	Ⅱ类	Ⅱ类	Ⅱ类	Ⅱ类	Ⅱ类	Ⅱ类	Ⅱ类	Ⅱ类
综合评价	—	优	优	优	优	优	优	优	优

1998—2005 年宁化县水茜河水质监测情况表

表 24-4　　　　　　　　　　　　　　　　　　　　　　　　　　单位:毫克/升(pH 值无量纲)

项目	国家标准		平　均　值							
			1998 年	1999 年	2000 年	2001 年	2002 年	2003 年	2004 年	2005 年
水温	—		—	22.70	19.90	23.30	19.20	20.40	18	18.40
pH 值	6—9	6—9	6.92	6.89	6.90	6.94	6.95	7.09	701	6.98
高锰酸盐指数	≤2	≤4	—	1.58	2.07	2.28	1.92	2.21	1.82	1.76
溶解氧	≥7.5	≥6.0	—	8.08	8.27	8.36	9.28	8.76	8.25	8.85
非离子氨	—	—	$3.06×10^{-4}$	$2.83×10^{-4}$	$2.13×10^{-4}$	$3.57×10^{-4}$	—	—	—	—
氨氮	≤0.15	≤0.5	—	0.060	0.056	0.068	0.050	0.079	0.118	0.093
挥发酚	≤0.002	≤0.002	—	0.001	0.001	0.001	0.001	0.001	0.001	0.001
水体功能类别	Ⅰ类	Ⅱ类	Ⅰ类	Ⅰ类	Ⅰ类	Ⅰ类	Ⅰ类	Ⅰ类	Ⅰ类	Ⅰ类
水质状况	—	—	Ⅰ类	Ⅰ类	Ⅱ类	Ⅱ类	Ⅰ类	Ⅱ类	Ⅰ类	Ⅰ类
综合评价	—	—	优	优	优	优	优	优	优	优

1998—2005年宁化县翠江河地表水水质监测情况表

表 24-5　　　　　　　　　　　　　　　　　　　　　　　　单位:毫克/升(pH值无量纲)

项目	国家标准	平均值							
		1998年	1999年	2000年	2001年	2002年	2003年	2004年	2005年
水温	—	—	22.70	19.90	22.30	20.20	21.70	20.80	18.90
pH值	6—9	6.90	6.88	6.86	6.96	6.97	7.09	6.94	7.13
高锰酸盐指数	≤6	—	2.28	2.23	2.73	2.36	2.28	2.85	3.08
化学需氧量	≤20	—	—	—	—	5	—	7.02	7.93
五日生化需氧量	≤4	—	—	—	0.62	1	1.24	1.74	1.66
氟化物	≤1	—	—	—	—	0.065	0.058	0.315	0.212
氨氮	≤1	—	0.063	0.061	0.079	0.059	0.081	0.219	0.190
总磷	≤0.20	—	—	—	—	0.020	0.020	0.063	0.078
总砷	≤0.05	—	0.004	0.004	0.004	0.004	0.004	0.004	0.004
总氰	≤0.20	—	0.002	0.002	0.002	0.002	0.002	0.002	0.002
总汞	≤0.0001	—	0.00002	0.00002	0.00002	0.00002	0.00002	0.00002	0.00002
六价铬	≤0.05	—	0.005	0.002	0.002	0.002	0.002	0.002	0.002
石油类	≤0.05	—	0.12	—	0.020	0.020	0.030	0.025	0.019
粪大肠菌群	≤10 000	—	—	—	—	700	1100	1080	1570
挥发酚	≤0.005	—	0.001	0.001	0.001	0.001	0.001	0.001	0.001
水体功能类别	Ⅲ类	Ⅲ类	Ⅲ类	Ⅲ类	Ⅲ类	Ⅲ类	Ⅲ类	Ⅲ类	Ⅲ类
水质状况	—	Ⅱ类	Ⅱ类	Ⅱ类	Ⅱ类	Ⅱ类	Ⅱ类	Ⅱ类	Ⅱ类
综合评价	—	优	优	优	优	优	优	优	优

二、饮用水质量

1998年,宁化县开始监测供城区饮用水寨头里水库水质质量。2003年,县政府出台《宁化县寨头里水库饮用水源保护区管理办法》和《宁化县寨头里水库饮用水源保护区污染处置应急预案》,保护区内禁止新建、改建、扩建与供水设施和保护水源无关的建设项目,禁止从事网箱养殖、旅游、游泳、垂钓或者其他可能污染饮用水源水体的活动。至2004年,寨头里水库水质均达国家Ⅱ类标准,水质达标率100%,符合Ⅱ类水域功能区水质。2005年,寨头里水库水质达国家Ⅰ类标准,符合Ⅱ类水域功能区水质。

第三节　声环境

影响城区声环境主要为服务业和交通噪声。1998年,宁化县开始声环境质量监测,城区区域环境噪声平均值54.60分贝,低于国家标准55分贝的控制值,交通干线噪声平均值68.30分贝,低于国家标准4类区70分贝的控制值。2001—2005年,加强城区环境噪声污染源监管,城区环境噪声保持在53.70—54分贝之间,交通干线噪声控制在67.50—68.50分贝之间,低于国家规定的功能区范围限值要求。2005年,城区区域环境噪声54分贝,交通干线噪声67.60分贝,比1998年分别下降0.60分贝、0.70分贝。

1998—2005 年宁化县城区区域环境噪声监测情况表

表 24-6　　　　　　　　　　　　　　　　　　　　　　　　　　　　　　　　单位:分贝

项目＼年份	1998	1999	2000	2001	2002	2003	2004	2005
区域环境噪声平均值	54.60	54.30	54.20	53.70	54.00	53.70	53.80	54.00
控制值	55.00	55.00	55.00	55.00	55.00	55.00	55.00	55.00
综合评价	良	良	良	优	优	优	优	优

1998—2005 年宁化县交通干线噪声监测情况表

表 24-7　　　　　　　　　　　　　　　　　　　　　　　　　　　　　　　　单位:分贝

项目＼年份	1998	1999	2000	2001	2002	2003	2004	2005
交通噪声平均值	68.30	67.90	68.20	67.50	68.50	67.80	67.30	67.60
控制值	70.00	70.00	70.00	70.00	70.00	70.00	70.00	70.00
综合评价	良	优	良	优	优	优	优	优

第二章　环境污染治理

第一节　大气污染治理

　　宁化大气污染源主要来自水泥、化工行业，粉尘排放量大，大气污染严重。1988 年，宁化县加大工业废气治理力度，县水泥厂投资 25 万元安装静电吸尘器 10 台，回收废气中的粉尘、烟尘用作水泥原料。县合成氨厂投资 13 万元安装造气炉除尘设施。1994—1995 年，县水泥厂先后投资 275 万元完成 2.80 米线二破出口、碎石库、熟料磨尾等工艺除尘治理工程，安装静电除尘器 10 台、布袋除尘器 3 台，共减少粉尘、烟尘排放量 4800 吨和 2800 吨，废气处理能力 11.32 亿立方米/年，粉尘排放浓度达《水泥厂大气污染排放标准》（本标准首次发布于 1985 年，1996 年第一次修订，2004 年第二次修订）。蛟龙水泥有限公司投资 95 万元，安装静电除尘器 2 台、布袋除尘器 3 台、水泥磨旋风除尘器 1 台，减少粉尘排放量 500 多吨。建峰水泥有限公司投资 32 万元安装高压静电除尘器 1 台，废气处理能力 15600 万立方米/年。

　　1996—1997 年，县水泥厂、凉伞岗水泥厂、恒大水泥有限公司共投资 145 万元，安装除尘器 12 台，生料配料、生料料磨、熟料破碎、熟料提升机、水泥窑等排气筒出口粉尘浓度均达《水泥厂大气污染排放标准》。县林产化工厂投资 60.25 万元安装锅炉高效麻石水膜除尘器，建造五级沉降池沉淀，除尘效率 98.68%，达到国家排放标准。建峰水泥有限公司投资 6.50 万元，安装布袋除尘器 1 台，废气处理能力 7800 万立方米/年，粉尘处理率 99.70%。县人造板厂投资 4.50 万元安装锅炉旋风除尘装置，锅炉排气筒出口烟尘浓度、烟气黑度均达《锅炉大气污染物排放标准》。2000 年，县水泥厂投资 150 万元，安装水泥生产线中石灰石一、二破，生料微机配料、生料提升、生料料磨、立窑卸料、熟料破、熟料提升、水泥磨、包装等 11 个主要扬尘点除尘设施，回收粉尘 1785.90 吨/年，新增经济效益 22.49 万元/年。

2001 年，县化工实业总公司投资 22.50 万元安装锅炉旋风除尘器。2002 年，县烤烟厂投资 15 万元安装锅炉除尘器 3 台，二氧化硫浓度降低 12%，除尘效率达 90%；增高烟囱过滤系统，烟尘排放达《锅炉大气污染物排放标准》（本标准 1983 年首次发布，1991 年第一次修订，2001 年第二次修订）。2003 年，蛟龙水泥有限公司投资 80 万元改造原有除尘器，处理废气 32340 万标立方米/年，建峰水泥有限公司投资 15.80 万元在水泥磨尾安装除尘器。2004 年，县化工实业总公司投资 46.50 万元建成二气回收、造气炉锅炉水膜除尘系统，废气处理能力 18000 万标立方米/年，除尘效率 90%。2005 年，腾龙水泥有限公司投资 296 万元安装除尘器 3 台，处理废气 16500 万标立方米/年，除尘效率 99%，回收粉尘 450 吨/年，新增经济效益 2.50 万元/年。

第二节　水污染治理

宁化县水污染源主要为工业废水污染。1988 年，县胶合板厂投资 7 万元建成废水净化装置；县合成氨厂、县林产化工厂利用废水处理设施进行废水回收利用。1990 年，县合成氨厂造气废水处理设施投入运行，处理废水 105 万吨/年。1991 年，县钨矿投资 77 万元建成废水处理系统，处理废水 40.25 万吨/年，废水回用量 23.75 万吨/年；县煤矿投资 4.50 万元建成第一道选煤废水处理系统，处理废水 6.84 万吨/年；县林产化工厂投资 4.50 万元新建 2 套废水处理设施，处理废水 5214 吨/年。1992 年，县合成氨厂投资 16.80 万元，完善造气废水处理系统，处理废水量增加到 216.90 万吨/年，废水回用量增加到 206.90 万吨/年。1993 年，县烤烟厂投资 17.20 万元建成污水排放沉淀池，处理废水 4800 吨/年。1994—1995 年，县钨矿投资 30 万元建成废水处理回收工程；县化工实业总公司先后投资 76 万元治理碳化工段废水循环利用和碳化工段废水闭路循环工程。

1996 年，县钨矿投资 20 万元建成第二道选矿废水回收利用工程和尾砂治理工程。1998 年，县钨矿投资 20 万元建成矿区自流引水、净水工程，化学需氧量、悬浮物排放浓度控制在国家综合污水排放标准内，废水利用率增加到 50%。是年，全县废水排放量 209.65 万吨，废水处理量 157.24 万吨，处理率 75%。1999 年，济村铅锌矿投资 2 万元建造拦沙坝，整治废水排放口，化学需氧量达到《污水综合排放标准》（本标准 1988 年首次发布，1996 年第一次修订，2005 年第二次修订）排放值；县烤烟厂投资 4.50 万元建成锅炉密封出渣系统，增设污水排放沉淀池 2 处。2000 年，县化工实业总公司投资 190.78 万元，建成 300 立方米/小时造气、脱硫、锅炉、煤球污水闭路循环系统和 400 立方米/小时合成、铜洗、变换冷却水闭路循环系统，改造 700 立方米/小时碳化、氨加工冷却水闭路循环系统和碳化氨回收系统，整治废水排放口 2 个，1 次取水量、污水排放量、烟尘排放量分别减少 1400 吨/小时、500 吨/小时和 12.67 吨/年，节约氨 18 吨/年。

2001 年，县煤矿投资 15.80 万元续建废水沉淀中和池，废水处理率 100%；县林产化工厂投资 15 万元建成废水处理系统 1 套，松香废水达标排放。2003 年，宁化县利丰化工有限公司投资 1.20 万元建成松香废水池，废水处理能力 75 吨/日；宁化县定点屠宰有限公司投资 4.10 万元改建沉淀过滤池，废水处理能力 20 吨/日，实现污水达标排放。2004 年，宁化县东溪化工有限公司投资 3 万元建成废水沉淀池，废水处理能力 85 吨/日。2005 年，宁化县石磊矿业有限公司投资 120 万元，建成废水处理站，主要污染物悬浮物、化学需氧量去除率分别为 99.90% 和 83.70%，废水循环利用率 75%，用水量减少 50%。是年，全县废水排放量 268 万吨，废水处理量 214.40 万吨，处理率达 80%。

1998—2005 年宁化县工业废水污染物排放及处理情况表

表 24-8

年份 项目	1998	1999	2000	2001	2002	2003	2004	2005
废水排放量(万吨)	209.65	247.61	217.49	226.64	197.71	186.13	245.26	268
废水处理量(万吨)	157.24	185.70	168.77	176.78	154.21	147.04	194.98	214.40
废水处理率(%)	75	75	77.60	78	78	79	79.50	80
化学需氧量排放量(吨)	200.30	343.37	263.05	223.54	145.96	143.40	248.82	194.21
氨氮排放量(吨)	—	—	—	58.24	54.34	47.75	40.27	43.98

注:1988—1997 年缺监测数据。

第三节　噪声治理

宁化县城区噪声污染源主要来自交通、建筑施工、工业及社会噪声。工业噪声主要来自水泥行业罗茨鼓风机和工业锅炉。 1988 年,县粮食加工厂利用消声设施降低噪声污染。1991 年,县合成氨厂投资 25.24 万元安装锅炉放空消声器,降低噪声 20 分贝。县水泥厂投资 1.50 万元安装罗茨鼓风机消声器,降低噪声 5—6 分贝。1993 年,县烤烟厂投资 3 万元安装锅炉消声器,降低噪声 5 分贝。1994—1997 年,工业企业采用低噪声设备降低噪声污染。1998 年,工业企业噪声达标率 72.50%。2001 年起,加强城区环境噪声污染源监管,主要街道禁鸣高音喇叭,禁止"三厅"(歌厅、舞厅、卡拉 OK 厅)敞开式经营,禁止在商业活动中采用高声响办法招徕顾客,规定建筑施工场地须限时作业,城区环境噪声保持在 53.70—54 分贝之间,交通干线噪声控制在 67.50—68.50 分贝之间,低于国家规定的功能区范围限值要求。2005 年,城区区域环境噪声 54 分贝,交通干线噪声 67.60 分贝,工业企业噪声达标率 85%,"三厅"噪声达标率 84.80%,建筑施工场地噪声达标率 90%。

第四节　固体废物处理

一、工业、建筑业废物处理

工业固体废物主要为燃料炉渣及其他废物,基本用作建筑材料和建筑填充材料,外排甚少。城市建筑废物,部分用于回填外,其余运至泥渣土受纳场填埋处理。1988 年,县钨矿投资 23 万元建成拦沙坝拦截选矿废渣,县合成氨厂利用煤渣生产煤渣砖 100 万块。1990 年,县合成氨厂投资 34.90 万元,新建处理粉煤灰 2000 吨/年的蜂窝煤生产线和扩建 9000 吨/年的煤渣砖生产线,生产煤渣砖 228 万块,处理煤渣 6000吨。1997 年,县煤矿投资 10 万元建造煤矸堆放场,处理煤矸 1 万吨。2002 年,县石磊矿业有限公司投资 110 万元建造拦沙坝 1 座,拦截选矿废渣 2 万吨。2005 年,清理整治全县砖厂行业废渣,综合利用处置率 100%,比 1988 年提高 22%。

二、生活垃圾处理

生活污染源主要为城区生活垃圾。1988年，环卫工人人均日清扫城区保洁面积2500平方米，环卫部门日清运生活垃圾35吨至垃圾处理场处理。1989—1990年，县政府投资13.20万元建成面积0.59公顷的城郊乡高堑村苟迹坑垃圾处理场，采用卫生填埋法处理垃圾60吨/日。1991年，县政府投资16万元购置垃圾车3辆和垃圾集装箱18个，清运垃圾量1.19万吨，清运率达98%。1992年，县政府投资35万元，完善卫生基础设施5项，设置垃圾箱（点）100个，新建垃圾管理房1座，城区清扫面积13.57万平方米，全日保洁率、清运率和处理率均达100%。

1994年，县环卫站添置垃圾车1辆，改装洒水、清洗等多功能环卫车1辆，新增垃圾箱（点）2处。2001年，县政府投资7000元，设置垃圾箱10个，安排专职人员消毒、填埋每天运入处理场的垃圾。2003—2004年，全县清扫保洁8760万平方米，收运、处理垃圾7.40万吨。对城区垃圾处理场、垃圾点设施进行定时药物消毒。2005年，环卫工人人均日清扫城区保洁面积3800平方米，比1988年扩大1300平方米。环卫部门日清运垃圾80吨，比1988年增加45吨。

三、医疗废弃物处理

1988—2003年，宁化县各医疗机构建有焚烧炉，产生的医疗废物自行焚烧处理。2004年后，县医院、县中医院与三明市绿州环保有限公司签订医疗废物处理合同，县医院年产生的医疗废物18吨、县中医院产生的医疗废物10吨，均运至三明市绿州环保有限公司进行无害化处理，其他各医疗机构的医疗废物仍自行焚烧处理。

1988—2005年宁化县"三废"治理情况表

表24-9　　　　　　　　　　　　　　　　　　　　　　　　　　　　　　　　单位：万元

年份	投资费用	治理项目	效果
1988	68.00	县胶合板厂建成废水净化装置，县水泥厂安装静电吸尘器10台，县合成氨厂安装造气炉除尘设施，县钨矿建成拦沙坝	减少粉尘、废水排放量
1990	34.90	县合成氨厂建成造气废水处理系统，2000吨蜂窝煤生产线和9000吨的煤渣砖生产线	处理废水105万吨/年，产煤渣砖228万块/年
1991	112.74	县钨矿、县煤矿建成废水处理系统，县合成氨厂安装锅炉放空消声器，县水泥厂安装罗茨鼓风机消声器，县林产化厂新增2套废水设施	处理废水31.11万吨/年，废水回用量23.75万吨/年，减轻噪声污染
1992	16.80	县合成氨厂完善造气废水处理系统	处理废水增加到216.90万吨/年，废水回用量增加到206.90万吨/年
1993	20.20	县烤烟厂安装锅炉消声器，建成废水沉淀池	处理废水4800吨/年，降低噪声污染
1994	85.80	县化工实业总公司建造碳化工段废水循环利用工程，县钨矿建成废水回收工程，县水泥厂立窑粉尘治理	节约水资源，减少粉尘排放
1995	422.20	县化工实业总公司废水闭路循环工程，县水泥厂完成2.80米线二破、碎石库、熟料磨尾等工艺除尘治理工程，安装静电除尘器10台、布袋除尘器3台；蛟龙水泥有限公司安装静电除尘器2台，布袋除尘器3台，旋风除尘器1台；建峰水泥有限公司安装高压静电除尘器1台	利用废水循环12万吨/年，减少粉尘及烟尘排放量5000多吨、2800吨

续表 24-9

年份	投资费用	治理项目	效　果
1996	140.00	全县水泥行业安装除尘器 9 台，县钨矿建造二道选矿废水回收利用工程和尾砂治理工程。	尾气达标率 65%，减少选矿废水的排放及保护下游生态环境
1997	95.25	县水泥厂安装石灰石静电除尘器、熟料破碎口袋式除尘器和熟料提升机口袋式除尘器各 1 台；县林产化工厂锅炉安装高效麻石水膜除尘器，建造五级沉降沉淀池；煤矿建造煤矸堆放场	粉尘达标排放，除尘效率 98.68%，处理煤矸 1 万吨/年
1998	20.00	县钨矿建成自流引水、净化工程	完善废水处理、回收、利用，废水利用率增加到 50%
1999	17.50	济村铅锌矿建造拦沙坝；县烤烟厂建成锅炉密封出渣系统，增设 2 处废水排放沉淀池；建峰水泥有限公司包装车间安装静电除尘器 1 台；县人造板厂安装锅炉旋风除尘装置	废水中化学需氧量达标排放，粉尘处理率 99.70%，烟尘达标排放
2000	340.78	县化工实业总公司建成"两水闭路循环系统"，县水泥厂对生产线 11 个主要扬尘点安装除尘设施	减少废水排放量 500 吨/小时，减少烟尘排放 12.67 吨/年，节氨 18 吨/年，回收粉尘 1785.90 吨/年
2001	53.30	县煤矿续建废水沉淀中和池，县林产化工厂建成一套废水处理系统，县化工实业总公司安装旋风除尘装置	废水处理率 100%，实现松香废水达标排放
2002	125.00	县烤烟厂对 3 台锅炉安装麻石水膜除尘器，宁化县石磊矿业有限公司建造拦沙坝 1 座	除尘效率达 90%，烟尘达标排放，拦截选矿废渣 20000 吨/年
2003	101.10	蛟龙水泥有限公司改造原有除尘设施，建峰水泥有限公司水泥磨安装 1 台除尘器；宁化县利丰化工有限公司建造松香废水沉淀池；宁化县定点屠宰有限公司改建沉淀过滤池	处理废气 32340 万标立方米/年，减少粉尘排放，减少废水中污染物排放
2004	49.50	县化工实业总公司完成二气回收、造气锅炉水膜除尘系统。宁化县东溪化工有限公司建成废水沉淀池	废气处理能力 18000 万标立方米/年，减少污染物排放
2005	309.00	腾龙水泥有限公司立窑安装 3 台，宁化县石磊矿业有限公司建造废水处理站和尾砂库	处理废气 16500 万标立方米/年，回收粉尘 450 吨/年，减少用水量 50%

第五节　县城环境综合整治

　　1990 年始，全县开展以环境质量、污染控制、环境建设、环境管理为主要内容的城市环境综合整治。是年，县政府投资 500 万元改善城乡环境，全县农村改燃改灶 50977 户，占全县农户的 97.60%；城区居民生活用煤型煤化普及率 100%，获三明市环境综合整治工作年终综合评比第二名。1991 年，县政府投资 490 万元，新建北山公园，改造小溪下游路段，新建城区水冲式公厕 5 座，改造农村厕所 755 个，铺设水泥路 150 公里。1992 年，城区新建液化气供应站 2 个，年供气量 1741 吨，使用液化气居民 2092 户，减少了燃煤造成的大气污染。1995 年，铺设城区至东山桥 3 公里水泥路，建设小游园、小广场和小绿地，扩大绿化面积 2050 平方米，安装翠江两岸沿街夜景彩灯。

　　1996—2002 年，县政府投资 2176.50 万元，拓宽南大街、西大路、小溪上游路段，缓解交通拥挤，减少干线噪声；改造瘿瓢园、翠园，扩大公园腹地；改造宁化县少年宫、宁化县实验小学至花心街等下水管道 3 条。2003 年，县环保局出动 186 人次，整治污染城区环境的饮食行业和歌舞厅等娱乐业场所。2005 年，通过环境综合治理，城区空气、地表水、声环境质量均达到相应功能区标准，饮用水水质达标率 100%，烟尘控制区覆盖率及清洁能源使用率达 100%，城区绿化覆盖率 30.22%，整体环境质量优良。

1990—2005 年宁化县县城主要年份环境综合整治指标完成情况表

表 24-10

序号	考核项目	单位	年份								
			1990	1995	1998	2000	2001	2002	2003	2004	2005
1	总悬浮颗粒物浓度年平均值	毫克/立方米	—	—	—	—	0.059	0.062	0.061	0.004	0.090
2	二氧化硫浓度年平均值	毫克/立方米	—	—	—	—	0.015	10	0.010	0.004	0.006
3	二氧化氮浓度年平均值	毫克/立方米	—	—	—	—	0.037	0.035	0.018	0.004	0.006
4	集中式饮用水水源地水质达标率	%	50.00	100.00	100.00	100.00	100.00	100.00	100.00	100.00	100.00
5	地表水功能区水质达标率	%	100.00	100.00	100.00	100.00	100.00	100.00	100.00	100.00	100.00
6	区域环境噪声平均值	分贝	53.50	53.90	54.60	54.20	53.70	54.00	53.70	53.80	54.00
7	交通干线噪声平均值	分贝	—	—	68.30	68.20	67.50	68.50	67.80	67.30	67.60
8	烟尘控制区覆盖率及清洁能源使用率	%	0	100.00	100.00	100.00	100.00	100.00	100.00	100.00	100.00
9	工业固体废物处置利用率	%	82.50	83.60	86.30	88.70	96	89.43	100.00	93.10	94.30
10	危险废物集中处置率	%	0	0	0	0	0	0	0	0	0
11	工业废水排放达标率	%	76.30	77.90	83.40	90.89	95.79	96.12	98.75	95.71	96.05
12	工业烟尘排放达标率	%	71.34	72.62	74.86	77.55	75.92	93.75	92.68	88.79	90.00
13	工业二氧化硫排放达标率	%	89.78	91.50	93.45	92.76	100	100	94.46	94.01	91.78
14	工业粉尘排放达标率	%	66.56	70.51	68.90	74.32	76.40	92.00	92.85	94.14	91.11
15	城市生活污水集中处理及回用率	%	0	0	0	0	0	0	0	0	0
16	生活垃圾无害化处理率	%	0	0	0	0	0	0	0	0	0
17	建成区绿化覆盖率	%	25.00	25.30	26.50	27.00	27.50	28.00	28.60	30.00	30.22
18	自然保护区覆盖率	%	0	0	2.08	2.08	2.08	2.08	2.08	2.08	2.08
19	城市环境保护投资指数		0.59	0.71	0.75	0.89	1.12	1.28	1.31	1.31	1.40
20	环境保护机构建设		健全	健全	健全	健全	健全	健全	健全	健全	健全

第三章　水土保持

第一节　水土流失状况

宁化县水土流失历史长、面积广、程度重、危害大，是福建省水土流失最严重地区之一。据1995年遥感普查，全县水土流失面积45534公顷，占土地总面积的18.92%。其中，轻度水土流失面积28094公顷，占流失总面积的61.70%；中度水土流失面积8928公顷，占流失总面积的19.61%；强度水土流失面积8367公顷，占流失总面积的18.37%；极强度水土流失面积100公顷，占流失总面积的0.22%；剧烈水土流失面积45公顷，占流失总面积的0.10%。土壤侵蚀模数3150吨/（平方公里·年），侵蚀总量143.40万吨/年。水土流失严重区域集中分布在石壁、淮土两乡（镇）及方田乡的方田村、村头村，水茜乡的安寨村、水茜村、上谢村、下洋村，水土流失面积21765公顷，占全县水土流失总面积的47.80%，其中强度流失面积占全县的86.50%。

2000年遥感普查，全县水土流失面积39547公顷，占土地总面积的16.43%。其中，轻度水土流失面积23982公顷，占流失总面积的60.64%；中度水土流失面积7464公顷，占流失总面积的18.87%；强度水土流失面积8032公顷，占流失总面积的20.31%；极强度水土流失面积69公顷，占流失总面积的0.17%。2004年遥感普查，全县水土流失面积31705公顷，占土地总面积的13.17%。其中，轻度水土流失面积16975公顷，占流失总面积的53.54%；中度水土流失面积10100公顷，占流失总面积的31.86%；强度水土流失面积4574公顷，占流失总面积的14.43%；极强度水土流失面积56公顷，占流失总面积的0.18%。

第二节　水土流失治理

一、综合治理

1988年，宁化县采取生物治理为主，辅以工程治理，采用"草、灌、乔齐上，林、果、茶并治"的方法，治理轻中度流失区；采用生物措施和工程措施相结合，采用"以草先行，草灌促乔，草、灌、乔三位一体综合治理水土流失"的方法，治理重度以上流失区。成立禾口、淮土煤炭供应站2个，推广以煤代柴户6489户，节省薪材3.89万吨/年。至1994年，全县投入资金累计519.70万元，治理水土流失面积8006公顷，其中，封禁治理4867公顷，营造水保林、薪炭林1807公顷，种草366公顷，种果580公顷，改造"三园"（果园、茶园、油茶园）386公顷。修建土石谷坊45座，沟头防护10公里，防洪堤3公里，截流沟5公里，蓄水池10口，道路5公里。

1995年，宁化县采取以小流域为单元、流失斑为对象，因地制宜，山、水、田、林、路综合治理水土流失。是年，石壁镇杨边小流域被列为福建省重点小流域治理项目。1996年，编制《宁化县1996—2010年水土保持建设规划》，规划投资8623.35万元，治理水土流失面积24490公顷。1998年，县政府在石壁镇杨边村开展水土流失"四荒地"（荒山、荒坡、荒滩、比较严重的水土流失地）拍卖试点，拍卖"四荒地"183 公顷，拍卖资金 21.20 万元，中标农户 55 户。2000 年，石壁镇杨边小流域治理工程被列为全国水土保持生态环境建设"十百千"示范工程，治理范围包括杨边、小桃 2 个建制村，共投入资金 235.93 万元，治理水土流失面积 309 公顷（封禁治理 153.30 公顷，营造用材林 13.20 公顷，种果 86.90 公顷，坡改梯 21.50 公顷，改造果园 34.10 公顷）。修建截水沟 3.50 公里、引水渠 2 公里、谷坊 5 座、道路 2 公里，流域治理程度 100%，植被覆盖率由治理前的 30% 提高到 85% 以上。林草保存面积占宜林宜草面积的 95%，土壤侵蚀量减少 81%。石壁镇杨边小流域治理工程通过国家验收。

2001 年，县政府编制《宁化西部区域水土保持生态环境建设规划》，规划投资 2.09 亿元，综合治理水土流失面积 15100 公顷。2002 年，县委、县政府把宁化西部水土流失综合治理项目确定为为民办实事的重点民心工程，实行山、水、田、林、路综合治理，采用封禁管护、结合补植、施肥和推广农村沼气的办法治理轻、中度流失区，采取工程措施与植物措施相结合、治理与开发相结合的办法治理强度以上流失区。2003 年，县政府转发《县水土保持委员会关于宁化西部区域水土保持生态环境建设规划的实施方案》，石壁镇陂溪小流域综合治理工程被列为全国水土保持生态环境建设"十百千"示范工程，治理范围包括官坑、红旗、陂下、刘村等 4 个建制村，共投入资金 242.28 万元，治理水土流失面积 1202 公顷（封禁治理 533.40 公顷，营造用材林 150.40 公顷，水保林 362 公顷，种果树 43.20 公顷，种植狼尾草 73.80 公顷，坡改梯 39.20 公顷），修建蓄水池 15 口、沼气池 143 口、道路 1 公里，治理程度达 98.90%。植被覆盖度由治理前的 31% 提高到 83%，林草保存面积占宜林宜草面积的 95%，土壤侵蚀量减少 72%。石壁镇陂溪小流域综合治理工程通过国家验收。

2004 年，县政府下发《关于加快西部水土流失综合治理工作的若干意见》，对石壁、淮土、方田、济村等 4 个乡（镇）下达水土保持目标责任状。2005 年，宁化县成立县委书记任组长、县长任第一副组长的西部水土流失综合防治工作领导小组，下发《切实加快西部乡镇水土流失综合防治的工作意见》《县水土保持委员会成员单位西部水土流失综合防治工作职责》《县人民政府关于对西部乡镇水土流失区全面实行封山育林的通告》和《县人民政府关于对西部乡镇水土流失区全面实行退耕还林（草）的通告》。全县副处级以上领导及 40 个县直部门分别负责挂包 1 个西部乡（镇）水土流失重点村，层层签订责任状，形成各级各部门齐抓共管，群众主动参与的工作格局。

1995—2005 年，全县共投入资金 1474.50 万元，其中国债资金 370.00 万元，省级补助资金 244.00 万元，市水土保持专项资金 3 万元，地方自筹资金 241.90 万元，群众以劳折资 615.60 万元；群众投工 23.70 万个工日；综合治理水土流失面积 5461 公顷，其中封禁治理 4167 公顷、造林 612 公顷、种草 161 公顷、种果 150 公顷、改造"三园"181 公顷、坡改梯 190 公顷；新建沼气池 300 口。

据统计，1988—2005 年，全县水土流失面积减少 13829 公顷，保护耕地 2041 公顷，新增产值 530.50 万元，减轻灾害损失 129 万元，增加林木蓄积量 5.80 万立方米，受益农户 1.90 万户。石壁、淮土治理区土壤含水量提高 9.40%—15%、有机质提高 6—9 倍，氮素提高 2—10 倍，环境质量明显提高，动植物种类、数量逐步增加。

二、生态治理技术

1988—1990 年，开展紫色土流失区治理技术研究，总结推广修建谷坊、等高沟埂、水平台地、梯田与反坡梯田、反坡水平带、水平竹节沟、鱼鳞坑等紫色土水土保持工程技术。1991 年，开展"水土流失区经济林示范"研究，总结推广水土流失区大穴条沟、施足基肥、套种柱花草、糖蜜草、大豆、花生等经济作物种植技术。开展"不同生物治理措施控制水土流失效果探讨"课题研究，设置面积 100 平方米的径流小区 4 个，分别进行坡改梯和种植百喜草、胡枝子试验，与光板地对照结果为：坡改梯、种植百喜草、种植胡枝子比光板地径流量分别减少 82.40%、25.03% 和 32.77%，土壤侵蚀量分别减少 99.67%、98.43% 和 98.99%，坡改梯、种植胡枝子、种植百喜草、光板地的土壤有机质分别为 2.38%、1.75%、1.86% 和 1.07%，速氮分别为每公斤 18 毫克、每公斤 21 毫克、每公斤 15 毫克和每公斤 10 毫克，速钾分别为每公斤 70 毫克、每公斤 70 毫克、每公斤 80 毫克和每公斤 80 毫克，土壤容重分别为每立方厘米 1.08 克、每立方厘米

1.19 克、每立方厘米 1.25 克和每立方厘米 1.37 克。

1996 年，草、灌、乔三位一体综合治理水土流失技术研究获福建省水土保持科技推广二等奖。2002年，开展"侵蚀劣地生态恢复技术"课题研究，选择弃土弃渣数量大、植被恢复难度大的水东采石场弃渣区，采取草、灌、乔相结合的生态恢复模式，种植胡枝子每公顷 9000 株，播马唐、园果雀稗每公顷 30公斤，施土杂肥每公顷 3750 公斤，施尿素每公顷 22.50 公斤，治理区草层高 35 厘米，林草覆盖度 75%。2003—2005 年，开展"侵蚀紫色土狼尾草引种栽培试验"，结果为：狼尾草生长速度较快、产量较高，清明以后日均生长量在 5 厘米以上，短时期内覆盖度可达 90%，分蘖能力强，平均每株分蘖数在 15—17个，且再生和抗旱与抗病虫害能力强，耐瘠，有效养分丰富，经测定，水分 87.10%，干物质含量 12.90%，粗蛋白 4%，粗脂肪 0.28%，粗纤维 4%，酸性洗涤纤维 4.70%，中性洗涤纤维 8%，灰分 1.53%，钙0.08%，磷 0.04%。投入种苗、整地、肥料管理等费用 13575 元/公顷，产值 25012.47 元/公顷，投入产出比为 1：1.84。

第三节　水土保持监察

一、水土保持审批

1995 年，县政府出台《宁化县实施〈水土保持法〉细则》《宁化县水土保持预防监督工作规定》《宁化县水土保持方案报告审批制度》，实行建设项目水土保持审批制度，规定开发建设项目必须委托具备水土保持设计资质的单位编制水土保持方案报告书或报告表，按审批程序逐级评审、审查、批复。至 2005年，全县共审批各类生产建设项目水土保持方案 76 项，其中采石场 11 项、机砖厂 41 项、水泥厂 3 项、水电站 14 项、采矿 7 项。

二、水土保持执法

宁化县水土保持执法检查始于 1996 年。是年，开展全县开发建设项目和翠江河岸水土保持执法检查，查处城郊乡茶湖江路树坑采石场向翠江倾倒弃土弃渣等违法案件 3 起，共罚款 900 元。1997—2000 年，县政府确定每年 10—11 月为水土保持行政执法检查月，开展县钨矿、县煤矿、县水泥厂及县机砖厂等 46 家企业实施水土保持法律法规情况年度检查。2001 年 7 月，县人大常委会组织水土保持执法检查组检查湖村、石壁、淮土、中沙等 4 个乡（镇）和部分企业，发现部分矿山企业未办理水土保持审批手续或未采取防治措施，责令限期整改。2002—2005 年，每年开展水土保持行政执法检查月活动和全县开发建设项目年度检查，取得一定成效。

第四章　环境管理

第一节　管理机构

一、环保机构

（一）宁化县环境保护委员会

1988年，宁化县环境保护委员会延续不变。1990年，县政府调整充实宁化县环境保护委员会，成员单位由县政府办、环保、计划、科技、农办、经贸、建设、法院、公安、司法、劳动保障、国土、卫生、财政、工商行政管理、水利、林业、教育等政府部门组成，主任由县长或分管环保工作的副县长担任，副主任由县环保局局长担任。2005年，宁化县环境保护委员会机构不变。

（二）宁化县环境保护局

1988年，宁化县城乡建设环境保护局下设城乡建设环境保护办公室。1990年7月，成立县环保局，内设人秘股，核定行政编制6名，事业工勤编制1名。1991年1月，县环保局增设环境监理所和环境监测站。1993年，人秘股更名为办公室，并增设环境综合管理股。2003年，核定机关行政编制5人，事业编制1人，事业工勤编制1人。2005年，机构设置不变。

（三）乡（镇）环保办公室

1991年3月，全县16个乡（镇）均设环境保护办公室，并配备专（兼）职环保员。2005年，全县有乡（镇）兼职环保员16人，村（居）环保协管员210人。

二、水土保持机构

1988年，宁化县水土保持委员会由县长兼主任，分管副县长、县农委主任兼副主任，下设办公室。1992年，成立宁化县水土保持监察站、宁化县水土保持监测站，一套人员2块牌子，核定编制3人。1994年，成立宁化县人民法院驻宁化县水土保持委员会执行室，配备工作人员5人。1995年，成立宁化县水土保持行政执法领导小组，由分管副县长任组长，县农委主任任副组长。全县配备水土保持主任监察员1人、副主任监察员2人、专职监察员5人、助理监察员43人、村级水土保持协管员206人。1997年，宁化县水土保持委员会办公室增挂宁化县水土保持局牌子，机构级别、机构性质和人员编制不变。1998—2005年，宁化县水土保持机构不变。

第二节　环境规划

一、生态环境保护区划

（一）生态功能区区划

2003 年 9 月，县环保局编制《宁化县生态功能区划》，列入福建省生态功能区。2004 年 3 月 23 日，县政府批转实施《宁化县生态功能区划》，全县生态功能区划分为 9 个生态功能小区，面积 2016.67 平方公里。

宁化县北部低山丘陵地质灾害防治生态功能小区　地处安远乡东北部，面积 269.27 平方公里，主导功能为敏感环境生态保育，辅助功能为农业生态环境，生态建设的主要任务是全面封山植树造林、防止水土流失和地质灾害。

宁化县安远牙梳山自然保护区　地处安远乡西部，面积 52.50 平方公里，主导功能为森林生态保育。生态建设的主要任务是禁止在保护区范围内一切破坏生态环境的活动。

宁化县闽江源水源涵养与生态多样性功能小区　地处水茜、河龙、中沙等 3 个乡，面积 467.60 平方公里，主导功能为水源涵养与生物多样性，辅助功能为农业生态环境、水土保持、自然保护小区生态保育。生态建设的主要任务是加强植被生态保育、防止水土流失、建设生态农业。

宁化县南部可持续复合农林业生态功能小区　地处安乐、曹坊、治平等 3 个乡，面积 504 平方公里，主导功能为农林生态环境。生态建设的主要任务是加速绿化步伐、扩大森林资源，做好农业生态保育，建设宁化县农副产品加工和竹产品加工工业园区。

宁化县寨头里水库饮用水源生态功能小区　地处城郊乡南部高山片区，面积 28.80 平方公里，主导功能为饮用水源。生态建设的主要任务是解决区内居民生活废水、生活垃圾的净化，减少农业面源污染，加强集水区内的植被保护，提高水源涵养能力。

宁化县西部低山丘陵水土保护与农业生态功能小区　地处石壁、淮土、方田、济村等 4 个乡（镇），面积 350 平方公里，主导功能为农业生态环境、旅游生态环境，辅助功能为水土保持。生态建设的主要任务是全面封山，植树造林，提高森林覆盖率，防止水土流失加剧，做好生态农业建设。

宁化县城镇与工业化生态功能小区　地处翠江镇、城郊乡中部、城南乡北部，面积 10 平方公里，主导功能为重要山河景观、污染物消纳。辅助功能为城镇生态环境。生态建设的主要任务是大气污染及多源性水污染治理及监控，有规划、有步骤的建设生态城市和生态功能工业区，建设城市污水处理厂及垃圾无害化处理场。

宁化县东部矿山生态恢复与旅游生态环境功能小区　地处湖村镇、泉上镇，面积 332.50 平方公里，辅助功能为矿山生态恢复与旅游生态环境。生态建设的主要任务是按生态城市和生态功能要求进行整体规划。

宁化县湖村化石自然保护区生态功能小区　地处湖村镇黎坊村、巫坊村，面积 2 平方公里，辅助功能为第四纪脊椎动物化石保护。生态建设的主要任务是禁止任何人及单位进入保护区从事无关作业。

（二）自然保护区区划

宁化县化石市级自然保护区区划　1996 年 12 月，县政府申报宁化县化石市级自然保护区。1997 年 7 月 3 日，经福建省政府批准，设立宁化县化石市级自然保护区。该保护区位于湖村镇黎坊村和巫坊村境内，面积 2 平方公里，保护类型为自然遗迹，保护对象为第四纪脊椎动物化石，是宁化县第一个自然保护区。

宁化县牙梳山省级自然保护区区划　1998 年 9 月，县政府申报宁化县牙梳山省级自然保护区。1999 年 2 月 13 日，经福建省政府批准，设立宁化县牙梳山省级自然保护区。该保护区位于安远乡西部，面积

52.50 平方公里，保护类型为自然生态系统，保护对象为亚热带山地森林生态和动植物物种。（详见"卷十三 林业"）

（三）饮用水源保护区区划

2002 年 9 月，县政府制定《宁化县寨头里水库生活饮用水地表水源保护区划定方案及编制说明》。2003 年 8 月 21 日，福建省政府批准设立寨头里水库饮用水源保护区。该保护区分设 2 个保护小区，面积 15.80 平方公里。一级水源保护区面积 2.30 平方公里，保护水域范围为水库库区、沙子甲水厂饮用水输水渠道，保护陆域范围为库区两侧及外延至山脊范围，输水渠道及其两侧处延 30 米范围。二级水源保护小区面积 13.50 平方公里，保护水域范围为入库各支流水域，保护陆域范围为入库各支流两侧外延至山脊范围。

（四）畜禽养殖场禁建、禁养区区划

2002 年 10 月 30 日，县政府批准实施《宁化县畜禽养殖场禁建区、禁养区划定方案》。畜禽养殖场禁建区范围包括：寨头里水库生活饮用水地表水源保护区，天鹅洞风景名胜区、湖村化石及牙梳山自然保护区的核心区和缓冲区，翠江镇、湖村镇、泉上镇、石壁镇的居民区，国家、省或地方法律、法规规定需要特殊保护的其他区域。畜禽养殖场禁养区范围包括：寨头里水库饮用水源一级保护区和湖村化石自然保护区及牙梳山自然保护区的核心区。

二、城市环境规划

2002 年，县政府编制《宁化县城市环境规划》（2005—2020 年），2003 年 2 月 11 日经三明市政府批准实施。宁化县城市规划环境保护总目标为：到 2005 年工业污染物排放量在 2000 年总量控制指标的基础上削减 10%，加强生态县的建设步伐，基本遏制生态环境破坏趋势；到 2010 年，创建国家级生态示范县，全面遏制生态环境破坏趋势；到 2020 年，生态环境得到全面改善，城市功能区分明确，基础设施完备，生态环境良性循环，环境、经济协调发展，人与自然和谐统一。

第三节 宣传教育

一、环境宣传

1988 年，宁化县围绕"6·5"世界环境日，利用有线电视、电影幻灯、录像、标语、专题会议、广场文艺、宣传车、专栏等多种形式宣传环保，增强环保意识，提高广大群众保护环境的自觉性。1989 年，县环保部门开展以"警惕全球变暖"为主题征画活动。1990 年，环保宣传列入县长环保目标责任书，县政府举行《中华人民共和国环境保护法》（简称《环保法》）实施一周年纪念活动。1991 年，县政府成立县水土保持法规宣传工作领导小组，开展水土保持宣传月活动。1992—1994 年，宁化县先后举办"环保杯"等文艺活动，县有线电视台播放环保科教录像片，累计 55 小时。1997 年"6·5"世界环境日，省环保局在宁化举办保护环境万人签名活动。1999—2000 年，县环保部门举办"环境与地质"宣传咨询与图片展，组织环保员上街发放环保宣传单 1000 份。2002—2003 年，县环保部门开展以"只有一个地球一齐关心，共同分享""善待地球、保护资源"为主题的系列宣传活动和以"人人参与，共建美好家园"为主题的保护母亲河统一行动。开展"绿色学校""绿色社区"创建工作，宁化第一中学、宁化第六中学、宁化第七中学、宁化县实验小学、泉上中心小学和宁化师范附属小学被评为第一批县级"绿色学校"。

2005 年，县环保部门开展植树造林、绿化家园"保护母亲河"图片展、"营造绿色城市，呵护地球家园"世界主题和"人人参与，创建绿色家园"中国主题环保系列图片展及文艺表演等宣传活动。开展"绿色机关""绿色文明""绿色家庭""绿色生活"创建活动。宁化县第二中学组织学生参加水土保持实践，举办水保征文、知识竞赛和"水保杯"文艺晚会，宁化县第一中学被评为省级"绿色学校"，宁化县实验小学被评为全省"十五"期间绿色学校创建活动先进学校。

二、环保教育

1988—1989 年，县教育局先后举办中小学生环保作文比赛和征画比赛，开展城区中小学生以"环境与健康"为内容的"给县长的一封信"活动。1990 年起，环境教育列入县长环保目标责任书，实行环境教育目标管理，城区各中小学校成立环保兴趣小组，举办中小学生 200 人参加的污染源调查夏令营活动。1991—1992 年，县政府先后组织环保法律知识考试和环保知识问答测试，县、乡单位领导及干部职工1300 人参加。1994—1995 年，县环保局和县教育局联合举办全县中小学"迎接新世纪挑战——科技与环境"小论文比赛，宁化第一中学吴震芬、邱翠岚撰写的《西溪的保护意见》，获三明市优秀论文三等奖。县教育局和县妇联举办城区学校环境知识竞赛和妇女"环保杯"知识竞赛活动，县委党校在全县副科级以上培训班增设环保法律、法规教学内容，县化工实业总公司在岗位技能考核中增设环保内容。

1996 年，县政府举办全县职工环保知识竞赛活动和全县水泥行业厂长环保知识培训班。1998 年，县教育局编制《幼儿环保教育》《人类活动与环境保护》等教学读本，供城区实验幼儿园、中心托儿所幼儿学习。先后举办全县中学生"热爱我们共有的家园"演讲比赛、环保科幻画比赛和全县科级干部《环保法》法律讲座。1999—2005 年，县教育局先后举办中小学生、幼儿园环保知识征文、演讲比赛和科普讲座等活动 6 次，县环保局结合文化、科技、卫生"三下乡"活动，向农村传递保护生态环境知识、绿色致富信息，提高农民科技素质，推进农村文化建设和脱贫致富。

第四节　建设项目环保管理

一、建设项目环保审批

1988 年，宁化县实行建设项目环境影响报告书（表）审批制度，审查建设项目选址、布局以及污染防治设施，全县审批建设项目 12 个，项目总投资 113.50 万元（其中环保投资 9 万元）。1990 年，强化建设项目环保审批制度，执行较大项目、污染严重、周围环境敏感、与周围环境产生较大影响的项目环境影响评价制度，环境影响报告书（表）执行率小型企业 90%，乡镇企业 80%以上，全县审批建设项目 5 个，总投资 481.50 万元（其中环保投资 6.80 万元）。1992 年，建立建设项目审批（查）廉政制度和监督机制，公开审批权限、范围和时效，全县审批建设项目 13 个，项目总投资 1746.04 万元（其中环保投资 21.20 万元）。

1998 年，实行环保审批"规划先行，提前介入，主动服务，加强监督"，规范建设项目环境影响报告书（表）审批制度，根据对环境影响程度分类管理建设项目，全县审批建设项目 10 个，项目总投资1666.30 万元（其中环保投资 21 万元）。2001 年，进一步下放审批权限，按照同级审批原则，已经立项的建设项目向批准立项部门的同级环保行政部门办理建设项目环保审批手续，按照属地管理原则，未经立项的建设项目向项目所在地环保行政部门办理建设项目环保审批手续，全县审批建设项目 9 个，项目总投资3401.80 万元（其中环保投资 94.80 万元）。2005 年，按照"以新带老，增产减污，总量控制，达标排放"和"规划先行，提前介入，严格执法，做好服务"原则，全县审批建设项目 69 个，项目总投资 58058 万元（其中环保投资 1980 万元）。

1988—2005 年宁化县建设项目审批情况表

表 24-11

年份	审批项目(个)	总投资(万元)	其中:环保投资(万元)
1988	12	113.50	9.00
1989	14	206.50	23.00
1990	5	481.50	6.80
1991	8	896.57	20.43
1992	13	1746.04	21.20
1993	8	2882.00	65.25
1994	11	4143.00	139.45
1995	6	666.80	39.80
1996	10	1629.80	7.50
1997	9	1891.60	50.00
1998	10	1666.30	21.00
1999	12	1349.70	34.30
2000	23	4911.52	126.60
2001	9	3401.80	94.80
2002	19	813.00	30.30
2003	74	4996.26	93.00
2004	80	40200.00	1522.98
2005	69	58058.00	1980.00
合计	392	130053.89	4285.41

二、建设项目环保验收

1988 年，宁化县实行建设项目"三同时"（防治环境污染的设施必须与主体工程同时设计，同时施工，同时投入使用）制度，全县应执行"三同时"制度企业 5 个，验收 3 个，执行率 60%。1991 年，检查辖区冶金、建材、造纸、轻工、机械、印染、森工等行业在建、试产建设项目执行"三同时"制度情况，落实整改措施。1991—1997 年，建设项目应执行"三同时"制度企业 19 个，验收 15 个，执行率78.90%。1998—2005 年，加大督查建设项目执行"三同时"制度力度，提高执行率，应执行"三同时"制度企业 83 个，验收 83 个，执行率达 100%。

1988—2005 年宁化县建设项目"三同时"制度执行情况表

表 24-12

年份	审批项目(个)	总投资(万元)	其中:环保投资(万元)
1988	5	3	60.00
1989	3	2	66.70
1990	5	3	60.00
1991	4	3	75.00
1992	3	2	66.70
1993	4	3	100.00

续表 24-12

年份	审批项目(个)	总投资(万元)	其中:环保投资(万元)
1994	3	2	100.00
1995	2	2	100.00
1996	1	1	100.00
1997	2	2	100.00
1998	6	6	100.00
1999	5	5	100.00
2000	5	5	100.00
2001	6	6	100.00
2002	8	8	100.00
2003	8	8	100.00
2004	17	17	100.00
2005	28	28	100.00
合计	116	106	92.20

第五节　环保执法

一、环保设施监管

1988 年，宁化县环保执法部门定期监督、检查县属规模企业的环保设施运行情况，全县检查企业 9 个，环保设施 15 套。1990 年，全县检查企业 11 家，环保设施 21 套，环保设施正常运转率 85.70%。1991—1995 年，强化督查工业企业环保设施运行情况，结合群众来信、来访、来电举报，不定期抽查排污单位夜间环保设施运行情况。全县检查企业 105 家，环保设施 180 套，环保设施正常运转率由 1991 年的 88.89%提高到 1995 年的 91.30%。1996—2004 年，强化监管污染源，及时发现和消除污染事故隐患，全县检查企业 271 家，环保设施 459 套，环保设施正常运转率由 1996 年的 91.84%提高到 2004 年的 96.30%。2005 年，全县检查企业 38 家，环保设施 55 套，环保设施正常运转率 98.15%。

1988—2005 年宁化县环保设施运行情况表

表 24-13

年份	检查企业(家)	检查环保设施(套)	停产未运行设施(套)	正常运行设施(套)	不正常设施(套)	正常运转率(%)
1988	9	15	—	—	—	—
1989	8	17	—	—	—	—
1990	11	21	—	18	3	85.71
1991	16	27	—	24	3	88.89
1992	18	29	—	26	3	89.66
1993	21	31	—	28	3	90.32
1994	24	45	1	40	—	88.89

续表 24-13

年份	检查企业（家）	检查环保设施（套）	停产未运行设施（套）	正常运行设施（套）	不正常设施（套）	正常运转率（%）
1995	26	48	2	42	4	87.50
1996	28	50	1	45	1	90.00
1997	29	50	—	45	1	90.00
1998	30	51	2	45	4	88.24
1999	30	53	14	35	2	66.04
2000	26	47	2	43	2	91.49
2001	29	48	1	46	2	95.83
2002	31	51	—	49	2	96.08
2003	32	54	—	52	2	96.30
2004	36	55	1	52	2	94.55
2005	38	55	1	53	2	96.36

二、污染事故处理

1989 年，翠江镇中山村稀土矿因排放废水造成 0.10 公顷农田农作物绝收，县环保局责令限期治理并赔偿农户 2000 元。1992 年，县稀土材料厂因酸性废水排入厂区附近鱼塘，造成 500 公斤鱼死亡，被县环保局责令限期治理并赔偿农户 3000 元。县钨矿第三道拦沙坝被洪水冲垮长 20 米、宽 40 米、高 17 米的决口，坝内大量的尾砂冲入下游，导致部分农田、道路受损，三明市政府、宁化县政府和清流县政府召开协调会议，责令县钨矿赔偿经济损失。1996 年 7 月 22 日，蓝藻生物有限公司的碱性废水排入翠江镇中山村养殖户的鱼塘内，造成 100 羽种鸭、500 公斤鱼死亡，被责令限期治理并赔偿损失。2000 年，河龙乡下伊锡矿精选矿厂未配套建设项目环保污染设施，致使尾砂排入下游，污染农田灌溉水源，被责令停产治理。

1997—2005 年，由于加大治理污染源和监管排污企业力度，全县没有发生污染事故。

三、环境纠纷调处

1988—1994 年，县环保局查处环境投诉案件 28 起。其中，1994 年城关小溪路粮食加工厂排放粉尘影响周围居民日常生活，引起纠纷。县环保局执法人员现场调查取证后行文上报，县政府下达《关于小溪路粮食加工厂环境污染的处理决定》，是年 3 月 24 日至 12 月 31 日为限期治理时间，禁止在午间、夜间加工生产，产生的谷皮必须妥善处理，禁止就地焚烧。

1995—1996 年，县环保局查处环境投诉案件 26 起。较为典型的案件有：1996 年，县煤矿排放的井下废水流入泉上镇豪亨村场坊组部分农田，造成农作物减产，引起纠纷。县环保局会同县农业局派员抽样调查取证，提出治理措施和补偿标准，责令县煤矿赔偿 4300 元治理费用；翠湖水泥厂排放的烟尘、粉尘损害附近泉上华侨农场第一管理区果树茶园，引起纠纷。县环保局会同县农业局组织专业人员根据烟尘、粉尘污染危害程度测算果树茶园经济损失，责令厂方赔偿 12320 元。

1997—1999 年，县环保局共查处环境投诉案件 54 起。较为典型的案件有：1999 年，冠宁畜牧场排放的猪粪尿未经治理流入翠江镇双虹村瑶上组部分农田，影响农作物生长。县环保局受理瑶上组农户联名投诉后调查取证，责令冠宁畜牧场建设相关环保设施并赔偿损失。

2000—2002 年，县环保局受理群众来信、来访、来电投诉案件 91 件，查处 91 件，调处率 100%。较为典型的案件有：2000 年，翠江镇早禾排塑料厂噪声、废气扰民，被责令整改后因仍不能达标排放，最终搬迁；2002 年，宁化县拳力人造板厂锅炉排放废气、噪声，**严重扰民**，被责令整改并实现废气、噪声达标排放。

2003—2004 年，县环保局受理群众来信、来访、来电投诉案件 81 件，查处 81 件，调处率 100%。较为典型的案件有：2004 年，翠江镇江滨路翠园酒家、皇冠大酒楼产生的油烟未经治理直接排放，造成江滨花园居民区污染。江滨花园居民联名投诉，县环保局经实地调查后，责令其安装油烟处理设施；腾龙水泥有限公司生产配料、生料磨磨尾、熟料磨磨尾、立窑尾气及立窑出料口、立窑及烟窑废气超标排放，湖村镇石下村群众联名投诉。县环保局责令腾龙水泥有限公司限期治理污染源，并一次性补偿石下村村委会 7.20 万元。

2005 年，县环保局受理群众来信、来访、来电投诉案件 32 件，查处 32 件，调处率 100%。较为典型的案件有：城区东方娱乐城噪声扰民，周围群众联名投诉，县环保局责令东方娱乐城限时整改；宁化县石磊矿业有限公司的选矿废水排入东溪下游，沿河群众反映强烈，被责令限期整改。

四、行政处罚

1988—1997 年，县环保局对排污单位（个人）违规行为实行警告、批评、教育，未给予行政处罚。1998 年，加大行政处罚力度，早禾排塑料厂未执行环保"三同时"（即环境保护设施必须与主体工程同步设计、同时施工、同时投产使用）制度，被处以 300 元罚款。2005 年，县环保局共处理违规、违法案件 5起，罚款 12850 元，其中翠湖新型建筑材料有限公司未按环境影响评价报告审批，未执行环保"三同时"制度，未配套污染治理设施，擅自开机生产，县环保局责令停止生产并处以 1 万元罚款。

五、排污费征收

1988 年，宁化县排污费征收对象主要为县属规模企业，全县征收超标排污费 15.99 万元。

1991 年，排污费征收范围从县属企业扩大到乡镇企业，从工业企业的废气、废水、废渣、噪声扩大到城市娱乐场所产生的噪声、建筑噪声和饮食服务行业产生的废水，并实行单项目超标排污收费制度，全县征收排污费 30 万元。

2003 年，县环保局贯彻《排污费征收使用管理条例》《排污费征收标准管理办法》，排污费征收对象为环境排放污染物的单位和个体工商户，由超标排污收费向所有排污收费转变，并实行多项目排污收费制度，全县征收排污费 68.80 万元。

1988—2005 年，全县征收排污费 775.02 万元。

卷二十五　旅游

　　宁化县历史悠久，人杰地灵，山川俊美，风光秀丽，旅游资源丰富，独具特色，有客家、红色、生态三大旅游资源。

　　石壁是世界客家人的祖籍地，石壁客家公祠是世界客家人的朝圣中心，客家旅游方兴未艾。作为著名的中央苏区和红军长征起点县之一，宁化保存有丰富的革命文物和珍贵历史遗迹，革命烈士纪念碑、革命纪念馆、红军长征集结出发地、红军医院旧址等，为进行革命传统教育重要的场所，是红色旅游的好去处。

　　天鹅洞群国家地质公园由3个园区（湖村园区、水茜—安远园区、禾口—石壁园区）、8个景区（天鹅洞省级风景区、牙梳山省级自然保护区、石壁客家祖地旅游区、红军医院旧址、灵隐寺、蛟湖、杉木王群、石螺坑瀑布）、30个景观群组成，总面积248平方公里，属国内少有的综合性地质公园。2004年1月，被国土资源部批准为第三批国家地质公园，其中位于湖村园区的天鹅洞群风景区和石壁客家祖地旅游区已开发开放。

　　宁化旅游业始于1991年，经过十几年开发建设，已形成石壁客家祖地和天鹅洞群国家地质公园为主体的两大景区。2005年，全县旅游从业人员380人，年接待游客30万人次，旅游收入超亿元 。

第一章　旅游资源

第一节　客家旅游资源

一、石壁客家祖地

　　位于宁化西部22公里的石壁镇，地势平坦开阔，土壤肥沃，历史上是福建至江西、广东的交通要道。客家人原是中原汉族，因战乱、灾荒等原因，自东晋"五胡乱华"开始辗转南迁，并以宁化石壁为中心居住数代后，再迁往汀江流域和广东梅县等地。在数次大迁徙中，最集中的聚居地是宁化石壁。"北有大槐树，南有石壁村。千年大迁徙，客属遍乾坤。"石壁是世界客家人的祖籍地和客家文化的发祥地，每年都有成千上万海内外客家后裔到此寻根谒祖。

　　（一）客家公祠

　　坐落于石壁镇石碧村土楼山上，主要由公祠、碑亭、客家之路、客家祖地牌楼和广场组成，总占地面积 2 万平方米，总建筑面积 4000 平方米，总投资 400 万元。（详见特记二"客家祖地"。）

（二）祭祖大典

1995 年客家公祠落成后，将每年 10 月定为"祭祖月"，举办一届世界客属石壁祖地祭祖大典。祭祖大典期间，海内外客家乡贤千里寻根，共聚石壁虔诚谒祖，一起参加盛大祭祖仪式：先有祭诞、仪仗、乐舞、主事、仪式等 5 项程序，而后查阅族谱等史料，品尝客家酒娘、石壁擂茶，欣赏客家山歌、舞蹈等艺术表演。祭祖大典庄严肃穆，场面宏大，古典性强，民间文艺节目丰富多彩，客乡情结浓郁。1997 年举办"福建省首届客家文化旅游节"。2000 年，第十六届世界客属恳亲大会在闽西举行，石壁祖地祭祖大典作为恳亲大会的一项重要内容，其规模和声势超过历届祭祖大典。随着海内客家寻根热的不断升温，到石壁寻根祭祖的海内外客家人每年增加，石壁客家祖地日益成为五洲四海客家人的朝圣中心。

（三）民俗风情

宁化客家民间艺术异彩纷呈，不仅可寻觅中原文化古老痕迹，又具客家特色。尤其是久盛不衰的客家民歌、山歌，诸如"曲棚""道士音乐"为客家人所喜闻乐见，是石壁传统文化的瑰宝。客家音乐内容丰富，有怀古歌、劝世歌、情歌、革命山歌等。石壁一带的村寨活跃着为数众多的民间歌手，从老人到孩童，都能即兴而发，唱上几曲地道的客家山歌。宁化客家服饰保持中原宽博的服饰特点，也融入当地少数民族以短窄为上的服饰特色。过去女人多梳髻子（船形），以五件金、银簪子插牢，穿"掩腹子"（围裙），上部有绣花或挑花图案。中老年人多穿蓝、绿色的绣花鞋。小孩则有"绣花肚兜"，戴鱼尾帽、凉圈子或狗头帽，身佩"包袱子"，项挂长命锁或玉佩。男人过去多系腰带"荷包"。宁化客家礼俗继承了中原汉民族的传统，又与南方山区的特殊环境相适应，如重孝悌、讲仁义；重教育、讲卫生；重节俭、讲礼仪；热情好客等。

二、站岭

位于石壁镇西北 10 公里古隘口，海拔 569 米，为宁化县和江西省石城县的界岭。站岭建有 2 座一体相连的石亭，东向名"片云亭"，由石壁人所建；西向名"介福亭"，由江西省石城县人所建。两亭相连，中部共用一墙，亭砖石木结构，硬山顶，两面坡，山墙正中开门，亭名书于门额上方。亭平面呈长方形，长 9.40 米，宽 4.05 米。墙内嵌石碑一方，记建亭时间为清康熙五十七年（1718 年）。历史上是闽赣两省往来的重要通道，它见证了一个中国移民史上最重要的事件，即客家先民由武夷山东南麓西出江西，到达闽西"客家祖地"的全过程，是客家移民路上的一座标志性建筑。

三、延祥古建筑群

延祥位于宁化县东部泉上镇境内，毗连宁化、明溪、清流 3 县，海拔 690 米，又称"九龙寨"。这里群山耸立，路隘林深，地势险要，有"五里横排十里岭"之称。拥有 10 个自然村，253 户 1110 人口，以刘、杨、官 3 姓为主。北宋天圣年间（1023—1032 年）刘东升携家眷避乱到延祥，辟土垦荒，建家立业，居地取名刘源。南宋淳祐年间（1241—1252 年），理学家杨时四世孙杨万福的曾孙杨五九途经此地，见有瑞鸡、玉兔出现，视为吉祥风水好地方，乃架屋而居，以应其祥，遂更名"延祥"，沿袭至今。村民崇文善礼，自明代始出了 160 名举人及秀才。全村村道皆由大块长条花岗岩铺成，保存较为完好的古建筑有建于清乾隆年间（1736—1795 年）的"三五应泰公祠"和杨鼎铭故居。特别是杨鼎铭故居，砖木结构楼房，房宇四周砖墙包围，前后两门进出，占地面积 1900 平方米，高墙深院，飞檐斗拱，屋宇仿照宫廷园林设计，属殿堂式风格，建筑精美。全村还保存有南宋德祐元年（1275 年）建的古墓、南宋时兴建的社坛（里社坛）、宋至明代先后兴建和完善的新林寺、元末兴建的德馨祠以及明、清时期兴建的东岳庙、崇福堂等 18 处古建筑及古瓷缸、古牌匾、古香炉、古字画、古井等物品。

四、下曹村明清客家古屋群

位于曹坊乡境内，"皇封正四品""曹氏祖屋""东山拱秀""杨冈公祠""敬湖公祠"等古民居错落有致，门楼高挑，石柱擎立，龙脊飞跃，气度不凡。据《曹氏族谱》记载，下曹村始建于南宋德祐元年（1275 年），至 2005 年已有 730 年历史，所存的古民居群大多建于明末清初，建筑时间距 2005 年约 200—500 年之间。该村共有古民居 24 座，占地面积 2 万平方米，其构造都以上厅为中心，配以门楼、下厅、厢房等，"九井十八厅"是其主要特征。古民居的做工精细，门楼、门窗等处雕刻的花鸟、山水、人物等图案栩栩如生，惟妙惟肖。古屋群中的"杨冈公祠"和"敬湖公祠"，至今还保存着清代完好的室内古戏台。村中还有清代书法家伊秉绶教书学堂旧址以及伊秉绶留下的真迹墨宝，伊秉绶墓地亦坐落在该村赤石嵊。伊秉绶《宿田家》诗"牛背溪南笛，炊烟散远村。石驱平水怒，松让主峰尊。落日人争渡，疏林客到门。田家新酿熟，话见本根存"，所描绘的即为清代下曹村田园景象。

五、社背土楼

位于城郊乡社背村口不远处，离城 15 公里，海拔 786 米，为典型的方形客家土楼。民国 27 年（1938 年）开工，民国 30 年（1941 年）建成，长 28 米，宽 27 米，占地面积 750 平方米。土墙厚 2 米，用黏性生土混合夯筑而成，墙体中埋藏竹板和木条，以助墙体相互拉力，互为依靠。土楼内有上下两层，第二层为木质架构，集居住、瞭望、防御于一体。一楼土墙上开有 20 个内大外小呈梯形等距排列的小窗，用于观察楼外情况及射击。土楼内冬暖夏凉，有水井一口，井水终年清澈甘甜，井沿由一整块花岗岩雕琢而成，井沿高 0.80 米，厚 0.30 米，内径 1.20 米，是难得一见的古石雕精品。土楼至今保存完好，周围山高林密，梯田环绕，村舍青墙黛瓦遥遥相望，构成一幅古朴典雅的客家田园民俗画卷。

六、慈恩塔

慈恩塔是宁化古八景之一，原名水南塔，位于宁化城关塔下街，原为七层密檐八角塔，高 35 米，由塔刹、塔身、塔座、塔基、地宫等构成的青砖结构塔，每层四向开设拱门，外表装饰古朴典型，内有木梯沿壁旋转而上。始建于后唐同光年间（923—926 年），北宋宣和元年（1119 年）乡民集资整修，明成化九年（1573 年）秋遭火灾，明万历十六年（1588 年）修整，万历二十一年（1593 年）农历八月遭雷击倾首一级，远观如观音坐莲。1970 年被拆毁，遗留的塔砖每块长 29 厘米，宽 13 厘米，厚 6 厘米，属青砖。个别砖上有"水南塔"和"宋宣和六年八月十五日"字样。每层砖缝里都垫有古铜钱，以唐"开元通宝"、宋"崇宁通宝"和"宣和通宝"居多。1998 年，于宁化城关南面福荫山（又名福林山）顶新建慈恩塔，2005 年 9 月 30 日竣工。新建慈恩塔仿唐代建筑风格，塔高 52 米，7 层，座内径 10 米，成为宁化县城区一大景观。

七、巫罗俊公怀念堂

巫罗俊（582—664 年），字定生，号青州，宁化开疆始祖。
巫罗俊公怀念堂位于城关小河边，于 1992 年 8 月 28 日动工，1996 年 9 月 18 日竣工。设计肃穆古朴，飞檐斗拱，气势雄伟，蔚为壮观。正厅可容纳 200 人同时公祭，左右厢房设有文物、书法、康乐、联谊、迎宾、期颐、名人、评话等八大阁、轩、室，可供游客查阅有关族谱和客家资料。堂前有 500 平方米场地，四周种植柏树和花草。怀念堂开阔挺秀，风光秀丽，是寻根谒祖，观光旅游，文化交流的好场所。

八、罗令纪公纪念堂

罗令纪（688—777年），又名毓政，号维纲。唐开元十三年（725年），奏请朝廷升镇为县，为宁化建县功臣。

罗令纪公纪念堂又称豫章书院，位于城关小河边，省级文物保护单位。原址位于城内北山南麓，迄今已有1000多年历史，后因战乱圯废。明代永乐年间，罗氏后裔重建罗氏家庙。清雍正十三年（1735年）罗登标曾在罗氏家庙开馆讲学，并以被称"闽学四贤之一"的先祖罗豫章之名，将罗氏家庙取名为"豫章书院"。

九、黄慎纪念广场

位于城关南大街和新桥路交汇处。1987年8月，为纪念黄慎诞生300周年，宁化县在瘿瓢园竖立黄慎大理石雕像，著名国画大师刘海粟为黄慎的塑像题词："怪而不怪，艺传百代。"

十、老虎岩洞

位于宁化县湖村镇西北面1公里处，石灰岩结构，高10米，面积1500平方米。洞口朝南，洞外平地略低于洞口。洞内干燥，有少量蝙蝠栖息。1981年被发现后，采集的标本经省地质队及考古部门初步鉴定，属第四纪哺乳动物化石。1982年，中国科学院古人类和古脊椎动物研究所专家再次对此洞的形成和穴居动物种类等方面进行考古测定。认定洞内深处有文化层9平方米，堆积层厚1米。采集到化石20种，有各种动物牙齿上千枚。其中，可辨认的有大熊猫、剑齿象、猕猴、犀牛、豪猪、鼠、野兔、水鹿、熊、野牛等17种。属食虫、灵长、兔形、食肉等9目，经分析为大熊猫、剑齿象等动物群，还发现多片动物骨骼化石，上面留有明显的古人类食用时留下的砍痕。被列为县级文物保护单位。

十一、千家围

位于石壁镇北面5公里的三坑村。据传石壁张氏一世祖惟立公之五世孙张瑞祯，原居苏州，于南宋嘉定年间（1208—1224年）中进士，官为宣抚使。南宋端平元年（1234年）金朝在蒙古、宋两军夹击下灭亡，南宋想趁机收复开封及河南一带失地，蒙古则借口南宋破坏协议进攻南宋，张瑞祯奉命前往抵抗，兵败降职调往江西抚州乐安县当县令。南宋宝祐六年（1258年），蒙古大军分三路大举进攻南宋，准备会师后直取临安（杭州）。忽必烈一路强渡长江，围攻鄂州。附近州县震动，官员富户纷纷南逃，张瑞祯及其上千户逃到石壁后，在石壁村正北方6公里处找到几座悬崖峭壁、林木蔽天、十分险要的山头，开辟居所，安家立身，始称"千家围"。千家围原居民迁走后，因地势险要，为历代百姓避兵藏匿之地，元末农民起义军将领陈友谅曾屯兵于此。

十二、灵隐寺和灵隐洞

灵隐寺为佛教朝圣文化园区，距天鹅洞群国家地质公园中心园区8公里，离湖村镇所在地3公里。灵隐寺景区分灵隐洞、水晶洞、岩溶漏斗群等6个景群。灵隐洞洞壁留有明代诗文和7个漏斗，面积近1平方公里。以灵隐洞为中心的溶洞、孤峰、石林等岩溶地貌景观开发和灵隐大峡谷的开辟，让游人体验原始生态旅游，丰富了天鹅洞群旅游内容。灵隐寺脚下，峭壁一片，重岗叠嶂，灵隐洞位于峭壁侧端。洞内石乳、石笋、石柱遍布，形态各异。中有一顶天柱，似宝盖凉伞，蔚为壮观。再往内有一室，四壁布满前人题幅字墨，明代袁章（字有裴）诗曰："窦小疑非路，洞深别有天。有空皆幻色，无象不奇玄。景讶武陵胜，人似阆苑仙。丹方如可问，此处有真诠。"明代禅师吴宗伯诗曰："灵隐岩内石类钦，龙腾狮舞像五行。朝台更有回回跪，谁谓仙田生不生。"又："狮子笼中无异兽，铁阮景胜像五行，回回朝台跪墨宝，留下仙田会无生。"

十三、升仙台

位于武夷山脉东麓香炉峰顶，距宁化县城30公里的石壁镇石碧村北面。香炉峰状若香炉而得名，香炉峰殿宇分上中下3座，上殿为古建筑，立于峰巅，方形石麻条屋，上覆铁瓦，厚重古朴。殿内祀十几尊神像，居中者为刘、熊二仙。中殿为土木结构，圆拱门上书有"三仙台"。拱门后有1排厢房，厢房后为佛殿。佛殿前设释迦牟尼宝座，两旁分立36位天尊雕像，中供奉3尊千手观音金身。下殿坐落升仙台山脚处，供奉佛祖菩萨。清康熙年间李世熊修纂的《宁化县志》载："刘、熊二道士修炼于石壁之香炉峰，隋义宁年间（恭帝杨侑年号，617—618年——本书编者注），白日飞升。乡人为刻二像于石壁，创台于炉峰顶祀之，曰升仙台。"

十四、朝天寨

位于安远乡岩前村，属典型的丹霞地貌，岩壁坐东朝西，高100余米，宽500米。岩壁南面有钟、鼓、钹等多种造型的塔状山包。山谷底部为众多山岩缝隙和岩笋、岩柱组成的山体。朝天寨南壁称弥勒岩，清康熙年间李世熊修纂的《宁化县志》形容："高削空珑，为鸟雀巢穴，穹广数丈，天然石室，前为弥勒殿，麓有石穴，沸上为泉。"弥勒殿于"文化大革命"时期拆除，尚有遗址。至2005年复建有"三观殿"，香火鼎旺。朝天寨分上下两层，石穴中供奉着弥勒佛像，穴中泉水可供僧人、游客饮用。麓脚有安远溪支流岩前溪，略整理可泛舟或竹筏。朝天寨东有讯天峰，峰上建有寺庙，可供游客朝圣、歇息。

十五、双极峰寺

位于石壁镇三坑村粟畲坑后的双极峰，距县城37.50公里。始建于明嘉靖年间（1522—1566年），历经数次维修扩建，一直延续到1965年。1966年"文化大革命"期间，僧人返乡还俗，寺庙被拆除。1980年，以僧人释照堂、耀旺牵头组织重建，恢复原貌。1998年，释晃通又重建大雄宝殿和宿舍、厨房、膳厅等，总投资30万元。大雄宝殿内，前面设有"药王祖师"高大的塑像，两旁分立栩栩如生的十八罗汉雕塑。

十六、东山古寺（东山古渡）

位于城郊乡高堑村，亦称"东山庵"。始建于明永乐年间（1403—1424年），为单檐歇山式砖木结构，庙宇正中上方悬挂"慈宁化境"匾额。清顺治三至五年（1646—1648年），寺僧参与反清复明斗争，僧舍被毁，仅存佛殿。顺治七年，泉州和尚虚白募捐修复。1966年"文化大革命"期间，僧尼返乡还俗，寺房改为他用，大部分损废。1982年，以释园朗僧尼牵头恢复和重建。寺临东溪，溪有渡口，为宁化古八景之一——东山古渡。

十七、鹫峰寺

位于安乐乡黄源铺鹫峰山麓，距县城15公里。始建于1000多年前的五代时期。明正德十年（1515年）重建，鼎盛时驻寺僧众达150人。明清时期曾是长汀、宁化、清流的佛教中心，朝廷曾在此设举子仓，凡平民受辱者，发给大米一石三斗，以示关怀。1966 年"文化大革命"期间被拆除。1985 年由僧人释和春组织牵头重建。

十八、狮子峰寺庙

位于石壁镇官坑村北侧 5 公里处，海拔 500 米，狮子峰寺庙始建于隋朝。每年农历四月初八和十一月初一会期，前往狮子峰的游客、信士、朝圣拜佛的人络绎不绝。周围环境幽美，山清水秀，交通便利，是游客、信士旅游观光朝圣胜地。

十九、伊秉绶墓

位于曹坊乡赤石嵊，建于清嘉庆二十二年（1817 年），岩石砌成。墓前有石虎一对，石望柱一对。另有石羊、石马。墓碑 3 面，中为主碑，左、右两碑为墓志铭。碑高 0.63 米、宽 0.37 米，共 1483 个字。碑文为恽敬所撰，阮元书丹。古墓曾在 1987 年被盗。1991 年，伊秉绶墓被列为省级重点文物保护单位。

伊秉绶（1754—1815 年），字组似，号墨卿，晚号默庵，宁化人。曾任惠州、扬州知府等职，惠政、善诗，有《留春草堂集》传世。擅画梅花、山水，尤好书法，揉古隶和北碑之长，古朴奇逸，为清代四大书法家之一。

二十、黄慎墓

位于县城北郊茶园背。建于清乾隆三十七年（1772 年）八月，坐北朝南。1987 年 8 月重修，1991 年被列为省级重点文物保护单位。

黄慎（1687—?），原名盛，字公懋、恭寿，号瘿瓢山人、东海布衣，宁化人。善学诸家之长，勇于创新，以狂草笔法入画，开创一代画风，"诗、书、画"三绝，为清代"扬州八怪"之一。

二十一、古钱币铸造遗址

位于济村乡境内，为福建省最早钱币铸造地之一。南唐后梁贞明二年（916 年）。闽王王审知派员在宁化铸造铅钱光背"开元通宝"。附近现存有以黑釉碗烧制为主古窑址。

第二节　红色旅游资源

一、宁化革命纪念园

1977 年，县委、县政府在城关北山兴建宁化县革命纪念馆（简称县纪念馆），作为人民缅怀革命先烈丰功伟绩、弘扬革命精神的重要场所。县纪念馆占地 800 余平方米，共有 6 个展室，展出内容为宁化人民在第二次国内革命战争时期的革命斗争史实，陈列历史照片 200 多张、革命文物 300 多件。其中，有邓子恢手书毛泽东《如梦令·元旦》牌匾、宁化西南半县暴动使用的武器、全国唯一保存完整的《中国工农红军军用号谱》、闽赣省苏维埃政府主席邵式平用过的砚台、苏区发行的公会证章、货币、股票及苏区干部、红军使用过的工作、生活用具和医疗器械等珍贵革命文物。同时，县委、县政府在位于城关北山顶峰建立宁化县革命烈士纪念碑。在革命战争年代，宁化有 13000 多人参加红军，为革命牺牲的烈士达 6000 多人。

纪念碑碑高 18 米，用青白色大理石砌成。碑身正面镌刻着"革命烈士纪念碑"，背面为"革命烈士永垂不朽"共 15 个鎏金大字，碑座前面刻有碑文一块，并建有上下两层平台，上层长 20 米、宽 15 米，下层长 40 米、宽 30 米，平台紧连 100 级台阶。

《如梦令·元旦》铜雕落成于 1998 年元旦，由中国著名雕塑家李维祀制作。铜雕由 3 部分组成：铜铸毛泽东塑像高 3 米、重吨余，锻铜战马高 2.80 米，山崖形基座高 4.80 米，周长 18 米，基座上镌刻了邓子恢书录的毛泽东《如梦令·元旦》词文。

2005 年，为适应红色旅游开发的需要，县委、县政府将县纪念馆、革命烈士纪念碑、毛泽东《如梦令·元旦》铜雕、北山公园景区整合于一体，建立宁化革命纪念园，成为一座园林式的革命纪念建筑。宁化革命纪念园占地 45300 平方米，与红军长征出发集结地纪念广场、红军医院一道被中央列入全国百个红色旅游经典景区的景点之一，为省级爱国主义教育基地和国防教育基地，并被列为省重点文物保护单位。

二、红军长征出发地纪念广场

位于县城南端入口处，占地 8000 平方米，总投资 230 万元，于 2005 年 10 月落成竣工，是宁化县纪念红军长征的一座标志性建筑和红色旅游项目之一。广场分为南北两部分，南端为以纪念红军长征出发地为主题的雕塑广场，耸立在广场中央的雕塑由 4 条拔地而起的棱柱组合而成，它意喻着中央主力红军长征的 4 个起点县；棱柱塔顶的红五星，为中国工农红军的帽徽；塔底基座上的铜雕，再现了宁化英雄儿女参加红军，从长征走向革命胜利的壮丽场景；纪念塔背面的碑文，镌刻着《中国现代史》《中国闽赣边区史》《毛泽东选集》等书中关于红军长征起点的记载。北端为以休闲、娱乐为主的文化广场。

三、红军医院

位于城关薛家坊，始建于清康熙五十一年（1712 年）。民国 20—23 年（1931—1934 年）曾设红军医院，先后救治伤病员 2300 余人。中华人民共和国成立后，至 2005 年仍保留有当时红军医院所用的简陋制药设备、日常用品等文物。

四、宁化苏维埃第一次代表大会旧址——刘氏家庙

位于淮土乡淮阳村罗家边，始建于清同治九年（1870 年）。民国 20 年（1931 年）11 月，中共闽粤赣省委委员、闽西苏维埃政府主席张鼎丞在刘氏家庙主持召开宁化县第一次工农兵代表大会，宣布成立宁化县苏维埃政府。宁（化）清（流）归（化）工委干部、红十二军和各地方代表共 100 多人参加大会。2005 年，淮阳刘氏家庙保存完好。

五、宁化西南五乡农民武装暴动指挥部——曹氏宗祠

为曹坊秘密农会会址。民国 19 年（1930 年）夏，中共组织决定发动宁化西南五乡农民武装暴动。6 月 22 日，共产党员曹正刚在曹坊指挥农会会员包围民团驻地"八甲祠堂"，收缴民团 20 多支枪和全部弹药，接着暴动队员分头包围土豪曹周坤、曹国玉、曹国楠、曹绪兴、曹全兴的住所，没收家财。2005 年，曹氏宗祠保存完好。

六、红军兵工厂遗址

民国 22 年（1933 年），为反对国民党的经济封锁，中央红军分别在湖村田螺寨、水茜石寨村办起兵工

厂，主要为翻造子弹，制造手榴弹、炸药。兵工厂在第五次反"围剿"战争中，曾受到敌机多次轰炸。2005 年，仅存遗址。

七、锣鼓坪红军集结地

位于湖村镇巫坊村境内。距城关 28.50 公里。民国 22 年（1933 年）夏，中央红军粉碎国民党军对中央苏区第四次"围剿"后，以彭德怀为军团长、滕代远为政治委员的东方军组织攻打泉上土堡；7 月 3 日东方军团集结在湖村锣鼓坪，红军大捷后返回锣鼓坪庆功祝捷。

八、其他老区革命纪念地、革命纪念物

中央红军在宁化有 5 年革命斗争历史，保留下众多革命纪念地和革命纪念物。

革命纪念地　有闽赣省苏维埃政府、中共闽赣省委旧址、宁化县苏维埃政府旧址、宁化中心县委（辖宁化、清流、归化）旧址、泉上县苏维埃政府旧址、彭湃县苏维埃政府旧址、曹坊秘密农会旧址、朱德召开群众大会旧址、宁化西南五乡农民武装暴动旧址、中共宁化特区委员会旧址、中共宁化县委党训班旧址、泉上土堡战役旧址、田螺寨兵工厂遗址、苏区时期列宁小学遗址、工农红军长征起始点遗址等。

革命纪念物　有全国政协原副主席邓子恢题写的毛泽东《如梦令·元旦》牌匾、《中国工农红军军用号谱》、光荣匾、乡政府通知书、军烈属优待证、《赤卫队（少先队）誓词》、互济会会员证、"扩红"捷报、《婚姻条例》、砚台（闽赣省苏维埃主席邵式平用）、口杯、铁皮口杯和脸盆（苏区干部使用）、苏维埃印章和印盒、土炮、鸟枪、大刀、梭镖、纸业工会证章、股票、手榴弹、药罐、碾槽、布草鞋、马灯、座钟、扁担、红旗、口令袋、《旧式武器使用法》课本、红军战士家信、区苏维埃政府标志、木质标语、列宁小学课本等。

第三节　生态旅游资源

一、天鹅洞群风景区

天鹅洞群风景区位于宁化县城东部 28 公里的湖村镇，因山形似天鹅，加上洞内钟乳石如同天鹅羽毛般洁白而得名。景区由天鹅洞、神风龙宫、大慈岩、石屏洞、水晶洞、山洞一线天等近百个风貌各异的溶洞组成，洞群分布面积约 16 平方公里。洞内景观清幽、流光溢彩、千奇百怪、变幻莫测。经中国岩溶地质研究所洞穴组组长汪训一研究员等专家实地考察论证，认为"其溶洞数量之多、分布之密、规模之大，为八闽洞群之冠，堪称中国东南地区罕见的洞群世界"。地下河中的水中石林，经中国科学院、中国工程院地质专家考察论证为"独特的水中石林、引人入胜的地质奇观"。1991 年完成第一期建设。1992—1993年，进行第二、第三期开发，相继建成天鹅洞、神风龙宫、大慈岩等景观，并完善部分配套服务设施。2004 年投入 1000 多万元，实施地下河迁回河道建设和对石洞夹住户整体搬迁。地质广场占地 2 公顷，包括地质博物馆、地质公园主碑、副碑等。浓缩公园概貌，系统展示公园地质景观特色。1991 年被省政府公布列为第二批省级风景名胜区，2004 年被国土资源部批准并公布为国家地质公园。

据地质学家考证，约 3 亿年前，天鹅洞群风景区曾是汪洋大海，经 5000 多万年的地壳运动，海洋逐渐抬升为陆地。在上升过程中，石灰岩地层形成许多空隙，经过漫长岁月，地表水带着二氧化碳和植物酸，渗入这些空隙中，不断冲刷溶蚀，使隙缝扩大变形，从而形成众多溶洞。又因森林茂密，储水丰富，含有植物酸的水滴不断地溶解洞内石灰石，使钟乳石发育丰富、完美、奇特，分布密集。被专家、学者确

认为中国沿海省份中典型的喀斯特地貌区。

（一）天鹅洞

为洞群中最具代表性的溶洞。洞外古树苍岩倒映碧潭，潭中"飞来石"上镌刻清代"扬州八怪"之一黄慎"石泉和梦冷，野草入诗香"狂草书法，与洞口左侧的清代书法家伊秉绶所书"黛色苍天二千尺，名花出地两重阶"摩崖石刻遥相呼应。洞口窄小，仅容一人通过。洞内别有洞天，钟乳石丰富密集，岩溶造型奇特精巧，种类繁多，纵深 1.50 公里，分为上、中、下 3 层，前后 7 个洞厅和 49 个主要景点。洞内有从 40 米高处一泻而下气势磅礴的石瀑，有玲珑别致如精雕细琢而成的石珊瑚，有金砌玉缕般的"海市蜃楼"，有惟妙惟肖的"七仙女造型"等奇特景观，置身其中，宛如登上九天仙境。

（二）神风龙宫

洞长 2.50 公里，由 1 条地下暗河和 3 个旱厅组成。以洞长 1 公里、水域面积 2 万平方米的地下河为特色，地下河又以"水中石林"地质奇观为亮点。神风龙宫各洞厅壮阔雄浑，抬头仰望，河穹挂满钟乳石，布满珍奇岩溶"鹅管"，"鹅管"上的晶莹水珠如满天繁星；俯首看水，七彩石林倒映其中，如龙宫仙境，别有洞天；泛舟河内，时而怪石险阻疑无路，时而峰回水转豁然通；石林伫立河面，成群成片，规模宏大，造型各异，千姿百态；船行其间，手可触摸光滑如玉的石林、石芽。古老的神话与现实景观珠联璧合、水乳交融，让人兴致盎然、流连忘返。

（三）客家风情园

掩映在青山绿林间，沿途奇石异树，胜似天然盆景。风情园内的石屏洞厅内，一排钟乳石像屏风一样把洞厅隔成前后两厅。游客坐定，厅内客家情妹温馨献艺，古乐齐奏，舞姿翩跹，欢快的旋律在洞厅中回荡，与溶洞共鸣产生绝美效果。丰富多彩的客家民俗饰物展览和苗、壮、彝、瑶、侗、黎少数民族风情表演吸引众多游客。

（四）石屏洞

位于天鹅洞景区南部半山坡，洞口宽敞，高 5 米，宽 8 米，有一巨石当道，把洞口隔为 2 个。入洞处有门厅，面积为 300 平方米。洞顶有带状金黄色石乳，断续起伏，长 7 米，恍如金龙腾空，遨游云间，奇幻瑰丽。洞内有石幔一列，像一座石雕屏风，高 5 米，宽 10 米，晶莹洁白，似珠帘垂挂，又如飞瀑奔泻，蔚为壮观。右有一石，似观音站莲，又似寿星倚杖，神态自若。左有一石，酷似骆驼卧地，栩栩如生。过石幔进内洞，有长 10 米，仅容一人通过的弯曲小隙，内有大小数室，室中石乳、石笋、石花、石柱等千姿百态，造型各异。

（五）大慈岩

大慈岩位于天鹅洞景区观音殿堂中，慈眉善目的观音菩萨像身高 8 米，洞内香烟弥漫，梵音缭绕。融岩溶景观与佛教信仰于一体的洞天福地，吸引众多善男信女朝圣观光。大慈岩原称莲花洞，得名于倒悬洞内的一朵石莲花。后一云游高僧与当地信众合力修建观音菩萨像，遂易今名，取观音菩萨大慈大悲、救苦救难之意。洞口岩壁上镌刻一巨大"佛"字，为清代杰出书法家伊秉绶隶书，笔力浑厚，方正端庄，尽显大家风范。

二、蛟湖

蛟湖距天鹅洞群风景区 5 公里，面积 1.30 万平方米，水深 103 米。经中国科学院、中国工程院等地质专家考察，认定为"国内罕见的地质奇观"，系"福建省最深的天然内陆湖"。福建东南电视台"福建之最大看台"摄制组曾摄制电视专题片播出。经福建省地质调查队勘探，蛟湖与天鹅洞群同属喀斯特地貌，学术上称之为"上升自流泉喀斯特溶潭湖"。蛟湖湖水久旱不涸、久雨不涝，堪称奇观。蛟湖湖水清澈蔚蓝，村舍树影倒映其中，野鸭游弋荡起阵阵涟漪。清代著名画家"扬州八怪"之一的黄慎少年时曾在湖畔"蛟湖草堂"研读诗画，写成《蛟湖诗钞》流传于世。

蛟湖又名"龙王潭"，传说潭址原为平地，建有庵庙，有道士师徒 2 人居住。老道施法擒龙，并以画符制龙于杯中。一天老道外出，徒弟见杯中小龙以为是杯水长虫，则将之倒入天井，霎时，蛟龙显现原形，顿时电闪雷鸣，狂风暴雨，平地裂开成潭，道庵没入潭底，蛟龙则从湖底潜至闽江口入东海而去。后有信士将大鱼系上铜牌放生于蛟湖，数月后，该鱼在闽江口被捕捉，故有蛟湖与东海相通之说。

三、东华山

距宁化城关 35 公里，地处宁化与江西石城交界的武夷山南麓，最高峰海拔 1148.90 米。原名白水顶、龙华峰、西华山。主脉向东沿宁化石壁、济村两乡（镇）边界入济村乡长坊村，止于吾家湖；北支深入济村乡上龙头村；南支入石壁镇邓坊桥、隆陂、三坑、陈塘、桃金等村边界地带。石壁溪、武昌溪、刘村溪均发源于此山麓。山上树木苍翠，物种丰富，生长有名贵树种樟树、红豆杉等。珍稀动物有大壁虎、眼镜蛇、眼镜王蛇、滑鼠蛇、白鹇、雕等。环山风光秀丽，气象变化万千，入夜风涛鼓荡，恍如万马奔腾，是观日出、云海和雾凇的绝佳之地。景区内有崖壁耸立、林木苍翠、滩奇石怪的溪源大峡谷，飞珠溅玉的沙背排瀑布群以及湖光山色、莽莽苍苍的隆陂水库等自然景观。山顶建有 1 座闻名闽赣两省的古刹"三仙祠"（因祠内祀邱、王、郭三仙而得名），由花岗岩建成，屋顶夹角 70 度，生铁铸瓦，以抗峰顶大风，是佛道两教合一的宗教朝圣地，为福建省保存最完整的铁瓦顶寺庙。庙门上方横匾大书："高明配天。"门联题："朝观沧海日，夜摘斗牛星。" 1965 年圮毁，1984 年重建。明朝隆庆年间（1567—1572 年），济村乡大坊村张满十郎公裔孙，在三仙祠下方捐山助建佛庵，名为"东华山寺"，又称"西华山寺""金沙庵"，又后增建"大悲殿"。东华山寺与三仙祠相连，为顺山势而建的 5 层寺庙，飞檐斗拱、雕梁画栋、气势雄伟、蔚为壮观。福林寺位于东华山祥云缭绕的半山坳，庙堂刻石雕龙，佛光普照，香火不断。

四、牙梳山省级自然保护区

位于福建西部，武夷山脉中段东麓，安远乡境内。西与江西省交界，总面积 4733.30 公顷，海拔 1387.30 米，为宁化第二高峰。保护区内有珍稀濒危野生动、植物 69 种。其中，国家一级保护的野生动物有华南虎、金钱豹、云豹、梅花鹿、白颈长尾雉 5 种；国家一级保护的树种有香果树、种萼木、南方红豆杉等 3 种。在野生植物中，药用植物有短萼黄连、胶股兰、八角莲、金钱兰等；观赏植物有钟花樱、野含笑、春兰、寒兰等。香料及其他植物有中华猕猴桃、山苍子、灵芝、茶薪菇、香菇、红菇、木耳等。1997年 9 月，福建省有关专家和教授到实地考察后认为牙梳山为典型的中亚热带常绿阔叶林区，是一块难得的宝地。1998 年 4 月 1 日通过省级评审，1999 年 2 月被福建省人民政府定为省级自然保护区。

五、鸡公崠

为宁化县最高峰，位于治平畲族乡高峰村与长汀、江西石城县交界处，海拔 1389.90 米，因顶峰似鸡冠而得名。北支沿北向东，经木马山（海拔 1328 米）、正顶脑（海拔 1222 米），入方田、曹坊两乡边境的田螺髻（海拔 1029 米）；南支经焦背崠（海拔 929 米）、鸟子脑（海拔 1213.50 米），入曹坊乡根竹村的虎竹寨（海拔 825 米），山脉遍布整个治平乡。翠竹满山，是著名的玉扣纸产区，宁化畲族主要聚居地。韩江水系的下坪溪发源于南面赖家山，横江溪发源于鸡公崠高峰村各小溪。景区内主要有原始森林、连片竹林、大瀑布、红豆杉、高山灌木、高山草甸等六大自然景观，山明水秀，峰奇石怪，泉清林翠，气候凉爽，风景幽奇，别有天地。春天莺飞草长，幽兰飘香；夏季云雾缭绕，沁凉如水；入秋红叶满山，红豆飘香；冬来冰雪封山，冰清玉洁。大瀑布落差近百米，蔚为壮观。

六、泗溪村生物多样性保护区

位于方田乡境内，青山绵亘 1333.40 公顷，其中有野生植物 700 种，百年以上红豆杉 20 棵，还有香檀、楠木以及独具特色的四方竹、金竹、黑竹等。保护区内有白颈长尾鸡、穿山甲等国家一、二级保护动物 30 种，为名贵药材生产基地和生物多样性保护区。

七、湖村梅溪、中沙武昌河

（一）梅溪

位于湖村镇境内，可漂流河段从肖严坊村经中坑村至九节坑村，全长 10 公里。河道旁中坑村保存有数百年的手工陶瓷作坊，河边水车成群，古龙窑斜卧山坡。梅溪河河水清澈，流量充沛，溪流蜿蜒曲折，共有九曲十八弯，河道滩、潭交错分布，既有动感的激流，也有幽静的缓滩，置身竹筏顺流而下，时而穿涧过坳，山回水转；时而跌宕而下，逐波破浪。两岸山峦叠翠，竹木丛生，野鸭、白鹭群飞。宋代郑文宝有诗赞道："水暖凫鹥行哺子，溪深桃李卧开花。"

（二）武昌河

位于中沙乡境内，接水茜溪再接建宁县闽江源，可漂流河段从武昌村流至练畲村，全长 10 公里。水量充沛，落差较大，湍激处波涛汹涌，山鸟掠水惊飞，恬静处溪水澄澈，水底鱼群卵石历历可见，田园村落倒映水面。两岸风光秀美，满目青翠，空气清新，可谓"溪岸青山拥翠竹，轻舟漂入画图中"。武昌村为宁化古村，存留有唐朝古街遗址，保存一条完整的石板官道和 2 座石马栓，另有寺庙 2 座，历史悠久，文化氛围浓厚。

八、石螺坑瀑布

位于城郊乡石螺坑村，距县城 2.50 公里。发源于南山，从崖顶深潭中流出七叠飞瀑，瀑流下一汪湛蓝色深潭。这七叠瀑群集奇、险、秀、幽、异为一体，一叠瀑似飘云拖练，二叠瀑似碎石捶冰，三叠瀑如喷雪飞珠，四叠瀑如玉龙走潭，五叠瀑像银河倒悬，六叠瀑像水帘垂地，七叠瀑如流水寒玉。崖壁如屏、群峰叠翠、怪石耸峙、如剑如戟，令人如临仙境、目不暇接。

九、水口温泉、圣水、佛泉

位于城南乡水口村黄泥桥，省道福五线旁，距城关 7 公里。水温 38℃，属于弱碱性，适宜罗非鱼、彩虹鲷等热带鱼养殖，且含有硫、硼、砷、锶、钡等对人体有益的微量元素，对皮肤病、关节炎、神经疾病等有疗效。据清康熙年间李世熊修纂的《宁化县志》载，宁化名泉有七：一曰圣水，古八景之一，号"圣水清泉"，位于县城 2 公里处的南山坳，泉井周围砌石，环以扶栏，泉水甘洌清澈，水质醇厚；二曰甘泉，位于邑南鹫峰院前；三曰洁溪泉，亦名滴龙泉，位于邑北四里许；四曰万斛泉，位于乌村七层岩之麓；五曰玉井泉，位于招贤宝明峰上；六曰仙泉，位于泉上，去烟村四五里观亨寨之麓；七曰佛泉，亦名佛塔泉，位于泉下，去邱坊四五里。相传仙、佛二泉"清洌有异，乡人患热与目眚者，祷而尝之，多得瘥也"。李世熊对仙泉和佛泉分别题诗云："焰心浑欲煮冰华，乞与玄浆漱慧牙。石髓一泓流汗漫，仙人平等施万家。""苔影空游布底明，一规长似月盈盈。水当法施流无尽，甘许人同耻独清。佛视民胞泉是乳，石开道眼液成精。泓然止止声闻静，罢却千溪万壑争。"

十、南山景区

位于城南乡，距宁化城区 8 公里。景区内林木茂密，四季常青，风景秀丽，是城区周边不可多得的一处阔叶林生态区。坐落于山中的古刹南山禅寺，始建于唐天宝年间（742—756 年），已历 1200 多年，历史上曾有海灯法师等多位高僧在此执掌山门。山顶的碧云峰可览宁化城关全貌，是城区居民周末登山健身、休闲度假的好去处。山下的石螺坑瀑布，水流清澈，四季不断。明朝黄槐开曾作诗《南岭秋清》赞道："南岭秋风日夜清，芙蓉卓秀对孤城。山深雾豹文将变，天净霜鹰眼倍明。万里京华勤北望，千家禾黍乐西成。凭高谩笑雕鸠辈，踯躅蓬蒿过一生。"

十一、岩石寨、杉木王群

（一）岩石寨

位于水茜乡境内，距县城 29 公里，属丹霞地貌区。北为蕉坑村岩石寨景群，距水茜约 1 公里，面积约 2 平方公里，由晚白垩系红色沙砾岩、砾岩组成，经流水侵蚀，风化剥落，重力崩塌等外力作用，形成雄伟的山峰、蜿蜒的岩墙、圆形的岩柱和陡直的赤壁等。沟谷溪流为闽江源之支流，河床呈石槽型，三面为岩石，成为独特的梯形断面河，河上架有古建筑风雨桥（屋桥），组成雄峰、赤壁、绿水、青山、屋桥景群。南面的沿口村破溪寨，距水茜约 2 公里，区内由笔架山、摇篮寨、鹅卵寨、潭坑寨组成的峰丛、岩堡、赤壁、沟谷、曲流等丹霞地貌景观，与溪流、水库、绿树相映成趣。神奇的丹崖回音壁，产生的回音共鸣，在空谷中久久回荡。

（二）杉木王群

位于水茜乡石寮村境内，有古杉木 32 株，占地 0.12 公顷，平均树高 30.50 米，立木每亩蓄积量 178.23 立方米，居世界之最。

十二、小石林

位于湖村镇南 1 公里，奇岩林立，怪石嶙峋，错落起伏，层岩叠嶂、惟妙惟肖、形态万千。有盘山公路从旁通过，可供游览的范围近 3000 平方米。

十三、乌石寨

位于石壁镇溪背村乌石下，海拔 600 米的老鹰山上，因山下乌石畲族村寨而得名。站在远处，从西面看如三面叠展的彩旗，从北面看酷似一只展翅的雄鹰。南面悬崖峭壁，无人能攀，悬崖底延伸有 12 条小山脊，当地人称十二排。东面山峦起伏，地势险要，易守难攻。

据传明末农民起义军李自成所属部自赣南入闽，沿官道至石壁，见境内地势平坦，土地肥沃，外围山高境险，森林茂盛，犹如一口大锅，易守难攻，决定驻扎于此。因老鹰山下是当时龙上、下里往汀州的唯一官道，属战略要地，便在老鹰山主峰修建山寨，常年据守。后清兵入关，为平定天下，派兵围剿，但其峰险要，土炮厉害，难以攻克。于是清兵花重金买通经常往山上卖豆腐的村妇，在豆腐桶底藏上咸盐，趁机将咸盐装入土炮膛中，土炮膛锈堵而不能发，山寨遂被攻破。寨王见大势已去，抓起两扇锅盖为左右翅，飞下悬崖不知所终。

十四、崖婆嘴

位于石壁镇溪背村后，坐南向北。其来历有两种传说：一说崖嘴突出，酷似老鹰（宁化方言称老鹰为崖婆）的勾嘴，故得名崖婆嘴；二说一只成精崖婆飞越其上空，看此地物华天宝，便停留在山崖筑巢安家，专扑食农户家禽，因繁殖很快，不久子孙成群，危害乡里，甚至危害到隔壁方田乡的村头村。其害甚烈，惊动雷神，雷神发神威，将其化为一只崖婆，终日站立在石崖上，名为崖婆嘴。

十五、酒堂寨

位于泉上镇延祥村东北部，海拔为1120米。

说起酒堂寨的来历，在延祥有这样一个传说：在北峰有一块凹陷的石窟，石窟里有一股终年不断的清泉。一年夏天，延祥村中几个年轻猎人结伙到北峰狩猎，见石窟里流出的泉水喝了几口，发现全是甘醇美酒，既芳香，又清凉，于是大家开怀畅饮，个个酩酊大醉，不知归途。到了晚上，村里人未见狩猎者归来，点着灯笼火把上山四处寻找，未见踪影。翌日清晨，几个猎人才慢慢醒来，谈起昨天喝水醉倒之事大家都感到惊奇，再到石窟泉边尝水仍然酒味醇香。此事很快传遍周围各村，村民成群结伴爬上北峰，汲饮清泉美酒，从此，便把北峰改名酒堂峰。前往酒堂峰观看和汲饮酒泉的人越来越多，因泉眼小，酒泉流量少，时常供不应求。有人用铁凿将石窟泉眼凿大，此后，虽然流出的泉水量增大了，但水味却变了，再也没有当初那样甘醇的酒香。由于酒堂峰地处宁化、清流、明溪3县的交界点上，孤峰挺拔，山高路险，森林茂密，水源又充足，峰顶又有一块小平地，是很好的避乱场所。明、清时期，宁化、明溪一带匪盗猖獗，延祥周围各村曾数次遭受土匪盗寇骚扰，损失很大。村民便联合在酒堂峰筑堡建寨，每当匪盗侵犯时便上寨抗击来犯之敌，因而酒堂峰又改称酒堂寨。

十六、隆陂水库

位于石壁镇隆陂村，始建于1969年，总库容1764万立方米，是以灌溉为主，结合防洪、发电、供水、养殖综合利用的中型水库。水面清澈，碧波荡漾，四周绿树成荫，植被保护完好，集垂钓、休闲、水上娱乐于一体。

十七、寨头里水库

距县城5公里，始建于1976年，由拦蓄九龙溪支流七里溪水而建成。库内河道全长7.60公里，集雨面积达13.50平方公里，总库容486万立方米，是以城市供水为主，结合灌溉、发电、防洪的重要水利工程。库区绿树成荫，山青水碧，风景秀丽。

十八、银杏山庄

位于湖村镇境内，蛟湖附近。2003年，湖村镇与厦门金色化石植物制品有限公司合作，兴建银杏山庄生态示范园，面积133.33公顷。集银杏种植、加工和观光、休闲于一体，开发现代生态农业观光园、休闲度假园。

第二章　旅游规划与开发

第一节　旅游规划

一、总体规划

2005 年，县政府委托中国科学院地理所与北京万诺普旅游景观设计中心联合编制《宁化县旅游产业发展总体规划（2006—2025 年）》，规划围绕文化主题与生态旅游，构筑"一个中心，三种类型旅游区"，即：城区旅游服务中心、西部客家祭祖旅游区、东部地质观光旅游区、北部休闲度假旅游区。

（一）城区旅游服务中心

利用城区完善的基础设施，将城区相对分散的红色旅游景点整理汇聚，保护革命历史文化景观，建设和完善全国百家红色旅游经典景区。按城市总体规划纲要，完善城区饮食、住宿、购物、娱乐等旅游配套服务设施，建设旅游接待服务中心、世界客属文化交流研究中心，打造江背高尚生态休闲旅游区。以城南水口温泉为依托，开发温泉度假、休闲旅游。特色定位为旅游配套服务，都市休闲，突出红色内涵。

（二）西部客家祭祖旅游区

按客家祖地详细规划，完善客家祖地祭祖设施，建设客家民俗园，修缮客家公祠，增加景区游览设施，深度挖掘客家文化旅游资源。建设、完善东华山森林公园，开辟佛、道合一的宗教朝圣、体育休闲旅游项目。建设隆陂湖水利风景区。特色定位为寻根祭祖，文化休闲，民俗风情体验。

（三）东部地质观光旅游区

按天鹅洞群国家地质公园建设详细规划，完善天鹅洞群风景区旅游服务设施。开发、建设黄慎故里——张家湾，突出神、奇、秀、特的特点，通过拓展建设蛟湖银杏度假山庄、华侨农场特色果园等，打造农业生态示范旅游区。开发水晶洞探险、灵隐寺宗教朝圣旅游。特色定位为溶洞探奇，观光避暑。

（四）北部休闲度假旅游区

以牙梳山为依托，开发"森林人家"农家乐旅游，将牙梳山省级自然保护区升级为国家级自然保护区。开发水茜岩石寨科学考察、攀岩探险旅游。开发安远朝天寨山水生态休闲旅游。特色定位为生态休闲度假，农家乐旅游。

二、景区规划

（一）客家祖地规划

2005 年，县政府委托中国科学院地理所与北京万诺普旅游景观设计中心联合编制《福建石壁客家祖地旅游区详细规划（2006—2015 年）》。规划突出"客家根源"的文化特色，以"主题鲜明、特色突出、独创性强"为目标，以"寻根谒祖"宗族朝圣为主体，区划为"一轴五区"（客家文化轴、迎宾服务区、客家风情民俗园、祭祀活动区、姓氏祖祠区、祖地度假区）。整体开发"客家公祠—千家围—隆陂水库—东华山"，挖掘具有世界意义的历史价值、文化价值、科学价值，建设"文化深厚、景观秀丽、项目丰富、设施完善"，融自然观光、民俗风情、休闲度假为一体的国家 AAAAA 旅游区。

（二）天鹅洞群国家地质公园规划

2005年，福建省城乡规划设计研究院编制《天鹅洞群风景名胜区总体规划》和《天鹅洞群国家地质公园建设详细规划》，是年12月报省政府批准通过。按景观、游览特征、景源组合及地域分布特征，将风景区划分为四大景区和一个主入口区，即天鹅洞景区、锣鼓坪景区、水晶洞景区、灵隐寺景区和主入口区。重点建设锣鼓坪、水晶洞和灵隐寺景区，提高旅游产品档次，发展度假旅游、生态旅游和体验旅游。

第二节　景区开发与经营

一、天鹅洞景区开发

1990年，开发建设天鹅洞景区，县委、县政府开展全县"知、爱、建宁化"集资活动，发行奖券17.30万元，县电力公司、县林委、县林产化工厂、县钨矿、县煤矿、县水泥厂、县烟草局等单位赞助12万元，县计委争取上级补助专款3万元，县财政核拨10万元，7月第一期工程开工，10月底完工，建成项目16个，11月9日试验开放。1993年，开发建设天鹅洞群风景区第二期工程，组织省地质溶洞专家勘察神风龙宫洞。是年7—11月实施整理、开凿洞内通道等工程项目。1994年，"5·2"洪灾损毁花费10万元建设的神风龙宫洞内工程。灾后，县旅游局重新组织实施天鹅洞群二期工程，至年底神风洞洞内土建工程基本竣工。同时与南平娱乐城达成联合开发大慈岩协议，继续开展旅游建设彩票销售活动。1995年，县政府将开发神风龙宫洞景观列入当年为民办实事项目之一，解决景区供电不足及用电费用过高等难点问题，神风龙宫工程如期竣工开放。建成拦沙坝、防洪渠、竹亭、竹楼、石凳、景旗、文明标牌及旅游公厕等配套设施。

1996年，先后建成天鹅洞群风景区"瑞丰苑"门楼主体建筑（省、市国税局援建）、神风龙宫地下河水面延伸及旱道疏通工程、天鹅洞群3个溶洞内灯光技改工程，地下河规模比原来扩大一倍，神风龙宫添购新游船，同时开展东华山景点可行性资源调查论证。1998年，县委、县政府进行天鹅洞群风景区总体规划的前期编制，省、市国税部门扶持兴建神风龙宫洞口神风龙亭及客家擂茶馆，旅游部门集资5万元改造聚仙阁，筹资5万元开发融宗教朝圣与溶洞观光为一体的大慈岩景观，建成天鹅洞群风景区露天舞池、荷花池等园林小区项目，村民投资3万余元建设天鹅洞景区旅游度假小木屋群6座。1999年，县政府投资186万元建成神风龙宫腾龙阁小区，开凿神风龙宫地下河通道，开发石屏洞编钟古乐展演厅、天鹅石林景观，建设天鹅木屋度假小区、停车场综合服务楼，实施春季绿化。2000年，实施蛟湖旅游区一期综合开发，完成项目可行性研究和初级规划设计。2001年，扩延神风龙宫1000米地下河主河道和地下河水域，开发改造神风洞洞口园林小区，新建四季苗圃1个，引进2户个私经营户投资20万元开发垂钓休闲娱乐屋和天鹅山矿泉浴项目。完成人工天鹅湖综合开发可研性报告及4万平方米外业勘测设计绘图、天鹅洞群至清流县拔口村旅游公路勘测、设计、立项、资金补助申报等前期工作。开展天鹅洞群风景区经营权转让工作，邀请新加坡、越南、泰国、中国香港、中国台湾地区等投资商到景区作投资考察调研。

2001—2002年，县政府把天鹅洞群风景区经营权作为招商引资项目推出后，先后有中国香港彬达行、澳大利亚客商、福州龙川集团、深圳桥通世纪投资公司等多批客商到宁化考察、洽谈，但最终都未达成合作协议。至2002年，新建天鹅洞群客家风情园门楼、风情阁，"五一"期间开放营业，建成天鹅洞群调节水库与景区引水主体工程，天鹅洞群地下河迁回河道动工建设，县旅游局与福建省地质工程勘测院签订《关于编制福建宁化天鹅洞群国家地质公园材料的协议》，着手开展申报国家地质公园工作。2003年，建设天鹅洞群通信机站，移动信号覆盖洞内；8月，天鹅洞群申报国家地质公园项目通过省级评审；11月，通过国家地质公园专家委员会评审；9月26日，县委常委（扩大）会议决定同意采用挂牌形式引进客商合作经营，合作年限30年，转让底价500万元，客商今后符合规划批准的景区建设项目用地采用行政划拨、一宗一议方式进行，同时明确受让方后续建设项目；10月15日，县政府在《福建日报》发布《关于挂牌出让省级风景名胜区天鹅洞群合作经营权的公告》；12月31日，县政府和福州长乐黄美凤、黄枝水家族签订合作开发合同。2004年1月，国土资源部批准天鹅洞群为第三批国家地质公园；4月1日，天鹅洞群风景区经营权正式移交黄美凤、黄枝水家族；7月，开始实施神风龙宫地下河迁回河道工程。2005年8月，重新划定地质公园、地质广场、地质博物馆等项目建设规划红线图；12月底开工建设；是年，共投入200万元完成地质公园地下河迁回河道扩延工程，投入50万元建设天鹅洞群风景区防火林带，同时推进客家擂茶馆、景区售票房、景区腾龙亭、停车场、景区环山步道、神风洞口园林小区等项目建设。

二、石壁客家祖地景区开发

1992年，县政府和海内外客家后裔共同筹资450万元开始兴建石壁客家祖地项目。至1995年11月建成客家公祠、祭祀广场、牌楼、客家之路、碑亭、玉屏堂、文博阁，建设面积1万平方米，举办首届世界客属石壁客家祖地祭祖大典。1996年，福建省旅游局下拨旅游事业经费15万元建设客家祖地旅游服务配套设施。1998年，县政府投资98万元续建石壁客家祖地"文博阁""碑林游道"配套工程。1999年，建成石壁客家祖地碑林、展馆配套工程。2000年，浙江等地僧侣集资40万元拓建石壁客家祖地景区客海寺。2001年，县政府装修迎宾接待室，添置设备，推进客海寺大雄宝殿、天王殿建设及石壁客家祖地民俗村建设征地规划等前期工作。2002年，装修石壁客家祖地客海寺大雄宝殿。2003年，石壁客家祖地购物休闲娱乐中心建设项目立项，推进土地预审报告、建筑规划红线图及建筑效果图设计等前期工作。2005年，投资100万元建设石壁客家祖地景区客海寺大雄宝殿及天王殿主体、客家公祠给水、修缮及"两室两库"等工程，同时实施景区"千禧年植千棵树"绿化工程。

1992—2005年，县政府共投入700万元开发人文旅游资源，重点建设客家祖地。

三、红色景区开发

（一）宁化革命纪念园维护修缮

20世纪90年代，县政府结合县纪念馆、革命烈士纪念碑兴建北山公园。2005年，县政府投资1100万元总体规划改造扩建占地面积3万平方米的北山革命纪念园，扩建园内县纪念馆，修复革命文物，增加展示内容。扩建、加固革命烈士纪念碑周围基础平台、连接台阶，新建革命烈士纪念碑台阶前"军号嘹亮"雕塑1座，铺设修建园内集散坪地面大理石板及大理石护栏，新建300平方米仿古式管理房1座，增加园内各项设施，扩大园林绿化面积，强化爱国主义教育基地功能。

（二）红军长征出发地纪念广场建设

2005年，县政府建设宁化城区南入口处红军长征出发地纪念广场，广场占地8000平方米，总投资230万元。

（三）红军医院旧址维护修缮与扩建

2005年，按建设全国百家红色旅游经典景区规划，县政府共投资988万元修缮红军医院遗址及整治周边环境，修缮红军医院旧址7500平方米；开辟红军医院手术室、红军战士住院部及手术器具陈列室；复原中共闽赣省委机关旧址、彭湃县旧址；修建红军医院纪念墙300平方米；新建停车场1座800平方米、公厕1座200平方米、配套输变电设施、给排水和污水处理设施、消防设施、垃圾处理设施等；新修连接红军医院景区和其他旅游景区的三级公路2.50公里。

第三章　旅游设施与服务

第一节　基础设施

　　1991 年，成立宁化县旅游公路建设指挥部，争取福建省、三明市林业委员会和三明市交通部门资金 82 万元建设天鹅洞群旅游柏油公路 4.30 公里。1992 年，县政府划拨专款 70 万元新建客家祖地客家牌楼、民俗展厅和碑亭，修复维藩桥和德润亭，修建停车场和公路干线至客家公祠 400 米公路，并筹资铺设巫坊通往天鹅洞群风景区柏油公路。1993 年，县政府投资 1250 万元铺设从县城至客家祖地石壁的 22 公里柏油公路；10 月巫坊通往天鹅洞群风景区柏油公路通车。1996 年，共争取省、市资金 40 万元（福建省旅游局下拨事业费 20 万元、建旅游公厕专款 4 万元，福建省国税局支持 6 万元，三明市政府下拨专款 10 万元），自筹 6 万元投入景区建设，完善基础设施。1997 年 8 月，福建省、三明市国税局投入 25 万元援建的天鹅洞景区 "瑞丰宛" 竣工；9 月，总投资 45 万元的天鹅洞景区供电线路改造及电话线缆架设工程，总投资 850 万元的宁化城区至天鹅洞景区路口 25 公里公路改造工程相继竣工；10 月，福建省旅游局投入 16 万元援建的客家公祠旅游公厕工程，投资 5 万元铺设石壁客家祖地广场水泥路面，投资 95 万元的石壁客家祖地 "文博阁" 工程主体部分先后竣工。2000—2005 年，修复湖村至天鹅洞群柏油公路 4.30 公里，景区内建成移动通信移动投放站、电视广播接收站，基本解决旅游交通、通讯、电力和广播电视等问题。争取资金补助 52 万元，其中用于蛟湖开发旅游事业费 30 万元、神风洞地下河工程贷款贴息补助 10 万元、祭祖大典旅游事业费补助 10 万元、旅游宣传补助事业费 2 万元。增开宁化至天鹅洞群、三明至天鹅洞群的旅游客车，初步形成景区、旅行社、旅游饭店、旅游交通四位一体旅游格局。

　　1991—2005 年，宁化县共投入 2600 多万元建设旅游基础设施。

第二节　旅游服务

　　1991，宁化县旅游服务公司成立，从业人员 40 人，配备大中型旅游客车 3 辆，设旅游商品批零部，景区管理处分设导游部、工程保卫部、商品零售部、餐饮部等部门。1992 年，宁化县旅游服务公司增设新桥、车站、塔街旅游商品批零部 3 个。1994 年，县旅游局与县烟草公司联合组建宁化旅行社，配备导游员，开办组团旅游、代办机票、境外旅游等业务。1998 年，宁化客家祖地旅行社成立。2000 年，金叶大酒店被评定为二星级旅游饭店，填补宁化县星级饭店空白。2003 年，客家宾馆被评定为三星级酒店。2005 年年初，三星级旅游宾馆天鹅大酒店开工建设。

2005 年宁化县旅游宾馆及酒店一览表

表 25-1　　　　　　　　　　　　　　　　　　　　　　　　　　　　　　　　　单位：间、个

宾馆名称	房间数	普通间	标准间	三人间	床位数
客家宾馆	119	41	42	36	222
天和山庄	40	9	21	0	61
长城大酒店	25	10	10	5	45

续表 25-1

宾馆名称	房间数	普通间	标准间	三人间	床位数
东方宾馆	20	7	9	4	37
泰隆大酒店	16	4	12	0	32
外贸旅游宾馆	17	1	15	1	34
城东宾馆	12	6	6	0	18
客家康乐中心	17	3	14	0	31
中环宾馆	16	4	12	0	28
客家楼宾馆	10	1	9	0	19
好又多宾馆	11	2	9	0	20
中山旅社	32	16	16	0	48
泉上旅社	11	2	9	0	20
客家源宾馆	6	1	5	0	11
凯悦宾馆	9	3	6	0	15
凯悦宾馆	8	2	6	0	14
百乐园	7	1	6	0	11
金叶大酒店	46	20	25	0	85
阳光假日酒店	31	7	21	3	58
合计	452	140	253	49	809

第四章　旅游市场

第一节　宣传推介

　　1988—1989 年，宁化县通过参加各类旅游交易会、组织撰写发表旅游文章、录制风光纪录片等各种形式宣传推介宁化红色、客家、生态旅游。1990 年 3 月，三明市文化局、三明市台湾事务办公室、三明国际旅行社牵头组织宁化客家祖地旅游新闻采访团，采访石壁客家祖地史料族谱、文化庙会、客家习俗、祭祖仪式等，福建电视台、中国新闻社、新华社以及《福建日报》《侨乡报》《上海旅游报》等新闻媒体连续报道宁化石壁客家祖地情况，引起很大反响，港台等地客家人纷纷组团到宁化寻根问祖，下半年接待海外客家寻根访祖团队 3 个。1991 年，台湾旅行社大陆考察团到宁化观光考察，华东六省地市报副刊研讨暨宁化、三元文学笔会（宁化举办）和对外宣传单位记者团记者、作家 40 人撰文宣传宁化旅游资源及景区，《福建侨报》刊出《客家祖地——天鹅洞群神游》专版。全年制作导游图 5 万份，录制风光录音带 2 片，组织编写天鹅洞群导游解说词，绘制旅游宣传巨画，对外宣传旅游景点。

　　1992 年，开展 1992 年中国宁化友好观光年活动，配合福建省客家祖地寻根专线旅游项目，邀请《澳门日报》《福建侨报》《华声报》等报社新闻记者采访宣传客家祖地，市级以上新闻单位发稿 58 篇，再版天鹅洞群导游图 3 万份，设计制作《客家祖地宁化旅游指南》图 5000 份。1993 年，开展中国山水风光旅游年活动，制发宣传品，刊登刊物、电话簿广告，邀请电视台记者采访，拍摄旅游新闻及旅游专题片，征集"宜宁紫砂工艺"及"天元宝石"参加福建省举办的旅游商品展销会。1994 年，围绕 1994 年中国文物古迹游及福建省旅游局推出的客家入闽线，开展 1994 中国宁化客家文物古迹游活动，收集选送宁化客家民俗饰物赴马来西亚客家博物馆展出，马来西亚客籍旅游团到宁化寻根旅游，邀请中央电视台、东南电视台、福建省影视传播公司及中央人民广播电视台记者采访宣传宁化。推出广东梅州—永定土楼—冠豸山—宁化客家祖地等旅游专线，开展"爱我风景名胜游"等旅游宣传促销活动，推动旅游业发展。

1995 年，对接福建客家风情旅游专线，开展 1995 年中国宁化客家祖地风情旅游活动。是年 11 月 28 日，举行石壁客家公祠落成暨世界客属祭祖大典，召开马来西亚、新加坡等地祭祖旅游团及中央、省、市和海外新闻记者新闻发布会，提升宣传档次，扩大辐射面和影响力。1996 年，举行世界客家石壁祖地祭祖大典及祭祖月旅游宣传促销，制作旅游流动宣传牌 6 版，设置客家宾馆等旅游风景橱窗版面，印制《客家祖地——宁化游》旅游图 2 万份，摄制《天鹅洞群览胜》风光片，县旅游局组织撰写《论客家文化旅游》一文入选省旅游文化研讨会交流。1997 年，开展 1997 年中国旅游年系列活动。是年 1 月，举办喜迎 1997 年中国旅游年旅游展；3 月，参加 1997 年广州国际旅游展销会，展出客家之旅图文版面 9 平方米，散发宣传材料 3000 份；5 月，参加在福州举办的三明产品展销会，制作图文展版 17 平方米，散发宣传品 5000 份，推出客家酒娘等旅游商品；7 月，举办庆香港回归旅游风光图片展；9 月，在厦门经贸洽谈会上与厦门中旅签订旅游促销协约；10 月，参加 1997 年永定旅游商品展销会，举办客家文化旅游节旅游展和旅游商品展，展出客家民居微缩木屋工艺品、客家竹制工艺品、客家紫陶工艺品和客家锡制酒具工艺品等展品；11 月，推出"客家祖地寻根游""天鹅洞群风光游"和"革命老区红土地之旅"三大旅游品牌，开辟"客家寻根游""名山、秀水、奇洞观光游""红土地爱国主义教育旅游"等专线。是年，邀请福建省电视台、东南电视台、台湾电视台拍摄旅游专题片，县旅游局、县文联、县客研会联合编写《天鹅洞群的传说》《客家祖地宁化览胜》。

1998 年，宁化旅游宣传报道小组成立，特聘旅游宣传通讯员 15 名，提高宣传稿费标准，增加旅游稿件数量。发行宁化旅游特色明信片 2 万张，福建省有线电视台及《三明旅游》《方园》《宁化电话号码本》《流光泻玉新三明》宣传广告等刊物播放刊登宁化旅游宣传广告，摄制旅游电视风光片，制作旅游广告文化衫，组织开展爱我家乡美好风光有奖征文旅游、1998 年世界旅游日风光摄影展等活动。制作参加 1998 年中国国内旅游交易会展出交流灯箱广告 12 平方米，印制导游图、旅游指南、旅游报价单 6 万份、旅游书签 1 万枚。中央电视台、广州电视台及报社等新闻媒体采访报道 1998 年世界客属石壁祭祖大典活动情况。1999 年，制成宁化旅游风光宣传光盘在重点客源地滚动播出，县旅游局与县委宣传部、县文联联合举办客家祖地行采风笔会，参加武夷山举办的闽台旅游同业新春联谊会，推介客家祖地旅游项目。

2000 年，重点宣传"客家祖地""天鹅洞群""革命老区"三大品牌，福建省有线电视台播放天鹅洞旅游天气预报；福建、潮州、龙岩、三明等电视台拍摄宁化旅游风光片，摄制宁化风光、客家祖地风情VCD 片；印制旅游画册，设计天鹅洞群标志和石壁客家祖地商标，设置宁化城区进口处巨型旅游宣传广告牌 1 块、福州市古屏路灯箱广告牌 10 个，制发 2001 年中国邮政贺年（有奖）宁化旅游明信片 2 万张，编印出版《客家祖地石壁丛书·宁化风光》，在《福建日报》《三明日报》《江南游报》登载旅游信息 20 条，提供图文入编《走遍中国》《周游福建》《福建旅游通讯大全》等旅游画册、通讯录和福建旅游信息网。2001 年，全县所有客运中巴、大巴、出租车张贴"宁化天鹅洞群风景区——福建独一无二的地下河景观""宁化石壁客家祖地——世界客家人的朝圣中心"等旅游宣传广告，在三明市区江滨路树立大型客家祖地旅游风光广告牌 1 幅，提供宣传旅游景点图文资料 1000 份供《中国旅游报》《福建日报》《三明日报》《三明旅游指南》等画册报刊及"三明旅游""福建旅游之窗"等网站登载。开展县内"爱我美好家园·游我神风龙宫"观光活动，先后参加全市旅游宣传大篷车巡游、成都国内旅游交易会、四川乐山"创优"和峨眉山景区经营管理考察、第一届世界客属民祭炎黄两帝暨中国西部考察行、第十届全国风景溶洞工作研讨会暨福建省首届风景溶洞旅游节、赣湘闽粤红色旅游（瑞金）推介会等各类宣传促销活动。组团赴广东梅州、潮州、汕头、深圳等地举办客家风情旅游线路推介会 3 次、新闻发布会 60 场次，发放宣传资料 1

万份。开拓假日旅游市场，开发"五一""十一"旅游专线 3 条，接待游客 6.80 万人次，旅游收入 1414.50 万元。

2002 年，推出"碧水、丹山、奇洞""客家风情""红土地之旅"旅游专线 3 条，重点推介"天鹅洞群地下河水下石林"等旅游精品。先后参加中国国内旅游交易会暨福建省旅游大篷车宣传促销，在马来西亚举办"纪念福建省苏维埃政府成立七十周年"，在三明市举行潮汕旅游推介会、全市旅游宣传大篷车暨第一届闽赣协作区旅游交易会等活动，先后组织人员赴江西石城、宁都、瑞金、广昌、兴国、三明、永安等地开展巡回促销。东南电视台、福州电视台、江西电视台、台湾"八大"电视台相继拍摄播出宁化旅游风光、客家风情专题片。召开 24 家旅行社负责人参加"客家之旅"线路推介会，旅游宣传文稿被《中国旅游报》《中国百姓寻根游》《三明历史》《三明日报》《福建旅游》等报刊杂志刊发。2003 年，在福州设置宁化旅游户外灯箱广告；举办客家旅游笔会，邀请省内著名作家参加，组织图文供《福建旅游》《福建风采概览》《闽粤赣十三市旅游协作区整体宣传期刊》《三明大型旅游画册》《三明旅游知识 365》等刊物和《旅游超市网》《中华行知网》《中华信息网》《客家风情》《福建旅游之窗》等网站刊登；制作"客家祖地福建宁化旅游网"，开展网络宣传。

2004 年，举行福建般若芳天鹅旅游发展有限公司开业暨天鹅洞群国家地质公园授匾仪式，重点促销春节、"三八""五一""十一"等节假日旅游专线，举办冬日缤纷客家祖地自驾游活动。2005 年年初，福建电视台公共频道记者拍摄《体验旅游在宁化》30 分钟电视专题片；4 月，福建电视台《寻找红色记忆》、中央电视台《搜寻天下》栏目记者到宁化采访拍摄，福建电视台都市时尚频道拍摄报道宁化红色旅游专题新闻；5 月底，在宁化举行中国老区建设促进会、江苏省广电集团主办的"2005 中国红色之旅关机仪式"；9 月，《赣南日报》连续刊登多篇宣传宁化旅游文章，举办《赣南日报》"读者会"，开展宁化旅游知识竞赛活动，奖励优胜者免费旅游；10 月，中国曲艺家协会举办"送欢笑——走进宁化苏区"慰问演出活动；11 月，举办第 11 届世界客属石壁祖地祭祖大典活动，马来西亚、新加坡、加拿大等国家和中国香港、中国台湾地区 300 位客家宗亲参加。

第二节　旅游线路

宁化旅游业始于 1991 年，以接待零散旅客为多。经过十几年的发展，至 2002 年，县内逐步形成城关至石壁客家祖地，城关至天鹅洞景区为主的旅游线路，县外有至长汀、连城、瑞金等地旅游线路。2003 年始，县旅游局根据不同的目标市场，推出具有宁化特色旅游线路，至 2005 年形成"红色、绿色、古色"多线相连，客家风情、红色与生态旅游共赏的格局。

一、旅游线路

（一）一日游

石壁客家祖地—天鹅洞景区。

（二）二日游

第一条线路：石壁祭祖—东华山拜佛（素斋）—隆陂湖（宿宁化）—第二天—天鹅洞景区—北山革命纪念园、红军长征出发地纪念广场。

第二条线路：天鹅洞景区（午餐）— 蛟湖— 锣鼓坪（宿宁化）—第二天—石壁客家祖地— 北山革命纪念园、红军长征出发地纪念广场。

（三）三日游

第一条线路：牙梳山（或朝天寨）— 翠江（宿宁化）—第二天 —天鹅洞—锣鼓坪—华侨农场—蛟湖

（宿宁化）—第三天—石壁—北山革命纪念园、红军长征出发地纪念广场。

　　第二条线路：石壁客家祖地—东华山朝圣（宿宁化）—第二天—天鹅洞—蛟湖（宿宁化）— 第三天—朝天寨（或牙梳山）—北山革命纪念园、红军长征出发地纪念广场。

二、专项主题旅游

　　从 2003 年开始，县旅游部门根据游客的不同需求开设专项主题旅游项目，包括客家祖地文化朝圣游，天鹅洞群避暑度假游、洞穴探险游、蛟湖商务会议、文化休闲游，朝天寨、牙梳山休闲健身游、森林探险游。至 2005 年，专项主题旅游共接待游客近 10 万人次。

三、特色旅游线路

（一）"客家之旅"专线

潮州、梅州、永定、上杭、长汀、连城、宁化七日游　第一天游览潮州开元寺、韩公祠、明代古城墙等，住潮州；第二天自潮州抵梅县，游览雁南飞、客家围屋，住梅州；第三天从梅州至永定，游览永定土楼后乘车抵上杭，住上杭；第四天游览上杭梅花山国家 A 级自然保护区后抵长汀，住长汀；第五天游览客家母亲河、客家博物馆后抵连城，住连城；第六天游览石门湖、冠豸山、竹安寨后抵宁化，住宁化；第七天游览天鹅洞群、石壁客家祖地。

（二）"红土地之旅"专线

长汀、瑞金、宁化三日游　第一天游览长汀客家母亲河、客家博物馆、瞿秋白烈士被囚处，住长汀；第二天从长汀乘车抵瑞金，游览苏维埃旧址、沙洲坝、革命历史博物馆、叶坪革命旧址群，乘车抵宁化，住宁化；第三天游览石壁客家祖地、北山革命纪念园、锣鼓坪、天鹅洞群后返程。

第三节　旅游接待

　　1990 年，宁化县旅游业刚起步，收入甚少。1991 年起加大旅游事业投入，开发建设景区、景点。2005 年，天鹅洞群国家地质公园（风景区）门票价格为：60 元/人次，导游费 10 人以内每趟 20 元，11 人以上每人次 2 元。客家祖地门票价格为 12 元/人次，其中祭祖活动视人员数量、操办规模情况，由客家联谊会等部门统一操办。

1990—2005 年宁化旅游接待情况表

表 25-2　　　　　　　　　　　　　　　　　　　　　　　　　　　　　　　　　单位:间、个

年　份	游客人次(万人)	旅游收入(万元)	游客比增(%)	旅游收入比增(%)
1990	0.70	3.50	—	—
1991	8.40	33.00	1100.00	842.86
1992	4.10	50.00	−51.19	51.52
1993	2.03	12.58	−50.49	−74.84
1994	3.53	65.00	73.89	416.69
1995	4.20	72.00	18.98	10.77
1996	4.50	42.00	7.14	−41.67

续表 25-2

年　份	游客人次(万人)	旅游收入(万元)	游客比增(%)	旅游收入比增(%)
1997	5.60	52.00	24.44	23.81
1998	6.00	40.40	7.14	-22.31
1999	6.66	658.30	11.00	1529.46
2000	7.60	822.70	14.11	24.97
2001	32.82	10240.00	331.84	1144.69
2002	27.77	8066.00	-15.39	-21.23
2003	23.48	7232.00	-15.45	-10.34
2004	27.57	8468.00	17.42	17.09
2005	31.05	9534.00	12.62	12.59

注:1998 年以前统计口径以天鹅洞和客家祖地旅游接待人次和收入为依据。

第四节　客源市场

宁化客源市场主要为福建、江西、上海、广东等经济发达地区和台湾，游客旅游类型自然观光占绝大多数。海外客源市场以东南亚为主，旅游类型主要是探亲寻祖和宗教朝拜。福建省游客占国内游客一半以上，9 个地、市都是宁化旅游客源地，其中又以宁化周边的龙岩、三明、南平 3 市所辖地区为主，占全省游客 60%。其他省、自治区、直辖市国内游客来源地居前 10 位的是赣、粤、浙、皖、苏、京、沪、鄂、鲁、辽，西部内陆省区及东北的黑龙江、吉林的客源市场最小。2005 年年底，宁化旅游客源地 30 个，比2004 年增加 9 个，其中国内客源地新增 7 个、海外客源地新增 2 个。三明、福州、龙岩和江西省赣州地区居宁化旅游客源市场前 4 位。只有西藏、宁夏、内蒙古、山西 4 个省、自治区没有游客。

第五章　旅游管理

第一节　机构

一、管理机构

（一）宁化县旅游局

1986 年 12 月，宁化县旅游局成立，正科级事业单位，编制 3 人。1996 年，更名为宁化县旅游事业管理局。1990 年，设立天鹅洞群风景区管理处，为县旅游局下属单位。2005 年，内设办公室、行业管理科、市场开发科、旅游质量监督管理所等部门，有管理人员 7 人。

（二）石壁客家祖地旅游管理处

1997 年设立，为县政府直属正科级事业单位，有编制 6 人，负责石壁风景名胜区管理、海内外游客参观游览接待和承办祭祖旅游，2005 年编制未变。

二、服务机构

1990 年，宁化县旅游服务公司成立，集体单位，隶属县旅游局。1992 年，宁化国旅办事处、宁化县旅游开发总公司成立。1994 年 5 月，宁化旅行社成立；1999 年，宁化旅行社更名为宁化客家祖地旅行社。至 2005 年，全县有宁化客家祖地旅行社、客家源旅行社、天鹅假日旅行社、民福园旅行社、三明国旅宁化营业部等 5 家旅行社，从业人员 75 人。

第二节　导游管理

1990 年，县旅游局聘用景区工作人员 12 人，其中三明旅游班毕业生 2 人，经培训担任导游女职员 8 人。1991 年，开办新招人员短期培训班 3 期，举办旅游规范管理与职业道德短训班 1 期，景区 16 名职工中旅游专业大中专毕业生 3 人、持合格证导游员 2 人、参加旅游专业自学考试及函授教育 5 人。1993 年，天鹅洞群风景区导游员参加培训考试。1995 年，新聘景区导游员经培训上岗。1996 年，县旅游局选送专业人员参加旅游业务培训，招收旅游专业院校毕业生充实旅游员工队伍。开展"满意在景区、奉献在岗位"及"警民共建风景区"等精神文明建设系列活动。1997—1999 年，重点健全基层单位管理机构和提高旅游职工队伍素质；每季度举办旅游业务政策法规、文明优质服务员工培训班，选送 6 名导游员参加省、市旅游部门举办的旅游业务、政策法规培训，开展"青年文明号""创建文明旅游风景区"等活动。建立旅游优质服务承诺制度。2001 年，加强景区员工马克思主义"三观"（世界观、人生观、价值观）、社会主义"三德"（社会公德、职业道德、家庭美德）、旅游行业"三意识"（政治意识、敬业意识、服务意识）教育，培训、考核旅游从业人员，选送 7 名景区讲解员参加全国导游员资格考试。2005 年 6 月和 9 月，县旅游局组织举办服务员、导游人员培训班 2 期，共培训服务员、导游员 200 人次。

第三节　旅游服务质量管理

1990 年，县旅游局制定《天鹅洞工作人员管理条例》，组建宁化旅游服务公司，构建"吃、住、行、游、购、娱"服务系统。1993 年，天鹅洞群风景区和武警二中队、湖村镇公安派出所开展警民共建系列活动。1994 年，县旅游局执行建设部《风景名胜区建设管理规定》，规范直属单位经营管理，以创建"精神文明单位"为载体提升行业管理水平；1995 年，实施省、市《旅行社质量保证金管理规定》，改革景区内部管理机制，实行岗位责任制；1996 年，重新修订风景区管理规章制度，实行优质服务承诺卡制度；1998年，开展"管理示范岗""学雷锋行动月""优质服务承诺制"活动，创建文明风景区、旅游区；2002—2003 年，汇编《福建省旅游条例》《风景名胜区管理暂行条例》等旅游法规，制定《天鹅洞群地下河游船管理措施》《旅游安全事故应急救援预案》，健全旅游应急救护措施；2005 年，制定《旅游景区规范和整顿工作方案》，受理游客投诉 26 起，满意率 100%。

卷二十六　财政　税务

1988 年始，宁化县财税工作以经济建设为中心，推进财政、税务体制改革，县级财政实行"划分收支、核定基数、定额缴补、增收全留、分类包干、自求平衡，五年不变"的大包干财政管理体制。1994年，停止财政包干体制，乡（镇）财政由原来的大包干转变为"划分税种、核定基数、定收定支、收支挂钩、超收分成、歉收自负"的分税制财政管理体制。为改变工业经济总量小、第三产业不发达、财政收入规模小、财源结构单一、保障能力弱的状况，县委、县政府调整产业结构，培植烤烟种植等农业经济财源，实施国有和集体企业改制，打造集聚工业发展平台，重点发展民营企业，突出培植工业经济财源。同时依托宁化客家祖地、革命老区、自然生态等有利条件，加快培植旅游业等第三产业财源。开展依法纳税宣传，强化税务稽查、税源管理和税收征管，财政收入增长明显加快。2005 年，全县地方级一般预算收入7609 万元，为 1988 年 1965 万元的 3.87 倍；工商税收 3154 万元，为 1988 年 1661 万元的 1.90 倍。

第一章　财政

第一节　财政体制改革

一、县级财政体制改革

1988—1993 年，福建省对县级财政实行"划分收支、核定基数、定额缴补、增收全留、分类包干、自求平衡，五年不变"的大包干财政管理体制，宁化县被定为定额补助县，享受"增收全留"的优惠政策。1994 年 1 月 1 日始，省对县实行分税制财政管理体制后，宁化县建立以增值税为主体，消费税、营业税为补充的流转税制度，按新税种划分为中央固定收入、地方固定收入和中央、地方共享收入。在划分事权的基础上，按隶属关系划分各级预算支出范围，收支基数以 1993 年收支决算数为基础，收大于支的定额上缴，支大于收的定额补助。主税种增值税实行中央、地方 75∶25 分成，2002 年实行所得税中央、地方 5∶5 分成，2003 年调整为 6∶4 分成。

2003 年始，推行农村税费改革，实施"五取消、一稳定、一改革"的税改措施（即取消乡统筹费，取消农村教育集资等专门面向农民征收的行政事业性收费和政府性基金、集资，取消除烟叶及原木收购环节特产税外的其他特产税，取消屠宰税；取消统一规定的劳动积累工和义务工，稳定农业税政策，改革村提留征收使用办法），中央、省级财政转移支付补助宁化 1229 万元，并列作基数。2005 年，全面免征农业税及附加费，取消除烟叶以外的农业特产税，全县地方级一般预算收入 7609 万元，为 1994 年的 2.53 倍。2003—2005 年，中央和省级财政共补助宁化农村税改专项转移支付 3013.46 万元。

二、乡（镇）财政体制改革

1988 年，参照省对县财政做法，宁化县对乡（镇）实行财政包干。1993 年，全县乡（镇）财政收入 701 万元，比 1988 年增加 219 万元，年均增长 9.09%。1994 年，停止财政包干体制，实行"划分税种、核定基数、定收定支、收支挂钩、超收分成、歉收自负"的分税制财政管理体制。1998 年起，在分税制及收支范围不变的基础上，烟叶税下放乡（镇）考核，实行单项结算、超收分成、短收倒扣，激发乡（镇）发展烤烟种植积极性，烤烟种植面积和烤烟收购量大幅提高，乡（镇）烟叶税分成从 1998 年的 249 万元提高到 2002 年的 654 万元。2003 年，为保证农村税费改革顺利推进和乡（镇）正常运转，按"分事、分税、分利、分责"的原则，重新划分收支范围，调整收支基数，实行乡（镇）招商引资办企业新增税收优惠政策，乡（镇）招商引资办企业新增税收前 3 年实行全额返还，第 4、5 年减半返还，全县乡（镇）财政收入 573 万元。2005 年，全县乡（镇）财政收入 693 万元。

第二节　财政收入

一、预算内收入

（一）一般预算收入

1988 年，县财政收入 1964 万元，比 1987 年增长 44.55%。其中，工商税收入 1661 万元、农业"四税"（农业税、农业特产税、耕地占用税、契税）收入 191 万元、企业收入 62 万元、专项收入 16 万元、其他收入 35 万元。1989—1990 年，推行"紧缩财政、强化管理、深化改革、提高效益、增收节支、实现平衡"管理措施，年均收入 2531 万元。1991 年，开展"治理整顿"和"紧缩财政、强化管理、促产增收、集中财力、平衡预算"管理措施，收入 2725 万元。1992—1993 年，扶持企业发展生产，年均增长 11.80%。1994 年，全县地方级一般预算收入 3004 万元，比 1993 年不可比减收 400 万元。1995—2002 年，通过完善分税制财政管理体制、落实目标考核责任制，全县地方级一般预算累计收入 43391 万元，年均增长 6%。2003 年，全县地方级一般预算收入 6288 万元，比 2002 年增长 5%。2004—2005 年，全县地方级一般预算收入年均增长 10%，其中 2005 年收入 7609 万元，比 1988 年增长 2.87 倍。

工商税收　1988 年，建筑材料、有色金属等纳入增值税征收范围，工商税收 1661 万元，比 1987 年增长 63.06%。其中产品税 602 万元、增值税 252 万元、营业税 624 万元、城建税 46 万元、其他工商税 137 万元。1989—1993 年，累计收入 11756 万元，年均增长 12.10%。1994 年，实行分税制，加上税种转换，地方级工商税收 1011 万元，比 1993 下降 67.10%。2001 年，工商税收 2654 万元，比 2000 年减收 261 万元。2002 年起，所得税中央与地方分享，工商税收 2644 万元，比 2001 年减收 10 万元。2003—2004 年，工商税收累计收入 5369 万元。2005 年，工商税收 3154 万元，比 2004 年增长 17.42%，比 1988 年增长 0.90 倍。

农业四税　1988 年，农业"四税"收入 191 万元，其中农业税 91 万元、农业特产税 90 万元、耕地占用税 10 万元。1989—1993 年，累计收入 632 万元，年均收入 126.40 万元。1994 年，农业四税征收范围扩大为烟叶、园艺、水产、林木、牲畜、食用菌、贵重食品等，农、林、牧、渔产品税与农林特产税合并为农业特产税，收入 1510 万元，其中农业税 185 万元、农业特产税 1277 万元（烟叶特产税 989 万元）、耕地占用税 34 万元、契税 14 万元。1995 年，烟叶计税价由 1994 年的每公斤 1.80 元调整为每公斤 5 元；农业四税收入 2337 万元（其中烟叶特产税增收 783 万元），比 1994 年增长 54.77%。1996—1997 年，累计收入 5911 万元，年均收入 2956 万元。1998 年，烟叶生产受洪灾影响，收购总量由 1997 年的 2.25 万吨减至 0.78 万吨，烟叶特产税比 1997 年减收 1100 万元。1999—2002 年，累计收入 10708 万元，年均增长 4.20%。2003 年，收入 2970 万元，比 2002 年增长 2.49%。2004 年，收入 3127 万元，其中农业税 4 万元、农林特产税 3023 万元、耕地占用税 27 万元、契税 73 万元。2005 年，收入 3137 万元，其中农林特产税 2900 万元、耕地占用税 36 万元、契税 201 万元。

企业收入　1988 年，实行"放水养鱼"政策，企业收入 62 万元，比 1987 年减收 84 万元，下降 57.53%。其中，国营企业所得税 134 万元、国营企业计划亏损补贴 34 万元、国营企业调节税 13 万元、国营企业承包收入退库 51 万元。1989—1992 年，企业收入累计 458 万元，其中国营企业所得税 597 万元、国营企业计划亏损补贴 318 万元、国营企业上缴利润 203 万元、国营企业承包收入退库 85 万元。1993 年，企业收入倒挂 32 万元，主要为粮食企业亏损加剧及一次性弥补 1991 年度以前粮食企业亏损。1994 年，企业收入 247 万元，比 1993 年增加 279 万元，主要因国有企业计划亏损补损比 1993 年减少 241 万元。1995—2004 年，粮食企业亏损好转以及其他企业效益提高，累计收入 1070 万元，年均收入 107 万元。2005 年，企业收入 165 万元，其中国有企业所得税 112 万元、国有资产经营收益 53 万元。

其他收入　1988—1989 年，其他收入 135 万元。1990 年起，城市教育附加列入专项收入，是年其他收入 117 万元，其中城市教育附加 26 万元。1991—1992 年，其他收入累计 326 万元，年均 163 万元。1993 年，其他收入 93 万元，比 1992 年减收 55 万元，下降 37.16%（1992 年罚没收入基数较大）。1994—2004 年，其他收入累计 4648 万元，年均 423 万元。2005 年其他收入 1153 万元，比 2004 年增长 16.80%。

（二）基金预算收入

1997 年起，政府性基金收入纳入预算管理，实行财政基金预决算，是年基金预算收入 397 万元，其中农村教育附加 82 万元、农牧业税附加 315 万元。1998—2002 年，基金预算收入累计 3122 万元，年均收入 624.40 万元，其中农村教育附加 1475 万元、地方财政税费附加 1616 万元、土地有偿使用收入 31 万元。2003 年，基金预算收入 703 万元，其中工业交通部门基金收入 4 万元、地方财政税费附加 329 万元、土地有偿使用收入 370 万元。

2004—2005 年，基金预算收入年均 542.50 万元，其中工业交通部门基金收入 84 万元、土地有偿使用收入 298 万元、地方财政税费附加 703 万元。

1997—2005 年宁化县财政基金预算收入情况表

表 26-1　　　　　　　　　　　　　　　　　　　　　　　　　　　　　　　　　　单位：万元

| 年份 | 基金预算收入 | | | | | 上级补助收入 | 上年结余 | 总计 |
	农村教育附加	工业交通部门基金收入	地方财政税费附加	土地有偿使用收入	小计			
1997	82	—	315	—	397	—	—	397
1998	200	—	381	—	581	—	—	581
1999	216	—	369	—	585	—	38	623
2000	212	—	294	31	537	—	296	833
2001	267	—	282	—	549	174	281	1004
2002	580	—	290	—	870	199	313	1382
2003	—	4	329	370	703	111	370	1184
2004	—	39	363	133	535	151	349	1035
2005	—	45	340	165	550	397	385	1332

二、上级补助收入

1988年，上级补助收入1690万元，其中专项补助1035万元、结算补助454万元、其他补助201万元。1989—1993年，上级补助收入累计4051万元，其中专项补助3650万元、结算补助143万元、其他补助258万元。1994年，增加税收返还补助项目，上级补助收入3785万元，为年地方级财政收入的1.26倍，其中税收返还补助1416万元、专项补助1869万元、其他补助500万元。1995—1996年，上级补助收入累计5445万元，其中税收返还补助2791万元、专项补助2451万元、结算补助81万元、其他补助122万元。1997年，增加转移支付补助项目，上级补助收入3693万元，其中税收返还补助1375万元、专项补助2213万元、转移支付补助350万元、结算补助25万元。1998—2001年，上级补助收入累计21141万元，年均增长20.30%。

2002年，增加所得税返还补助收入，上级补助收入7943万元，其中税收返还补助4481万元（其中所得税返还补助收入590万元）、专项补助1903万元、转移支付补助1450万元、结算补助109万元。2003年，增加农村税费改革转移支付，上级补助收入9807万元，其中税收返还4584万元、专项补助1840万元、转移支付补助3243万元、其他补助140万元。2004年，上级补助收入12123万元，其中税收返还补助1837万元、专项补助2288万元、转移支付补助7765万元（其中一般性转移支付5503万元，农村税费改革转移支付补助1835万元，取消农业特产税和降低农业税率转移支付补助427万元）、结算补助215万元、其他补助18万元。2005年，上级补助收入15706万元，其中税收返还补助1828万元、专项补助3527万元、转移支付补助9935万元（其中一般性转移支付补助6088万元、农村税费改革转移支付补助2309万元、取消农业特产税和降低农业税率转移支付补助712万元、缓解县乡财政困难转移支付补助826万元）、结算补助416万元。

三、预算外收入

1991年，实行预算外资金专户管理，预算外收入1094万元。1996年，预算外收入907万元。1997年，实行行政事业单位的预算外资金"收支两条线"管理，预算外收入1442万元。2000年，实行行政事业性收费"票款分离"管理，预算外收入5172万元。2003年，取消乡（镇）统筹收入，预算外收入4950万元。2005年，预算外收入4846万元，比1991年增长3.43倍。

1991—2005年宁化县财政预算外收入情况表

表26-2　　　　　　　　　　　　　　　　　　　　　　　　　　　　　　　　　　　　　单位：万元

年　份	行政事业部门收入	行政事业性收费收入	政府性基金收入	主管部门集中收入	乡镇自筹统筹资金	其他收入	合计
1991	992	—	—	—	—	102	1094
1992	1363	—	—	—	—	135	1498
1993	936	—	—	—	—	146	1082
1994	678	—	—	—	—	16	694
1995	165	—	—	—	—	70	235
1996	—	822	—	—	—	85	907
1997	—	1269	—	—	—	173	1442
1998	—	1709	—	—	—	232	1941
1999	—	2440	213	22	—	6	2681
2000	—	2191	1235	25	1108	613	5172

续表 26-2

年　份	行政事业部门收入	行政事业性收费收入	政府性基金收入	主管部门集中收入	乡镇自筹统筹资金	其他收入	合计
2001	—	2499	1608	22	781	102	5012
2002	—	3230	743	9	2006	20	6008
2003	—	3145	1058	20	264	463	4950
2004	—	2875	964	74	32	633	4578
2005	—	3378	1443	—	10	15	4846

第三节　财政支出

一、预算内支出

1988 年，财政支出包含工业、农业、文教科卫支出，抚恤、社会福利和社会保障支出，行政管理费，其他支出等项目。1997 年起，财政支出分解为一般预算支出和基金预算支出两部分。

（一）一般预算支出

1988—2005 年，全县财政一般预算支出 167866 万元。其中，经济建设支出 26902 万元，占总支出的 16.03%（工业占 2.26%，农业占 13.77%）；文教科卫事业费支出 67249 万元，占总支出的 40.06%；抚恤、社会福利救济和社会保障支出 19811 万元，占总支出的 11.80%；行政管理费支出 22944 万元，占总支出的 13.67%；其他支出 30960 万元，占总支出的 18.44%。

经济建设支出　1988 年，经济建设支出 1502 万元（其中工业支出 652 万元、农业支出 546 万元），占当年财政支出的 39.96%。1989—1993 年，经济建设支出累计 3726 万元，年均支出 745 万元，主要用于支持农业综合开发，发展粮食和以烤烟为龙头的经济作物生产。1994—1997 年，经济建设累计支出 6230 万元，占同期财政支出的 20.19%，年均支出 1558 万元。1998—2003 年，经济建设支出累计 10557 万元，占同期财政支出的 14.26%。其中：工业支出 774 万元，主要用于县水泥厂、县林厂、县化工厂等县属骨干企业发展生产；农业支出 9783 万元，主要用于烤烟、食用菌、毛竹和水产养殖等农业产业发展。2004 年，经济建设支出 1737 万元，比 2003 年下降 17.44%，主要为省、市专项支出减少不可比。2005 年，经济建设支出 3454 万元，占同年财政支出的 15.62%。其中，用于城南工业园区建设和招商引资费用 307 万元，用于建设堤防工程、病险水库除险加固、水毁工程修复、江河治理和节水灌溉等重点水利基础设施 2300 万元。

文教科卫事业支出　1988 年，文教科卫事业费支出 850 万元，占同年财政支出的 22.60%。其中，教育事业费 588 万元、文体广播事业费 146 万元、卫生事业费 106 万元、科学事业费 10 万元。1989—1993 年，文教科卫事业支出 7151 万元，占同期财政支出的 37.80%。其中，文体广播事业费 1199 万元、教育事业费 4983 万元、卫生事业费 935 万元、科学事业费 34 万元。1994—1998 年，文教科卫事业支出 15795 万元，占同期财政支出的 40.50%。其中，文体广播事业费 1907 万元、教育事业费 11759 万元、卫生事业费 2058 万元、科学事业费 71 万元。1999—2002 年，文教科卫事业支出 20904 万元，占同期财政支出的 42.20%。其中，文体广播事业费 1829 万元、教育事业费 16329 万元、卫生事业费 2649 万元、科学事业费 97 万元。2003—2004 年，文教科卫事业支出 14512 万元，占同期财政支出的 42.10%。其中，文体广播事业费 1591 万元、教育事业费 11676 万元、卫生事业费 1165 万元、科学事业费 80 万元。2005 年，文教科卫事业支出 8037 万元，占同期财政支出的 36.30%，比 2004 年增长 7.85%。

行政管理费支出　1988 年，行政管理费支出 473 万元，占同年财政支出的 12.60%。1989—1995 年，行政管理费支出 5236 万元，占同期财政支出的 16.10%，年均支出 748 万元，年均增长 13.49%。1996—2000 年，行政管理费支出 7370 万元，占同期财政支出的 15.40%，年均支出 1474 万元，年均增长 6.23%。2001—2004 年，行政管理费累计支出 7509 万元，年均支出 1877.25 万元，占同期财政支出 61495 万元的 12.20%。2005 年，行政管理费支出 2356 万元，占是年财政支出的 10.70%，比 1988 年增支 1883 万元，增长 3.98 倍。

抚恤、社会福利和社会保障支出　1988 年，抚恤、社会福利和社会保障支出 84 万元，占是年财政支出的 2.20%。1989—1995 年，抚恤、社会福利和社会保障支出 1599 万元（其中抚恤和社会福利救济费支出 1344 万元），占同期财政支出的 4.90%。1996 年，行政事业单位离退休支出列入抚恤、社会福利和社会保障科目支出，全年共支出 260 万元，占同期财政支出的 3.30%，其中，抚恤和社会福利救济费支出 218 万元、行政事业单位离退休支出 42 万元。1997—2000 年，"三条保障线"（国有企业下岗职工基本生活保障、失业保险、城市居民最低生活保障）标准提高，抚恤、社会福利和社会保障支出 3562 万元，占同期财政支出的 12.90%。其中，抚恤和社会福利救济费支出 2040 万元、行政事业单位离退休支出 1402 万元、社会保障补助支出 120 万元。2001—2004 年，城乡最低生活保障支出、五保户生活补助、城镇退伍士兵安置、抚恤、社会救灾和救济等民政定额补助标准提高，抚恤、社会福利和社会保障支出 10272 万元，占同期财政支出的 16.70%。其中，抚恤和社会福利救济费支出 4014 万元、行政事业单位离退休支出 6017 万元、社会保障补助支出 241 万元。2005 年，抚恤、社会福利和社会保障支出 4034 万元，占是年财政支出的 18.20%，比 1988 年增加 3950 万元，增长 47.02 倍。其中，抚恤和社会福利救济费支出 1847 万元、行政事业单位离退休支出 2155 万元、社会保障补助支出 32 万元。

其他支出　1988 年，其他支出 1154 万元，占是年财政支出的 30.70%。1989—1995 年，其他支出累计 6529 万元，占同期财政支出的 20%。其中，城市维护支出 609 万元、公检法司支出 1504 万元、支援不发达地区支出 322 万元。1996—2000 年，其他支出 8822 万元，占同期财政支出 47930 万元的 18.41%，比"八五计划"时期增长 1.77 倍。2001—2004 年，其他支出 10220 万元，占同期财政支出的 16.60%。其中，城市维护费支出 750 万元、公检法司支出 3204 万元、支援不发达地区支出 728 万元、政策性支出 395 万元。2005 年，其他支出 4122 万元，占是年财政支出的 19.15%。其中，城市维护费 298 万元、其他部门事业费支出 879 万元、公检法司支出 1151 万元、政策性补贴支出 131 万元、支援不发达地区支出 790 万元、专项支出 352 万元、其他支出 521 万元。

　　（二）基金预算支出

　　1997 年始，基金预算支出纳入预算内支出，是年支出 376 万元。1998 年，基金预算支出 578 万元。1999 年，基金预算支出 47 万元。2000—2004 年，基金预算年均支出 377 万元。2005 年，基金预算支出 393 万元，年终滚存结余 512 万元。

1997—2005 年宁化县财政基金预算支出情况表

表 26-3　　　　　　　　　　　　　　　　　　　　　　　　　　　　　　　　　　　单位：万元

年　份	基金预算支出								
	农村教育附加费支出	工业交通部门基金支出	地方水利建设基金支出	地方财政税费附加支出	农业部门基金支出	土地有偿使用支出	文教部门基金支出	其他	小计
1997	82	—	—	294	—	—	—	—	376
1998	200	—	19	359	—	—	—	—	578
1999	—	—	12	32	—	—	3	—	47
2000	303	—	—	—	1	20	212	—	536
2001	—	—	—	199	15	—	254	—	468
2002	—	—	—	60	5	18	182	40	305

续表 26-3

年　份	基金预算支出								
	农村教育附加费支出	工业交通部门基金支出	地方水利建设基金支出	地方财政税费附加支出	农业部门基金支出	土地有偿使用支出	文教部门基金支出	其他	小计
2003	—	4	—	51	30	300	35	—	420
2004	—	13	—	100	13	—	30	—	156
2005	—	37	—	76	32	20	228	—	393

二、上解支出

1988 年，体制上解支出 10 万元。1989—1991 年，农业特产税征收管理经费专项上解支出 475 万。1992 年，体制上解支出 57 万元。1993 年，体制上解支出 123 万元。1994—1999 年，体制上解支出 933 万元、专项上解支出 198 万元，共支出 1131 万元。2000—2004 年，体制上解 131 万元、专项上解 1026 万元，共支出 1157 万元。2005 年，上解支出 118 万元。

三、预算外支出

1991 年始，预算外支出列入专户管理。1991—2005 年，预算外支出累计 41554 万元，其中 2005 年预算外支出 4735 万元，比 1991 年 855 万元增长 4.54 倍。

1991—2005 年宁化县财政预算外支出情况表

表 26-4　　　　　　　　　　　　　　　　　　　　　　　　　　　　　　单位：万元

年　份	行政事业部门支出	行政事业费支出	基本建设支出	城市维护支出	乡镇自筹统筹支出	其他支出	合计
1991	779	—	—	—	—	76	855
1992	1435	—	—	—	—	142	1577
1993	909	—	—	—	—	135	1044
1994	761	—	—	—	—	16	777
1995	165	—	—	—	—	71	236
1996	—	738	—	—	—	73	811
1997	—	670	—	—	—	66	736
1998	—	2124	—	—	—	262	2386
1999	—	2199	271	—	—	67	2537
2000	—	1989	419	—	1066	1451	4925
2001	—	2833	324	3	730	1209	5099
2002	—	3664	—	61	2006	277	6008
2003	—	3549	—	29	264	1159	5001
2004	—	4577	118	35	32	65	4827
2005	—	4583	—	—	49	103	4735

第四节　财政管理

一、管理机构

1988 年，县财政局内设人秘股、预算股、事业股、商业企业股、农财股，代管退休基金管理所、房产（公房）管理所。1989 年 3 月和 12 月，县财政局分别增设农税股和综合计划股。1992 年 4 月，县财政局增设监察室，设立斑竹农业特产税检查站。1993 年 4 月，增设国有资产管理股，与商业企业股合署办公。1994 年 7 月，县财政局增设外经股；12 月，县财政局成立三明宁化会计师事务所。1997 年 1 月，县财政局撤销斑竹农业特产税检查站，成立农业特产税稽查队。

1997 年 8 月，县财政局内设人秘股（挂监察室）、预算股、工交股、商粮股、外经股、行政事业股、农业股、综合计划股、国有资产股、农税股、会计股、社会保障股、监督股（含县政府税收、财务、物价大检查办公室和控制社会集团购买力办公室）；11 月，成立住房公积金管理中心、国有资产管理局。1998 年 2 月，县财政局成立农税局；12 月，增设基建股。1999 年 10 月，县政府设立采购委员会办公室。2000 年 2 月，县财政局撤销三明宁化会计师事务所。2002 年 11 月，县财政局核定机关行政编制 25 名、事业编制 10 名、工勤事业编制 3 名，内设办公室、综合股、预算股、国库股、事业股、经济建设股、农业股、社会保障股、企业股（含外经股）、会计股、监督检查股、农税股（挂宁化县农税征收管理局牌子）、农税稽查队 13 个职能股室；另有控制社会集团购买力办公室、政府采购委员会办公室和国有资产管理委员会办公室 3 个挂靠单位。2003—2005 年，县财政局内设机构不变。

二、行政事业财务管理

1988 年，县政府对预算单位实行"预算包干，结余留用，超支不补"管理办法，按人头定额行政经费包干，凭册登记报销。1989 年，县财政局发放"公务费券"，凭券报销，行政支出 457 万元，增幅比 1988 年降低 10 个百分点。1991 年，县政府严控基建和社会集团购买力支出，行政支出 599.66 万元。1992 年，县财政局重新核定文教行政经费包干基数，安排县级教育经费 935.90 万元。1993 年，县财政局建立"三金"（预算调节基金、交通能源基金、财政周转金）管理制度，鼓励事业单位创收，公用经费比 1992 年压缩 15%。1994 年，县政府制定《关于加强事业行政单位财务管理的意见》，规范行政事业单位财务管理。1997 年，财政资金供给单位划为财政全额、部分和定额供给三大类，国家机关全额供给，事业单位部分或定额供给，规定干部、职工出差和学习的差旅费、伙食补助标准，规范"四办"（县委办公室、县人大常委会办公室、县政府办公室、县政协办公室）车辆管理，节约资金 20 万元。1998 年，县政府建立健全会议审批、包干补助会议费制度，实行移动电话话费"限额包干、节约留用、超支自付"管理，规定私宅电话话费标准补助。

1999 年，县委办公室、县政府办公室联合下发《关于狠抓增收节支确保财政收支平衡的通知》，对县机关事务管理局代管的单位实行"分灶吃饭、独立核算"，分为 23 个财务独立核算单位，公务费（不含公检法）、接待费减少 20%，"四办"小车经费每部减少 0.50 万元。2000 年，正常活动专项经费纳入预算。2001 年，实行国库统一支付工资制度。2002 年，县政府制定《宁化县部门（单位）综合预算编制意见》，对县广电局、县计生局、宁化一中等 8 个事业单位试行综合预算。2003 年，部门综合预算编制单位扩大至 18 家，县财政局与教育局开设危房改造资金共管专户，专项核算中小学危房改造资金。2004 年，宁化县成为中央政法专款补助的全省 6 个重点县之一。2005 年，获得中央政法补助专款 928.41 万元，县公安局公用经费按省定四类保障标准（每人每年 1.90 万元）列入县财政预算；县政府制定《宁化县行政事业单位公务用车定点维修管理实施办法》，第一批 56 个单位 121 部公务用车实行定点维修、定点加油，节约维修费 60 万元。

三、企业财务管理

1988 年，采取调整承包基数、招标抵押承包等形式改善承包经营责任制，全县 22 个国有企业订立承包合同，县农械厂、县印刷厂、县农机公司、县医药公司、县松香厂、县自来水厂等 6 家企业实行工效挂钩，全县工业产值 2.19 亿元，比 1987 年增长 14.90%。1990 年，县政府筹措 210 万元支持县水泥厂萤石生产线、县机电厂电热膜、县煤矿技改扫尾。1991 年，县政府安排 297 万元支持企业新产品开发和技术改造，争取市财政商业周转金 172 万元，支持商业企业扩大经营，春秋两季展销会成交额达 3000 多万元。1992 年，县政府筹集 160 万元重点支持县水泥厂节能技改扫尾、县钨矿钨制品深度加工、县化肥厂复合肥生产线等技改项目和新产品开发，清理企业库存和潜亏资金 407 万元，批准挂账停息 310 万元。

1993—1995 年，县政府投入周转金 2313 万元，重点用于县水泥厂、乌龙峡电站、林产化工厂、化肥厂、县电力公司等骨干企业技术改造。1996 年，县酒厂、县印刷厂、县食品厂等企业改制。1997—1998 年，13 家国有独立核算工业企业和商业企业改制。1999 年，县政府补助下岗职工基本生活费和最低生活保障 85 万元。2003 年，规范企业财务核算，监督检查工交企业财务核算。2004 年，县电力公司、新华书店股份制改革，天鹅洞景区经营权转让，天鹅洞管理处和旅游服务公司改制。2005 年，县有色金属公司、县食品厂、县无线电器材厂、县机电厂、县稀土材料厂、县外贸公司、县煤炭公司改制，县钨矿进行破产清算。

四、乡（镇）财务管理

1988—1993 年，按照省财政厅规定，实行"划分收支、核定基数、定额缴补、增收全留、支出包干、自求平衡"的乡（镇）财政管理体制。1994 年，实行"核定基数、定收定支、收支挂钩、超取分成、歉收扣减支出"的乡（镇）预算管理体制。1995 年，实行"划分税种、核定基数、定收定支、收支挂钩、定额缴补、超收分成、歉收自负"的乡（镇）财政预算管理体制，竹木特产税下放乡（镇），全县 16 个乡（镇）财政收入 1493 万元，比 1994 年增长 40.05%，乡（镇）财政收入占全县财政收入的 26.84%。

1996—2001 年，按照省、市规定，改变乡（镇）所属单位统一核算体制，划分为独立核算和非独立核算两种形式；乡（镇）财政预算内外资金的收支分别建账、记账和核算，所属单位财务由乡（镇）财务室或财政所统一核算，建立健全票据领用缴销，使用全省统一印制收据等制度。2002 年，县财政局制定统一科目核算办法，规定预算内收入按一般预算收入和基金预算收入分别核算，未设置国库的乡（镇）预算收入根据征收机关的收入月报登记预算收入，预算结余按资金性质不同分别核算。预算外收支按"预算外存款""预算外收入""预算外支出""预算外结余"等科目核算。2003—2005 年，县财政局投入 20 万元为全县 16 个乡（镇）配备电脑和财务软件，实行会计电算化，强化综合预算管理。

五、预算外资金管理

1988—1990 年，县财政局落实省财政厅《加强预算外资金管理的通知》精神，严格预算外资金的收取标准、比例、范围，支出方向、用途和标准。1991 年，53 个单位实行预算外资金财政专户储存，储存金额 926 万元。1992 年，55 个单位预算外资金实行专储，储存金额 1300 万元。1993 年，县财政局建立公路建设、电网建设、住房基建、土地开发收入、重点建设基金以及矿山规费收入等基金式管理制度。1994 年，行政事业单位以 1993 年为基数，对单位的预算外结余按 33% 实行"以收抵支"，抵支单位 19 个，金额 42.17 万元。1996 年，县财政局实行预算外资金"收支两条线"管理，清理全县 270 个单位 754 个收费项目，涉及资金总额 4200 多万元，查出各类违纪金额 100 万元，专储金额比 1995 年增加 550 万元。1997

年，县财政局出台《宁化县预算外资金管理规定（试行）》，清理违规收费 50.30 万元，追缴违规收费 44.60 万元，专储资金比 1996 年增长 27%。

1998 年，实行"票据—收费—专户"一条龙控制与监督，清理行政事业单位银行账户，撤销 28 个。1999 年，实行票据"限量供应、按月领取、定期审验、以旧换新"管理，清理 109 个行政事业单位的 390 个银行账户，撤销 74 个，专储金额 2840 万元，比 1998 年增长 32.30%。2000 年，行政事业性收费"票款分离，银行代收"，建立财政、银行联网管理系统，预算外资金分 3 批实行银行代收制度，专储金额 3294 万元，比 1999 年增长 15.90%。2001 年，捆绑调度预算内外资金，清理 132 个行政事业单位的 484 个银行账户，撤销 260 个。2002 年，编制单位综合预算实行"核实收支，定额或定项补助，超支不补，结余留用"，落实"票款分离"单位 85 个，实行"票款分离"项目 165 个，专储金额达 6239 万元。2005 年，县财政局清理行政事业单位 787 个银行账户，撤销 345 个，以县公安局、县国土资源局等单位为试点，推进财政票据电子化管理。

六、国有资产管理

1995 年，县财政局对全县 60 家国有企业、单位资产清产核资，查清总资产账面值 2.67 亿元、负债总额 1.99 亿元、所有者权益 6829 万元、全部资产损失总额 2331 万元、潜亏挂账 1203 万元。是年，全县固定资产净增值 3063 万元，土地估价增值 6829 万元。1997 年，首次进行国有企业国有资产占有登记，对 58 家国有企业、127 个行政事业单位进行 1996 年度产权登记年检与国有资产年度统计，县二轻企业系统和城市信用社等 20 个单位清产核资。

2002 年，县政府出台《关于宁化县城市经营有限公司收益处理的若干暂行规定》，规范县城市经营公司的国有资产收益和国有资产收益分配管理。2003 年，制定《关于宁化县土地收储资金管理的意见》，规范储备土地的资金运作，储备土地的出让和土地收储中心的财务核算、监督、检查等管理。2004 年，由县城市经营公司统一管理零星分散或改制企业剥离的国有资产，实行国有资产使用权招标、拍卖制度，规范国有资产经营收益的收缴管理。2005 年，县政府出台《国有资产产权转让管理暂行规定》，规范国有资产交易行为。

七、其他财政管理

（一）农业财务管理

1988 年，实施国家农业综合开发，资金投入实行分级制。1990—1991 年，县财政局投入 205 万元重点扶持烤烟、茶果、水产、林业等开发生产。1992 年，争取省、市专项拨款、支农周转金、乡财发展基金、农业发展基金共计 377.90 万元。1993 年，县财政局筹集粮食专项配套资金和农业发展资金 50 多万元，发放周转金 110 万元，用于山地开发和建立农业生产社会化服务体系。1994 年，县财政局全年支农支出 1002.20 万元，比 1993 增长 284.20 万元；另争取上级支农专款 1690 万元、发放周转金 284.90 万元，应对两次特大洪灾。1995 年，县财政局有偿支持烤烟、毛竹、水果、食用菌与水产养殖生产资金 1400 多万元，其中自筹资金 1000 万元。

1996—1998 年，县财政局涉农支出累计 4364 万元，投放周转金 2100 万元，扶持烤烟、毛竹、水果、特种养殖等产业发展。2002 年，开始实行农业综合开发项目资金县财政专户报账管理。2004 年，宁化县实施"阳光工程"（指由政府公共财政支持，主要在粮食主产区、劳动主要输出区、贫困地区和革命老区开展的农村劳动力转移至非农领域就业前的职业技能培训示范项目），清查林业系统所属单位资产、负债及所有者权益情况。据查，林业系统实际资产 1.11 亿元，负债 1.03 亿元，所有者权益 0.08 亿元。2005 年，县财政局争取上级专款 525 万元、调剂资金 80 万元，用于发展特色农业，争取省、市财政资金 210 万元进行农村改水，新增受益人口 3 万人，足额安排 70.31 万元用于畜禽疫病防治。

（二）社保财务管理

1997 年，县政府出台《宁化县城市居民最低生活保障规定》。1998 年，建立再就业基金，开始编制社保单位年度收支计划。1999 年，县财政局开始执行机关事业单位工作人员退休养老保险制度，养老保险基金纳入社保专户管理，发放下岗职工基本生活费 6096 人次，发放最低生活保费 2448 人次。2001 年 7 月 1 日，城镇职工基本医疗保险正式运作，医保基金纳入社保专户管理。2002 年，随军家属困难补助期限由 2 年延长至 5 年，补助标准每人每月提高到 230 元。

2003 年，县财政核拨 50 万元、省级财政补助 10 万元，防治"非典"，预借 50 万元启动县疾病预防中心项目建设，暂定原应缴县财政预算外收入政府调控部分，从 2003—2007 年逐年全额返还县防疫站，作为疾病预防中心建设资金。2004 年，宁化县实施农村低保，低于农村居民家庭年人均收入 1000 元的 19779 名对象纳入低保范围，农村低保差额补助标准每月 35 元，省负担 70%，县、乡（镇）负担 30%，县级财政共配套 145 万元；实行残疾人就业保障金征收逾期或不足额缴纳的单位由县财政在该单位经费中直接代扣划转。2005 年，县政府安排农村低保及五保户供养资金 866 万元，保障 13030 名农村低保人员和 1394 名五保户人员基本生活水平，安排城市低保资金 105 万元补助 2000 多人，发放乡村医生每人每月津贴 60 元，省、市补助乡村医生规范培训经费每人 300 元和 100 元。

（三）会计管理

1988 年，依据国家有关法规，办理会计证发放、登记、审核、年检，开始实行会计职称评审，全县评定会计中级职称 3 人、初级职称 36 人。1988—1991 年，全县评定会计中级职称 10 人、初级职称 192 人。1992 年起，停止会计职称评审制度，实行会计专业技术资格全国统一考试，是年考取会计中级职称 2 人、初级职称 13 人。1996 年，县财政局组织培训全县财会人员。1997 年，先后举办《事业单位财务规则》《会计基础工作规范》《财政总预算会计制度》等培训班 3 期，培训 130 人。

1998 年，县财政局举办财会人员培训班 7 期，培训 991 人。2001 年，县财政局开展全县行政事业单位、国有企业和集体企业《中华人民共和国会计法》执法情况大检查，发现并纠正 163 名财会人员无证上岗现象。2003 年，县财政局组织 896 人次参加各类会计培训和考试，强化会计从业人员资格、会计电算化等基础管理。2004 年，县财政局发放单位内部会计控制制度建设情况自查表 190 份，组织 185 人参加各类会计考试，组织 400 人参加全省会计知识竞赛，举办继续教育培训 3 期，培训 359 人。2005 年，县财政局换发财政部统一式样的会计从业资格证书，全县共有会计人员 1368 人，其中高级职称 1 人、中级职称 107 人。

（四）政府采购管理

1999 年 9 月，县政府成立采购委员会，设立政府采购办公室，出台《宁化县政府采购管理试行办法》。是年，组织政府采购招投标会 3 次，采购金额 123.83 万元，节约 21.98 万元，节约率 15.10%。2000 年，政府采购 18 次，金额 358.12 万元，节约 65.53 万元，节约率 15.45%。2001 年，县政府印发《宁化县 2001 年政府采购目录》，政府采购规模和范围扩大至建筑材料、药品、学生簿籍、校服等，采购 35 次，金额 350.87 万元，节约 54.33 万元，节约率 13.16%。2002 年，政府采购金额 446 万元，节约 125 万元，节约率 21.89%。组织政府采购执法检查，重点检查 21 个单位，查处未按政府采购规定自行采购单位 7 个，涉及资金 19.70 万元。

2003 年，县政府出台《宁化县行政事业单位办公消耗品定点采购管理暂行规定》，公开招标选定 4 家定点供应商，采购单位节约资金 20%；政府采购 125 次，金额 974 万元，节约 238.50 万元，节约率 19.67%。2004 年，政府采购 132 次，采购金额 2127.56 万元，节约 407.46 万元，节约率 16.07%。是年 11 月，县财政局、县监察局、县审计局组成联合检查组，检查县林业局、县国土资源局、县城建局等 42 个单位 2003 年 1 月至 2004 年 10 月政府采购情况，查处 23 家自行采购单位，涉及资金 74 万元。2005 年 6 月，县政府出台《宁化县县级政府采购管理暂行办法》，政府采购 120 次，金额 2252 万元，节约 416 万元，节约率 15.59%。

八、财政监督

1988 年，根据国务院关于开展税收财务物价大检查的通知精神，县财政局成立财务大检查领导小组，开展行政、企事业单位财务大检查，共查出违规金额 50.59 万元，应入库 20 万元，入库 14.10 万元。1989 年，县财政局制定财政预算、经费拨款、周转金管理、会计证发放、财政制度规定等七方面的"两公开一监督"（管理制度公开和执行结果公开，实行民主监督）管理办法。开展农业税减免情况、粮食生产专项资金使用、农业特产税管征及票证使用情况和财务大检查，共查出违纪金额 140 万元，应入库 62 万元，入库 56 万元。1990 年，县财政局推行"两公开一监督"，共查出违纪金额 78.86 万元，应入库 30.48 万元，入库 23.34 万元。1991 年，县财政局清理罚没款，治理"三乱"（乱收费、乱罚款、乱摊派），共清理罚没款收入 126.98 万元（包括工商罚没款和其他罚没款），共查出违纪金额 70 万元，应入库 32 万元，入库 26 万元。

1992—1994 年，县财政局连续 3 年开展财务大检查，共查出违纪金额 409.90 万元，入库 172.40 万元。1995 年，清理整顿乡（镇）财务，重点检查 8 个乡（镇）129 个单位，查出违纪金额 195 万元，应入库 48 万元，入库 48 万元，另追回已被挤占挪用资金 30 万元；对 25 个单位开展农业水利专项检查，查出违纪金额 36 万元。清理"小金库"（指企业或部门违反财务制度，利用各种手段截留作私用而不反映在现金账目上的现金）金额 16.20 万元，入库 6 万元。1996 年，财务大检查改变往年自查为直接重点检查，全县共查出违纪金额 200 多万元，收缴入库 65 万元。1997 年，县财政局清理 79 个单位的"小金库"，涉及资金 4200 多万元，收缴、处罚违纪金额 81 万元。

1998 年，县财政局清查 30 个部门和 24 个单位行政事业性收费的 313 个收费点、1246 个行政事业收费项目。2000 年，按照省、市财政部门统一部署，开展会计信息质量检查。2001 年，开展《中华人民共和国会计法》执行情况和科技三项费用、财政扶贫资金、老区建设等专项资金检查。2002 年，开展《中华人民共和国会计法》执法检查、会计信息质量检查、财政收入征管质量检查。2003 年，开展乡（镇）财政收支、税收征管质量等专项检查，检查宁化六中、县广电局、县自来水公司会计信息质量，查处白条列支、擅自提高支出标准、少列成本、少计固定资产等违规行为，涉及资金 23.39 万元。2004 年，县财政局清退行政事业单位公款购买个人商业保险资金 70.77 万元，抽查 103 个单位 768 名副科级以上领导干部拖欠公款情况，纠正拖欠公款单位 5 个 13 人，金额 13.55 万元。2005 年，县财政局检查专项资金使用情况及财务收支情况，查处隐瞒预算外资金、挤占、挪用专项及白条列支等各类违规资金 107.40 万元。

第二章　税务

第一节　税务体制改革

一、分税制

1988—1993 年，宁化县税务局执行 27 个税种，企业按经济性质（国有、集体）管理，个体按划片征收，税款上缴国库，县财政统一调剂。1993 年，全县税收收入 3805.50 万元，比 1988 年增加 1856.50 万元。1994 年 6 月，福建省税务局制定《组建福建省国家税务局和地方税务局两个机构的实施方案》后，宁化县国家税务局（简称县国税局）和宁化县地方税务局（简称县地税局）分别于 8 月 31 日成立，履行国家、地方税收征管职责。

二、农业税费改革

1988 年，执行《中华人民共和国农业税条例》，农业税征收实行委托代征、实物征收、货币结算和折征代金等征收办法，全县实征农业税 90.60 万元。1989 年，贯彻国务院《关于进一步做好农林特产税征收工作的通知》，新开征棕片、席草、植物苗种、木本油料、黄花菜、干果、果用蔗、麻等 8 个品目特产税，是年全县征收农林特产税 124.10 万元，比 1988 年增收 33.50 万元。1990 年，耕地占用税移交财政部门直接征收，是年全县实收耕地占用税 10.60 万元；11 月 1 日恢复征收契税。1994 年，农业特产税征收范围扩大至烟叶、园艺、水产、林木、牲畜、食用菌、贵重食品等，原税务部门管征的农、林、牧、渔产品的产品税与农林特产税合并成为农业特产税，由财政部门负责征收管理。是年，县政府出台《宁化县农业特产税实施办法》，规定全县主要农业产品最低计税保护价，公布具体的税目、税率，规范征管。是年，农业"四税"收入 1509.50 万元，相当于 1988—1993 年收入总和，主要为新增烟叶特产税 988.90 万元；特产税收入总额 1277 万元，比 1988 年增收 1186.40 万元，增长 13.09 倍。1997 年，《福建省贯彻〈中华人民共和国契税暂行条例〉实施办法》出台，税率为 3%。是年，全县征收契税 14 万元。2003 年，根据《福建省财政厅关于调整部分农业特产税和停征屠宰税的通知》，除保留烟叶和原木收购环节两个品目特产税外，其他品目特产税暂缓征收。是年，全县农业税入库 65 万元，比 2002 年减少 38%。2004 年，契税不再委托建设、土地部门代征，由财政机关直接征收，全县年征收契税 73 万元。2005 年，全面免征农业税和取消除烟叶外的农业特产税，县政府出台《关于公布宁化县城区住宅交易综合平均价格的通知》和《关于公布实施城镇新一轮基准地价的通知》，开展城区、各乡（镇）房地产计税价格调查，公布土地、房屋交易指导价格，全县契税入库 201 万元，比 2004 年增长 175.34%。

第二节　分税制前税务

一、征管机构

1988 年，宁化县税务局内设秘书股、人事教育监察股、计会股、税政股和征收管理股 5 个股室，下设城区、湖村、泉上、水茜、安远、河龙、中沙、禾口（石壁）、济村、淮土、方田、治平、曹坊、安乐、横锁（城南）15 个税务所及税务检查站、稽查队，编制 140 人，实有 135 人。1989 年，人事教育监察股分设为人事教育股和监察股。1991 年，秘书股改为办公室，增设税务检察室，城区税务所分为直征税务所和城关税务所。1993 年，增设发票管理站。1994 年 8 月 31 日，县国税局和县地税局分别成立。

二、税种税率

（一）税种

1988—2005 年，宁化县主要征收过 25 个税种，其中 1991 年 1 月 1 日停征建筑税 1 种，1992 年停征有牲畜交易税、国营企业奖金税、集体企业奖金税、事业单位奖金税、筵席税 5 种，1993 年 12 月 31 日停征有产品税、个人收入调节税、城乡个体工商业户所得税、国营企业所得税、集体企业所得税、国营企业工资调节税、国家能源交通重点建设基金、国家预算调节基金 8 种，只在 1990—1992 年征收教育费附加 1 种。

产品税　征收对象为烟、酒、建材、矿产品、电力热力、化工、农林牧水产品等七类 26 个税目，其中最高税率 50%，最低税率 3%。1988 年入库 602 万元。1993 年入库 1363.60 万元。1993 年 12 月 31 日停征。

增值税 征收对象为纺织、建材、有色金属、机器机械等行业。1988 年入库 252.40 万元，1993 年入库 597.40 万元。1993 年 12 月 31 日，停止执行《增值税条例（草案）》。

营业税 征收对象为商品销售收入和非商品经营的服务业务，按行业设置 14 个税目，最高税率 15%，最低税率 3%。1988 年入库 660.50 万元。1993 年入库 1176.30 万元。1993 年 12 月 31 日停止执行《营业税条例（草案）》。

资源税 征收对象主要为煤炭和矿产品，根据应税产品的销售利润率按照超率累进税率计算缴纳资源税。1988 年入库 0.30 万元。1993 年入库 0.80 万元。1993 年 12 月 31 日停止执行《资源税条例（草案）》。

城市维护建设税 为缴纳产品税、增值税、营业税单位和个人征收的一种附加税，纳税人所在地在县城或镇的税率为 5%，城镇以下的为 1%。1988 年入库 46.50 万元。1993 年入库 74 万元。

城镇土地使用税 1988 年 11 月 1 日开征，征收对象为县城、建制镇、工矿区范围内使用土地的单位和个人，征收标准按其实际占用土地面积县城一等地每平方米 0.80 元、二等地每平方米 0.60 元、三等地每平方米 0.40 元，建制镇一等地每平方米 0.40 元、二等地每平方米 0.30 元、、三等地每平方米 0.20 元。1989 年入库 0.20 万元。1993 年入库 21.90 万元。

房产税 征税对象为县城、建制镇和工矿区的房屋，按照房屋的计税余值或出租房屋的租金收入为计税依据。依照房产余值缴纳的税率为 1.20%；依照房产租金计算的税率为 12%。1988 年入库 7.80 万元。1993 年入库 45.80 万元。

屠宰税 征税对象为屠宰或收购猪、牛、羊的单位和个人，征收标准为生猪每头 4 元、牛每头 6 元、羊每只 0.50 元。1988 年入库 19.90 万元。1993 年入库 12.50 万元。

牲畜交易税 征税对象为在交易行为所在地进行牛交易的买方，以牛的成交额计税，税率为 5%。1988 年入库 1.20 万元。1992 年入库 1.06 万元。1992 年 9 月停征。

车船使用税 征税对象为使用车船的单位和个人，其税额为载重汽车每吨 40 元、乘人汽车 10 座以下每辆 200 元、11 座以上每辆 300 元、三轮汽车每辆 60 元、两轮摩托车每辆 30 元、三轮摩托车每辆 40 元。1988 年入库 12.80 万元。1993 年入库 12.60 万元。

个人所得税 征税项目有工资、薪金所得，个体工商户的生产、经营所得，企事业单位的承包经营、承租经营所得，劳务报酬所得，稿酬所得，特许权使用费所得，财产租赁所得，利息、股息、红利所得，财产租赁所得，财产转让所得，偶然所得和其他所得，实行超额累进税率和比例税率两种方法计算征收。1988 年征收 0.10 万元。1993 年 12 月 31 日停止执行《个人所得税条例》。

个人收入调节税 对工资、薪金收入，承包、转包收入，劳务报酬收入，财产租赁收入，专利权的转让、专利实施许可和非专利技术的提供、转让取得的收入，投稿、翻译取得的收入，利息、股息、红利收入，其他收入，按照超倍累计税率和比例税率计算征收，缴纳个人收入调节税后，不再缴纳个人所得税。1988 年入库 1.90 万元。1993 年入库 22.70 万元。1993 年 12 月 31 日停征。

城乡个体工商业户所得税 1988 年 1 月 1 日开征，对账证不全和无账可查的个体工商户采用核定代征率征收。1988 年入库 15.40 万元。1993 年入库 24.90 万元。1993 年 12 月 31 日停征。

印花税 1988 年 10 月恢复征收，税率采用比例税率和定额税率两种，比例税率分为 4 档，分别为 0.05‰、0.30‰、0.50‰和 1‰，定额税率为每件 5 元。1988 年入库 6.30 万元，1993 年入库 14.30 万元。

国营企业所得税 其适用税率划分为大中型企业适用 55%的固定比例税率，小型企业、饮食服务企业和营业性的宾馆、饭店、招待所等适用八级超额累进税率。1988 年入库 139.60 万元。1993 年入库 218.60 万元。1993 年 12 月 31 日停征。

集体企业所得税 1985 年 1 月 1 日开征，其税率采用八级超额累计征收。1988 入库 71 万元。1993 年入库 54.20 万元。1993 年 12 月 31 日停征。

盐税 对从事生产、经营和进口盐的单位征收的一种税，宁化县只对改变减免税盐用途和动用储备盐的单位采用从量定额征收方式征收。1988 年入库 1 万元。1993 年 12 月 31 日停征。

国营企业工资调节税 对实行工资总额随经济效益挂钩浮动的国营企业，是年增发的工资总额超过国家核定的上年工资总额 7%以上的部分计征，税率为 30%、100%、300%。宁化县只在 1990—1991 年征收国营企业工资调节税，分别入库 1.70 万元和 3.10 万元。1993 年 12 月 31 日停征。

国营企业奖金税   对人均全年发放奖金总额超过 4 个月标准工资的计征，低于 4 个月标准工资的免税，实行超额累进税率按年计征，税率为 30%、100%、300%。1988 年入库 1.20 万元，1992 年入库 0.80 万元。1992 年 12 月 31 日停征。

集体企业奖金税   对计算奖金的标准工资，以每人每月 75 元计算，实行超额累进税率按年计征，税率为 30%、100%、300%。1988 年入库 0.50 万元，1992 年入库 4.60 万元。1992 年 12 月 31 日停征。

事业单位奖金税   对全年发放奖金总额人均超过 3 个月基本工资金额的，比照国营（国有）企业奖金税适用税率征收奖金税，实行超额累进税率按年计征，税率为 30%、100%、300%。1988 年入库 0.10 万元，1992 年入库 0.20 万元。1992 年 12 月 31 日停征。

教育费附加税   1985 年开征，以各单位和个人实际缴纳的产品税、增值税、营业税的税额计税，征收率为 1%。1990 年 8 月 1 日起，征收率调整为 2%。宁化县只在 1990—1992 年征收教育费附加，3 年分别为 9.70 万元、20.60 万和 23 万元。

筵席税   对饭店、酒店、宾馆、招待所以及其他饮食营业场所举办筵席一次支付金额达到 500 元以上（含）的单位和个人征收的一种税。1988 年 11 月恢复征收，税率 15%。1989—1991 年共征收 0.30 万元。1992 年 9 月停征。

建筑税   对自筹资金安排基本建设投资、更新改造措施项目中的建筑工程投资的单位征收的一种税，税率为 10%。1988 年入库 8.10 万元，1990 年入库 6.20 万元。1991 年 1 月 1 日停征。

固定资产投资方向调节税   1991 年开征，征收对象为进行固定资产投资的单位和个人，税率分别为 0%、5%、10%、15%、30%。1991—1993 年，分别入库 3.60 万元、14.40 万元和 5.70 万元。

（二）国家基金

国家能源交通重点建设基金   国有企事业单位、机关团体、部队和地方政府的各项预算外资金，以及这些单位所管的城镇集体企业缴纳所得税后的利润，征收比例为 15%；城乡集体企业、个体户税后利润超过 5000 元的，征收比例为 7%，不足 5000 元的免征。1988 年入库 96.80 万元，1993 年入库 92.30 万元。1993 年 12 月 31 日停征。

国家预算调节基金   征收范围为所有国有企事业单位、机关团体、部队和地方政府的各项预算外资金，集体企业、私营企业、个体工商户缴纳所得税后的利润。1989 年 1 月 1 日开征，征收比例为 10%，企事业单位、私营企业、预算外企业的税后利润不足 5000 元，个体工商户不足 2000 元的免征。1990 年入库 65.30 万元，1993 年入库 60.30 万元。1993 年 12 月 31 日停征。

三、税款征收

宁化税收收入主要以工商税收为主，以及国营企业所得税等税收。1988 年，共入库各项税款 1949 万元；1993 年入库 3805.50 万元，比 1988 年增长 0.95 倍。

1988—1993 年宁化县税务局税收收入情况表

表 26-5   单位：万元

税种	1988 年	1989 年	1990 年	1991 年	1992 年	1993 年
收入总计	1949.00	2383.80	2626.90	2614.60	2832.20	3805.50
一、工商税收合计	1712.60	2089.40	2296.40	2272.80	2542.30	3434.30
1.产品税	602.00	647.70	860.50	861.60	1016.80	1363.60
2.增值税	252.40	311.40	319.50	311.00	351.00	597.40
3.营业税	660.50	840.80	760.90	766.20	903.90	1176.30
4.工商统一税	—	—	—	0.60	1.10	2.50

续表 26-5

税种	1988 年	1989 年	1990 年	1991 年	1992 年	1993 年
5.集体企业所得税	71.00	118.00	130.60	101.20	53.10	54.20
6.城乡个体工商户所得税	15.40	21.80	23.90	28.50	20.20	24.90
7.个人所得税	0.10	—	—	—	—	—
8.个人收入调节税	1.90	10.50	18.20	18.40	23.60	22.70
9.城市维护建设税	46.50	47.20	43.90	48.90	58.60	74.00
10.车船使用税	12.80	12.70	12.10	11.50	11.70	12.60
11.房产税	7.80	23.60	26.80	39.80	35.90	45.80
12.城镇土地使用税	—	0.20	25.90	27.10	15.90	21.90
13.屠宰税	19.90	23.50	13.50	12.80	11.20	12.50
14.牲畜交易税	1.20	2.80	1.80	2.90	1.60	—
15.资源税	—	0.30	0.60	0.50	0.60	0.80
16.国营企业奖金税	1.20	1.30	5.50	6.40	0.80	—
17.国营企业工资调节税	—	—	1.70	3.10	—	—
18.事业单位奖金税	0.10	0.10	0.20	0.40	0.20	—
19.集体企业奖金税	0.50	1.70	3.50	1.50	4.60	—
20.印花税	6.30	4.20	10.90	5.50	9.80	14.30
21.筵席税	—	0.10	0.10	0.10	—	—
22.建筑税	8.10	13.50	27.30	6.20	—	—
23.国定资产投资方向调节税	—	—	—	3.60	14.40	5.70
24.盐税	1.00	—	—	—	—	—
25.税款滞纳金罚款收入	3.90	8.00	9.00	15.00	7.30	5.10
二、国营企业所得税	139.60	178.50	156.70	145.70	156.00	218.60
三、国家能源交通重点建设基金	96.80	115.90	98.80	110.10	50.00	92.30
四、国家预算调节基金	—	65.30	65.30	65.40	60.90	60.30
五、其他收入	—	—	9.70	20.60	23.00	—
教育费附加税	—	—	9.70	20.60	23.00	—

四、税务管理

（一）税收宣传

1991 年，国家税务总局将每年 4 月定为全国"税收宣传月"，宁化县税务局开展自行车 100 公里越野赛和"税务杯"火炬接力赛活动，举办宣传税法主题歌舞晚会——《蓝色的爱》。1992 年，宁化县税务局邀请苏州市歌舞团在宁化影剧院演出"税务之声"专场小品歌舞晚会；县广播站开辟税收宣传专题栏目，重点宣传《中华人民共和国税收征收管理法》等税收法规知识。1993 年，宁化县税务局举办"税务杯"书画展，向全县纳税户发放争当依法纳税模范倡议书。

（二）税务登记

1988 年，宁化县税务局验证税务登记 1328 户，其中国营 118 户、集体 425 户、私营企业 3 户、个体工商业户 782 户。1993 年，税务登记证换证，分经济性质、按地区归类编码，共换证 2039 户，其中，国营 116 户、集体 491 户、私营企业 15 户、个体工商业户 1417 户。

1988—1993 年宁化县税务局税务登记户数情况表

表 26-6　　　　　　　　　　　　　　　　　　　　　　　　　　　　　　　单位：户

年度	1988	1989	1990	1991	1992	1993
国营企业	118	119	121	121	117	116
集体企业	425	300	466	478	483	491
私营企业	3	5	8	10	11	15
个体工商户	782	984	1086	1377	1765	1417
合计	1328	1408	1681	1986	2376	2039

（三）纳税申报

1988 年，宁化县税务局规定企业当月税款在月后 7 日内申报缴纳，逾期申报缴纳的，按日加收 1‰的滞纳金。1989 年，改定期定额征收方法为定额加申报征收方法，实行个体户纳税鉴定，全县共制定纳税鉴定 917 户。1991 年，健全纳税人主动申报制度，企业纳税申报率达 95%，个体纳税申报率达 90%。1992 年，对全县 15 户企业实行税收目标管理，核定年度税收收入目标 38.37 万元，比 1991 年增加 4.99 万元；对 82 户承包、租赁、挂靠户由查账征收改为"双定"征收，核定年度税款 24.50 万元，比 1991 年增加 5.90 万元；对 105 户个体工商户和私营企业采用复式记账征收。1993 年，全面推行定额加申报的征收方法，全年征收个体税收 487 万元，比 1992 年增收 10 万元。

（四）票证管理

1988 年，宁化县税务局检查核对有证商贩 487 户、完税证 443 份，发现挪用税款 6 人计 1051 元，偷漏税 7 人计 13299 元，损失完税证 25 份；检查发票 1083 户 21287 份，对违章 63 户商户执行补税和罚款 14825 元；查处私自向企业和个人提供发票 20 份，偷税 48214 元的专管员 2 人，移交司法机关。1990 年，实行购买发票预交发票保证金制度，全县预交保证金业户 450 户，金额 57500 元；清查用票业户 657 户，查处发票违章 54 起 5173 份，查补税款 8.70 万元，罚款 4.80 万元。1991 年，查处发票违章案件 94 起，罚款 12.80 万元。其中，专项检查运输行业发票 13642 份，查处违章发票 241 份，罚款 8.60 万元。1992 年，查处违章使用发票 65 户 5138 份，罚款 13.20 万元。1993 年，启用全国统一发票，宁化县税务局成立发票管理站，配备 3 名专职人员，负责发票监制、印刷、领用、收回、核销。

（五）税务检查

1988—1993 年，宁化县税务局每年下半年组织检查一次纳税户财务物价状况及纳税情况（统称税收、财务、物价三大检查），共检查各类纳税户 5090 户，查补工商各税及罚款 695.65 万元，立案 1 件，移送检察机关 2 起，被追究刑事责任 1 人。

1988—1993 年宁化县税务局税务检查情况表

表 26-7　　　　　　　　　　　　　　　　　　　　　　　　　　　　　　　单位：万元

年度	检查户数	查补税款	滞纳金及罚款	合计
1988	1002	54.19	3.20	57.36
1989	982	98.80	9.02	107.82
1990	835	122.85	12.30	135.15
1991	827	88.33	3.14	91.47
1992	550	170.00	13.68	183.68
1993	894	110.48	9.69	120.17

第三节　国税

一、征管机构

1994年8月31日，宁化县国家税务局（简称县国税局）成立，正科级建制，内设办公室、人事教育股、监察股、计财股、税政股、征管股6个股室，下设直征、城关、石壁、中沙、曹坊、安乐、淮土、安远、湖村、泉上10个税务所和1个稽查队，编制人数70人，实有76人。1995年，稽查队改为稽查分局，直征税务所改为城关分局，城关税务所改为翠江税务所。1998年，县国税局科室和分局升格为副科级。县国税局内设办公室、人事教育科、监察室、计划财务科、税政征管科、信息中心6个科室，另设直属机构稽查局，撤销曹坊、淮土、安远3个税务所，10个派出机构合并为城关、翠江、石壁、中沙、安乐、湖村、泉上7个税务分局。1999年，稽查分局改为稽查局。2001年，人事教育科、监察室合并为人事监察科，撤销石壁、中沙、安乐、泉上4个税务分局。2002年，增设征收局，城关分局改为管理局、翠江分局改为郊区分局。2003年，征收局改为计划征收科、郊区分局改为城南分局。2004年，人事监察科再次分设为人事教育科、监察室，税政征管科分设为税政法规科和征收管理科。2005年，县国税局内设办公室、人事教育科、监察室、综合业务科、征收管理科、计划征收科、计算机信息中心、稽查局（直属单位）。

二、税种税率

1994—2005年，县国税局主要征收过6个税种。

（一）增值税

1994年，征收销售货物或提供加工、修理修配劳务以及进口环节增值税，分为增值税一般纳税人和小规模纳税人。一般纳税人的增值税税率为基本税率17%、低税率13%、零税率（仅适用于出口货物）3档；小规模纳税人的增值税税率为销售货物或应税劳务的征收率为6%，其中商业性征收率从1998年7月1日起由6%调整为4%。1994年入库1644.80万元，2005年入库3052.30万元。

（二）消费税

1994年，征收11类特种消费品消费税，金银首饰、鞭炮、黄酒税率分别为5%、15%和每吨240元。1994年入库5.20万元。2005年入库0.40万元，归中央财政收入。

（三）金融保险营业税

1994年，金融保险营业税入库298.80万元。1997年1月1日，金融保险业营业税税率由5%提高到8%，对提高3%的部分由国税部门负责征收，归中央财政收入，原5%税率部分仍由地方税务局征收，归地方财政收入。1998—2001年9月30日，农村信用社营业税税率由5%提高到6%，对提高的1%部分由国税部门负责征收，归中央财政收入，原5%税率部分仍由地方税务局征收，归地方财政收入。2001年始，金融保险业营业税税率由8%分3年逐年调低一个百分点，至2003年下调至5%，下调的3%由国税征收，5%税率部分仍由地方税务局征收，归地方财政收入。2003年入库3.50万元。

（四）企业所得税

1994年，国营、集体和私营企业所得税合并为统一的企业所得税，税率33%。国税系统负责征收中央企业所得税、外商投资企业和外国企业所得税，收入全部归中央。2002年1月1日，国税系统负责征收新办企业所得税，收入归中央和地方共享。1994年入库142.70万元。2005年入库1277.30万元。

（五）储蓄存款利息个人所得税

1999年1月1日开征，税率20%，收入归中央与省级共享。1999年入库0.80万元。2005年入库332

万元。

（六）车辆购置税

2001年1月1日开征，取代原来的车辆购置附加费，征收范围为汽车、摩托车、电车、挂车、农用运输车。宁化县只对摩托车和农用运输车征收，税率10%，由车购费稽征机构代征。2001—2004年，每年代征车辆购置税分别为27.85万元、63.17万元、24.86万元和64.18万元。2005年1月1日，车辆购置税由国税部门负责征收，收入归中央，全年入库107.80万元。

三、税款征收

县国税局税款征收主要采取查账征收、查定征收、查验征收、定期定额、代扣代缴和委托代征等方式，税收收入主要为增值税和企业所得税。1994年，税收收入2132万元。2005年税收收入4769.80万元，比1994年增收2637.80万元，增长123.72%。

1994—2005年宁化县国税局税收收入情况表

表26-8　　　　　　　　　　　　　　　　　　　　　　　　　　　　　　　单位：万元

税种	1994年	1995年	1996年	1997年	1998年	1999年	2000年	2001年	2002年	2003年	2004年	2005年
1.增值税	1644.80	1717.80	2079.40	2998.60	3494.90	3549.10	3598.60	3463.30	2920.00	2169.70	2320.00	3052.30
其中：增值税直接收入	1644.80	1717.80	2079.40	2998.60	3494.90	3549.10	3598.60	3463.30	2920.00	2169.70	2320.00	3039.20
免抵调增值税	—	—	—	—	—	—	—	—	—	19.40	4.70	13.10
2.消费税	5.20	2.10	0.70	1.40	1.70	2.10	1.50	1.10	3.30	2.40	0.90	0.40
3.营业税	298.80	64.30	1.20	79.40	104.90	100.00	71.00	59.20	19.70	3.50	—	—
4.企业所得税	142.70	11.90	543.30	42.10	300.00	62.00	529.40	901.80	1394.80	1363.90	1128.00	1277.30
5.个人所得税	40.50	197.70	0.60	—	—	0.80	159.00	227.60	262.40	254.60	296.00	332.00
6.车辆购置税	—	—	—	—	—	—	—	—	—	—	—	107.80
合计	2132.00	1993.80	2625.20	3121.50	3901.50	3714.00	4359.50	4653.00	4600.20	3813.50	3749.60	4769.80

注：1994年9月至1996年，县国税局为地税局代征营业税和个人所得税。

四、税务管理

（一）税收宣传

1994—1996年，县国税局先后举办首届国税"税务杯"环城火炬接力赛、税收宣传踩街、税收知识有奖竞答等活动。1997年，县广播电台开辟税收宣传专栏，公布"1996年度依法纳税和协税护税先进单位及先进个人"名单。1998年，县国税局表彰1997年度"纳税明星"，县烟草公司等30个"纳税明星"向全县发出"依法纳税，从我做起"倡议书，被省国税局评为"税收宣传月活动最佳项目"。2000年，县国税局、宁化一中联合举办税收征文比赛，向获奖的学生颁发奖金和奖状。2003—2005年，县国税局在城关巫罗俊公怀念堂成立社区税收宣传中心，与江西省石城县国税局联合开展以"发展边贸经济，促进农民增收"为主题的跨省税收宣传活动，被省国税局评为税收宣传优秀创新项目。

（二）税务登记

1994年，全县登记管征户数1507户，其中国有企业116户、集体企业501户、私营企业18户、个体工商户870户、联营企业2户。1998年，全县共清理漏征漏管户153户，补办税务登记证128户，查补税款 3 万元，新办税务登记证 283 户。1999 年，统一换发税务登记证，全县换证 1265 户，其中国有经济 90 户、集体经济 260 户、私营经济 13 户、个体工商户 882 户、股份制企业 8 户、港澳台经济 12 户。调整税务登记证件内容，并将税务登记、税种登记资料纳入全省国税征管信息系统管理。2000 年，考核征管"六率"（税务登记率、纳税申报率、税款入库率、欠税登记率、滞纳金加收率、处罚率）质量，重点考核税务登记率，新办税务登记证 1900 户。2005 年，县国税局管征户数 2204 户，其中，国有企业 48 户、集体企业 70 户、私营企业 212 户、有限责任公司 53 户、个体工商户 1779 户、股份制 14 户、外商投资 6 户、港澳台经济 22 户。

1994—2005 年宁化县国税局税务登记户数情况表

表 26-9　　　　　　　　　　　　　　　　　　　　　　　　　　　　　　　　　　单位：户

年份	1994	1995	1996	1997	1998	1999	2000	2001	2002	2003	2004	2005
国有企业	116	128	160	135	103	90	69	56	51	47	47	48
集体企业	501	489	450	462	279	260	223	119	76	62	66	70
私营企业	18	22	25	28	25	13	69	98	116	138	187	212
有限责任公司	—	—	—	—	—	—	—	—	20	29	47	53
个体工商户	870	850	816	780	894	882	2772	2728	2500	1938	1589	1779
联营	2	2	2	—	—	—	—	—	—	—	—	—
股份制企业	—	—	12	12	10	8	8	8	10	11	12	14
外商投资	—	—	—	—	—	—	—	—	—	2	3	6
中国港澳台地区商人投资企业	—	10	12	12	12	12	12	12	10	10	16	22
合计	1507	1501	1477	1429	1323	1265	3153	3021	2783	2238	1967	2204

（三）纳税申报

1994 年，延续宁化县税务局的申报方式。1996 年，县国税局实行纳税人"自核自缴"纳税申报制度，建立城区办税大厅，依托计算机网络，实行纳税申报、税款征收、发票供应和税收咨询一体化服务。1997 年，县建设银行开办建行储蓄卡缴税业务。1998 年，县国税局全面考核纳税申报率、申报及时性和完整性，城区申报率达 95% 以上，农村分局达 90% 以上。2002 年，县国税局与银行部门实现计算机系统连接，实行全县个体工商户"税银一体划缴税款"。2003 年，县国税局实行"一窗式"申报管理，增值税一般纳税人电子申报占总户数的 83%。2005 年，全年申报率、入库率均为 100%，实现零欠税。

（四）发票管理

1994 年，县国税局清查全县增值税专用发票用票单位，查处违章 42 户，罚款 1.20 万元。1999 年，清查使用普通发票纳税户 221 户，补税罚款 6.20 万元。2000 年，依托计算机网络，执行三明市国税局印发的《税收征管岗位规程》，规范发票管理。2003 年，抽查使用普通发票纳税户 253 户，补税和罚款 5.10 万元。2005 年，推行税收管理员办公软件系统，加强双定户发票版面管理，对定额在 5000 元以下的双定户每次供给百元版以下的普通发票 1 本，清理原超面额领购的发票。

（五）信息化建设

1997 年始，县国税局采用计算机信息系统进行文字处理、税收会计及统计。1998 年，实现人手一台电脑，开通局域网，开票征收环节实行电子化。1999 年，福建国税征管软件上线运行，税务登记、纳税核定、申报征收、发票和票证管理、计会管理、税务稽查以及所有纳税户纳入计算机监控，实现电脑开票。2001 年 7 月 1 日，金税一期工程加入全国联网运行，逐步把增值税专用发票和普通发票纳入防伪税控系统，进行全国联网比对稽核。2002 年，公文处理系统上线运行，实现公文远程封发。2003 年 11 月 1 日，中国税收征管信息系统（CTAIS）上线运行，实现征管数据信息市局集中。2004 年 2 月，推行"一窗一人一机"管理模式,一个窗口完成纳税人报税认证、纳税申报、票表稽核、缴税开单等手续。6月1日,公开办税效能监控系统正式运行。2005年,推行小规模纳税人定额管理信息系统,实现小规模纳税人电脑定税。

(六)税务稽查

1995年,县国税局成立稽查分局,检查纳税户639户,查补税款、滞纳金及罚款332.58万元。1995—1997年,每年下半年开展一次国家统一组织的对纳税户财务物价状况及纳税情况大检查。1998年起,国家不再组织税收大检查,税务检查转入日常检查和专项检查。1999年,稽查分局改为稽查局,专门负责全县偷、逃、骗、抗税的查处和牵头负责税务专项检查工作,税务稽查实现选案、实施、审理、执行4个环节相分离。2005年,检查纳税户76户,查补税款、滞纳金及罚款110.01万元。

1994—2005年,县国税局查处宁化县冶金物资公司、安乐昌荣股份合作公司、安乐昌荣股份合作公司经销部代开增值税专用发票,宁化县南华水泥厂偷税,宁化县坤兴针织服装有限公司虚开增值税专用发票等5起重大涉税案件,其中6人被追究刑事责任。

1994—2005年宁化县国税局税收检查情况表

表26-10　　　　　　　　　　　　　　　　　　　　　　　　　　　　　　　　单位:万元

年度	检查户数	查补税款	滞纳金及罚款	合计
1994	639	315.79	16.79	332.58
1995	648	319.04	14.63	333.67
1996	705	248.22	10.16	258.38
1997	748	338.38	17.12	355.50
1998	103	89.33	2.67	92.00
1999	115	231.37	9.63	241.00
2000	135	222.32	8.68	231.00
2001	121	121.40	4.60	126.00
2002	347	69.41	1.90	71.31
2003	42	63.76	6.42	70.18
2004	145	240.74	9.62	250.36
2005	76	105.52	4.49	110.01

第四节　地税

一、征管机构

1994年8月31日,宁化县地方税务局(简称县地税局)成立,正科级建制,内设办公室、税政管理股、计划财务股、人事教育股、监察股、稽征股6个股室,下设城区、城南、安乐、曹坊、治平、湖村、泉上、中沙、水茜、河龙、安远、石壁、淮土、济村、方田等15个基层税务所,从宁化县税务局分流到县地税局共62人。1995年,撤销城区税务所成立城关分局,稽征股分设为稽查分局和征收管理股,稽查分局和城关分局为副科级建制。1999年,县地税局增设信息技术股,稽查分局改为稽查局。2000年,县地税局增设社保筹备组。2001年,县地税局机关内设办公室、人事教育股、监察室、计划财务股、征管法规股、税政社保股和信息技术股7个股室,设置直属机构稽查局。撤销14个基层税务所,派出机构由15个合并为城关、城郊、湖村、石壁、曹坊、中沙 6 个分局和安远 1 个基层税务所。核定编制 79 人，其中，机关行政编制 26 人、基层税务行政编制 47 人、工勤事业编制 6 人。2002—2005 年，县地税局机构不变。

二、税种税率

（一）地方税收

1994—2005 年，主要征收过 12 个税种：

营业税　1994 年 1 月 1 日起执行新的《营业税暂行条例》，共设置 9 个税目，其中建筑安装业、交通运输业、邮电通信业、文化体育业税率为 3%，服务业、转让无形资产、销售不动产、金融保险业税率为 5%，娱乐业税率为 5%—20%。1995 年征收 513 万元，2005 年征收 1634 万元。

企业所得税　1994 年，内资企业所得税比例税率为 33%，规定两档优惠税率，分别为 18% 和 27%，年应纳税所得额在 3 万元（含）以下的企业按 18% 税率征收，年应纳税所得额在 3 万—10 万元（含）的企业按 27% 税率征收。1995 年征收 191 万元。2005 年征收 165 万元。

个人所得税　1994 年 1 月，合并原个人所得税、城乡个体工商业户所得税和个人收入调节税为个人所得税，征税范围包括工资、薪金所得等 11 项个人所得，工资、薪金所得适用 5%—45% 的 9 级超额累进税率，个体工商业户的生产、经营所得和对企事业单位的承包经营、承租经营所得，适用 5%~35% 的五级超额累进税率，其他项目实行 20% 的比例税率。1995 年征收 53 万元。2005 年征收 785 万元。

资源税　1984 年 10 月 1 日开征，宁化县主要矿产品煤炭、石灰石、钨矿石、锡矿石、萤石矿的单位税额分别为每吨 0.50 元、每吨 2 元、0.50 元、每吨 0.60 元和每吨 3 元。1994 年征收 24 万元。2005 年征收 57 万元。

城市维护建设税　1985 年 1 月 1 日开征，征收对象及税率延续至 2005 年未变。1994 年征收 111 万元。2005 年征收 184 万元。

固定资产投资方向调节税　1991 年开征，征收对象及税率延续至停征之日未变。1994 年征收 8 万元，1999 年征收 27 万元。2000 年 1 月 1 日起停征。

印花税　1988 年 10 月恢复征收，征收对象及税率延续至 2005 年未变。1994 年征收 13 万元。2005 年征收 37 万元。

城镇土地使用税　1988 年 11 月 1 日开征。1996 年，税额调整为县城一等地每平方米 2 元、二等地每平方米 1.40 元、三等地每平方米 0.80 元，建制镇一等地每平方米 1 元、二等地每平方米 0.60 元、三等地每平方米 0.30 元。1994 年征收 26 万元。2005 年征收 58 万元。

房产税　征收对象及税率延续至 2005 年未变。1994 年征收 43 万元。2005 年征收 215 万元。

车船使用税　征收对象及税率延续至 2005 年未变。1994 年征收 14 万元。2005 年征收 43 万元。

屠宰税　1994 年 8 月 1 日起，征收标准为猪每头 10 元、每头牛 15 元、羊每只 2 元。1994 年征收 23 万元，2002 年征收 173 万元。2003 年停征。

土地增值税　征收对象为转让国有土地使用权、地上建筑物及其附着物并取得收入的单位和个人，实行 30%、40%、50% 和 60% 的 4 级超率累进税率。宁化县从 1997 年开始征收，当年征收 0.50 万元。2005 年征收 23 万元。

（二）地方费金

1988—2005 年，主要有 8 个地方费金：

基本养老保险费　2001 年始由地税部门征收，征收对象为国有企业、城镇集体企业、外商投资企业、城镇私营企业和其他城镇企业及其职工、城镇个体工商业户、实行企业化管理的事业单位及其职工。单位缴费率 2001 年为 19%，2002 年始调整为 18%，个人缴费率 2001 年为 6%，2002—2003 年为 7%，2004 年始为 8%，城镇个体工商业户本人按缴费基数的 25% 缴纳。2001 年征收 760 万元，2005 年征收 1054 万元。

失业保险费　2001 年始由地税部门征收，征收对象为国有企业、城镇集体企业、外商投资企业以及其他城镇企事业单位及其职工、有雇工的城镇个体工商业户、社会团体及其专职人员、民办非企业单位及其职工。单位缴费率为2%，个人缴费率为1%。2001年征收85万元，2005年征收142万元。

教育费附加　1986年7月1日开征，征收对象为缴纳增值税、消费税、营业税的单位和个人（外商投资企业和外国企业除外），征收率为3%。1994年征收35万元，2005年征收117万元。

地方教育附加　2002年1月1日开征，征收对象为地方企事业单位和个人，以实际缴纳增值税、营业税、消费税的税额为计税依据，征收率为1%，是年征收20万元。2005年征收29万元。

文化事业建设费　1997年1月1日开征，征收对象为缴纳娱乐业、广告业营业税的单位和个人，征收率3%，是年征收0.50万元。2005年征收2万元。

基础设施建设附加　1993年1月1日开征，征收对象为缴纳产品税、增值税、营业税和工商统一税的单位和个人，征收率5%。1994年征收对象改为缴纳增值税、营业税、消费税税额的单位和个人，是年征收64万元。2000年征收7万元。2000年9月1日停征。

社会事业发展费　1994年7月1日开征，征收对象为从事生产、经营活动的单位和个人，以销售（营业）总额为计费依据，费率为1‰—2‰。1995年征收73万元，2001年征收35万元。2002年1月1日停征。

以工建农、以工补农资金　1988年7月1日开征，以乡镇企业的销售收入或营业收入为计税依据，征收率为0.50%，县地税局只在1994—1998年征收，其中1994年征收2.20万元，1998年征收1000元。2001年6月停征。

三、税款征收

县地税局对账务健全的纳税人实行查账征收，对个体工商户和账证不全的小型企业，则采取定期定额方式征收。1995年，税收收入1121万元。2005年税收收入3202万元，比1995年增收2081万元，增长185.64%。

1994—2005年宁化县地税局税收收入情况表

表26-11　　　　　　　　　　　　　　　　　　　　　　　　　　　　　　　单位:万元

税种	1994	1995	1996	1997	1998	1999	2000	2001	2002	2003	2004	2005
收入总计	710	1256	1690	2104	1990	2122	2302	3195	3333	3663	4019	4568
一、税收收入合计	589	1121	1575	1953	1875	2042	2208	2180	2311	2448	2813	3201
1.营业税	117	513	788	836	699	765	687	595	977	1193	1437	1634
2.企业所得税	187	191	102	430	129	62	32	301	57	72	157	165
3.个人所得税	16	54	209	224	639	689	819	935	512	285	645	785
4.房产税	43	70	93	112	93	109	165	110	204	294	218	215
5.城市维护建设税	111	108	164	189	150	145	155	109	186	289	149	184
6.印花税	13	11	12	13	11	16	27	8	22	17	18	37
7.土地使用税	26	20	42	32.50	47	52	83	14	62	71	53	58
8.资源税	24	31	39	31	22	36	51	7	42	105	79	57
9.车船使用税	14	14	18	22	17	25	45	19	64	99	56	43
10.土地增值税	—	—	—	0.50	—	—	1	5	12	12	1	23
11.屠宰税	23	51	58	53	63	116	143	77	173	11	—	—
12.固定资产投资方向调节税	8	3	2	1	5	27	—	—	—	—	—	—
13.增值税	—	2	—	—	—	—	—	—	—	—	—	—

续表 26-11

税种	1994	1995	1996	1997	1998	1999	2000	2001	2002	2003	2004	2005
14.税收滞纳金及罚款收入	7	53	48	9	—	—	—	—	—	—	—	—
二、其他收入合计	121	135	115	151	115	80	94	1015	1022	1215	1206	1367
1.教育费附加	35	10	16	50	47	48	65	131	66	50	73	117
2.地方教育费附加	—	—	—	—	—	—	—	—	20	14	21	29
3.文化事业建设费	—	—	—	1	1	1	1	1	1		1	2
4.基本养老保险费	—	—	—	—	—	—	—	760	785	1012	963	1054
5.失业保险费	—	—	—	—	—	—	—	85	127	110	131	142
6.税务部门其他罚没收入	—	—	—	—	—	—	—	3	4	5	6	3
7.税务部门行政性收费收入	—	—	—	—	—	—	—	—	8	24	11	20
8.社会事业发展费	20	73	63	72	50	21	21	35	11	—	—	—
9.基础设施建设附加费	64	50	36	25	17	11	7	—	—	—	—	—
10.以工建农资金	2	2	—	—	—	—	—	—	—	—	—	—

四、税费管理

（一）税收宣传

1994—1998 年，县地税局组织开展新税制知识竞赛和有奖竞答、"税务杯"火力接力赛、大型税法宣传踩街等活动，并在县电视台设立税收政策、标语等内容的税收宣传栏目。1999 年，县地税局举办"小小税法宣传员"征文比赛，全县 500 名中小学生撰写征文，评出优秀奖 30 名、优秀组织奖 6 名。2000 年，县地税局在县电视台公布 1999 年度纳税先进单位及先进个人名单，曝光逾期未申报户 20 户。2001—2002 年，县地税局与宁化六中、县文体局在县影剧院联合举办"税收与公民——世纪情"大型文艺演出；联合县文明办、县工商联、县个体协会向全县企事业单位和个体工商户发出"争当诚信纳税人、守法经营者"倡议书。2005 年，税收宣传月期间，县地税局向全县所有移动和联通手机用户发送依法诚信纳税短信息。

（二）纳税申报

1994 年，由税收专管员负责企业及个体工商户的纳税申报及税款征收。1996 年，实行纳税人自行上门申报制度，规范申报对象、期限及程序，初步建立纳税人"自核自缴"申报制度。7 月 1 日，城关分局纳税申报大厅投入使用，试行电脑开票，受理城区纳税人申报。1997 年 1 月，县地税局联合县建设银行开办建行储蓄卡缴税业务，简化纳税手续。2001 年 1 月，县地税局新办税服务中心投入使用，配备电子显示屏和触摸屏，推行税务登记、开票、领售发票、税收咨询等"一条龙"服务，实现城区税款集中征收。2002 年，考核纳税申报率，企业申报率达到 100%，个体工商户申报率达到 98%，地税部门与银行部门实现计算机联网，在城关分局定期定额纳税户中推行"税银一体划缴税费"，共有 1199 户纳税户纳入"税银一体划缴"范围，占应划缴总户数的 97.30%。2005 年，县地税局继续在全县范围内推行"税银一体划缴税费"，共有 1124 户纳税户纳入税银划缴，划缴税费 145 万元。

（三）税收征管

税务登记　1994 年，县地税局清理全县纳税户，补办漏管户税务登记，共登记征管户 1074 户，其中国有企业 116 户、集体企业 501 户、私营企业 18 户、个体工商业户 437 户、联营企业 2 户。1995 年，县地税局换发地方税务登记证 675 户，清理漏征漏管户 15 户。2000 年，县地税局考核税务登记率，专项清理全县税务登记，共补办税务登记证 845 户，企业及分支机构登记率达 99.66%，行政事业单位登记率达 94.10%，固定个体工商户登记率达 94.76%。2003 年，增值税、营业税起征点提高，县地税局对 1171 户个体工商户进行未达起征点认定。2005 年，增值税、营业税起征点再次调高，累计对 1048 户个体工商户进行未达起征点认定，登记征管户 2694 户，其中内资企业 358 户，中国港、澳、台地区商人投资企业 14 户，外商投资企业 11 户，个体工商业户 2131 户，其他 180 户。

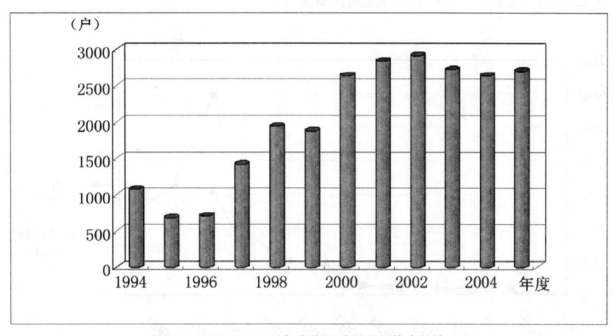

图 26-1　1994—2005 年宁化县地税局征管户数情况图

发票管理　1994 年，县地税局会同县国税局办理建筑业、运输业、旅店业、广告业、服务业等行业发票移接交，延续原宁化县税务局发票领、用、存审批制度。1995 年，县地税局在全县推广使用套印地税发票监制章的发票，清理旧版发票，检查饮食、装潢、娱乐、建安行业发票 212 户，查补税款 5.64 万元，罚款 2.86 万元。1996 年，县地税局检查交通运输、建筑安装、服务行业发票，查处发票违章户 20 户，补税及罚款 3.56 万元。1997 年，县地税局在全县饮食、娱乐行业推广使用定额发票。2000 年，启用福建省地方税收征管信息系统"发票管理模块"，初步实现发票印制、领购、缴销信息化管理。2003 年，规范货运业税收管征，货物运输业发票全部改由税控器开具。2005 年，县地税局、地税分局建立发票管理审核登记制度，按税收定额的比例供应个体工商户发票。

税收信息化　1997 年，县地税局开始使用"三明市地税局税收管理系统"受理纳税人申报。1999 年，县地税局电脑总数达到 35 台，各股室、分局、基层所均配置了电脑。2000 年，县地税局推广使用"福建省地方税收征管信息系统"，实现征管数据市局大集中，税务登记、纳税申报、税款征收、发票管理、税务稽查、违章处理纳入计算机管理。2001 年 1 月，县地税局新办公楼局域网正式启用，开通局机关、城关分局、稽查局内部电子邮件系统。2002 年，县地税局开通宁化地税内部网以及文明创建、青年文明号专题网，并把固定资产纳入计算机自动化管理。2003—2005 年，县地税局建设计算机网络系统安全项目，在电脑中安装防病毒软件、备份系统、防火墙等防护软件，建立信息化安全管理体系。

税收代征管理　1995 年始，县地税局委托县公路稽征所代征营业性客车、小车、货车的应纳税款，委托县交通局运管所代征小四轮等农用车、拖拉机的应纳税款。1999 年，县地税局委托县房管所代征房产交易营业税及附加、个人所得税，代征地方税收及附加 10.38 万元。2002 年，县地税局委托县房管代征办理房产证等有关税费，代征地方税收及附加 59.42 万元。2003 年，县地税局委托县交警大队在机动车车辆年检时代征车船使用税 99 万元，比 2002 年增收 35 万元。2005 年，县地税局委托 7 家企事业单位代征地方税收 289 万元，占地方税收总收入的 9.03%。

　　（四）税费减免

　　1994 年，县地税局减免 3 户新办劳动服务企业企业所得税 15.42 万元。1999 年，共减免各项税费 27.06 万元，其中减免下岗失业人员再就业税收 21 户税款 0.40 万元。2003 年，共减免各项税费 313.29 万元，其中执行防治"非典"税收优惠政策减免餐饮业、住宿业和交通运输业 270 户各项税费 7 万元。2005 年，共减免各项税费 251.64 万元，其中，减免销售普通住宅 122.20 万元、下岗失业人员再就业 56.84 万元、企业安置下岗失业人员 22.40 万元、其他项目 50.20 万元。

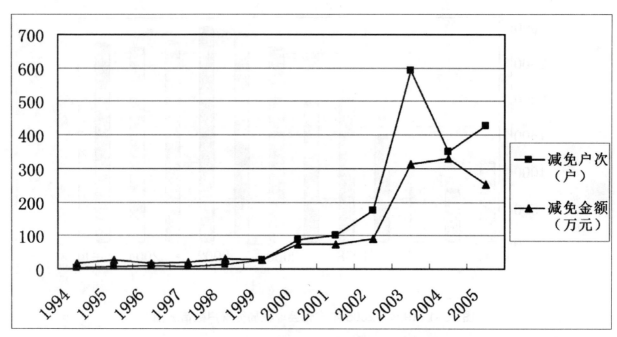

图 26-2　1994—2005 年宁化县地税局年度减免税情况图

1994—2005 年宁化县地税局分项目减免税情况表

表 26-12　　　　　　　　　　　　　　　　　　　　　　　　　　　　　　　　　　单位：万元

减免税项目	减免户次	减免金额
新办企业	23	145.00
校办企业	47	169.59
民政福利企业	5	0.96
下岗失业人员再就业	735	151.11
防治"非碘"	270	7.00
销售普通住宅	522	284.72
林业企业	8	27.74
非营利性医疗机构	28	373.41
安置下岗失业人员企业	5	36.88
残疾人为社会提供服务、安置下岗失业人员企业	109	4.53
中小信用担保企业	2	0.60

续表 26-12

减免税项目	减免户次	减免金额
处置空置商品房企业	5	6.31
企业内部租金收入	39	15.07
文化体制改革	1	28.82
其他	5	22.15
合计	1804	1273.89

（五）社保费征缴

2000 年 9—12 月，全县开展社保登记。2001 年，基本养老保险新增参保户 44 户 116 人，失业保险新增参保户 36 户 1918 人，征收基本养老保险费 760 万元、失业保险费 85 万元。2002 年，全县建立社保征缴日常申报审核、重点费源监控、征缴资料管理、职能部门联系和社保信息宣传反馈等五项制度，进行年度社保审核结算，规范征缴管理。2005 年，基本养老保险参保户 7484 人，比 2004 年增加 113 户 823 人；失业保险参保户 9563 人，比 2004 年增加 88 户 1154 人；征收基本养老保险费 1054 万元、失业保险费 142 万元，分别比 2001 年增长 38.68% 和 67.06%。

2001—2005 年宁化县地税局社保"两费"征缴情况表

表 26-13

类 别	年 度	2001 年	2002 年	2003 年	2004 年	2005 年
基本养老保险	征收入库数(万元)	760	785	1012	963	1054
	同比上年增收(万元)	60	25	227	-49	91
	增长率(%)	7.89	3.29	28.92	-4.84	9.45
	参保户数(户)	174	184	207	247	360
	同比上年增加(户)	44	10	23	40	113
	参保人数(人)	5983	6036	6396	6661	7484
	同比上年增加(户)	116	53	360	265	823
失业保险	征收入库数(万元)	85	127	110	130	142
	同比上年增收(万元)	5	42	-17	20	12
	增长率(%)	5.98	49.41	-13.89	18.18	9.23
	参保户数(户)	196	203	211	230	318
	同比上年增加(户)	36	7	8	19	88
	参保人数(人)	7944	7988	8160	8409	9563
	同比上年增加(户)	1918	44	172	249	1154

（六）税务稽查

1994 始，县地税局每年开展一次国家组织的税收财务物价大检查；至 1997 年，累计立案 346 户，查补税费、滞纳金及罚款 480.49 万元。1998 年始，国家不再组织税收大检查，税务检查转向专项稽查和日常稽查。是年共立案 91 户，查补税费、滞纳金及罚款 180.21 万元。1999 年，稽查局内设稽查、审理、综合 3 股，专职稽查人员 10 名，占征管一线的 25%。2005 年，共立案 40 户，查补税费、滞纳金及罚款 30.22 万元。

1995—2005 年宁化县地税局立案及查补税费情况表

表 26-14　　　　　　　　　　　　　　　　　　　　　　　　　　　　　单位：户、万元

年份	立案户数	有问题户数	查补税费	滞纳金及罚款
1995	63	63	135.59	10.03
1996	102	102	130.90	5.75
1997	181	158	191.02	7.20
1998	91	79	158.42	21.79
1999	215	176	244.60	27.40
2000	189	141	157.09	27.85
2001	136	118	136.79	26.73
2002	100	68	60.98	17.19
2003	41	39	15.91	11.35
2004	41	39	59.90	17.57
2005	40	39	22.83	7.39
合计	1199	1022	1314.03	180.25

卷二十七　教育　科技

　　1988 年，全县幼儿园（班）204 个，在园幼儿 5585 人；小学 449 所，完全小学 149 所，班级 1565 个，学生 35552 人；中学 21 所，班级 314 个，学生 12903 人。有公、民办教职工 3454 人，全县初考成绩综合考评获全市县级评比第一名，中考成绩综合总分名列全省榜首。1989 年后，县委、县政府制定和实施"科教兴县"战略，深化教育、科技改革，增加对教育和科技的投入。1994 年，普及九年义务教育。1997 年，通过"两基"（基本普及九年义务教育、基本扫除青壮年文盲）验收。1999 年，贯彻中共中央、国务院《关于深化教育改革，全面推进素质教育的决定》，开展以爱国主义为核心，以中华传统美德和革命传统教育为重点的民族精神教育，组织"爱祖国、爱福建、爱宁化"和"做红土地上的红色接班人"系列教育活动。至 2005 年，全县共投入办学经费上亿元，新建校舍 124900 平方米，改造维修校舍 52900 平方米。共有小学 197 所，完全小学 18 所，班级 1152 个，学生 22154 人。宁化一中实行初高中分离，合并初级中学 1 所，民办学校城东中学（初中）建成招生，全县初、高中 26019 人，入学率分别为 93.91% 和 67.20%。有中小学教师 3439 人，全县中小学教师学历水平和整体素质明显提高。

　　1988 年始，科技部门通过开展"科技宣传月"活动，编辑、发放科技简报信息，向企业、乡村传递、宣传科技方针、政策和法规，提供实用技术信息。推进"一乡一业""一村一品"的特色经济，建设农业综合开发、烤烟、食用菌、果蔬、养鱼、畜牧等各类科技示范村、示范户，引领促进农村经济发展。1998 年后，加快全县"四、六、八"科技示范工程（4 个示范乡镇、60 个示范村、800 户科技示范户）建设，发挥县、乡、村三级科技示范网络作用，开展新技术、新品种、新工艺、新机具、新肥料等科技示范，发展种、养、加工业等农村经济，依靠科技进步，促进群众致富。同时认真开展科技研究与科技成果运用，至 2005 年，全县共获得省、市、县科技进步奖项目分别为 3 项、12 项和 116 项。

第一章　教育

第一节　教育体制改革

一、办学管理体制改革

　　1988 年，根据《中共中央关于教育体制改革的决定》，全县基础教育实行"分级办学、分级管理"体制，县政府主要负责管理县直学校（重点中学、完全中学、职业中学），乡（镇）政府主要负责管理乡镇中学（含初级中学、中心小学），村委会负责管理村办小学、教学点和村办幼儿园（班）。宁化一中为省、地（市）和县级重点中学，由省、市、县共同管理。

1989—1990 年，县教育局认真贯彻国家教委《关于纠正片面追求升学率的十条规定》，狠抓全面提高教育质量，要求开齐全部课程，面对全体学生，坚持以德育为指导，教学为中心，严格执行教学计划，各校建立差生档案，开展"抓好第一课堂、搞活第二课堂"实验。

1991—1995 年，全县中小学普遍推行书记、校长 1 人兼任制，同时配备副书记、副校长分别管理党务和教学，实行年度工作量化考评，全面开展义务教育六项督导工作。1998 年，深化人事制度改革，采取公开、平等、竞争、择优的用人机制，公开选拔任用 3 名学区校长。1999 年，加快初招改革步伐，规范义务教育阶段办学行为，坚持义务教育"免试就近入学"和"平等受教育"原则，取消择校生，不办重点校、重点班，不搞校中校，进一步缩小校际间生源差距。是年，宁师附小划归县教育局直管。2002 年，全县取消学区设置，扩大中心校规模，原学区的职能由所在中心学校承担，中心校校长负责乡镇小学教育教学行政管理。2005 年，按照《宁化县中小学布局调整方案》，合并初级中学 1 所、撤并完全小学 6 所、初级小学及教学点 35 个，农村中小学布局分散、规模偏小、效益不高的状况得到改善。全县中小学教师实行全员聘任制，对学校中层干部选拔任用进行改革，实行部分学校中层干部竞聘。建立全县中小学教师城乡交流互动机制，促进城乡教育协调发展。

二、招生制度改革

1988—1991 年，初、高中生源先由宁化一中按志愿在全县择优录取一定数量后，再以翠江为界划片招生。1992—1997 年，初中由宁化一中面向城关择优录取，其余划片就近入学；高中仍由宁化一中按志愿在全县择优录取一定数量后，再划片招生。1998 年始，初中不再由宁化一中择优录取，实行划片招生，就近入学。2003 年起，宁化第三中学（简称宁化三中）开设少数民族班，对少数民族地区实行定点招生。2005 年起，创办民办城东中学，招收初中生，宁化一中只招高中学生。宁化六中二级达标后，高中招生改为由宁化一中、宁化六中按分数段和第一志愿向全县择优录取高一新生，其他中学按片区招生。高中开始实行缴费上学，正取生每年 1200 元，扩招生由县招生办统一划定各校招生计划，确定扩招数和收费标准。

1988—2005 年，全县招生范围内对特定录取对象（军烈属、少数民族、教工子女等）实行照顾录取政策。

三、学校内部管理体制改革

1988 年开始，根据国家《中小学教师职务试行条例》规定，全县中小学首次进行教师职务评聘，全县小学评聘高级教师 141 人、一级教师 508 人、二级和三级教师 538 人；中学评聘高级教师 19 人、一级教师 103 人、二级教师 237 人、三级教师 128 人。1990 年起，新教师见习期间必须参加教学大纲、教材教法、教学能力等培训，考试不合格者不予办理转正定级手续，经补考不合格者，延长见习期半年或一年。1991 年，根据省教委《福建省中小学教师职务年度考评试行办法》规定，开展学校领导和教师年度量化评分考核，考核结果分为"优秀""称职""基本称职""不称职" 4 个等级，作为晋职、晋级、续聘、低聘、奖惩的重要依据。是年，评出优秀教师 367 人，基本称职 203 人，不称职 31 人，其余为称职。2000 年起考核结果分为"优秀""合格""基本合格""不合格" 4 个等级。2005 年，评出优秀教师 442 人，合格 3099 人，不定等次 49 人。

四、考试制度改革

1989 年，全县小学取消毕业升初中考试，实行毕业统一考试制度，全县统一命题，统一评卷。小学其他各年级和初中一、二年级期末考试基本以学校年段为单位统一命题。1991 年始，小学非毕业年级语文、数学单元考试和期末考试卷均由县教师进修学校统一命题，**期末考由学区组织统一考试、统一评卷。**初一、初二年级政治、语文、数学、英语、物理期末考实行全县质量检测，由县教师进修学校统一命题。初中各年级主要学科还实行月考制度。1992年，高中开始实行省级会考。

1997年，学年质检考试实行全县统一评卷制度，并首次组织初三学生统一进行体育测试，把体育分数（30分）纳入中考总分。1999年起，初中历史、地理、生物学科同样实行全县统一质量检测制度。2001年，在期中、期末，对全县小学部分年段进行抽考，并统评统改；高考实行综合科考试（即3+X：语文、数学、英语+文科综合或理科综合）。2003年高考、中考由7月提前到6月。2004—2005年，初中物理、化学实验操作，初二地理、生物及学生操行评定作为考查科目，并根据成绩分A、B、C、D共4个等级，作为达标中学高一新生录取资格参考。

五、教育经费改革

1988—2003年，农村教育经费主要由农村教育附加、**教育集资**、农民投工投劳等多渠道解决。2003年年末，取消农村义务教育集资和农村教育附加，农村教育经费主要由县级财政统筹。2004年，农村义务教育实行"一费制"，省财政转移支付县农村税费改革用于农村义务教育的专项补助资金661万元。2005年，建立贫困学生教育救助保障机制，争取省、市贫困学生"两免一补"（免课本费、免杂费、补助寄宿生生活费）资金93.50万元，缓免学杂费36.10万元。秋季开始免费提供农村义务教育家庭贫困学生教科书。

第二节　幼儿教育

一、幼儿园（班）设置

1988年，全县幼儿园（班）204个，在园幼儿5585人，教职工235人。1989—1990年，实行幼儿园（班）登记注册制度，全县第一期幼儿园（班）注册登记204个，入园5585人。1991年，市检查组抽查县幼儿园登记注册情况，校点验收合格。1993年，共登记注册幼儿园（班）278个。1996年，为缓解幼儿入园难，动员社会力量办园，全县幼儿园（班）增至329个。1998年，全县在园幼儿7632人，其中未满7周岁幼儿入园率64.35%，学前一年幼儿入园率97.50%，村办幼儿班205个，农村幼儿入园增多。1999年，开展创建和评估标准学前班活动，33个幼儿班达标。2000年，开展全县幼儿园注册登记换证复查，重新颁发幼儿园注册证书。2005年，全县幼儿园（班）273个，在园幼儿6786人。全县学龄前3年幼儿入园率73%，学龄前1年幼儿入园率89%，教职工209人。

1988—2005年宁化县幼儿教育情况表

表27-1

年份	幼儿园数(所)	班数(个)	在园幼儿(人)	教职工数(人)
1988	2	204	5585	235
1989	2	218	5841	239
1990	2	237	6638	266
1991	2	255	7092	282
1992	2	262	7746	306
1993	2	278	8051	324

续表 27-1

年份	幼儿园数(所)	班数(个)	在园幼儿(人)	教职工数(人)
1994	6	289	8627	338
1995	10	311	9900	362
1996	7	329	10747	377
1997	12	296	9794	366
1998	10	265	7632	359
1999	10	248	6356	310
2000	20	244	3585	175
2001	170	243	3484	265
2002	165	228	3679	222
2003	171	227	3773	219
2004	166	246	4492	230
2005	158	273	6786	209

二、教育教学

（一）学制课程

学制　1988—2005 年，根据国家教委《幼儿园工作规程》及《幼儿园工作管理条例》规定，城区幼儿园及乡（镇）中心幼儿园均为 3 年制，小、中、大班各 1 年。1989—1992 年，全县幼儿园（班）招收 3—7 周岁幼儿。1993—2005 年，招收 3—6 周岁幼儿。

课程　1988—2005 年，全县各类幼儿园的中班、大班均开设数学、语言、常识、音乐、美术、体育、游戏等课程。按教育部颁发要求安排课时，大班每周 12 节，每节 30 分钟；中班每周 10 节，每节 25 分钟；小班每周 8 节，每节 15 分钟。

教材　1988—1992 年，全县幼儿园选用省编教材。1993—1996 年，选用全国统编教材。1997—2005 年，统一使用省编幼儿园教材和学前班教材。

（二）教学教研

1988—1994 年，县教育局以宁化县实验幼儿园（简称县实验幼儿园）为龙头，以乡（镇）中心幼儿园为骨干开展幼儿教学教研，带动村级幼儿园共同发展。县实验幼儿园每年教学开放周为乡（镇）中心幼儿园教师开课 1—2 次，各乡（镇）中心幼儿园定期为村幼儿园教师开课，培训村级幼儿教师。乡（镇）中心幼儿园和村级幼儿园派教师到县实验幼儿园学习交流，共同提高。1995—1997 年，幼儿园教学工作实施《幼儿园工作规程》，通过开展"活动性、创造性、主动性"的新理念教研活动，从提高幼儿整体素质的要求入手，县教育局举办全县幼儿教师"学前班创造性游戏"活动竞赛和全县幼儿教师教育教学观摩活动，召开全县学前班试点工作经验交流研讨会。

2000—2003 年，充分发挥县实验幼儿园的示范作用，县教育局组织开展"观摩课""开放周""趣味运动会"等活动，扩大教学教研范畴，促进全县幼儿教育发展。2004—2005 年，县实验幼儿园开展"特色办学"课题研究，在幼儿教学中进行乡土文化教育。其"特色办学"课题《在幼小的心灵播撒爱的种子》2004 年 9 月 5 日被《三明日报》刊登报道。

三、管理

（一）幼教师资管理

1988 年始，县教育局初教股设幼儿教育专职干部，全县各类幼儿园均配设园长、副园长，实行园长负责制，各幼儿园建立"园长室—教导处—班级"管理网络，1995 年，进一步加强农村幼儿教师队伍建设，组织幼儿教师参加继续教育，提高专业素质，抓好农村幼儿入园工作。1994—2005 年，实施幼儿教师持证上岗制度，为全县 200 位幼儿教师颁发聘任考核证书。

（二）创建和评估学前班

1999 年，县教育局贯彻实施《幼儿园管理条例》《幼儿园工作规程》，开展创建和评估标准学前班活动，有 33 个幼儿班达到标准学前班标准，全县学前一年幼儿入园率 93.60%，幼儿教师合格率 60.40%。2000 年，根据闽幼教〔2000〕02 号文件精神，对全县幼儿园进行注册登记换证复查，重新颁发幼儿园注册证书，对第四批标准学前班进行评估验收，有 14 个学前班通过验收。县实验幼儿园通过省示范标准园的复查验收。2001—2003 年，县教育局对全县个体幼儿园教学质量和安全隐患进行整顿，有 3 所不合格个体幼儿园被限期整改，1 所个体幼儿园被取消办园资格。

2005 年，县教育局倡导创新农村幼教模式，规范各级幼儿园管理，扩大招生规模，提高幼儿入园率，学龄前一年幼儿入学率达 89%，幼儿教师合格率 80.50%。

（三）卫生保健

1988 年始，全县幼儿园（班）贯彻卫生部和国家教委《托儿所幼儿园卫生保健管理办法》，幼儿入园时须进行健康检查，建立健康档案，入园后保教人员注重培养幼儿良好卫生习惯，防止各种传染病的发生。1995 年，全县 10 所幼儿园共建立幼儿健康档案 9900 份，定期开展健康检查。2005 年，全县 158 所幼儿园建立幼儿健康档案 6786 份，建档率达 100%。

附：县实验幼儿园

县实验幼儿园成立于 1982 年，原址位于城关向阳弄 8 号，1985 年迁至角头街 94 号（占地面积 5540 平方米）；1997 年 1 月通过省标准幼儿园评估；2000 年 10 月通过省标准幼儿园复查验收；2004 年 12 月通过市优质幼儿园评估。至 2005 年，全园拥有教学综合楼 1 幢、多功能室 1 个、教学班 11 个，户外活动场地 2 块，人均户外活动面积 4 平方米，室内活动面积 2 平方米。在园幼儿 567 人，在编教工 53 人，专任教师专科以上学历 27 人。先后被评为省"先进幼儿园"2 次，获市级"文明学校"等称号 10 次。

1988—2005 年，全园教师在 CN 刊物发表论文近百篇，10 位幼儿绘画作品获国家金奖和优秀奖，70 位幼儿绘画作品获省优秀奖和入选奖。此外，活动设计、科教玩具、重点课题等多次获省、市级奖。

第三节　小学教育

一、学校设置

1988 年，全县小学 449 所、完全小学 149 所、班级 1565 个、学生 35552 人。1998 年，凤山、济村、庙前、城南、方田、泉下等地小学与初中分离办学，客家中学小学部拆出，成立石碧小学。由于县内出生人口逐年减少，新生入学人数也逐年减少。1999 年，县教育局成立调整学校布局工作领导小组，按照"小校并大校、完小并中小"原则，全县共撤销完全小学办初级小学 28 所，撤销初级小学教学点 15 个，合并单人校、双人校教学点86个。2000年，"从实际出发，合理布局，就近入学，适当集中"，全县撤并初级小学3所，撤并教学点22个。

2001年，全县撤并完全小学5所，撤并教学点32个。2003年，扩大乡（镇）中心学校办学规模，撤并教学点10个。2004年，县教育局调整中小学校布局，在泉上中心学校进行农村寄宿制学校试点，泉上镇保留泉下完全小学和延祥初级小学。2005年，县教育局制定实施《宁化县中小学布局调整实施方案》，撤并完全小学9所、初级小学及教学点35个，全县共有小学197所、完全小学18所、班级1152个、学生22154人。

1988—2005 年宁化县小学教育发展情况表

表 27-2　　　　　　　　　　　　　　　　　　　　　　　　　　　　　　　　　单位：人、所

年份	学校数		教职工数		教学班级	学生数	毕业生数	在校学生占总人口比例	学龄儿童入学率(%)
	总数	其中:完全小学	总数	其中:民办					
1988	449	149	2173	911	1565	35552	4859	11.41	98.90
1989	223	161	2213	820	1642	37074	3397	11.76	98.72
1990	222	149	2200	693	1580	35287	6493	10.82	99.30
1991	218	149	2362	778	1518	32790	7809	9.94	99.50
1992	224	125	2310	655	1518	34406	5268	10.38	99.65
1993	220	127	2312	558	1525	35742	5642	10.65	99.66
1994	217	130	2304	460	1534	36548	6271	10.78	99.66
1995	218	120	2301	374	1552	38592	6254	11.28	99.91
1996	214	115	2310	298	1559	40548	6340	11.73	99.93
1997	213	118	2231	79	1518	45024	8527	13.02	99.83
1998	213	117	2262	0	1501	43796	8659	12.58	99.82
1999	207	92	2249	0	1362	40083	8819	11.51	99.87
2000	203	90	2219	0	1353	36118	8804	10.43	99.85
2001	225	88	2173	0	1366	33058	6888	9.53	99.87
2002	217	60	2128	0	1347	30529	6242	8.81	99.90
2003	217	60	2716	0	1338	28423	6809	8.21	99.80
2004	219	36	2013	0	1129	24840	5496	7.18	99.95
2005	197	18	1931	0	1152	22154	4847	6.40	99.82

二、学制课程

（一）学制

1988—1997年，全县小学为五、六年制并存，县实验小学、宁师附小实行六年制，其他小学实行五年制。1998—2000年，全县小学均为五年制。2001—2005年，全县小学均为六年制。

（二）课程

1988—1991年，全县小学设置思想品德、语文、数学、自然、地理、历史、体育、音乐、美术等9门课程；1992—1997年，增设劳动课程；1998年，增设计算机课程；1999年，增设英语课程；2000年，取消历史课程；2001—2005年，增设社会课程，取消地理课程。

三、品德教育

1988年，县教育局贯彻《中共中央关于进一步加强和改进学校德育工作的若干意见》《小学德育纲要（试行草案）》和《爱国主义实施纲要》，突出学生基础道德和日常行为规范养成教育，制定管理及评估制度，加强学校政治思想工作。1989年，全县学生开展学雷锋、学赖宁活动，32名学生被评为"市优秀学生干部"或"三好学生"。1990年，县教育局开展基本国情、革命传统、国际形势和社会主义优越性教育，每周举行升旗仪式，每周一唱革命歌曲，全县38名学生被评为"市优秀学生干部"或"三好学生"。

1991—1993年，县教育局开展"学雷锋、学赖宁，创建文明学校""心中的歌儿献给党"歌咏赛和"党在我心中"演讲赛等活动，成立学雷锋小组1516个，做好事6万人次，其中泉上中小少先队为解危济困捐款3万元，获"全国学赖宁先进大队"称号。全县7所小学获市"文明学校"称号，3个班级被评为市"先进班集体"，99名学生被评为市优秀学生干部或三好学生。泉上中心小学获省"农村示范学校""社会健康教育先进单位"和市"花园式学校"称号。1994年，制定德育工作和爱国主义教育实施方案，各校开展"满意在校园，争当好园丁""岗位学雷锋，校园树新风"等活动，全县18位教师获得省、市荣誉。县教育局组织师生观看百部爱国主义影片，开展写观后感和征文比赛，8名学生获市级征文比赛奖励（一等奖2人、二等奖4人、三等奖2人）。全县53名学生被评为"市优秀学生干部"或"三好学生"，3个班级获"市先进班集体"称号。

1995—1996年，县教育局组织城区1700名学生举行告别"三厅二室"（卡拉OK厅、舞厅、录像厅、电子游戏机室、桌台球室）签名大会及踩街活动，开展"中国精神"知识竞赛活动及"树中华正气，做家乡主人"读书活动，128位教师和190名学生分获省、市、县"迎香港回归祖国"读书活动奖励，县教育局获"优秀组织奖"，安远中心小学获"中国精神"知识竞赛全国组织奖。在全县中小学校开展"纪念抗日战争胜利50周年""纪念红军长征胜利60周年"系列活动。1997年，县教育局开展全县"师德标兵"评选活动，5位小学教师当选。1998年，县教育局制定实施新的《中小学生守则》和《小学生日常行为规范》，开展全县"抓三风"（校风、教风、学风）、"创双优"（优秀秩序、优美环境）、"树新风"活动，全县8位教师被评为省"三育人"先进工作者或优秀教师，63名学生被评为省、"市优秀学生干部"或"三好学生"。

1999年，县教育局贯彻中共中央、国务院《关于深化教育改革，全面推进素质教育的决定》，开展以爱国主义为核心，以中华传统美德和革命传统教育为重点的民族精神教育，组织"爱祖国、爱福建、爱宁化"和"做红土地上的红色接班人"系列教育活动，全县2所学校获市"文明学校"称号，11位教师被评为省、市优秀班主任和先进德育工作者，1个班级获省"文明班级"荣誉，29名学生被评为省、市优秀学生干部或三好学生。2000年，县教育局制定实施《宁化县教育系统民主评议行风工作实施意见》，全县共寄发师德师风问卷调查表和征求意见表18751份，发出整改通知书23份。开展知识竞赛、演讲比赛及主题班队会，强化学生革命传统、国防和文明礼仪教育，全县10所学校保持省、市、县"文明学校"称号（县级7所、市级2所、省级1所），4个班级获省、市"文明班级"称号，41名学生被评为省、市"优秀学生干部"或"三好学生"。

2001年，县教育局利用升旗仪式、校会、主题班会、黑板报等形式，开展《中华人民共和国预防未成年人犯罪法》和《中华人民共和国未成年人保护法》宣传活动，组织学生观看《毒品预防教育》宣传片，邀请县司法部门人员到学校作《中华人民共和国预防未成年人犯罪法》辅导报告，举办法制教育和心理健康教育讲座39场，受教育学生7万人次，县教育局被评为县"法制宣传教育"先进单位。2002—2003年，全县先后建立北山革命纪念馆、客家祖地、张仁和事迹展览室等10个德育基地和36个实践基地，县教育局开展"诚实守信铸文明"《公民道德建设实施纲要》邮票图解知识竞赛"等活动，全县有170名小学生在市、县各类竞赛活动中受到表彰，18所小学分别通过省、市"文明学校"评估验收，75名学生被省、市表彰为"优秀学生干部""三好学生"和"二星雏鹰少先队员"，13个少先队中队被市评为"少先队优秀中队"。

2004 年，县教育局贯彻《中共中央国务院关于进一步加强和改进未成年人思想道德建设的若干意见》，全县 120 名学生被分别评为省、市、县"优秀学生干部"或"三好学生"，44 个班级获省、市、县"文明班级"称号。2005 年，县教育局开展"弘扬和培育民族精神月"活动和"文明学校""平安校园"等德育创建活动，举办"公民道德建设"和弘扬"客家精神""张仁和精神"讲座，召开张仁和先进事迹报告会，全县创建省级文明学校 6 所、市级 10 所、县级 30 所，县实验小学获省"心理健康教育实验学校"和"中小学公民道德教育先进单位"称号。全县 127 名学生被评为省、市、县"优秀学生干部"或"三好学生"。在校学生违法犯罪率低于万分之零点五。

四、教学教研

1988 年，县教育局开展教学改革，制定各学区（校）各种岗位责任制，小学毕业会考语文、数学两科平均成绩 79.20 分，及格率 93%，获三明市县级评比一等奖。1989 年，贯彻国家教委《关于纠正片面追求升学率的十条规定》，各学区（校）开齐课程，加强教学研究，健全教研网络，成立小学校际、片际教研组，加强教育理论学习，开展"抓好第一课堂，搞活第二课堂"专题试验，全县小学毕业考语文、数学两科平均成绩 90.20 分，及格率 99.90%。

1990 年，县教育局开展全县小学青年教师教学比武与"教坛新秀"评选活动，10 位教师获得奖励，经三明市教育委员会验收，红旗小学、东风小学、横锁小学为"合格小学"。1991 年 9 月，县教育局综合评估检查全县小学教育，评出 48 所小学为合格小学。县实验小学、宁师附小、东风小学被省教育厅评为《实施国家体育锻炼标准》省级先进单位。1992 年 12 月，组织学生参加市中小学生田径运动会，获银牌 3 枚、铜牌 2 枚，参加市乒乓球赛，获团体总分第二名；宁师附小、东风小学被评为《实施国家体育锻炼标准》省先进单位。

1993 年，县教育局贯彻《中国教育改革和发展纲要》《中华人民共和国教师法》《中华人民共和国教育法》，召开县级各类教研会 8 期，举办教研专题讲座 8 场，开展教师苦练课堂教学基本功和教学比武活动，全县教师发表教育教学论文 79 篇（省 20 篇、市 22 篇、县 37 篇）。1994 年，县教育局开展教学比武活动，3 名教师获省、市小学"教学新秀"称号，2 名教师获市农村小学语文教学观摩竞赛二等奖，1 名教师获市义务教育小学语文教学优质课评比二等奖，选送 8 件教师自制教具参加省、市展评，其中 1 件获省三等奖，2 件分获市一、三等奖。县教育局举办第 23 届县中小学田径运动会、第 12 届学校音乐周活动及学校艺术节、全县中小学生"六一"文艺调演、中小学书画作品比赛和中小学文艺"三项全能"（唱歌、朗诵、舞蹈）竞赛。湖村中心小学、安乐中心小学通过市级农村示范小学检查验收。1995 年，县教育局举办"宁化明溪清流片区教研活动"，组织教师"编写优秀教案""制作教具"比赛和"语、数课堂教学"竞赛，宁师附小、中沙中心小学 2 名教师获市语文教坛新秀评选一等奖，宁师附小、县实验小学 2 名教师分获市首届思想品德课堂教学竞赛一、二等奖。

1996 年，县教育局组织各校开展教学比武、教学竞赛、创"优质课"、评"教坛新秀""教学十佳"等活动，开展"小学教师七项基本功训练"（钢笔字、毛笔字、粉笔字、普通话、简笔画、口语表达、教具制作），把基本功训练和竞赛成绩与职称评聘、职务晋升和评优评先挂钩。宁师附小参加市"小学教师七项基本功"比赛获团体总分二等奖（其中赖文荣获 3 个单项一等奖，4 个单项二等奖），并作为市代表之一参加省级比赛。1997 年，县教育局贯彻教育部《关于当前积极推进中小学素质教育的若干意见》和《宁化县教育局关于进一步加强素质教育的通知》，改革教学内容和课程体系，改进学生成绩评定办法，全县 4 个教研组被市教委评为先进教研组，4 位老师获市优秀教研组长称号，1 位教研员被评为市"优秀教研员"。1998 年，泉上中心小学数学组被省教委评为"先进教研组"。1999 年，全县 2 名教师被市教委评为"小学优秀青年教师"，宁师附小 2 位教师成为市首批中青年学科带头人。

2000 年，县教育局贯彻教育部《关于在小学减轻学生过重负担的紧急通知》和市教委"减负"十条规定，严控各类教辅材料的征订，严禁未经审定擅自征订规定书目以外的教学辅导材料，《福建教学研究》发表宁师附小经验总结文章《把好五个"关口"，做好减负工作》。全县 6 名思想品德课教师获市级表彰，

1 名获省小学"优秀青年教师"称号。2001 年，县教育局下发《关于加强教学管理及对教学质量进行监控等有关事项的通知》，组织教学质量专题调研，全县 10 位教师在市、县组织的教学比武、说课竞赛活动中获奖。2002 年，县教育局成立县普及教学实验仪器县领导小组，全县共投资 120 万元订购教学实验仪器和实验教学配套用品，改善实验教学条件。2003 年，县教育局开展"优化教学过程，培养学生创新能力"的教学改革，改进课堂教学方法，加强直观教学和实验教学。坚持举办"校园文化艺术节"、文艺演出、书法展览等活动，培养提高学生综合素质。宁师附小创作的舞蹈《龙嬉》、县实验小学创作的《七夕拜巧》分获省"QQ 童"杯首届儿童舞蹈大赛演出一等奖和二等奖，同获创作银奖。宁师附小、县实验小学 2 名学生分获全市小学生声乐比赛二、三等奖。

2004 年秋季，县教育局实施课程改革，组建县"新课程专家巡回讲学团"，开展"我与课改"教学案例和论文评选活动，邀请全国著名小学教育专家靳家彦到县作专题讲座，全年组织 1800 位小学教师参加新课程培训。是年 10 月下旬，宁师附小、县实验小学通过全国写字教育实验学校的评估验收。2005 年，县教育局修订完善《宁化县小学教育综合评估方案》，检查督促学校开齐开足体育、卫生、艺术课程，举办全县田径运动会、文艺汇演和师生书画展评活动，举办"校园文化艺术节"和小型多样的体育比赛，促进学生素质全面发展，全县 330 名学生在全国、省、市各类竞赛中获奖；宁师附小艺术教育工作获全国第 13 届群星奖银奖、舞蹈《龙嬉》获三明市首届百花文艺奖三等奖。发挥课改实验基地校的示范辐射作用，组织开展校、片、县三级课改教学比武大赛和全县小学课改语文、数学课堂教学观摩评比活动，表彰 5 个课改"先进集体"和 39 个先进个人。

附：主要小学简介
一、省示范小学简介

宁化县实验小学　创办于 1906 年，初名云龙高等小学，先后更名为云山小学、翠华小学、龙门中心小学、城东中心小学、城关第一小学、红卫小学，1979 年 1 月更名为宁化县实验小学。

宁化县实验小学坚持科研兴校、特色立校，优化教师队伍，深化教育科研，发挥课改基地校的作用，承担"心手相牵"等 10 个国家及省、市研究课题，开发"红土地之歌""写字"等地方特色校本课程，定期举办"教学开放周""送教下乡"等教研活动。突出体验教育和艺术教育，开展"民族精神代代传""红色小导游""学习张仁和，做苏区好儿童""校园文化艺术节"等系列活动，开展"古诗读背""经典美文诵读""快乐阅读""亲子购书阅读，建设书香家庭"和"读书小博士"评选活动，组织以"亲近自然"为主题的综合实践活动，开辟书画展示橱窗，组织学生参与"红领巾"电视台（广播）的编辑与制作，丰富校园文化生活，提高学生综合素质。至 2005 年，学校先后获得国家、省、市 40 项荣誉，教师获市级以上综合荣誉 46 人次，省、市、县学科带头人与骨干教师分别为 10 人和 25 人，市、县教坛新秀 6 人。教师参加市级以上教研竞赛获奖 43 人次，CN 刊物发表论文 200 篇，编写教辅书籍 8 册，计 9 万字。师生书画作品在全国各级各类比赛中共获奖 1500 人次，其中创编舞蹈《新世纪，新风采》《军号谱》获市文艺演出一等奖，《七夕拜巧》获福建电视台儿童舞蹈电视大奖赛创作银奖、表演二等奖，《军号谱》被选送参加中央电视台校园文艺展播。

2005 年，校园占地 7332 平方米，建筑面积 6175 平方米，拥有校园网、校园闭路电视演播系统、运用微机管理的省级达标图书馆、电脑室、电子备课室、多媒体室、科技室、塑胶跑道等教育教学设施。有教职工 78 人（其中高级教师 59 人）、教学班 26 个、学生 1358 人。

宁化师范附属小学　前身为私立连岗小学，民国 28 年（1939 年）创办。中华人民共和国成立后，先后更名为城南小学、县实验小学、东方红小学。1978 年，更名为宁化师范附属小学，属市教育局直管；1999 年，划归县教育局直管。

宁化师范附属小学建立健全科学、规范、系统的教学教研管理机制，注重素质教育，发挥基地示范作用，开展科技和艺术教育活动，形成艺术教育和写字教学办学特色，突出德育教育，构建学校、家庭、社区三位一体的立体德育网络。2002 年，被评为省"先进教工之家""省少先队红旗大队"。2003 年，被评为"省文明学校""全国红旗大队"。至 2005 年，先后承担国家、省级研究课题 6 个，学校先后获得全国、省、市荣誉 40 项，教师被评为全国、省模范教师、优秀教师 14 人，省、市、县学科带头人 10 人，教坛新秀 12 人，教师在省级及 CN 刊物发表论文 390 篇，参编教学用书 12 册。省级以上各种竞赛中获奖学生 2890 人次，美术书法作品在市级以上报刊发表 380 人次，学校文艺队创编表演的节目获省赛一等奖 3 次，全国赛银奖 2 次，获国际舞蹈分级大赛银奖 1 次。2005 年，通过省实施素质教育先进校的评估验收。

2005 年，学校占地 9430 平方米，建筑面积 9180 平方米，固定资产 600 万元。配有电脑室、电子备课室等 18 个专业教室和 10 间多媒体教室，建有校园宽带网、校园闭路电视系统，图书馆藏书 32000 册。学校有教职工 67 人（其中小学高级教师 50 人、特级教师 1 人），教学班 26 个、学生 1468 人。

二、省农村示范小学简介

泉上中心小学　前身为育才小学，民国 3 年（1914 年）由乡绅李咸益、李英华创办，为纪念先贤李元仲，曾更名为元仲中心小学。中华人民共和国成立后，更名为泉上中心小学。

泉上中心小学树立"教学质量是生命线"的办学宗旨，开展教育科研，学校承担的市级一般数学课题——小组合作学习，通过验收并被评为合格。学校以"雏鹰争章""校园八星"评比为抓手，开展各类文体活动和综合实践活动，编撰校本教材《我的家乡——泉上》，形成校本特色。2004 年，以"凸显学校特色的花园式寄宿制学校"为办学目标，建立健全《寄宿生管理手册》《学生指导教师考核条例》系列管理制度，成为全县第一所农村寄宿制试点学校。至 2005 年，学校先后获省、市、县、镇荣誉 30 项，获县学校综合评估一等奖 12 次，教师撰写论文在省级获奖 4 人次。

2005 年，校园占地面积 9982 平方米，校舍面积 6410 平方米，绿地 4000 平方米。共有综合楼、教工宿舍楼、学生宿舍楼、多媒体教室、电脑室、实验室、图书室、美术室、音乐室及学生食堂等设施。学校有教师 66 人（其中小学高级教师 28 人）、20 个教学班、学生 800 人。

湖村中心小学　创办于民国 30 年（1941 年）。中华人民共和国成立后，1969 年 5 月附设初中班。1983 年 9 月，初中班与小学分离。

学校以"抓规范促质量，抓科研树品牌"为主题，以"综合实践活动"为载体，开展"以人为本、注重活动体验、弘扬乡土文化"和"星级"学生考评等活动，促进学生积极向上，多元发展。至 2005 年，学校先后获得省、市、县、镇荣誉 40 项，获县教育局小学综合评估一等奖 8 次，获县第 29 届中小学生田径运动会少年组团体总分第三名。

2005 年，校园占地 7344 平方米，建筑面积 4387 平方米。学校配备多媒体教室、电脑室、实验室、图书室及学生食堂。学校有教师 56 人（其中小学高级教师 44 人）、教学班 21 个、学生 938 人。

安远中心小学　创办于清光绪三十二年（1906 年），原名为安远高等小学。中华人民共和国成立后，更名为安远中心小学。1955 年 9 月，从旧校址（时乡政府）迁至横街 56 号新校址。

学校以争创"语言启智、语言育人——口语交际训练"为办学特色，制订实施方案和考核评估细则，推进学生综合素质教育，先后组建美术、舞蹈、电脑等兴趣小组 10 个，"小学语文个性化阅读策略研究"被确认为三明市基础教育重点课题。1997—1999 年连续两学年获全县教学质量检测第一名。2001—2003 年连续三年获全县小学组综合评估一等奖。至 2005 年，学校先后被评为省"关心下一代协会先进集体"、市"文明学校"，教师获省、市、县各级各类表彰 38 人次。师生参加县级以上写作、舞蹈、美术、体育等赛事，获表彰 264 次（项），其中全国少儿美术比赛获一、三等奖各 2 人，文艺兴趣小组获县小学文艺调演一等奖 2 次，学校运动队获县运动会农村组第一名 2 次。

2005 年，校园占地 10347 平方米，建筑面积 5877 平方米。学校按农村中心校二类标准配备电教、自然、体育、音乐、美术各类教学器材，设电脑和多媒体等专业教室。学校有教师 62 人（其中小学高级教师 23 人）、教学班 19 个、附属幼儿班 4 个、学生 1158 人。

第四节　特殊教育

一、学校设置

宁化县特殊教育学校于 1998 年 5 月创办，原名向阳学校，2004 年更今名。全校实行学生个别化教育教学目标规范管理，开展"一体化教学中的个别教育"、听障学生的"双语教学"、聋健结合的"融合"教育、"感恩"教育、"赏识性"教育等教学研究，办学条件不断改善，办学质量不断提高，学生人数不断增加。至 2005 年，学生人数居全市县级特校之首，获市综合评估二等奖 4 次。学生吴靖楠参加福建省和全国特奥会游泳比赛分别获得 2 枚金牌、1 枚银牌和 1 枚金牌、2 枚银牌。

2005 年，校园占地 1534 平方米，建筑面积 1250 平方米，配备标准化弹性地板专用教室、律动室、听力室、语训室。有教职员工 31 人，其中高级教师 12 人、一级教师 17 人；教学班 9 个，其中聋班 3 个、培智班 6 个；有学生 120 人。

二、教学

1988—1990 年，按照省教委《"八五"期间福建省残疾儿童少年义务教育工作要求》，适龄残疾儿童义务教育纳入普及义务教育范畴，三类残障少儿主要在各乡（镇）全日制学校随班就读，其中 14 名听障少儿到三明市特殊教育学校就读。1991 年，全县乡（镇）全日制学校随班就读残障学生 218 人，其中城郊中心小学秋季试办弱智儿童教学班，招生 13 人，任课教师 2 人。1992 年，筛选鉴定全县三类残疾（视力、语言听力、智力）少儿（7—15 周岁）378 人，分别在中小学、乡（镇）辅读班就读。1993 年 5 月，经市政府验收测评、认定宁化县特殊教育为"良级"。1995 年，全县有随班就读学生 221 人，泉上、湖村 2 个特教班共有学生 37 人。1996 年，全县随班就读生增至 375 人，到市聋哑学校就读 34 人。

1998 年，全县视力、语言听力、智力残疾少儿入学率分别达到 88.89%、88.31% 和 92.20%。是年 5月，县特殊教育学校（向阳学校）建成招生，秋季招收语言听力残疾少儿 44 人。1999 年和 2000 年，全县三类残疾少儿入学率分别为 91.19% 和 90.13%。2001 年，向阳学校开设教学班 6 个（弱智班 5 个、聋哑班 1 个），学生 69 人。2002 年，向阳学校增设弱智班 1 个，全校学生 80 人，全县三类残疾少儿入学率达 92.20%。2003 年，实施残疾少儿补偿教育，全县残疾少儿入学率和巩固率均达 95%。2004 年 9 月，向阳学校更名为宁化县特殊教育学校，校址迁至翠江镇铜锣丘（原翠江镇南门小学），学制由六年转为九年，成为一所九年一贯制寄宿制学校，开设教学班 9 个，教职工 30 人，学生数 121 人。2005 年，全县三类残疾少儿入学率达 99.82%。

第五节　中学教育

一、学校设置

1988 年，全县有中学 21 所，其中完中 5 所（含 5102 厂中学），与职业高中并存的初中 3 所，与小学并存的初中 10 所，独立初中 3 所，班级 314 个，在校学生 12903 人。1989 年宁化七中（初中）建成招生，1993 年 9 月，宁化三中、宁化第四中学（简称宁化四中）恢复为普通中学。1996 年，客家中学（初中）

建成招生。1998 年，为适应中等义务教育需要，将凤山、济村、庙前、城南、方田、泉下等学校的小学与初中分开，增加初中布点。1999 年，新增凤山初中。2003 年，泉下初中并入宁化第五中学。2003 年，全县高中比 2002 年扩招 5 个班，学生 317 人，宁化第三中学开设少数民族班。2004 年，调整中小学布局，撤并淮土凤山初中，治平学校改名为民族学校。2005 年，宁化第一中学实行初高中分离，合并初级中学 1 所，民办学校城东中学（初中）建成招生，全县初、高中入学率分别为 93.91% 和 67.20%。

1988—2005 年宁化县普通中学教育情况表

表 27-3

单位：人、所

年份	学校数					教职工数		在校学生数			变化情况
	总数	完中	初中	与职高职专并存的初中	与小学并存的初中	总数	其中：专任教师	总数	其中		
									初中	高中	
1988	21	5	3	3	10	1046	766	12903	10863	2040	含 5102 厂中学
1989	22	5	4	3	10	1060	763	13628	11599	2029	新增宁化第七中学
1990	22	5	4	3	10	1055	744	12350	10081	2269	
1991	21	4	4	3	10	1106	792	14014	11372	2642	
1992	19	4	4	3	9	1143	835	15294	12628	2666	9 月职中成为独立职业高级中学
1993	19	6	5	—	8	1140	857	14660	12159	2501	9 月宁化第三中学、宁化第四中学为普通中学
1994	19	6	5	—	8	1163	894	15341	12727	2614	
1995	19	6	5	—	8	1337	1022	18054	14791	3263	
1996	20	6	6	—	8	1339	1073	19153	16757	2396	新增客家中学
1997	21	6	8	—	7	1286	1123	22833	20410	2423	
1998	21	6	13	—	2	1353	1171	25631	22784	2847	
1999	21	6	13	—	2	1409	1210	28216	24997	3219	新增凤山初中
2000	21	6	13	—	2	1435	1233	29158	25239	3919	
2001	21	6	14	—	1	1449	1244	28674	23584	5090	
2002	21	6	14	—	1	1458	1269	27079	20812	6267	
2003	21	6	14	—	1	1471	1316	25907	18054	7403	泉下初中并入宁化第五中学
2004	21	6	14	—	1	1671	1439	26446	18476	7970	宁化第一中学实行初高中分离
2005	21	6	13	—	2	1882	1648	26019	17939	8080	新增城东中学(民办)

二、学制课程

（一）学制

1988—2005 年，初、高中均实行三年制。

（二）课程

初中　1988 年，设思想政治、语文、数学、外语、物理、化学、历史、地理、生理卫生（初三）、体育、音乐、美术、劳动技术、活动（时事政治、班、团、队）、课外活动等课程。2003 年，初中实施课程改革实验，按省教育厅《义务教育课程实施计划》开设思想品德、历史与社会（或选择历史、地理）、科学（或选择生物、物理、化学）、语文、数学、外语、体育与健康、艺术（或选择音乐、美术）、综合与实践活动、地方与学校课程及国防教育课程。2005 年延续。

高中　1988 年设有思想政治、语文、数学、外语、**物理**、**化学**、历史、地理（高一）、生物（高二、高三）、体育、音乐（高二）、美术（高一）等课程，高二开始文、**理**分科，调整学科授课重点。周总课时 32—33 节，周总活动量为 39 节。1992 年，增设计算机和职业劳动课。1994 年，实行每周五天课时制，周总课时减至 28—30 节，活动总量减为 35 节。2003 年，高一开始使用新教材、新大纲，高二、高三不变。2004—2005 年，活动类课程增设社区服务。

考试　1992 年，高中开始实行省级会考。2001 年始，高考实行综合科考试，即 3+X（语文、数学、外语+综合科），文科政治、历史、地理综合，理科物理、化学、生物综合。2003 年始，普通高考由 7 月提前至 6 月。2005 年延续。

三、品德教育

1988 年，贯彻国家教委颁发的《中学生日常行为规范》，县学校思想政治工作研究会成立，开展"五讲四美三热爱"（讲文明、讲礼貌、讲卫生、讲秩序、讲道德；心灵美、语言美、行为美、环境美；热爱祖国、热爱社会主义、热爱中国共产党）和"五爱"（爱祖国、爱人民、爱劳动、爱科学、爱社会主义）教育，是年评选先进单位（集体）39 个和先进教育工作者 151 人。1989 年春夏之交，北京发生政治风波，县委、县政府、县人大、县政协领导深入学校召开各种座谈会，稳定学校秩序和师生思想情绪。县教育局、各中学、学区（校）成立整治校园秩序领导小组及办公室、护防队、督导队，维护校内秩序，召开师生动员会 235 场，参会 14 万人次。中学和学区成立学校思想政治工作研究会分会 29 个，全年共收到学校思想政治工作论文 104 篇，评出优秀论文 40 篇，汇编出版《学校思想政治工作研讨文集》4 期，共 31 人获市"三好学生"和"优秀学生干部"称号。1990—1992 年，县教育局开展"学雷锋、学赖宁"活动，全县共成立学雷锋小组 13026 个，做好事 104964 人次。

1993—1995 年，县教育局开展创建"文明学校"活动，3 个县级德育基地正式挂牌，21 所中小学设立雷锋塑像，5 所学校被授予"三明市文明学校"称号，2 个班级被评为"市先进班集体"，县教育局获"寻伟人足迹，学雷锋精神"理想教育活动全国"优秀组织奖"。1995—1996 年，县教育局先后举办"爱国、立志、成才"演讲比赛及"中国精神"知识竞赛等活动，宁化第七中学 1 名教师获全国青少年"中国精神"读书教育活动优秀指导奖，1 名学生获个人三等奖。1997 年，县教育局开展"爱国、爱县、爱校"为主题的青少年思想品德教育活动，5 个班级获省、市先进集体称号，63 名学生获省、市优秀学生干部称号，72 名学生获省、市"三好学生"称号。1998 年，县教育局开展教师职业道德教育活动，举办"敬业爱岗、教书育人"教工演讲比赛及"园丁"杯教工书画展览，县教育工会被全国教育工会授予"全国师德标兵评选活动组织奖"。1999 年，有 10 名教师被评为省、市"优秀班主任"和"先进德育工作者"，1 个班级获"省级文明班级"，7 名学生获省、市"优秀学生干部"称号，20 名学生获省、市"三好学生称号。

2000 年，县教育局组织教师开展"强师德、铸师魂、树形象"征文演讲比赛，组织学生开展革命传统教育、国防教育、文明礼仪教育知识竞赛、演讲比赛，9 所学校保持市、县"文明学校"称号，3 个班级获省、市"文明班级"称号，13 名学生获省、市"优秀学生干部"称号，26 名学生获省、市"三好学生"称号。2001 年，组织学校创建"文明学校""文明班级""星级班级"等活动，各校开展"十个一"（每周为父母至少做一顿饭，为家人至少洗一次衣服，在家里或宿舍至少做一次清洁卫生，为长辈至少端一次洗脚水或住宿生给家长一次问候，每学期至少为社会、学校、集体做一件好事，给同学写一封鼓励的信，创作一幅书法或其他小科技作品，阅读一部名著或名人传记，自办一份手抄报，做一次社会调查并写出不少于 1000 字的调查报告）公德教育活动，10 所学校保持省、市、县"文明学校"称号，4 个班级被评为省、市"文明班级"，30 名学生被评为省、市"优秀学生干部"或"三好学生"。2002 年，县教育局制定并实施《校风建设承诺制》《师德规定》《教师行为十不准》和《爱生制度》，规范教师言行，促进良好师德师风形成。开展诚信教育，举办"公德教育"实验班、诚信故事演讲比赛，开展"诚信行为专项训练"等活动，邀请宁化县关心下一代工作委员会（简称县关工委）老干部到校举办"人与自然""公民道德建设"和"预防未成年人犯罪"讲座 21 场，受教育师生 24900 人。10 所学校分别通过省、市级文明学校评估验收。2003 年，县教育局开设国防教育课程，开展"走向世界的中国"青少年爱国主义读书教育活动和演讲征文比赛，增强学生爱国意识和国防意识。贯彻实施《公民道德建设实施纲要》，开展"小公民道德建设和诚实守信铸文明"活动，宁化第一中学举行 2000 人参加的诚信教育签名仪式。2005 年，结合纪念红军长征 70 周年和抗战胜利 60 周年，组织城区中小学生参观革命烈士纪念碑、纪念馆，开展"红土地上好儿女，长征精神传承人"万人签名活动，举行"争做新时期红土地上的红色接班人"千人签名仪式。24 所学校保持省、市、县"文明学校"称号，13 个班级被评为省、市"文明班级"，65 名学生被评为省、市"优秀学生干部"或"三好学生"。

四、教学教研

1988 年，县教育局开展教育改革，提高教学质量，全县初考成绩综合考评获全市县级评比第一名，中考成绩综合总分名列全省榜首。1989 年，县教育局建立健全教研网络，成立校际、片际教研组，开展校际、片际教研活动，交流经验信息，提高教学水平，中考综合率 71.80%（全省平均 48.80%，全市平均 57%），居全省榜首。1990 年，县教育局开展青年教师"教坛新秀"评选与教学比武活动，中考三项综合比率 87.80%，比 1989 年提高 16%，获全市第一，居全省第三。宁化第一中学高考文史类考生丘恒昌以 531 分列全省总分第一，外语类考生苏丽娜外语单科 97 分，列全省第一。1991 年，宁化第一中学高考外语类考生罗敏青以 558 分摘取全省总分桂冠，文史类考生李小源以 539 分列全省总分第三名。1993 年，宁化第一中学学文史类考生张鑫华以 503 分列全省总分第三名。1994 年，县委、县政府制定下发《关于贯彻实施〈中国教育改革和发展纲要〉的实施意见》，县教育局以"两基"（基本普及九年义务教育、基本扫除青壮年文盲）为重点制订具体目标与措施，组织人员协助各乡（镇）制订"两基"规划措施。

1995 年，全县初级中等义务教育覆盖率 100%。1996 年，宁化第一中学通过省二级达标学校验收，高考理工类考生谢时根获三明市总分第二名。1997 年，县教育局下发《关于进一步加强素质教育的意见》，强化体、图、音、劳技和活动等课程教学常规管理，首次组织初三学生统一进行体育测试，把体育分（满分 30 分）纳入中考总分。高考首次实行标准分计分，宁化第一中学省专以上上线人数 261 人，录取 272 人，居全市重点中学第一名。1998 年，县教育局组织初三毕业生体育统一考试，合格率 80.40%。1999 年，劳动技术教育纳入教学计划和课时安排，宁化第四中学被省教委评为省农村中学教育改革先进集体。2000 年，县教育局下发《关于减轻中小学生过重负担的实施意见》，按市教委"减负十条规定"，严控各类教辅材料的征订和考试次数及规模，禁止以考试成绩排名，不准双休日或节假日有偿补课，开展"减负"专项检查，通报存在问题并限期整改。

2001 年，县教育局召开全县高中、初中教学工作会，开展理论研讨和经验交流，改进教学方式，提高教学质量。中考平均 475.07 分，达标率 90.03%。高考上本科 347 人，比 2000 年增加 117 人，大专以上 879 人，上线率为 65.11%。宁化第一中学文史类考生温丽梅、张丹、葛孝勤分别以 875、837、810 的高分（标准分）名列全省前茅。2002 年，宁化第一中学、宁化第六中学申报 9 个学科的基础教育课程课改课题，宁化第一中学、宁化第六中学、宁化第七中学开展初中毕业班物理、生物、化学实验操作考查试点。全县中考平均分 485.35 分，达标率 94.45%，优生率 21.13%，及格率 65.12%，优秀率 25.38%，分别比 2001 年提高 4.42%、2.25%、1.10% 和 6.50%。高考恢复原始分计分，上专科线以上 1046 人，上线率 60.39%，万人上线率 27.69%，其中本科上线人数 359 人。宁化第一中学理科班陈欣 671 分、王文峰 667 分，分列全市第五、六名。

2003 年，全省普通高中一年级开始使用新教材、新大纲，县教育局成立县基础教育课程改革领导小组和学科指导组，以"优化课堂结构"为重点，以宁化第一中学和宁化第六中学两所达标中学为示范，组织全县普通高中开展新教材、新大纲教研活动。2004 年，县教育局严格教学质量管理，落实目标管理制、各校建立周抽查、月普查、每月通报、年段过关和质量抽查等制度，高考本科以上万人口上线率、高分段人数和增长幅度 3 项指标均名列全市第一。宁化第一中学文史类考生陈靖列市总分第三名，理工类考生陈文列市总分第六名。2005 年，县教育局组织 678 位初中、高中课改年段教师进行新课程培训，建立课改实验区，开展课改评价、教学观摩交流活动及校、片、县三级课改教学比武大赛。中考全县平均分 490.39 分、达标率 80.06%、及格率 69.54%、优秀率 33.44%。高考全县万人本科上线率达 40.58%，比 2004 年提高 7.08%，再次名列全市第一。全县专科上线 1772 人，本科上线 1405 人，比 2004 年增加 243 人。宁化第一中学理工类考生张轩玮以总分 676 分位居全省第二。

1988—2005 年，全县向大中专院校输送学生 13896 人，其中本科生 5519 人、专科生 8377 人。

1988—2005 年宁化县大中专录取情况表

表 27-4　　　　　　　　　　　　　　　　　　　　　　　　　　　　　　　　　　　　单位：人

年份		1988	1989	1990	1991	1992	1993	1994	1995	1996	1997	1998	1999	2000	2001	2002	2003	2004	2005	合计
招收高中毕业生	本科	77	96	116	153	145	144	153	160	163	258	187	238	222	406	358	609	1030	1004	5519
	专科	247	202	134	208	172	342	343	389	398	354	220	297	429	276	467	721	1240	1938	8377
	中专	101	65	67	0	0	0	61	33	49	51	16	2	停招	0	0	0	0	0	445
招收初中毕业生	普通中专	204	0	0	0	0	188	176	206	278	351	0	0	0	0	0	0	0	0	1403

注：中专不含成人中专、职业中专、电大中专。

附：省二级达标中学简介

宁化第一中学　初称连岗中学，民国 16 年（1927 年）创办。民国 27 年（1938 年）更名为宁（化）明（溪）清（流）三县联立初级中学，民国 29 年（1940 年）更名为宁化县立初级中学，民国 31 年（1942 年），与由福州迁来的省立第一临时中学合并，称福建省立宁化中学。1957 年，正式定名为宁化第一中学。

1990 年和 1991 年，学校高考获高考省文史类（外语类）个人总分第一名。1996 年，被省验收确认为“二级达标中学”。1998 年，学校成立“一分钱献爱心”基金会，组织发动校内外捐款资助经济特困生，爱心助学案例在全省交流，受到中央精神文明建设指导委员会办公室通报表彰。2005 年，实现初、高中分离分设，建成独立高级中学。毕业生遍布全国各个行业乃至世界各地，涌现出中国工程院院士雷霁霖、中国远洋运输集团前总裁陈忠表、中国科学院心理研究所研究员马谋超等高级人才。学校先后获得省、市“文明学校”“模范教工之家”“绿色学校”、市“法制宣传教育先进单位”“先进基层党组织”“中小学校体育工作先进学校”“优秀家长学校”“德育创新德育特色学校”“素质教育先进校”“中小学体育工作先进集体”和县“先进党总支”等称号，教育教学综合评估多次获一等奖。

宁化第一中学为省、市、县重点学校，校园位于县城北山南麓。2005 年，校园占地 79314 平方米、建筑面积 33331 平方米，绿化总面积 16500 平方米。有教职工 209 人（其中中高级职称教师 114 人）、教学班 52 个、学生 2859 人。

宁化第六中学　创办于 1977 年，原名宁化城区中学，1978 年更名为宁化第六中学。学校位于城关曹家山，校园占地 81669 平方米、建筑面积 33922 平方米。配有网络、电教、实验设备、图书馆、体育运动场、室内体育馆等教育教学设施。2004 年 12 月，升格为省二级达标中学。学校以“校本教研、读书活动、心理教育"为办学特色，树立个性不同学生成才途径多元化理念，建立健全激发学生展示特长和潜质的教育教学平台，致力提高学生综合素质，培养特长突出的优秀学生。先后获得市"绿色学校""首批花园式学校""平安校园先进单位""普及实验教学先进单位""素质教育先进校""文明学校"和省"首批绿化红旗单位""达标中学图书馆""党政工共建先进教工之家""依法治校示范校"等称号。

2005年，有教师194人，其中高级教师44人，一级教师107人，省、市骨干教师27人，省、市学科带头人3人；教学班59个；学生3233名。

第六节　职业教育

一、学校设置

1988年，全县有宁化第三中学、宁化第四中学、宁化县职业中学（简称宁化职中）3所职业中学。1992年，宁化职中改为独立职业高中。1993年，宁化第三中学、宁化第四中学恢复为普通中学。1995年4月，宁化职中升格为职业中专学校。2000年5月，宁化师范更名为三明工贸学校，直属三明市政府管辖。

1988—2005年宁化职业教育发展情况表

表 27-5

年份	校数（所）	班级数（个）	招生数（人）	在校生数（人）	教职工数(人)		备注
					总数	其中:专任教师	
1988	3	17	131	424	91	45	
1989	3	12	307	399	72	38	1989年宁化第四中学未招生
1990	3	17	417	694	80	46	
1991	3	18	373	742	89	62	
1992	3	21	522	937	101	70	1992年9月,宁化职中改为独立职业高中
1993	3	19	274	829	100	70	1992年9月,宁化第三中学、宁化第四中学定为普通中学
1994	1	19	338	710	85	60	
1995	1	21	392	906	81	59	1995年4月,宁化职中升格为职业中专学校
1996	1	19	270	826	81	59	
1997	1	23	402	895	80	59	
1998	1	25	252	836	74	52	
1999	1	24	415	859	66	43	
2000	1	26	537	948	56	34	2000年5月,宁化师范改制为三明工贸学校
2001	2	30	594	1391	52	43	
2002	2	28	411	1492	54	47	
2003	2	51	700	1872	56	49	
2004	2	51	639	1837	79	67	
2005	2	51	563	1752	68	63	

二、学制专业

（一）学制

1988—1994年，宁化职中，学制为二年。1995年，宁化职中升格为职业中专学校，学历为中专，学制改为三年，至2005年不变。

1988—1997年，宁化师范，学制为三年。1998—2002年，最后一届普通师范专业，学制为三年。2000年，宁化师范更名为三明工贸学校，改办中职教育，学制为三年；至2005年不变。

（二）专业

1988—2005年，宁化职业中专（简称宁化职专）学校设置专业先后有财经、电子电器（市级重点专业）、幼教、建筑、林业、化工、畜牧兽医、机电、汽车驾驶、桑果、烟草、计算机应用（市级重点专业）、计算机软件、旅游、电算化会计、模具设计与制造（市级骨干专业）、数控等专业和综合课程班。

1988—2005年，宁化师范（三明工贸学校）先后设置普通师范专业、小学教育技术、计算机及应用（省级重点专业）、电子电器应用与维修（省级重点专业）、工艺美术、幼儿教育、餐旅服务与管理、保安（与福建省保安学校联办）、英语文秘、电子商务等专业和综合课程班（与三明第一中学联办）、机电一体化、信息处理与应用、网络管理与维护、图形图像设计与制作、维修电工、机电技术、车工技术、钳工技术、广告装潢设计、旅游服务与管理等专业。

三、品德教育

1988年，宁化3所职业中学（宁化第三中学、宁化第四中学、宁化职中）在新学年期间利用升旗仪式开展爱国主义、社会主义、独立自主、艰苦奋斗以及坚持"四项基本原则"教育，同时开展大唱革命歌曲与每周一歌活动。1988—1990年，根据《中小学德育教学大纲》制定教学计划，培养良好的校风校纪，开展学雷锋、学赖宁活动，参加活动学生达到3500人次。

1995年，宁化职中升格为职业中专学校后，学校以"德育为先、全员参与"为抓手，推进学生思想品德教育，构建"党支部、校长室—分管副校长—政教处、团委—年段长—班主任"的德育队伍，建立健全特殊生管理、女生管理、日常行为规范管理等规章制度，开展家校联系、警民共建、深入社区等活动。学校先后获得省"绿化红旗单位"、市"文明学校"和"职业教育先进单位"、县"综治先进单位"等称号。2000年5月，宁化师范更名为三明工贸学校后，学校以爱国主义、集体主义和中职学生行为规范教育为重点，以争创文明学校为载体，制定一系列德育工作制度，大力开展德育工作。建立校级领导联系一个年段、中层干部联系一个班级、任课教师联系一个宿舍的师生共建机制，形成以党总支为核心、政工系统为主干、全校教工齐抓共管的立体化德育教育网络。2001—2005年，贯彻《公民道德建设实施纲要》，开展"弘扬和培育民族精神月"活动、举办"公民道德建设"和弘扬"客家精神""张仁和精神"讲座，组织开展"诚实守信铸文明"活动。

至2005年，三明工贸学校先后获省军民共建精神文明先进单位、文明学校、职业教育先进单位、市德育工作先进学校、德育特色学校、创建平安校园先进单位、爱国拥军模范单位等称号。

四、教学教研

（一）职中、职专教学教研

1992年9月，宁化县成立职教协调领导小组，宁化职专与附设初中班分离分设，成为全市第三所独立职业高级中学。是年，首次开设烟草专业，全校招生522人，占市教委下达招生计划的158%。1993年，巩固提高八大基地（桑蚕、果苗、水产、林业花卉、绞股蓝、桃园、饲养、烟草），毕业生就业率85%。1994年，开设机电、财会、财经、烟草4个班，毕业生就业率75%。1995年，新教学楼投入使用，配置电脑室、语音室和电子电器自动控制室等，在校生 906 人，学额巩固率 100%。1998 年，宁化职专被省教委确定为宁化县全国计算机等级考试考点，组织学生参加计算机、电工、珠算专业技术等级证考试。1999 年，开展财经专业珠算、点钞表演和账本展览等专业技能活动，培养一专多能的学生，提高学生技术等级过级率。2000 年，新置电脑 30 台，建立多媒体室 1 个、物理化学实验室 2 个，通过各种培训考试、等级鉴定的学生 300 多名。是年，53 名毕业生参加高职单招考试，录取 28 人，上线率 65%。

2001 年，新添电脑 71 台，新建电脑室、多媒体教室各 1 间，通过计算机一、二、三等级和中级电工证考试的学生共 533 名，获市第六届计算机技能赛团体总分第一名。88 名毕业生参加高职单招考试，上线 80 人，上线率 90.90%，高分率（600 分以上）39.90%，均居全市榜首。2002 年，宁化职专与厦门华天涉外职业学院联办五年制大专班，开设计算机网络和电工商务专业。高职录取毕业生 103 人，上线率 91.50%，占全市 25.90%，其中本科 7 人，占全市 41.20%，两项指标均居全市第一。2003 年，宁化职专被批准建立职业技能鉴定站，鉴定工种为计算机系统操作工、家用电子产品维修工、装饰装修工，鉴定等级为初、中级工。是年，与陕西师范大学合作开设陕西师大远程教育宁化职专学习中心，毕业生参加高职单招考试上线率保持全市第一，参加普通高考文、理科专科上线率分别为 83.30% 和 74.10%。

2004 年，省政府批准宁化职专为省级重点中等职业学校，县政府确定宁化职专为"县农村劳动力转移阳光工程培训基地"，是年培训农民工 1500 人次。工艺美术专业学生邱霞、王汉祥的摄影作品《奉献》《烈日眺望》分获全国中等职业教育学校"文明风采"竞赛摄影比赛一等奖和三等奖。毕业生参加高职单招考试本科录取 12 人、专科上线率 98.30%，普通高考本科上线 33 人，专科上线 137 人。2005 年，宁化职专试行"前校后厂""半工半读"办学模式，引进深圳南利电子有限公司生产线 2 条，产品检测线 1 条，建成校内实训工场，有工位 50 个。高职单招考试本科录取 5 人，专科上线率 100%，均名列全市第一；普通高考本科上线 44 人，专科上线率 92.50%。

（二）三明工贸学校教学教研

2000 年 5 月，经省教育厅批准，宁化师范更名为三明工贸学校。2001 年，成立招生就业科、电子电器科、计算机科和工艺美术科，9 月增设综合课程班（与三明一中联办）。2002 年，三明工贸学校重点建设计算机机房、电子电器室等教育教学实训场所；4 月 29 日，举行福建师大网络教育学院三明第五教学中心挂牌仪式；5 月，与福建师大联合办学招收首届学员 314 人；6 月，中职首届毕业生 90% 以上就业；8 月，被评为全省"第三届军民共建精神文明先进单位"。2004 年 2 月，省政府批准三明工贸学校为省级重点中等职业学校。2005 年，三明工贸学校电子电器应用与维修专业被省教育厅确定为省级重点专业，获教育部第二届全国中等职业学校"文明风采"竞赛组织奖。是年，学生"双证书"（毕业证书、职业技能等级证书）获取率及就业率均达 95% 以上。

附：省重点中等职业学校简介

宁化职业中专学校　原名宁化职业中学，1982 年秋始建于中沙乡下沙村，1986 年迁至城关北山三路 67 号，1995 年 4 月升格为职业中专学校，1996 年 5 月被市政府认定为市级重点职校，2004 年 2 月被省政府认定为省级重点中等职业学校。

学校坚持"以人为本，育人为先"的教育理念和"以服务为宗旨，以就业为导向"的办学方针，立足当地，辐射周边，满足需求，服务农村，先后开设畜牧兽医、农经、茶果、烟草、缝纫、林业、幼教、汽车驾驶、文秘、广告装潢、国防与保安、计划生育管理、建筑水电安装、财经、机电、化工、电子电器、计算机应用等 31 个专业和综合课程班。至 2005 年，共培养 7000 名毕业生，高职单招考试连续 6 年居全市前列，毕业生获"双证书"率达 90% 以上，直接就业率 95% 以上。师生获省级、国家级竞赛奖励 10 次，省、市级荣誉称号 12 个。教师在 CN 刊物发表论文 45 篇，其余刊物发表论文百余篇。

2005 年，校园占地 13.10 万平方米（学校本部 6.30 万平方米），建筑面积 2.60 万平方米。共有电脑室 3 个，电脑 216 台，多媒体教室 3 个，学术报告厅 1 个和电子备课室、电子阅览室、语音室等设备。有教职工 97 人，教学班 32 个，学生 1752 人。

三明工贸学校　前身为宁化师范，1978 年 9 月创办；2000 年 5 月，经省教育厅批准转型为中等职业学校，更名为三明工贸学校。2004年2月，被省政府确定为省级重点中等职业学校。

学校以"育人为本，追求卓越"为办学理念，以"面向市场，服务社会，培养适应经济建设和社会发展需要的实用技能型人才"为办学方向，以职业道德及职业技能训练为重点，学历教育与非学历教育并举、升学教育与就业教育并重、独立办学与联合办学并行，开设机电一体化、电子电器应用与维修、计算机及应用、工艺美术、社区服务（幼儿教育）、汽车应用与维修、供用电技术（五年专）、小学教育（五年专）等8大类14个专业和综合课程班，其中电子电器应用与维修专业、计算机及应用专业为省级重点专业，机电技术应用专业为市级重点专业。先后与三明学院联办小学教育专业，与福建水利电力职业技术学院联办供用电技术专业，与三明一中联办综合课程班，与无线电器材厂联办机电一体化专业。先后成为福建师大现代远程教育三明第五学习中心、三明市中小学教师继续教育远程培训基地、全国计算机等级考试考点、全国计算机高新技术考点、中小学教师信息技术考点、普通话水平测试考点、国家职业技能鉴定站。至2005年，学校受市级以上表彰60次，先后被授予省"绿化红旗单位""军民共建精神文明先进单位""职业教育先进单位"和第六、七、八、九届"省级文明学校"。毕业生获得"双证书"及就业率均达98%以上，学生参加高考大专上线率80%以上。

2005年，校园占地12.02万平方米，建筑面积2.80万平方米。有电子电工实训室、现代家电实训室、装潢电脑设计室、数控车床室、汽修实训室、PLC实训室、多媒体教室、电子阅览室、电子备课室、理化生实验室等各类实验实训场所30个，校外固定实习基地9个，图书馆藏书6万多册，阅览室报刊及电子读物300种。在岗教职工117人，其中特级教师2人、高级职称21人、双师型教师36人，高、中级职业技能鉴定考评员11人，学生1819人。

第七节　成人教育

一、农民教育及扫盲

1988年，全县13个乡（镇）开办文化技术学校（简称"文技校"），163个建制村共办各类文化、技术学习班324个（其中扫盲班12个），学员207人；初级小学班31个，学员731人；高小班32个，学员871人；各种技术班学员6258人。是年，市政府组织检查验收，宁化县达到基本扫除青、壮年文盲标准，市政府批准宁化为基本无盲县。1989年，全县乡（镇）文技校16所、172个建制村共办各类班级265个，参加学员7063人。其中，扫盲班110个，学员2495人；高小班59个，学员1488人；各类技术班96个，学员3080人。是年，扫盲2674人，占上级下达任务的92.10%。1990年，16所乡（镇）文技校举办扫盲班122个、学员3962人，庭院班和包教包学班640人，巩固提高班75个、学员2545人，全县建制村办班面92.20%，省、市扫盲工作检查组检查达标。

1991—1993年，16个乡（镇）继续举办各种技术培训讲座、扫盲班、庭院班、包教包学班、巩固提高班。经市教委检查验收，全县非文盲率94.50%。

1994年，乡（镇）、村文技分校举办讲座721期，培训27024人次；成人初等学校在校生3788人，成人技术培训结业22375人；开办扫盲班145个，学员3755人，包教包学班625人，共3228人脱盲，占任务的104.10%。1996年，全县15周岁以上人口非文盲率96.98%；10月31日至11月2日，省教委组织基本扫除青壮年文盲评估验收，宁化县达到省颁标准。1997年，青壮年非文盲率98.01%。1998年6月，通过省级政府"普九"评估验收；11月，通过国家验收。1999年，共办扫盲班60个，1349人脱盲，巩固班结业1553人。

2000年，全县共有16个乡（镇）文技校，其中6个乡（镇）文技校达到"八有"（有领导班子、专职教师、独立校舍、电教设备、实习实验基地、固定经济来源、办学规划、规章制度）标准。2001年，共举办实用技术班 240 期，培训 17105 人次；开办扫盲班 49 个、巩固班 46 个，1557 人脱盲，15 周岁以上人口中文盲率 0.25%。是年 11 月，省政府授予宁化县"两基巩固提高先进县"称号。2002 年，举办农村文化技术培训班（组）95 个，毕业 2396 人，组织成人技术培训 172 次，培训 14976 人。2003—2004 年，重点杜绝新生文盲和扫盲后的巩固提高，共办扫盲巩固提高班和实用技术培训班 372 期，参训人员 1854 人次。2005 年，继续推进乡（镇）文技校建设，健全县、乡（镇）、村三级办学网络，全县青壮年非文盲率 98.40%，脱盲巩固率 98.38%。

二、广播电视教育

1982 年，福建省广播电视大学开始在宁化招生。1988 年，宁化县广播电视大学工作站（简称县电大工作站）成立，有专职教师 4 人、外聘教师 11 人。1991 年，县电大工作站在县委党校开设党政干部专科班，被三明市广播电视大学工作站授予"先进单位"称号。至 1998 年，县电大工作站先后开设汉语言文学、电气、党政、财务会计、工业企业管理、师范英语、行政管理、文秘、工业与民用建筑等专业。1999 年，经福建省广播电视大学批准，县电大工作站开始招收注册法律、财务会计、小学教育等专业视听生。2002 年，县电大工作站招收法学、小学教育和行政管理专业 90 人，在读学员共 380 人，毕业 30 人。2003 年，县电大工作站建成多媒体教室，招收教学管理、法学 2 个专业学员 115 人，毕业 28 人。2005 年，县电大工作站春季共开设法学、行政管理、教育管理、小学教育 4 个专科专业，省教育厅组织专家组评估验收并批准设立本科教学点，开设教育管理、法学、汉语言文学和会计学 4 个专业，秋季开始招生。

1988—2005 年，县电大工作站共招生 1340 人，毕业 736 人。其中，中央广播电视大学开放教育县电大工作站共招生 630 人，毕业 300 人。共投入 50 万元，建设 100 兆城域网、多媒体教室、计算机机房、多功能教室及 ku 波段卫星接收装置、闭路电视系统等设施。

1988—2005 年宁化县电大工作站在校生、毕（结）业生情况表

表 27-6　　　　　　　　　　　　　　　　　　　　　　　　　　　　　　　　单位：人

| 年份 | 在校生数 | 当年招生数及毕(结)业数 | | | | | | 招收专业 |
| | | 大专 | | 中专 | | 非学历教育 | | |
		招生数	毕业数	招生数	毕业数	招生数	毕业数	
1988	107	69	45	0	0	49	0	法律、汉语言文学
1989	137	75	14	0	0	0	0	财会、行政管理
1990	177	54	39	0	0	0	0	中文、英语、工业企业管理
1992	127	35	3	0	0	29	29	文秘、行政管理
1993	124	0	21	105	0	20	20	文秘(专科)、土地管理、水泥专业(中专)
1994	103	0	11	0	0	0	0	财会、文秘(专科)、土地管理、水泥专业(中专)
1995	117	25	13	0	0	0	0	工业与民用建设、水泥、土地管理
1996	104	0	49	0	44	0	0	文秘(专科)、土地管理、水泥专业(中专)
1997	98	0	6	0	5	0	0	文秘(专科)、土地管理、水泥专业(中专)
1998	137	39	8	0	2	0	0	法律、财会
1999	378	249	8	0	0	0	0	法律、财会、教育管理

续表 27-6

| 年份 | 在校生数 | 当年招生数及毕(结)业数 | | | | | | 招收专业 |
| | | 大专 | | 中专 | | 非学历教育 | | |
		招生数	毕业数	招生数	毕业数	招生数	毕业数	
2000	548	178	5	0	0	0	0	法律、财会、教育管理
2001	592	49	7	0	0	0	0	法律、财会、小教、教育管理
2002	675	90	31	0	0	0	0	法学、小教、行政管理
2003	759	115	128	0	0	0	0	法学、教学管理
2004	720	89	75	0	0	0	0	法学、会计学、教育管理
2005	697	52	169	0	0	0	0	本科教学点正式设立法学、会计学、教育管理、汉语言文学
合计	5600	1119	632	105	51	98	49	

三、高等教育自学考试

1984 年 4 月，高等教育自学考试在宁化开始报考，县教育局成立自学考试办公室（简称县自考办），负责全县自学考试的报名、考试、考籍、教材、发证等工作。1996 年设立县自考考点。2001 年下半年，报考人数 1918 人，考试科次 4458 科次，报考人数和考试科次均为历年最多。2004 年，县自考办被评为"福建省自学考试先进集体"。

1988—2005 年，自学考试本科毕业 156 人、大专毕业 946 人、中专毕业 38 人，取得单科合格证 32726 人次。

1988—2005 年宁化县自学考试招生、毕业情况表

表 27-7　　　　　　　　　　　　　　　　　　　　　　　　　　　　　　　　单位：人、科次

| 年份 | 报考人数 | | 报考科次 | | 毕业人数 | | | 取得单科合格证人次 |
	上半年	下半年	上半年	下半年	本科	大专	中专	
1988	82	79	176	182	0	4	2	62
1989	101	121	221	253	0	2	2	89
1990	126	134	250	266	0	5	5	132
1991	143	158	293	313	0	5	6	168
1992	162	177	302	336	0	6	8	237
1993	186	175	383	367	0	20	10	366
1994	194	189	478	512	0	9	0	258
1995	223	254	547	641	0	6	2	265
1996	149	650	394	1089	0	21	0	608
1997	1016	1050	2342	2190	0	6	3	1026
1998	1123	1284	2560	2723	0	27	0	1984
1999	1310	1409	2620	2832	0	33	0	2863
2000	1423	1566	2911	3167	1	83	0	3487
2001	1752	1918	4011	4458	4	116	0	4896
2002	1800	1677	3874	3786	22	145	0	5877

续表 27-7

年份	报考人数		报考科次		毕业人数			取得单科合格证人次
	上半年	下半年	上半年	下半年	本科	大专	中专	
2003	1452	1334	3241	2896	20	151	0	4963
2004	1083	1024	2314	2203	55	129	0	3455
2005	805	658	1615	1191	54	178	0	1989
合计	13130	13857	28532	29405	156	946	38	32725

四、函授教育

1988 年，三明职业大学和三明业余大学在县教育局开办函授站，分别函授学员 61 和 25 人；县教师进修学校为部分学历不达标的在职教师开办中等师范专业函授班，学制 2—4 年，参加函授教育 39 人。1996 年，开办幼儿师范专业函授班，学制 3 年。截至 2005 年，全县中等师范专业函授共毕业 727 人，幼儿师范专业函授毕业 77 人。

五、乡村医生教育

1988—1991 年，福建省宁化县卫生进修学校（简称宁化卫校）举办乡村医生短训班，开展乡村医生业余函授教育。1994—1997 年，全省开展在岗乡村医生系统化教育，省卫生厅医教处和市卫生局医政科核定宁化卫校为"乡村医生系统化教育"面授点，共培训在岗乡医 168 人次，培训经费由世界银行农村卫生人力开发项目支付。2001 年，卫生部规定在岗乡村医生必须取得国家承认的正式学历。2005 年 9 月，宁化卫校招收 415 位学员（与全省同步，学制 4 年），每学年分 4 批进行为期 10 天的轮训，参与"乡村医生规范化教育"。

1988—2005 年，全县通过宁化卫校培训不同学制、不同专业、不同教育类型的乡村卫生技术人员 1800 人。

六、医学教育

（一）全日制医学学历教育

1988 年，宁化卫校招收初中毕业生 50 人，护理专业，学制两年半。1993—2002 年，宁化卫校与沙县卫校、三明卫校联办全日制医学学历教育，开设护理、助产、医士、中西医结合、卫生保健等专业。2003 年，经市教育局批准，宁化卫校与三明卫校联办护理专业班，招收应往届初、高中毕业生。至 2005 年，共招收学生 4719 人，学制 3 年。开设护理、临床、药剂、卫生保健等专业。

（二）在职医务人员医学教育

1988—1997 年，宁化卫校共举办 10 天至 6 个月不等的各种培训班 18 期，开展临床、急诊抢救、健康教育、护理技术、中医知识等培训，组织各学科主治医师以上、技术水平较高的医护人员授课，共培训基层卫生单位在职初级卫生技术人员 2435 人次。至 2005 年，宁化卫校共组织 7204 人次参加培训。

第八节　教师队伍

一、教师数量

1988年，全县公、民办教职工3545人，其中民办教职工1032人，中学1137人、小学2173人、幼教235人，离退休教职工181人（含离休7人），退职20人。1997年，公、民办教职工3883人，其中中学1286人、小学2231人、幼教366人。2005年年底，全县公办教职工4022人。其中，中学1882人、小学1931人、幼教209人；离退休教职工676人，其中离休6人。

1988—2005年宁化县教职工情况表

表 27-8 单位:人

年份	总计	中学	小学	幼儿园
1988	3545	1137	2173	235
1989	3733	1132	2362	239
1990	3521	1055	2200	266
1991	3839	1195	2362	282
1992	3759	1143	2310	306
1993	3776	1140	2312	324
1994	3804	1163	2304	337
1995	3919	1256	2301	362
1996	4025	1339	2309	377
1997	3883	1286	2231	366
1998	3974	1353	2262	359
1999	3968	1409	2249	310
2000	3951	1435	2219	297
2001	3887	1449	2173	265
2002	3808	1458	2128	222
2003	4406	1471	2716	219
2004	3714	1471	2013	230
2005	4022	1882	1931	209

二、教师素质

（一）政治素质

1988年，全县小学教职工中有中共党员224人、共青团员691人，分别占小学教职工总数10.31%和31.80%。全县中学教职工中有中共党员152人、共青团员425人，分别占中学教职工总数13.37%和37.38%。2005年，全县中小学教职工中有中共党员770人、共青团员498人分别占教职工总数19.14%和12.38%。

1988—2005 年若干年份宁化县中小学教职工党团员情况表

表 27-9　　　　　　　　　　　　　　　　　　　　　　　　　　　　　　　单位:人、%

年份	教职工 人数		中共党员				共青团员			
			小学		中学		小学		中学	
	小学	中学	人数	占教职工总数比例	人数	占教职工总数比例	人数	占教职工总数比例	人数	占教职工总数比例
1988	2173	1137	224	10.31	152	13.37	691	31.80	425	37.38
1998	2262	1353	370	16.36	280	20.69	550	24.31	493	36.44
2000	2219	1435	385	17.35	325	22.65	482	21.72	448	31.22
2002	2128	1458	390	18.33	353	24.21	351	16.49	486	33.33
2005	1931	1882	389	20.15	381	20.24	141	7.30	357	18.97

（二）业务素质

1988 年，中小学教师整体素质及业务水平偏低，专任教师学历达标率高中 42.67%、初中 37.01%、小学 41.81%；民办教职工比重较大，占全县教职工总数 29.11%。1997 年，全县专任教师学历达标率高中 52.60%、初中 81.20%、小学 88.80%。1998 年，落实国务院《关于解决民办教师问题》"关、转、招、辞、退"五字方针，全县辞退民办教职工 63 人。2005 年，全县小学专任教师 1791 人，其中大专以上学历 31%；中学专任教师 1648 人，其中初中专任教师本科以上学历 25.10%，高中专任教师本科以上学历 60%。全县特级教师 2 人，高级职称教师 107 人，中级职称教师 1391 人，初级职称教师 1333 人。全县中小学教师学历水平和整体素质明显提高。

2005 年宁化县各类学校教师职称结构情况表

表 27-10　　　　　　　　　　　　　　　　　　　　　　　　　　　　　　　单位:人

职称系列	小学	普中	职中	合计
高级职称	2262	1353	370	3985
中级职称	2219	1435	385	4039
初级职称	2128	1458	390	3976
其　他	1931	1882	389	4202

（三）荣誉表彰

1989 年，江振奋、黄诞春、陈柏玲、熊爱群、伊一平 5 位教师被评为"全国优秀教师"；关一霞、苏华山、伍德、黄迈周、邓桂芳、张耀燮、李秀金、李金炼、廖罗香 9 位教师被评为"省优秀教师"；邱德奎获省级"庄重文校长奖"。1990 年，罗昌尧被评为"省优秀教师"。1991 年，赖承栋、王在贵分别被评为省"优秀辅导员"和"优秀教师"。1992 年，324 位教师分别被省、市、县、乡各级政府及部门授予"先进教育工作者"称号。1993 年，孙瑞发、夏让富分别被评为"全国优秀教师"和"省优秀教师"。1994 年，黄本绍、张菊英分别被评为"省优秀教师"和"省优秀青年教师"。1995 年，王亚宁、吴光顺分别被评为"省优秀班主任"和"校园治安综合治理先进个人"。1996 年，张河勇、洪丽玲分别被评为省"优秀班主任"和"优秀教师"。1998 年，孙瑞芳被评为"全国劳动模范"和"全国模范教师"；张建东、张清萍、廖福泉被评为"省优秀班主任"；曾水秀被评为"省优秀青年教师"；张泽雄获全国青少年发展基金"希望工程园丁奖"。1999 年，伊莹霞获"省五一劳动奖章"；张祥汉、林翠玉分别被评为省"中青年学科带头人"和"优秀班主任"。2000 年，廖秀华被评为"省优秀青年教师"。2001 年，赖承栋获"全国模范教师"称号；李鸿、张华荣、廖金被评为"省优秀教师"。2003 年，廖金、张斌分别被评为省"德育先进工作者"和"优秀班主任"。2004 年，刘万纯被评为"全国优秀班主任"；李四平、张永福、张河畴分别被评为省"优秀教师""先进教育工作者"和"先进德育工作者"。2005 年，余进获全国"双有"（心中有祖国,心中有他人）活动"先进个人"称号；张族彩、夏长富、邓茂发分别被评为省"优秀教师"和"优秀班主任"；范忠德、夏盛瑞、冯新兴获省"扶贫重点村优秀教师"称号。

三、教师培训

1988—1993 年，宁化县教师进修学校（简称县进修学校）开办小学教师"文化专业合格证"考试培训班 7 期，650 人获得专业合格证书。1994 年，举办完全小学校长培训班 1 期，小学教学骨干教师培训班 1 期，中师函授 165 人，幼师函授 38 人，16 位中小学校长参加省、市培训，334 位中小学青年教师参加班主任理论培训。1995—1996 年，县进修学校开办小学教师"文化专业合格证"考试培训班 2 期，180 人获得专业合格证书。1996—1997 年，县进修学校开办幼师函授班 2 期，77 位幼儿教师毕业。1998—1999 年，县进修学校开办新教师见习期培训班 2 期，培训考试合格 124 人。2001 年，开展"师徒结对子"培养青年教师活动，共举办教学培训班 13 期，参训 1746 人；组织教师参加省、市培训 283 人；参加自考或电大学习 2170 人。

2002 年，参加省、市、县各类培训教师 1397 人次，参加自考 1123 人，参加电大学习 210 人，108 人中专升大专毕业，22 人专科升本科毕业。2003 年，开展新课程培训和信息技术培训，组织宁化第一中学、宁化第六中学、宁师附小、县实验小学等校教师到三明、福州、厦门等课改前沿基地学习交流，举办中小学教师职务培训、现代教育技术培训、因特网教育培训等 13 期，共组织 3371 人参加。2004 年，全县参加本、专科学历进修的教师 1532 人，举办共 1581 人参加的中小学教师各类培训班 21 期，参加省、市培训的骨干教师 134 人。2005 年，明确以培训骨干教师为重点，新课程培训为主体的培训思路，做到岗位培训与职务培训兼顾，学科培训与社会培训结合，学历教育与非学历教育统筹。共组织各类培训 11 期，参训教师 1534 人次。

附：宁化县教师进修学校

宁化县教师进修学校前身为宁化县小学师资训练班，成立于 1959 年 9 月，1962 年更名为宁化县教师进修学校，1972 年 9 月改称宁化县教师进修班，1978 年恢复宁化县教师进修学校名称。1988 年起，学校主要承担中等师范专业和幼教师范专业函授、心理学教育学培训、专业合格证考试、新教师见习、骨干教师和教师职务培训等任务和初中、小学教育教学教研指导。1995 年 12 月，经省教委批准升格为县管师范类成人中专学校。至 2005 年，先后开办教育学、心理学考试培训班 2 期，72 人获得中师自考毕业证书；开办小学教师"文化专业合格证"考试培训班 11 期，1190 人获得专业合格证书；开办中、幼师函授班 15 期，876 人毕业；开办新教师见习期培训班 4 期，参训 355 人。举办中小学语文、数学、英语、政治骨干教师培训班 68 期，共 1312 人参训；开办信息技术培训班 17 期，共 2476 人参训并考试，2365 人获得中、高级合格证书；举办 4 期英特尔未来教育，共 100 人获得合格证书；每年暑期举办中小学教师职务培训，参训 1700 人。先后被省教委授予"福建省中等师范专业函授教育先进集体"、省教育厅授予"先进教研室"、县政府授予"十佳文明办公室"等称号。

学校位于城关北大街，建有教学楼、办公楼、学员宿舍和食堂，内设办公室、教务处、培训处、总务处、档案室、图书室和现代信息技术研究室。2005 年，共有教职工 33 人，其中高级职称教师 10 人。

第九节　教育设施

一、校舍建设

1988—1990 年，省、市、县补助小部分资金，乡村自筹大部分，实施"一无二有"（校校无危房，班班有教室、人人有课桌椅）工程。1994年，启动教育"两基"工程，发动干部群众捐资、集资850万元，投资427.50万元兴建石壁、济村2所初中，新建、改建、扩建校舍面积共20198平方米。是年，2次洪灾加剧中小学校舍及教学设备紧缺状况，其中危房增至9967平方米，占校舍总面积3.82%。1997年，新增校舍117439平方米，扩大校园面积84753平方米。1998年，扩建围墙22528米，新建校门45个，新建厕所39座。1999年，县教育局下发《关于提高建校质量，加强我县校舍建设管理的通知》，组织抽查中小学校舍工程质量29幢，面积338553平方米，并逐项核实61幢三种不同类型校舍整改情况。是年，全县新增校舍16000平方米，扩大校园面积3400平方米，扩建围墙110米，新建校门2个，厕所39座，新建200米跑道1条。

2000年，新建围墙护坡1558平方米、校门4座、厕所77座、跑道250米，扩大校园面积2000平方米。2001年，宁化第一中学实验大楼等24个项目相继完工，其中新建项目14个，总建筑面积20650平方米，总造价1445.50万元。新立项10个，总建筑面积20233平方米。共改造中小学危房校舍13项9202平方米。2002年，新建和续建工程项目36个，面积55550平方米，新增师生宿舍面积8268平方米，完成危房改造面积18955平方米，12项省定危改项目全部完工。2003年，新建、续建基建工程项目18项，总建筑面积35360平方米，其中宁化第二中学综合楼、宁化第六中学教学楼、宁化第七中学教工宿舍、中沙楼家小学教学楼、实验幼儿园教学楼（加层）、水茜中心小学综合楼等11项工程完工。

2004年，全县新开工项目21个（含危房改建项目），校舍竣工面积11581平方米，在建面积24439平方米，全县扩大校舍面积26000平方米，其中宁化第一中学学生公寓楼（致远楼）、宁化第三中学实验楼、少数民族学校学生宿舍等项目相继竣工投入使用。2005年，共完成固定资产投资2641.60万元，新建、续建项目23个，竣工建筑面积18592平方米，其中危房改造项目17个，完成投资855万元，完成危改面积8845平方米。宁化第一中学科技大楼、宁化第六中学学生公寓、宁化职专试验大楼3个重点项目和红旗小学综合楼相继开工建设。

1988—2005年宁化县中、小学校舍情况表

表27-11　　　　　　　　　　　　　　　　　　　　　　　　　　　　　　　　　　单位：人、平方米

年份	普通中学				小　学			
	学生数	学校占地面积	校舍建筑面积		学生数	学校占地面积	校舍建筑面积	
			总面积	人均			总面积	人均
1988	12903	320279	65812	5.10	35552	626067	142375	4.00
1989	11599	325807	63279	5.46	37074	610855	139825	3.77
1990	12350	360992	60074	4.86	35287	673592	137969	3.91
1991	14014	271690	58284	4.16	32790	684921	154657	4.72
1992	15294	273837	65037	4.25	34406	678675	177100	5.15
1993	14690	340410	79315	5.40	35742	679439	188841	5.28
1994	15341	340144	82475	5.37	36548	683963	193831	5.30
1995	17148	340410	84045	4.90	38592	685333	195654	5.07
1996	19153	343070	88668	4.63	40548	683907	197189	4.86
1997	22833	423390	131402	5.75	45204	692745	233158	5.16
1998	25631	467820	160484	6.26	43796	667231	235401	5.37
1999	28216	476660	163456	5.79	40083	675199	237401	5.92
2000	29158	480430	165076	5.66	36236	614550	239610	6.61
2001	28674	480430	166265	5.80	33058	617433	238159	7.20
2002	27079	514473	183567	6.78	30529	616156	236461	7.75
2003	25907	488419	183424	7.08	28423	615263	237940	8.37
2004	26446	516264	180626	6.83	24840	616320	240948	9.70
2005	26019	514009	186517	7.16	22154	622169	241528	10.90

二、教学设备

1988 年，全县中小学校配备部分电视机、录音机、投影仪和银幕等，突出电化教学。1994 年，投入 41.30 万元添置新仪器，2.95 万元订购图书。1996 年，调拨配备教学仪器款 21.85 万元，订购仪器 17.36 万元。1998 年，添置更新课桌椅 11045 套、图书 187079 册，购置仪器设备 297.97 万元。1999 年，添置更新课桌椅 967 套，图书 10000 册，购置试验仪器、器材等配套设施 152 万元。2000 年，添置体育、音乐、美术器材 1228 件，教学仪器 4998 件，图书 41035 册，课桌 5842 套，建成多媒体教室 4 间、语言室 9 间；全县中小（含中小）以上学校全部配备了电脑室，共安装电脑 2100 台。2001 年，添置课桌椅 5940 套，教学设备 7601 件、图书 41035 册，新配置多媒体教室 2 间、语言室 3 间、电脑室 1 间、高考语音有线听力网络系统 1 套、校园宽带网络 1 套、校园广播网络系统 2 套。2002 年，添置课桌椅 5068 套、图书 37022 册、实验教学仪器 1362 件。2003 年，投入 120 万元完善全县各校实验室设备，其中教学仪器 60 万元，购置实验桌、椅、仪器橱 2504 件，改建实验室 50 间，新建多媒体室 2 间、语言室 1 间。是年 3 月，通过省"实验教育普及县"验收。2004 年，县政府投入 100 万元建成教育局局域网并投入使用。2005 年，全县新增多媒体室 14 间，添置计算机 100 台。

第十节　教育管理

一、管理机构

1988 年，县教育局内设秘书股、人事股、计财股、初教股、成教股、教学仪器设备站、勤工俭学管理站、自考办、电大工作站，有干部职工 27 人。下辖县教师进修学校 1 所、普通完中 5 所、职业中学 3 所、实验小学 1 所、实验幼儿园 1 所、学区 15 个。1990 年 6 月，县教育局成立县教育督导室。1996 年 11 月，中共宁化县教育局委员会成立。1992 年，县教育局增设政教股。2002 年，学区建制撤销，职能并入原中心学校。2005 年，县教育局共有干部职工 40 人。

二、督导管理

1991 年，县教育局成立普教督导室，开展各乡（镇）初等教育领导职责、办学条件、教育管理、教师队伍建设、教育事业发展、教育经费等督导。调查乡（镇）初等教育软硬件缺项，调整制定全县义务教育规划。1995 年，部署全县"两基"（基本普及九年义务教育、基本扫除青壮年文盲）工作，16 个乡（镇）实施初级中等义务教育。是年，编印《宁化县小学教学常规督导手册》。1996 年，开展农村示范中心园评估，泉上中心幼儿园进入市"农村示范幼儿园"行列。1998 年，重点督查农村幼儿入园工作，全县在园幼儿 7632 人，未满 7 周岁幼儿入园率 64.35%，学前一年幼儿入园率 97.50%，村办幼儿班 205 个。1999 年 10 月 25 日至 27 日，市政府对县"两基"工作进行第一轮跟踪检查，认定"两基"各项指标均达到国家和省定要求。

2000 年，全县 14 个幼儿园学前班通过第四批标准学前班评估验收，县实验幼儿园通过省标准园复查验收。2001 年 5 月，通过市政府"两基"第一次年检；6 月，安远中心幼儿园通过市"农村示范幼儿园"评估验收；7 月，整顿全县个体幼儿园，3 所不合格个体幼儿园被限期整改，1 所个体幼儿园被取消办园资格。2003 年，县教育局下发《关于加强中小学管理，严禁学校集体补课的通知》和《关于取消初中学生周末补课的通知》，严格控制学生在校时间总量和课外作业时间量，减轻学生课业负担。督导评估中小学素质教育，监控执行国家和省颁课程计划、开齐开足各类课程、上好活动课等非参试科目课程情况，考查中学理、化、生实验操作，抽考初中生物科目。

2004 年，市、县督导室先后督导评估县 16 所中小学校素质教育。2005 年，县教育局建立健全流生报告制度和流生动员制度，县、乡（镇）、局、校层层签订控制流生责任状，确保适龄儿童按时入学接受九年义务教育，全县小学适龄儿童入学率 99.82%，初中适龄少年入学率 94.90%，小学在校生巩固率 99.80%，初中在校生巩固率 97.30%，普及程度指标达到"双高普九"（高水平、高质量）要求。是年，宁化县通过省政府"两基"跟踪督查，宁师属小通过省素质教育先进校督导评估，3 所小学获得市级素质教育先进校称号。

三、经费管理

1988 年，全县教育经费主要来源于财政拨款、学生缴交学杂费、社会集资及教育费附加等，教育经费总投入 789 万元，其中财政拨款 624 万元。1994 年，实行"一支笔"征收农村教育附加的审批及征收月报制度，全县征收 424.20 万元，集资办学 850 万元，学校勤工俭学产值 523 万元。2001 年，县财政拨款 4507 万元，征收教育附加 585.45 万元，其中投入教育 412.79 万元，争取上级有关部门教育补助 500 多万元，学校勤工俭学产值 398.70 万元。2004 年，全县共争取上级资金 982.54 万元，华侨、港澳台胞捐资 147.29 万元。2005 年，争取上级资金 1016 万元，社会捐赠 318 万元，城东中学建设投入资金 815 万元。全县教育经费总投入 11255 万元，为 1988 年的 13.26 倍。其中，县财政拨款 6716 万元，为 1988 年的 10.76 倍，占全年财政总支出的 30.37%。

1988—2005 年宁化县教育经费收支情况表

表 27-12　　　　　　　　　　　　　　　　　　　　　　　　　　　　　　单位：万元

年份	收入										支出				
	总计	教育事业费和基建拨款	其他经费拨款	城教费附加	市育附加	农村育事业费附加	方教育附加费	校办产业、勤工俭学和社会服务收入用于教育的经费	社会集资办学经费	事业收入	其他收入	总计	人员经费	公务业务费	设备购置费	基建修缮费	其他费用
1988	789	624	0	0	49	0	18	30	56	12	789	612	59	32	86	0
1989	1048	790	0	0	134	0	20	32	59	13	1048	701	79	31	221	16
1990	1467	913	0	0	271	0	38	160	63	22	1467	770	197	68	432	0
1991	1461	996	0	0	246	0	53	32	79	55	1461	891	151	40	377	2
1992	1530	1012	0	0	218	0	82	9	129	80	1530	979	107	73	324	47
1993	1894	1244	0	25	230	0	102	65	194	34	1894	1307	62	50	474	1
1994	2897	1947	0	28	396	0	126	147	214	39	2897	1812	82	53	950	0
1995	3368	2003	0	30	667	0	156	36	431	45	3368	1978	67	94	1229	0
1996	3708	2312	0	82	746	0	44	115	398	11	3708	2358	60	77	1213	0

续表 27-12

年份	收入										支出					
	总计	教育事业费和基建拨款	其他经费拨款	城教费附加	市育附费加	农村教育事业费附加	方教育附加费	校办产业、勤工俭学和社会服务收入用于教育的经费	社会集资捐办资经学费	事业收入	其他收入	总计	人员经费	公务业务费	设备购置费	建缮修费	其他费用
1997	7284	2709	53	58	1359	0	46	2342	613	104	7284	3021	56	428	3779	0
1998	5165	2993	0	40	861	0	55	69	977	170	5165	3064	363	360	1247	131
1999	5447	3179	407	30	688	0	66	102	757	218	5447	3590	482	187	1050	138
2000	6364	3930	518	49	544	0	50	206	904	163	6364	4452	438	273	1027	174
2001	7135	4246	706	130	698	0	62	185	948	160	7135	4982	467	355	1123	208
2002	8157	5041	737	74	580	8	47	146	1302	222	8157	5704	577	504	1157	215
2003	7952	5668	0	94	0	19	30	89	1760	292	7952	5790	737	532	655	238
2004	8850	6088	314	105	0	8	16	55	2025	239	8850	5948	1017	654	1018	213
2005	11255	6871	997	272	0	208	16	126	2366	327	11255	7508	1173	556	1811	207

第二章　科　技

第一节　科学普及

一、图文宣传

1988 年，在城关中山街、南大街及各乡（镇）、学校悬挂科普漫画 18 套，观众达 2 万人次。1989 年，编辑《科技小报》18 期，发行 1800 份。1990 年始，编办《科技信息》，向企业、乡村传递，宣传科技方针、政策和法规，提供实用技术信息。至 2005 年共编辑《科技信息》51 期，发行 6624 份。1994 年始，编发《宁化科技工作简报》，宣传科技动态、信息。2003 年 5 月，张贴"非典型性肺炎"防治挂图 2000张。2005 年，城乡设置科普宣传栏 700 个，刊出 2560 期。

二、活动宣传

1988—2005 年，全县 10 个单位先后联合开展"科技宣传月"和"科技一条街"活动，举办专题科普报告会，开展科技知识竞赛，放映科普电影，印发科技资料，宣传科技法规、科技知识，接受群众咨询，介绍科技新产品、新技术。开展群众科技咨询活动共 240 次，受询 12150 人次。开展各类科技知识竞赛 15 次，近万人次参与；发放科技宣传资料 25586 份，接受教育达 10 万人次。放科技录像、幻灯、电影共 447 场，观众达 3 万人次。举行科技报告会 4 场，召开科技研讨会 2 次。举办科普夏令营活动 5 期，175 人次参与。举行科普集市活动 200 次，2 万人次参加。开辟专题节目《科技星火 30 分》，在县、乡（镇）有线广播站播放科普知识稿件 140 篇。

第二节　科技服务

一、科技示范

1988 年，省政府批准翠江镇为第一批科技示范乡（镇）。1989 年，翠江镇突出"管理、服务、引进" 3 个重点，推进"组织、阵地、基地"3 个建设，配备 1 名专职科技副镇长、5 名兼职科技管理干部，推进科技示范建设，开办垄畦栽、薄膜育秧、优化配方施肥、再生稻种植、茶园套种大豆与玉米、果树栽培、食用菌栽培、养猪、养鱼、畜牧兽医、裁剪、织造、针织、绣品和木碗脱脂工艺等实用技术培训班，推广早稻杂交优品种播种面积 167 公顷，垄畦栽 67 公顷，优化配方施肥 67 公顷，紫云英播种 67 公顷。科技应用推广取得明显经济效益，是年全镇社会总产值 4668.10 万元，比 1988 年增长 36.80%；财政收入 126.76 万元，超计划 29.40%；人均收入 717 元，增长 17%。1990 年，翠江镇开展 10 项实用技术培训 70 期，培训上万人次，培育科技示范户 70 户，推广早杂优种植面积 233 公顷，再生稻 26.60 公顷，旱粮 90 公顷，建成果园面积 165 公顷，鱼塘 33.30 公顷，蔬菜基地 140 公顷，为城区提供水果 25 万公斤，鱼肉产品 90 万公斤，蔬菜 1200 万公斤。全镇社会总产值 5000 万元，比 1989 年增长 11.35%；工农业总产值 2500 万元，比 1989 年增 30.50%；人均收入 839 元，比 1989 年增收 122 元。

1991 年，翠江镇科技示范建设通过市、县政府和市科委的考核验收，总分 990 分（省定标准 800 分），工农业等经济增长中依靠科技进步因素为 47.60%。是年，全县各乡（镇）均配设科技副乡（镇）长，共有村委会科技副村主任 165 名，建设县、乡（镇）、村、户科技示范网络，设立科技示范村 16 个，科技示范户 50 户，其中科技示范村曹坊乡罗溪村，通过农技推广，稻田低产变高产，成为吨粮村。

1992 年，省政府批准曹坊乡、泉上镇为第二批科技示范乡（镇），曹坊乡、泉上镇成立乡、镇科技领导小组，配齐科技副村主任，分类设立科技示范户，完善乡（镇）、村、户科技示范网，开展烟草、畜牧水产、茶果等实用技术培训。是年，曹坊乡工农业总产值达 3900 万元，比 1991 年增加 1000 万元；人均收入达 1180 元，比 1991 年增加 300 元。泉上镇全年工农业总产值达 8100 万元，比 1991 年增加 1343 万元；人均纯收入 1325 元，比 1991 年增加 300 元。

1993 年，泉上镇、曹坊乡以项目为突破口，一村一项、多种经营、全面发展。泉上镇与福建省医学院药理研究室合作开发生产茶药兼用的"百草凉茶"；培育香菇、竹荪等食用菌专业示范户，其中延祥村栽培香菇 70 万袋，菇农获利 100 万元。曹坊乡创办粉丝加工等系列食品加工厂和年产 500 吨的人造木炭厂，重点培育烟草、畜牧水产、茶果等专业示范户，加强示范骨干实用技术培训，共培训 2 万人次。1995 年，全县共有科技示范乡（镇）3 个、科技示范村 20 个、科技示范户 1000 户。突出发展科技示范村"一村一品"特色经济，其中农业综合开发示范村翠江镇小溪村和曹坊乡罗溪村、淡水养鱼示范村城郊乡高堑村、食用菌示范村泉上镇延祥村、烟草种植示范村石壁镇石碧村和曹坊乡滑石村，依托科技进步，促进增产增效，示范带动全县农村经济发展。是年，泉上镇和曹坊乡的工农业产值、农民人均纯收入大幅增长，其中依靠科技进步因素所占比例均达 45%以上，通过省科技示范乡（镇）验收。

1996 年，继续推进"一乡一业""一村一品"的特色经济，建设农业综合开发、烤烟、食用菌、果蔬、养鱼、畜牧等各类科技示范村、示范户，引领促进农村经济发展。1997 年，城郊乡被列入省第三批科技示范乡（镇）。1998—1999 年，加快全县"四、六、八"科技示范工程（4 个示范乡镇，60 个示范村，800 户科技示范户）建设，其中城郊乡巩固和发展烟、粮、菌、果、养殖等特色科技示范村 20 个。2000年 12 月，城郊乡科技示范乡（镇）建设通过省验收。2001—2005 年，发挥县、乡、村三级科技示范网络作用，加强"四、六、八"科技示范工程辐射带动，开展新技术、新品种、新工艺、新机具、新肥料等科技示范，发展种、养、加工业等农村经济，依靠科技进步，促进群众致富。

二、科技培训

1988 年，宁化县成立县科技培训领导小组和科技服务中心，按照"实际、实用、实效"的培训原则，开展多种形式的科技培训。1991 年，邀请福建农学院教授林占嬉、江豪举办野草栽培食用菌、竹荪栽培、烤烟生产等培训班 5 期，培训 180 人。1996—1998 年，先后聘请市科委 3 位高级农艺师为培训学员授课，邀请 3 位农业专家为科技副乡（镇）长培训班讲授现代科技发展与科技管理。选送 15 名科技副乡（镇）长到市科技培训班学习，选送 1 名县科技局干部到省科技干部学校学习。

1988—2005 年，县科技部门共举办"星火计划"配套培训 430 期，组织 8 万人次参加，举办野草栽培食用菌、竹荪栽培、烤烟、肉牛饲养等农村实用技术培训 3724 期，组织 30.02 万人次参加。先后选送从事农、林、工业等专业的 296 位技术人员到福建林学院、福建农学院等高校进修学习。

第三节　科技管理

一、项目申报、立项管理

1988 年，组织论证上报科技项目 13 项，其中"丙烯酸涂层布"项目被列为市星火计划项目，争取周转经费 1 万元。1989 年，申报科研和"星火计划"项目 20 个，上报省立项 4 个，其中"中钇富铂含钪稀土开发研究""JQX-13F 系列大功率继电器"和"水稻垄畦栽""优化施肥""肿瘤调查研究"等项目，共获上级科研经费和周转金 60.50 万元。1990—1991 年，共有 20 个农业项目被省、市立项，工业类项目"盐酸黄连素左旋多巴"被列为市科研项目。1992 年，共申报项目科研 3 项，"星火计划"6 项，科技贷款项目 5 项，其中"草栽食用菌""竹山垦复"被列入省"星火"开发项目，争取经费 1.35 万元，"食用乳酸"项目被列为市"星火"开发项目，争取经费 3 万元。

1993 年，组织申报"科研""星火"科研贷款项目共 7 项，其中"萜烯—苯乙烯树脂""莱姆—斑点热病研究"及宁化县"八五"科技规划等被省级立项，争取科技贷款 60 万元、无偿经费 2 万元。"袋栽香菇优质高产栽培综合技术应用示范"被列入市"星火"计划，争取无偿经费 1 万元。1994 年，组织申报科研、"星火"等项目 30 项，其中"莱姆—斑点热病""恶性肿瘤研究""JF-I 汽车电子闪光器""梨新品种选育开发性研究"等 4 项被列为省、市科委科研计划。"山地中药材综合开发"被列入市科委"星火计划"。"山区大面积池塘养鱼实施推广"等 5 个项目被列入省、市"丰收计划"。1995 年，组织申报科技项目 10 项，其中"宁化县两种新发现蜱螨自然疫源性疾病研究"被列入省科研项目，"十万亩油茶资源开发利用"和"毛竹丰产栽培技术研究"项目被列入市科研项目。

1996 年，申报省、市科委立项项目"十万亩油茶资源开发利用""烟稻双优工程"等 4 个，其中"十万亩油茶资源开发利用"被列入省科研计划。1997年，"福建省宁化县斑点热蜱媒宿主病原学及流行病学的进一步研究"项目被列入省科研计划，争取项目经费7万元。1998年，申报省科委"星火计划"项目"闽西菌草综合技术开发"和市科研计划项目"宁化县洪灾的预防与消减对策研究"。1999—2000年，"宁化县科技信息网络建设"项目被列入省科研计划，"以草代木栽培食用菌"和"黄牛改良示范推广"项目被列入市科研计划。

2001年，"银杏引种与推广技术研究"和"竹屑栽培香菇及其配套技术研究"项目被列入市科研计划。2002年，"宁化县科技培训基地及网络建设"项目被列入省科研计划，"肉牛养殖产业化配套技术研究"项目被列入市科研计划。2003年，"山区淡水养殖南美白对虾"项目被列为省科研计划，"茶皂素提取技术研究"被列为市科研计划。

2004年，"食用菌新材料产业化示范"项目被列入省"星火计划"，"新型防火板的研制"和"乳液增粘剂的研制"2个项目被列入三明市科研计划。2005年，被列为省、市科技计划项目5个，其中"草菇优良菌株高产栽培技术推广示范基地建设"列入省成果推广计划，"无色松香研究开发""宁化县银杏材林定向培育研究""药用植物虎杖开发利用研究"和"食用茶籽油精制技术研究"4个项目被列入市科研计划。

二、项目经费管理

县政府对省、市科技项目经费，实行专款专用，全额拨入项目承担单位。县级科技经费，主要用于配套上级科技项目、县重点项目及科技管理等。1988—2005年，县政府共下拨科技经费352.85万元，其中省、市、县分别下拨179.50万元、71.35万元和102万元。重点投入省级项目"中钆富铂含钪稀土开发研究"50万元、"科技兴农集团承包以粮为主区域综合开发研究"45万元、"莱姆—斑点热病研究"和"宁化县斑点热病蜱媒宿主病原学及流行病学的进一步研究"10万元。

1988—1989年，经县政府审定批准，县科技进步奖评委会评出县科技进步奖26项（其中一等奖3项、二等奖8项、三等奖5项、四等奖10项），受奖科技人员82人。1990—1991年，6项科技成果获市科技进步奖（其中一等奖2项、二等奖4项），居全市各县之首。

1996年评出县科技进步奖25项，工业技术进步奖6项。1994—2002年，县卫生防疫站主任医师陈振光负责的省科研计划"福建省宁化县斑点热蜱媒宿主病原学及流行病学的进一步研究"及"莱姆—斑点热病研究"2个项目，先后获省政府科技进步三等奖及省职工先进科技技术成果一等奖。

1988—2005年，全县共获得省、市、县科技进步奖项目分别为3项、12项和116项。

1988—2005年宁化县获省、市人民政府科技进步奖情况表

表27-13

年份	项目名称	级别	获奖等级	完成单位和人员
1988	松香新工艺设备及电控应用	省级	三等奖	县林产化工厂
1990	高纯钨酸钠的研制	市级	一等奖	县合成氨厂、湖南有色金属研究所：佘斌文、林石飞、谢娟、倪金全、陈定荣
1990	选育烤烟良种"翠碧一号"	市级	二等奖	县烟草局、县土产公司：张仁琳、曾鸿棋、张国月、张元林、张恩波
1992	宁化县禾坑小流域水土保持综合治理	市级	二等奖	县水保办：李上才、张仁涛、张起俭、黄锦祥、李峰村
1992	宁化县计划免疫保偿制的管理与效益分析	市级	三等奖	县卫生防疫站：吴添维、黄宗义、刘我鹏、曾玉秀、周盛辉

县表 27-13

年份	项目名称	级别	获奖等级	完成单位和人员
1992	JDX-13F 小型大功率电磁继电器	市级	三等奖	县无线电器材厂:李达安、陈安典、王豹虎、李永富、陈永熙
1992	中西医结合诊治不孕症	市级	三等奖	县中医院:伊琴华
1994	宁化县消灭疟疾及其巩固措施的研究	市级	二等奖	县卫生防疫站:吴添维、刘我鹏、龚有坤、陈佛林、潘碧良
1994	宁化县妇幼保健系统管理及其效益	市级	三等奖	县卫生局、县妇幼保健所:曾玉秀、叶曦、周盛辉、章广铭
1994	宁化县泉上镇区初始地籍调查	市级	四等奖	县土地局:吴弼钦、陈应兴、冯光荣、邱淑萍、肖小龙
1994	合成氨氢氮比蒸汽入炉微机控制系统	市级	四等奖	宁化化工实业总公司:李建农、张和兴、林宝强、许平良
1994	10t/h 沸腾锅炉微机控制系统	市级	四等奖	宁化化工实业总公司:李建农、张和兴、罗长发、张春
1994	宁化县家犬的四种传染病调查研究	市级	四等奖	县卫生防疫站:陈振光、刘我鹏、吴添维、吴振声、杜峻华
1998	宁化县两种新发现蜱螨自然疫源性疾病研究	省级	三等奖	县卫生防疫站:陈振光
2004	福建省宁化县斑点热蜱媒宿主病原学及流行病学的进一步研究	省级	三等奖	县卫生防疫站:陈振光、陈敏、潘亮、毕德增、张星火、钟建平

第四节　成果与运用

一、农业（农、林、牧、渔）

1988 年，县科技部门实施"垄畦栽"和"土壤识别与优化施肥"项目，其中"垄畦栽"项目在全县推广 3667 公顷，比 1987 年扩大 3.60 倍，每 0.067 公顷（1 亩）平均增收稻谷 25.50 公斤。"土壤识别与优化施肥"项目推广 9733 公顷，每 0.067 公顷平均增收稻谷 28.90 公斤。

1990—1991 年，宁化县实施粮食集团承包制，县、乡（镇）、村成立集团承包领导小组和技术实施小组，政、技结合，科技兴农，组织 710 位技术和管理人员全程参与吨粮田高产、单晚烟稻双高产、再生稻杂粮高产、流水沟坑养鱼高产和豁鹅繁殖推广等五大科技攻关，被省、市科技计划立项 20 个，争取科技经费 50 万元。农技部门加强技术指导和培训，组织农机服务队 175 个，大中小型拖拉机 1500 台，机耕面积达 12000 公顷。农资部门组织供应优质化肥 1.20 万吨，农药 320 吨，金融部门为集团承包发放农贷 2350 万元。全县承包面积 16600 公顷，占全县耕地总面积的 56.70%；共增产粮食 943.85 万公斤，占全县增产总量的 78.40%；全县粮食增产达 1203.90 万公斤，超过市下达任务 103.90 万公斤，人均增收 102.24 元。承包区比非承包区平均每 0.067 公顷增收 10.83 公斤，总产值增加 826 万元，投入比为 1:3.60，实现粮钱双丰收。春大豆验收田平均每 0.067 公顷产量 126.20 公斤，增收 16.23 公斤。沟坑式稻田周年养鱼技术，面积 304 公顷，每 0.067 公顷产鱼 76.50 公斤，比传统养法增产 61.80 公斤。推广食用菌综合技术开发与应用，竹荪面积达 6500 平方米，每平方米收干品 0.126 公斤，草栽和段木香菇 120 万筒，产值 260 万元。

1992 年，全县推广烟稻双高产综合技术开发 6667 公顷，增粮 1115 万公斤。推广草栽食用菌 200 万袋，创产值 400 多万元。推广烟—稻—鱼综合开发项目，每 0.067 公顷产鱼超过 80 公斤，纯收入超过 400 元。1995 年，县政府组织实施农业部项目"农业综合开发"和"20 万亩（13333.33 公顷）水稻高产机械化技术"、省丰收计划项目"山区大面积池塘养鱼"、省、市星火项目"草栽食用菌技术开发"和"水稻旱育稀植技术"，推广"蘑菇栽培技术""反季节香菇栽培技术""烤烟营养袋育苗"等县级星火项目 7 项。1996 年，县科技部门组织实施"水稻旱育稀植栽培技术""红黄壤大豆优良品种及配套技术示范推广"等省科研项目和"再生稻推广""反季节香菇栽培技术"等 9 个县级星火计划项目，示范推广"水稻旱育稀植栽培和抛秧技术""红黄壤大豆良种及配套技术"和竹林速生丰产、肉牛饲养、油茶林改造技术。

1997 年，县科技部门组织实施国家科委项目"粮食增产综合技术大面积推广"中的 4 个子项目（水稻新品种组合推广及配套技术、新型肥料及增效施肥技术、水稻旱育稀植及配套栽培技术和红黄壤推广大豆良种及配套栽培技术），推广"反季节蔬菜栽培试验"等蔬菜、竹笋、油茶、水稻、食用菌种养加工项目，其中方田乡"杂交水稻新组合新技术高产制种试验"项目，进行 6.67 公顷新组合"II 优 46"高产制种试验，平均每 0.067 公顷产粮 229.40 公斤，比常规制种增产 27.70 公斤。1998 年，县科技部门组织实施"小径竹开发""特种养殖试验"等县级星火计划项目 5 项。1999 年，县科技部门组织实施省星火计划"闽西菌草综合技术开发"项目，建立橡草示范基地 20 公顷，开展以草代木生产食用菌试验示范。组织实施"十万亩（6666.67 公顷）油茶资源开发利用""湘云鲫养殖试验""高产制种示范"等县级科技计划项目 8 项。

2000 年，县科技部门组织实施市科研计划"黄牛改良技术示范推广"项目，完成黄牛冷配 8130 头，产杂交牛 6720 头。开展以竹代木栽培香菇试验，发展食用菌生产新原料，缓解菌林矛盾。2001—2002 年，县科技部门组织实施"宁化县牛角椒提纯复壮研究"项目，建立牛角椒良种繁育基地 4 公顷，解决牛角椒品种退化、丰产栽培等技术难题，每 0.067 公顷产干椒 168 公斤。推广水稻抛秧、黄花梨内膛高接花枝、种子种苗工程等新技术，推进"千亩（66.67 公顷）高优生态示范果园""现代农业科技示范园""丰产油茶林基地""种子种苗示范园"建设。

2003 年，县科技部门组织实施市科研计划"银杏引种与推广技术研究"项目，种植银杏 67 公顷，总结试验区内品种适应性状、繁育技术的棚内试验和室外移种、管扩试验经验。组织实施市科研计划"肉牛养殖产业化配套技术研究"项目，解决饲养、牧草优质高产栽培技术难题。

2004—2005 年，县科技部门组织实施省科研计划项目"南美白对虾山区淡水养殖试验"和省"星火计划""食用菌生产新材料新技术产业化示范"项目，攻克用谷壳废菌料代替竹木屑栽培竹荪、用渔网代替竹木板做蘑菇菇床、用竹木屑代替阔叶林木屑覆土栽培香菇等技术难题，化解菌林矛盾，通过示范推广，实现高产、优质、高效。

二、工业

1990 年，县科技部门进行省火炬计划项目"中钇富钼含钪稀土开发研究"试产及技术鉴定；研制 OX-13F 大功率继电器，产品经福建省电子总公司测试合格，并于 1991 年投入批量生产。1993 年，推广县林产化工厂、氨厂、水泥厂等企业萜稀树脂、乳酸无结晶新工艺等 5 项成果，年增效益 260 万元。中沙乡引进上海复旦大学技术生产三唑磷，填补省内此项技术空白。2004 年，县宁花精品油脂厂与福州大学合作开展油茶饼提取茶皂素工业化生产研究。2005 年，组织实施市科研计划"新型防火板的研制"项目，攻克无机矿物复合生产技术。实施"乳液增粘剂的研制"项目，攻克松香酯乳化技术。

三、医学

1988 年起，全县医护人员结合医疗实践，组织实施医学科研项目，撰写医学科研论文，部分获国家、省、市、县级奖励。是年，黄锄荒撰写论文《三明市中药资源普查》获三明市政府三等奖。1989 年，杨洪瑞撰写的论文《宁化县居民三大死因研究》获福建省卫生厅二等奖。1991—1993 年，邱先辉、宗夏曦撰写的论文《凝血酶与去甲肾上腺素联用治疗上消化道大出血 32 例疗效观察》获全国第二届内科学术论文评比优秀奖，伊琴华撰写的论文《中西结合诊疗不孕症》获三明市政府三等奖，杨洪瑞撰写的论文《宁化县恶性肿瘤时间动态监测研究》获福建省卫生厅三等奖，陈振光撰写的论文《两种新发现的自然疫源性疾病研究》获福建省政府三等奖。1994—2002 年，县卫生防疫站组织实施"莱姆—斑点热病研究""福建省宁化县斑点热蜱媒宿主病原学及流行病学的进一步研究"等省科研计划项目，首次发现并证实福建省及中国南方存在一种新的自然疫源性疾病—斑点热，从越原血蜱中分离出的斑点热病原体，经中国预防医科院证实是国际上首次发现与报告，填补了国内外此项领域空白。2004 年，陈振光、张星火、钟建平撰写的论文《宁化县斑点热源学、媒介流行病学进一步研究》获三明市政府三等奖。2005 年，"药用植物虎杖开发利用研究"被列入市科研计划并开发推广。

第五节　机　构

一、行政机构

1988 年，宁化县科学技术委员会（简称县科委）内设办公室，干部 5 人。1997 年，更名为宁化县科学技术局（简称县科技局），内设综合股，干部职工 6 人。2003 年，县科技局与县发展计划局合署，人员、经费均独立，内设综合股，核定机关行政编制 5 名，机关工勤 1 名。2005 年，建制未变。

二、事业机构

（一）宁化县科学技术情报研究所

属县科委下属全额拨款事业单位，1988 年编制 2 人。2005 年，有干部职工 2 人。主要从事科技情报的整理、加工、传递工作，筛选适合开发的科技成果，同时传递新产品、新材料、新工艺信息。

（二）宁化县科技服务中心

1988 年成立，属县科委下属自收自支事业单位，编制 4 人。主要从事实用技术培训、新技术推广、人才培训工作，传递科技、产业政策，培养技术推广专业人才。

（三）宁化县农业科学研究所

农业科研机构，位于城郊乡瓦庄村，试验用地 22 公顷。1988 年，有干部职工 11 人，其中农艺师 2 人、助师 5 人、职工 4 人。2005 年，有干部职工 10 人，其中农艺师 3 人、助师 2 人、职工 5 人。主要承担全县农作物新品种、农业新技术的引进、试验、示范工作，参与省、市、县农业高新技术和无公害农业技术协作攻关，提供农业科技成果咨询、示范、推广和应用指导等服务。

卷二十八　文化　体育

1988 年后，宁化县加大对文化、体育基础设施投入，开展群众性文化和节庆文化活动，宣传弘扬客家文化，体育事业以提高人民整体素质为目标，全民健身为重点，大型体育场馆与社区基础体育设施建设并重，各项文化和体育事业成果丰硕。

1996 年，舞蹈《踩竹麻》获全国第六届"群星奖"舞蹈比赛铜牌。2003 年，舞蹈《龙嬉》获全国第十三届"群星奖"艺术表演大赛福建选拔赛银奖。至 2005 年，全县共有 80 位业余作者 1000 多篇文学作品在市级以上报刊发表，并有部分作品获国家、省、市奖项，多人书法作品获全国群众性书法比赛奖项。

1988—2005 年，史志编纂出版成果丰硕，编辑出版《宁化党史资料》《中国共产党福建省宁化县组织史资料》《宁化英烈》《宁化人民革命史》《风展红旗》《长征从这里出发》《中共宁化党史人物》等 250 多万字。民国 15 年（1926 年）版《宁化县志》重印版和新编地方志书《宁化县志》《宁化县税务志》《福建省宁化县供销合作事业志》《泉上镇志》《湖村乡志》《宁化县林业志》《宁化县交通志》《宁化公安志》《宁化县广播电视志》等志书相继出版发行，编辑出版《宁化年鉴》17 部。县纪念馆（博物馆）按照省"三级馆"标准，对革命文物、历史文物和民俗文物加大普查和保护力度，至 2005 年，馆藏《中国工农红军军用号谱》、黄慎字画、伊秉绶书画作品等珍贵文物 1857 件（套）。宁化县档案馆（简称县档案馆）升格为省一级档案馆，档案业务名列三明市前茅。广播电视、新闻出版取得长足发展，文化市场日趋活跃，管理更加规范，人民群众精神文化生活日益丰富。

1996 年机构改革后，宁化县体育运动委员会（简称县体委）与宁化县文化局（简称县文化局）合并为宁化县文化体育局（简称县文体局），宁化开始实施《全民健身计划纲要》，群众体育和竞技体育发展迅速。至 2005 年，农民体育协会、篮球俱乐部、乒乓球协会、信鸽协会、钓鱼协会、羽毛球协会、象棋协会等常年开展各项体育活动和比赛。伊佩玉、章贤珠、朱莉莉等一批运动员在举重、皮划艇等项目中在世界、国家、省、市等赛事上取得优异成绩。

第一章　文化

第一节　文化机构

一、宁化县文化体育局

1988—1995 年，县政府分设县文化局和县体委。1996 年 12 月，县文化局与县体委合并为县文体局，下辖县文化馆、县纪念馆（博物馆）、县图书馆、县越剧团、县影剧院、翠城影院、县电影公司、乡（镇）

文化站、少年儿童业余体育学校（简称少体校）、老年人体育协会等事业单位。2000年，增设社会文化股、社会体育股、文化市场股、文化稽查队、体育中心、老年体育活动中心。2002年5月，由县广电局管辖的音像管理站划归县文体局管理。至2005年，机构建制未变。

二、宁化县版权局

1997年1月，宁化县新闻出版办公室成立，隶属县委宣传部，副科级单位。2002年，新闻出版办公室归口县文体局管理。2004年3月，增挂宁化县版权局牌子。

第二节　文化场所设施

一、宁化县文化馆

位于翠江镇中山路13号。1988年，内设办公室、音乐舞蹈室、美术摄影室、文化遗产室、资料信息室、老年戏剧书法室。馆舍建筑面积1453平方米，编制11人。1991年，被福建省文化厅评为二级文化馆。

县文化馆围绕省、市、县各级中心工作，面向社会开展群众喜闻乐见、健康向上的群众文化艺术活动，扶持民间艺术团体，完成各项组织、辅导培训和创作任务。在文艺演出、中心宣传、石壁客家祭祖、民俗调查等方面颇有成就。2005年，馆舍可用面积1062平方米，编制10人。

二、宁化县革命纪念馆（博物馆）

1989年，宁化县博物馆（简称县博物馆）成立，与1977年成立的县纪念馆合署办公，两块牌子、一套人马。位于翠江镇北山，占地800平方米，共有6个展室，展出内容为宁化人民在第二次国内革命战争时期的革命斗争史实，陈列历史照片200张、革命文物300件。其中，有邓子恢手书毛泽东诗词《如梦令·元旦》牌匾，民国19年（1930年）宁化西南半县大暴动使用的武器，全国唯一保存完整的《中国工农红军军用号谱》，闽赣省苏维埃政府主席邵式平用过的砚台，苏区发行的工会证章、货币、股票及苏区干部、红军使用过的工作、生活用具和医疗器械等。纪念馆全天候对外开放，并制作一套轻巧、便于携带的宁化革命斗争史图片展览版面在农村中、小学校巡回展出。2003年，投资15万元建成多媒体多功能教育室，配备能储存图片、音像资料、制作动画效果的电脑设备以及数码摄影摄像、数码编辑刻录、多媒体投影放像、音响系统等先进设施。

1996年，县纪念馆被市委、市政府命名为首批市级爱国主义教育基地；2001年，被省委、省政府确定为省级爱国主义教育基地；2005年，被确定为"三明市国防爱国主义教育基地"，列入"全国百个红色旅游经典景区"。

1988年编制3人，2005年编制5人。

三、宁化县图书馆

位于翠江镇中山路34号。1988年，落成并投入使用的图书馆新馆，建筑面积1640平方米，内设图书外借室、报纸阅览室、杂志借阅室、地方文献资料室等服务窗口，馆藏图书5.02万册。全年向读者开放，日接待到馆读者150人次以上。同时，开展送书下乡、出刊实用技术信息墙报、举办读者活动等业务工作。

2004 年，建成并开放电子阅览室有电脑 20 台，可提供电子图书阅览、影片观赏、网上资料查找、电脑培训等业务。

至 2005 年，馆藏图书 5.48 万册，设有报刊阅览厅、图书外借室、地方文献资料室、少儿阅览室、采编室、书库等。编制 8 人。

四、宁化县影剧院

位于翠江镇南大街，1988 年有员工 20 人，2005 年列入县改制单位。

五、宁化县电影发行放映公司

1988 年编制 17 人；1995 年与翠城影院合并，有编制 33 人；2005 年列入县改制单位。

六、宁化县翠城影院

位于翠江镇新桥一路南侧，占地面积 8000 平方米，1988 年编制 18 人。1999 年翠城影院拆除，改建为客家边贸市场。

七、乡（镇）影剧院（礼堂）

1988 年，全县共有 14 个乡镇（翠江镇、城郊乡未设）影剧院（俗称"礼堂"），流动放映队达 44 家，从业人员 92 人。2005 年，湖村、曹坊、水茜等 8 家乡（镇）影剧院尚可放映，其余乡（镇）影剧院成为危房，停止使用。

八、宁化县青少年宫

位于翠江镇南大街，占地面积 8864 平方米，建筑面积 2822 平方米。1988 年，编制 11 人。1997 年，集资兴建少儿娱乐城。至 2005 年，先后成立青少年科技辅导协会、青少年书画协会，先后创办科艺幼儿园、雏鹰艺术培训（管理）中心、青少年法制教育基地。

九、宁化县新华书店

位于翠江镇北大街 14 号，主要经营批零书报杂志、图片、音像、磁带等业务。1988 年员工 21 人。2004 年 7 月，归属福建省新华发行（集团）有限责任公司，由文化事业单位转制为企业单位，有员工 32 人。

十、乡（镇）文化站

1988 年，新建济村、方田、河龙、水茜、安远 5 个乡文化站，全县 16 个乡（镇）除翠江镇和城郊乡外全部建有文化站，设有图书室、报刊阅览室、棋牌活动室、录像播放室等，全县文化站共有藏书 2 万册，报刊 20 种，管理人员 18 人；村文化室 163 个，农村业余剧团 43 个，全年演出 700 场，观众 40 万人次，有 20 个录像播放点。1990 年，开展创建合格文化站活动，水茜、淮土、曹坊、横锁、湖村、禾口等乡（镇）文化站达到创建标准。至 2005 年，全县共有乡（镇）文化站 16 个，藏书 5 万册，报刊 100 种，设有图书室、阅览室、棋牌活动室、乒乓球室、录像播放室；103 个建制村设有文化活动室，168 个建制村设有老年活动室。较为规范的文化站有湖村、石壁、泉上、安远等乡（镇）文化站。全县有文化站管理人员32 人，村级文化协管员 210 人。

第三节　群众文化活动

一、文化队伍与演出

（一）专业文艺队伍与演出

宁化县越剧团是全县唯一的专业演出团体。1988—1994 年，有演职员 70 人，在省内外每年演出达 300 场次，排演古装戏《秦香莲》《梁山伯与祝英台》《血手印》《孔雀东南飞》《红楼梦》《汉宫怨》等，移植《难咽的苦果》《雷锋颂》《报春花开》等具有时代精神的剧目。1995 年后，由于娱乐活动日益多元化，古装戏市场低迷，难以维持正常演出。2005 年，宁化县越剧团列入改制单位。

（二）业余文艺队伍与演出

1988 年，全县有业余剧团 43 个，其中祁剧团 16 个、采茶戏班 13 个、木偶戏班 11 个、其他剧种 3 个。主要业余剧团有翠江镇中山业余采茶剧团、客家业余艺术团、离退休妇女联谊会艺术团、客家业余曲艺团、老年艺术团、夕阳红艺术团、农民铜管乐队等。2005 年，全县有业余剧团 25 个，其中祁剧班 4 个、采茶戏班 6 个、木偶戏班 14 个、老年艺术团 6 个、农民铜管乐队 5 个。业余剧团主要在宁化城乡演出，节目内容主要有传统剧目、民乐、民间小调、山歌、说唱、舞蹈、快板、小品等。

（三）外来剧团与演出

1988—2002 年，福建省歌舞团、福建省轻音乐团、中央民族乐团、中央广播艺术团、湖北省歌舞团、歌星迟志强先后到宁化演出。2005 年 10 月 13 日，在县城体育中心举行中国曲艺家"送欢笑——走进宁化苏区"大型文艺慰问演出，为宁化有史以来举办档次、规格最高的一次文艺演出活动，观众达 2 万人。

1988—2005 年宁化县外来文艺团体演出情况表

表 28-1

年份	文艺演出团体(个)	观众人数(人)	年份	文艺演出团体(个)	观众人数(人)
1988	8	5263	1997	23	29873
1989	10	6982	1998	12	17387
1990	11	6982	1999	12	16367
1991	10	7364	2000	15	18986
1992	16	10068	2001	19	22742
1993	13	8973	2002	11	16426
1994	18	1328	2003	13	17654
1995	12	9028	2004	15	21557
1996	31	36047	2005	12	21376

二、文艺汇演

1988—1993 年，宁化县组织 10 个节目参加三明市第二届艺术节文艺调演，先后举办纪念"中国共产党建党 70 周年"、纪念毛泽东《在延安文艺座谈会上的讲话》发表 50 周年文艺晚会和县首届客家民俗文化节专场文艺演出。1994—2000 年，宁化县影剧院先后举办闽、赣 2 省 14 县业余歌手大赛，贯彻"土地法"

宣传演出、三明市第四届老年体育年文艺晚会、第五届"建行杯"青年电视歌手赛、县中小学生素质教育成果暨"六一"文艺调演、国庆 50 周年文艺汇演、纪念毛泽东《如梦令·元旦》发表 70 周年大型文艺晚会和石壁客家祖地祭祖大典专场文艺演出。2001—2005 年，先后举办建党 80 周年"文化周"活动及大型文艺晚会、客家山歌演唱会、纪念毛泽东《在延安文艺座谈会上的讲话》发表 60 周年文艺晚会、喜庆中共十六大文艺晚会和"谷文昌颂"文艺晚会。

三、其他文化活动

（一）节日文化活动

1988—2000 年，宁化县举办元宵节等重大节庆民间艺术踩街和文化游园活动、"迎回归"大型文艺踩街活动、国庆大型焰火晚会及元宵节晚上燃放焰火活动。2001—2005 年，举办新民主主义革命时期照片展和摄影作品展、迎春文艺晚会、元宵大型文艺踩街及燃放焰火活动。

（二）祠堂文化活动

1996 年，宁化城区巫罗俊公怀念堂（巫氏祠堂）建成，成立海内外巫氏宗亲联谊总会和巫罗俊公怀念堂管理委员会，设立图书阅览室、电教室、娱乐室、书画室、排练室、资料陈列室、公德教育室、纠纷调解室、宣传栏。1997—2000 年，宁化谢氏、刘氏、张氏、曹氏等 30 个宗祠相继成立老年活动中心、客家民俗文化长老研究会等民间组织，开展"祠堂文化"活动。2001 年，巫罗俊公怀念堂创办小溪社区老人新校，成立夕阳红艺术团和翠江管乐队，自编自演山歌、快板、说唱、小品等 67 个节目。2002 年，巫罗俊公怀念堂被中共中央宣传部确定为全国 100 个公民道德建设试点单位之一。2003 年，巫罗俊公怀念堂开展"道德之星"评比表彰活动，评选出尊老爱幼、计划生育、崇文重教、科技兴农、勤劳致富、见义勇为、依法纳税、助人为乐、下岗再就业等先进典型 10 个。至 2005 年，共举办海内外巫氏文化节、恳亲联谊会等活动 4 次，夕阳红艺术团演出 75 场，观众 7 万人次，《中央文明办简报》《中央精神文明建设办报》《中国人民大学精神文明导刊》《福建日报》《三明日报》及《党建》杂志先后报道巫罗俊公怀念堂开展祠堂文化建设及活动情况。

第四节　文艺创作

一、文学

1988 年，刘建军（笔名鸿琳）小说《路标》获工人日报社、全国总工会、全国职工文学创作二等奖，1990 年小说《魔方》获《生活创造》杂志社征文三等奖。1989 年，马梦元微型小说《忍》《心愿》获中国首届微型文学大奖赛三等奖，童庆华在《中国电视报》发表散文《黄土祭》。1991 年、1999 年和 2000 年，吴来林（笔名林莱）先后在《福建文学》发表短篇小说《特异功能的苦恼》和中篇小说《出逃或者回归》、诗歌《被囚的山鹰》和《冥想录》，其中《出逃或者回归》被《作品与争鸣》转载。1992 年，宗夏曦（笔名默园）诗歌《芒种》《邂逅》《泪湿乡音》获湖南《新创作》杂志社千人千首诗歌选拔赛优秀奖；1993 年，诗歌《西篱菊》获《武汉诗坛》编辑部世界华文诗歌大奖赛优秀奖，《人民诗人毛泽东》获《当代》《诗刊》杂志社纪念毛泽东一百周年诞辰全国征文大赛优秀奖；1994 年，《宗夏曦诗选》获首届月牙湾中国诗歌节诗歌大赛优秀奖；2000 年在《福建文学》发表诗歌《郑燮》；2001 年，编校的宁化李元仲诗集《寒支诗钞》出版，为宁化出版的首部李元仲诗歌专集；2001 年，出版文学作品专集《冬日的光焰》。1999 年，黎俊（笔名离开）诗歌《相思》《菊》发表于《星星》诗刊；2005 年，诗歌《雷声太大，我把它拧小声些》《我只是轻轻把书翻过一页》《我们一起说出梅花》等发表于《诗选刊》等刊物，并获全国优秀奖和全国新人奖。2000年，连允东散文《韭菜包》发表于《人民日报》，并于2001年获全国报纸副刊专栏评选一等奖；2004年《青青翠竹情》发表于《福建文学》，并于2005年获"千重山杯"中国当代精美短文大赛优秀奖。2000年，范尚秀在《福建文学》发表诗歌《似水年华》和《无题》。2002年，甯元乖（笔名鬼叔中）长诗《闰年》发表于《福建文学》，诗歌《迎向阳光让我们秋菊一样舒放》发表于《诗选刊》；2003年，随笔《癭瓢山人黄慎记》发表于《读书》杂志；2004年，有14首诗歌被海峡文艺出版社出版的《中间代诗全集》收录；2005年，诗歌《伏天我要做的事》发表于《诗刊》。1993年，张族进所作《客家祖地石碧》《宁靖归化建宁化》《李世熊隐居但月庵》《宁化藏有东坡砚》《河龙贡米》《百米深潭——蛟湖》《吃生米的由来》等入编福建教育出版社出版的《八闽掌故大全》；2004年，《张显宗》入编福建人民出版社的《福建历代状元》；2005年，《纪念张显宗诞辰640周年》入选由全国政协原副主席叶选平题写书名、作家出版社出版发行的全球当代客家著名诗人《诗词精粹》一书。

至2005年，宁化共80余位业余作者（含赴县外工作人员）的1000余篇各类文学作品在市级以上报刊发表，并有部分作品获各类奖项，被各类"文集""文选""文萃"等收录出版。

二、音乐舞蹈

1988—1992年，舞蹈《擂擂茶》《迎亲》《喜相逢》《丰收年里糍粑香》，歌曲《客家摇篮》《翠江之歌》先后参加三明市第二届艺术节汇报演出、福建省第二届音乐节和华东地区第二届社会舞蹈调演、福建省旅游观光年演出并获奖。1996年，舞蹈《踩竹麻》获全国第六届"群星奖"舞蹈比赛铜牌。1998—2005年，表演唱《金叶情》《大山的儿子》、快板说唱《寻找亲人朱军长》、男子群舞《油坊汉子》、快板《侨场赞》、少儿舞蹈《龙嬉》《七夕拜巧》先后参加三明市农村奔小康文艺调研、三明市庆祝建国50周年曲艺专题文艺会演、三明市音乐舞蹈大赛、福建省第九届音乐舞蹈节、福建省QQ童杯少儿舞蹈大赛、国际"金桥杯"舞蹈分级大赛、三明市少儿电视舞蹈大赛、全国第十三届"群星奖"艺术表演大赛、三明市学生舞蹈比赛并获奖。

1988—2005年宁化县音乐、舞蹈节目(部分)获奖情况表

表28-2

年份	形式	作品名称	作者	获奖情况
1989	歌曲	《啊，天鹅洞》	谢起光作词 伍林发作曲	获三明市金秋艺术节创作三等奖
1989	歌舞	《观灯》	黎朝如	获三明市计划生育文艺调演创作二等奖
1989	歌舞	《苏区妹子》	雷晓谊编导	获三明市金秋艺术节优胜奖
1989	表演唱	《伐木号子》	黄瑞海编导	获三明市金秋艺术节优胜奖
1990	舞蹈	《擂擂茶》	王建和作曲、创作，马玉华编舞	获三明市第二届艺术节汇报演出创作一等奖、演出三等奖；代表省参加华东地区第二届社会舞蹈调演，获创作优秀奖、演出三等奖
1990	舞蹈	《迎亲》	王建和作曲，龚翠琴编舞	获三明市第二届艺术节汇报演出创作一等奖、演出一等奖

续表 28-2

年份	形式	作品名称	作者	获奖情况
1994	歌曲	《客家人爱喝客家酒》	张标发、谢起光作词，王建和作曲，邱欣演唱	获三明市 1994 年音乐舞蹈节调演创作一等奖、演出三等奖
1996	舞蹈	群舞《踩竹麻》	王建和作曲，雷晓谊创作、编舞	获全国第六届"群星奖"舞蹈比赛铜牌。
1997	舞蹈	《采萍情趣》	周重旭曲，雷晓谊创作、编舞	获福建省第八届音乐舞蹈节创作演出银奖
1998	舞蹈	《金叶情》	王建和作曲，雷晓谊创作、编舞	获三明市农村奔小康文艺调演创作、表演一等奖
1998	表演唱	《大山的儿子》	王建和作曲 李根水作词	获三明市农村奔小康文艺调演创作、表演二等奖
1999	快板说唱	《寻找亲人朱军长》	王建和作曲，郭成荣、张标发作词	获三明市庆祝建国 50 周年曲艺会演演出一等奖
2000	舞蹈	《油坊汉子》	伍林发作曲 雷晓谊编舞	获三明市 2000 年音舞大赛表演、创作金奖，福建省第九届音乐舞蹈专场比赛表演银奖、创作铜奖；2005 年三明市首届百花文艺奖二等奖
2003	配乐诗朗诵	《没有硝烟的战场》	雷晓谊编导	获三明市反腐倡廉文艺调演三等奖
2003	音舞说唱	《侨场赞》	王兴树、李根水作词，曾秀秀编导	获全省华侨农场文化节汇演三等奖
2003	少儿舞蹈	《龙嬉》	伍林发作曲，吴丽萍、雷晓谊、王洪辉编导	2003 年获福建省"QQ 童"杯儿童舞蹈大赛一等奖、"金桥教育杯"2004 中国国际分级舞蹈大赛银奖；2004 年获福建省第四届少儿音乐舞蹈、服饰大赛暨全国第十三届"群星奖"音乐、舞蹈、戏剧、曲艺福建选拔赛银奖，三明市少儿电视舞蹈大赛金奖，2005 年三明市首届百花文艺奖二等奖
2003	舞蹈	《七夕拜巧》	伍林发作曲，洪丽琳、雷晓谊编导	获福建省"QQ 童"杯儿童舞蹈大赛演出二等奖、三明市少儿电视舞蹈大赛金奖
2004	二胡独奏		演奏贾婉青，指导裘锦才	获全国银奖
2004	二胡独奏		演奏王婧，指导裘锦才	获全国优秀奖，裘锦才获指导教师奖
2005	舞蹈	《一片绿叶》	陈雁清编导	获三明市银奖
2005	独唱		张连云 居闵艳	获三明市歌手赛二等奖，获三明市歌手赛三等奖
2005	舞蹈	《小骑兵》	雷晓谊编导	2005 年获三明市学生舞蹈比赛高年级组一等奖

三、美术书法

1988—2005 年，萧戴农毛笔书法作品先后入编《福建省中学园丁书画》《三明市书画篆刻作品集》《纪念雷锋诞辰六十周年全国书画大赛获奖作品集》《纪念苏东坡逝世九百周年全国书画大赛精品博览》《"黄兴杯全国书画大赛"新世纪中国书画名家精品宝典》等；**巫健华**硬笔书法作品先后发表于《中国钢笔书法》《书法报》等报刊，获全国首届青少年钢笔书法大赛三等奖、首届八闽青年迎春钢笔书法邀请赛获一等奖，作品先后入编《全国第七届文华杯硬笔书法大赛获奖作品集》《硬笔书法大展"全国展"获奖作品集》《第五届"欧阳询杯"全国书法大赛获奖作品集》等；**雷鑫亮**（别名雷鸣）毛笔书法作品先后发表于《青少年书法》《书法报》等报刊，获"峨嵋杯""墨苑群芳"全国群众性书法比赛二等奖、三等奖等奖项；**任秋芬**硬笔书法获全国比赛优秀奖，"淮河杯"全国硬笔书法二等奖等奖项；**陈勤宁**毛笔书法获"北京当代东方书画艺术交流中心书画大赛"老年组一等奖、**"华夏杯"**老年书法大赛奖，《纪念毛泽东同志诞辰 110 周年艺术精品集》获中国信息报社产业部主办书画大赛银奖、巨型画册《毛泽东颂》获"《香港书画》杂志社当代书画家作品邀请展"金奖及国际羲之创作奖等奖项，入选《中国当代书法名家国粹博览》；**黄金洪**摄影作品《接福》获客家风情行全国摄影大赛优秀奖；**谢云祥**国画作品发表于《中国书画报》和《福建日报》。

第五节　文化体制改革

一、机构改革

1988—1995 年，县文化局和县体委分设，县文化局编制 7 人、县体委编制 4 人，各司其职。1996 年 12 月，根据县委、县政府机构改革实施意见和县编委关于县级党政机构开展"三定"（定职能、定机构、定编制和领导职数）工作意见，县体委与县文化局合并为县文体局，按照"精简、统一、效能"原则，确定县文体局职能配置、内设机构和人员编制方案。2000 年，根据职责设办公室、社会文化股、社会体育股和文化市场管理股 4 个股室。机构改革后的县文体局加强对文体事业的宏观管理与调控，从偏重"办文体"逐步过渡到"管文体"，从主要依靠行政手段管理，转向依靠法律、经济、行政手段相结合的综合管理，增强协调、指导、监督、检查、服务职能，推动全县文化体育事业发展。

二、经营体制改革

（一）越剧团经营改革

1988 年，宁化县越剧团属省定"关停并转"剧团之一，县政府为照顾宁化本地群众需求，11 月 21 日经县政府办公会议决定，保留剧团事业单位企业管理体制。剧团实行承包责任制，立足放开搞活，鼓励演职人员走向市场，激发演职人员积极性。是年，宁化县越剧团演出 202 场，收入 4.50 万元。1995 年后，由于娱乐活动日益多元化，古装戏市场低迷，难以维持正常演出，至 2005 年，宁化县越剧团列入改制单位，2007 年撤销。

（二）电影发行放映体制改革

1994 年始，随着电视普及，城区电影发行、放映收入下降，农村电影队从业人员也逐步减少。2000 年，对宁化县影剧院、宁化县电影发行放映公司采取灵活经营手段，实行经理公开竞争择优聘用制，维护电影行业有效运行。2005 年，宁化县影剧院、宁化县电影发行放映公司院列入改制单位，2007 年撤销。

第六节　文化市场与管理

一、市场

（一）娱乐市场

1988年，宁化城区和乡（镇）相继出现中、高档歌厅、舞厅和卡拉OK厅。1998—1999年，涌现出一批中高档娱乐城、夜总会、休闲屋、游乐场、歌舞中心和文艺沙龙。2005年年底，全县有娱乐经营单位135家，其中歌厅、舞厅、卡拉OK厅38家，电子游戏厅5家，桌（台）球室89家，旱冰场3家。

（二）出版物市场

1988年起，集体、个体书店，书摊、报亭逐渐兴起。至1995年，全县有集体书店2家、个体书店3家、书摊8家、报亭3家，同时出现大批打字店、复印店和租书屋，乡（镇）企业和学校亦相继开办印刷厂和打印社。2005年，全县有书店、书报刊亭、租书屋等28家，印刷厂14家，打字复印店30家。

（三）美术市场

1988年，全县有画廊（店）2家、美术装潢（装裱）6家。1996年起，美术品展销由"单位展""联合展"逐步提升到市级展、省级展，甚至全国展。2005年，全县有画廊（店）、美术装潢（装裱）18家。

（四）文艺培训市场

1988年始，音乐（声乐、器乐）、舞蹈、美术等文艺培训市场逐步发展。1992年起，县文化馆每年开设"少儿音乐""少儿舞蹈"培训班各1期。2005年，全县有文艺培训经营单位6家。

（五）网吧市场

1998年，城区开始出现营业性网吧。2004年，全县城乡网吧经营单位18家。2005年，全县有网吧经营单位21家，主机980台。

二、管理

1988年，宁化县建立健全社会文化领导小组、网吧专项整治领导小组、扫黄打非领导小组等工作机构。2000年9月，县文体局成立文化市场稽查队。2002—2004年，县文体局先后举办娱乐市场、音像市场、出版物市场、网吧市场等法律法规培训班8期，培训300人次。至2005年，县政府先后下发清理整顿书报刊市场、歌舞娱乐场所、校园周边环境专项整治、开展"扫黄打非"等规范性文件，制定文化市场管理工作制度，设立12318全国性专线举报电话和网吧远程终端监控系统，全县共组织文化市场稽查1.20万人次，立案查处120件，罚款总额50万元，收缴各类盗版音像制品4.30万片（盒），网络游戏8000盒，非法出版物2.30万本（册）。

第二章　文化遗产

第一节　文物调查

1988年5月，省、市文物部门组织文物工作者对宁化县16个乡（镇）的374座山头进行古文化遗址普查，发现青铜器时代商周遗址 84 处，其中城郊乡 4 处、**翠江镇 4 处**、淮土乡 4 处、方田乡 7 处、禾口乡 5 处、泉上镇 5 处、湖村乡 3 处、水茜乡 6 处、安远乡 10 处、**河龙乡 9 处**、中沙乡 5 处、横锁乡 3 处、安乐乡 9 处、曹坊乡 10 处。采集石镰、石斧、石箭镞、石戈、**砺石**、石刀等石器 85 件，印文陶（双菱纹、方格纹、绳纹、曲折纹、网纹、条纹等）、黑陶、彩陶等陶片 4150 片。1989 年，三明市文物管理委员会、三明市博物馆专家会同县博物馆人员，普查安乐乡交岩、**曹坊乡石禾念**、湖村乡官家墩与石埠下洞、泉上龙岳岩与下岩等洞穴，为期 7 天，发现古动物化石 58 件。1992 年，县博物馆在全县进行客家民俗文物普查和征集，征集宁化客家民俗文物 86 件。1995—2005 年，先后在城郊乡高塅村江背商周遗址上发现一残破擂钵（系汉代制作工艺），在淮土乡吴陂村和淮阳村发现唐代古窑址各 1 座，在翠江镇小溪村杉岭下发现宋代残墓 1 座（出土杯、盏、钵、碗等冥器 16 件，均收藏于**县博物馆**）。

第二节　不可移动文物及纪念性建筑

一、古遗址

（一）东风墩遗址

青铜器时代，位于翠江镇双虹村窑上组西 300 米，采集有印纹陶片多种，纹饰方格纹、条纹、篮纹等。

（二）南屋岗遗址

青铜器时代，位于方田乡朱王村范家西 300 米，采集有石锛、石片等石器及印纹陶片，纹饰多为复线菱纹、网纹、条纹等。

（三）水东后山遗址

青铜器时代，位于淮土乡水东村后山，采集有石刀、石镞等石器及复线菱纹、网纹、条纹等印纹陶片。

（四）马燕山遗址

青铜器时代，位于石壁镇陂下村交车组东 200 米的两溪交汇处，采集有石锛、石镞、石片等石器，印纹陶片有叶脉纹、曲折纹、网纹等。

（五）观石排遗址

青铜器时代，位于石壁镇石碧村南 400 米，采集有方格纹、条纹、复线菱纹等印纹陶片。

（六）转暖背山遗址

青铜器时代，位于曹坊乡双石村东 130 米，采集有石镞及圈点纹、篮纹、方格纹、条纹等多种印纹陶片。

（七）大岭遗址

青铜器时代，位于城南乡横锁村北 300 米，采集有条纹等少量印纹陶片。

（八）行宫园遗址

青铜器时代，为县级文物保护单位。位于城南乡横锁村（原横锁乡政府大楼南）小山，采集有石刀、石镞等石器及席纹、篮纹等印纹陶片。

（九）园下山遗址

青铜器时代，位于安乐乡谢坊村东北 500 米，采集有少量残石器及菱纹、方格纹、叶脉纹、条纹等印纹陶片。

（十）棉被山遗址

青铜器时代，位于安乐乡刘坊村刘坊小学后山南坡，采集有条纹、方格纹、菱纹、绳纹等印纹陶片。

（十一）社甲桥西南山遗址

青铜器时代，位于水茜乡庙前村社甲桥西南山上，采集有不少石器与陶器1件及网纹、条纹、黑衣条线、黑衣素面等陶片多种。

（十二）粮站后山遗址

青铜器时代，位于中沙乡中沙村，采集有陶罐（已破）1个及条纹、网纹、划纹及素面陶片等。

（十三）火堖遗址

青铜器时代，位于河龙乡河龙村北400米，采集有石锛、砺石等石器，陶片多为条纹、网纹、菱纹等印纹陶，另有釉陶、黑衣陶及彩陶等。

（十四）老虎岩洞穴遗址

新生代（晚第三纪）洞穴遗址，为县级文物保护单位。位于湖村镇西北约1公里，采集有动物骨骼、螺壳化石及少量灰色夹砂陶片及大熊猫、剑齿象、犀牛等30多种哺乳动物化石标本。

（十五）官家墩洞穴遗址

新生代（晚第三纪）洞穴遗址，位于湖村镇东北约4公里，采集有犀、鹿等哺乳动物牙齿及骨化石。

（十六）下岩洞穴遗址

新生代（晚第四纪）洞穴遗址，位于泉上镇西北1.50公里，采集有猪、鹿及食肉动物牙齿及骨片化石。

（十七）石埠下洞穴遗址

为2万—3万年前洞穴遗址，位于湖村镇小岑坑村南300米，采集有约鹿、羊、熊猫等动物骨片和牙齿化石。

（十八）龙岳岩洞穴遗址（又名老石下）

为1万年前洞穴遗址，县级文物保护单位。位于泉上镇墨科龙村东北400米，洞内20—100厘米的黑色钙化堆积中发现猪牙、骨片等动物化石及螺壳化石。

（十九）潭飞寨遗址

位于方田乡东南15公里，原称黄土寨，宋时更名南平寨，后又称南城堡，2005年前已称潭飞寨。地处高山险要，残留明朝以前屯兵设防的山门、墙基、壕沟等建寨遗迹，采集有少量陶片、瓷片，纹饰，烧制工艺粗糙。

（二十）九龙寨遗址

位于泉上镇延祥村东南750米处，海拔816米，地势险峻陡峭，山顶九个山嶂环抱，如九龙盘旋，故名。寨子纵横各约千米，寨墙用乱石砌成，厚约1米，高1.50米，寨内有稻田、水井、天池。清顺治四年（1647年）八月南明永宁王妃彭氏在此据寨反清，2005年仍残存部分战壕。

（二十一）千家围遗址

别称千家寨，位于石壁镇石碧村北部5公里，方圆1平方公里，山势奇崛，峭壁险要。据史料记载：千家围是石壁张氏一世祖之六世孙张瑞祯在南宋宝祐年间（1253—1258年）逃亡时避难居住之处。元朝末年副丞相延年路总管清流人陈友定曾在此屯兵，2005年断壁残垣、屋基陈迹仍随处可见。

二、古窑址

（一）翠子岭瓷窑址

位于淮土乡吴陂村东南1500米，属唐代窑址。1995年发现，有较厚堆积层，地表散见大量擂钵和窑具残片。

（二）城下瓷窑址

为县级文物保护单位，位于淮土乡淮阳村东南2公里，属唐—北宋窑址。1995年发现，采集有壶、罐、碗和各种窑具等。

（三）青瑶瓷窑址

为县级文物保护单位，属宋代窑址。位于泉上镇青瑶村东南 1 公里，宋代遗物堆积分布于 3 座山头，规模较大的堆积层面积 4000 平方米，厚 3 米，采集有青白釉莲瓣小碗、壶、敞口弧腹碗及匣钵等。

（四）神坛坝瓷窑址

为县级文物保护单位，位于济村乡神坛坝村东 20 米，属宋代窑址。遗物分布于山坡两侧，面积 1500 平方米，堆积物上层多黑、赭釉器，下层多青瓷，青瓷器似为龙泉窑系，有碗、盘、碟等。

（五）谢坊瓷窑址

位于泉上镇谢坊村碗子岗，属宋、元窑址。遗物堆积面积 250 平方米，采集有青白瓷碗、黑釉瓷片及圈足等。

（六）中坑瓷窑址

位于湖村镇中坑村北山坡上，属明清窑址。遗物分布多处，最大的面积 900 平方米，采集有青白、青花瓷碗等残片。

三、古建筑

（一）维藩桥与德润亭

为县级文物保护单位，位于石壁镇石碧村村口，又名福德桥。始建于明代，原为风雨桥，木构屋顶，清雍正十三年（1735 年）重修为单孔石拱廊屋桥（桥面于 1992 年按原样修复）。长 15 米，宽 5.50 米，圆拱跨度 2.50 米，矢高 4.50 米，桥屋双面各 3 开间，单檐歇山顶，用柱 12 根。德润亭建于清乾隆时期（1736—1795 年），为砖木结构，单檐硬山顶，面阔 3 间，进深 1 间。

（二）滑石风雨桥

为县级文物保护单位，位于曹坊乡滑石村，始建于明正德十六年（1521 年），历代多次修缮，旧名滑石桥、宜生桥。桥长 80 米，宽 4.60 米，四孔三墩，桥上为木构屋面长亭，两边桥头为牌楼状，重檐歇山顶。

（三）豫章书院

为省级文物保护单位，位于翠江镇小溪村，又称罗氏家庙，占地面积 400 平方米，建于清乾隆年间（1736—1795 年）。由大门、前厅、天井、大厅组成，大厅面阔进深各五间，抬梁穿斗混合木梁架，单檐悬山顶。

（四）伊秉绶故居

位于翠江镇红卫村五星路 18 号，为典型的清代客家建筑，由大门、茶厅、天井照壁、前厅、书房、后堂、厢房、卧室、厨房、花厅等组成，主体全部采用木质构件，四周青砖围砌，长方形青砖（15 厘米×30 厘米）横竖平铺地面，东西宽 22.60 米，南北长 15 米，占地面积 350 平方米。

四、革命文物、旧址

（一）第一个党支部旧址

位于曹坊乡三黄村。民国 18 年（1929 年）春，中共长汀县委派宁化县第一位共产党员徐赤生回到宁化开展工作；8 月下旬成立中共三黄支部，为宁化县第一个党支部。

（二）红军第四医院旧址

位于石壁镇陈塘村下新屋。民国 22 年（1933 年）春，红 3 三军团与红 9 军团东出武夷山，在福建中西部与国民党军展开激战，原设江西瑞金的红军第四医院随军进驻陈塘村，收治在东线战斗中的伤病员。旧址内存红军标语 20 条、漫画 13 幅及马灯、茶钵、石质药碾、储药罐等医院使用的器具物品。

（三）红军后方医院旧址

位于翠江镇薛家坊谢氏家庙。民国22年（1933年），中央内务部在宁化设立20所红军医院，谢氏家庙是宁化城关保存最为完整的一所红军医院。

（四）闽赣省苏维埃政府、省军区司令部旧址

位于安远乡里坑村高寨。民国23年（1934年）5月，第五次反"围剿"中建宁城失守，中共闽赣省委、省苏维埃政府、省军区机关从建宁撤到彭湃县（宁化县安远乡）里坑，省苏维埃政府、省军区司令部设里坑高寨游氏祖屋内。

（五）宁化县第一次工农兵代表大会旧址

为县级文物保护单位，位于宁化县淮土乡淮阳村。民国20年（1931年）11月，宁化县第一次工农兵代表大会在淮阳村刘氏家庙召开。

（六）曹坊秘密农会旧址

位于曹坊乡上曹村，民国8年（1919年）5月，中共党员徐赤生在曹氏宗祠组织秘密农会（对外称"同福社"）。

（七）彭湃县苏维埃政府旧址

位于湖村镇巫坊村，原为巫氏祠堂。民国22年（1933年）7月22日，中华苏维埃共和国中央人民委员会第46次会议决定设立彭湃县；8月，彭湃县正式成立，县苏维埃政府迁此办公。

五、革命纪念性建筑

（一）毛泽东《如梦令·元旦》铜雕

位于城关北山公园内，铜雕主题为毛泽东于民国19年（1930年）1月率红4军途经宁化的历史场景，由铜铸毛泽东塑像、锻铜战马和不规则山崖形基座组成，基座中摩崖石刻邓子恢书录的毛泽东《如梦令·元旦》词文。铜雕总投资38万元，由雕塑家李维祀制作，1998年元旦落成。

（二）红军长征出发地纪念广场

位于县城南端入口处，广场占地8000平方米，主雕塑为大写的"人"字形纪念碑，碑顶为红军军徽标志，碑体高度为19.90米，下方为反映第二次国内革命战争时期宁化儿女参加红军长征、献身革命的钢铸人物群雕，群雕连基座高8米，宽6米。广场及雕塑为宁化县纪念作为红军长征出发地之一的标志性建筑，由广州美术学院设计，投资450万元。

（三）石碧村革命烈士纪念碑

位于石壁镇石碧村东南方向的下坝茶亭隔壁，占地50平方米。2001年10月，县老区办、石壁镇政府等单位为纪念石碧村91名在册革命烈士联合建立。石碧村是革命老区基点村，被称为"三明市革命烈士第一村"。

第三节　文物保护

一、机构

1988年，县文物管理委员会由分管副县长兼任主任委员，成员单位有县委宣传部、县公安局、县工商局、县文化局、县林业局、县土地局、县纪念馆、县博物馆等，办公室设于县文体局。至2005年，建制未变。

二、文物保护单位

1988—1991 年，省政府公布黄慎墓、伊秉绶墓、宁化革命烈士纪念碑 3 处为第三批省级文物保护单位。2001 年 12 月，县政府公布第二批县级文物保护单位 13 处。2005 年，成功申报豫章书院为省级文物保护单位。

宁化县第二批县级文物保护单位表

表 28-3

类别	名 称	年代	地 点	保护范围
革命旧址	宁化第一次工农兵代表大会旧址	清	淮土乡淮阳村刘氏家庙	刘氏家庙全部建筑及前大门空坪
	曹坊秘密农会旧址	清	曹坊乡上曹村曹氏宗祠	曹氏宗祠全部建筑及前大门空坪
古建筑	维藩桥与德润亭	明	石壁镇石碧村村口	桥与亭的全部建筑及周围 20 米内空坪
	曹氏家庙	清·乾隆	曹坊乡上曹村曹氏家庙	曹氏家庙全部建筑及前大门空坪
	豫章书院	清·乾隆	翠江镇小河边 131 号	书院全部建筑及前大门空坪
	滑石风雨桥	明	曹坊乡滑石村上温	桥体全部建筑及周围 20 米内
古文化遗址	龙岳岩洞古动物化石遗址	约1万年前	泉上镇联群村墨科龙	龙岳岩洞整个覆盖山头及前方 20 米内
	城下瓷窑址	唐	淮土乡淮阳村城下窑	从拱官老至城下窑渡槽处 4 个山头
古墓葬	罗令纪墓	唐	湖村镇店上村枫畲	墓面中心点周围 10 米内
	郑彦华墓	宋	水茜乡庙前村郑家坊	墓面中心点周围 10 米内
	张显宗墓	明	城郊西门外张家坪	墓面中心点周围 10 米内
	伊天佑墓	明	城南乡鱼龙铺村蛤蟆石	墓面中心点周围 10 米内
	郑文宝墓	宋	水茜乡庙前村郑家坊	墓面中心点周围 10 米内

1988—2005 年宁化县省级文物保护单位表

表 28-4

类别	名 称	年代	地 点	保护范围
建筑	宁化革命烈士纪念碑	现代	城关北山	纪念馆、纪念碑、三官堂、光严寺等建筑及纪念馆围墙内的所有场地
	豫章书院	清·乾隆	翠江镇小河边 131 号	书院全部建筑及前大门空坪
古墓葬	伊秉绶墓	清·道光	曹坊乡上曹村	绝对：东南西北各 10 米 重点：东南西北各 20 米
	黄慎墓	清·乾隆	城关北面茶园背	绝对：东南西北各 10 米 重点：东南西北各 20 米

三、馆藏文物

（一）历史文物

皇帝褒奖令　共 2 幅，由水茜乡沿口村赖氏后裔捐。圣旨用汉、满两种文字竖式墨书于绢上。1 幅尺180 厘米、宽 33 厘米，褒奖台湾南路下淡水营千总赖日臣之祖父赖正觉；另一幅长 187 厘米，宽 32 厘米，褒奖台湾南路下淡水营千总赖日臣之父赖景三。时间为清嘉庆二十五年十月初三日。

二十四诸天壁画　木制，长1.76米，宽1.36米，共有3块，原藏县老佛庵，2005年已由县博物馆收藏。

黄慎书画　《风尘三侠图》　轴，纸本，设色。高154.50厘米、宽86厘米。题署：瘿瓢黄慎，钤印：黄（白文）慎（朱文）。

《采药老人图》　横轴，纸本，设色。高71厘米、宽112厘米。题署：乾隆五年秋八月，瘿瓢黄慎，题诗：冷淡即生涯，随缘度岁华。山山皆有水，何处不为家。笠重吴天雪，鞋香楚地花。自然天地小，何必学餐霞。钤印：黄慎（白文）、瘿瓢（白文）。

《草书诗》　轴，纸本，高67厘米、宽41.50厘米。诗文：30年来跨一驴，只今到处似僧居。风尘扑面空搔首，悔住深山不读书。钤印：黄慎（朱文）、瘿瓢（白文）。

《草书七言绝句》　轴，纸本，高156厘米、宽47厘米。诗文：吟花吹柳月初三，岁岁江潮逐远帆。却望东风春草绿，去年今日在江南。钤印：黄慎（朱文）、瘿瓢（白文）。

伊秉绶书法　《行草》　轴，纸本，高175厘米、宽47厘米。诗文：叠赐天闲玉鼻骍，据鞍遂念故交贫。新书入妙其风古，不茹春秋借高人。默庵秉绶。钤印：默庵（白文）臣伊秉绶（朱文）。

《隶书联》　缎质，高171厘米、宽35.50厘米。上联：三世芸香行成慈训，下联：百龄萱瑞庆洽清门。另题：恭祝大范张母黄太孺人八旬荣寿，嘉庆癸酉初秋前扬州守同邑伊秉绶顿首。印章两方已模糊难辨。

（二）革命文物

牛头嵊贫农团分田薄　纸质，长26.30厘米，宽19.30厘米。

红军标语（《国民党十大罪状》）

用竹片编织及石灰泥糊制而成，长175.50厘米，高145厘米，其上用毛笔从左往右竖式书写国民党十大罪状：勾结帝国主义，出卖民族利益；背叛中国革命，屠杀工农群众；帮助资产阶级，禁止工人罢工；庇护土豪劣绅，加重租息剥削；克扣士兵军饷，以饱军阀私囊；抽收苛捐杂税，剥削工农小商；强行党化教育，束缚青年思想；取消民众团体，剥夺言论自由；滥发公债纸票，骗取民间现金；制造军阀混战，酿成全国大乱。中国工农红军第三军团第五军第一师第三团士兵会宣。公历一九三一年七月一三日制

路条印版　木制，长19厘米，宽9厘米，厚2.60厘米。

福建军区第一分区独立八团英勇红色战士奖章　银质，五角星形状，半径2.60厘米。曹坊乡三黄村药里径一民房建设工地挖土时发现。

中华苏维埃共和国借谷票　纸质，有25公斤、50公斤等面额，是第二次国内革命战争时期宁化人民支援革命的实物见证。

宁化南城堡铁业合作社股票　纸质，长12厘米，高7.80厘米，面值1元，是第二次国内革命战争时期宁化各级苏区政府发展苏区经济、支援前方的佐证资料。

（三）民俗文物

虎头帽　布质，直径15厘米，帽围高10厘米，披风长25厘米，外形似虎头，扇开披风，用黑色棉布作底，绣以彩色花朵图案，顶部有两只"虎耳"，耳沿上缝缀白色兔毛，后脑勺部位缀有锁状银质铃铛，额前中央用红绿丝线绣"王"字。帽圈别一组银质微型神像，中央为寿星，两侧为八仙。客家孩童周岁至五岁时戴虎头帽，寓意虎威驱邪，寿仙延祥。

针衫子　宽60厘米，长30厘米，用黑线纺织成鱼网状，下沿缝挂铜钱若干枚，客家幼孩出门时穿"针衫子"，隐含避邪之意。

掩腹　布质，长50厘米，宽50厘米，用漂蓝或黑色棉布做底，上端边缘缝一条5厘米宽的"掩腹脑子"（为彩色衣线绣花纹图案，做工精致），多用银链子为系带，左上角佩有精致银制牙排。

至2005年，馆藏《中国工农红军军用号谱》、黄慎字画、伊秉绶书画作品、出土石陶、苏东坡砚台、古陶瓷等珍贵文物1857件（套）。

四、陈列与宣传

1988—1990 年，县博物馆每年国庆期间开放历史文物陈列厅，共展出实物、书画、字匾、图表 500 多件。1991—1995 年，县纪念馆编辑制作并展览宁化革命斗争史图片、新民主主义时期图片、中华人民共和国文物保护法图片、文物保护——以案说法图片 1900 多幅。1997—2000 年，制作展出庆香港、澳门回归图片，中国火花艺术等图片 600 多幅，举办"宁化客家民俗文化展"，并先后与南京民俗博物馆联合举办"南京雨花石珍品展"，与美籍华裔雷静波联合举办"雷静波书画展"，参观 3 万人次。

2005 年 10 月，县政府核拨专款 30 万元，全面改造县纪念馆革命斗争史陈列厅及版面，开馆当天接待到宁化参加纪念活动的彭德怀元帅侄女、解放军少将彭钢，中共中央党史研究室常务副主任石仲泉，中国军事科学院高级军史专家徐占权，全国曲协主席刘兰芳、副主席姜昆等嘉宾。

五、文物定级与抢救

1988—2001 年，省文物管理委员会、省博物馆专家先后对县纪念馆（县博物馆）的历史文物、革命文物进行定级，其中《中国工农红军军用号谱》被定为国家一级文物。县纪念馆（县博物馆）按照省"三级馆"标准，对革命文物、历史文物和民俗文物、资料进行规范建档、分类保管。2002 年 7 月，时任福建省省长习近平考察县纪念馆，拨给维修专项经费 15 万元。2003 年 5 月，晋江市帮扶纪念馆 15 万元，建立多媒体电教室。至 2005 年，先后抢救性修复和维修郑文宝墓、伊秉绶墓、罗令纪墓、宁化县第一次工农兵代表大会旧址、豫章书院、曹氏家庙等 6 处文物保护单位，征集清代《皇帝褒奖令》、清代漆金木雕、明清建筑屋脊鸱吻、明清时期玉器、明清漆金木雕等文物共 75 件。

第四节 非物质文化遗产

一、民间文学普查

1988 年，县文化局、县文联先后组织 32 个采风组 110 人，普查搜集全县民间文学资料，至 1990 年，共搜集故事 410 个、歌谣 800 首、谚语 3600 条。1991 年，编印出版"三套集成"（《中国民间故事福建卷·宁化分卷》《中国民间歌谣福建卷·宁化分卷》《中国民间谚语福建卷·宁化分卷》）。

二、非物质文化遗产保护

（一）民间音乐、游艺资料

1998—2001 年，先后出版《宁化客家民间音乐》与《宁化客家牌子锣鼓》资料性书籍。2002 年，县文体局组织人员收集、整理宁化民间戏曲资料 12 万字。2003 年，县文体局、县文化馆组织专人到安乐乡夏坊村、治平乡高地村收集、整理"游傩"资料。

（二）特色项目

山歌 宁化客家山歌以劳作山歌、爱情山歌、革命山歌为基本类型，内容丰富，文采绚丽，曲调优美，比兴生动，贴近生活，既有黄钟大吕般的中原古韵，又有高山流水般的南方音调，其中著名的劳作、爱情山歌《看牛歌》《砍柴歌》《乡里间》《十送郎》《等郎归》《十绣荷包》《问你老妹留不留》，革命山歌《韭菜开花》《油菜开花》《新打梭镖》，儿歌《红鸟子红辉辉》《月光光秀才郎》《答答且带老弟》仍在民间广为传唱。

牌子锣鼓　宁化牌子锣鼓为演奏唢呐曲牌的一种吹打乐，融汇南北方地方戏曲、民族器乐、宗教音乐和客家音乐元素所形成的一种民间器乐形式，具有浓郁的宁化客家特色风格。乐队人数6—7人，乐器由唢呐、小鼓、边鼓、拍板、锣、钹等组成，演奏形式分为坐奏和行走两种。根据活动内容性质与情绪的不同，演奏时采用不同的曲牌组合，具有较强的表现力和感染力。

游傩　傩是一种原生态神灵崇拜文化，安乐乡夏坊村吴、夏、赖三姓村民世代相传的"梅山七圣"游傩，于每年农历正月十三举行。黎明时分，村中7名壮汉装扮成"梅山七圣"，鞭炮大作，锣鼓齐鸣，朝天铳轰响。"迎神"开始，上身赤裸的众傩头戴狰狞恐怖的面具，从香火厅鱼贯而出，游街过巷，缓缓而行，鞭炮、锣鼓声一路相随，每个"傩神"手拿一根带叶竹枝向围观者轻轻抽打，据传被抽打者可以防灾祛病、家人平安清吉，有人则用自己预先备好的竹枝和"傩神"的竹枝交换，供奉于家中香案，以此驱除恶秽、延吉纳祥。

马灯　清末由长江流域传入宁化，表演时由9名演员分别扮成马夫1人、小丑1人、执高照者2人、骑"马"者5人（大花脸1人、花旦2人、宰相2人）。骑马者腰系马头、马尾道具，双手抓住"缰绳"，模仿徐行、奔驰、跳跃等骑马动作；小丑左手撑宝伞，自始至终不停地转动，右手拿折扇，插科打诨，活泼滑稽；马夫则打虎跳、前滚翻、牵马、喂马等，连番表演，穿插变化。舞马灯边舞边唱，有动有静，唱曲时舞起，念词时舞停，开头必唱《天官赐福》，其他唱词在不同的地点可以临时改换，舞蹈音乐为湖南祁剧调，伴奏乐器有二胡、祁胡、笛子、唢呐、骨板、大小锣、大小鼓等。

池家灯　为治平畲族乡高地村池姓祭祖灯舞，故称池家灯，每年农历正月初二至正月十五晚在宗族祖祠表演。由16名壮汉扮成古代将士，分2队，每队8人，每人手执纸扎的池家灯，按照"高照""令旗""令箭""关刀""钺斧""铜锤""朱笔灯"的顺序排列，火铳发出三声巨响，两军"将士"分别在锣鼓声中从祠堂后面左右两侧鱼贯而出进入祖祠，首先向祖宗牌位恭恭敬敬地行三叩礼，随后音乐声起，执灯者在执令旗者的率领下，仿古代将士时而调兵遣将，时而穿花起舞，随着时缓时急的音乐节奏，两军将士的阵势穿插变换，跑、跳、跷、走，进入高潮时，唢呐仿战马嘶鸣，表演者亦高声大叫，犹如战场上两军交锋，激烈壮观，扣人心弦。池家灯由"高照灯"（又称华盖灯）、"令旗灯""关刀灯""钺斧灯""铜锤灯""朱笔灯""令箭灯"各2盏组成，传统队形有团伙阵、龙门阵、回门阵、长蛇阵、八字金锁阵、迷魂月儿阵等，伴奏音乐采用牌子锣鼓演奏民间小调、唢呐曲牌《出水令》等，气氛欢快热烈，具有鲜明的地方风格特色。

第三章　广播　电视　电影

第一节　机构

1988年，宁化县广播电视局（简称县广电局）下辖广播站、电视转播台。1990—1994年，县广电局先后成立归口县广电局管理的县音像管理站、广播电视事业管理站、广播电视器材供应站和有线电视台。1997年，县广电局更名为宁化县广播电视事业局（简称县广电事业局）。2003年4月，全县15个乡（镇）广电站（翠江镇未设站）收归县广电事业局管理。2005年，内设办公室、技术部、收费部、新闻部、广告部、稽查队，下设广播电台、电视转播台，有员工105人。

第二节 广播

一、有线广播

1988年，全县有15个乡（镇）设广播站（翠江镇未设站），92个建制村通广播。1990年，全县16个乡（镇）通有线广播。1993年，全县115个建制村通有线广播，有村广播室69个。

二、调频广播

1988年，开始试行调频广播。1990年，调频信号覆盖全县各乡（镇）。1994年6月，调频传输广播完全取代有线传输广播。2003年，县广电局建成音频工作站，实现广播节目制作、播出数字化。

三、广播宣传

1988年，广播节目播出时间分为每天早、中、晚三段式，自办节目主要有"宁化新闻""报纸摘要""三明各地新闻联播""科学与技术""卫生与健康""计划生育天地"等6个常设节目。1994年6月，改为每天15小时调频立体声播出，增设自办广播节目，日播出新闻12—14条，每周除播出固定栏目外，播出各类专题6—8个。2005年1月起，自办广播新闻从每周三档增加到每周四档，每周一、三、五、六首播。

1988—2005年宁化县广播电视新闻用稿情况表

表28-5   单位:篇

年份	广播			电视	
	省台	市台	县台	市台	县台
1988	5	0	1185	2	0
1989	7	0	1198	5	0
1990	7	12	1204	6	0
1991	9	18	1212	4	0
1992	8	25	1237	5	0
1993	11	28	1241	6	0
1994	9	31	1296	8	0
1995	8	42	1323	28	608
1996	12	47	1304	56	620
1997	13	136	1378	162	625
1998	17	97	1396	156	617
1999	35	159	1422	185	941
2000	27	132	1427	180	998
2001	25	179	1429	230	1012
2002	29	240	1437	215	1092

续表 28-5

年份	广播			电视	
	省台	市台	县台	市台	县台
2003	28	242	1441	203	1098
2004	16	307	1447	151	1092
2005	30	356	1611	160	1200

1988—2005 年宁化县广播电视新闻获奖情况表

表 28-6　　　　　　　　　　　　　　　　　　　　　　　　　　　　　　　　　　单位：篇

年份	新闻作品名称	获奖等级	主创人员
1988	《县汽车运输招标承包》连续报道	三明市广播电视新闻奖·广播类一等奖	刘金泉
1989	《粮烟合奏丰收曲》	福建省广播电视新闻奖·广播类三等奖、三明市一等奖	刘金泉、邹学麟
1990	《说说党员保险》	三明市广播电视新闻奖·广播类一等奖	刘金泉、贾振明
1991	《走村串户话支部》	三明市广播电视新闻奖·广播类一等奖	刘金泉、贾振明
1992	《老区边贸谱新篇》	福建省广播电视新闻奖·广播类三等奖、三明市一等奖	贾振明
1992	《说说泉上村村民自治》	福建省广播电视新闻奖·广播类二等奖、三明市一等奖	刘金泉、贾振明
1993	《腾飞的"小凤凰"》	三明市广播电视新闻奖·广播类一等奖	贾振明
1998	《洪灾纪实》	三明市广播电视新闻奖·电视类一等奖	贾振明
1999	《我县"四荒地"拍卖槌声响起》	三明市广播电视新闻奖·广播类一等奖	贾振明
2001	《2001 年世界客属石壁祖地祭祖大典在宁化举行》	福建省首届县级台电视新闻奖三等奖	贾振明、肖松
2002	《警惕有毒塑料食品袋》	福建省县级台电视新闻奖二等奖、省广播三等奖	张坤明、伍建平
2004	《胡志明自荐竞选人大代表》	三明市电视新闻奖一等奖	张坤明、伍建平

第三节　电视

一、电视设施建设

（一）电视差转

1988 年，全县有电视差转台 46 座，差转信号覆盖全县 80% 人口，差转福建电视台 1 套节目和教育电视台节目，入户电视信号 2 万台。1993 年，全县电视差转台 39 座，入户电视信号 3.30 万台。至 2005 年，全县仅剩南山差转台 1 座，转播中央电视台 1 套和福建电视台 1 套节目。

（二）微波站

1987 年 11 月，动工兴建城区五家山电视微波站；1989 年 9 月投入使用，城区可同时收看中央电视台第 1 套和省电视台第 1 套彩色电视节目，并向各乡（镇）差转台提供电视信号供差转。1996 年 11 月，县、乡微波联网开通，向各乡（镇）发送 6 路电视节目，全县 210 个建制村可以收看中央电视台 1—8 套电视节目。2003年9月15日，光纤联网开通，五家山微波站仅为城区、城郊结合部提供福建电视台1套节目。

（三）卫星地面接收站

1988年，全县卫星地面接收站6座，1993年发展到36座，全天候转播中央电视台1—4套电视节目，云南、贵州电视台等6套以上电视节目。随着有线电视兴起，至2005年，全县仅有有线电视尚未开通的偏僻乡村通过卫星地面接收器收看电视节目。

（四）有线电视

1988—1991年，县政府内机关单位及宿舍、县公安局、县法院、县检察院、中国人民银行宁化县支行、县水电局、客家宾馆、宁师附小等单位先后安装有线电视。1992年10月，建成城区有线电视中心机房，架设至县林委、县汽车站、宁化第六中学3条电缆主干线。1993年，城区架通东西南北4条电缆主干线，实现城区有线电视电缆大联网，各乡（镇）也相继开通有线电视。1996—1999年，有线电视用户城区9000户，乡（镇）1.50万户。2003年1月31日，完成10公里光缆下埋管道工程，架设光缆600芯公里。城区36个光节点全部开通。

2003年3月始，组织实施县、乡（镇）有线电视光纤联网工程，至9月15日，全县所有乡（镇）所在地和公路沿线95个建制村与县有线电视网络联网，实现全县有线电视一张网的目标，联网区域内的有线电视节目达到33套，有线电视用户达到3.10万户，覆盖人口15万人，建制村光纤联网率45.20%。2004—2005年，实施50户以上自然村"村村通"广播电视工程，新建光缆杆路50公里，开通20个光节点联网20个建制村，广播电视光缆网络覆盖人口达20万人，建制村联网率54.76%。

1988—2005年宁化县有线广播电视发展情况表

表28-7

年份	播出频道数（套）	通有线电视村数（个）	全县有线电视用户（户）	广播电视综合覆盖率(%)
1988	2	0	0	0
1989	3	0	0	0
1990	3	0	0	0
1991	3	0	0	0
1992	6	0	0	0
1993	9	8	4900	90
1994	9	15	6000	92
1995	10	46	11000	95.50
1996	20	83	15000	96.50
1997	20	151	20000	97
1998	20	180	22000	97.50
1999	20	195	24000	97.50
2000	24	208	26000	98
2001	25	210	27000	98
2002	26	210	27000	98
2003	33	95个建制村光纤联网	31000	98
2004	33	115个建制村光纤联网	32000	98
2005	33	182个建制村光纤联网 11个建制村无线数字电视联网	33000	98.50

二、电视宣传

1988 年，县委组织部、县委宣传部联合摄制电视宣教片《立国之本》《延祥古建筑群》《延祥牡丹》《一封家书》并在中央台播出，其中《立国之本》获福建省优秀电教片一等奖并参加全国优秀电教片交流展播。1994 年，宁化有线电视台成立，开始自办电视节目，主要播出政令、电视录像片、中共党员电教片；4 月 1 日开办《宁化新闻》栏目，每周播出 1 次。1995 年始，每周二、五播出当天新闻，并不定时播出各类电视专题、专栏。2002 年始，每周一、三、五播出当天新闻，周二、四、六、日重播。至 2005 年，电视宣传摄录制作播出设备不断更新，拥有较先进的编辑系统及摄像机、插播机、编辑机、控制台、字幕系统等。

第四节　电影

1988 年，全县电影发行收入 31.40 万元。1991 年，全县电影发行收入 48.80 万元、放映收入 102 万元，为宁化电影业收入的最高峰。1994 年始，随着娱乐方式多元化及电视的普及，城区电影发行、放映收入急剧下降，农村电影队从业人员逐步减少；至 2000 年，村级放电影已极为稀少。2005 年，县电影发行放映公司（翠城影院）、县影剧院列入改制单位，2007 年单位撤销。

1988—2005 年宁化县电影发行放映情况表

表 28-8   单位:部、万元

年份	发行影片	发行收入	放映影片	放映收入
1988	120	31.40	—	—
1989	115	36.30	—	—
1990	125	45.40	—	—
1991	150	48.80		102.00
1992	130	38.80	—	—
1993	142	24.70	—	—
1994	120	12.50	—	—
1995	—	—	50	7.30
1996	—	—	60	12.50
1997	—	—	60	8.00
1998	—	—	48	3.50
2000	—	—	30	9.50
2001	—	—	30	6.30
2002	—	—	20	3.00
2003	—	—	15	2.90
2004	—	—	20	2.00
2005	—	—	15	2.60

注:1995 年始，从过去的计划排片改为效益排片核定基数。

1988—2005 年宁化县电影放映队伍情况表

表 28-9　　　　　　　　　　　　　　　　　　　　　　　　　　　　　单位:个、人

年份	电影放映单位	国有			乡(镇)			个体		从业人员
		数量	35毫米	16毫米	数量	35毫米	16毫米	数量	16毫米	
1988	44	8	5	3	36	9	27	0	0	92
1989—1991	41	7	3	4	34	9	25	0	0	82
1992—1993	44	5	2	3	28	9	19	11	11	73
1994—1996	30	4	2	2	19	9	10	7	7	49
1997—2000	25	2	2	0	19	8	11	4	4	26
2001—2005	15	2	2	0	8		8	5	5	17

第四章　史志　档案

第一节　机构

一、党史

1988 年，宁化县党史资料编写委员会改为宁化县党史工作委员会，设主任 1 人，由县委书记兼任；宁化县党史工作委员会下设办公室（简称县党史办），正科级机构。2005 年，县党史办编制 5 人，设主任 1 人、副主任 1 人。

二、方志

1984 年 7 月 30 日，县委、县政府以（宁委〔84〕17 号）文，作出《关于开展修志工作的决定》，正式成立宁化县志编纂委员会，为修志的领导机构，启动修志。宁化县志编纂委员会设主任 1 人，由县委副书记兼任，后改由县长兼任，副主任 3 人，委员 18 人。下设办公室（简称宁化县志办），为科级专门机构，具体负责新县志的编纂和旧县志的整理利用、组织和指导专业志、乡（镇）志、年鉴的编纂，以及处理有关方志编纂的日常工作。编制 6 人，设主任 1 人、副主任 1 人。2005 年延续。

三、档案

宁化县档案局于 1986 年 11 月成立，与县档案馆合署办公，两块牌子、一套班子。1996 年，局（馆）合署办公，内设办公室、业务督导股和保管利用股，有工作人员 11 人，其中档案专业技术人员 7 人（馆员 3 人、助理馆员 3 人、管理员 1 人），为正科级县委直属事业单位。1999 年，县档案馆经省档案局考评验收批准为省一级档案馆。2005 年，机构建制不变。

第二节 党史编研

1988—1990 年，县党史办先后编辑出版《宁化县党史资料》（1—15 辑），综合反映宁化民主革命时期（1926—1949 年）和社会主义时期（1950—1995 年）的革命和建设历程，丛书 130 万字。1991 年，邓文恭主编《中国共产党福建省宁化县组织史资料》，记载 1929 年 6 月至 1987 年 12 月宁化党、政、军、群组织机构沿革及主要负责人名单，全书 30.40 万字。1994 年 10 月，李水钿主编《宁化英烈》由福建人民出版社出版，全书 12.20 万字，记载宁化在民主革命时期参加革命牺牲的 32 名著名烈士及中华人民共和国成立后健在的 26 位老红军、2 位革命人士的生平事迹。2001 年 6 月，许培昭主编《宁化人民革命史》由北京燕山出版社出版，全书 16 万字，综合反映宁化民主革命时期历史。2003 年 3 月，吴登洲主编《风展红旗》，全书 20 万字，记载宁化 1921—2000 年民主革命和社会主义建设的重要事件。2004 年 5 月，吴登洲主编《长征从这里出发》，反映中央红军长征前在宁化发生的主要革命事件及主要战斗、宁化籍红军参加长征经历，以及中华人民共和国成立后党史专家对宁化长征出发地的考证情况，全书 26.50 万字。2005 年 10 月，吴登洲主编《中共宁化党史人物》，记载 1928—2004 年担任宁化党、政、军、群机构正科（营）级职务以上的党员领导干部简历，全书 14.20 万字。

第三节 志鉴编纂

一、地方志编纂

（一）志书编纂

1984 年 8 月，宁化县开修中华人民共和国成立后首轮《宁化县志》；1987 年，进入总纂；1988 年，完成总纂第二稿，经宁化县审稿小组集体审查和修改，福建省地方志编纂委员会（以下简称省方志委）《宁化县志》审查验收组验收；1992 年 9 月，由福建人民出版社出版发行，全书 123.90 万字、90 幅彩照和地图，第一次印刷 3000 册。首轮《宁化县志》，采用分卷（志）并列体，卷下分章、节、目。以志为主，述、记、传、图、表、录、照片并用，全志 35 卷，志首设概述、大事记，志末设附录。各卷大体排列以地理、经济、政治、军事、文化、社会为序。志书上限尽量追溯到事物的发端，下限到事物的终结，未能终结的截至 1987 年年底，个别事物延至 1988 年。主编刘善群。

2004 年，根据《中共福建省委办公厅、福建省人民政府办公厅转发省方志委关于开展第二届三级志书编纂工作意见的通知》（闽委办〔2003〕24 号），县志办向县委、县政府提交编修第二轮《宁化县志》的请示报告，2005 年，县志办向县政府再次反映开展第二轮《宁化县志》编修工作的情况，着手第二轮《宁化县志》编修的准备工作。

（二）省志专志增编

2002 年 5 月，县志办张族进专为《福建省志·闽江志》撰写提交《宁化县资料》6 万余志。2003 年，县志办完成《中国方志通鉴》《福建省志·方志志》《福建通鉴》宁化资料 3 万多字编纂上报工作。

（三）旧志整理

2003 年 10 月，县志办组织开展民国 15 年（1926 年）版《宁化县志》点校工作。该志于 2009 年 10 月由厦门大学出版社出版发行，全书 62 万字，印数 1500 册。该志被列入福建省旧方志丛书。

（四）部门志编纂

1988年6月，印刷《宁化县税务志》；8月刊印《福建省宁化县供销合作事业志（1931—1985)》。1989年1月，出版《宁化县泉上镇志》。1990年，刊印《延祥村史志》。1990—1994年，相继出版或刊印《宁化林业志》《宁化县交通志》《宁化公安志》《宁化县广播电视志》《宁化侨务志》《宁化华侨农场志》。2002年，刊印《宁化妇幼保健史》和《宁化县医院简史》。

二、年鉴编纂

1988年始，县志办组织力量编纂《宁化年鉴》；1989年，编辑刊印宁化县第一部地方性综合年鉴——1988年《宁化年鉴》。此后，县志办坚持一年一鉴，逐年编印。至2005年共编辑出版《宁化年鉴》17部，印刷8200册。《宁化年鉴》体例为条目体，内容主要反映全县经济社会发展的新成就、新变化、新经验、新问题，同时也反映全县政治、军事、法制、教育、科技、文化、体育、卫生、社会生活等方面内容，为各级党政部门领导研究宁化县情、进行科学决策提供参考和依据，同时为各行各业各界人士提供信息咨询和工作借鉴。

三、理论研究

1984—2005年，县志办创办《宁化方志通讯》，对史志编纂理论进行交流探索与研究。刘善群、谌响才、张族进、李水钿等先后在省内外专业刊物上发表理论文章，有多篇研讨论文获奖、被转载，参加或入选全国、省、市地方志学会学术交流。

1988—2005年宁化县地方志鉴理论研究论文发表情况表

表28-10

论文题目	作者	刊登书刊	入选获奖情况
谈谈党政志的编写	刘善群	《福建史志》1988年第3期	
论主编意识在方志编纂中的实现	刘善群	《福建史志》1989年第5期	《中国地方志》1990年第1期转载、《宁夏史志研究》1990年第3期转载，入选全国地方志论文，获中国地方志协会证书
新编地方志的质量标准	张族进	《中国方志论文目录》北京燕山出版社出版	福建省方志函授分校，推荐为全国优秀论文
如何用马列主义毛泽东思想指导社会主义新方志的编纂工作	张族进		1992年入选参加福建省地方志学会年会并在会上宣读交流
修志读志用志，事业方兴未艾	李水钿	《福建史志》1994年第6期	
编纂地方年鉴有必要设立人物条目	张族进	《福建史志》1996年第2期	1995年入选参加福建省地方志学会学术交流。
试议新编志书质量的评定标准	张族进	《福建史志》1997年第3期	1996年入选参加福建省地方志学会交流，并入选《中国世纪发展论文集》和《中国社会科学文库》
浅谈地方综合年鉴的时效性	张族进	西南财经大学《改革开放与市场经济文选》	

续表 28-10

论文题目	作者	刊登书刊	入选获奖情况
宁化县志与客家祖地	李水钿	《福建史志》1998 年第 2 期	入选《中国社会主义精神文明建设宝典》
志书发行之我见	张族进	《福建史志》1998 年第 4 期	
新编《长汀县志》的老区特色	张族进	《福建史志》1999 年第 2 期	
提高续志质量之途径	张族进	《福建史志》1999 年第 6 期	入选《中国当代论文选粹》《中国当代思想宝库》
修志需要奉献精神和主观能动性	张族进	《福建史志》2000 年第 2 期	入选参加省学术交流并获表彰
浅谈新修《永定县志》的地方特色	张族进	《福建史志》2000 年第 4 期	
知识经济时代续志创新初探	张族进	《福建史志》2002 年第 3 期	2001 年入选参加省学术研讨会并宣读交流。
编修简志应成为为续志编修的重要目标	张族进	《中国地方志》2003 年第 1 期摘登，《福建史志》第 6 期转载，《志苑》2004 年第 1 期转载。	《中国西部人文社科优秀成果精选》
续志记述改革开放的重点与方法刍议	张族进	安徽《志苑》2003 年第 1 期，《中国地方志》2003 年第 3 期摘登。	获世界文化艺术中心，世界华人交流协会参赛论文"特等奖"
续志要充分利用和反映勘界资料与成果	张族进	《中国地方志》2004 年第 6 期	
平衡观在志书编纂中的运用	张族进	《福建史志》2005 年第 2 期，《中国地方志》2005 年第 4 期摘登。	
浅谈新编地方志知识产权的保护问题	张族进	《福建史志》2005 年第 6 期	入选参加省学术研讨会交流

第四节　档案管理

一、档案局（馆）建设

1989 年，动工建设宁化县档案大楼。1991 年 2 月 2 日，正式投入使用，建筑面积 2218 平方米。安装客货两用电梯 1 台，配有空调、去湿机及防火、防盗自动报警系统，为当时全省最好的县级档案馆。至 2005 年，共购置天津佳能 NP207 静电复印机 1 台、针式打印机 1 台、计算机 7 台，温湿度自动记录仪 1 台，安装 2 台功率为每小时 9.70 千瓦的集中立柜式空调与循环通风管道，配备去湿机 3 台、排气扇 3 个、温湿度表 3 个。

二、档案资料

(一)档案

1988年,县档案馆馆藏档案61个全宗、案卷22335卷。至2005年,馆藏档案132个全宗、案卷53549卷。分为民国时期档案和中华人民共和国成立后档案,其中民国档案7个全宗、案卷7924卷,均为民国23—38年(1934—1949年9月30日止)国民党的党、政、军、警、法、团等机构形成的文书档案,包括国民党宁化县党部246卷、三青团宁化分团64卷、宁化县政府(含县政府及秘书室、民政科、建设科、教育科、军事科、财政科)4609卷(其中有爱国华侨胡文虎在宁化县捐资建校专卷2卷)、司法科与司法处2627卷、警察局118卷、田粮科234卷、卫生院26卷;中华人民共和国成立后档案125个全宗、案卷45625卷,为县直党政机关、人民团体及乡(镇)(区、公社)、部分企业事业单位、中央、省、市驻宁化单位所形成的文书、统计、教学、史料、干部死亡、清理个人建私房档案、地籍、科技及声像、电子等门类档案,主要包括党政群团、组织人事、民政劳动、工交财贸、计划统计、农林水、文教卫生、乡(镇)8大类。

(二)资料

1988年,县档案馆馆藏资料8大类9066册。至2005年,馆藏资料8大类13757册,其中有马克思、恩格斯、列宁、毛泽东、邓小平著作,中共中央文件汇编,政治、军事、经济、哲学、文学、医药、史学、地理、档案业务等著作,地方史志、家谱,水文、气象及省、地(市)、县国民经济统计资料,《辞海》《辞源》《永乐大典》《康熙字典》《汉语大词典》、药典、年鉴、年谱等工具书,《人民日报》《福建日报》《清宁日报》等报纸杂志及反映宁化革命历史、经济建设等方面的照片、录像带、光碟。比较珍贵的资料有清朝李世熊所著《宁化县志》(清朝同治十八年线装本)、黄慎所著《蛟湖诗钞》及用宁化玉扣纸印刷的《毛泽东选集》(线装本)等。

三、管理

(一)档案资料接收整理

1988—1989年,县档案馆组织县粮食局、县供销社、中国人民银行宁化县支行等单位开展全宗短期档案鉴定工作。1991—1992年,对13506册资料进行分类、编目、贴签。1993—2005年,每年开展新进馆档案与资料的鉴定、整理、编目、入库、上架工作。

(二)档案资料保护

1988—1900年,县档案馆在做好库房内外温湿度记录、分析,及时调控库房温湿度的同时,抓好档案安全检查与修复抢救工作。1991年搬迁至新馆后,安排专门裱糊室、消毒间,提高馆藏档案保护与抢救质量。

1988—2005年宁化县档案资料征集接收情况表

表28-11

年份	接收档案数量		征集资料数量
	案卷(卷)	文件(件)	(册、盘、张、幅)
1988	3334	0	100
1989	4984	0	0
1990	1590	0	7
1991	618	0	204
1992	1230	0	830

续表 28-11

年份	接收档案数量		征集资料数量（册、盘、张、幅）
	案卷（卷）	文件（件）	
1993	2794	0	668
1994	412	0	491
1995	1397	0	342
1996	1850	0	368
1997	106	0	200
1998	1936	0	485
1999	1550	0	317
2000	1223	0	205
2001	1073	0	107
2002	1382	0	215
2003	707	0	91
2004	3626	0	118
2005	4129	57	43

1991—2005 年宁化县档案保护与抢救情况表

表 28-12　　　　　　　　　　　　　　　　　　　　　　　　　　　单位：卷、张

年份	检查档案	去污	消毒杀虫	裱糊	复制
1991	0	0	0	3276	116
1992	35513	0	0	4097	0
1993	0	2310	0	11399	0
1994	37164	0	3500	2328	0
1995	0	0	0	2036	0
1996	0	0	0	2821	0
1997	0	0	0	3091	0
1998	23714	0	0	10607	0
1999	0	0	0	1026	0
2000	0	0	0	3096	0
2001	17106	15984	10224	3004	0
2002	10576	0	0	0	0
2003	0	0	0	0	0
2004	0	0	12100	2588	0
2005	0	0	0	2315	0

四、档案资料利用

1988 年始，县档案馆组织人员编写全引目录、专题目录、索引卡片、全宗介绍、档案馆指南、著录机检目录，至 2005 年，共有案卷目录 196 册、全引目录 625 册、专题目录 21 册、索引卡片 64501 张、机检目录 373302 条、全宗介绍 129 个、档案馆指南 1 个，开放档案 22090 卷，完成编研材料 29 个 112.17 万字。

1988—2005 年宁化县档案利用情况表

表 28-13

年份	查阅档案资料(人次)	调阅档案资料(卷次、册次)	复印档案资料(张数)
1988	630	1497	925
1989	638	1316	2999
1990	680	1826	1450
1991	728	1200	2115
1992	537	1904	703
1993	687	1947	3120
1994	592	3615	7000
1995	292	623	4000
1996	352	768	3000
1997	398	1610	3388
1998	422	1729	5724
1999	794	2741	12180
2000	816	1891	2368
2001	464	1170	1374
2002	706	1534	2123
2003	612	3716	2524
2004	672	4957	3315
2005	663	3462	1935
合计	10683	37506	60243

五、档案工作监督指导

（一）机关事业档案建设

1988—2005 年，县法院、县检察院、县审计局等 44 个机关事业单位档案管理达省级先进标准，宁化六中、宁化人寿保险有限公司等 10 个事业单位档案管理达省一级标准。

（二）企业与重点工程项目档案建设

1988—1998 年，县林产化工厂档案管理达国家二级标准，县合成氨厂、沪宁电视机厂等 29 家企业档案管理达省级先进标准。1999—2005 年，县档案局加强全县重点工程项目登记工作，先后开展宁化公路"先行工程"、农村电网改造、城南工业园区等 34 项重点项目的建档、指导和监督工作。宁化农村电网改造、省道建文线宁化城关至谢坊段、洋万线宁化谢坊至黄庄段公路改建等完工项目档案通过省、市检查组验收。

（三）农业农村与社区档案建设

1990 年，全县 15 个建制村开始建档。1996 年，全县 16 个乡（镇）机关、220 个建制村（居）委会 100%建档。2001 年，全县有 182 个建制村（居）建档合格率 80%。2005 年，翠江镇双虹、小溪、中山、红卫、朝阳 5 个社区档案管理通过合格认定。

（四）档案宣传与法制建设

1988—2005 年，县档案局印发档案法制宣传材料 6070 份，出档案法制宣传专栏 45 期，举办档案展览 9 次，档案建设宣传信息与文章被国家、省、市档案刊物及信息简报采用 162 篇。

六、档案信息化建设

（一）档案目录数据库建设

1998—2000 年，县档案馆应用计算机录入数据 150395 条，采集馆藏 7924 卷民国档案案卷及目录数据信息，通过省档案局验收。2003—2005 年，检查、修改、审校县委、县政府、县人大等 20 个全宗 217064 条目录、经省、市档案局检查验收，准确率 95.70%，一次性成功报送省库。

（二）档案网站建设

2003 年 12 月，开通县档案局（馆）网站，至 2005 年网站访问量达 3400 人次，被评为 2005 年"全省优秀档案网站"。

（三）现行文件中心建设

2005 年，县档案局（馆）建立现行文件利用中心，完成场所改造，配备电脑和文件装具，建立现行文件资料报送网络，接收文件 718 份。

七、档案学术交流

1989 年 8 月，三明市档案学会宁化分会成立。1991 年 4 月，宁化县档案学会和宁化县档案咨询服务部成立。1998 年，宁化县档案学会召开代表会议。2000 年，因资金不足，宁化县档案学会撤销。至 2005 年，宁化县在《福建档案》《中国档案报》等刊物发表档案理论研究或记叙档案工作有关情况的文章 14 篇。

第五章　新闻出版图书

第一节　机构

1997 年 1 月，宁化县新闻出版办公室成立，隶属县委宣传部，副科级单位。2002 年，宁化县新闻出版办公室归口县政府，由县文体局管理。2004 年 3 月增挂宁化县版权局牌子。2005 年，建制未变。

第二节　新闻

1988 年，县委报道组及其通讯员报送的新闻稿被市级以上报刊、电台、电视台采用 689 篇（次）。1989 年，《三明日报》宁化记者站（与县委报道组一套人马、两块牌子）成立。是年，被市级以上新闻单位采用稿件 196 篇（次），其中《三明日报》国庆 40 周年专版·宁化版获一等奖，《宁化县运输公司系列跟踪报道》获三明市广播新闻评比一等奖，《蔺草在宁化安家》获《福建科技报》1989 年度好新闻二等奖。1990 年，全县有市级通讯员 17 人，县级新闻广播通讯员 90 人。被市级以上报刊采用稿件 810 篇（次），其中县委报道组 220 篇（次）。1991—1992 年，被国家级新闻单位采用稿件 19 篇（次）、省、市级采用 581 篇（次），其中《宁化赤脚干部老有所养》被新华社采用为通稿，《宁化延祥发现古家书》被中央电视台、福建省电视台等 10 家新闻单位播出。

1993—1994 年，县委报道组组织"工业经济发展年宣传月"系列报道，摄制宁化经济建设"成功之路"系列片、"宁化客家人"专题片在中央电视台、福建电视台播出，采写、摄录"5·2""6·15"特大洪灾新闻专稿 180 篇（条）。1995 年，组织《三明日报·宁化新闻》《美国商报》《香港商报》《福建侨报》等 6 个专版，向各级新闻单位报送客家公祠落成暨世界客属祭祖联谊稿件 150 篇（次）。1996—1998 年，被省级以上新闻单位采用稿件 391 篇（次），其中中央电视台 3 条。2000 年，《神奇的客家祖地——宁化石壁》电视专题片在省、市电视台播放。2002 年，制作电视专题片 12 部，编播《宁化新闻》156 期 1092 条，在市级以上广播电台、电视台播出新闻 565 条（次），市级以上报刊发表各类报道 182 篇（次）。2003 年，《宁化新闻》开辟宣传防治"非典"专栏。2004 年，设立"宣传宁化新闻奖"，每月编发 1 期新闻通联专刊。

2005 年，中央电视台播出宁化专题片 8 部、新闻 5 条，福建电视台播出宁化专题节目 7 个、新闻 19 条，其中《南方地区普降瑞雪》《走出大山的红支书——张仁和》《福建宁化遭受水灾损失严重》在中央电视台《新闻联播》播出，《送欢笑——走进宁化苏区》在中央电视台 3 套《综艺快报》播出，《军号嘹亮》《武夷山中的红色娘子军》《烈士村的日子》《竹乡里的纸作坊》《宁化客家祖地》专题片在中央电视台 7 套播出，《宁化客家民风民俗》专题在海峡卫视《精彩出镜》播出。

第三节　出版

1988 年，县政府先后下发《关于严格查禁淫秽录像的通知》《关于开展音像制品反盗版"百日"行动的通知》《关于清理整顿书报刊市场的通知》等文件，采取行政和经济手段，严管非法出版物，打击"贩黄""传黄"等违法行为，规范市场秩序，推进出版业及相关文化经营发展。至 2005 年，全县有印刷厂 14 家，印刷出版文学、书画、族谱、学术论文等内部资料性书刊及各类宣传品，有书店、书报刊亭、书屋 28 家，打字复印社 30 家、音像制品零售专卖店 5 家、出租店 80 家、经营计算机软件 1 家。

第四节　图书

一、图书馆

（一）藏书

县图书馆　1988年，馆藏图书50217册。2005年，馆藏图书增至54822册，其中图书44309册、杂志装订本5853册、报纸装订本4660册；电子图书2套，内含图书1万册（种）。馆藏图书比较珍贵的有《宁化县志》2套16册（分别为清康熙和同治年间版本）、清乾隆年间（1736—1795年）版宁化人郑文宝著《江南余载》1册、1958年版（报纸本）缩影百衲本《二十四史》1套及民国31年（1942年）版《福建通志》1套。

基层图书室及校园图书馆　2005年，全县有乡（镇）文化站图书室14个、村级图书室20个、中小学图书室37个、厂矿企业图书室35个、单位图书资料室8个。校园图书馆藏书30.10万册，其中宁化第一中学5万册、宁化第三中学2万册、宁化第五中学1.60万册、宁化第六中学6万册、宁化第七中学1.50万册、城东中学3万册、三明工贸学校8万册、县职专3万册。

（二）服务读者

书刊借阅　1988年，县图书馆办理借书证904本，到馆读者3.10万人次。1989年，办理借书证1205本，到馆读者4.29万人次。1993年，办理借书证1310本，到馆读者5.10万人次。2004年，办理借书证1813本，到馆读者4.20万人次。2005年，办理借书证1890本，到馆读者4万人次。

举办活动　1988—2005年，县图书馆编印《翠江信息》小报6期、"信息专栏"16期，提供馆藏"新书介绍"28期，为读者提供咨询618人次，开展送书下乡、《爱国主义教育》图片展等活动14次（期）。

计算机培训　2003年年底，县图书馆建成电子阅览室。2004年2月至2005年年底，县图书馆聘请计算机专业教师授课，举办培训班12期，共有社会青年、下岗职工、企事业单位200人参加培训。

1988—2005年宁化县图书馆基本情况表

表28-14

年份	财政拨款 （万元）	岗职工人数 （人）	藏书量 （册）	发放借书证 （本）	图书、报刊阅览 （人次）	图书流通 （册次）
1988	2.65	7	50317	904	30050	47570
1989	3.26	9	50517	1205	42900	59970
1990	3.65	9	50817	1280	65880	33410
1991	3.99	8	51000	1300	67700	29800
1992	4.38	9	51213	1310	60863	66935
1993	5.67	9	51366	1310	51000	57000
1994	9.88	10	51507	1320	42520	27000
1995	9.10	10	52107	1309	47806	12130
1996	9.83	10	52200	1400	42307	13120
1997	8.03	10	52300	1490	47067	11200
1998	8.34	10	53500	1508	48065	16000
1999	9.34	10	53965	1567	48000	20000

续表 28-14

年份	财政拨款 （万元）	岗职工人数 （人）	藏书量 （册）	发放借书证 （本）	图书、报刊阅览 （人次）	图书流通 （册次）
2000	10.30	10	54085	1627	46000	18000
2001	10.90	11	54187	1780	45000	18000
2002	10.40	11	54324	1796	43000	16000
2003	10.98	11	54460	1803	44000	15000
2004	11.40	10	54550	1813	42000	14000
2005	11.29	9	54822	1890	40000	14000

（三）图书发行

一般图书进销　1988—1999 年，宁化县新华书店一般图书进货由订货和添货两种形式发展为看样订货、图书展销、寄销、主动发货和从大型书市订货等多种形式，销售范围扩大到教学磁带、录像带和 CD 片、VCD 片等音像制品。2000 年，宁化县新华书店加入福建新华图书批发公司连锁经营。2002 年 11 月，撤并南大街门市部，城区仅设北大街门市部。至 2005 年，宁化县新华书店的进货业务主要登录福建新华发行集团 ERP 系统（网络公关系统），实行网上订货，其次通过电话或发传真订购图书。

教材进销　1988—1992 年，农村学校教材由基层供销社代发。1993 年，农村教材代销权从供销社移交学区和中学。2005 年，由宁化县新华书店总揽教材总发行权，城区学校教材由课本仓库直接发放学校。

1988—2005 年宁化县新华书店图书销售分类情况表

表 28-15　　　　　　　　　　　　　　　　　　　　　　　　　　　　　　　　单位：张、册

销售类别 年份	哲学社会科学	文化教育	文学艺术	自然科学技术	少儿读物	大中专教材	中小学课本	图片	其他出版物	合计
1988	15628	243329	102345	14879	16840	23801	735061	125064	3726	1280673
1989	9559	480893	96100	10067	19370	14455	641429	153879	1612	1427364
1990	7464	519309	54495	12578	14495	20894	648816	99258	2054	1093378
1991	14196	386957	33316	11321	8069	13092	497063	117595	11769	1617998
1992	10615	540171	43133	14033	10610	14401	876946	61060	47029	1555591
1993	7550	546699	31265	38137	7578	181	908195	9015	6971	2003689
1994	8389	476874	43096	27010	13701	14281	1245089	4758	170491	2414960
1995	57442	792246	12522	8852	12675	23784	1324057	67265	116117	1689239
1996	65609	359228	16764	8934	5478	18024	1212118	9063	2021	2118168
1997	57843	995777	38356	3690	3881	24042	990833	2696	1050	2634109
1998	34236	953782	6017	2683	2914	3851	1628430	1348	848	2563332
1999	54477	991878	9864	3549	3207	26533	1472544	809	471	1664769
2000	7344	684049	8049	8058	3766	16865	875518	1668	59452	1664769
2001	4162	707761	8181	4770	5492	—	1502547	17258	12586	2262757
2002	10693	980023	9083	12356	9146	—	1257123	4891	43102	2326417
2003	6926	897728	14768	15930	15801	4571	1246703	289	8030	2210746
2004	31068	867106	6623	7903	11125	—	1225301		6103	2155229
2005	14023	629768	19233	17321	12098	—	939508		4886	1636837
合计	417224	12053578	553210	222071	176246	218775	19227281	675916	498318	34042619

第六章　体育

第一节　机构与设施

一、机构

1988 年，县体委下设少体校，下属群众体育活动机构有宁化县老年人体育协会、宁化县体育总会，在职 5 人。1989 年，宁化县农民体育协会成立。1996 年 12 月机构改革，县体委与县文化局合并为县文体局，体育系列编制 5 人。是年，宁化县体育总会成立，为县文体局下属的群众体育活动机构，设有篮球俱乐部、乒乓球协会、信鸽协会、钓鱼协会、羽毛球协会、象棋协会等。体育总会设会长 1 人，秘书长 1 人，理事 3 人。至 2005 年，上述协会仍正常开展活动。

二、设施

1988—2003 年，宁化体育设施主要有体育场、体育馆、灯光球场、乒乓球训练馆、游泳池、旱冰场、学校体育场地及单位内部运动健身场所。2004 年，宁化体育中心第一期工程动工，位于中环路东侧，翠江北岸，规划面积 6.667 公顷，投资 8000 万元，规划建设 400 米标准塑胶跑道田径场、羽毛球场、网球场、半室内游泳馆、室内篮球场、办公楼房等设施。2005 年，全县共有公共体育场地 261 个，体育场地总面积 327059 平方米，人均 0.94 平方米。

第二节　群众体育

一、民间体育

宁化传统的民间体育项目主要有棋类、游泳、武术、划龙舟、舞狮、钓鱼、登山等，2000 年始，郊游漫步悄然兴起，爬南山、游寨头里水库、近郊步行成为工薪族最热衷的体育休闲方式，系民间自发开展的主要体育活动。

二、农民体育

1989 年，宁化县农民体育协会成立。2003 年，全县 16 个乡（镇）均成立农民体育协会，开展各种体育活动。2003 年，宁化县组队参加三明市农民运动会，获三明市农民运动会男女混合拔河第一名、自行车载重总分第一名、田径总分第二名。是年，宁化县农民运动员自行车队 3 人入选三明市农民运动队，参加在龙岩举办的福建省第五届农民运动会，获两项个人第五名和 10 公里接力第六名。

三、职工体育

1988—2005 年，职工体育挂靠县总工会管理，活动由县总工会、共青团县委及县文体局等部门联合举办。每逢节假日均举行乒乓球、篮球、棋类、拔河、火炬接力等项目比赛。

四、全民健身活动

1995 年 6 月国务院颁布实施《全民健身计划纲要》后，宁化于 1996 年开始实施《全民健身计划纲要》。1997 年，县文体局、县总工会组织千人长跑活动，各中小学组织"中小学生广播体操大赛"，县政府组织老年踩街活动迎接香港回归。1998—2000 年，利用节假日举办篮球、乒乓球、象棋、环城跑等全民健身运动。文体部门组织开办健身操、健身舞等培训班 120 多期，参加培训 2 万多人次，带动全县城乡参与健身操、健身舞活动近 10 万人次。2004—2005 年，实施"全民健身工程"，向省、市争取"全民健身工程"和"全民健身点"项目 13 套健身路径器材，分别在翠江、石壁、淮土、曹坊、湖村、泉上、安远、河龙、中沙等乡（镇）安装，全县 9 个乡（镇）和城区 4 个片区都有供市民、村民锻炼的器材和场地。

第三节　学校体育

一、课程

1988—2005 年，全县学校体育课程按照《九年义务教育全日制初级、高级中学体育与健康教学大纲（试用修订版）》设置体育教学课程，教学内容分为必修类和选修类，必修类包括基础知识、田径、体操、武术的实践内容，田径运动课程有跑（短跑、中跑、长跑）、跳（跳高、跳远、三级跳远）、投（推铅球、掷铁饼、掷标枪）、跨栏等；武术项目有长拳、南拳、太极拳、单练、对练套路或刀、剑、棍套路等；体操项目有基本体操、技巧、单杠、双杠、支撑跳跃；球类项目有篮球、排球、足球、乒乓球、羽毛球、手球等；其他体育项目有舞蹈、健美操、游泳、滑冰等。选修类分为限选和任选两部分。球类、韵律操和舞蹈、游戏为限选内容，任选内容有游泳、滑冰等。1988—2003 年，小学每周 2 节体育课，2004 年起每周 3 节。初中、高中 1988—2005 年均为每周 2 节体育课。

二、体育达标活动

1988 年，全县 24 所中小学 22558 人参加体育锻炼达标活动，是年达标 19605 人，达标率 86.91%，占应达标学生总数 37326 人的 52.52%，有 16 所中小学校被省体委评为"达标先进单位"。1990 年，继续推行《国家体育锻炼标准》，有 33 所中小学 25676 名适龄学生参加标准测验，21643 人达到及格以上标准，达标率 84.29%。1995 年，全县中小学适龄学生 38722 人，有 38681 人参加标准测验，达标人数 36434 人，达标率 94.19%。2000 年，全县 230 所中小学 56576 人参加标准测验，达到及格标准 55835 人，达标率 98.69%。2005 年，全县中小学 218 所 48173 人参加标准测验，达到及格标准 47653 人，达标率 98.92%。据统计，1988—2005 年，全县有 499 人考上各类体育院校。

第四节　竞技体育

　　1988—1996 年是宁化县竞技体育的鼎盛时期，田径运动在三明市占有重要位置。1998—2005 年，伊佩玉、章贤珠、朱莉莉等一批运动员在举重、皮划艇等项目中取得较好成绩，在国家、省、市赛事中名列前茅。

1988—2005 年宁化县团体比赛成绩情况表

表 28-16

年份	级别	类别	成绩
1988	市级	首届运动会	团体总锦标第二名
1988	市级	国际象棋	团体第一名
1988	市级	中国象棋	团体第二名
1988	市级	田径	男子少年组团体第一名女子少年组团体第一名
1989	市级	基层小学生篮球赛	男子第三名
1990	市级	农民篮球赛	男子第三名
1994	市级	中小学生田径运动会	少年乙组团体第三名、儿童组团体第五名
1995	市级	中小学生田径运动会	少年乙组团体第二名、儿童组团体第四名
1999	市级	第四届农民运动会	拔河男、女第一名，男子田径团体第二名女子第四名，自行车男、女团体第一名
2000	市级	中小学生田径运动会	少年乙组团体第四名
2003	市级	第五届农民运动会	男女混合拔河第一名，田径团体第三名，自行车载重团体第一名
2003	市级	第三届运动会	乒乓球男子乙组团体第四名、丙组男子团体第四名
2005	市级	乒乓球球王争霸赛	团体第五名
2005	市级	儿童篮球赛	男子第三名

1988—2005 年宁化县省级以上比赛个人成绩名表

表 28-17

姓名	年份	运动会名称	组别	项目	成绩	名次	赛地
刘玉根	1988	第一届全国农民运动会		5000 米	15 分 57 秒 4		北京
张建平	1992	福建省第十届运动会	男子成年组	110 米栏	14 秒 7		福州
俞华秀	1992	福建省第十届运动会	女子成年组	100 米	11 秒 6		福州
俞华秀	1992	福建省第十届运动会	女子成年组	200 米	24 秒 5		福州
廖　红	1992	福建省第十届运动会	女子成年组	200 米栏	27 秒 2		福州
廖　红	1992	福建省第十届运动会	女子成年组	400 米栏	1 分 1 秒 8		福州
俞华秀	1992	全国田径冠军赛	女子成年组	跳远	6.62 米		杭州
陈小龙	1992	福建省第十届运动会	男子青年组	自选步枪	556		福州

续表 28-17

姓名	年份	运动会名称	组别	项目	成绩	名次	赛地
伊佩玉	1998	福建省少年女子举重比赛	少年乙组 44 公斤级	抓举	75 公斤	第二名	福州
				挺举	80 公斤	第二名	
				总成绩	155 公斤	第一名	
章贤珠	1998	福建省第十一届运动会	女子少年乙组 58 公斤级	抓举	87.5 公斤	第二名	泉州
				挺举	107.5 公斤	第一名	
				总成绩	195 公斤	第一名	
陈小龙	1998	福建省第十一届运动会	男子成年组	自选步枪	1168.2 环		泉州
章贤珠	1999	全国青少年女子举重锦标赛	63 公斤级	总成绩	207.5 公斤	第二名	武夷山
伊佩玉	1999	福建省少年女子举重比赛	少年甲组 53 公斤级	抓举	85 公斤	第一名	福州
				挺举	90 公斤		
				总成绩	175 公斤		
朱莉莉	2000	亚洲锦标赛	女子单人	皮划艇激流回旋		第二名	平顶山
朱莉莉	2000	全国锦标赛	女子单人	皮划艇		第一名	
伊佩玉	2000	亚洲女子举重锦标赛	53 公斤级	挺举		第二名	南宁
				总成绩			
章贤珠	2001	中、日、韩三国邀请赛	63 公斤级	抓举		第一名	
				挺举			
				总成绩			
伊佩玉	2001	中、日、韩三国邀请赛	53 公斤级	抓举		第一名	
				挺举			
				总成绩			
陈俊雄	2001	福建省少年儿童田径锦标赛	少年乙组	铅球		第一名	
张丽芳	2001	全省中小学生举重赛	32 公斤级	总成绩		第二名	福州
李斯晶	2001	福建省射击锦标赛	乙组慢速 30	射击	263 环		三明
伊佩玉	2002	福建省第十二届运动会	女子少年甲组 58 公斤级	抓举	97.5 公斤	第一名	长乐
				挺举	118 公斤		
				总成绩	215.5 公斤		
章贤珠	2002	福建省第十二届运动会	女子少年甲组 69 公斤级	抓举	105 公斤	第一名	长乐
				挺举	122.5 公斤		
				总成绩	227.5 公斤		

续表 28-17

姓名	年份	运动会名称	组别	项目	成绩	名次	赛地
章贤珠	2003	世界青年女子举重锦标赛	63 公斤级	抓举	100 公斤	第二名	莫斯科
				挺举	125 公斤	第一名	
				总成绩	225 公斤	第一名	
朱莉莉	2001	第九届全国运动会女子单人皮划艇				第三名	
	2002	全国皮划艇锦标赛				团体第二名女子单人第一名	
	2002	全国冠军赛女子单人皮划艇				第二名	
	2003	亚洲皮划艇锦标赛				团体第一名	
	2003	全国皮划艇锦标赛女子单人皮划艇				第一名	
	2003	世界皮划艇锦标赛					雅典奥运会资格
	2004	全国皮划艇锦标赛				团体第一名	
	2005	第十届全国运动会女子单人皮划艇				第三名	
徐静	2001	全国少年女子举重分龄赛	58 公斤	抓举		第三名	河南开封
				挺举		第三名	
				总成绩		第三名	
	2002	全国女子举重锦标赛	58 公斤	抓举		第一名	广西玉林
				挺举		第二名	
				总成绩		第二名	
	2003	全国少年女子举重锦标赛	63 公斤	抓举		第一名	四川都江堰
				挺举		第三名	
				总成绩		第一名	

2003—2005 年宁化县少体校情况表

表 28-18

编制数	4 人
在岗数	4 人
开展项目	田径、乒乓球、篮球、中国象棋、射击、航模、游泳、武术、跆拳道、羽毛球、足球
经费投入	25 万元
场地器材	田径场、体育馆；标枪、铅球、篮球、跨栏架、跳高垫、杠铃
主要成绩	2003 年全国青少年女子自由式摔跤：张丽芳第四名 2003 年亚洲急流回旋皮划艇：朱丽丽团体（3 人）冠军、个人第三名、第五名 2003 年省少儿田径赛：陈俊雄综合素质第一名、铅球第三名、标枪第六名；张芳综合素质第二名、跳远第二名 2004 年 10 月全国回旋皮划艇锦标赛：朱莉莉团体第一名、个人第五名 2004 年全国皮划艇锦标赛：林晨乙组：300 米第一名、12 千米第十二名、3000 米第七名 2004 年省举重比赛：张丽芳抓举、挺举、素质、全能、综合、团体分别获得第一名；蔡羽茜抓举、挺举、综合分别第六名 2005 年 5 月市中小学生象棋比赛：取得团体中学组第二名；小学组第五名 2005 年全国女子摔跤青年锦标赛：张丽芳第三名 2005 年第十届全国运动会激流回旋皮划艇：朱莉莉个人成绩第三名 2005 年省女子摔跤赛：张燕灵第一名、张丽芳第二名 2005 年 5 月市中小学生运动会象棋比赛：中学组：魏巍团体第二名、个人第三名；小学组：黎天团体第五名、个人第一名；冯欧杏团体第五名、个人第四名； 2005 年市田径会：林霁标枪第一名；李涛 1500 米第二名；巫燕燕 3000 米第一名；陈俊胸跳高第二名；黄恒旺跳高第三名；卢文渊跳远第二名、100 米第三名 2005 年市青少年儿童举重赛：蔡羽茜抓举、挺举、综总成绩分别第二名；张容抓举、挺举、综合分第三名
输送情况	三明市体校：张燕灵（2003 年）、张丽芳（2003 年）、徐芸芸（2003 年）、张容（2004 年 1 月）、张龙礼（2005 年 8 月）、张宝兰（2005 年 8 月）、张根香（2005 年 8 月）、张小慧（2005 年 8 月）、周婧（2005 年 8 月）、徐俊雅（2005 年 8 月）、徐海平（2005 年 8 月）、陈晓玲（2005 年 10 月） 厦门体校：林晨（2005 年）

附：部分优秀运动员简介

俞华秀 1973 年出生。1982 年，进入县少体校训练篮球。1984 年 4 月，进入三明市少体校田径班。1987 年 12 月，被授予国家二级运动员称号。1988 年，在泉州举行的全国少体校田径分区赛女子跳远中以 5.50 米的成绩夺得冠军。1991 年，在全国田径冠军赛上，以 6.50 米的成绩打破刘华金 6.42 米的福建省跳远纪录。1992 年，入选国家队田径集训；9 月，在韩国举行的世界田径锦标赛中，夺得女子跳远铜牌，并达到国家健将标准。在福建省第十届运动会上夺得女子成年组田径 100 米、200 米和跳远 3 块金牌。

朱莉莉 1982 年出生。1991 年 3 月至 1993 年 9 月，在县少体校篮球班训练。1993 年 9 月，进入三明市少体校排球班。1996 年，在芬兰举行的第十二届超霸杯世界青少年排球锦标赛上获 D 组冠军。1997 年，入选福建省水上运动中心优秀运动队。1999 年，入选国家队。2000 年 10 月，在河南平顶山举行的全国皮划艇激流回旋锦标赛上，获团体金牌和个人金牌；11 月，在第一届亚洲皮划艇激流回旋锦标赛上获团体金牌和 1000 米漂流银牌。2003 年 7 月 25 日，参加德国奥格斯堡举行的皮划艇激流回旋世界锦标赛，获 2004 年雅典奥运会参赛资格。

伊佩玉 1982 年 12 月出生。1992 年 1 月至 1995 年 8 月，在县少体校训练田径。1995 年 9 月，在三明市少体校训练举重。1997 年，进入省体工队。1999 年，达到国家健将标准；12 月，在亚洲城市举重锦标赛上获抓举、挺举、总成绩第一名。2001 年 12 月，在亚洲城市举重锦标赛上获抓举、挺举、总成绩 3 个第三名。

章贤珠 1983 年 7 月出生。1995 年，在县少体校训练，后转入三明市少体校举重班。1996 年 8 月，进入省体工队。1999 年，达到国家健将标准。2000 年 6 月，进入国家举重队。2001 年，获全国女子举重青年赛第二名。2002 年，获全国女子举重青年赛第一名，中、日、韩三国举重邀请赛抓举第一名、挺举第一名、总成绩第一名。2003 年，获世界女子青年举重锦标赛抓举第二名、挺举第一名，总成绩第一名。

徐　静 1988 年 3 月出生。1996 年 9 月，由县少体校输送到三明市少体校举重队。1998 年 9 月，进入北京体育大学附属竞技体校举重队。2001 年 8 月，在河南开封参加全国少年女子举重分龄赛 58 公斤级获抓举第三名、挺举第三名、总成绩第三名。2002 年 7 月，在广西壮族自治区玉林市参加全国女子举重锦标赛 58 公斤级获抓举第一名、挺举第二名、总成绩第二名。2003 年 8 月，在四川省都江堰市参加全国少年女子举重锦标赛 63 公斤级获抓举第一名、挺举第三名、总成绩第一名。2004 年 9 月，考入北京体育大学竞技体育学院。

张丽芳 1993 年出生。2000 年，由县少体校输送到三明市少体校训练举重。2003 年，参加福建省少儿举重比赛获抓举 65 公斤、挺举 72 公斤、总成绩 137 公斤三项第一名和综合素质第一名，并获一级运动员称号。2003 年，进入省体工队训练摔跤。2004 年，获福建省女子摔跤比赛 44 公斤级第二名。2005 年，获全国女子青少年摔跤锦标赛 43 公斤级第三名、福建省女子自由摔跤赛 49 公斤级第一名。

第五节　体育彩票

1996 年，宁化开始销售体育彩票，有彩票销售点 1 个。至 2005 年，彩票销售点增至 14 个，由三明市体彩中心管理，彩票销售部分收入用于体育比赛、运动员训练补贴及体育器材添置和场馆建设。（因体彩销售由三明市体彩中心统一管理，销售金额及用于发展体育事业经费县级无具体数据统计。）

卷二十九 医药卫生

1988 年，宁化县县级医疗机构有县防疫站、县医院、县中医院、县妇幼保健院、县卫生学校（简称县卫校），基层医疗机构有乡（镇）卫生院 16 所、村卫生所 207 个、个体诊所 17 家。随着医疗卫生体制的改革，1993 年起，全县医院实行分级管理。2002 年，大部分享受公费医疗的人员参加医疗保险。2003 年，在全县医疗卫生单位推行"病人选择医生"经营管理制度，县医院、县中医院完善"门诊清单"和"一日清单"制度，各乡（镇）卫生院所实行住院病人"一日清单"制度，遏制私收费和乱收费现象。是年，开展以抗击"非典"（非典型肺炎）和预防控制禽流感为重点的爱国卫生运动，着手开展新型农村合作医疗工作。2004 年，全县医疗卫生单位实行全员聘任制。随着全省初级卫生保健试点县建设的推进，全县医疗设备、医疗技术不断得到更新和提高，先后建成县医院客家急救中心、县中医院门诊综合楼、县卫生防疫站、县妇幼保健院综合楼及乡（镇）卫生院医疗用房等基础设施，添置核磁共振、全身 CT、DR、数字 X 光机等先进设备。实施卫生部《消灭脊髓灰质炎规划》、福建省结核病控制和世行贷款农村卫生人力开发（卫 IV）等项目，基本消灭疟疾、丝虫、地甲和麻风病，甲乙类传染病发病率和死亡率分别为 187.19/10 万和 1.65/10 万。至 2005 年，全县共有医疗卫生机构 23 个，其中"二级乙等医院""二级甲等中医院"各 1 所。宁化先后被中华人民共和国卫生部（简称卫生部）、省政府授予"全国食品卫生示范县""省级卫生县城"等称号。

第一章 医疗卫生体制

第一节 经营管理体制改革

一、管理体制改革

1988 年，全县各医疗卫生单位实行科室承包经营、以收定支和岗位责任制，按劳取酬，多劳多得。1992 年，全县医疗卫生单位推行综合目标管理责任制，建立院科两级负责制，通过与科主任签订综合目标责任书，实行定人员编制、定工作量、定质量、定经济指标的"四定"管理。同时下放科室主任职权，科室主任在定编数额内根据所管辖的业务范围，有权推行有利于业务发展的管理改革制度，有权决定本科室人员的聘任和根据合同规定对科室人员进行奖惩。

1993 年起，全县医院实行分级管理。1996 年，实行县、乡（镇）医疗卫生单位千分制考评办法，分为 5 大类 73 条，总分前 3 名为综合先进单位，同时设立防疫、妇幼、精神文明和行风建设等单项奖。1997 年，贯彻《福建省医疗机构管理条例》，进一步完善管理措施，各医疗卫生单位采取综合目标管理办法，将工作职责、目标分解立项落实到科室、人头，门诊点实行独立核算，自负盈亏。2001 年 11 月，药品监管职能移交宁化县药品监督管理局（简称县药监局）。2003 年，贯彻福建省《关于进一步加强农村卫生工作的实施意见》，全面推行乡村一体化管理体系，出台《乡村一体化管理实施方案》，实施乡（镇）所在地卫生所由乡（镇）卫生院统一兼并管理工作，纠正一村多所现象，严格按一村一所配备村卫生所。全县乡（镇）卫生院所在地的 27 个村卫生所全部由卫生院兼并联办，16 个乡（镇）卫生院 187 个建制村卫生所全面推行乡村一体化管理。2005 年，继续实行千分制考评办法，颁发各单位主要领导责任状，促进各单位增设门点项目、建设辅助科室、延长服务时间，力求增收节支，稳定卫生队伍。

二、经营体制改革

1988 年，全县医疗卫生单位实行 3 种经营体制：一是科室承包经营责任制，实行责权利统一的经济指标，医疗质量、医风医德全面承包，工资及一切费用均由承包科室负责，按合同上交纯利润；二是以收定支责任制，把科室人员的工资、补贴和一切费用总数作为科室经济指标，完成指标并扣除材料损耗后，按合同提取奖金；三是岗位责任制，对没有经济收入的科室，要求分工负责，奖金分等，体现多劳多得。

1990 年，全县医疗卫生单位进一步理顺关系，加强经营管理，坚持"独立核算、自负盈亏、按劳分配、民主管理"原则，落实"两定一包"（定任务、定补助、由职工和集体承包）责任制。县医院在提高医疗质量、改善服务态度、提高急诊抢救能力的同时，增设服务网点，简化就诊手续；县中医院开展创建"示范县中医院"活动，重点发展具有特色的专科小科，努力提高中医就诊能力和护理质量；防疫、妇幼保健部门不断加强乡、村两级业务指导，开拓预防保健有偿服务新路子；乡级卫生院实行千分制考核办法，全县有 1 个建制村实行合作医疗，141 个建制村实行集资医疗。

1992—1995 年，县医疗卫生单位贯彻国务院下发的《关于深化卫生医疗体制改革的几点意见》和卫生部提出的"建设靠国家，吃饭靠自己"的要求，全县各医疗卫生经营单位采取各种市场化改革措施创收。县医院多方式增设医疗网点，实行部分科室承包；县中医院进一步完善综合目标责任制，引进企业管理形式，实行早、中、晚全日门诊制，药库、用水、用电实行经济承包，同时开创"山海联营"，在石狮市开办"狮宁门诊部"取得显著经济效益；各基层卫生院向村级要市场，深入村兴办医疗点，全县乡村联办医疗点发展到 30 个。虽然经济效益增效明显，但在一定程度上影响了医疗机构公益性的发挥。

1997 年，中共中央、国务院出台《关于卫生改革与发展的决定》，明确了全国卫生事业性质是社会公益事业，政府负有重要责任后，县委、县政府出台《宁化县关于加快卫生改革发展的意见》，县医院采取综合目标管理办法，以医德医风精神文明、医疗医技、护理、后勤、财务统计五大块进行管理，制定千分制考评标准，促进工作的开展；县中医院实行院、科管理制，经济以科室核算的管理办法；县卫生防疫站、县妇幼保健所、县卫校、宁化县药品检验所（简称县药检所）重点以抓社会效益为主；乡（镇）卫生院采取以个人工作量和工作责任制相结合，个别科室、门诊点实行独立核算的办法。

1999 年，全县医疗卫生单位采取综合目标管理办法，把各项任务落实到科室，再由科室落实分解到个人，做到人人有目标、有责任、有工作量。乡（镇）卫生院实行经济指标到人，加快辅助科室建设，增设门点、扩大服务范围，开展新项目、新技术服务。县医院、县中医院开展"120"急救服务，实行 24 小时应诊制。

2003 年，在全县医疗卫生单位推行"病人选择医生"经营管理制度，县医院、县中医院完善"门诊清单"和"一日清单"制度，各乡（镇）卫生院所实行住院病人"一日清单"制度，遏制私收费和乱收费现象。

2005 年，全县医疗卫生单位完善分配制度改革，实行绩效工资制，进行绩效管理。制定下发《关于开展"以病人为中心，以提高医疗服务质量为主题"的医院管理年活动方案》和《关于继续开展医疗机构控制医疗费用增长的实施方案》，成立医院管理年活动领导小组和医疗机构控制医药费用增长督查小组，确定 6 个项目控制指标。县医院在经营上从控制费用入手，建立药品用量动态监测与超常预警制度、医疗价格管理公示检查和责任追究制度、新药和管制药品公示制度，实行每月通报抗生素和专用药前 10 名医生开单情况，每季度进行大金额病例和大处方检查分析，对相关指标实行动态监控。

三、内部劳动人事制度改革

1988 年，全县医疗卫生单位推行院、站、所负责制，实行副院长以上干部聘任制，允许待聘、解聘、退聘和停薪留职。开展业务技术职称聘任，全县评出高级技术职称 6 人、中级技术职称 89 人。1989 年后实行业务技术职称改革，开展经常化评聘工作。2000 年起，申报中高级专业技术职务卫生技术人员评聘分开申报，共评出高级技术职称 10 人、中级技术职称 53 人。2004 年，全县医疗卫生单位实行全员聘任制，县医院、县中医院、县卫生防疫站、县妇幼保健所 347 名卫生技术人员实行评聘分开，竞争上岗。乡（镇）卫生院开展聘用制试点工作，泉上、湖村、安乐、安远和石壁等 5 个卫生院开展全员聘用制试点，123 名卫生技术人员受聘。2005 年，乡（镇）卫生院全面推行全员聘用制，至年底有 439 名卫生技术人员受聘。

第二节　医疗保障体制改革

一、城镇职工医疗保障体制改革

1988 年，单位享受公费医疗人员按工龄划分档次，实行包干使用、节约归己、住院审批报销的规定。1989—1991 年，公费医疗实行基数承包制，由县医院核定承包基数，超基数部分承包方医院负担 10%。县医院按单位分人建卡记账，县直机关干部、职工凭公费医疗证到县医院就诊就医，不报销在其他医疗单位的就诊就医费，干部、职工出差时就诊就医费用凭县外乡（镇）以上医疗单位报销凭证报销。1992 年 6 月起，根据省卫生厅、省财政厅规定，实行公费医疗费用与个人负担挂钩，工龄在 10 年以下的超支部分个人负担 30%，工龄在 11—20 年超支部分的个人负担 20%，工龄在 21—30 年的超支部分个人负担 15%，工龄在 31 年以上的超支部分个人负担 10%。住院 1000 元以内个人负担 20%，1000—5000 元个人负担 10%，5000 元以上个人负担 7%。离休人员、老红军、二等乙级以上残废军人、因公负伤的干部职工医疗费实报实销。医院实行医疗费基数承包，超出公费医疗承包基数部分医院负担 20%。

1993 年 3 月起，享受公费医疗人员包干基数每人每年 50 元。继续实行享受公费医疗人员定点就医，医院实行公费医疗承包制，医院向县公费医疗办公室结算，超出部分医院负担 20%。享受公费医疗人员在定点医院就诊就医，医疗费用个人负担 20%，住院费用在 1000 元以内的个人负担 20%，1000—5000 元的个人负担 6%，5000 以上的个人负担 3%。特殊情况需外诊的，提供相关证明、病历、处方和报销凭证，由公费医疗领导小组研究决定报销与否，允许报销的个人负担 30%。1994 年 6 月至 1999 年，调整公费医疗包干基数，享受公费医疗的干部、职工、离退休人员、老革命、残废军人每人每年 50 元，另加每人每年工龄 2 元，超出部分个人负担 50%，县医院负担 20%，财政负担 30%。住院在 500 元以内的个人负担 40%，500—1000 元的个人负担 30%，1000—3000 元的个人负担 15%，3000 元以上的由公费医疗领导小组研究给予部分补助。年终个人包干没有超过的，按节约金额奖励 50%，离休人员和获得省级以上劳模称号的实报实销。

2000—2001 年，由县机关事务管理局发放工资的干部、职工继续定点就医，不在县机关事务管理局发工资的行政、事业单位工作人员和离退休人员每人每年 50 元包干使用，由县公费医疗管理办公室下拨到各单位。2002 年，大部分享受公费医疗的人员参加医疗保险，对未参加医疗保险的行政、事业单位工作人员及离、退休人员仍然每人每年 50 元包干使用。2003 年 5 月 1 日，公费医疗业务由县卫生局划归县劳动局医疗保险中心管理；截至 2005 年，未变。

二、农村合作医疗体制改革

宁化农村合作医疗制度始于 1969 年，全县共设立合作医疗站 207 个，每个医疗站配备经县或公社培训的"赤脚医生"1—3 名，经费小部分由社员按人口缴纳，大部分由生产大队、生产队统筹，社员诊病只交挂号费，免交医、药费，生产大队或生产队给予"赤脚医生"一定数额的工分作为报酬。农村实行联产承包责任制后，打破"三级所有、队为基础"的农村经济核算体制，无法兑现合作医疗站经费及"赤脚医生"报酬，合作医疗站演变成自负盈亏的村卫生所，农民"看病难、看病贵"又一次成为大问题。

1990 年，根据群众自愿，采取"个人出一点，村财筹一点，乡财补一点"的方法，以村为单位收缴医药费，全县有 1 个建制村实行了合作医疗，79 个建制村实行集资医疗。1991 年，乡村联办的村卫生所发展到 15 个，达到初保要求的甲级村卫生所 74 个，比 1990 年增加 15 个，开展集资医疗村占总村所的 52%，收集资金 13.50 万元。

2000 年，贯彻市、县文件精神，抓好农村合作医疗试点工作，年内部分乡（镇）的农村合作医疗启动支付合作医疗风险金。2003 年，国务院办公厅下发《关于建立新型农村合作医疗制度的意见》，在全国范围内开展新型农村合作医疗后，宁化着手开展新型农村合作医疗工作。

第二章 机构与队伍

第一节 机构

一、行政管理机构

（一）县卫生局

1988 年，县卫生局设立人秘股、药政股、初保股。1992 年，增设医政股、财务股。2002—2005 年，设办公室、计划财务股、医政股和防疫妇幼股，行政编制 9 名，事业编制 2 名，实配 12 人。

（二）县爱国卫生运动委员会

宁化县爱国卫生运动委员会下设办公室（简称县爱卫办），1989 年，成立消毒站，隶属县爱卫办。1997 年，县爱卫办改为爱卫股，工作职能、人员编制并入县卫生局。

（三）县药监局

1988 年 7 月 1 日，县药检所成立，为县卫生局下属股级事业单位。1993 年 10 月起与药政合署办公，设办公室、业务室、药品检验室、阅览室、假劣药品陈列室。2001 年 11 月 1 日，县药监局成立，为省、市药监局派出机构，正科级单位，设综合股、稽查股、市场监管股，行政编制 8 人，工勤 1 人。县药检所划归县药监局管理，为直属副科级事业单位，设综合室、药品检验室。2005 年，县药监局设综合股、稽查股、市场监管股、食品股，编制 9 人。

二、医疗机构

（一）县级医疗机构

县卫生防疫站 1988 年，县卫生防疫站设办公室、防疫科、卫生科、食品科、检验科和慢性病防治科。2000 年被省、市专家评定为县级二等防疫站。2005 年人员编制 40 人，实有 36 人，为县财政全额拨款事业单位。

县医院 1988 年，县医院设职能科室、临床科室、医技科室等 23 个，人员编制 200 人。1990 年 12 月，儿科从内科分出另设。1992 年，内科分设内 I、内 II 病区，为独立临床科。1997 年，被卫生部定为二级乙等医院。2005 年，人员编制 276 人，实有 266 人，为县财政差额拨款事业单位。

县中医院 1988 年，县政府下文批复县中医院由集体所有制单位转为全民所有制单位，设门诊部、住院部和内科、外科、妇科、针灸、草医和不育不孕专科等临床、医技科室。1997 年 7 月，被省卫生厅授予"二级甲等县中医院"和"福建省县级示范县中医院"称号。2005 年，人员编制 130 人，实有 107 人，为县财政差额拨款事业单位。

县妇幼保健院 原称妇幼保健站，1988 年更名为妇幼保健所，人员编制 23 人，内设办公室、妇女保健股和儿童保健股。1998 年 11 月更名为宁化县妇幼保健院。2005 年，人员编制 30 人，实有 24 人，为县财政全额拨款事业单位。

县卫校 1988—1991 年，县卫校设于城南乡曲墩村。1992 年 1 月，搬迁至城关上进路 72 号（原县医院旧址）。2005 年，人员编制 10 人，实有 10 人，为县财政全额拨款事业单位。

（二）基层医疗机构

乡（镇）卫生院 1988 年，全县共有乡（镇）卫生院 16 所，医技人员 118 人，其中泉上、安远、石壁、安乐为中心卫生院。1994 年，4 所中心卫生院实行一级甲等医院管理，11 所一般卫生院实行一级乙等医院管理。2002 年，4 所中心卫生院改为曹坊、安远 2 所。2005 年，全县乡（镇）卫生院 16 所，人员编制 335 人，实有 253 人，均为县财政差额拨款事业单位。

村级卫生所 1988 年，全县有村卫生所 207 个，乡村医生 213 人。1990 年，在全县农村开始实施初级卫生保健工作，大力推行集资医疗，村级卫生医疗实行"村级乡管，联防计酬"的管理方法。1996 年，按照《宁化县农村卫生所综合审评标准》，对 224 所村级卫生所进行年审和执业许可证审验，重新确认村级卫生人员 420 人。1999 年，进一步加快乡村医生的培养，组织 520 人参加省卫生厅举办的继续教育医学教育，举办乡村医生业务培训，参训 385 人，符合条件发执业证 319 人，暂缓发证 66 人。2005 年，全县有村级卫生所 245 个，乡村医生 428 人（男 326 人、女 102 人）。

个体诊所 1988 年，全县个体诊所 17 家。2005 年，全县已发证照的个体诊所 27 家，其中城区 20 家、乡（镇）7 家。

其他医疗机构 1988 年，全县有工业及其他部门医疗室 32 个。20 世纪 90 年代，由于企业改制、兼并、破产等原因，先后有县林业局本部、县车队等 13 个单位医疗室撤销。1998 年，部分单位医疗室进行个人承包，出现个体诊所。至 2005 年，全县有宁化一中、宁化二中、县钨矿、泉上华侨农场、县卫校等企事业单位医疗室 12 家，个体诊所 3 家。

第二节　医技队伍

1988 年，全县有专业卫生技术人员 389 人，其中副主任医师 7 人、主治医师 69 人。随着医疗卫生体制改革的深入，全县专业卫生技术人员医疗技术不断提高，中级以上专业技术职务医生逐年增加，乡村医生积极参加省、市、县的专业培训学习和晋级考试。至 2005 年取得执业证 428 人，其中享受财政津贴的乡村医疗人员有 229 人。医院临床护理质量不断提高，护师从 1990 年的 30 人增加到 2005 年的 54 人。随着公共卫生体系的建立，卫生防疫人员逐年增加，全县卫生防疫人员由 1988 年的 21 人增加到 2005 年的 72 人，其中县卫生防疫站有 36 人；全县保健人员由 1988 年的 29 人增至 2005 年的 58 人，其中县妇幼保健院 23 人。

至 2005 年，全县有专业卫生技术人员 664 人，其中主任医师 5 人、副主任医师 38 人、主治医师 120 人。

1988—2005 年宁化县医技人员职称情况表

表 29-1　　　　　　　　　　　　　　　　　　　　　　　　　　　　　　　　单位：人

职称/年度	主任医师	副主任医师	主治医师	医师	医士	副主任护师	主管护师	护师	护士	副主任技师	主管技师	技师	技士	主管药师	药师	药士
1988	—	7	69	60	56	—	—	48	111	—	—	—	—	—	—	—
1989	—	7	34	57	59	—	—	—	114	—	—	—	—	—	—	—
1990	—	10	40	56	52	—	—	30	76	—	—	—	—	—	4	15
1991	—	10	41	66	69	—	1	50	94	1	—	—	—	—	6	20
1992	1	11	45	63	71	—	1	50	95	1	—	—	—	—	8	24
1993	—	11	51	76	80	—	3	59	101	1	—	2	15	—	11	49
1994	—	12	46	106	86	—	3	96	88	1	—	5	18	—	40	16
1995	—	17	58	81	100	—	11	96	72	—	—	10	24	—	40	27
1996	—	15	61	80	116	—	12	89	85	—	1	22	33	—	39	37
1997	—	11	67	102	115	—	16	112	81	—	2	27	29	—	41	28
1998	—	14	66	113	137	—	18	110	60	—	5	23	20	7	50	33
1999	—	12	60	131	199	—	17	129	134	—	4	7	10	4	41	39
2000	3	15	64	100	135	1	22	134	126	—	4	10	8	4	40	38
2001	4	28	92	158	87	—	46	97	63	—	13	19	6	10	35	24
2002	4	31	94	148	90	和	50	89	63	—	12	28	6	10	35	23
2003	4	35	101	143	62	—	56	71	60	—	11	28	6	10	36	20
2004	4	36	103	139	60	—	60	66	63	—	11	29	5	11	36	20
2005	5	38	120	136	56	—	79	54	65	—	11	29	5	11	37	18

第三章　医疗技术与设施设备

第一节　中医诊疗技术

1988 年，全县有中医师 45 人、中医士 13 人。县医院开设中医科，有医师 3 人；各乡（镇）卫生院配有中医药人员，设有中医门诊，开展中医正常诊疗工作。是年，县中医院有卫生专业技术人员 55 人。

1991 年，县中医院新增中医脑科，开展肝功能两对半检查，在全省示范县中医院检查评比进入第七名，被定为全省 6 个示范县中医院建设的重点县。1992 年后，县中医院重点发展小科专科，开设中医内、外、妇、儿、草医等 12 个临床科室，不育不孕症、肝病、肾病、男科、糖尿病等 12 个专病专科应用中医辨证施治方法，治疗常见病、多发病和疑难杂病。肝、肾病专科应用青草药治疗急慢性肝炎、肝硬化腹水、急慢性肾炎、肾病综合征等病症；不育不孕症专科应用中医辨证分型、西医分类、中西医结合疗法，研制"通管汤"治疗输卵管阻塞，受孕率达 72%。至 2005 年，县中医院骨伤科、碎石科、肝病、不育不孕症专科、针灸理疗科优势突出，成为具有特色的中医专科，其中不育不孕、肝病、肾病专科被列入三明市重点中医专科建设，在全省中医医疗机构病例质量专项检查中，获得县级第二名。是年，县中医院有医务人员107 人，床位 100 张。中医药治疗 76.31%，中药处方占处方总量 78%，中医病历书写合格率 96.21%，病案甲级率 93.20%，中医施救护理率 80.60%。

第二节　西医诊疗技术

一、县医院

1990 年后，县医院在原有 B 超、胃镜、X 光机等医疗设备基础上，先后配备多功能 B 超、日本阿洛卡 1700 型彩色 B 超、24 小时动态心电、血压分析仪、多功能监护仪、心电监护除颤器、脑地形图仪、脑血流图机、日本欧林巴斯直视胃镜、电视胃镜、电视显像、录像系统等先进医疗设备，医疗条件不断改善，促进了内科各专科临床诊疗技术的开发。

（一）内科

1988—2000 年设大内科，常年开展心血管内科疾病、高血压、冠心病、心脏监护、心电除颤、消化道疾病、前列腺增生、输尿管疾病、肾结石、急慢性胃炎等疾病治疗。2001—2005 年，开设心血管、呼吸、消化、血液和神经等专科门诊 5 个。

（二）外科

1988 年后，除开展普通外科手术治疗外，相继开展骨科、肿瘤、颅脑、泌尿、胸科手术治疗。至 2005 年，骨科方面开展脊椎 R–F、A–F 固定术，人工髋关节置换术，复杂型四肢骨、关节骨折内固定术。肿瘤方面从原来的腹部肿瘤手术发展到胸科肿瘤手术，实施良管癌、肺叶、纵隔肿瘤、全胃、胰十二指肠、腹膜后畸胎瘤、神经鞘瘤、颅内肿瘤、泌尿外科肿瘤、前列腺的切除，各型乳腺癌、低位直肠癌治疗及膀胱镜手术、手术放疗化疗、生物免疫、内分泌等综合治疗。同时开展外科腹腔镜、输尿管肾镜和气压弹道碎石等手术治疗。

（三）妇产科

1988 年，开展剖宫产、子宫切除、膀胱阴道漏修补、计划生育服务等 4 种手术，是年抢救高危产妇80 余例，成功率达 98%。1996 年始，相继开展宫腔镜下输卵管注射治疗宫外孕、新洁尔灭引产、洋地黄用药方法、米非司酮药物引产、电脑治疗宫颈糜烂、新式剖宫产、阴式子宫切除、处女膜修补、阴道成形等手术。2003—2005 年，扩展妇产科业务，开展子宫肌瘤剔除术，子宫全切术，附件、卵巢囊性畸胎瘤剥（切）除术，及宫外孕、急性盆腔炎、内分泌诱发排卵、未破裂宫外孕的诊治，以及计划生育服务复杂并发症的处理、腹腔镜手术、产前出血性疾病的诊治，产科感染、产道损伤、高危妊娠诊断、产后出血、产程监护和产程并发症等病情的处理，妊娠超声监测、内外科并发症诊治、臀位产钳助产术、剖宫产手术、产妇休克救治等。

（四）儿科

1990 年 12 月 20 日设立，先后诊治新生儿破伤风、硬肿症、维生素 K 缺乏所致的颅内出血、病毒性脑炎、重症肺炎、重症肠炎等危重病症，至 2005 年共救治新生儿破伤风 2000 多例、重症肺炎 3900 多例、重症肠炎近 2100 例。

（五）急诊科

1996 年设立，由原来的门诊注射、抢救室扩大而成。设抢救领导小组，科主任、护士长和医务人员共 9 人，配备心电图机、洗胃机、吸引器、抢救车、氧气等医疗仪器和"120"救护车 2 辆。1999 年，医护人员增加到 11 人（医生 5 人、护士 6 人），增加高频呼吸机 1 台、心电监护仪 1 台、除颤器 1 台、简易呼吸球囊 1 个。2002 年，增加护士 2 人，设"120"服务台及护士站、医生诊室、抢救室、观察室、治疗室、清创室、观察床（10 张），配备中心供氧、负压吸引、传呼监护等系统及消防安全设施，新添救护车 1 辆。2005 年，新添心电监护仪、除颤起搏器、高频呼吸机、洗胃机、吸引器、抢救车、各种型号的带囊气导管、应急气道和各种急救器械包等，开展心肺复苏、哮喘持续状态的抢救，急性心力衰竭的诊断与抢救，常见休克的抢救，各种大出血的初步急救，各种休克和中毒疾病的抢救及常见急性脑血管病、急腹症等疾病诊治。

（六）传染科

1983 年 11 月设立，医师 5 人、护士 14 人，主要诊治肝炎、肺结核、流脑、乙脑、狂犬病、伤寒、痢疾、白喉、麻疹、百日咳、钩端等传染病。1990 年起，狂犬病、钩端、麻疹并发症极少，流脑、乙脑、百日咳发病率逐年下降，乙肝、肺结核病每年住院治疗 80~90 人。2005 年有医师 1 人、护士 3 人。

（七）五官科

1988 年，五官科专职医师 3 人、护士 6 人。1990 年起，先后增置检眼镜、裂隙灯、微治疗仪、电测听、专用电钻、鼻内窥镜等诊疗设备，开展白内障摘除术、鼻腔泪囊吻合术、鼻内窥镜下鼻塞手术、人工晶体植入术、青光眼小梁切除术、乳根治术、白内障囊外摘除+人工晶体植入术、鼻内窥镜下鼻窦炎、鼻内窥镜下经鼻泪囊切开术、支撑喉镜下喉肿物摘除术、鼓室成形+听力重建术、耳内窥镜下鼓膜修补术、气管、食管异物取出术、颈部大肿物摘除术和喉裂开术等。至 2005 年已为患者做白内障摘除术上千例。

县医院口腔科主要设备有综合治疗机 4 台，主要开展补牙、拔牙、镶牙、颌面部、牙齿正畸术等手术。每年开展补牙、拔牙、镶牙、颌面部、牙齿正畸术等手术 3000 多例。

二、乡（镇）卫生院

1988 年，乡（镇）卫生院开设内科、外科、妇产科、儿科等科室，开展常见病、多发病的诊治和科学接生以及三大常规检验、计划生育和一般外科手术、X 光透视、生化检验、心电图检查、B 超检查等。2000 年后，泉上、安远、石壁 3 个卫生院开展下腹部阑尾、疝气、包皮环切等手术。

第三节　中西医结合诊疗技术

20 世纪 90 年代，随着卫生事业的改革，中西医结合医疗技术在临床上运用广泛，综合诊疗技术水平不断提高，县乡两级医疗机构基本设有中医门诊，村级卫生所也配备中药药柜，全县有近 300 名乡村医生掌握中西医结合治疗技术。1995 年，县中医院突出中医特色，加强中医护理的管理和中药加工炮制质量，中西医结合治疗疾病的手段不断完善和增多。治疗率提高，病人经济负担减轻。对肝病、肾病等急慢性疾病通过化验确诊，辅助中药治疗效果明显；对不孕不育症采取西医分类、中西医结合疗法治疗输卵管阻塞。至 2005 年，县中医院累计采取中西医结合诊治急慢性肝炎、肝硬化腹水、急慢性肾炎、肾病综合征、不育不孕症等疾病 2000 多人。

第四节 护理

1988年，全县有护师48人、护士111人。20世纪90年代初期，全县医疗卫生单位护理模式主要为功能制护理，为病人提供纯治疗方式，机械完成医嘱和执行各项护理操作，对病人主要实施清洁护理、生命体征的观察护理，为病人测量体温、脉搏、呼吸、血压，病人的鼻饲护理、排泄护理；进行导尿、灌肠、吸痰、洗胃、临终护理和无菌技术操作及各种标本的采集等。护理技术含量比较低，缺乏人性化服务。

1995年，全县护师96人，护理质量不断提高，由功能制护理改变为责任制护理，县医院、县中医院引进新的护理模式和护理装备，"以病人为中心""以促进人的健康为中心"，实施身心及社会等全方位、连续性、系统的整体护理。

2000年开始，开展温馨病房、母婴同室病房、家庭病房等业务。护理工作注重ICU（重症监护室）、CCU（心内科重症监护室）的建设，先后组织护理人员50人到上级医院培训、进修。2002年，进一步建立健全相关护理质量标准工作制度、岗位职责、专科护理、工作流程、应急预案等。至2005年，护理开展的新技术新项目有心电监护、呼吸机、输液泵、推注泵、除颤仪、手术术前术后护理、静脉留置针使用和护理，掌握心肺复苏术、气切等护理，使各专科护理技术含量有较大提高。

第五节 医疗设施设备

1988年起，县医疗卫生单位先后购置B超、胃镜、X光机等医疗设备。1996年，县医院筹资580万元，引进美国GE1800全身CT、日本阿洛卡1700型彩色B超、24小时动态心电、心电监护除颤器等先进设备。1997年，福建省立医院赠送县医院碎石机1台、心电监护仪2台、呼吸机3台、病床31张，总价值100万元。至2002年，全县医疗卫生单位共购置万元以上医疗设备B超、胃镜、X光机、尿十项仪、半自动生化仪等29件。2003年，县直医疗单位投资690.20万元，购10万元以上设备（核磁共振、电子胃镜、彩超、全自动血气分析仪等）10件。2004年，县医院投资283.05万元添置设备（内窥镜、血变仪、手术显微镜等）8件。2005年，县直医疗单位投资1085万元（其中县医院725.40万元、县中医院135万元）添置德国X光机、呼吸机、CS硬件、麻醉机等设备25件（套），其中县中医院引进1台ASR-800全身螺旋CT。乡（镇）卫生院添置5万元以上设备（胃镜、B超、B超诊断仪、全自动生化仪、血球分析仪等）7台，5000元以上设备（心电图仪、尿十项仪、心电监护仪等）31台。

第六节 医技科室技术

一、县医院医技科室

（一）手术室

1988年，确定手术室为独立科室，配备科主任、护士长，添置呼吸机、心电监护仪、除颤器、多功能麻醉机、显微镜、高频电刀、YAG激光仪、胃肠吻合器等。2005年，共有麻醉医生5人、护士8人、手术台5台，开展胸科食道癌、肺叶切除、纵隔肿瘤、动脉导管未闭、心包剥离、颅脑等手术。

（二）胃镜室

1986年6月，胃镜室设立，医师1名、护士1名，配有国产纤维胃镜1部。1997年，医护人员增至3人（其中副主任医师、主治医师各1人，护士1人），增添显像系统。2000年8月，添置日本产奥林巴斯胃镜1台。2002年11月，添置日本富士能88型电子胃镜1台。2003年10月，添置国产数字X光肠胃机1台。2005年，检查、诊断1000人次。

（三）病理科

1987年10月，病理科设立，医务人员2人。1989年，增添欧林巴斯双目光学显微镜1台和恒温箱、800型离心机、恒温水浴锅、电冰箱、MDT-4型自动磨刀机等设备，开展常规病理切片制作、苏木素-伊红染色及常规的病理诊断与脱落细胞学诊断。2005年，专职病理工作人员2人，配备日本产欧林巴斯双目光学显微镜2台，切片机2台（其中德国徕卡LELLARM2015型1台）和全自动脱水机、全自动染片机、生物组织石蜡包埋机、摊烤片机、病理图文分析系统等先进设备。开展常规病理切片的制作染色和诊断、脱落细胞学诊断、针吸细胞学诊断、快速石蜡切片和部分特殊染色的制作和诊断。

（四）检验科

1988年，检验员6人。1996年，共有大型离心机、尿液分析仪、意大利半自动生化分析仪、酶标仪、洗板机、PCR等仪器设备。1999年，引进日立全自动生化分析仪1台。2002年4月，添置钾钠氢电解质分析仪1台。2004年，检验质量达到省级标准。2005年，有检验员9人，其中主管人员4人、医师4人、医士1人。

（五）影像科

X光室　1988—1990年，先后购进上海产500毫安X光机与北京产400毫安X光机各1台。1996年，改装北京产400毫安X光机，加装日本产影像增强系统和遥控系统。1998年起，X光室除开展普通透视外，还开展肝癌介入诊疗、经皮椎间盘施切术、选择性输卵管造影及再通术等"介入治疗术"。2005年1月，引进德国产直接数字X光机1台。

CT室　1996年6月设立，引进美国CE1800全身CT机1台，开展各种肿瘤、脑外伤、肝硬化、肝癌、脑血管意外、各类结石和骨关节的诊断。至2005年年底，共接受CT检查诊断病情的病人达18300人次。

核磁共振室　2003年10月1日设立，配备医技人员2人。至2005年年底，核磁共振诊断患者8023人。

B超室　1984年7月设立，医务人员2人，配有阿洛卡SSO-256型台式黑白超声仪1台。1988年8月，福建省立医院赠送碎石治疗机1台，开展体外冲击波碎石治疗术。1994年3月购进美国心腹两用多功能黑白超声仪-ATL 1台。1996年10月，购进日本产心腹两用彩超1台。2005年8月和12月，先后购置彩色B超（ENVISOR系列）和日本产海豚黑白B超各1台，有医务人员6人，开展临床各科大、小器官的全身检查和肝、肾、卵巢肿瘤、肝脓肿、肾周脓肿等疾病的介入治疗。

（六）药剂科

1988—1997年，药剂科先后购置WZZ-1型自动指示旋光仪、751C分光光度中微粒检测仪、霉菌培养箱、配度计等药检仪器，开展自制制剂监测。1995年，西药库改建成新的制剂楼，日产输液超千瓶。1998年，添置净化系统、轧盖机、洗瓶机等生产设备。2001年9月，由于验收标准提高，制剂室停止生产制剂。2002年起，为满足临床用药需要，引进新药、特药，药剂科常备西药近千个品种，中药700多个品种。

二、县中医院医技科室

1988—2005年，医技科室设放射科、检验科、B超室、胃镜室、心电图室、CT室、碎石科、中药煎药室等科室。放射科开展透视、摄片、泌尿、胆道、支气管等疾病的造影。检验科开展常规检验、生化全套、尿十项等检验项目。B超室开展肝、胆、胰、脾、肾、输尿管、膀胱、子宫等检查。胃镜室开展食道、胃十二指肠检查。CT室开展肿瘤、脑外伤、脑血管、结石、胃、关节等检查。心电图室开展心电图常规检查。碎石科开展泌尿系统结石施行体外冲击微波碎石术。

三、乡（镇）卫生院医技科室

乡（镇）卫生院放射、检验方面开展X光摄片、胸透、胃钡透、三大常规、生化全套、尿十项检查。B超、心电图室开展肝、胆、胰、脾、肾、膀胱、子宫和常规心电图检查。

第七节　急诊抢救

1988年，县医院充分发挥抢救中心作用，抢救53例高危产妇均获成功。1990年后，县医院、县中医院设立急诊科，配备技术熟练、责任心强的医务人员，建立抢救和传呼设施，常备必需的急救药品器材，制定抢救常规和程序，保证抢救工作及时、准确、有效地进行。乡（镇）卫生院普遍设有急症室，备有观察床，为急诊提供方便。1991—1995年，县医院、县中医院重点抓好医疗业务工作，改善住院条件，提高急诊抢救能力，实行急诊24小时值班制。县医院急诊抢救病人年平均1000人次以上，县中医院急诊抢救病人年平均600人次以上。1997年，县医院设立急救"120"电话，发挥救护作用，投入资金20万元，完善血库设备，供血库5月20日正式挂牌使用。1998—2000年，县医院、县中医院开展"120"急救服务，实行24小时应诊制，添置救护车2辆，进一步提高急诊抢救运送能力。

2001年，县医院"客家急救中心"竣工投入使用，属三明市县级规模最大、设施最完备的急救中心。2003年，县突发公共卫生事件应急领导小组和医疗急诊抢救小组成立，由各单位的医疗技术骨干组成，县级医院设立"120"急救中心，建立并完善急诊抢救流程和急诊抢救制度，确保急诊抢救的落实。配有救护车辆和一支较完整的抢救队伍，急诊科室配备氧气、呼吸机、监护仪、除颤器、洗胃机、急救推车和急救药品。乡级卫生院设立急诊室，配有氧气、洗胃机、急救箱和急救药品。县、乡医疗单位共有1000平方米的急救场所。

1988—2005年，全县共抢救急、危重病人7143人，抢救成功6890人，成功率96.46%。

第四章　公共卫生

第一节　爱国卫生运动

1988年，全县16个乡（镇）及县针织厂、县供销社、县林产化工厂、县合成氨厂、县机电厂等单位建立爱国卫生运动委员会（简称爱卫会）。在5月开展的爱国卫生突击月活动中，城区组织近3万人，清理卫生死角135个，垃圾80余吨，疏通下水道20条，补修水泥路面1180米。以城区和湖村乡为试点，开展"五统一"（统一指挥、统一培训、统一供药、统一配制毒饵、统一投放）投毒灭鼠活动，共投毒饵

2.25 吨，灭鼠 9 万余只，鼠密度下降至 3 %；开展 7 次大规模消毒灭杀工作，对企事业单位喷射药剂 145696 平方米，对公共场所消毒 52463 平方米，使蚊蝇密度大幅度下降。投入改水资金 60.66 万元，打井 45 口，完成大小自来水工程 13 处，受益 20595 人。全县饮卫生水人数达总人数的 75.50 %。

1990 年，贯彻国务院《关于加强爱国卫生工作的决定》，组织实施三明市《创建国家卫生城市》和《创建卫生乡（镇）村》的通知，县委、县政府把爱国卫生工作列入各级领导的目标责任。县卫生防疫站增设 2 名编制的消毒站。将搞好环境卫生形成制度化和常态化，以城带乡，坚持"一天一小扫，一周一大扫，半月一自评，一月一评比"的卫生检查制度。在第二个"爱国卫生月"中，农村参加 8 万人次，清理卫生死角 1650 处，疏通阴沟 6100 条，拆除违章搭盖 523 处，植树 41 万余株；城区出动上万人次、车辆 30 多辆，清运垃圾 1600 多吨。城区春、夏、冬 3 次灭鼠，灭蚊蝇。农村打井 58 口，新增自来水工程 31 处，全县饮水卫生人数达 92.23 %，其中自来水饮水率 40.37 %。全县新建水冲式公厕 4 座，其中城区 3 座。

1991 年后，每年以"爱国卫生月"为载体进行广泛宣传发动，增强全民卫生意识，突出解决环境卫生、市容市貌、农村改水改厕等问题。1992 年 11 月，宁化县被省爱卫会授予"省级卫生县城"称号，至 1995 年，全县饮用卫生水人数达 285280 人，占农村总人数的 96.54 %，农村改厕 6091 户，占农村总户数的 9.81 %。石壁、泉上两镇通过省级卫生乡（镇）考核验收，获"省级卫生乡（镇）"称号，泉上镇泉永村被评为省级卫生村。

1996 年 11 月，宁化县通过省级卫生县城的复查考核验收。是年，全县出动 6 万人次，清运垃圾 5400 吨。投入资金 90 余万元，在 13 个乡（镇）的 30 个建制村完成 37 处自来水工程，饮用自来水新增 2576 户 13332 人，乡（镇）自来水普及率达 80% 的有泉上、湖村、方田、河龙、安乐、治平等 6 个乡（镇）。全县改厕 1106 户。全年进行 3 次消毒杀虫工作，城区鼠密度 3.46 %，符合国家标准。2000 年，县委制定《关于巩固省级卫生县城工作的实施意见》，召开创建卫生县城工作会议，将任务层层分解到具体部门，结合革命老区村"五通"（通路、通电、通安全卫生饮用水、通电话、通广播电视）工作，新增饮用自来水 1200 人，完成改厕 960 户。全年投放鼠药 12 吨、敌敌畏 60 吨，灭鼠 11 万只，有效降低蚊蝇、鼠密度，再次通过省级卫生县城考核验收。

2003 年，开展以抗击"非典"和预防控制禽流感为重点的爱国卫生运动。4 月，县政府制定《宁化县非典型肺炎防治预案》，成立防治"非典"指挥部、协调小组及督查小组。县卫生局成立病例调查组、流行病学调查组和医疗救护组，各乡（镇）卫生院成立医疗救护小分队。各医疗卫生单位建立定期汇报、值班、督查及疫情上报制度，实行 24 小时值班制。全县共设立 19 个发热门诊，确定县医院为定点收治医院，全年共诊治发热病人 7562 人次，居家跟踪观察 1400 人，集中隔离医学观察 10 人。在省道 307 线江西省石城县和宁化交界处设立预防"非典"卫生检疫站，检查车辆 1240 车次，测量体温、填报健康申明卡 10278 人次，消毒车辆 1240 车次。同时综合整治脏、乱、差现象，创建南大街"三优"（优美环境、优良秩序、优质岗位）示范街，促进城区绿化、美化、净化，提高生活环境质量。

2005 年，组织开展以"五小"（小饮食店、小理发店、小街巷、小食杂店、小浴室）和居民房前屋后环境卫生整治，开展春秋两季大规模灭鼠活动，全年新增饮用自来水 18200 人，完成改厕 1600 户。第三次通过省级卫生县城的考核验收，保持"省级卫生县城"称号。

1988—2005 年，全县以改水改厕为重点，以环境整治为突破口，开展创建卫生镇（村）活动，逐步从水井、手压机井等分散供水发展为自来水厂集中供水，从户外简易厕所发展为户内无害化卫生厕所。全县农村累计自来水受益 21.47 万人，占农村人口的 70.52%；改厕 4.22 万户，占农村总户数的 58.80%。

第二节　卫生应急处置与监督监测

一、突发公共卫生事件应急处置

2003 年，成立宁化县突发公共卫生事件应急领导小组、医疗救治专家组、现场流行病调查应急处置专家组。县卫生防疫站设立传染病流行病调查组、食物中毒调查处理组、职业中毒处理组、宣传组、检验检测组、后勤保障组，建立突发公共卫生事件应急处理物资储备室，贮备消毒药品、个人防护用品等。先后制订《突发事件应急处理预案》《非典防治预案》《食物中毒处理预案》和《人间禽流感防治预案》等公共卫生事件应急预案。是年"非典"期间，设定观察点医院内科、儿科、发热门诊监测点，监测不明原因的重症流感病例和肺炎住院病例。4—5 月，隔离留验从香港淘大花园返回宁化的密切接触者 2 人，医学观察外地返回宁化的一般接触者 8 人；5 月 12 日—14 日，应急处置学生群体性不明原因发热事件 2 起。2004 年 11 月，应急处置中沙中心学校 127 名学生生水痘事件。2005 年，全县共处置狂犬病死亡病例事件 15 起。

二、食品卫生

1988 年，县卫生防疫站成立食品卫生科，有食品卫生监督员 4 人，水茜、中沙、横锁、泉上等乡（镇）和县糖烟酒公司成立领导小组，对全县 705 户食品生产、经营单位巡视监督 2231 户次，销毁不合格食品 320 公斤。全年完成 707 户次卫生许可证发放和复核工作。完成 307 份食品卫生检验，地产食品合格率 81.20%。体检从业人员 1801 人次，受检率 94.46%。在城区采样餐具消毒效果考核监测 292 份，合格率 83.50%。

1994 年，全县强化食品卫生监督，全年换发卫生许可证 1671 户。体检从业人员 2490 人，查出"五病"（痢疾、伤寒、病毒性肝炎等消化道传染病，活动性肺结核，化脓性或渗出性皮肤病以及其他有碍食品卫生的疾病，俗称"五病"）患者 55 人，全部调离从业岗位。举办各类食品卫生知识培训 74 期，参训人数 2243 人。销毁假桂圆 280 公斤。与工商、兽医部门配合，对水灾后的市场进行为期 20 天的全日制巡回检查，共监督检查 3456 户次，查处违法案件 330 户次（其中警告 43 户、限期整改 258 次），罚款 29 户金额 2360 元。处理销售病死猪肉事件 9 起，销毁被水淹各类食品 34.76 万公斤。是年，宁化被卫生部授予"全国食品卫生示范县"称号。

1999 年，县卫生防疫站贯彻落实《中华人民共和国食品卫生法》，年审食品生产、经营单位卫生许可证 9980 户，体检从业人员 2483 人，体检率 100%，查出"五病"患者 36 人，全部调离从业岗位。开展食品监督检查 1739 户次，查处违法案件 283 户次，销毁伪劣、变质食品 3100 公斤，过期啤酒、可乐、酒娘等饮料 6425 瓶，罚款 8 户 2200 元。加强碘盐管理，巩固"消灭碘缺乏病县"成果，全年抽查食盐 300 批，合格 294 批，合格率 98%。

2001—2004 年，加强学校食品卫生安全监管，每年开学初，县卫生防疫站对学校食堂和校内外食品经营单位进行专项检查，依据学校食堂量化分级管理评分标准，逐项打分，检查结果及时通报，督促学校改善食堂卫生基础设施，规范食堂服务管理。按照《福建省食品、化妆品卫生专项整顿工作方案》和《三明整顿和规范食品、化妆品市场秩序工作实施方案》，县卫生、工商、城监等部门联合开展"餐桌污染"综合整治，重点整治食品店、早夜点市场、冷饮、肉与肉制品及调味品市场，按照国家标准定期与不定期抽取检验各类食品，在县有线电视台公布检验结果，并按照相关法律法规处理未达到国家标准的各类食品，保护群众食品卫生安全。4 年共年审食品生产、经营单位卫生许可证 7072 户，年审率达 97.40%，核发卫生许可证 3960 户。体检从业人员 13650 人，查出"五病"患者 159 人，并全部调离从业岗位。监督检查食品生产、经营单位 1.80 万户次，平均合格率 90.90%，吊销卫生许可证 430 户。查处违法案件 1290 户次，责令整改 498 户次，警告 530 户次，销毁"三无"（无生产日期、无质量合格证或生产许可证、无生产厂名称）和假冒伪劣食品 11925.10 公斤，罚款 39 户金额 1.50 多万元。

2005 年，全县有食品卫生监督员 25 人，年审食品生产经营单位卫生许可证 1776 户，发放公共卫生许可证 265 户。对饮料、肉类、奶制品等 16 种食品进行抽样检测，检验 478 份，合格 452 份，合格率 94.56%。完成餐具消毒效果考核 2608 份，合格 2321 份，合格率 89%。实施《食品卫生监督量化管理方案》，对全县学校食堂及 18 家餐饮单位进行量化分级管理。开展治理餐桌污染工作，对辖区内经营肉及肉制品的单位进行环境消毒监测，对奶粉批发市场、经营单位进行质量鉴定，全年共销毁食品 290 公斤，价值 986 元。建立全县食品生产经营单位档案 1835 户，餐饮业获市卫生监督所"B"级单位称号 3 家。

附：食物中毒案例

案例 1：1997 年 6 月 13 日，县委党校食堂土地管理培训班学员 56 人进食油炸带鱼，其中 23 人因副溶血性弧菌食物中毒，后经县医院治疗全部康复。

案例 2：2000 年 3 月 15 日，泉上镇谢新村一村民家嫁女，在自家办宴席 19 桌，152 人进食咸水鸭（熟食），有 33 人沙门氏菌食物中毒，除 1 人较重送县医院抢救外，其余 32 人送泉上卫生院就近抢救治疗，至 3 月 28 日中毒者全部康复。

案例 3：2004 年 3 月 31 日，泉上镇泉正村一农户家误将毒鼠药当作田七粉服用，造成 2 人中毒，后经县医院抢救康复。

案例 4：2004 年 8 月 27 日，曹坊乡上曹村一农户违法加工经营学生饭菜，29 人进食，10 名学生鲍氏志贺氏菌食物中毒，后经曹坊乡卫生院治疗全部康复。

案例 5：2005 年 7 月 15 日，安远乡安远村一农户家办丧宴，128 人进餐，其中 21 人误食毒蕈中毒，后经安远乡卫生院抢救全部康复。

三、公共场所卫生

1988 年，全县共有公共场所 125 处，发证率 77.50%；从业人员 289 人，体检率 86.50%。有公共场所卫生监督员 5 人、助理监督员 15 人，监督监测商店、录像厅，理发业、旅店业卫生质量。1992 年 9 月，县委、县政府开展"创建卫生县城"活动，组织检查全县公共场所卫生状况，重点整治全县公共场所的经营单位卫生设施。1993 年，重点开展公共场所档案管理，建档率 96%。1994 年，重点进行公共场所消毒，整治店容店貌。1998 年，公共场所卫生监督员增加到 8 人，首次监测城区公共用具（茶具、床上用品、毛巾、拖鞋、理发工具）消毒效果，合格率 68%。2002 年起，开展城区"创建公共场所卫生先进单位"活动，每年被授予市级先进单位称号 1—2 家。2005 年，全县公共场所经营单位 266 家，卫生许可发证率为 100%，从业人员 445 人，体检率 100%，监测合格率 94%。1996—2005 年，共处罚违法经营单位 85 户次。

四、学校卫生

1988 年，开展日常性学校卫生管理，全县建立中小学生健康档案 8367 份，治疗头虱 779 人，调查女生月经史 525 人。1990 年，国家教委、卫生部联合颁发《学校卫生工作条例》后，开始监测全县学校卫生状况，形成县、乡（镇）学校卫生工作网，开展学生健康体检和常见病防治。1992 年起，开展全县中小学生近视、沙眼、龋齿、肠道蠕虫、贫血等病症防治，每年 2 次选用"爱尔康"和"阿苯哒唑"驱虫药为中小学生进行集体驱虫。1996 年，采用《1995 年全国 7—22 岁学生生长发育评价标准》，调查评价城区中小学生生长发育状况，发现营养不良率、近视发生率、龋齿率上升，沙眼患病率下降。1997 年，宁化县成立学生常见肠道蠕虫感染综合防治专家指导小组，用涂片法抽查城区学生 200 人，阳性率 1.20%。

1988—2005 年，每年开展全县中小学生健康体检 1 次，建立学生健康档案，城区和各中学由县卫生防疫站负责，乡（镇）各小学校由所属辖区的乡（镇）卫生院负责。

1996—2005 年宁化县中小学生健康情况表

表 29-2　　　　　　　　　　　　　　　　　　　　　　　　　　　　　　　　　　　单位：所、人

年份	学校	调查学生数	营养不良		肥胖		龋齿		沙眼		因病缺课情况			
			人数	百分率	人数	百分率	人数	百分率	人数	百分率	监测学校	学生数	因病缺课	
													人数	百分率
1996	8	9593	926	9.65	306	3.19	2760	28.77	196	2.04	4	5299	117	3.37
1997	8	10786	1635	15.16	267	2.48	1246	11.55	686	6.36	4	6850	284	4.12
1998	8	10948	1488	13.59	88	0.80	836	7.63	142	1.30	4	5516	148	2.68
1999	8	11814	1630	13.80	71	0.60	546	4.62	240	2.03	4	6207	276	4.45
2000	8	11271	1792	15.90	312	2.77	586	5.20	33	0.92	4	6604	285	4.32
2001	8	11614	2373	20.43	264	2.27	999	8.60	70	0.60	4	6025	116	1.93
2002	8	13004	3223	24.78	640	4.92	1369	10.52	0	0	4	8486	147	1.73
2003	8	12800	4418	34.52	180	1.40	1030	8.05	61	0.48	4	6146	133	2.16
2004	11	14093	5372	38.19	160	1.14	1200	8.51	55	0.39	4	6264	719	11.48
2005	11	13702	5432	39.64	191	1.39	1256	9.17	51	0.37	4	6586	335	5.09

第五章　疾病预防与控制

第一节　健康教育

1988 年 4 月，宁化县成立全国第一个县级吸烟与健康协会，有基层分会 21 个，会员 1240 人。1989 年，县健康教育领导小组成立，下设办公室；同时成立三明市首个县级健康教育科，配备专业人员 3 人。1991 年，开展学生吸烟状况调查。1994 年，县农民健康教育领导小组成立，学校、厂矿、社区、医院等 123 个单位组成县、乡（镇）、村三级健康教育网络。

1988—2005 年，全县卫生宣传专栏每年平均宣传卫生知识 2000 期以上，每年组织卫生系统人员上街和下乡宣传、咨询、义诊，共分发各种宣传单、张贴宣传画 8000 余份。全县从业人员岗前、岗中卫生知识培训合格率 100%。每季出一期《宁化县控制吸烟简报》，每期印发 200—300 份，每半年出《烟草与健康》小报 1—2 期，共举办以"吸烟有害健康"为主题的讲座 480 次，受教育 6.70 万人次，全县 15 岁以上男性吸烟率从 1988 年的 67.60% 下降至 2005 年的 49.80%。

第二节　传染病防治

一、主要传染病

1988 年，全县乙类传染病主要有病毒性肝炎、细菌性痢疾、伤寒和副伤寒、脊髓灰质炎、麻疹、百日咳、流脑、狂犬病、乙脑、疟疾。丙类传染病主要有：肺结核、丝虫病、麻风病、流感、流行性腮腺炎、风疹、新生儿破伤风、感染性腹泻、结膜炎。其中，以肺结核、麻疹、流脑、痢疾、乙脑、流感、肝炎、狂犬病、百日咳、伤寒、疟疾等 11 种较为多发。1989 年 9 月《中华人民共和国传染病防治法》正式实施后，全县传染病防治工作由一般的行政管理转向行政管理，形成县、乡（镇）、村三级防疫网络，县、乡疫情报告率 100%，村疫情报告率 99%。随着疫苗免疫接种的实行，全县传染病发病率逐年下降，至 2005 年，全县报告传染病 14 种 568 例，总发病率为 163.49/10 万。是年，在开展高危血清监测调查中，发现艾滋病毒携带者 1 人。

二、重点传染病防治

（一）脊髓灰质炎防治

1988—1990 年，按照卫生部《消灭脊髓灰质炎规划》，巩固基础免疫，开展强化免疫，加强急性弛缓性麻痹病例（AFP）的监测和报告。1991—1993 年，按照省卫生厅部署，开展全县 3 岁以下儿童应急免疫 3 次，服用小儿麻痹糖丸，服苗率均在 95%以上。1992 年 7 月，建立急性弛缓性麻痹病例"零"病例报告制度，由县卫生防疫站专人负责。1993 年，15 岁以下儿童非脊髓灰质炎的 AFP 报告发病率达到 1/10 万指标，12 月起按全国方案于每年冬春季节开展 0—4 岁儿童强化免疫，每轮服苗率均在 97%以上。2000 年 3 月至 2003 年 1 月，按省卫生厅部署对 5 岁以下儿童的重点人群进行 3 次 5 轮查漏补种。1990—2005 年，全县未发现脊髓灰质炎野病毒引起的麻痹病例。

（二）麻风病防治

1988 年，宁化县麻风病防治领导小组成立，县卫生防疫站选任医师专职开展全县麻风病治疗和防疫。1991 年 11 月，经省、市考核验收达到基本消灭麻风病的标准（发病率降至 1/10 万标准）。1992—2005 年，全县仅有现症麻风病人 1 例，巩固治疗 3 例，发病率和发现率保持在 1/10 万以下。

（三）结核病防治

1982 年，县卫生防疫站设立慢性病防治科，开设结核病专科门诊，各乡（镇）卫生院、村卫生所指定专人负责，实行肺结核登记报告制度，各级医疗单位发现活动性肺结核须向县卫生防疫站报告。1994 年始，实施卫生部"加强与促进结核病控制"项目，全县登记肺结核病人 848 例，其中涂阳肺结核 458 例，涂阳新登记率 13.57/10 万，治愈 393 例，平均治愈率 85.80%。2000 年，涂阳新登记率 21.36/10 万。2001 年 1 月起，实施福建省结核病控制项目，配套经费县级年人均 0.05 元、省级年人均 0.025 元。至 2005 年，结核病防治专科门诊共接诊可疑肺结核病人 3276 例，就诊率从 2001 年的 1.08‰上升至 2005 年的 1.80‰，共发现活动性肺结核病人 999 例，涂阳肺结核病人 595 例，涂阴肺结核病人 404 例。涂阳新登记率从 2001 年的 25.10/10 万上升至 2005 年的 38.52/10 万，平均治愈率 91.69%。结核病疫情得到控制，没有出现结核病暴发流行情况。

1994—2005 年宁化县肺结核病登记情况表

表 29-3

年份	县人口数（人）	门诊登记人数（人）	门诊病人就诊率(‰)	涂阳					涂阴		
				发现例数(例)	初治(例)	复治(例)	涂阳新登记率(0/10万)	治愈率%	发现例数(例)	初治(例)	复治(例)
1994	340717	☆101	0.30	46	35	11	13.57	78.20	41	★	★
1995	341811	☆121	0.35	56	34	22	16.36	82.14	52	★	★
1996	346659	☆130	0.38	68	41	27	19.66	98.52	42	★	★
1997	347970	☆147	0.42	77	56	21	22.17	94.80	62	★	★
1998	347880	☆146	0.42	74	61	13	21.26	90.54	69	★	★
1999	348064	☆127	0.36	63	40	23	18.09	80.95	59	★	★
2000	345394	☆150	0.43	74	61	13	21.36	75.55	65	★	★
2001	345767	375	1.08	88	62	26	25.10	94.80	84	59	25
2002	345909	630	1.82	101	78	23	28.26	92.80	103	94	9
2003	345342	896	2.59	136	93	43	39.31	87.69	108	91	17
2004	346189	751	2.17	136	117	19	39.31	95.65	60	54	6
2005	346236	624	1.80	134	124	10	38.52	93.38	49	46	3

注:1.☆1994—2000 年门诊病人登记不完善,2001 年开始所有疑似肺结核病人均要求登记。

　　2.★1994—2000 年涂阴病人未分初治和复治。

第三节　地方病（碘缺乏病）防治

　　1985 年，省卫生厅划定宁化为碘缺乏病病情轻病地区。1988 年 12 月，经省卫生厅考核达到基本控制 IDD（碘缺乏病）标准（7—14 岁肿大率应≤20%，用户碘盐合格率>80%，尿碘>0.10 毫克/升，患病率≤3%）。1991 年，改用碘酸钾配制的碘盐，增强碘盐稳定性。1992 年，按照 GB 5461-1992 要求，盐碘浓度要求出厂盐≥40 毫克/公斤，用户盐≥20 毫克/公斤。1994 年，按照 GB 14880-1994 要求，食盐含碘量应在 20—60 毫克/公斤之间。1998 年 10—11 月，省卫生厅评估组对宁化防治 IDD 工作评估，多项指标达到消除碘缺乏病阶段目标（8—10 岁甲状腺肿大率<5%，碘盐合格率>90%，尿碘中位数>0.10 毫克/升，尿碘≤0.02 毫克/升者≤10%）。1999 年起禁止群体服碘油丸。2000 年 10 月至 2005 年，按 GB 5461-2000 标准浓度 35±15 毫克/公斤生产碘盐。

第四节　职业病防治

　　1988 年，宁化县建立健全职业病防治管理制度，规范国有企业职业病防治，是年，省工业卫生现场会在宁化召开。1990 年起，随着乡（镇）企业、私人企业和外资企业兴起、用工制度变化和新兴产业的发展，各种新的职业危害因素大量增加，职能部门加大对职业病防治的管控力度。1996 年起，开始定点监测厂矿企业，对企业粉尘合格率、有毒有害化学及物理因素作出分析报告，进行特殊岗位员工体检。2002 年

5月，县政府办下发《关于开展职业病危害专项整治的工作意见》，专项整治制鞋、玩具和家具制造等使用苯及危害化学品企业，县卫生局、县安监局、县总工会、县劳动社会保障局联合督查全县职业卫生。至2005年年底，全县累计发现硅肺病223人，主要是原连城机场民工及县煤矿、县水泥厂、县钨矿、县矿山机械厂、县公路段等厂矿企业及单位出现的矽肺病例。

1996—2005年宁化县职业病防治管理情况表

表29-4

年度	厂矿监测数（个）	工人体检数（人）	监测点数（个）	粉尘合格率（%）	有毒有害因素合格率（%）	物理因素合格率（%）
1996	27	332	245	73.40	100.00	85.70
1997	27	263	143	82.60	85.70	96.70
1998	46	260	333	79.69	97.37	80.24
1999	23	70	86	72.09	80.00	66.67
2000	12	75	95	55.56	66.70	51.10
2001	12	100	129	73.68	86.96	76.47
2002	17	125	291	85.48	96.49	66.67
2003	33	264	267	64.30	65.00	71.20
2004	39	153	369	87.70	93.40	79.80
2005	50	318	586	85.79	91.61	77.97

第五节　计划免疫与冷链管理

一、预防接种

1988年4月，经省、市考核，宁化县达到以县为单位的12月龄儿童"四苗"（卡介疫苗、麻疹疫苗、脊灰炎疫苗、百白破疫苗）接种率达85%的标准。1996年4月，经省、市考核，卫生部验收，宁化县达到以乡（镇）为单位接种率达85%的标准。至2005年，全县连续12年未发生白喉病例，7年未发生脊髓灰质炎病例。

（一）儿童计划免疫保偿制

1988年5月，宁化县计划免疫保偿领导小组成立，开始实行县、乡（镇）、村三级管理儿童计划免疫保偿制。1990年2月，宁化县儿童计划免疫保偿基金会及各乡（镇）基金分会成立，建立县、乡（镇）两级计划免疫保偿金专用账户，由县级统一管理，分乡（镇）核算，至2005年继续推行儿童计划免疫保偿制。

（二）预防接种与免疫规划

1988—1991年，县防疫部门组织乡（镇）、村两级防疫人员走村串户分散接种。1992年，计划免疫工作改为以村为单位集中接种。1994年8月始，计划免疫以乡（镇）为单位集中预防接种。2003年1月1日始，根据省卫生厅、省财政厅《关于福建省儿童乙肝疫苗计划免疫实施方案》，乙肝疫苗纳入计划免疫，新生儿出生24小时内接种第一针。2005年，根据《福建省规范化预防接种门诊建设方案》和《福建省规范化预防接种门诊建设标准》，加强全县规范化预防接种门诊建设，年底全县12个预防接种门诊建设通过上级验收。

1998—2005年，根据省、市安排，每年4月份开展3—4岁年龄组儿童麻疹疫苗强化免疫1次。

1996—2005 年宁化县传染病管理与儿童免疫接种情况表

表 29-5

年度	甲乙类传染病报告(1/10 万)		儿童免疫接种率(%)
	发病率	死亡率	
1988	302.79	3.89	81.50
1989	189.82	5.10	81.90
1990	177.15	1.56	77.10
1991	143.94	0.84	83.50
1992	111.07	0.82	85.00
1993	70.05	0.85	84.90
1994	84.67	0.69	88.00
1995	65.44	1.79	90.20
1996	97.75	0.59	91.20
1997	110.56	2.34	95.40
1998	116.64	0.49	94.80
1999	105.43	0.86	95.30
2000	147.89	0.86	95.20
2001	148.38	0	95.10
2002	156.61	0	90.50
2003	152.11	2.02	85.20
2004	197.04	1.44	90.20
2005	187.19	1.65	91.40

二、冷链管理

1988 年 5 月始，全面推行儿童计划免疫保偿制，宁化县儿童计划免疫保偿基金会及各乡（镇）分会成立，冷链设备的添置及维护费用由县级统一管理，分乡（镇）核算。1990 年 5 月，为乡（镇）卫生院预防接种门诊添置双鹿 100 立升冷冻箱、容声冰箱各 16 台，为县卫生防疫站添置疫苗冷藏运输车 1 辆，供运送疫苗使用。1991 年 6 月，为乡（镇）卫生院预防接种门诊添置冷链包 70 个、冰排 660 个。2004 年，为乡（镇）卫生院预防接种门诊添置 YCD258 型冰箱 25 台，冷链包 144 个，冰排 696 个，为县卫生防疫站预防接种门诊添置 BD308 型冰柜 3 台、冰衬疫苗箱 3 台。2005 年，根据《福建省规范化预防接种门诊建设方案》和《福建省规范化预防接种门诊建设标准（试行）》的要求，开展辖区内规范化预防接种门诊创建工作，全县预防接种门诊规范化建设达到省级要求，通过市级验收。

第六章　卫生保健

第一节　妇女保健

一、孕产妇系统管理

1988年3月，开始实行全县孕产妇系统管理，建立孕产妇系统管理保健点20个，建立孕产妇孕管卡，定期进行产前检查、产后访视，管理孕妇828人，管理率94.50%；早管663人，早管率80.07%。建立全县高危孕产妇县、乡（镇）、村三级管理网络，实行三级报告制度，筛查出高危孕妇55人，全部实行专案管理。1989年，县卫生局下发《关于进一步加强高危孕产妇管理的意见》，保证高危孕产妇抢救车辆和费用。1991年，全县151个建制村建立孕产妇系统管理保健点，管理村孕产妇3434人，管理率92.80%，查出高危孕产妇836人，100%实行专案管理，孕产妇死亡率从1990年的7.97/万降至6.56/万。

1992年，县政府批转下发县卫生局《关于在全县实行妇幼保健保偿责任制的报告》，在全县推行孕产妇保健保偿责任制服务，设立孕产妇保健保偿金并制定管理办法，从保偿金中提取部分资金用于高危孕产妇的抢救。2000年，县卫生局下发《卫生院接诊产妇后转诊指征》文件，全县推广产前检查预约制和定点住院分娩方式，加强高危孕产妇管理，提高住院分娩率。2005年，孕产妇保健覆盖率99.71%、高危管理率100%、系统管理率87.86%、住院分娩率97.53%、死亡率3.05/万。

1988—2005年宁化县孕产妇系统管理情况表

表29-6　　　　　　　　　　　　　　　　　　　　　　　　　　　　　　　　　单位:人

年度	产妇总数	活产数	孕产妇保健覆盖率(%)	产前检查率(%)	产后访视率(%)	高危筛查率(%)	高危管理率(%)	孕产妇系统管理率(%)	住院分娩率(%)	高危住院分娩率(%)	孕产妇死亡率(万分率)
1988	4136	4124	48.15	86.43	94.00	3.75	100	85.60	48.79	—	7.27
1989	5097	5082	45.77	83.58	91.04	7.42	100	93.28	55.44	39.50	5.90
1990	6269	6209	43.27	90.70	91.40	16.77	95	90.33	58.97	99.16	7.97
1991	4609	4570	94.98	96.93	97.80	24.30	100	93.01	57.17	98.30	6.56
1992	3507	3499	98.50	94.87	93.44	18.51	100	89.25	56.78	98.80	0
1993	2715	2703	99.92	97.27	97.20	20.33	100	92.23	59.89	100.00	11.05
1994	2679	2660	94.15	96.30	90.67	15.12	100	85.78	65.96	100.00	3.76
1995	3075	3054	95.61	97.07	92.81	14.93	100	89.72	65.11	61.00	3.25
1996	2820	2821	99.86	96.50	96.40	11.74	100	85.82	87.02	92.36	0
1997	3564	3551	99.92	97.83	94.06	11.36	100	90.37	71.33	98.62	2.82
1998	3530	3514	99.46	97.30	95.50	12.81	100	91.49	76.95	99.50	5.69
1999	3330	3342	99.97	94.58	94.38	16.79	100	90.90	86.77	99.54	14.96
2000	3464	3173	99.97	98.42	97.48	19.09	100	83.14	90.07	99.80	0

续表 29-6

年度	产妇总数	活产数	孕产妇保健覆盖率(%)	产前检查率(%)	产后访视率(%)	高危筛查率(%)	高危管理率(%)	孕产妇系统管理率(%)	住院分娩率(%)	高危住院分娩率(%)	孕产妇死亡率(万分率)
2001	2990	2963	98.98	98.10	97.10	22.30	100	92.80	93.30	100.00	3.34
2002	3025	3063	98.50	98.00	96.60	21.20	100	93.00	95.70	100.00	3.26
2003	3034	3061	98.97	97.97	95.66	21.69	100	92.00	96.73	100.00	6.35
2004	3208	3232	99.15	95.95	93.07	20.76	99.85	91.49	97.71	100.00	3.09
2005	3253	3278	99.71	95.82	93.38	22.04	100	87.86	97.53	100.00	3.05

二、婚前检查

1991 年 3 月，县卫生局下发《关于在翠江、泉上、湖村、安乐、横锁 5 个乡（镇）开展婚检的通知》；4 月 1 日，县妇幼保健院正式开展婚检，是年检查结婚男女 297 对，查出疾病 46 人，对 11 人提出暂缓结婚的建议。1992 年，全县 16 个乡（镇）开展婚检工作，由于传统观念影响及把关不严，婚检率较低。1995 年 6 月，根据省卫生厅文件要求，进一步加强婚检管理工作，并重新规范婚检项目。1997 年，县卫生局组织检查全县婚检工作，实行婚检工作人员考试考核、持证上岗，规范技术指标，添置检验设备。

1999 年 9 月，县政府下发《关于进一步加强婚前保健工作的通知》，县妇幼保健院与乡（镇）民政办协作，各乡（镇）指定专人挂点包片婚检工作，建立每月将婚检疾病等情况向乡（镇）民政办反馈制度。2000 年，县妇幼保健院健全婚检异常情况记录、疑难病例转诊、随访及特殊病例讨论等系列婚检工作制度。2003 年 10 月 1 日，新《婚姻登记条例》实施，规定婚检不再作为结婚登记的必要条件，婚检率急骤下降；2005 年为 1.12%。

1991—2005 年宁化县婚检情况表

表 29-7　　　　　　　　　　　　　　　　　　　　　　　　　　　　　　单位：人、对

年度	应检人数	实检人数	婚检率(%)	疾病人数	暂缓结婚	不宜结婚
1991	367	297	80.93	46	11	0
1992	1986	1390	69.99	74	47	1
1993	4530	2730	60.26	95	42	9
1994	4310	2280	52.90	47	24	2
1995	3668	2384	65.00	119	112	6
1996	5992	3782	63.12	120	44	2
1997	5002	2698	53.94	132	88	1
1998	5032	2526	50.20	118	58	0
1999	4752	2548	53.62	76	29	2
2000	4538	3526	77.70	107	30	1
2001	4340	3538	81.52	260	67	0
2002	4402	3720	84.51	344	58	0
2003	4216	3598	85.34	353	31	0
2004	5020	50	0.99	0	0	0
2005	4994	56	1.12	2	0	0

三、妇科病普查、普治

1991 年始，县妇幼保健所每年开展妇科病普查普治工作。全县常见妇科病有附件炎、滴虫性阴道炎、霉菌性阴道炎、宫颈糜烂、乳腺小叶增生等。县妇幼保健所对查出的妇科病人进行对症治疗与保健指导，做好妇女"五期"（月经期、孕期、产期、哺乳期、更年期）的卫生宣传和督促复查。1995 年，普查女职工 519 人，查出妇科病患者 162 例，占实检人数 31.21%，对症下药进行治疗。1998 年，县妇幼保健所更名为县妇幼保健院，是年为厂矿、企事业单位 523 人进行普查，查出妇科病患者 142 人，占实检人数的 27.15%，患病人员均得到及时治疗。2000 年，开展妇科病普查普治 4571 人，查出妇科病患者 1333 人，患病率 29.16%，治疗率 94.15%。2005 年，全县妇科病普查 7238 人，查出妇科病患者 2123 人，患病率 29.33%，治疗率 96.12%。

第二节　儿童保健

一、科学接生

1988 年 2 月，宁化县被世界卫生组织确定为福建省 5 个妇幼卫生示范扩展县之一，新法接生被列入乡（镇）基层妇幼卫生工作重要考核评分指标之一，由县妇幼保健所组织考核新法、科学接生业务。是年开始实施接生员例会培训、孕产妇、儿童系统管理和各乡（镇）住院分娩制度。1995 年 6 月 1 日，《中华人民共和国母婴保健法》实施，根据省卫生厅文件精神，调查摸底全县接生员现状，落实接生人员持证上岗制度。1997 年，县妇幼保健所组织家庭接生员培训、考核、发证，全县取得《家庭接生员技术合格证书》115 人。1999 年，县卫生系统加强新法接生管理，控制老法接生，推行产前检查预约制及定点住院分娩制。2001 年，新法接生率 99.40%，新生儿破伤风发生率为零。2002 年 9 月，县卫生局下发《关于做好家庭接生员村级保健员培训考核发证工作的通知》，全县保留偏远村家庭接生员 18 名，其他乡村接生员转换为村级保健员，各乡（镇）推行定点住院分娩制，提高全县住院分娩率。2002—2005 年，新法接生率 100%。

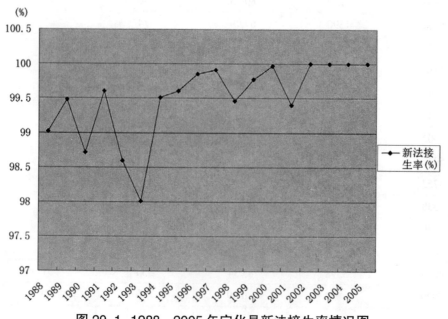

图 29-1　1988—2005 年宁化县新法接生率情况图

二、婴幼儿保健

1988 年 2 月，县卫生局抽调县、乡（镇）、村三级妇幼保健医生 129 人，对泉上、湖村、安乐、安远、禾口等 5 个乡（镇）74 个建制村 845 个自然村的婴儿出生死亡情况、生长发育情况进行调查摸底。3 月起开展全县婴幼儿系统管理，建立婴幼儿系统管理保健点，主要对 0—7 岁儿童进行"四、二、一"（即：0—1 周岁每年检查 4 次，1—3 周岁每年检查 2 次，3—7 周岁每年检查 1 次）体检及生长发育评价。10 月底，建立婴幼儿系统管理保健点 42 个，管理婴幼儿 7011 人，管理覆盖面占全县的 24.17%，查出中度以上贫血 2745 例、佝偻病 269 例、Ⅱ°以上营养不良 182 例，患病率 42.65%，治疗率 97.40%。1990 年，全县共建保健点 150 个，覆盖率 56.83%（建点村设有儿童保健室，配备儿童磅秤、新生儿钩秤、听诊器、量床等体检设施），管理儿童 20080 人，管理率 93.67%。1992 年始，实行婴幼儿保健保偿有偿服务，县卫生局制订妇幼保健保偿经费管理的暂行规定，县妇幼保健院、乡（镇）卫生院与服务对象及家属订立妇幼保健保偿责任制合同。

2005 年，全县 7 岁以下儿童保健率 92.19%，3 岁以下儿童系统管理率 95.43%。

1988—2005 年宁化县儿童保健管理情况表

表 29-8

年度	儿童保健覆盖率(%)	儿童系统管理率(%)	体弱儿管理率(%)	5岁以下儿童死亡率(‰)	婴儿死亡率(‰)	新生儿死亡率(‰)	围产儿死亡率(‰)	新生儿破伤风发生率(%)	体弱儿筛查率(%)
1988	24.17	75.65	97.46	—	49.40	26.80	22.15	0.48	7.41
1989	53.51	89.34	95.72	—	48.22	29.00	23.04	0.79	15.68
1990	56.83	93.67	98.85	—	36.04	22.40	25.50	0.48	10.91
1991	61.45	98.40	90.64	—	31.40	21.60	20.18	0.66	10.81
1992	66.67	96.60	96.23	54.59	30.87	19.15	27.71	0.86	10.70
1993	68.91	95.23	96.51	41.07	29.60	17.39	26.72	0	10.57
1994	69.05	93.40	98.60	33.06	22.18	17.80	19.90	7.52	9.51
1995	79.24	82.75	94.76	25.54	19.32	9.17	18.99	0.33	9.32
1996	88.49	83.86	99.66	41.48	25.88	21.27	23.90	1.42	9.96
1997	82.21	85.47	97.86	32.51	25.91	19.15	23.96	0.85	8.22
1998	82.37	88.32	89.79	33.01	27.89	19.92	29.89	0.85	5.83
1999	84.31	90.30	97.40	35.31	31.12	25.43	27.37	0.60	2.83
2000	84.82	90.72	100.00	28.05	24.27	18.28	18.83	0.32	2.56
2001	89.40	92.60	100.00	27.40	23.40	15.30	16.90	0	4.58
2002	93.90	95.90	97.00	26.40	19.90	15.30	16.90	0	6.40
2003	92.98	94.58	96.70	22.87	18.62	14.05	15.31	0	6.67
2004	93.20	94.60	100.00	18.25	14.86	9.90	10.79	0	5.96
2005	92.19	95.43	100.00	15.86	12.81	9.46	9.73	0	5.99

第七章　药品药材

第一节　药品

　　1988 年，县医药公司主要经营范围为中药材、中成药、西药和医疗器械 4 大类，共计 2326 个品种。是年，药品总购进 446 万元，药品总销售 417 万元。至 2005 年，经营结构发生了很大的变化，经营范围扩大至中药材、中成药、中药饮片、化学药制剂、化学原料药、抗生素制剂、生化药品、生物制品、医疗器械、保健食品等 10 大类，共计 3910 个品种，药品总购进 1212 万元，药品总销售 1435 万元。

第二节　药材

一、品种与分布

　　宁化境内可供药用的动植物和矿物逾千种，广泛分部于全县各乡（镇），其中安远、水茜、泉上、治平、曹坊、湖村等乡（镇）产量较为丰富。至 2005 年统计，全县较为常用地产药材有青木香、马兜铃、花粉、首乌、南沙参、山葡萄藤、谷精珠、雷公藤、土牛膝、金果榄、土茯苓、石菖蒲、威灵仙、骨碎补、藜芦、白茅根、观音串、金不换、徐长卿、八角莲、土黄柏、桃金娘、黄栀子、水栀子、菟丝子、车前子、苍耳子、覆盆子、蒲姜子、金樱子、小金樱、南山楂、瓜蒌仁、荜澄茄、白胶香、建砂仁、绵茵陈、土茵陈、淡竹叶、刘寄奴、旱莲草、仙鹤草、车前草、马鞭草、鱼腥草、香如草、地丁草、青蒿草、马齿苋、淫羊藿、半边莲、半枝莲、金线莲、银线莲、叶下珠、千里光、夏枯花、卷柏、南细辛、金银花、辛夷花、鸡胵花、五加皮、凌霄花、木槿花、木槵花、大青叶、阴地蕨、松花粉、闹阳花、海桐皮、海风藤、白毛藤、鸡血藤、大血藤、络石藤、石楠藤、茶薪菇、真红菇、海金沙、九节茶、三叶青、隔山香、石蟾蜍、南丹参、苦参、天冬、白前、白芨、仙茅、虎杖、半夏、前胡、香附子、龙胆、木贼、黄精、升麻、常山、草乌、乌药、南星、狗脊、贯众、百部、百合、菝葜、蒲黄、虎刺、商陆、皂荚、岩菇、灵芝、鸡枞、蛇菇、佩兰、泽兰、石斛、大蓟、石韦、薤白、黄独、藤茶、桑寄生、穿锅石、淮牛膝、川牛膝、云木香、苎麻根、薏米根、薏米、石榴皮、莱菔子、丝瓜络、冬瓜皮、棕树子、花椒、白扁豆、扁豆花、刀豆壳、枇杷叶、鸡冠花、蓖麻子、女贞子、桑叶、桑白皮、侧柏叶、一见喜、厚朴、厚朴花、苦楝皮、李树皮、赤小豆、绿心豆、急性子、白菖、葛花、茯苓、白术、麦冬、山药、郁金、姜黄、田七、干姜、白芍、白芥、韭菜子、魔芋、灯芯、莲心、莲子、荞麦、谷芽、桃仁、吴芋、柿蒂、橘皮、个青皮、枳壳、枳实、藿香、薄荷、川芎、菊花、艾叶、竹茹、银耳、黄檗、木瓜、槐花、丹皮、川红花、葛根、射干、银杏、乌梅、黄连、桔梗、紫苏等 200 种。

二、中药材种植

　　20 世纪 70—80 年代中期，全县中药材种植规模药场有 8 个，县医药公司参与种植，主要有济村乡的长坊药场、禾口乡的邓坊药场、曹坊乡的罗溪药场等均为综合性专业药场，主要种植的中药材有厚朴、杜仲、茯苓、白毛藤、白茅根、鸡脸花、绿升麻、钩藤、夏枯花等56种，种植面积近200公顷。1990年，县医药公司不再参与中药材种植。2005年，县内种植的中药材主要为厚朴和杜仲，多为农户和个人合资零散种植，规模不大。

三、地产药材收购

1988年始，县医药公司委托各乡（镇）供销社收购地产药材，大量收购的有白毛藤、白茅根、鸡脸花、茯苓等56种，年收购量在500吨以上。2002年，因收购数量减少，从经济效益考虑，县医药公司地产药材的收购业务终止。县中医院及乡（镇）卫生院零星收购中药材，至2005年，每年收购10—30吨不等。

第三节　经营仓储

一、经营网点

1988年，县医药公司设有批发部一个（主要对县内各医疗机构进行批发售药），零售门市部2个。至2005年，零售门市部增加到6个，批发部改称为业务部，除继续对县内各医疗机构进行批发售药外，批发业务辐射到周边县市的医疗机构。

二、仓储管理

1988年，县医药公司仓库只安装配置排风扇、抽湿机、简易木制货架等简单设备。随着仓储设备科学技术的提升，至2005年，县医药公司药品储存库全部安装配备空调、冰箱、排风扇、温湿度计、抽湿机、电脑、层式铁货架等，并安装与县110联网的报警装置。严格按国家《药品经营质量管理规范》（GSP）的要求进行规范化管理。药品储存按药品的不同保管养护要求实行分区、分库储存，确保药品质量的稳定。

第八章　医疗卫生管理

第一节　医政管理

1988—1994年，全县参加三明市个体开业行医人员考试取得个体开业行医资格39人。个体医生每月向县卫生协会缴纳管理费，县卫生协会组织半年、年终检查评比，召开总结表彰会。1995年，省政府下发《福建省医疗机构管理办法》后，县政府于1996年成立医疗机构监督办公室，聘任医疗机构监督员30人，开展无证行医、超登记范围行医、任用非卫生技术人员上岗、药品质量等监督执法。

1999 年，开展各级各类医疗机构重新登记换证，全县登记换证县直医疗机构 3 个、乡（镇）卫生院 16 个、分支医疗机构 21 个、厂矿学校医疗室 21 个、个体诊所 24 个、村卫生所 13 个。是年，全县公立医疗机构实行医院等级管理，县医院、县中医院、乡（镇）卫生院分别通过相应等级评审，实行分级管理。2000—2005 年，依据《中华人民共和国执业医师法》，规范医疗机构及从业人员法律监督，每年组织医务人员报考执业医师或执业助理医师，每年开展《医疗机构执业许可证》的校验发证。至 2005 年年底，全县共发放执业医师（含执业助理医师）资格证书 518 本，医师执业注册 524 人。

第二节　药政管理

1988 年，县药检所开展全县医疗单位和药品经营单位的药品质量检查，共检查品种 38846 种次，查出不合格药品 715 种次，不合格率 1.84%。销毁"三无"（无注册商标、无批准文号、无生产批号）麻醉药品 19 种次，处理假药案 7 起，罚款 2940 元。1989 年，抽查全县医疗机构 145 个，其中取缔 5 个、合并 18 个，合格医疗机构重新登记发证。是年，共检查各类药品 39876 种次，查处不合格药品 189 种次标价 4180 元，取缔无证经营药店 4 家，罚没销售伪劣药品和无证经营药品者 4780 元。全县药品合格率 99.53%，超过省定合格标准。1990 年，开展《中华人民共和国药品管理法》知识宣传，治理整顿医药市场，开展药品质量大检查 2 次，检查单位 254 个，受检率 80.13%，检查药品 45838 种次，查出并销毁不合格药品 123 种次。取缔无证批发药品 5 户，外来药贩 9 户，查处假劣药品案 11 起含中西药品 13 种次，标价 3160 元，罚款 5566 元。重新核发药品经营单位"三证"（药品经营企业合格证、药品经营企业许可证、营业执照），全县药品合格率 99.73%。

1991 年，聘请专、兼职药品监督员 22 人，开展药品质量大检查 4 次，共检查药品 49797 种次，查处和销毁不合格药品 129 种次标价 3715 元，取缔和查处无证经营药品案 10 起，行政罚款 2200 元。全县药品合格率 99.74%。1992—1994 年，检查医疗单位和药品经营单位 384 个、药品 197623 种次，发现不合格药品 480 种次，查处无证经营药品案 5 起，药品总值 22030 元。取缔无证经营药品户 2 户，行政罚款 14569 元。举办《中华人民共和国药品管理法》知识宣传和假劣药品"大曝光"展览共 3 次，接受咨询解答 2000 人次，全县药品合格率 99.76%。1995 年，检查医药网点 228 个、药品 75029 种次，发现不合格药品 173 种次标价 25340 元，取缔和查处无证经营药品案 25 起，没收无证经营药品 839 种价值 5 万元，销毁假劣药品 56 种次标价 12280 元。全县药品合格率 99.77%。

1996 年，检查医疗网点 208 个、药品 73951 种次，查出不合格药品 238 种次标价 6330 元，查处假劣药品案 18 起标价 14857 元，取缔无证经营药品户 4 户，没收无证经营药品 269 种次价值 9900 元，销毁假劣药品 63 种次标价 3160 元，行政罚款 11690 元。全县药品合格率 99.68%。1997 年，检查药品 63846 种次，查出不合格药品 214 种次，其中假药 39 种次、劣药 175 种次。查出无证经营药品户 7 户，没收药品 200 种次价值 45000 元。1998 年，检查医疗网点 69 个、药品 44734 种次，查出不合格药品 183 种次，不合格率 0.41%。取缔无证经营户 6 户，没收药品折价 12620 元，查处假劣药品案 4 起，行政处罚 1000 元。

2000 年，检查药品 31479 种次，查出不合格药品 477 种次，药品合格率 98.50%。查处违法药品案件 25 起（其中立案 3 起、简易程序处理 22 起），罚款 4300 元。取缔无证经营药品户 1 户、地下批发药品户 1 家，没收药品价值 2 万余元，罚款 4000 元。

2002 年，聘请特邀监督员，重点监管个体医疗机构、村卫生所、兽药店和保健品店，开展药品质量大检查 4 次和大输液、一次性使用医疗器械、麻醉药品、医院药剂、整治诊所透明柜台、清理非法医药广告、无证行医卖药等专项检查 7 次。县药监局联合药品经营企业共建质量管理体系，促成县医药公司与部分医疗单位签订药品购销合同，整治县乡医院外设门诊、个体诊所、村卫生所，封闭城区 36 家医疗诊所和 31 家乡（镇）所在地门诊、村卫生所、个体诊所透明柜台，检查购药渠道、药品来源，查处非正规渠道购进的药品，分别给予依法取缔、没收违法所得等处理。透明柜台全部改为药房，设立取药窗口，凭处方取药，村卫生所、个体诊所非法进药比例从 2001 年年底的 40%下降到 2002 年的 20%。2001 年 5 月，开始受理开办药品零售企业的申请，共受理申请 20 家，验收发证 12 家。

2005 年，建立定期走访、定期报告、案件协查、举报奖励等制度，把全县监管对象划分为东、西、南、北 4 个药品监管责任片区，采取"驻乡夜查"监管方式，进行逐村逐所检查，辖区内监管对象检查面 98%。同时组织实施国家、省、市局部署的医疗器械包装、标签及说明书专项检查和避孕套、微波治疗仪、疫苗、妊娠用药等各项专项检查。选择确定 6 家医疗机构（县、乡镇、村各 2 家）为药房药库改造重点单位，上报 ADR 病例报告 6 份，举办县以下零售药店药学技术人员培训班，经考核全县具备处方审核资质 52 人，全年受理药品经营申请 23 家，验收发证 21 家。是年，福建省食品药品监督管理局授予县药监局"全省食品药品监督系统政风建设工作先进单位"称号。

2002—2005 年，共发放《中华人民共和国药品管理法》等法律、法规宣传材料 5.20 万份，出简报 102 期，报送信息 320 条次，刊登报道 210 条次。下乡宣传《中华人民共和国药品管理法》宣传 45 场次，召开座谈会 36 场次，上街开展咨询 18 次，接受咨询 1.20 万人次，举办法规培训班 7 期，协办药品从业人员岗位培训班 7 期，培训 1040 人次。

2002—2005 年宁化县药械稽查办案情况表

表 29-9 单位:件、万元

年度	案件数	涉案货值	没收药械货值	罚没款
2002	17	125	291	66.67
2003	33	264	267	71.20
2004	39	153	369	79.80
2005	50	318	586	77.97

第三节 卫生经费管理

1988—1998 年，县卫生防疫站、县妇幼保健院、县卫校、县卫生协会等全额拨款单位由县财政按月核拨，县医院、县中医院由县财政按核定床位核拨。1999—2005 年，县卫生防疫站、县妇幼保健院、乡（镇）卫生院由县财政按在编人员（含离、退休）核拨，县医院、县中医院由县财政按核定床位核拨，县卫校人头经费由县财政核拨。

卷三十 人事 编制 劳动和社会保障

1988 年，县人事部门按照"公开、平等、竞争、择优"的原则，推行竞争上岗制度，严格执行机构编制管理制度，机关录用人员以计划分配和招聘为主，全县干部 4760 人。1990 年后，随着计划经济体制向市场经济体制转型，实行多年的用工制度发生变化，国家统一分配大中专毕业生政策取消。1998 年实施《国家公务员暂行条例》后，国家机关录用人员"凡进必考"。县人事部门不断完善干部录用、管理制度，在干部的选拔任用、奖惩、调配、职称评聘、稳定人才方面统筹安排，做到人尽其才。至 2005 年，全县干部 5363 人，干部队伍呈现结构优化、素质提高的良性发展趋势，大专以上学历从 1988 年的 19.39% 提高到 2005 年的 58.40%。

县机构编制部门严格执行机构编制管理制度，1988 年，开展事业单位改革，清理非常设机构，实施全县事业单位编制管理卡制度。1996 年，实行县级党政机构改革。2002 年，开展新一轮党政机构改革，根据经济和社会发展要求，重新设置党政工作部门和编制，县级党政部门由 33 个减少到 29 个，减少 12.12%；全县 16 个乡（镇）精简财政编制 20.70%。至 2005 年，全县核定行政机构数 77 个、事业单位 341 个。全县编制总数 8057 名。

1988—1991 年，劳动就业以国有和集体企业提供岗位为主，企业招工必须依照省、市下达的招工计划，经劳动管理部门审批。1993 年，随着市场经济发展，企业竞争加剧，企业用工不再受招工计划指标限制。1994 年，贯彻《中华人民共和国劳动法》（简称《劳动法》），推行全员劳动合同制。2001 年始，国有、集体企业改制全面铺开，企业用工自主，下岗职工、大中专毕业生自主择业，大量农民离开农村进入城市就业。劳动保障部门不断完善健全与社会主义市场经济相适应的劳动制度和管理体制，在拓宽就业途径、规范用工制度、提高用工薪酬、开展基本养老保险和医疗保险、加强离退休管理等方面做了积极的探索。

至 2005 年，全县社会保障体系得到建立健全，医保、社保等全民救助体系初步形成。劳动管理部门求职登记 18052 人次，推介就业 6896 人，代缴养老保险 5317 人。

第一章 干部人事

第一节 机构

1990 年 4 月，设立县老干局，与宁化县人事局合署办公，合并成立县人事老干局。1991 年 4 月，县人事老干局分开设立。1991 年 6 月，成立宁化县人才交流服务中心，核定财政核拨事业编制 1 名。1993 年 7 月，成立县机关事业单位社会保险公司。1997 年 8 月，县人事局内设办公室、录用考核股、调配交流股、工资福利股、专业技术股、退休保险股，核定行政编制 14 名、工勤事业编制 1 名。2002 年 11 月，县人事局内设办公室、公务员管理股、专业技术管理股、工资福利股、退休管理股，核定行政编制 11 名、工勤事业编制 1 名。2005 年 1 月，宁化县人才交流服务中心更名为宁化县人才服务中心（增挂宁化县人才培训中心、退休人员管理中心牌子），核定财政核拨事业编制 5 名，实有 3 人。

第二节　人事制度改革

一、推行竞争上岗

1988 年，宁化县按照"公开、平等、竞争、择优"的原则，推行竞争上岗制度，聘任副科级以下干部职工 968 人，公开招聘宁化县招待所所长、宁化县投资企业公司经理和驻外窗口人员。1989 年，贯彻《福建省国家行政机关补充工作人员考试选调录用暂行办法》，公开考试、择优调入县机关工作人员 24 人。至 2005 年，全县招收录（聘）用干部 350 人。

二、推行公务员制度

1993 年 10 月 1 日起施行《国家公务员暂行条例》。1995 年 1 月，省人事厅下发《福建省国家行政机关工作人员向国家公务员过渡的实施意见》，经"三定"（定职能、机构、编制）后在岗在编的行政机关工作人员登记过渡为国家公务员。1998 年，全县 16 个乡（镇）、32 个县直机关 701 人（不含党群机关工作者 243 人）过渡为国家公务员。2005 年，全县登记公务员 1302 人。

三、公开招聘领导干部

1999 年始，县委改革科级干部选任制度，制定公开选拔工作方案。1999—2005 年，仅于 2000 年公开选拔副科级领导干部 2 名，分别为团县委副书记和中共宁化县化工实业总公司支部书记。

第三节　干部录用

一、大中专毕业生分配

1988 年，全县接收安排大中专毕业生 142 人，其中有 131 人到基层第一线工作。1989 年起，大中专毕业生按照"专业对口，面向基层、面向企业、面向乡镇和择优分配"的原则进行安排分配。至 1997 年，由国家分配到县各单位就业的大中专毕业生 1673 人，县安排自费或不包分配毕业生就业 82 人。1998 年始，国家调整大中专毕业生就业政策，不再给用人单位直接下达接收指标，毕业生就业实行"双向选择"，非师范类毕业生自主择业。1998—2005 年，县人事部门推荐大中专毕业生就业 96 人。

二、考试录用

1988—1991 年，全县党政机关录用人员以计划分配和招聘为主，共接收 214 人。1992—1997 年，党政机关机关录用人员采取择优选调与招聘相结合的方式，公开选调和招聘工作人员 242 人。1998 年实施《国家公务员暂行条例》后，国家机关录用人员"凡进必考"。2001 年起，实行全省统一考试录用。

1998—2005 年，全县新增公务员 97 人，事业单位招聘 140 人。

三、军转干部安置

1988—2005 年，宁化县共接收军队转业干部 26 名，其中安排 24 名、自主择业 2 名。军队转业干部主要安排在县直机关、事业单位。

第四节　干部管理

一、干部基本情况

1988 年，全县干部 4760 人，其中女干部 618 人。1990 年后，干部队伍呈现总量增长、结构优化、素质提高的良性发展趋势。1993 年 10 月起，实施《国家公务员暂行条例》，全县（不含党群机关人员）32 个县直单位、16 个乡（镇）的 701 位机关干部过渡为国家公务员，其中县直机关 357 人、乡（镇）344 人。至 2005 年，全县干部（含公务员及事业单位干部，下同）5363 人，比 1988 年增长 12.67%。女干部比例不断加大，从 1988 年的 12.98% 提高到 2005 年的 29.44%。干部年龄结构变化较大，35 周岁以下人员所占比例从 1988 年的 50.11% 降低到 2005 年的 38.37%。干部学历不断提高，大专以上学历从 1988 年的 19.39% 提高到 2005 年的 58.40%。

1988—2005 年宁化县干部基本情况表

表 30-1　　　　　　　　　　　　　　　　　　　　　　　　　　　　　　　　　　　　　单位:人

年份	总数	其中		学历					年龄							
		男	女	本科	专科	中专	高中	初中及以下	30岁以下	31-35岁	36-40岁	41-45岁	46-50岁	51-54岁	55-59岁	60岁以上
1988	4760	4142	618	233	690	1964	857	1016	1830	555	465	526	566	558	244	16
1990	4968	4147	821	267	891	2208	704	898	2185	581	400	503	456	565	271	7
1991	5141	4303	838	316	952	2334	691	848	2310	652	449	474	462	459	309	26
1992	5350	4379	971	367	1037	2394	793	759	2436	727	465	456	483	430	329	24
1993	5231	4266	965	405	1076	2376	761	613	2280	847	553	443	456	355	294	3
1996	5297	4188	1109	399	1320	2534	642	402	2174	952	715	427	409	312	308	—
1997	5548	4236	1312	369	1465	2626	661	427	2401	979	675	430	409	296	320	38
1998	5856	4356	1500	372	1585	3012	568	319	2742	1037	716	450	413	287	211	—
1999	5811	4256	1555	395	1687	3033	516	180	2192	354	2268	406	311	259	21	—
2001	5723	4187	1536	480	1655	2964	472	152	114	2936	225	1499	103	788	58	—
2002	5702	4130	1572	424	2024	2834	286	134	114	2775	207	1564	127	658	257	—

续表 30-1

年份	总数	其中		学历					年龄							
		男	女	本科	专科	中专	高中	初中及以下	30岁以下	31-35岁	36-40岁	41-45岁	46-50岁	51-54岁	55-59岁	60岁以上
2003	5671	4076	1595	543	2032	2707	357	32	1442	1151	1023	874	590	324	250	17
2005	5363	3784	1579	934	2198	1918	313	—	73	1985	992	1009	645	362	295	2

注:此表数据包含公务员和事业单位干部(1989、1994、1995、2000、2004 年无统计数字)。

二、调配

1988 年,县人事局按核定的定额和人员结构统一调配行政、事业单位干部,全年县外调入干部 20 人,县内调出干部 37 人。1989 年 3 月始,一律在编制定额内调配行政机关工作人员。2002 年调动人数最多,共 167 人,其中调出县外 15 人、县内调整 152 人。至 2005 年,全县共调配 1024 人,其中调出县外 333 人,县外调入 147 人,县内调整 544 人。

三、任免

1988 年,干部任免主要有 3 种形式:县委研究决定后,由县委或县委组织部直接任命;县委研究决定后,县政府任命;县委研究提出建议任免名单,提交县人大或县人大常委会任命。1990 年,县人事局根据省政府闽政〔1990〕47 号文件精神,任命科员 408 人、办事员 27 人。1991 年,对县档案局等 17 个单位的 60 名股级干部进行重新考核任命。

1992 年始,由县人事局组织实施县政府直属部门、乡(镇)人民政府、事业单位科员、办事员的任命,是年,根据县编委文件精神,对县外贸公司等 6 名股级干部进行考核任免,开展机关、事业单位工作人员行政非领导职务的确认工作,批准确认科员 401 人、办事员 27 人。1994—1995 年,按管理权限,共任免股级干部 6 人,确定县、乡(镇)非领导职务 82 人。1998 年,按程序办理自动辞职、辞退 6 人,对 1 名作出特殊贡献的县中医院职工破格申报批准为聘用干部。2000 年,加大岗位轮换力度,配合县法院、县土地局、县建设局、县城管中队做好中层领导(股级)干部竞争上岗和岗位轮换工作,县城管中队实行末位待岗制度。

2005 年,任免股级干部 12 人,确定县、乡(镇)非领导职务 56 人。

四、培训

1988 年,应届大中专毕业生参加全市统一的转正定级培训。1991 年,工人转干对象、农村村主干聘干对象、计划内自费大中专毕业生和人事政工干部参加全市岗位培训共 42 人。1992—1994 年,县干部培训中心和三明干校宁化辅导站相继成立,先后组织县、乡行政管理学等课程岗位培训 5 期,426 名党政机关干部参加;组织培训企、事业单位大中专毕业生、村主干、乡(镇)农业"五站"(农技站、农经站、农机站、水利工作站、畜牧水产站)新聘干部 346 人。

1996 年,党政群机关 886 名干部参加过渡国家公务员必修课培训。1997 年,组织新录用国家公务员、新录聘用干部和军队转业干部参加岗位培训及青年干部参加计算机基础知识、初中级英语水平培训。2002—2003 年,组织公务员学法用法、依法行政培训 4 期 973 人。2004 年,组织 1116 名公务员参加依法行政通用法律知识培训考试。2005 年,开展 6 期行政许可法培训考试,党政群机关工作人员 1380 人参加。

五、考核

1988—1993 年，实行机关目标管理岗位责任制。1994 年，按照《国家公务员考核暂行规定》和省、市统一部署，开始组织实施机关事业单位年度考核，全年考核 1461 人（不含教育系统），其中优秀 361 人、称职 1077 人、不称职 3 人、不定等次 20 人。1999 年，县委组织部与县人事局联合下发《关于进一步完善机关事业单位工作人员考核工作的通知》，开展目标管理岗位责任制、平时工作考核及年度考核工作，建立机关事业单位工作人员年度考核登记卡，审核登记 8000 名工作人员 1993—1999 年年度考核结果。2005 年，根据省委组织部、省人事厅下发《关于 2005 年在党政机关全面推行工作人员绩效考评工作的通知》，规定年度考核结果与工作人员的绩效挂钩，实行奖优罚劣，提高工作效益。全年考核 4143 人，其中优秀 560 人、称职 3540 人。

1994—2005 年度宁化县干部考核情况表

表 30-2　　　　　　　　　　　　　　　　　　　　　　　　　　　　　　　　　　单位：人

年度	总人数	是否含教育系统	优秀	称职（合格）	基本称职（合格）	不称职（合格）	未考核	不定等次
1994	1461	否	361	1077	0	3	0	20
1995	7523	是	1004	6499	0	2	0	18
1996	7527	是	1091	6315	0	48	0	73
1997	7357	是	1003	5949	0	1	0	404
1998	3575	否	480	3015	0	0	6	74
1999	3821	否	489	3292	0	1	0	39
2000	4073	否	497	3422	0	4	0	150
2001	3971	否	486	3412	0	3	12	58
2002	7745	是	938	6732	2	3	12	58
2003	8081	是	1018	6991	3	2	0	67
2004	7879	是	975	6880	0	3	6	15
2005	4143	否	560	3540	0	0	4	39

六、奖惩

（一）奖励

1988—1989 年，根据市人事局关于国家机关、事业单位工作人员升级奖励指标文件精神，全县获晋升一级工资奖励 15 人，领取一次性奖金 2 人。1990 年后，坚持计生、综治、纪检监察、检察等部门评先评优协审制度，提高评先评优和推荐上报工作质量，并审核登记各项奖励表彰情况。至 1995 年，推荐上报省、市两级先进集体 28 个、先进个人 54 人。1999 年，翠江派出所获市级"1999 年度人民满意的公务员集体"称号。2001—2005 年，先后开展"人民满意的公务员集体"和"人民满意的公务员"评选活动，推荐上报省、市两级先进集体 43 个、先进个人 78 人。全县获晋升一级工资奖励 53 人，领取一次性奖金 210 人。

（二）惩戒

1992 年，缓聘或辞退 1991 年度聘干考核中被评为"基本称职"的干部 11 名。1994 年，开除干部公职 7 人，对受纪律处分的 4 名干部降低工资标准。1997 年始，未按规定做好考核工作的单位不予兑现年终奖金，工作人员不予晋升职务工资。是年，解除 2 名工人劳动合同（连续 2 年考核不合格），辞退长期离岗人员 1 名。1998—2000 年，对 63 名受处分的工作人员核减工资，其中降低职务工资 2 人，因触犯刑律开除公职 2 人。至 2005 年，全县共处分 356 人（次），其中解聘（辞退）30 人、开除公职 17 人。

第五节　专业技术人员管理

一、职称评聘

1988 年，县人事局成立经济、农业、教育等系列评审委员会，按照省职称改革领导小组制定的职称工作基本程序，开展首次专业技术职务评审确认工作，全县评审确认高级技术职称 18 人、中级技术职称 158 人。1989 年，评审确认高级专业技术职称 5 人、中级技术职称 218 人。1991 年，先后成立宁化县统计专业初级技术职务评审委员会、宁化县乡（镇）企业工程技术人员初级评审委员会、宁化县乡（镇）企业思想政治工作人员初级专业职务评审委员会和宁化县卫生初级评审委员会，开展各类专业技术人员职称评聘工作。共评审确认高级专业技术职称 12 人、中级技术职称 116 人。1993 年，评审确认高级专业技术职称 2 人、中级技术职称 5 人，为历年最少。1995 年，全县评定高级技术职称 13 人、中级技术职称 180 人、初级技术职称 473 人。宁化县职称改革办公室（简称县职改办）为 291 名大中专毕业生确认了初级专业技术职称。2001 年，县政府下发《关于在事业单位开展专业技术职务评聘分开工作试行办法的通知》，规范专业技术职务评聘相关制度。全年批准公布确认高级职称 44 人、中级职称 358 人、初级职称 519 人。2005 年，全县评审确认高级职称 15 人、中级职称 450 人、初级职称 130 人。

1988—2005 年，全县共评审确认高级专业技术职称 332 人、中级技术职称 3211 人。

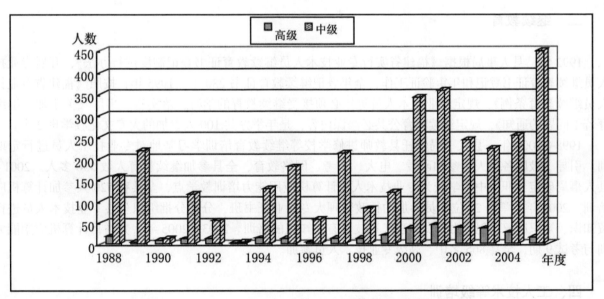

图 30-1　1988—2005 年宁化县专业技术职称情况图

二、资格考试

1992 年，根据财政部、人事部《会计专业技术资格考试暂行规定》，县人事局开始实行会计专业技术资格考试。1993 年开始，实行经济专业技术资格考试。至 1994 年，全县报考会计专业技术资格考试 19 人。1995 年开始，实行审计专业技术资格考试。2000 年开始，实行卫生专业技术资格考试，2001 年，报考卫生专业技术资格考试 109 人。2002 年开始，专业技术人员职称评聘必须通过计算机应用能力考试。2003 年开始，根据省人事厅、省卫生厅《关于做好 2004 年度卫生专业技术资格考试工作的通知》，各级医疗卫生机构从事医疗、预防、保健、药学、护理、其他卫生工作的大中专毕业生，不能考核确认专业技术职务，一律参加全国统一考试。

1994—2005 年宁化县会计、经济、卫生系列专业技术资格中级考试情况表

表 30-3   单位:人

年度	会计		经济		卫生	
	报考人数	合格人数	报考人数	合格人数	报考人数	合格人数
1994	19	6	0	0	0	0
1995	45	14	58	18	0	0
1996	0	0	43	13	0	0
1997	60	18	36	11	0	0
1998	41	13	34	10	0	0
1999	53	16	47	14	0	0
2000	9	2	42	13	0	0
2001	0	0	63	19	109	53
2002	0	0	44	13	47	18
2003	27	8	57	17	33	12
2004	31	9	87	25	17	6
2005	0	0	65	19	28	12

三、继续教育

1992 年，县人事局根据《福建省实行专业技术人员继续教育证书登记制度试行办法》，开展专业技术人员继续教育证书登记和年审验证工作，全年登记继续教育证书 230 本。1995 年，按照《福建省专业技术人员继续教育条例》，规定专业技术人员每年必须接受继续教育的学时，落实省人事厅《关于加强继续教育若干问题的通知》，规定继续教育公共必修课内容，是年举办共 100 人参加的大专文化教学班 2 个。

1998—2000 年，县人事局依托县教师进修学校等继续教育培训学习基地对专业技术人员进行定期培训。引导、鼓励各类人员参加函授、电大、自考、网络教育，全县参加继续教育人数 530 多人。2001 年，县人事局确定县职业中专学校为专业技术人员计算机应用能力培训教学点，全县有 520 人参加计算机应用培训。2002 年，举办 24 位学员参加的行政管理大专专业证书班，分期分批组织全县专业技术人员进行世贸知识、知识产权、创造力开发和现代科技等有关知识的培训。2003—2005 年，共举行计算机应用能力培训与考试 9 期，全县 865 名中、高级专业技术人员参加。

四、工人技术等级培训

1996 年开始，宁化县实施机关、事业单位工人技术等级培训考试和考核，至 1997 年共报考高、中、初级技术等级 1943 人次。1998—2005 年，定期开展工人技术等级培训考试工作。

五、人才市场

1991 年 6 月，宁化县人才交流服务中心成立，隶属县人事局，为股级事业单位。为流动人员及毕业生提供政策信息咨询、就业登记、档案管理、调动手续、人才交流、人事代理等服务。2005 年 1 月更名为宁

化县人才服务中心。是年，宁化县人才服务中心毕业生就业登记1045人，人事代理93人，管理流动人员及毕业生档案2161份，推荐就业167人。

第二章　机构编制

第一节　党政机构

1988—1996年，县政府机构编制委员会办公室与县人事局合署办公，机构规格正科级。1997年，县政府机构编制委员会办公室与县人事局分开单设。1998年，县政府撤销机构编制委员会办公室，县委成立机构编制委员会办公室（简称县编办），挂宁化县人民政府机构编制管理办公室牌子，编制6人。2005年，建制未变。

第二节　机构改革

一、党政机构改革

（一）县直党政机构改革

1993年3月，中共十四届二中全会审议通过《关于党政机构改革的方案》，为进一步转变政府职能，宁化县先后成立国家行政机关工作人员违纪违法举报中心、中共宁化县委政治体制改革办公室（与县委办合署）、机关事务管理局、信访局、环境保护局、老龄工作委员会办公室、社会治安综合治理委员会办公室、治安巡逻警察大队。县政府办公室增加行政复议职能，对外增挂行政复议办公室牌子。

1996年12月，按照中央、省、市关于党政机构改革的工作部署，县委、县政府依据政企职责分开和"精简、统一、效能"原则和建立职能配置合理、机构人员精干、运转协调、灵活高效的行政管理体制目标，实施县级党政机构改革：原宁化县精神文明建设委员会、计划生育委员会、对外经济委员会、科学技术委员会、林业委员会、物价委员会，相应更名县委精神文明建设委员会办公室、计划生育局、对外经济贸易局、科学技术局、林业局、物价局；撤销县委党建工作办公室、体制改革委员会、经济贸易委员会、协作办公室、文化局、体育运动委员会、农业委员会、农业机械管理局、财政贸易委员会9个机构；新成立县委农村工作领导小组办公室、经济局、文化体育局、地质矿产勘探局、财贸工作领导小组办公室5个机构；广播电视事业局、旅游事业局、机关事务管理局、档案局退出政府系列，转制为县直属事业单位；物资局、商业局、第二轻工业局成建制转为经济实体，分别成立物资总公司、商业总公司、第二轻工业总公司；县纪委与监察局合署，企业局与农业局合署，革命老根据地建设委员会办公室与民政局合署，县编办与人事局合署，集体林区改革试验区领导小组办公室与林业局合署。改革后，县级党政机构共设置33个，其中县委机构5个、县政府机构28个，比原来机构总数55个减少22个，精简40%。核定县级机关行政编制（不含公、检、法、司）620名，比原来903人减少283人，精简31.34%，工勤人员编制按行政编制10%—12%核定。确定机关各单位内设股室219个，比原来内设股室241个减少22个，精简9.13%。

1999年，全省工商行政管理系统实行垂直管理，上划县工商局机关行政编制15名及所属基层专项事业编制87名。2000年，全省质量技术监督局实行垂直管理，上划县质量技术监督局机关编制4名、事业编制 11 名。

2002 年，根据中共中央办公厅关于《深化干部人事制度改革纲要》和中组部、人事部《关于加快推进事业单位人事制度改革的意见》以及省、市机构改革部署，宁化县开展新一轮党政机构改革，根据经济和社会发展要求，重新设置党政工作部门和编制。原计划局、外经局、建设局分别更名为发展计划局、外经办、城乡规划建设局；撤销经济局、财办、水利水电局、劳动局、土地局、地矿局，新成立经济贸易局、水利局、劳动和社会保障局、国土资源局、民族与宗教事务局；文体局与教育局合署，科技局与发展计划局合署。县级党政工作部门由 33 个减少到 29 个，合并部门管理及合署办公机构 8 个，减少 12.12%。县级党委机构原有行政编制 128 名，精减后为 100 名，减少 28 名，精简 21.88%；县级政府机关原有行政编制 386 名，改革后核定行政编制 290 名，减少 96 名，精简 24.87%；县级政法机关（含公、检、法、司）原有专项行政编制 218 名，改革后核定专项行政编制 195 名，减少 23 名，精简 10.55%。延续至 2005 年未变。

（二）乡（镇）机构改革

1992 年，实施乡（镇）精简机构改革，重点确定内设机构职能配置，依据乡（镇）社会总产值、人口、面积分为大、中、小 3 种类型，分别确定编制为 45 人、30 人和 15 人（但各地并未严格执行，致使多数乡（镇）机构、人员不断膨胀）。是年，原来由县管理的涉农事业单位乡（镇）"五站"（农技站、农经站、农机站、水利工作站、畜牧水产站）归属乡（镇）管理。1997 年，县委、县政府推进精简乡（镇）机构改革，全县 16 个乡（镇）划分为一类乡（镇）8 个、二类乡（镇）8 个，乡（镇）工作人员按类配置，核定乡（镇）行政编制 595 名，比原有 1103 人（含单位自聘人员 506 人）减少 508 人，精简 46%。各乡（镇）设党政、农业、财经、社会事务、计划生育、村镇建设 6 个办公室，乡（镇）农技站、计生服务站等事业单位归属乡（镇）管理。

2002 年，结合乡（镇）机构改革，综合归类设置乡（镇）事业单位，全县 16 个乡（镇）划分为一类乡（镇）12 个、二类乡（镇）4 个。各乡（镇）统一设置农业服务中心、文化服务中心、综合行政执法中心、企业服务中心、村镇规划建设服务中心、计划生育服务所等 6 个事业机构，乡（镇）国土资源所、林业站、广播电视站、学校、卫生院及乡（镇）司法助理员等原属乡（镇）管理或县乡共管的单位或人员实行垂直管理。取消农村学区制，职能交由中心学校承担。全县 16 个乡（镇）保留事业编制 609 名（不含国土资源所、广播电视站、林业站、计划生育服务所、卫生院及学校），其中财政拨款、差额拨款事业编制 261 名、经费自给编制 348 名，精简财拨编制 20.70%。延续至 2005 年未变。

（三）事业单位改革

1988 年，根据三明市编委制定《关于加强全市机构事业编制管理的暂行规定》，宁化县开展事业单位改革，清理非常设事业单位，实施全县事业单位编制管理卡制度，凡缺编单位进人由人事、劳动、编办联合审定办理，同时采取税收优惠、提供启动资金等措施，鼓励机关事业单位人员兴办经济实体或服务实体。1992 年，机关兴办实体 18 个，分流人员 115 人，其中停薪留职"下海"经商办实业 4 人。至 1993 年，全县先后清理非常设机构 94 个，撤销 72 个，清退借用人员和临时工 42 人。1994—1995 年，全县严格控制财政拨款事业单位编制增长（幅度控制在 2.50%以内），采取措施促进符合条件的事业单位从财政全额拨款向差额拨款、差额拨款向自收自支过渡，精简全额拨款事业机构。分别放宽对自收自支事业单位的编制管理，其编制由主管部门核定，报县编委批准。对从事经营服务的事业单位实行企业化管理，其编制由单位按需自定，报县编委备案。撤并职能重叠或相近的事业机构，撤销县矿业总公司，职能并入矿管办，并将原矿业总公司下属的 3 家企业归还县经委管理。县越剧团合并到县文化馆，实行馆团合一体制。做好以工代干人员的分流工作，组织机关 66 名在干部岗位的工人参加分流考试，考试合格者大部分被分流到企业及自收自支的事业单位，清退不合格者 6 人。

1996—1997 年，撤销县蚕业开发总公司，收回财拨事业编制 14 个。批准设立县市场服务中心、抗旱服务站、林政稽查队经费自筹事业机构 3 个，核定经费自筹事业编制 13 名。建立和推行事业单位法人登记制度，全县事业单位财政拨款人数减少 10%。1999—2000 年，全县事业单位机构编制管理实行"三个冻结"（即冻结逆向调动，冻结与上级机构改革撤、并、转单位相对应的部门调入工作人员，冻结增设机构、增加财政核拨编制），清理清退机关事业单位的编外人员和临时用工 1031 人，确属需要的工作岗位

"一年一聘"竞争上岗。2000年，批准"一年一聘"人员15人，其中驾驶员13人、打字员2人。撤销县蚕桑站，收回编制。2001年，客家宾馆、环卫站实行人事、用工、工资分配制度改革，县影剧院、县越剧团等单位实行经理、团长公开竞争择优聘用制。

2003年，客家宾馆整体转制，全员分流，收回事业编制120名。2004年，撤销县流动人口计划生育管理站、县煤炭公司，收回事业编制22名。成立县动物疫情测报站、县精神文明建设研究室等机构4个，人员编制由主管单位内部调整解决。整编16个乡（镇）计划生育服务所，裁撤在编人员52人。2005年，清理整顿县林业系统所属41个事业单位，缩减为28个，精简31.71%；人员编制由316名缩减为208名，精简34.18%；核定股级干部职数56名。

至2005年，全县核定行政机构数77个，其中县委机构12个，县政府机构25个，县人大、县政协机构11个，县法院、县检察院及民主党派各1个，人民团体10个，乡（镇）机关16个；全县事业单位341个。

1988—2005年宁化县机关事业单位情况表

表30-4　　　　　　　　　　　　　　　　　　　　　　　　　　　　　　　　　　　　　单位：个

年度	党、政、群、人大、政协、法院、检察院、民主党派及乡镇机关														事业单位
	合计	党委				政府				人大政协	两院	民主党派	群团	乡镇机关	
		小计	工作部门	部门管理	议事协调	小计	工作部门	部门管理	议事协调						
1988	88	10	10	0	0	42	40	2	0	10	2	1	7	16	650
1989	85	9	9	0	0	39	38	1	0	10	2	1	8	16	651
1990	86	10	10	0	0	39	38	1	0	10	2	1	8	16	648
1991	86	10	10	0	0	39	38	1	0	10	2	1	8	16	423
1992	86	10	10	0	0	39	38	1	0	10	2	1	8	16	471
1993	90	8	8	0	0	47	46	1	0	10	2	1	6	16	506
1994	92	8	8	0	0	47	46	1	0	10	2	1	8	16	510
1995	92	8	8	0	0	47	46	1	0	10	2	1	8	16	359
1996	70	5	5	0	0	28	27	1	0	10	2	1	8	16	364
1997	70	5	5	0	0	28	27	1	0	10	2	1	8	16	359
1998	76	8	5	3	0	31	28	3	0	10	2	1	8	16	422
1999	78	9	5	3	1	32	28	3	1	10	2	1	8	16	559
2000	77	10	6	3	1	30	26	3	1	10	2	1	8	16	552
2001	77	10	6	3	1	30	26	3	1	10	2	1	8	16	555
2002	75	12	8	3	1	26	22	3	1	10	2	1	8	16	457
2003	76	12	8	3	1	25	21	3	1	12	2	1	8	16	335
2004	78	12	8	3	1	25	21	3	1	12	2	1	10	16	337
2005	77	12	8	3	1	25	21	3	1	11	2	1	10	16	341

第三节　人员编制管理

1988年，全县编制总数6220名，其中党政群机关520名、政法机关266名、乡（镇）机关564名、事业单位4870名。实有人员4541人，其中党政群机关643人、政法机关247人、乡（镇）机关492人、事业单位3159人。1993年，县党政群机关行政编制546名、公检法司单列编制304名，合计850名；乡

（镇）机关编制 564 名。1995 年，县级党政群机关编制 1195 名，其中行政编制 816 名、事业编制 102 名、控制编制 277 名；实有人员 1131 人（职工人数 238 人）。乡（镇）编制 1229 名，其中行政编制 529 名、事业编制 700 名；实有人员 1473 人（其中长期借用人员 416 人），超编 244 人。

　　1996 年，县、乡（镇）机构改革，核定县级机关行政编制（不含公、检、法、司）620 名，比原有 792 名减少 172 名，精减 21.72%，工勤人员编制按行政编制 10%—12% 核定。乡（镇）行政编制 595 名。2002 年，党政机构改革，县、乡（镇）党政群机关行政编制由 1197 名减为 911 名，精减 23.89%。乡（镇）事业编制由 450 名减为 360 名，精减 20%。2005 年，全县编制总数 8057 名，其中县级党政群机关 601 名、政法机关 446 名、乡（镇）机关 495 名、县、乡（镇）事业单位 6515 名。实有人员 7538 人，含县级党政群机关 622 人、政法机关 404 人、乡（镇）机关 510 人、县、乡（镇）事业单位 6002 人。

1988—2005 年宁化县机关事业单位人员编制情况表

表 30-5 　　　　　　　　　　　　　　　　　　　　　　　　　　　　　　　　　　　　　　单位：人

年份	全县编制	全县实有数	其中							
			党政群机关		政法机关		乡(镇)机关		事业单位	
			编制数	实有数	编制数	实有数	编制数	实有数	编制数	实有数
1988	6220	4541	520	643	266	247	564	492	4870	3159
1989	6603	5445	807	917	313	280	564	521	4919	3727
1990	6594	5503	826	948	313	294	564	543	4891	3718
1991	6506	6019	545	768	317	306	564	591	5080	4354
1992	6954	6078	546	782	317	314	564	573	5527	4409
1993	7045	6406	546	784	317	331	564	597	5618	4694
1994	7323	7015	565	771	327	336	564	617	5867	5291
1995	7601	7188	565	768	334	345	564	611	6138	5464
1996	7724	7530	620	736	338	367	595	628	6171	5799
1997	7961	7872	650	660	367	378	595	584	6349	6250
1998	8199	8216	650	641	380	375	595	572	6574	6628
1999	8412	8306	669	587	421	402	595	587	6727	6730
2000	8436	8289	670	594	380	351	595	584	6791	6760
2001	8296	8245	548	591	425	394	516	545	6807	6715
2002	8249	8001	575	582	411	376	495	475	6768	6568
2003	7938	7822	587	593	428	384	495	518	6428	6327
2004	8028	7682	586	609	444	384	495	510	6503	6179
2005	8057	7538	601	622	446	404	495	510	6515	6002

第四节　事业单位登记

　　1997 年 3 月 20 日，县编办成立事业单位法人登记中心，开展全县事业单位法人登记管理。1998 年 1 月 14 日，全县 217 个事业单位登记发证，其中法人 156 个、非法人 61 个，登记率 93%。2000 年，全县事业单位登记 203 个，年检合格。2001 年，县编办增挂"宁化县机关事业单位登记管理局"牌子，按照国务院《事业单位登记管理暂行条例》和《福建省事业单位登记管理实施细则》，全县符合条件的 113 个事业单位法人进行全国统一换证登记。

2002 年，全县事业单位登记 102 个，年检合格。2003 年，新增事业单位登记 39 个，注销登记 3 个，全县已登记的 149 个事业单位年检合格。2004 年，新增事业单位登记 14 个，变更登记 85 个，全县已登记的 198 个事业单位年检合格。2005 年 1 月 19 日，根据中央、省、市编办文件精神，事业单位法人登记中心宁化县机关事业单位登记管理局更名为宁化县事业单位登记管理局。是年，新增事业单位登记 7 个，变更登记 86 个，注销登记 1 个，全县已登记的 203 个事业单位年检合格。

1997—2005 年，全县事业单位法人换证登记 226 个，事业单位注销登记 4 个。

第三章　劳动和社会保障

第一节　机　构

1988 年，县劳动局内设办公室、劳动争议仲裁股、劳动争议仲裁办公室、劳动安全卫生股、职业技能培训股、企业工资股、计划调配股、安全生产办公室等股室，下设社会劳动保险公司，劳动服务公司，干部职工共 35 人。2001 年 5 月，组建城镇职工基本医疗保险中心；8 月机关事业单位养老保险公司、农村社会养老保险管理处由县人事局划归县劳动局管理。2002 年 2 月，县劳动局更名为县劳动和社会保障局，内设办公室、劳动关系与监察股、就业和职业培训股、社会保险和工资股、劳动争议仲裁办，有干部 13 人、职工 2 人；原安全生产职能划归县安全生产监督管理局。2005 年 1 月，劳动服务公司更名为宁化县就业中心。

第二节　劳动就业

一、就业

1988—1991 年，劳动就业以国有和集体企业提供岗位为主，企业不得自行用工，必须依照省、市下达的招工计划，面向社会（城镇居民中初中毕业以上的待业青年）公开招收，实行考试考核并经劳动部门办理招工审批手续择优录用。1992 年起，市场经济发展，企业竞争加剧，县针织厂、县瓷厂、县印刷厂、县酒厂、县食品厂等生产经营困难，就业形势严峻，工人陆续下岗。1993 年，企业用工不再受招工计划指标限制，但仍需到劳动部门办理招工手续，全县国有、集体企业就业人数 10984 人（其中 1988—1993 年劳动部门安排就业 5911 人），比 1988 年增加 920 人。个人自谋职业开始成为就业重要渠道，全县个体工商户 8940 人，比 1988 年增加 3365 人。因宁化人多地少、经济较为落后，为谋生路和发家致富，乡村外出务工、经商人员渐多，是年全县劳务输出 3800 人，其中劳动部门职业介绍所推荐输出 1376 人，民间自发输出 2424 人。

1994—1995 年，各乡（镇）成立劳动服务站，提供劳务信息，拓宽输出渠道，全县劳务输出 18239 人，其中由劳动部门组织输出 2534 人。1995 年年末，个体工商从业人员 12212 人，比 1993 年增加 3272

人。1996 年开始，国有、集体企业体制改革，县印刷厂、县酒厂、县食品厂率先改制，资产拍卖变现，安置下岗职工，原则上 1 年工龄发给 1 个月工资作为解除劳动关系补偿金，发给退休职工 8000—11000 元的一次性安置费。1997—1999 年，随着部分国有、集体企业改制关闭，个体、民营和"三资"等非公有制企业加快发展，企业用工完全自主，无须再到劳动部门办理招工手续，劳动部门提供求职登记、劳务信息、职业推介、档案寄存、代缴保险等就业服务。至 2000 年年末，非公有制企业提供就业岗位 476 个，国有、集体企业就业人数 4734 人，比 1993 年减少 6250 人。

2001 年开始，国有、集体企业改制全面铺开，商业、粮食、供销等系统及县水泥厂等骨干企业相继改制，职工解除劳动关系。2003 年，宁化县被列为全省开展农村劳动力转移就业试点县，县委办下发《关于落实促进就业工作目标责任制的通知》，宁化县在三明市率先建立劳务派遣有限公司，在全县设立 16 个乡（镇）劳动保障事务所和 5 个城区居委会劳动保障工作站，是年新增外出务工 6080 人。2005 年，除电力、自来水等企业外，其他国有、集体企业职工全部解除劳动关系，非公有制企业提供就业岗位 1026 个，比 2000 年增加 550 个；国有、集体企业就业人数 2963 人，比 2000 年减少 1771 人。是年，开展为期一个月的"春风行动"，印发宣传、信息资料"春风卡"3 万份，推动农村劳动力转移就业，至年底转移就业 70100 人，占全县 16 万农村劳动力的 43.81%，平均每户 1.05 人。《人民日报》《中国劳动保障报》《农民日报》《福建日报》《三明日报》相继报道宁化开展"一户一就业"工作情况。

二、再就业

1997 年，全县国有、集体企业共有 668 名职工下岗，县政府出台《关于实施再就业工程的通知》，下岗职工自谋职业可申领优惠证，享受"三优二免"（优先提供就业岗位，优先办理营业执照，优先提供免费培训，免除税、费）优惠待遇。是年申领优惠证的下岗职工 120 人。县酒厂、印刷厂、食品厂下岗职工集资组建股份合作制酒娘、印刷、食品加工小企业 19 家，下岗职工实现再就业 423 人。1998 年，县政府成立国有企业下岗职工基本生活保障和再就业工作领导小组，要求凡有下岗职工的国有企业都要建立再就业服务中心，按"三三制"（财政、企业、社会共同负担）原则筹措资金，确保国有企业下岗职工基本生活费按月及时足额发放。是年，建立国有企业再就业服务中心 6 个，领取基本生活保障金的下岗职工 404 人。1999 年，建立再就业服务中心 7 家，领取基本生活保障金的下岗职工 545 人。2001 年 9 月，根据省、市通知撤销企业再就业服务中心，下岗职工基本生活保障与失业保险并轨。

2005 年，全县累计 207 家企业改制，下岗职工 5729 人，其中国有企业 66 家 3458 人，集体企业 141 家 2271 人。县委、县政府采取措施，结合省、市出台的再就业优惠政策，下发《关于促进下岗职工再就业工作的实施意见》和《关于进一步开展再就业援助行动的通知》，支持下岗职工再就业，建立县领导联系下岗特困职工制度，副处以上领导每人联系 1 名下岗特困职工，帮助解决再就业困难。县劳动和社会保障局办理下岗职工再就业优惠证 1223 本，争取省、市再就业扶持资金 74 万元，提供小额担保贷款 100 万元，组织下岗职工转业转岗培训 6 期 1466 人，减免培训费 43.98 万元，派员前往厦门、深圳等地联系就业岗位 6000 个，提供外出务工信息 300 条。工商、税务、城管部门减免下岗职工自办经济实体各种税费 23.81 万元。经贸等其他政府有关部门发挥各自职能作用，支持下岗失业职工再就业。至年底，全县下岗失业职工再就业 2980 名，其中从事个体经营 569 人，进入非公有制企业就业 643 人，集资入股兴办企业 177 人，劳务输出 718 人，从事农业综合开发 29 人，社区服务 185 人，灵活就业 659 人。劳动和社会保障部门求职登记 18052 人次，推介就业 6896 人，档案寄存 5317 人，代缴（养老）保险 5317 人。

第三节　职业培训与技能鉴定

一、就业培训

1988—1993 年，县劳动局和有关企业依托县劳动服务公司就业培训中心开展新招工人岗前培训，共培训 2501 人。1994—1998 年，外出务工人员增多，劳动部门根据外地厂家的需求，组织培训外出务工人员有关职业技能及相关知识，共培训外出务工人员 4087 人。1999—2005 年，为帮助下岗失业职工再就业，共举办下岗失业职工转业、转岗培训 42 期 5123 人次。采取"订单培训定向培训"方式，累计培训转移就业的农民工 6418 人次。举办创业培训 1 期 110 人，帮助创业人员掌握创业知识，学习创业经验，以创业带动就业。

二、职业技能培训、鉴定

1997 年始，县劳动局举办职业技能培训并统一考试，考核合格者发给全国统一的职业资格证书和技术等级证书，是年职业技术等级培训考试发证 309 人，其中初级工 283 人、中级工 26 人。1998 年，职业技能培训考试发证 318 人。2001 年，电工职业资格培训考试发证 247 人。2003 年，县劳动和社会保障局与三明双轮化工机械有限公司职业技能鉴定站合作办班培训，鉴定发证初级电工 118 人、初级钳工 4 人、初级焊工 1 人、初级汽车维修工 40 人，中级电工 134 人、中级钳工 6 人、中级焊工 15 人、高级电焊工 82 人。2004—2005 年，县劳动和社会保障局开展职业技能鉴定 450 人，其中初级工 340 人、中级工 110 人。

第四节　劳动管理

一、就业管理

1988—1990 年，全县劳动就业由县劳动局管理，以国有和集体企业提供岗位为主，企业不得自行用工，必须依照省、市下达的招工计划，由县劳动部门面向社会（城镇居民中初中毕业以上的待业青年）公开招收，办理招工审批手续择优录用。1993 年后，扩大企业用工自主权，企业招工、职工调动，不再由劳动部门审批和办理手续，实行厂内待业、退休、留职停薪、转岗轮训等安置办法，劳动部门只对招工政策进行监督管理。

二、劳动合同管理

1988 年，在县属国有企业招收工人中逐步实行全民所有制劳动合同制。是年，全县劳动合同制工人 2398 人。1994 年，贯彻《劳动法》，推行全员劳动合同制，建立"国家宏观调控，企业自主用工，多种形式并存，全员劳动合同"的劳动用工制度。县属国有企业新进职工和新建企业的全体职工，均实行劳动合同制或聘任制。企业内部打破各种"身份"界线，统称"企业职工"。对临时工、混岗集体工，经考核合格报市劳动部门批准可招收为劳动合同制工人，纳入职工管理。实行全员劳动合同制改革后，企业可按上年度职工工资总额的 4% 提取工资性补贴，其中 2% 由企业代扣，作为个人储蓄性养老保险，另 2% 纳入企业内部分配，原劳动合同制工人 15% 的工资性补贴不再执行，其医疗待遇（包括直系供养亲属的医疗待遇）与原固定工待遇相同。是年，全县120多家企业8248名职工实行劳动合同制，鉴证劳动合同8595份，纠正不合规定的合同条款67份。1995年后，建立合同制工人人头台账9870份和合同书档案11900份。2000年，鉴证劳动合同1136份，新订劳动合同544份，续订劳动合同592份。

2005年，全县签订劳动合同862份，改制国有企业66家，解除劳动合同2932人，发放经济补偿金3518万元。

第五节　劳动监察与仲裁

一、监察

1993年，县劳动局设立劳动关系和监察股，配备专职人员，专司劳动监察工作。1994年，省政府颁布《福建省劳动监察条例》，县劳动局印发劳动监察有关文件及宣传资料200份，组织企业自查自报，对248家企业进行监察，共查出未签订劳动合同等14个方面违反劳动法律、法规的问题，下发整改意见书70份，责成有关企业补签劳动合同2666份，辞退自行招收的外来劳动力和农村劳动力25人，补交养老保险3410元、失业保险2445元。1995年，举办《劳动法》学习班3期，参加学习的企业领导、工会干部、私营企业主280人。开展全县企业遵守《劳动法》情况大检查，处罚违法企业1家，责成有关企业补签劳动合同393份，补办用工手续222人，查处超时加班补发工资4500元，补交养老保险18000元。

1996年，县劳动局开始实行企业用工年检制度，检查企业70家。1997—2000年，推进企业用工年检工作，累计检查企业278家，下达整改指令书46份，补订劳动合同721份。重点开展个私企业、"三资"企业和使用临时工较多的国有、集体企业执行《劳动法》情况检查，共检查企业86家，检查面70%以上，补订劳动合同674份，补发工资1.30万元，补参加养老保险48人，补交养老保险2.99万元。2001—2005年，累计年检企业用工160家，督促企业新订劳动合同785份，续订劳动合同3321份。监察企业65家，下达整改指令书15份，纠正13家企业违法用工行为，受理农民工投诉22件，开展追讨农民工工资专项监察，为112名农民工追回欠发工资6.50万元。

二、仲裁

1994年3月，县劳动争议仲裁委员会成立。1995年6月，企业劳动争议调解组织成立。至2005年，全县12家企业和16个乡（镇）相继成立劳动争议调解组织，有调解员52人。共受理劳动争议案件142起，涉及人员598人（集体争议案件8起179人），结案142起，其中仲裁56起、案外调解86起，劳动者胜诉113起、企业胜诉29起。

第六节　社会保险

一、养老保险

（一）机关事业单位养老保险

1993年始，宁化县实行机关事业单位养老保险，保险范围为机关事业单位的合同制工人、聘用制干部、自收自支、企业化管理、差额补助的事业单位人员，非全民所有制事业单位人员，人事关系挂靠在机关事业单位、人事档案寄存在人才交流中心、具有国家干部身份的人员以及其他执行国家机关事业工资制度的人员等6种对象。1999年，扩大至所有机关事业单位包括由财政核拨经费的工作人员。至2005年参保7292人。

（二）农村社会养老保险

1992年始，宁化县实施农村社会养老保险，以农民自愿参加为原则，是年595人参保。至2005年，全县参保14022人。

（三）企业职工养老保险

1985年，宁化县开始实行职工养老保险（原称职工退休金统筹）。1987年，企业职工2770人参保。1989年，扩大至所有国有企业。1996年，扩大至城镇集体企业。1999年，私营、"三资"企业的员工和个体工商户纳入养老保险范畴。2005年，参保范围涵盖城镇各类企业，参保9053人。

二、失业保险

1986年，宁化县建立由市级统筹、省级调剂的失业保险制度（原称待业保险），保险范围为国有企业职工。1988年6557人参保。1992年扩大到集体企业、"三资"企业。1996年扩大到私营企业和个体工商户。1999年，事业单位纳入保险范畴。至2005年，全县参保9525人。

三、医疗保险

2001年7月，宁化县实行城镇职工基本医疗保险，保险范围为县辖区内的中央、省、市属企业事业单位，县属国有企业、集体企业、"三资"企业、私营企业和机关事业单位的职工。是年，参保单位142家3844人，征收基本医疗保险金315.39万元，审核报销参保患者医疗费用13万元，门诊特殊病种费用3.68万元。2002年，参保单位192家8689人，征收基本医疗保险金497.70万元，支出244.19万元。至2005年，全县参保单位250家11781人，征收基本医疗保险金737.90万元，支出667.10万元。

四、工伤保险

1988年，县政府制定《宁化县国营企业职工工伤保险暂行规定》，其中矿山、建筑行业企业按全部职工工资总额2%、其他生产性企业按1.50%、商业经营性企业按1%缴纳工伤保险费，由县社会劳动保险公司征收管理。是年，参保企业68家、职工4790人，征收工伤保险费29万元，支付工伤金额8万元。1995年1月，省政府批转省劳动厅、省财政厅、省体改委关于《福建省企业职工工伤保险试行规定》，将股份制、外商投资企业的中方职工纳入工伤保险；基金按"以支定收、留有储备"的原则，由宁化县社会劳动保险公司（简称县社保公司）统一筹集，专项储存、专款专用。矿山、建筑、化工、交通运输、森林化工等行业按企业全部职工工资总额1.50%、其他行业的生产性企业按1%、经营性企业按0.50%缴纳工伤保险费。是年，参保企业121家、职工7650人，征收保险费67万元，支付工伤金额35万元。2000年，国有、集体企业改制，参加工伤保险企业和职工有所减少，参保人数减至5790人，征收保险费54万元，支出36万元。

2004年，贯彻国务院《工伤保险条例》，县政府下发《关于工伤保险有关问题的通知》，全年参保职工6800人。2005年，全县参保企业140家、职工9812人，参保率90%；征收工伤保险费169万元；认定工伤21起，支付工伤金额48万元。

第四章　工资福利与离退休管理

第一节　劳动工资

1988 年，企业工资由过去的绝对数控制改为系数控制，即企业工资总额与经济效益挂钩，经济效益增长的企业可按一定比例系数提取效益工资，用于部分职工（40%以内）固定升级（一般每人一级或半级），剩余部分可结转下年度使用或用作职工奖金，企业"工效挂钩"一定三年，期满重新核定基数。是年全县11 家企业进行"工效挂钩"试点。1990 年，经结算，全县企业效益增长的"工效挂钩"企业 8 家，共实现税利 839 万元，比 1989 年增长 37.05%，提取效益工资 37.83 万元，获固定升级的职工 817 名（升级面40%）。是年，全县企业在册职工普调一级工资，人均月增资 17.87 元。1992—1993 年，全县参加第二轮"工效挂钩"企业 10 家，占企业总数的 40%，"工效挂钩"企业获固定升级的职工 2057 名。

1994 年，按照劳动部《关于深化企业工资改革适当解决部分企业工资问题的意见的通知》要求，全县企业在册职工套改新工资标准，人均月增资 50 元，县水泥厂、县电力公司、县通用机械厂、县自来水厂开展岗位技能工资试点。1995 年，实行省政府《福建省最低工资规定》，开展企业经营者年薪制试点，全县试点企业 16 家。1996 年，推行"两低于"（企业工资总额的增长幅度低于经济效益增长幅度，职工实际平均工资增长幅度低于劳动生产率增长幅度）试点，由企业根据生产经营情况，按"两低于"原则自主决定工资总额，是年进行"两低于"试点企业 2 家。1997 年，企业改制后重新组建的股份合作制企业自主决定工资总额和员工收入分配，尚未改制或改制后仍为国家控股的企业，继续实行"工效挂钩"管理制度。1998 年，全县"工效挂钩"企业 7 家，其中实行岗位技能工资 2 家。

2001—2005 年，企业工资按照"以市场机制调节、自主分配、职工民主参与、国家监督指导"的分配原则，建立工资增长指导线，以企业职工实际工资增长 10%为预警线，5%—10%为合理增长区间。对生产经营困难，经济效益大幅下降的企业，其职工平均工资为零增长或负增长，但必须保证在岗职工工资不低于省定当地最低工资标准（省定宁化县最低月工资标准，1995 年为 180 元，以后逐年调整，至 2005 年为320 元）。

1988—2005 年宁化县主要年份企业职工工资增长情况表

表 30-6　　　　　　　　　　　　　　　　　　　　　　　　　　　　　　　单位：元

平均工资　　　年份　　　　　　行业	1988 年	1990 年	1995 年	2000 年	2005 年
采掘业	—	—	3672	5672	—
制造业	1570	1931	3814	3665	6000
电力燃汽水供应业	—	—	5709	9638	12924
运输仓储邮电	1720	2264	5885	10015	13457
批零贸易	1821	1995	4541	5419	13940
金融保险	1360	2026	6690	11297	15417
房地产	1542	1814	4600	8481	12638

续表30-6

平均工资　　　年份 行业	1988年	1990年	1995年	2000年	2005年
建筑业	1400	1737	2429	5365	6744
信息传输计算机服务和软件业	—	—	—	—	19087

第二节　工资福利

　　1988年，县人事局兑现事业单位专业技术人员职务聘任（任命）工资和事业单位补评专业技术人员职务工资。1990年，全县有8家"工效挂钩"企业提取效益工资37.83万元，办理817名职工固定升级。1991年，县人事局解决29人工资遗留问题，提高国家机关事业单位工作人员奖励工资标准。1992年，县人事局调整机关、事业单位工作人员工龄津贴，提高机关、事业单位工作人员职务奖金及粮油价格补贴。1994年，根据国发〔1993〕79号、国发〔1993〕85号以及闽政〔1994〕7号文件精神，全县机关、事业单位进行工资制度改革，参加工改单位共387个8243人（其中在职人员7166人），工改后在职人员月均增资124.85元，离退休人员月均增资127元。1996年，县人事局办理公安、法院、检察院、林业公安、人武部等单位警衔津贴。1998年，县人事局办理最后两批"民办转公办"教师工资上册手续，审批1979年以前的民办教师退养，落实七〇四台、县档案局等单位艰苦岗位津贴。1999年，县人事局为11000多名机关、事业单位人员提高工资标准。2000年，县人事局归并审批各类补贴，提高干警警衔津贴标准和法医技术人员保健津贴标准。2001年，县人事局提高机关事业单位工作人员及离退休人员工资标准和离退休费，接管原华侨农场教师工资。2002年始，县人事局宏观管理工资福利，控制工资基金总量，按国家、省规定的标准足额兑现工资。

　　2005年，宁化县成立规范公务员收入分配秩序和清理津补贴工作领导小组，组建宁化县工资制度改革办公室，启动机关、事业单位津补贴清理、核查工作。在职人员人均年工资15991元，比1988年人均年工资869元增长17.40倍。

第三节　离退休管理

一、退休审批

　　1988年，宁化县干部退休按照国家相关政策进行审批。1989年6月，县委成立离退休干部领导小组，撤销宁化县离退休干部工作委员会。全年办理退休52人。审批8名干部退职。

　　1993年2月，为加强对干部退休的管理，县委下发《关于严格执行干部退休制度的通知》，重新明确干部退休制度以及干部出生年月的认定依据等。10月开始，机关实行职级工资制的工作人员，退休时其基础工资和工龄工资按全额计发。职务工资和级别工资按一定比例计发：工作年限满35年的，职务工资和级别工资之和按88%计发；工作年限满30年不满35年的按80%计发；工作年限满20年不满30年的按75%计发；工作年限满10年不满20年的按60%计发；工作年限不满10年的按40%计发。事业单位工作人员和机关工人，退休时按其原工资（含津贴或奖金）的一定比例计发：工作年限满35年的按90%计发；

工作年限满 30 年不满 35 年的按 85% 计发；工作年限满 20 年不满 30 年的按 80% 计发；工作年限满 10 年不满 20 年的按 70% 计发；工作年限不满 10 年退职的，其退职生活费按 50% 计发。2000—2005 年，县人事局办理到龄干部退休 579 人。

1988—2005 年，全县办理退休手续 1739 名，退职手续 29 人。

二、离退休待遇

1988 年，宁化县成立维护老年人合法权益协会、离退休职工联合会和退休职工管理委员会。1989 年，县委成立县离退休干部领导小组，新建离退休干部活动中心，发放给 15 名离退休干部困难补助费 700 元，为 8 名离休干部每人每月发放 52 元护理费，组织 2 批 14 名县（处级）离休干部到深圳特区参观；县人大常委会、县委组织部、县人事老干局派员前往北京、山东、江苏等地看望、慰问异地安置的离休干部 16 人和宁化籍部分在外地的老红军 12 人。1991 年，县老干局成立县退休办、退休干部协会及退休干部党小组，开展退休干部活动场所达标活动，16 个乡（镇）及 20 个主管部门设立退休干部活动室，配备专（兼）职管理人员。1992 年，县老干局评出退休干部先进个人 11 人，县医院、泉上镇等单位获市级退休干部管理工作"先进单位"称号，县退休干部社会化工作通过福建省首批验收，被授予"合格单位"称号。1993—1995 年，印发并组织填写《离退休、退职人员待遇卡片》和《退休干部"两项"待遇情况调查表》，开展机关事业单位退休干部待遇情况调查，改进退休干部社会化管理。1999 年，召开全县退休干部工作表彰大会暨老年节座谈会，表彰退休干部工作先进单位 2 个、先进工作者 3 人和先进退休干部 13 人。2000 年 9 月，县老干局举办 330 人参加的首届离退休干部运动会；10 月，县人事局、县文体局和县老体协共同投资 40 万元，在县体育馆南侧动工兴建全民健身活动中心暨退休干部体育活动中心，中心占地面积 400 平方米，建筑面积 800 平方米。2001 年 9 月，县退休干部体育活动中心投入使用，举办第二届离退休干部运动会。2004—2005 年，宁化县举办第十三届老年人运动会和老年艺术团专场晚会等文体活动，发放慰问信和挂历 4000 多份。

三、遗属补助

1988 年，国家机关工作人员牺牲、病故后，其遗属生活有困难的，根据规定享受补助。随着经济发展，遗属补助标准也逐步提高。2005 年 8 月，遗属补助标准调整为：工作人员病故后直系亲属系非农业户口的，每人每月 160 元，农业户口的每人每月 144 元；工作人员因公死亡后直系亲属系非农业户口的，每人每月 192 元，农业户口的每人每月 176 元。

1988—2005 年，全县共办理 422 名病故干部遗属补助手续。

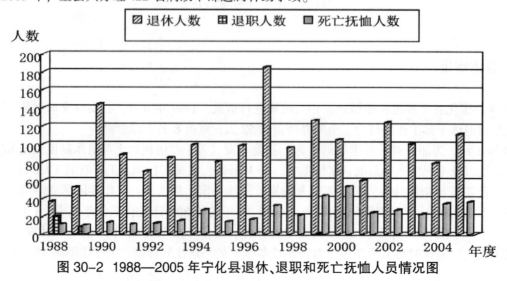

图 30-2　1988—2005 年宁化县退休、退职和死亡抚恤人员情况图

卷三十一　民政

　　1988年起，宁化民政工作以"以民为本、为民解困、为民服务"为宗旨，组织开展优待抚恤、退伍安置、救灾救济、社会福利、基层政权建设和相关社会事务等工作，实施村民自治和居民自治，发展基层民主，巩固基层政权，办好公共事务，维护群众利益。加强行政区域与边界管理，解决边界争议，进行边界勘定，结束宁化无法定界线的历史。勘定省级边界214.87公里、省内市级边界55.80公里、市内县级边界272.42公里、县内乡级边界442.84公里，使省、市、县、乡边界线明晰、区域稳定、社会和谐。

　　宁化是三明市少数民族最多的重点县，县委、县政府贯彻落实民族政策，推进各项民族工作稳步发展。2000年，成立宁化县少数民族工作协调小组，制定实施支持少数民族地区加快发展措施，对少数民族乡村进行资金、政策扶持，开展"五通"（通路、通水、通电、通电话、通广播电视）建设，支持少数民族乡、村发展竹木加工、食用菌、养殖、种植等多种产业，促进经济社会发展。2005年5月，国务院授予治平畲族乡党委"全国民族团结进步模范集体"称号。

　　至2005年，宁化县分别被国务院、民政部、省委、省政府、省军区、省民政厅授予"全国民政工作先进县""全国村民自治模范县""全国爱心献功臣先进县""全省双拥共建先进单位""全省村民自治模范县""全省双拥模范县""全省民政工作先进单位"等称号。

第一章　拥军优抚安置

第一节　优抚优待

一、拥军优属

（一）优抚

　　1988年，全县召开优抚对象座谈会35次，禾口等乡（镇）组织党团员、民兵开展为缺劳力的烈军属义务帮耕帮种，全县共为烈军属做好事1236次。1990年，全县8426户优抚对象在"五个一"（户均一亩果、一亩田、一项工艺、一头大牲畜、一人在乡镇企业工作）活动中，实现1个项目的有2945户，实现2个项目的有1729户，实现3个项目的有1902户，实现4个项目的有1171户，实现5个项目的有700户。1991年，全县共有各类拥军优属服务组织219个1095人，为优抚对象义务犁田152公顷，播种1500公斤，插秧165公顷，送医送药125人次，送煤、送粮96人次。

1992—1994 年，县拥军优属服务组织常年开展为优抚对象办好事实事等活动。1995 年，全县拥军优属服务组织 222 个、拥军优属服务站 16 个、军（警）民共建单位 37 个，为优抚对象办好事实事 126 件。1996 年，县政府核拨 20 万元专款资助全县优抚对象治病和建房。1997 年，县卫生局、各基层卫生院组织医务人员为千名烈属、因公牺牲军人家属和病故军人家属（以下简称"三属"）、失散红军、老退伍军人免费体检，春节期间组织县、乡（镇）、村干部慰问走访优抚对象，赠送纪念品、慰问金等共计 10 万元。1999 年，开展"爱心献功臣"活动，重点解决全县 1300 户重点优抚对象"三难"（生活难、住房难、医疗难）问题，县政府将 108 名优抚对象纳入最低生活保障范围，解决 645 户优抚对象住房难问题，对 22 名二等乙级以上革命伤残军人实行医疗费优惠政策，资助一等伤残军人刘某某 2 万元购买套房。其间，宁化县被民政部、全国拥政爱民、拥军优属工作办公室（简称双拥办）办授予"爱心献功臣先进县"荣誉称号。

2001 年，县民政局对优抚对象和优抚安置在事业单位的人员进行普查，归类整理全县 15300 名优抚对象及 2338 名定补人员档案资料并存档。县民政局被省民政厅、省财政厅、省老区办共同授予"福建省重点优抚安置对象、'五老'（老游击队员、老中共地下党员、老交通员、老接头户、老苏区干部）人员和优抚安置事业单位普查工作先进单位"称号。2004 年，开展"送温暖"活动，县卫生局组织医务人员开展全县千余名定补优抚对象健康检查，建立健康档案。元旦、春节期间，县政府组织人员走访慰问特困优抚对象 65 户，发放慰问金 1.50 万元。2005 年，县民政局将 170 户优抚对象纳入低保，经常性救助特困优抚对象 46 户，光荣院、敬老院优先安置孤寡优抚对象 76 人。

（二）支持部队建设

1988—1989 年，县政府为部队解决"全国粮票"买粮难、驻地偏僻调煤难、随军家属就业难等军训及生活问题 20 件。1990 年，县民政局被省委、省政府、省军区授予"全省双拥共建"先进单位。1992 年，县财政核拨 3 万元支持部队建设。1994 年，共建单位、群众为部队办实事 63 件。1996 年，县财政核拨专款 24.50 万元支持部队建立副食品基地，维修营房，安装程控电话、有线电视，解决 7 位随军家属就业和社会养老保险问题。1997—2000 年，县财政拨出专款 57 万元支持部队修理办公楼、更新办公设备、整新军营，协调解决 5 名随军家属就业问题。春节、"八一"建军节期间慰问走访部队官兵，赠送纪念品及慰问金共计 10 万元。

2002 年，县财政核拨专款 78.60 万元支持部队建设以劳养武基地、购置军事指挥车和消防设备、改建营房、添置军用床铺等。2003 年，县财政核拨专款 64 万元用于县人武部训练基地维修、消防大队购买消防设备、武警中队改建营区营门等。2004 年，县政府被省委、省政府、省军区授予"双拥模范县"称号。2005 年，县财政核拨专款 40 万元支持县人武部建设自动化指挥大楼、开展规范化建设。劳动管理部门对待业和下岗随军家属再就业培训全额免费。是年，省委、省政府、省军区授予宁化"双拥模范县"称号。

1988—2005 年，县政府共核拨专款 283.50 万元支援部队基础设施、训练设施、文化设施和"菜篮子"工程等建设，为部队办好事实事 300 余件。

二、优待

1988 年，国务院颁布实施《军人抚恤优待条例》，全县发放 473 户义务兵家属优待金 17.70 万元，户均 374 元；发放其他优抚对象 899 户优待金 3.60 万元，户均 40 元。1991 年，全县发放义务兵家属 520 户优待金 26.70 万元，户均 513 元；发放其他优抚对象 1320 户优待金 6.70 万元，户均 50 元。1996 年，县政府规定农村入伍的义务兵家属每户每年优待金按全县上年度农民人均纯收入的 70% 发给；城镇义务兵家属每户每年优待金按上年度城镇居民人均生活费收入的 20% 发给；现役军人在部队获得荣誉称号或立功受奖者按立功等次增发优待奖励金；对"三属"（革命烈士、因公牺牲军人、病故军人的家属）、革命伤残军人、在乡老复员军人、带病回乡退伍军人，视经济收入和家庭生活困难程度给予适当优待。是年，全县发放义务兵家属 605 户优待金 62.30 万元，户均 1030 元；发放其他优抚对象 1412 户优待金 13.60 万元，户均 96 元。

1999年，全县发放义务兵家属478户优待金62.10万元，户均1299元；发放其他优抚对象1610户优待金17.90万元，户均111元。2002年，全县发放义务兵家属383户优待金61.20万元，户均1598元；发放其他优抚对象1790户优待金23.50万元，户均131元。2005年，全县优抚对象补助标准在原有基础上增长5%，发放农村义务兵家属优待金每户2345元，发放城镇义务兵家属优待金每户1427元，发放其他优抚对象优待金每户199元，立功人员奖励金每人650元，全年共发放优待金124.60万元。

三、补助

（一）临时补助

1988年，全县临时补助军烈属及其他优抚对象104户0.35万元，户均34元。1992年，全县临时补助军烈属及其他优抚对象166户2.20万元，户均133元。1996年，全县临时补助军烈属及其他优抚对象220户3.80万元，户均173元。1999年，全县临时补助军烈属及其他优抚对象260户10.90万元，户均419元。2002年，全县临时补助军烈属及其他优抚对象337户27万元，户均801元。2005年，全县临时补助军烈属及其他优抚对象355户50万元，户均1408元。

（二）定期补助

1988年，全县定期补助失散红军450人，人均每月30元；定期补助在乡老复员军人162人，人均每月30元；定期补助带病回乡退伍军人25人，人均每月20元。1992年，全县定期补助失散红军354人，人均每月30元；定期补助在乡老复员军人242人，人均每月25元；定期补助带病回乡退伍军人32人，人均每月18元。1996年，全县定期补助失散红军285人，人均每月74元；定期补助在乡老复员军人412人，人均每月38元；定期补助带病回乡退伍军人50人，人均每月25元。

1999年，县政府制定实施《建立优抚对象抚恤补助标准自然增长机制》，全县定期补助失散红军261人，每人每月125元；定期补助在乡老复员军人658人，每人每月55元。2002年，全县定期补助失散红军236人，每人每月260元；定期补助在乡老复员军人715人，每人每月112元。2005年，全县定期补助失散红军185人，城镇每人每月311元，农村每人每月343元；定期补助在乡老复员军人665人，每人每月161元；定期补助带病回乡退伍军人112人，每人每月90元。

第二节　抚恤

一、伤残抚恤

1988年，全县享受革命伤残抚恤待遇对象79人，每人每月23元，年发放抚恤金2.18万元。1992年，全县享受革命伤残抚恤待遇对象75人，每人每月46元，年发放抚恤金4.14万元。1996年，全县享受革命伤残抚恤待遇对象72人，每人每月86元，年发放抚恤金7.43万元。1999年，全县享受革命伤残抚恤待遇对象70人，每人每月117元，年发放抚恤金9.83万元。2002年，全县享受革命伤残抚恤待遇对象68人，每人每月182元，年发放抚恤金14.85万元。2005年，全县享受革命伤残抚恤待遇对象58人，每人每月350元，年发放抚恤金24.36万元。

二、死亡、病故抚恤

1988年，全县享受定期抚恤的"三属"对象304人，发放抚恤金25.20万元。1992年，全县享受定期抚恤的"三属"对象380人，发放抚恤金33.60万元。1996年，全县享受定期抚恤的"三属"对象712

人，发放抚恤金 68.40 万元。1999 年，全县享受定期抚恤的"三属"对象 802 人，城镇每人每月 130 元，农村每人每月 90 元，发放抚恤金 102.30 万元。2002 年，全县享受定期抚恤的"三属"对象 1155 人，城镇每人每月 285 元，农村每人每月 250 元，发放抚恤金 322.90 万元。2005 年，全县享受定期抚恤的"三属"对象 1093 人，城镇每人每月 374 元，农村每人每月 299 元，发放抚恤金 392.60 万元。

1988—2005 年，全县共核拨发放优待、抚恤、补助款 5485.52 万元。

1988—2005 年宁化县优待、抚恤情况表

表 31-1

年份	优待				抚恤			
	义务兵家属（户）	优待金（万元）	其他优抚对象（人）	优待金（万元）	"三属"（户）	抚恤金（万元）	伤残人员（人）	抚恤金（万元）
1988	473	17.70	899	3.60	304	25.20	79	2.18
1989	569	23.40	1100	4.70	324	27.60	79	2.60
1990	482	24.10	1230	5.90	350	28.00	79	3.10
1991	520	26.70	1320	6.70	370	31.20	74	3.50
1992	480	30.70	1340	7.80	380	33.60	75	4.14
1993	470	35.20	1361	9.10	385	34.80	73	4.60
1994	520	40.30	1240	10.90	395	37.20	73	5.90
1995	548	55.30	1302	11.90	406	38.40	72	6.30
1996	605	62.30	1412	13.60	712	68.40	72	7.43
1997	524	66.20	1512	15.80	752	85.20	72	8.60
1998	520	69.20	1630	16.20	795	84.00	70	9.30
1999	478	62.10	1610	17.90	802	102.30	70	9.83
2000	340	54.40	1645	18.00	1181	184.20	68	12.30
2001	402	59.80	1788	19.80	1172	210.90	68	13.80
2002	383	61.20	1790	23.50	1155	322.90	68	14.85
2003	399	81.30	1835	25.60	1140	318.70	68	16.30
2004	375	82.30	1912	35.80	1131	316.70	69	25.80
2005	366	85.70	1953	38.90	1093	392.60	58	24.36
合计	8454	937.90	26879	285.70	12847	2341.90	1287	174.89

注："三属"为革命烈士、因公牺牲军人、病故军人的家属。

1988—2005 年宁化县补助情况表

表 31-2

年份	补助								
	临时补助				定期补助				
	军烈属（户）	补助款（万元）	其他优抚对象（人）	补助款（万元）	复员军人（人）	补助款（万元）	带病回乡退伍军人（人）	补助款（万元）	红军失散人员（人）	补助款（万元）
1988	59	0.20	45	0.15	162	5.83	25	0.60	450	16.20
1989	75	0.30	52	0.20	173	6.20	25	0.60	421	15.10
1990	79	0.60	55	0.35	181	6.50	30	0.70	395	14.20

续表 31-2

年份	补助									
	临时补助				定期补助					
	军烈属（户）	补助款（万元）	其他优抚对象（人）	补助款（万元）	复员军人（人）	补助款（万元）	带病回乡退伍军人（人）	补助款（万元）	红军失散人员（人）	补助款（万元）
1991	85	1.10	60	0.50	215	6.40	30	0.70	362	13.00
1992	95	1.30	71	0.90	242	7.26	32	0.70	354	12.74
1993	100	1.50	75	1.20	265	9.50	38	0.90	321	11.50
1994	110	1.60	79	1.50	285	10.20	42	1.10	310	11.10
1995	115	1.70	85	1.70	315	14.30	45	1.30	294	23.60
1996	125	1.90	95	1.90	412	18.79	50	1.50	285	25.31
1997	110	2.30	110	3.00	546	24.80	58	1.70	280	24.86
1998	135	4.80	120	4.00	612	29.30	69	2.00	272	24.15
1999	145	5.90	115	5.00	658	43.43	75	3.60	261	62.60
2000	160	7.00	135	7.00	722	95.30	81	4.30	259	39.15
2001	145	9.00	120	8.00	720	95.00	92	4.60	242	65.90
2002	185	12.00	152	15.00	715	96.10	98	8.80	236	73.63
2003	178	19.00	162	17.00	700	94.20	105	9.40	210	75.90
2004	185	23.00	175	19.00	719	96.63	112	10.80	191	80.10
2005	185	29.00	170	21.00	665	128.48	112	10.80	185	74.17
合计	2271	122.20	1876	107.40	8307	788.22	1119	64.10	5328	663.21

三、烈士褒扬

1997 年 6 月 9 日，河龙乡永建村委会会计李玉堂在抗洪抢险中为抢救被泥石流围困的村民而牺牲，经民政部批准，追认为革命烈士，予以褒扬。

第三节　退伍安置

一、城镇退伍军人安置

1988 年，城镇退伍军人"按系统分配任务，包干安置"，部门优先考核录用退伍军人，全县共安置城镇退伍军人 61 人。至 1995 年，全县机关、企事业单位共安置城镇退伍军人 360 人。1996 年，实行指令性和"双向选择"安置，安置城镇退伍军人 23 人就业，其中志愿兵 12 人。1997 年，企业改制，职工下岗，安置任务较重，县政府采取措施解决企业职工下岗与安置城镇退伍士官就业矛盾，全年安置城镇退伍军人 13 人。2000 年，优先安置在西藏服兵役退伍军人就业，全年安置城镇退伍军人 15 人，其中转业士官 4 人，在西藏服兵役退伍军人 5 人。鼓励安置对象面向市场，自主择业，首次采用一次性补偿金方式解决安置问题，是年选择自谋职业的退伍军人和转业士官各 1 人，共发放补偿金 3.50 万元。

　　2001年，安置就业与发给一次性安置补助金相结合，拓宽安置渠道，全年安置城镇退伍军人43人。2002年8月，县政府出台《城镇退役士兵安置暂行规定》，全年安置城镇退伍军人就业6人，领取补偿金自谋职业8人。2003年1月，县政府出台《城镇退役士兵与转业士官安置补偿保障基金管理规定（试行）》，明确城镇退役士兵和转业士官经济补偿标准：退役城镇士兵服役满2年的补助8000元，每多服役1年增加1000元；专业士官服役满10年的补助2万元，每多服役1年增加补偿金1000元，最多不超过3万元。全年安置城镇退伍军人就业7人，一次性领取补偿金9人。2004年，城镇退伍军人28人，一次性领取补偿金26人。2005年，城镇退伍军人19人，一次性领取补偿金17人。

　　1988—2005年，全县退伍军人（含转业士官）2623人，其中城镇退伍军人538人、农村退伍军人2032人、转业士官53人。机关、企事业单位安置城镇退伍军人（含转业士官）就业529人，城镇退伍军人（含转业士官）自谋职业62人，共发放一次性补偿金54.60万元。

二、农村退役军人安置

　　1988—1990年，全县农村退伍军人346人，安置工作以"就地开发、就地消化"为主体，基本得到妥善安置。其中，进入村两委班子21人，招入乡直部门10人，选送沿海企业5人，从事运输业14人，从事个体专业户44人，经商13人，从事种养业239人。1991—1995年，全县农村退伍军人573人，基本做到接收单位、安置单位及本人"三满意"。农村军地两用人才开发使用率100%，其中安排在县级以上集体企业9人，进入村级班子28人，安排在乡（镇）、村办企业38人，从事种养业352人。1997年，全县农村退伍军人129人，有32人被厦门建设银行、福建兴业银行录用为行警，12人被选入村两委班子。2002年，5名进藏兵全部得到安置，16名农村退伍士兵被推荐到福州、厦门金融系统做保安，4名被选入村级班子。2004年，组织58名农村退伍兵参加全市军转干部、退役士兵自主择业专场招聘会，有12人被沿海企业录用。1988—2005年，全县有农村退伍军人2032人，其中被安置录用（主要是劳务输出）675人，被选拔担任乡村干部218人。

第二章　救灾救济与福利捐赠

第一节　灾害救济

　　1988年，全县发生水灾、冰雹、风灾13次、火灾13起，因灾死亡5人。1989年，全县发生水灾、风灾、旱灾、霜冻、病虫害16起，成灾人口1.86万人，倒塌民房586间，损坏民房4247间，农作物成灾3600公顷，粮食减产2130吨，油料减产17吨，烤烟减产132吨，死亡大牲畜54头。县政府下拨救灾款15.03万元、救灾粮0.12万公斤、衣物1400件，修复民房313间，解决1490户7459名灾民吃饭穿衣治病问题。1992年，发生低温寒冻、冰雹、狂风、洪涝、干旱等灾害12起，全县成灾1.18万户5.68万人，因灾死亡12人，受伤35人，倒塌民房1097户1940间，损坏民房1289户2963间，损失衣被1235件，损失仓储粮食3.54万公斤，耕牛死亡70头，农作物成灾1.20万公顷，绝收1289公顷，冲毁堤防0.18公里、渠道5685米、闸坝94处、水电站18座，乡村公路崩塌20.80公里，毁坏桥梁107座，输电线路损坏21.01公里，直接经济损失4609.50万元。全县发动社会各界捐款3万元，下拨救灾款28.50万元，发放棉毯300床、棉被400床，救济灾民9138人。

1994 年，发生"5·2""6·15"特大洪灾，全县成灾 5.30 万户 27 万人，特重灾民 5.79 万人，因灾死亡 44 人，受伤 532 人。冲毁村庄 42 个，倒塌和损坏民房 1.79 万座 5.95 万间，损失衣被 35.30 万件，仓储粮食损失 445 万公斤，农作物成灾 2.72 万公顷，绝收 1.80 万公顷，直接经济损失 12.10 亿元。省、市、县共下拨救灾款 714.61 万元、救灾粮 50 万公斤、棉被 1600 床、衣物 17.48 万件，紧急转移安置灾民 5.93 万人，修复民房 3570 间，重建新房 3834 户，救济 5.79 万人。1997 年，发生"6·4""6·9""6·25"洪灾和"4·2""11·25"龙卷风、冰雹灾害，全县成灾 3.93 万户 21.55 万人，特重灾民 6280 户 2.54 万人，因灾死亡 15 人，失踪 2 人，受伤 1569 人。倒塌民房 2042 户 1.72 万间，损坏民房 9184 户 7.39 万间，毁坏民房瓦片 6000 万片；冲毁耕地 483 公顷，其中无法垦复的 283 公顷；农作物受灾 2.46 万公顷，成灾 1.81 万公顷，绝收 0.72 万公顷；家禽家畜冲走、淹死 7.50 万只（头、羽），鱼塘受淹 183 公顷，谷仓受损 700 个，谷子被淋 29 万公斤，烟叶受灾 2.15 万公斤。全县水利设施、乡村公路、输电线路、变压器毁坏严重，直接经济损失 5.20 亿元。县政府下拨救灾款（含重建资金）678 万元、救灾粮 7500 公斤、棉胎 600 床、衣物 2 万件、油毛毡 2600 捆，紧急转移安置灾民 2.10 万人，重建新房 1995 户。

2001 年，发生"6·13"特大洪灾，全县成灾 17.63 万人，因灾死亡 5 人、伤病 1824 人、倒塌房屋 4568 间、损坏房屋 1186 户 4543 间，直接经济损失 2.80 亿元。县政府下拨救灾款 278 万元、救灾粮 14 万公斤、棉被 536 床、衣物 2 万多件。为灾民建房审批、建材供应、贷款等提供优惠条件，灾民重建家园户均减少支出近 5000 元。全年有 1134 户村民重建新房，并于春节前全部迁入新居。2002 年 6 月 13 日—18 日，全县普降大到暴雨，全县 16 个乡（镇）有 129 个建制村共 25.10 万人受灾。农作物受淹 21620 公顷，倒塌房屋 4923 间，因灾死亡 6 人，无家可归 3020 人，直接经济损失 3.10 亿元。县政府下拨救灾款 300 多万元、救灾粮 10 多万公斤、棉被 1000 床、衣物 2.5 万多件，积极组织投入劳力 30 万个，积极组织生产自救。2003 年 6 月 28 日至 8 月 5 日，发生自 1958 年宁化有气象记录以来持续时间最长、气温最高的干旱，受灾 4.60 万户 24.90 万人，其中 4.50 万人和 3000 头大牲畜饮水困难。农作物成灾 1.27 万公顷，绝收 5933 公顷，1533 公顷晚稻无法播种；直接经济损失 1.57 亿元，其中农业经济损失 5841 万元。县政府投入抗旱资金 300 万元、抗旱设备 3512 套，发射人工增雨弹 30 枚，施行人工降雨，补助重灾群众打水井 300 口，缓解旱情，减少损失。

1988—2005 年，全县累计发生干旱、洪涝、冰雹、龙卷风、低温、冷冻等灾害 112 次，涉及 16 个乡（镇）210 个建制村，74.43 万户次 310.24 万人次受灾，成灾 31.52 万户次 152.26 万人次。其中，特重灾民 9.23 万人次，因灾死亡 118 人、失踪 3 人、伤病 5028 人；倒塌房屋 4.64 万间，损坏房屋 15.93 万间；损失粮食 487.63 万公斤；农作物受灾 26.87 万公顷，成灾 11.31 万公顷，绝收 2.27 万公顷，毁坏耕地 2016 公顷；损坏衣物、生活用具等 371 万件；造成直接经济损失 34.77 亿元，其中农业经济损失 6.65 亿元。全县共发生火灾 171 起，受灾 701 户 1351 人，死亡 23 人，烧伤 10 人，烧毁民房 2419 间，损坏民房 278 间，损坏衣物及生产生活用品 1.71 万件，直接经济损失 635.13 万元。全县紧急转移安置灾民 8.21 万人次，社会各界捐赠资金 205.10 万元，政府下拨救灾款 2727.44 万元、救灾粮 172.90 万公斤、衣物 31.22 万件、棉被 6164 床、棉衣 355 件、棉毯 300 床、棉胎 1280 床、卫生衣 85 件、油毛毡 300 捆、帐篷 186 顶、化肥 60 吨，修复房屋 1.39 万间，重建新房 9121 户（其中集中重建 3023 户，分散重建 6098 户），解决 37.10 万人次吃饭穿衣治病等问题。

第二节　困难救济

一、春夏荒和冬令救济

1988 年，县政府下拨春夏荒救济款 1 万元。1990 年，下拨临时救济款 4.53 万元，救济 518 户 2315

人。1991年，下拨春夏救济款13.30万元。1995年，下拨临时救济款15.80万元。1998年，由于物价下跌、粮食短缺，县政府调运7500公斤**粮食救济**治平乡高峰等5个村纸产区群众渡过冬荒。2001年，下拨12.50万公斤救济粮和30万元救济款，**帮助治平**、淮土等缺粮区群众度过春荒。2002年，春荒和冬令下拨救济款55.34万元，解决受灾户、五保户【保吃、保穿、保住、保医、保葬（孤儿为保教）】和高山缺粮户生活困难。2004—2005年，下拨临时救济款15万元。

二、特困户救济

特困户是指孤、老、残、幼以及一些特殊原因被遗留在"单位"之外的居民（国民党起义及投诚人员、散居归国华侨、麻风病人等）。1988年，定期发放救济款8064元，救济84户特困户，户均96元。1996年，调整救济标准，户均144元。1988—2003年，全县有210户特困对象受救济，户均获救济款229元。2004年起，特困户全部纳入城乡低保范围，享受最低生活保障待遇。

三、精减退职老职工救济

1988年，全县有精减退职老职工42人，人均每月救济25元，该标准执行到1995年。1996年，全县有精减退职老职工37人，人均每月救济标准调整到58元。2002年，全县有精减退职老职工33人，人均每月救济标准调整到103元。2004年，全县有精减退职老职工30人，人均每月救济标准调整到170元。2005年，全县有30位精减退职老职工享受定补救济。

1988—2005年，全县共发放给精减退职老职工救济款44.96万元。

四、其他救济

（一）社会救助

1992年，执行国务院颁发的《城市流浪乞讨人员收容遣送办法》，先后6次将省内外流浪乞讨人员106人次遣送回家。1994—2002年，收容遣送流浪乞讨人员23批142人次。2003年8月，国务院颁布《城市生活无着的流浪乞讨人员救助管理办法》，按"自愿受助、无偿救助"原则，改强制性收容遣送为关爱性救助管理。2005年，全县救助无着的流浪乞讨人员59人，其中56人次主动要求县民政局提供救助。

（二）"助孤工程"

2000年，县政府把符合条件的3名孤儿送往"中国莆田SOS儿童村"学习和生活。2003年1月起，省慈善总会组织实施"助孤工程"，救助宁化县17名孤儿每人每年1000元。2004—2005年，省慈善总会救助宁化县85名孤儿每人每年500元。

（三）"微笑列车"

"微笑列车"为美籍华人王嘉廉于1999年在美国发起并正式注册的非营利性慈善组织的名称，其目的是为贫困唇腭裂患者免费实施矫治手术。中华慈善总会与"微笑列车"合作资助贫困地区唇腭裂患者实施矫治手术。2001—2005年，共为宁化县38名贫困唇腭裂患者免费实施手术矫治，成功率100%。

（四）助残器械

2001—2005年，全县共送46名肢残患者到省假肢中心免费安装假肢，为69名肢残患者免费提供轮椅、助行器等。

五、城乡居民最低生活保障

1998年1月起，全县执行县政府《城市居民最低生活保障规定》，城市居民最低生活保障标准为单人户每月 110 元、多人户每月 100 元，低于该标准的居民不足部分由政府补足。将过去享受定补的城区"三无"(无生活来源、无劳动能力、无法定赡养人或抚养人) 对象 78 户 118 人纳入低保范围，人均月补差 41.50 元，共发放低保金 9.36 万元。1999 年 7 月，试行农村低保，农村居民最低生活保障标准为人均每月 60 元，城市居民保障标准统一提高到人均每月 130 元，全县城市低保 83 户 207 人、农村低保 930 户 1684 人，共发放低保金 24.56 万元。2000 年，城市低保 106 户 237 人，发放低保金 1.45 万元，农村 342 户 1045 人生活水平低于最低生活保障线的低保金暂停发放。

2001 年，按照"低标准、广覆盖"原则，城市低保面从 0.71%扩大到 2%，低保 370 户 815 人，发放低保金 27.70 万元。2002 年，城市低保面扩大到 5%，低保 934 户 2049 人，发放低保金 53.20 万元。2003 年，城市低保 888 户 2175 人，发放低保金 108.40 万元。2004 年 3 月，按县政府《实施农村居民最低生活保障制度试行规定》，重新启动农村低保，农村低保 6527 户 19779 人，低保面 6.55%，城市低保 771 户 2075 人，共发放低保金 810.24 万元。2005 年，城乡低保实行动态管理、应保尽保，农村低保 4120 户 11625 人 (人均月补差 29.75 元)，城市低保 668 户 1849 人 (人均月补差 42 元)，共发放低保金 508.20 万元。

1998—2005 年，全县共发放城乡低保金 1610.70 万元。

第三节　社会捐赠

1988 年 4 月，县政府发出《全社会都来关心烈属老人》公开信，共有 18 个单位捐助 0.86 万元，用于改善县光荣院基础设施。1989 年，全县为灾区群众捐款 2.73 万元，捐助粮食 1541 公斤、各类衣物 1400 余件。1991 年，开展"捐赠一元钱，扶残作贡献"活动，全县共捐赠 10 万元。1994 年，群众 (含外县) 捐款 52.44 万元，捐助衣物近 20 万件。1996 年，发动社会各界开展扶贫济困活动，募集衣物 2 万余件、人民币 7.80 万元。其中，支援长汀重灾区 0.50 万元、棉被 100 床，支援三明爱心大厦建设资金 6 万元。1997 年，全县捐款捐物 10 余万人次，共募集救灾资金 22.30 万元。1998 年，全县群众捐助宁夏灾民 3 万元，捐助长江、嫩江流域特大洪涝灾害灾民 45.20 万元，捐献棉胎 300 床救助将乐、建宁、泰宁灾民。2001 年，全县群众为"6·13"洪灾灾民捐款 5.90 万元，捐助衣物 9000 余件、粮食 1 万公斤，为重庆万州地区灾民捐款 6.60 万元。2002 年，根据县政府《开展经常性社会捐助的工作实施方案》，组织城区机关、企事业单位干部、职工为灾区捐款 16 万元，捐助衣物 9000 余件。2004 年，开展"助孤一元捐"活动，社会各界捐款 4.30 万元。2005 年，社会各界向印度洋海啸灾区民间捐款 12 万元，为"张仁和扶贫济困基金"募捐 7.70 万元。

至 2005 年，全县共募集救灾款 205.10 万元、粮食 1.53 万公斤、衣物 233.39 万件。

1988—2005 年宁化县救济情况表

表 31-3

年份	临时救济			定期救济						
	救济款(万元)	衣物(件)	救济困难户(户)	五保户			五老人员		精减退职老职工	
				户数(户)	人数(人)	供养金额(万元)	人数(人)	救济款(万元)	人数(人)	救济款(万元)
1988	20.82	2420	1388	488	503	11.85	178	2.14	42	1.26
1989	21.99	5560	1599	501	516	13.69	178	2.14	42	1.26
1990	22.02	2100	1468	514	531	19.23	156	1.87	41	1.23
1991	27.70	3200	1385	537	556	25.61	145	3.48	41	1.23

续表 31-3

年份	临时救济			定期救济						
	救济款（万元）	衣物（件）	救济困难户（户）	五保户			五老人员		精减退职老职工	
				户数（户）	人数（人）	供养金额（万元）	人数（人）	救济款（万元）	人数（人）	救济款（万元）
1992	21.60	9136	1001	572	592	30.26	142	3.41	39	1.17
1993	20.76	3216	1038	594	616	33.29	139	3.34	39	1.17
1994	58.60	174833	1172	610	633	38.26	139	3.31	39	1.17
1995	50.88	1500	1322	634	658	42.70	135	8.10	39	1.17
1996	51.12	28500	1704	659	684	48.70	122	7.32	37	2.59
1997	54.18	20000	1806	678	705	54.40	122	11.71	37	2.59
1998	52.32	8500	1744	689	726	138.60	122	18.82	37	2.59
1999	97.75	6000	1955	705	757	116.60	122	21.50	35	2.45
2000	104.15	2000	2083	712	763	119.67	102	24.30	35	2.45
2001	106.65	20000	2133	723	772	115.80	96	23.04	33	2.31
2002	99.00	15000	1980	734	822	123.60	90	21.20	33	4.08
2003	110.00	3500	1720	788	873	126.80	76	21.88	32	3.96
2004	119.00	3500	1805	793	876	127.62	62	—	30	6.14
2005	98.00	3200	1865	801	882	129.14	—	—	30	6.14
合计	1136.54	312165	29168	11732	12465	1315.82	2126	177.56	661	44.96

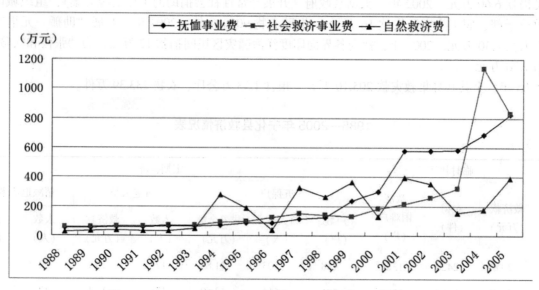

图 31-1　1988—2005 年宁化县民政事业费支出情况表

第三章　基层组织自治建设

第一节　村（居）委员会选举

1988—2005 年，宁化县村委会换届选举 6 次，居委会换届选举 4 次，选举程序分为组织准备、宣传发动、选民登记、候选人产生、投票选举、建章立制、总结验收 7 个阶段。换届选举注重民主与法制同步，取得满意效果。

一、村委会选举

1989 年 6—8 月，全县 207 个建制村换届选举，选出村委会成员 1164 人，其中主任 207 人、副主任 223 人、委员 734 人。

1991 年 3—8 月，全县 207 个建制村换届选举，选出村委会成员 1353 人，其中主任 207 人、副主任 314 人、委员 832 人，换届选举表现出"四高"（一是参选率高，全县参选率 92%，有效率 90%；二是当选率高，全县应选村主任 207 人，当选率 100%；三是一次选举成功率高，占 99.50%；四是成员素质高，党团员占 94.20%）；"两增强"（一是村民民主自治意识增强，二是村干部组织观念增强）；"两转变"（一是村民选举村干部的标准由注重家族宗亲人情观念转变到选举能治穷致富的优秀者；二是后进村有了转变，全县 9 个后进村经过换届选举，有 5 个成为一类村，4 个转变为二类村）。

1994 年 6—10 月，全县 210 个建制村换届选举，共选出村委会成员 1378 人，其中主任 210 人、副主任 316 人、委员 852 人。全县 175560 名选民，参加投票 167200 人，参选率 95.24%，基本实现组织、群众都满意效果。

1997 年 3—7 月，全县 210 个建制村换届选举，选出村委会成员 1327 人，其中主任 210 人、副主任 265 人、委员 852 人。

2000 年，全县 210 个建制村换届选举，共选出村委会成员 839 人，其中主任 210 人、副主任 243 人、委员 386 人。村委会成员中，中共党员 455 人，占 54.23%；妇女 143 人，占 17.04%；初中以上文化 766 人，占 91.30%；平均年龄 36.40 岁。选举期间有个别乡（镇）片面强调组织意图，指导不力，造成群众上访事件。全县共收到群众来信 28 封，接待群众来访 46 人次，经调查核实有 5 个村的当选主任因违反计划生育政策被罢免重选，1 个村因参选选民未过半数而重新组织投票选举。

2003 年，全县 210 个建制村换届选举，共选出村委会成员 761 人，其中主任 210 人（女主任 1 人）、副主任 191 人、委员 360 人。村委会成员中，中共党员 383 人，占 50.33%；妇女 118 人，占 15.51%。平均年龄 38.40 岁。整个选举呈现参选率高，一次选举成功率高，文化素质高，各类经济能人所占比例高的"四高"现象，达到组织满意、群众满意、落选干部满意"三满意"效果。

二、居委会选举

1991 年 3—8 月，全县 12 个居委会换届选举，共选出居委会成员 38 人，其中主任 12 人、委员 26 人。

1994 年 6—10 月，全县 12 个居委会换届选举，共选出居委会成员 45 人，其中主任 12 人、委员 33 人。

1997 年 3—7 月，全县 12 个居委会换届选举，选出居委会成员 36 人，其中主任 12 人、委员 24 人。

2000 年，全县 16 个居委会换届选举，共选出居委会成员 54 人，其中主任 16 人、委员 38 人。居委会成员中有 5 人向社会公开招聘。

第二节　村民自治

1988 年，执行《中华人民共和国村民委员会组织法（试行）》，安乐乡率先开展村民自治示范工作。1989 年，全县 30 个建制村开展村民自治试点工作，首次民主选举村委会。1990 年，村民自治示范村扩大到 83 个。1991 年 11 月，全省村民自治现场会在宁化召开，推广宁化村民自治经验。1992 年，全县 156 个村民自治示范村验收达标，美国、英国、印度尼西亚、孟加拉国的专家学者到宁化考察村民自治情况。1993 年，省委、省政府授予安乐乡黄庄村、翠江镇双虹村、城郊乡高堑村和茶湖江村"村民自治明星村"称号。1995 年和 1996 年，民政部、省政府先后授予宁化"全国村民自治模范县"和"全省村民自治模范县"称号。2004 年 5 月 21 日，召开全县村务公开民主管理工作会议，推广石壁镇红旗村村务民主听证会做法，是年有 16 个村委会开展村务民主听证试点。2005 年，全县村务听证试点达到 48 个，78 个村委会修订完善《村民自治章程》。

第三节　社区建设

1991 年，执行《中华人民共和国居民委员会组织法》，全县 12 个居委会进行民主选举、居民自治。1992 年，组织开展居委会达标升级活动，双虹、北山居委会达到省定二级标准，中山、红卫、小溪、泉上、安乐、安远居委会达到省定三级标准。1994 年，全县 12 个居委会进行第二次换届选举。1995 年，全县居委会建立老年活动室 9 个，服务站 12 个。1997 年，全县 12 个居委会进行第三次换届选举。1998 年城区增设朝阳、东风、城西居委会，1999 年，城区增设城东居委会。2000 年，全县 16 个居委会进行第四次换届选举。2001 年，城区居委会组织民间文化艺术团 3 个，2002 年，城区 9 个居委会成立治安联防队。

2003 年，宁化县成立社区建设领导小组，下设办公室；翠江镇抽调 5 名工作人员组成社区工作站。县委、县政府下发《关于城区社区建设工作的实施意见》，居委会统一纳入社区管理范畴，城区双虹、中山、小溪、红卫、朝阳、城西、东风、北山、城东 9 个居委会整合更名为双虹、中山、小溪、红卫、朝阳 5 个社区居委会，乡（镇）居委会更名乡（镇）社区居委会。2005 年，县委、县政府下发《关于进一步加强社区建设工作的若干意见》，开展"六进社区"（服务进社区、人员进社区、文化进社区、权力下放进社区、政策倾斜进社区、经费下拨进社区）活动，推广社区成员共驻、共学、共建管理服务新模式，提高社区建设管理水平。

第四章　社会福利

第一节　福利院敬老院建设

一、宁化县光荣院建设

1988 年，宁化县光荣院有管理人员 5 人，收养孤、**老、残烈属**，失散老红军，伤残军人等优抚对象 21 人，伙食标准每人每月 28.50 元。1997 年，县政府投资 150 万元新建综合楼 1 座，占地面积 300 平方米，建筑面积 1500 平方米，改善院民生活、住宿、娱乐**和健身环境**。2005 年，全院占地面积 6500 平方米、建筑面积 5800 平方米，有房屋 5 座、宿舍 42 间、床位 35 张，内设医务室、棋牌室、健身室、阅览室等。有管理人员 6 人，收养孤、老、残烈属，失散老红军，伤残军人等优抚对象 29 人，伙食标准每人每月 200 元。

至 2005 年，累计接收优抚对象 190 人，平均年龄 78.50 岁，先后 6 次被省民政厅授予"全省先进光荣院"称号。

二、乡（镇）敬老院建设

1988 年，全县有禾口、泉上、湖村、安乐、曹坊、治平、中沙、河龙、水茜、安远、济村、淮土等乡（镇）敬老院 12 所。为改善院民生活，各乡（镇）敬老院发展种养业和加工业，增加收入，院民生活费从 1987 年人均月 24 元提高到 30 元。1993 年，县政府为全县敬老院添置新棉被、新衣服，鼓励敬老院发展生产，是年，乡（镇）敬老院共创收 3.90 万元，人均创收 200 元。1995 年，县政府核拨 10 万元修缮乡（镇）敬老院。1998 年 3 月，县政府建立全县五保统筹供养基金，由乡（镇）统筹供养农村五保户，确保全县五保户人年均生活费 1500 元以上。1997—1999 年，省、市民政部门和地方政府共投资 190 万元，先后改（扩）建泉上、安乐、石壁、安远、淮土、济村、湖村等乡（镇）敬老院，新建城郊、方田敬老院。2005 年，全县乡（镇）敬老院 13 个、床位 325 张、院民 172 人，管理人员 27 人。

1988—2005 年，共投入 360 万元，用于新建、改（扩）建各乡（镇）敬老院和改善院民生活、娱乐环境。

2005 年宁化县乡(镇)敬老院情况表

表 31-4　　　　　　　　　　　　　　　　　　　　　　　　　　　　　　　　单位：人、床

乡(镇)	办院时间	地址	院民数	管理人员数	床位数
翠江镇	—	—	—	—	—
泉上镇	1982 年	泉上村普光路	43	3	55
湖村镇	1983 年	湖村镇湖村村	10	3	60
石壁镇	1958 年	红旗村松子岗	45	3	49
城郊乡	1998 年	高堑村广咀桥	10	2	30
淮土乡	1987 年	桥头村桥头新村	10	1	32

续表 31-4

乡(镇)	办院时间	地址	院民数	管理人员数	床位数
济村乡	1984 年	济村村街上	7	1	9
方田乡	1998 年	朱王村沙墩甲	4	1	12
城南乡	—	—	—	—	—
安乐乡	1968 年	安乐村大洋桥	5	2	17
曹坊乡	1984 年	上曹村德明庵	6	4	7
治平乡	1987 年	治平村马背岭	6	1	8
中沙乡	1983 年	中沙卫生院旁	9	1	15
河龙乡	—	—	—	—	—
水茜乡	1985 年	水茜村陈家庙门口	9	2	15
安远乡	1985 年	安远村下游陂	8	3	16
合计			172	27	325

2005 年宁化县五保户情况表

表 31-5

单位：户、人

乡(镇)	集中供养(敬老院)							分散供养			
	户数	人数	性别		孤老	孤儿	残疾者	户数	人数	性别	
			男	女						男	女
翠江镇	0	0	0	0	0	0	0	8	8	5	3
泉上镇	41	43	30	13	42	1	0	47	47	25	22
湖村镇	8	10	6	4	10	0	13	49	49	38	11
石壁镇	43	45	27	18	43	2	1	67	90	65	25
城郊乡	10	10	8	2	10	0	5	48	59	47	12
淮土乡	10	10	6	4	10	0	2	95	115	74	41
济村乡	7	7	3	4	7	0	2	22	22	15	7
方田乡	4	4	2	2	4	0	2	18	18	13	5
城南乡	0	0	0	0	0	0	1	12	15	10	5
安乐乡	5	5	4	1	5	0	0	30	32	26	6
曹坊乡	6	6	4	2	6	0	1	37	42	24	18
治平乡	6	6	4	2	6	0	0	26	28	16	12
中沙乡	9	9	6	3	9	0	3	20	20	14	6
河龙乡	0	0	0	0	0	0	0	14	17	10	7
水茜乡	8	9	6	3	9	0	5	59	69	49	20
安远乡	7	8	6	2	8	0	3	85	89	69	20
合计	164	172	112	60	169	3	38	637	720	500	220

第二节　福利生产

1988年，全县福利企业职工428人，安置就业116人（其中残疾人89人），年产值161万元，利润11万元。1989年，民政直属企业民政福利服务公司、印刷厂、日用化工厂、竹木制品厂、宝塔蜡烛厂、汽车配件经营部等年产值215万元，利润19万元，新安置残疾职工35人。1990年，全县共有福利企业15家，年产值255万元，利润20万元。1991—1998年，全县共有福利企业15家，职工3000人，年产值1800万元，利润80万元，救济对象900人（其中安置残疾人750人）。1999—2004年，福利企业陆续停产关闭。至2005年，全县福利企业只剩宁化县旭日红矿业有限公司1家。

第三节　福利彩票

1988年，县民政局开始组织发行社会福利彩票。1990年，完成社会福利奖券发行30万元，为国家集资福利基金10.50万元。1991—1994年，县民政局共发行福利奖券227万元，先后用福利资金扩建县福利院，资助8所敬老院开办以厂场补院的经济实体，为12所敬老院安装自来水。1996年3月2日—5日，县民政局在城区北大街组织开展600万元社会福利彩票销售活动，4天完成销售任务，为县筹集福利资金120万元，用于资助修建淮土、中沙、泉上、水茜4所敬老院和县社会福利院。

至2005年，全县累计发售福利彩票945万元，筹集社会福利资金189万元，用于兴建县殡仪馆、修缮光荣院和敬老院。

第五章　扶贫扶建

第一节　扶贫开发

1988年，省、市政府相关部门拨付扶贫资金76.05万元，县直部门支持45.05万元，扶建畜牧水产养殖、黄花菜种植等11个生产基地，新建方田、安远、淮土3个乡水电站及乡（镇）经济实体13个，架设输变电线路37公里，修建小学教室90间4590平方米、桥梁13座295米，铺设自来水管道7公里，打井10口，修建机耕道21公里，支助水土流失严重的禾口、淮土2乡群众改烧柴为烧煤5万元。1990年，投入扶贫建设资金841.80万元，扶建项目103个，其中茶果林水产基地11个、经济实体8个、福利建设项目84个，有16个乡（镇）的64个建制村受益。1995年，扶建项目做到"三个优先"（当年可完工的项目优先，扫尾工程优先，群众集资与部门捐资的项目优先），坚持"保证重点，照顾一般"的原则，全年投入扶贫资金277万元，支持16个乡（镇）59个建制村扶贫开发，扶建项目80个，其中生产建设项目3个、福利建设性项目77个。共修建校舍15所970平方米、桥梁9座、机耕路74公里，架设输变线路12公里，新建电视差转台2座，修建饮水工程2处，铺设自来水管道6000米，建立果林基地及经济实体3个。2000年，贯彻"教育优先，科技兴农"的战略方针，坚持"扶建先扶智、治穷先治愚"原则，开展科技下乡活动，举办烤烟栽培、烘烤，食用菌栽培等实用技术培训 5 期，培训人员 782 人次，并组织 160 名青年农民参加省农函大学习。抓好"五通"（通水、通电、通路、通广播电视、通电话）建设，成立"五通"工作领导小组，县政府与有关部门及 15 个乡（镇）签订"五通"责任书。是年，全县完成 26 个建制村通水工程，新建蓄水池 90 个；安装自来水管道 127101 米，受益群众 3620 户 16379 人；完成 32 个自然村、848 户、3705 人用电工程；完成 25 个建制村通电话工程，装电话 510 部，受益群众 6763 户、29374 人；完成 10 个自然村 85 户通广播电视工程，受益 300 户、1200 人。全年投入扶贫资金 81 万元，扶建项目 56 个。2005 年，投入扶贫开发资金 96 万元，扶建项目 58 个，修建乡村道路 41 条 75 公里、桥梁 3 座 76 米、校舍 3 座、农田水利 8 处、饮水工程 2 处，扶建农业科技制种示范基地 1 处、养殖基地 1 处。

1988—2005 年，共投入扶贫开发资金 1550.85 万元，投建项目 1565 个。

第二节　扶持少数民族地区

一、少数民族概况

据 2000 年第五次全国人口普查数据，全县共有回、苗、壮、满、侗、瑶、土家、畲、高山等 9 个少数民族，分布全县 16 个乡（镇），总人口 7099 人，占全县总人口（29.84 万人）的 2.38%。其中，畲族 7003 人，占全县总人口的 2.35%。2000 年 7 月，经省政府批准，设立治平畲族乡，辖 12 个建制村（其中畲族村 9 个）。至 2005 年，全县有 1 个畲族乡、18 个畲族村，其中治平畲族乡的坪埔畲族村和方田乡的泗坑畲族村为省定贫困村。

二、畲族乡村建设

（一）经济建设

1988—1999 年，以畲族为主的少数民族乡村大多地理位置偏僻，居住分散，路、水、电、通信等基础设施落后，经济结构单一，农业结构大多属于"烟—稻"轮作模式，企业发展缓慢，优势资源利用率低，农民增收途径少。2000 年 2 月和 4 月，县委、县政府先后下发《关于加强我县少数民族乡村经济社会发展的实施意见》和《关于成立宁化县少数民族工作协调小组的通知》，对少数民族乡村进行资金、政策扶持，开展"五通"建设，支持少数民族乡、村发展竹木加工、食用菌、养殖、种植等多种产业，促进经济社会发展。2005 年 5 月，国务院授予治平畲族乡"全国民族团结进步模范集体"称号；12 月，福建省委授予坪埔畲族村党支部书记雷荣庆"全省民族团结进步先进个人"称号。

2000—2005 年，少数民族乡村社会经济获得较快发展，治平畲族乡建成通乡公路，泉永、茜坑、下沙、溪背、社福、坪埔、湖背角、治平等 8 个村建成通村公路，铺设水泥路面 56.70 公里，开通竹山公路 32 条 86.50 公里，改造低产竹林 4333 公顷（其中培育丰产竹林 2200 公顷，占竹林总数的 44.80%），引进竹加工厂（点）8 家，生产竹凉席、竹帘席、竹筷、竹香芯、竹地板条、竹签、竹窗帘等系列产品。2005 年，治平畲族乡工农业总产值比 2000 年增加 2880 万元，增长 47.80%；财政收入和农民人均收入比 2000 年分别增长 20%和 39.90%。治平畲族乡充分利用民族政策争取挂钩帮扶资金、项目补助款、民族补助经费共 600 万元。全县为少数民族乡村引进投资 3000 万元，办实事 38 件，改善畲乡群众的生产生活条件，解决治平畲族乡政府所在地和泗坑、泉永、茜坑、下沙、庙前、溪背、光亮、社福、坪埔、湖背角、治平等 11 个畲族村群众饮水难问题。

（二）社会事业

2000—2005 年，全县少数民族乡村文教、卫生、广电、通信等各项社会事业获得较快发展。经多方筹措，共投入 279 万元（其中中央危改资金 76.60 万元，省民族宗教事务厅下拨 48 万元、厦门海沧区支持30 万元）建设少数民族乡村学校，改善办学条件，其中建设宁化民族学校小学教学楼、学生宿舍楼和庙前学校综合楼各 1 座，总建筑面积 5418.40 平方米。至 2005 年，全县少数民族乡村有宁化民族学校、泉下学校、庙前学校等九年制学校 3 所，下沙完全小学 1 所，泗溪、泗坑、下坪、高地、东桥、茜坑等初级小学6 所，宁化县第三中学高中部设民族班 1 个。为解决贫困少数民族学生就读难问题，争取各类助学金 21.90万元（其中向省、市民宗部门争取到 13.95 万元，向南普陀寺慈善会争取到 7.95 万元），资助学生 413 人。治平畲族乡有卫生院 1 所、综合文化站 1 个、卫生所 14 所、文化室 8 个、"农民书屋" 3 个，全乡村村通电、通电话。泗坑、泉永、庙前、下沙、溪背、东桥、下坪、社福、坪埔、湖背角、治平、高地等 12 个畲族村有线电视与县联网。

（三）挂钩帮扶

2002 年，福建省开展第二轮扶贫开发挂钩帮扶工作，省委、省政府安排省农业厅、厦门市海沧区挂钩帮扶治平畲族乡，省烟草公司挂钩帮扶治平畲族乡坪埔畲族村，省水利厅挂钩帮扶方田乡泗坑畲族村。市委、市政府安排市委台办、市委党校、市科技局、市旅游局、市民政局、市财政局、中国国际贸易促进委员会三明市支会（简称市贸促会）、中国人民银行三明中心支行、兴业银行三明分行、中国农业银行三明分行、移动通信三明分公司分别挂钩帮扶泗溪、社福、治平、高峰、光亮、下坪、下沙、湖背角、茜坑、庙前、泉永等 11 个少数民族村。2002—2005 年，挂包单位共投入帮扶资金 900 万元，扶持民族乡村建设路、水、电、通信等基础设施，开发竹、木、水利、种植、养殖、加工等产业，促进经济发展。

（四）对口帮扶

2002—2005 年，省财政厅下拨 52.90 万元补助款（每人 1300 元），安排 83 户 407 人畲族高山区住户进驻安置点。治平畲族乡开展 "我到畲家帮发展" 对口帮扶，实行开发式扶贫，增强贫困户自我发展能力，高山区少数民族群众的生产生活条件逐步改善，有 126 户 600 余人先后脱贫。

（五）考生加分照顾政策

2001 年始，落实少数民族高考考生加分政策，凡治平畲族乡的畲族考生享受加 20 分待遇。2002 年始，落实少数民族中考考生加分照顾政策，所有少数民族考生按总分的 5%加分照顾录取。至 2005 年，共有 34 位高考考生和 403 名中考考生被加分照顾录取。

（六）少数民族干部培养

2000 年 1 月 1 日《福建省少数民族权益保障条例》正式实施后，宁化县根据条例和省、市有关规定，开展少数民族干部培养使用工作。至 2005 年，全县共有少数民族干部 179 人，其中副科级以上干部 13人、中高级职称 39 人、市人大代表 2 人、县人大代表 5 人、市政协委员 1 人、县政协委员 6 人、县党代表 6 人。全县共有少数民族村级干部 33 人，其中村支书和村主任各 5 人。

第六章　边界管理

第一节　勘界

一、省、县两级勘界

宁化因边界不清时有争夺森林和矿产资源纠纷发生。1996 年 3 月 17 日，省勘界办公室在宁化召开闽赣线（福建）勘界工作座谈会；4 月 30 日，国务院勘界办副主任陈继选到宁化检查指导省际勘界工作；8

月，国务院下发《关于开展勘定省、县两级行政区域界线工作有关问题的通知》；12 月，宁化县成立勘界工作领导小组。1997 年 2—3 月，县政府先后制定实施《勘定行政区域界线的实施方案》和《宁化县勘界工作职责》。

1997—1999 年，县民政局勘定闽赣线 214.87 公里界线，即宁化—广昌县界 32.14 公里，宁化—石城 182.73 公里；共埋设界桩 6 个，桩号 21—26 号。1998 年 3—12 月，勘定市界（三明—龙岩）55.80 公里，即宁化—长汀县界，埋设 1、2 号界桩 2 个，县界长汀—清流—宁化三交点 1 个。1998 年 3 月至 2000 年 8 月，勘定明溪—宁化 86.23 公里县界。1998 年 3 月至 2000 年 5 月，勘定清流—宁化 129.03 公里县界。1999 年 6 月至 2000 年 10 月，勘定宁化—建宁 57.16 公里县界，共埋设界桩 5 个，三交点 2 个（其中长汀—清流—宁化为三明、龙岩市三交点）。三交点的毗邻县签订协议书，并标绘附图。

以上宁化与一省六县边界线经国务院和省人民政府批准为法定界线。

二、乡级界线勘定

2001 年 4 月，县政府根据省、市人民政府关于开展乡（镇）级行政区域界线勘定工作的通知，成立乡（镇）级勘界工作领导小组，下达勘界目标责任书，召开全县乡（镇）级勘界业务培训会，规范乡（镇）级勘界工作程序。至 2002 年 12 月，县民政局勘定全县 30 条乡（镇）级行政区域界线，总长 442.84 公里。具体区域界线距离是：翠江—城郊 24.65 公里、翠江—城南 5 公里、泉上—湖村 2.20 公里、泉上—水茜 7.80 公里、湖村—城郊 7.45 公里、湖村—水茜 9.85 公里、湖村—中沙 18.20 公里、石壁—城郊 11.38 公里、石壁—淮土 27.90 公里、石壁—济村 21.96 公里、石壁—方田 7.10 公里、城郊—中沙 18.30 公里、城郊—济村 21.96 公里、城郊—方田 16.50 公里、城郊—城南①13.60 公里、城郊—城南②3.80 公里、城郊—安乐 1.74 公里、城郊—曹坊 6.56 公里、安远—水茜 12.25 公里、安远—河龙 18.20 公里、水茜—河龙 17.75 公里、水茜—中沙 17.80 公里、河龙—中沙 15.70 公里、中沙—济村 9.17 公里、淮土—方田 14.30 公里、方田—曹坊 30.50 公里、方田—治平 5.60 公里、城南—安乐 16.40 公里、安乐—曹坊 28.20 公里。勘定乡（镇）级行政区域界线三交点 15 个、起止点 15 个。三交点毗邻乡（镇）签订协议书，并标绘附图。

以上乡（镇）界线经省人民政府批准为法定界线。

2005 年宁化县省、县边界线勘界桩分布情况表

表 31-6　　　　　　　　　　　　　　　　　　　　　　　　　　　　　　　　　单位：米

界线	桩号	坐标	高程	图幅号
宁化—广昌	3536021	X:2944190	595.00	G-50-54-(9)
		Y:39455890		
宁化—石城	3536022	X:2929150	660.00	T-50-54(丙)
		Y:20463350		
	3536023	Y:20463350	890.20	G-50-54-(49)
		X:2921300		
		Y:39450800		
	3536024	X:2904000	475.00	G-50-65-(23)
		Y:39438300		
	3535025	X:2895100	350.00	G-50-65-(23)
		Y:39443430		
	3536026	X:2889100	470.00	G-50-65-(39)
		Y:39447200		

注：①②为行政区域界线三交点、起始点，参考表 31-7。

续表 31-6

界线	桩号	坐标	高程	图幅号
宁化—长汀	2224001	X:2876297.1 Y:20455902.1	695.80	G-50-65-(48)
	2224002	X:2877352.1 Y:20462196.5	483.40	G-50-78(1)
长汀—清流—宁化	222324I	X:2877218.5 Y:20464739.3	554.70	G-50-66-(59)
宁化—清流	2324001	X:2893839.0 Y:39477379.7	331.50	G-50-66-(37)
	2324002	X:2881623.7 Y:39468062.6	460.20	G-50-66(51)
明溪—宁化—清流	212425I	X:2915824.9 Y:39503846.8	819.40	G-50-55-(57)
明溪—清流—宁化	212324I	X:2915824.09 Y:503845.70	819.39	T-50-55-(丙)
宁化—明溪	2124001	X:2929641.69 Y:497092.75	427.41	T-50-54(丁)
明溪—宁化—建宁	212430I	X:2936815.27 Y:479175.78	631.08	T-50-54-(乙)
宁化—建宁	2430001	X:2948280.2 Y:39471963.6	455.40	T-50-54-(甲)
	2430002	X:2943769.4 Y:39470842.1	405.40	T- 50-54(甲)

宁化县勘定乡(镇)级行政区域界线三交点、起止点情况表

表 31-7　　　　　　　　　　　　　　　　　　　　　　　　　　　　　单位:米

编号	三交点名称			起止点		
	名称	坐标	高程	名称	坐标	高程
1	翠江—城郊—城南①	X:2904445 Y:39467095	313	安远—水茜—(建宁)	X:2938910 Y:39472565	745.00
2	翠江—城郊—城南②	X:2900845 Y:39464800	430	安远—河龙—(石城)	X:2930510 Y:39463370	1011.70
3	泉上—湖村—水茜	X:2923440 Y:39483430	705	河龙—中沙—(石城)	X:2921010 Y:39460730	843.50
4	湖村—城郊—中沙	X:2911380 Y:39475420	474	中沙—济村—(石城)	X:2918900 Y:39459830	913.50

续表 31-7

编号	三交点名称			起止点		
	名称	坐标	高程	名称	坐标	高程
5	湖村—水茜—中沙	X:2919800 Y:39479270	844	泉上—水茜—（明溪）	X:2927010 Y:39486040	490.00
6	石壁—城郊—济村	X:2908185 Y:3945700	380	泉上—湖村—（清流）	X:2915610 Y:39493330	1012.30
7	石壁—城郊—方田	X:2903210 Y:39453670	380	石壁—济村—（石城）	X:2914000 Y:39444880	1060.00
8	石壁—淮土—方田	X:2899350 Y:39450575	—	石壁—淮土—（石城）	X:2906460 Y:39439300	405.00
9	城郊—中沙—济村	X:2916050 Y:39464300	390	湖村—城郊—（清流）	X:2909920 Y:39480425	535.10
10	城郊—方田—曹坊	X:2895980 Y:39461095	975	城郊—城南—（清流）	X:2903960 Y:39475350	395.00
11	城郊—城南—安乐	X:2897885 Y:39465455	812	城南—安乐—（清流）	X:2896690 Y:39475960	375.00
12	城郊—安乐—曹坊	X:2896750 Y:39464600	780	淮土—方田—（石城）	X:2891340 Y:39448510	556.60
13	安远—水茜—河龙	X:2931460 Y:39468960	650	方田—治平—（石城）	X:2889040 Y:39447220	480.00
14	水茜—河龙—中沙	X:2922150 Y:39468590	380	安乐—曹坊—（清流）	X:2881980 Y:39467150	697.60
15	方田—曹坊—治平	X:2887800 Y:39451240	845	曹坊—治平—（长汀）	X:2877520 Y:39453240	1145.30

第二节　边界争议调处

一、东华山背地段边界调处

东华山背地段位于宁化县石壁镇邓坊桥村境内，分为东华山背山场、海螺岭山场二大片，面积554.10公顷，其中32公顷为江西省石城县的"插花山"。1998年4月24—27日，在宁化召开的闽赣两省第六轮协商定界会议上，国务院勘界办公室副主任陈继选作出协调意见。由于江西方面不同意国务院勘界办公室的协调意见，致使东华山背边界线约7公里地段无法贯通。为早日确定该地段的边界线，宁化县勘界领导小组于 1998 年 5 月和 2000 年 3 月先后 2 次依据历史到现实耕管与生产、生活经营活动等方面证明该片山场属宁化县行政区域范围，将情况上报国务院勘界办公室，请求予以调处。2000 年 3 月 23 日，国务院勘界办公室、国土资源部、国家林业局在石城召开的闽赣两省第七轮协商定界会议上，作出《关于划定闽赣线海螺岭（东华山背）段边界走向有关问题的说明》，并在 1:10000 地形图上用红线标绘边界线走向，双方对该地段的有关问题，按照《关于划定闽赣线海螺岭（东华山背）段边界走向有关问题的说明》执行。至此，宁化与江西省石城两县行政区域界线全线贯通，东华山背锡矿资源主要分布地段划入宁化行政区域范围内。

二、行洛坑地段边界调处

宁化与清流两县行政界线全长 129.03 公里，2000 年 5 月经双方共同努力，已勘定边界线 127.23 公里，尚余行洛坑地段约 1.80 公里边界线存在争议，由于该地段历史纠纷由来已久，双方分歧较大，无法达成一致意见。为此，宁化、清流分别以宁政〔2000〕文 121 号、清政〔1999〕文 85 号上报三明市政府，要求对行洛坑地段进行调处。根据国务院《行政区域边界争议处理条例》第 12 条、第 14 条之规定和三明市政府（明政〔2000〕文 245 号）文件精神，宁化、清流两县政府共同研究决定：同意按三明市勘界办意见，以及市勘界工作领导小组讨论通过的《关于清流县与宁化县边界"行洛坑"争议地段界线走向的裁决方案》所确定的"行洛坑"争议地段的界线走向。至此，宁化与清流两县行政区域界线全线贯通，行洛坑钨矿的主体矿区划入宁化县行政区域范围内。边界线确定后，不改变边界线确定之前两县群众及有关单位在边界线两侧依法进行的林事、农事、采矿等活动现状；不改变边界线确定之前就已经依法确认的林木、林地和耕地所有权归属；不改变居住于对方境内的村民的行政管辖隶属关系。

第三节　界线管理

2004 年 4 月，县政府作出《行政区域界线联合检查工作实施办法（试行）》，规范联检程序，确定联检内容和目标。

一、宁化—长汀边界线联检

根据国务院《行政区域界线管理条例》和省民政厅《关于开展省、县两级行政区域界线联合检查工作的通知》（闽民勘〔2003〕169 号）精神，按照《龙岩市与三明市间县两级行政区域界线联合检查工作实施方案》要求，2004 年 6 月 4 日至 6 月 9 日，县民政局与长汀县民政局联检宁化—长汀行政区域界线，具体地段涉及双方 5 个乡（镇），边界线西起闽赣边界线，北至长汀、宁化、清流 3 县交会点（222324Ⅰ）号界桩止，全长 55.80 公里，全线共埋设界桩 3 个（其中 1 个为三交点的三面型界桩，2 个为双面型界桩）。联检结论：没有发现界线两侧的地貌地物明显变化，界桩完好无损。联检结果形成联合书面报告（汀政综〔2004〕280 号）上报福建省人民政府。

二、宁化—广昌、宁化—石城边界线联检

根据民政部全国勘界工作办公室《关于开展省级行政区域界线联合检查加强行政区域界线管理工作的通知》（民勘办发〔2003〕5 号）精神和《福建省与江西省行政区域界线联合检查工作实施方案》的统一部署与要求，县民政局与江西省广昌县民政局、石城县民政局分别进行毗邻线界线联合检查。2005 年 8 月

25 日至 9 月 5 日，县民政局与江西省广昌县民政局采用内业联检和外业联检相结合的方法，联检宁化—广昌段全长 32.14 公里的界线和 1 个界桩（21 号）及其方位物。联检结论：界线走向说明清楚、资料完整；所有界桩都未丢失，点位不变，且方位物完好；界桩文字油漆脱落，经重新描绘恢复；界桩附近界线上地貌、地物无发生变化，界线明晰。联检结果形成联合书面报告分别报送上级主管部门。2005 年 9 月 6 日—30 日，县民政局与江西省石城县民政局采用内业联检和外业联检相结合的方法，联检宁化—石城段全长 182.70 公里的界线和 5 个界桩（22—26 号）及其方位物。联检结论：界线走向说明清楚、资料完整；所有界桩都未丢失，点位不变，且方位物完好；全部界桩文字油漆脱落，经重新描绘恢复；界桩附近界线上地貌、地物无发生变化，界线明晰。联检结果形成联合书面报告分别报送上级主管部门。

第七章　其他社会事务

第一节　婚姻登记

一、结婚登记

1988—2005 年，县民政部门共批准国内公民结婚登记 4.13 万对、涉港澳结婚登记 65 对，其中 1988 年涉港澳结婚登记和 1991 年国内公民结婚登记数分别是 11 对和 2780 对，为历年最高。

二、离婚登记

1988—2005 年，县民政部门共办理（协议）国内公民离婚 1397 对、涉港澳离婚 2 对，其中 2005 年国内公民离婚 196 对，为历年最高。

三、复婚登记

1988—2005 年，县民政部门共办理复婚手续 136 对，其中 1996 年办理复婚 19 对，为历年最高。

1988—2005 年宁化县婚姻登记情况表

表 31-8　　　　　　　　　　　　　　　　　　　　　　　　　　　　　　　　　　单位：对

年份	结婚		离婚		复婚	年份	结婚		离婚		复婚
	国内	港涉澳	国内	港港澳			国内	港涉澳	国内	港港澳	
1988	2375	11	61	0	7	1995	2257	3	58	0	7
1989	2120	4	15	0	5	1996	2488	4	64	1	19
1990	2308	6	39	0	7	1997	2501	3	75	0	9
1991	2780	7	40	0	8	1998	2374	2	64	0	6
1992	1960	5	42	0	8	1999	2422	0	73	0	7
1993	1856	2	56	0	4	2000	2233	4	85	0	4
1994	2245	0	39	0	9	2001	1868	5	87	0	3

续表 31-8

年份	结婚		离婚		复婚	年份	结婚		离婚		复婚
	国内	港涉澳	国内	港港澳			国内	港涉澳	国内	港港澳	
2002	2033	4	116	0	7	2005	2761	0	196	1	10
2003	2280	5	131	0	7	合计	41300	65	1397	2	136
2004	2439	0	156	0	9						

第二节　收养救助

1992 年 4 月《中华人民共和国收养法》颁布实施后，经县民政部门审查，是年办理收养登记 2 件。2005 年，办理收养登记 17 件，为历年最多。

1992—2005 年，全县共办理收养登记 110 件，其中收养非福利机构抚养的弃婴占登记数的 90% 以上。

第三节　社团登记

一、社团管理

1991 年 9 月，县民政局成立社会团体登记管理办公室。1998 年 10 月，执行国务院《社会团体登记管理条例》，全县重新登记社团 64 家，重点保留行业协会、农村专业经济协会和公益慈善类社会团体。2000 年，县民政局成立民间组织管理领导小组，查明全县民办非企业单位 337 个（其中卫生行业 255 个、教育行业 74 个、其他 8 个），从业人员 1200 人。同时开展社会团体清理整顿和气功类社团专项调查，全年重新登记社团 20 个，新登记社团 2 个，注销气功类社团 2 个，撤销社团 8 个。2005 年，全县共登记社团 50 家，其中新增社团 12 家、年检社团 38 家，均合格。

二、民办非企业单位管理

1998 年 10 月，执行国务院《民办非企业单位登记管理暂行条例》，开展民办非企业单位调查，全县共有教育、卫生、文化、体育、劳动、科技、社会中介、法律服务等民办非企业单位 237 个。2005 年，根据自愿申报原则，共登记民办非企业单位 13 个，其中新增单位 1 个；年检民办非企业单位 12 个，均合格。

第四节　地名管理

一、更命名管理

1989 年 7—8 月，开展地名使用检查，发现翠江镇地名使用不当 133 处，其中地名使用繁体字 76 处，滥用地名 18 处，滥起地名 20 处，沿用已消失的旧地名 17 处，新住宅区未命名先基建 2 处，分别予以纠正或报请有关单位审批。是年，命名泉上、禾口、曹坊、治平等乡（镇）所属部分自然村、街道 57 处，更名 1 处。1996 年，开展地名执法检查，共检查 224 处，发现不规范并予纠正 119 处，命名地名 124 处，更名 17 处。1997 年，新命名翠江镇龙门新村和安远乡政府所在地南大街、富民街，新设置乡（镇）地名牌 2 块、村委会地名牌 11 块、自然村地名牌 252 块、城镇街路牌 8 块、巷弄牌 61 块、门牌 1000 块。1998 年，更名地名 45 处，新设置乡（镇）地名牌 1 块、村委会地名牌 10 块、街路牌 6 条 11 块。1999 年共设置地名牌 32 块，设置省道沿线村牌地名标志。2000 年，制作和埋设乡（镇）驻地和省道两侧地名标志牌 36 块。

部分乡（镇）、村、社区委更命名

1990 年 9 月，湖村乡改为湖村镇。1992 年 5 月，横锁乡改为城南乡。1993 年 12 月，禾口乡改为石壁镇。2000 年 7 月，治平乡改为治平畲族乡。

1988 年，翠江镇北大街、北山新村、鸡山新村、朝阳弄命名。1995 年，翠江镇朝阳新村命名。1997 年，翠江镇龙门新村命名，安远乡南大街、富民街命名。2000 年 9 月，治平畲族乡光亮村、下坪村、治平村、社福村、高峰村等分别更名为光亮民族村、下坪民族村、治平民族村、社福民族村、高峰民族村，原坪埔民族村不变。

2003 年，泉上、湖村、石壁、安乐、水茜、中沙、安远、曹坊等 8 个乡（镇）居委会更名为泉上、湖村、石壁、安乐、水茜、中沙、安远、曹坊社区居委会。

二、地名设置

2005 年宁化城区街、路、巷、小区名称

中山片 水门巷、城隍巷、中心巷、翻身弄、向阳路、玉林一路、玉林二路、玉林三路、阁背路、中山路、先进弄、新桥一路、高堑街一路、高堑街二路、高堑街三路、江下新村、东街路、中环东路、中环中路、翠江明珠、城东广场、翠江大厦、中东新村、化肥厂宿舍。

双虹片 瑶上、七里圳、永虹弄、红专弄、新街弄、塔街弄、南门新村、何家园、新建一村、新建二村、江滨路、立新弄、新桥二路、西大一路、五家山、南大街、东方段、江滨花园、林业新村、龙门新村、东方花园。

红卫片 红色巷、太平巷、五星路、花心街、城西路、西山路、北山一路、北山二路、北山三路、角头街、北大街、城北新村、西门路、鸡山新村、油堂新村。

朝阳片 观音村、朝阳路、中环北路、朝阳弄、紫竹村、马岭坑口、农业新村、紫竹新村、朝阳新村 1—15 路、松树园新村、朝阳商住楼。

小溪片 英雄巷、光荣巷、小河边、上进路、五坑口、新庙段、金鸡山、金鸡新村、小溪新村、西大二路、和平巷、红星坪、革新弄、团结弄、永新弄、横街、巫家山、西瓜窠、磨子山、桐子排、杉岭下、早禾排、曹家山、茶果场、岗上园、运明园、意华园、盈盛园。

第五节 殡葬管理

一、殡葬改革

2000 年 8 月，根据国务院《殡葬管理规定》要求，县政府制定《殡葬管理规定》。2003 年 4 月，县政府发布"关于加强骨灰管理，严禁乱埋乱葬"的通告，对全县境内骨灰流向管理和清坟工作作出明文规定。

二、殡仪馆与公墓

县殡仪馆　1998 年 8 月县殡仪馆（位于翠江镇小溪村油家园）动工，2000 年 8 月投入使用，总占地面积 6 公顷，配备办公楼、告别厅、悼念厅、冷藏室、化妆室、整容室，骨灰楼及火化炉，总投资 620 万元。

西山陵园公墓　2000 年 8 月，西山陵园公墓（一期）投入使用，占地面积 3.20 公顷，一期开发 1.10 公顷，总投资 55 万元。至 2005 年，共设 1800 个墓位和 566 个格位的骨灰寄存墙。

农村公墓及骨灰楼　2003 年，全县开展农村兴建公益性公墓和清理乱建坟墓工作，县民政局筹集资金 100 万元，每村补助建设公墓和骨灰楼资金 5000 元。2005 年，全县纳入火化区的建制村 193 个，共建设公益性公墓 116 处、骨灰楼 95 座。

三、殡葬执法监督

2000 年起，全县实施殡葬执法管理。至 2005 年，共接受群众举报殡葬违法行为 19 起，其中违法土葬 5 起、违法建坟 14 起。经立案调查，对 5 起违法土葬实行强制性火化，责令 14 起违法建坟限期整改。

卷三十二　宗教　民俗　语言

　　宁化是福建省、三明市宗教工作重点县之一，有佛教、道教、天主教、基督教四大教，各宗教团体推动和谐寺观教堂建设，致力慈善事业，弘扬爱国爱教情怀。2005 年，全县有三戒以上佛教徒 2.60 万人、道教主士 60 人、天主教徒 248 人、基督教徒 1200 人，已登记宗教活动场所 60 个。1988—2005 年，宁化宗教界人士先后当选市人大代表 1 人（连续 2 届），当选县人大代表 1 人，担任市政协委员 2 人，担任县政协委员 12 人（其中常委 1 人）。

　　宁化是客家祖地，西晋末年"永嘉之乱"后，客家先民从中原一带陆续南迁至宁化石壁定居，宁化汉人占全县人口 99.40%。9 个少数民族中以畲族居多，主客杂居生活习俗互相影响。客家人的语言风格、生活习俗，既传承中原汉人的传统文化也创造了独特的客家民俗文化。客家民俗根植于社会基层，渗透于宗教信仰，涉及农业、教育、语言文字、建筑、婚丧等方面，形成鲜明的宁化客家祖地特色。

　　客家方言是宁化客家文化的一个重要特征，宁化作为客家祖地，是孕育形成客家方言的源头之一。宁化方言是早期客家话，继承唐宋时期中原古音，但各乡（镇）方言发音各不相同，差别很大，与普通话的差异也很大。中华人民共和国成立后，推广普通话，这一状况逐步改善。改革开放之后特别是进入 20 世纪 90 年代，普通话进一步推广和普及，人们之间交流基本能用普通话。

第一章　宗教

第一节　佛教

一、寺庙管理

　　1993 年，宁化县开展宗教活动场所登记。是年，登记佛教寺庙 22 座。2002 年、2003 年和 2004 年各取消 1 座寺庙登记资格。2005 年，全县登记佛教寺庙 55 座，住寺人员 398 人，比 1988 年的 191 人增加 207 人。全县各乡（镇）均有合法登记的佛教寺庙，满足佛教信徒的宗教生活要求。

二、居士管理

　　2002 年 8 月 18 日，宁化县佛教协会（以下简称县佛教协会）"居士林"组织成立，在册居士 910 人。

同时，召开为期 3 天的首届居士代表大会，到会代表 35 人，从居士中选出林长。2003 年，县委召开专题会议，研究同意受持五戒以上居士遗体按照佛教礼仪自行火化。

三、人员培训

1988—2000 年，县佛教协会举办培训班 10 期和以会代训形式 18 次，加强佛教界人士培训，提高信众素质，健全寺庙管理。2002 年 7 月 20 日—23 日，县佛教协会举办各寺庙主持、会计培训班，开设寺庙管理、财务管理讲座，提高寺庙"自治，自传，自养"能力。2003 年 9 月 4 日，县佛教协会召开各寺庙住持、会计工作会议，专门进行财务管理培训，提高寺庙财务管理水平。2005 年 3 月 20 日—22 日，县佛教协会举办《宗教事务条例》学习培训班，由宁化县民族与宗教事务局（以下简称县民宗局）组织开设条例讲座，提高佛教界人士依法办事的自觉性和利用法律保护自身权益意识；12 月 3 日—8 日，组织宝塔寺、定光寺、法轮寺、莲海寺、南山寺等 5 座寺庙住持参加三明市佛教协会在沙县双山寺举办的住持人员培训班，学习管理方法，提高管理水平。

四、换届选举

1987 年 8 月 20 日—21 日，宁化县第三届佛教代表会议在城关宝塔寺召开，到会代表 41 人，选出名誉会长 1 人、常务副会长和副会长各 1 人、理事 13 人、常务理事 9 人。

1998 年 11 月 13 日—14 日，宁化县第四届佛教代表会议在城关老佛庵召开，到会代表 46 人，选举产生由 10 人组成的县佛教协会第四届理事会。

2001 年 12 月 3 日—4 日，宁化县第五届佛教代表会议在城关老佛庵召开，到会代表 53 人，选出常务副会长 1 人、副会长 2 人、常务理事 4 人、理事 6 人。

2004 年 8 月 18 日—20 日，宁化县第五届佛教代表会议在城关老佛庵召开，到会代表 49 人、特邀代表 4 人。选举产生由 15 人组成的第六届县佛教协会理事会，其中常务理事 9 人、理事 6 人，聘任 3 人。选出会长 1 人，副会长 2 人，聘任常务副会长兼秘书长 1 人。代表大会通过宁化县佛教协会章程，成立宁化县佛教协会治安委员会。

五、佛事活动

2003 年 9 月 30—10 月 1 日，定光寺举办佛像开光法会，省内外法师、居士 300 余人及香客 2000 多人参加。

2004 年 4 月 19—25 日，县佛教协会在定光寺举行为期 7 天的"祈福息灾平安大法会"。来自江西、江苏、内蒙古、广东及福建等省（自治区）十几个市、县 105 位法师及福建省省内外香客 8000 余人次参加。

六、重要寺庙

（一）定光寺

位于翠江镇西大路，始建于唐乾符年间（874—879 年），称崇福尼院，明改称崇福堂，清顺治十五年（1658 年）重建，改称老佛庵。1996 年，改建大殿及僧房；2002 年 2 月竣工，改称定光寺。占地 2480 平方米，建筑面积 2200 平方米，住寺人员 12 人，为县佛教协会所在地。

（二）宝塔寺

位于翠江镇塔下街，寺因慈恩古塔而得名。始建于宋宣和六年（1124 年），原名宝塔院、慈恩塔寺。民国 26 年（1937 年）重建，改称宝塔寺。鼎盛时常住僧众近百人，为闽赣边界佛教弘法中心之一。宝塔寺占地 1699.60 平方米，建筑面积 1199.60 平方米，住寺人员 13 人。

　　（三）南山寺

　　位于城南乡上坪村，因坐落南山之中得名，又名碧云寺。始建于唐天宝四年（745 年），鼎盛时常住僧人上百人。南山寺是曹洞宗在闽西的重要祖庭之一，20 世纪 50 年代曾创办"南山寺佛教青年学会"。南山寺不仅是佛教圣地，同时也是宁化县著名的风景区，周末到南山登山踏青的游人络绎不绝。

　　（四）东华山寺

　　位于济村乡长坊村和石壁镇张家地交界的白水顶，与江西省石城县交界，始建于明隆庆五年（1571年）。占地 1917 平方米，建筑面积 1447 平方米，分顶庵、中庵、脚庵，顶庵又称"三仙祠"，俗称"仙顶"。往东华山朝圣、观光的香客长年不断。

　　（五）宝峰寺

　　位于安远乡永跃村，始建于宋康定年间（1040—1041 年）。20 世纪 60 年代"文化大革命"期间寺庙被拆除，僧人被迫下乡还俗。1981 年重建，2004 年改建大雄宝殿。宝峰寺管理规范，被三明市、宁化县评为"五好宗教活动场所"，是宁化县示范寺庙。

2005 年宁化县已登记佛教寺庙情况表

表 32-1

序号	寺庙名称	地址	登记证号	登记年份	序号	寺庙名称	地址	登记证号	登记年份
1	宝塔寺	翠江镇双虹村	F0424001	1993	24	太如山寺	安乐乡夏坊村	F0424044	1998
2	定光寺	翠江镇小溪村	F0424029	1995	25	太平寺	安乐乡刘坊村	F0424052	2001
3	三官堂	翠江镇红卫村	F0424035	1996	26	大峰山寺	安乐乡谢坊村	F0424011	1993
4	玉林山寺	翠江镇中山村	F0424002	1993	27	鹫峰寺	安乐乡丁坑口	F0424058	2004
5	聚福堂	翠江镇红卫村	F0424041	1998	28	兴福寺	治平乡坪埔村	F0424025	1995
6	光严寺	翠江镇红卫村	F0424054	2003	29	妙灵山寺	曹坊乡滑石村	F04242021	1993
7	福园山寺	城郊乡下巫坊	F0424010	1993	30	宝峰寺	安远乡永跃村	F0424005	1993
8	李山尾寺	城郊乡危家坑	F0424023	1995	31	西竹庵	安远乡硝坊村	F0424006	1993
9	兴福寺	城郊乡马元亭	F0424055	2003	32	三官堂	安远乡岩前村	F0424007	1993
10	东山庵	城郊乡高堑村	F0424056	2003	33	信天峰寺	安远乡岩前村	F0424008	1993
11	普光岩寺	泉上镇泉上村	F0424004	1993	34	宝灵山寺	安远乡伍坊村	F0424030	1996
12	法林寺	泉上镇泉永村	F0424039	1997	35	福田寺	河龙乡永建村	F0424009	1993
13	蓬花寺	泉上镇泉正村	F0424057	2004	36	显灵寺	河龙老虎石下	F0424048	2000
14	临田寺	湖村镇黎坊村	F0424003	1993	37	亘石岩寺	中沙乡黄柏元	F0424038	1997
15	慈恩寺	湖村镇谌坑村	F0424028	1995	38	大园山寺	中沙乡武昌村	F0424027	1995
16	高菩庵	湖村镇店上村	F0424049	2000	39	宝池寺	水茜乡水茜村	F0424032	1996
17	灵隐寺	湖村镇湖村村	F0424051	2001	40	显灵寺	水茜乡石寮村	F0424033	1996
18	南山寺	城南乡上坪村	F0424031	1996	41	禅姗庵	水茜乡沿口村	F0424017	1993
19	定蓬寺	城南乡横锁村	F0424037	1997	42	蓬池寺	水茜乡沿溪村	F0424046	1999
20	忠峰寺	城南乡水口村	F0424050	2000	43	东华山寺	济村乡长坊村	F0424012	1993
21	圆觉寺	安乐乡安乐村	F0424024	1995	44	法轮寺	济村神坛坝村	F0424026	1995
22	繁华山寺	安乐乡丁坑口	F0424034	1996	45	双龙庵	济村乡黄柏村	F0424019	1993
23	福林寺	安乐乡谢坊村	F0424040	1997	46	曾家科堂	济村黄泥排村	F0424020	1993

续表 32-1

序号	寺庙名称	地址	登记证号	登记年份	序号	寺庙名称	地址	登记证号	登记年份
47	客海寺	石壁镇石壁村	F0424036	1997	52	升仙如寺	石壁镇陈塘村	F0424014	1998
48	双极峰寺	石壁镇三坑村	F0424013	1993	53	竺隐寺	淮土乡桥头村	F0424022	1993
49	园墩山寺	石壁镇小吴村	F0424015	1993	54	龙华峰寺	淮土乡田背村	F0424045	1999
50	狮子峰寺	石壁镇官坑村	F0424043	1998	55	光化寺	方田乡泗溪村	F0424047	2000
51	蓬海寺	石壁镇红旗村	F0424042	1998					

第二节　道教

道教传入宁化较早，相传隋义宁年间（617—618 年）刘、熊两道士在石壁镇香炉峰修炼，得道成仙，当地乡民在峰顶建庙并塑二道士雕像奉祀，曰"升仙台"。安乐乡谢坊村福林寺内侧有供奉吴仙（吴文清）的文清宫，宫内有碑记载吴文清升仙史迹，为宁化现存道观之一。至 2005 年，升仙台和福林寺香火仍旺。谢坊周边数村至今还有选吉日做醮习俗。

第三节　天主教

宁化县天主教原属闽西教区。1988 年，县天主教召开第二届天主教会，恢复宁化县天主教爱国会，全县天主教徒 140 人。1989 年起，县天主教在县民宗局组织下，领导成员每季度召开一次联席会，进行学习与思想教育。1992 年，天主教会筹资 12 万元兴建天主教堂。1995 年，县天主教徒有 5 人被县委统战部、县民宗局评为"五好"（爱国爱教好、遵纪守法好、团结和谐好、勤劳致富好、教风教养好）教徒。1998 年，调整充实天主教爱国会主要负责人，县天主教负责人被推荐为三明市政协六届委员。1999 年，县委统战部成立宁化县天主教工作领导小组和宁化县天主教专项工作小组，制定工作方案，拨给专项经费，加强天主教会的管理。2000 年起，宁化天主教属闽北教区，天主教爱国会有成员 7 人。2005 年，全县有天主教徒 248 人，在翠江镇金鸡山路口建有天主教堂 1 座。

第四节　基督教

1988 年，宁化县第二届基督教代表大会召开，恢复宁化县基督教"三自"（自治、自传、自养）爱国运动委员会，全县有基督教徒 83 人。

1989 年，基督教会自筹资金 4 万元，在泉上镇建基督教简易活动点房屋 1 座，共 263 平方米，解决泉上镇基督教徒长期无地点开展宗教活动的问题。1998 年，调整充实基督教"三自"爱国运动委员会成员，推荐基督教泉上聚会点教徒 1 人为三明市九届人大代表。1999 年，县基督教完成换届工作，新成立县基督教协会。2001 年，县基督教协会争取上级支持 6 万元，支持湖村新建基督教堂 1 座。2005 年，基督教已登记的活动场有城关教堂、泉上教堂、湖村教堂3个。全县基督教徒1200人，其中神职长老1人、传道1人。

第五节　宗教事务管理

一、管理体制和机构

（一）管理体制

1988年，县委、县政府为加强对宗教事务的领导，设分管宗教工作的副书记和副县长，县委统战部设专职宗教工作干部，各乡（镇）统战委员兼管宗教工作。1989年，县委、县政府下发《关于在新形势下加强对宗教活动行政管理的意见》，规范宗教管理。1990年，县委、县政府下发《关于贯彻落实闽委〔1990〕17号文件的意见》，建立健全宗教工作机制。是年，建立宗教团体成员季度联席会议学习制度，加强教育、培训宗教界人士。1991年，县政府先后下发《关于贯彻全省宗教工作会议精神的几点意见的通知》《关于传达贯彻全国、全省宗教工作会议精神的情况汇报》及《关于贯彻全国、全省宗教工作会议精神的自查情况汇报》等文件，促进宁化宗教工作制度化、规范化。1993年，县委统战部部长杨秀芳被国务院民族与宗教事务局评为全国基层宗教工作先进个人。2002年，县政府出台《宁化县乡（镇）和县有关部门宗教工作责任制（试行）》，建立县、乡（镇）、村三级宗教工作网络。至2005年，宗教工作不断完善责任制，健全领导机构，把宗教工作纳入社会治安综合治理、精神文明建设和党建工作中，统一部署，协调推进。

（二）管理机构

1997年以前，县民族事务由县民政局管理，宗教事务由县委统战部管理。1997年7月，县委统战部加挂县民宗局牌子；10月，民族事务归入县委统战部管理。2002年3月，组建县民宗局，列入政府单位，编制4人，管理全县民族宗教事务工作。2002—2005年，县民宗局连续被福建省民族与宗教事务厅评为民族宗教信息工作先进单位。

二、宗教活动场所管理

1993年5月，三明市民族与宗教事务局在宁化县开展宗教活动场所登记试点工作，首批登记宗教活动场所25个，其中佛教寺庙22座、天主教堂1座、基督教堂1座、基督教聚会点1个。1994年，实行宗教活动场所分级管理办法，调动乡（镇）、村管理宗教活动场所积极性，将全县102个宗教活动场所划分为县、乡（镇）管理41个，村管理61个。1996年，拆除滥建寺庙2座，解散"真耶稣教"私设聚会点1个。1997年，制止乱滥建寺庙1座，解散基督教、天主教私设活动点。2002年，取消泉上镇泉永村法林寺登记资格。2003年，取消水茜乡庙前村月明庵登记资格，法林寺经整改后恢复登记。2004年，宁化县治理乱滥建寺观教堂工作领导小组成立，下发《宁化县治理乱滥建寺观教堂、露天宗教造像和民间信仰活动场所工作方案》，清理乱滥建场所4座，其中拆除1座、补登记1座、改作他用2座，取消水茜乡炎坊禅林寺登记资格。2005年，下发《宁化县2005年治理乱滥建寺观教堂、露天宗教造像和民间信仰活动场所工作方案》，制定《宁化县治理乱滥建工作长效管理机制》，推进治理乱滥建工作制度化、规范化。全县登记宗教活动场所60个，其中佛教寺庙55座、天主教堂1座、基督教堂3座、民间信仰活动场所1个。

三、普法宣传

2001年，县民宗局制定《宁化县民族与宗教系统法制宣传教育的第四个五年规划的实施方案》。

2002—2004 年，县民宗局制定年度宣传计划，重点开展《宗教活动场所管理条例》《宗教社会团体登记管理实施办法》《宗教活动场所年度检查办法》《中华人民共和国境内外国人宗教活动管理规定实施细则》《宗教事务条例》普法宣传，下发普法文件 4 个，张贴普法宣传标语 680 张，出版专栏 568 期，组织宗教教职人员和宗教团体负责人普法培训 6 期。2005 年，举办《宗教事务条例》培训班 6 期，参训人员 190 人，在主要宗教活动场所出版宣传专栏 60 期，指导各宗教团体开展法律知识讲座，受教育信教 2400 人次。

四、宗教界"五好"创建活动

1988 年，县民宗局加强宗教界人士政治思想素质教育，增强宗教团体抵御境外渗透的"免疫力"。1990 年，每季度召开宗教界人士"季谈会"，开展创建"五好宗教活动场所"及"五好教徒"评选活动。至 2002 年，每年评选表彰"五好教会"1 个、"五好寺庙、堂点"8 个、"五好教徒"30 人。2003 年 8 月，宗教界开展"社会主义宗教论"学习教育宣传活动，以自学、集中辅导学习、调查研究和理论研究等形式，加深对宗教问题长期性、群众性、复杂性的认识能力。2004 年 8 月，县民宗局制定《宁化县宗教界代表人士五年教育培训规划》，引导佛教实践"人间佛教"，推进基督教建设神学思想和天主教民主办教。至 2005 年，全县共评选表彰市级先进宗教团体 1 个、五好宗教活动场所 3 个、五好教徒 4 人，县级五好宗教活动场所 12 个、五好教徒 19 个。宗教界先后为贫困户、灾区、贫困学生、贫困病人、特殊教育学校捐款 20 万元，捐献衣物 500 件。

第二章　民俗

第一节　节令习俗

20 世纪 80 年代，宁化县仍保留着过去的一些节令习俗，主要有：

一、传统节日（农历）

（一）春节（过年）

宁化县十二月二十五日"入年界"，家家户户购置年货、打扫卫生，做好过年的各种准备。除夕日贴岁纸、年画、春联，备办香烛、白斩鸡、白切肉、米果、菜蔬、水果等供品祭祀祖灵、灶君、财神，信佛之人则另备素肴供奉菩萨。除夕晚上吃团圆饭，其中"松丸子""长命菜"等为宁化特色传统菜肴，寓意祈望生活宽裕轻松、阖家健康长寿。客家话把洗澡叫"洗汤"，除夕夜人人洗"过年汤"，家主给小孩压岁钱。农历正月初一，家主选好时辰起床，喝橘饼汤，然后往灶神、财神、祖神前点香烛、供祭品，开大门，放鞭炮，俗称"开门大吉"。全家老少穿戴一新，晚辈向长辈拜年，长辈给晚辈拜年钱。亲戚朋友互相串门拜年互道吉祥，如"新年好""步步高升""多多发财"等吉利话。小孩往长辈亲友家中拜年，长辈给小孩红包、鸡腿、果品。城乡部分信佛群众正月初一早餐吃素，认为"初一斋一餐，胜过斋一年"。至 2005 年，过年习俗一直延续下来。

（二）立春

各家门前张贴迎春接福对联，摆上新鲜蔬菜（葱、蒜、红萝卜等）、果品，点烛焚香，鸣炮迎春（"春"与"存"谐音，寓意有存余），吃"松丸子"、饮"春酒"。一年之计在于春，宁化县当地称立春为"交春"，仪式隆重。此习俗2005年延续。

（三）元宵

正月十五，宁化民间游艺多姿多彩、张灯结彩，舞龙舞狮，扮铁槛故事舞鬼子（一人戴笼头面具扮弥勒佛，一手执拂尘，一手提大布袋，捉鬼保平安，类似傩戏）等，热闹非凡。各家焚香点烛、陈列糕果敬神、烧岁纸、谢灶君、吃"元宵丸"。这天"出年界"，"烧了上元纸，齐家早爬起"，意思是"过年"已半月，大家要各就各业。此习俗2005年延续。

（四）社日

为祭社之日，春社在春分前后，秋社在秋分前后。农家春、秋两次祭祀土地神和五谷神。宁化人把社坛建在村外水口边，祈求五谷丰登，人财兴盛。每年农历正月初，村民备三牲祭品敲锣打鼓拜"社公年"。平时村民宰猪将猪舌和猪尾巴煮熟供奉，并在社坛上压花纸。群众买了畜苗饲养，要去点"社公火"，祈望六畜兴旺。2005年，此习俗在某些农村还有保留。

（五）观音九

相传农历二月十九是观音菩萨生日，俗称"观音九"。是日，群众采鼠曲草做米粿、点烛焚香供奉观音菩萨。至2005年，此习俗依旧延续。

（六）清明节

宁化民间习俗清明这天主要活动为祭扫祖墓。城乡一些建有宗祠的姓氏，大开祠门，召集全祠男丁祭祖、祭扫祖坟、做"清明酒"。扫墓人清除坟前杂草、供奉三牲祭品、点烛焚香、烧纸钱、压纸挂青、放鞭炮，祭祀祖先，悼念亡人。

（七）立夏节

每年立夏日，宁化县城乡皆有吃"立夏丸"习俗。此时早稻地区春耕大忙已过，老百姓便用粳米做丸子喂牛，以示犒劳与感激之意。晚稻地区夏耕大忙才开始，做丸子喂牛，使牛强壮，利于耕作，故有"立夏不做丸，晦气到明年"的农谚。此习俗至今延续。

（八）端午节

宁化县端午节吃粽子、饮雄黄酒、门上悬挂菖蒲等习俗基本与其他地方相似，但在门上挂葛藤、艾条则是宁化独特习俗。传说唐末农民起义，黄巢在行军途中看见难民队伍中有一妇女带着两小孩逃难，黄巢见妇女牵着小的背着大的，感到奇怪，便问原因。妇女回答说："因侄儿已无父母，若有不幸，即断烟火，故把年纪大的侄儿背在身上。小的是我自己的儿子，为了保护侄儿，也就顾不上他了。"黄巢深受感动，让妇女把葛藤挂在门口，可保安全，并传令军中将士从此不得侵扰门挂葛藤的百姓。妇女回村后，发动全村各户门口挂上葛藤，果然黄巢部队经过秋毫无犯，全村免遭兵祸。为纪念此事，这村庄叫"葛藤坑"。"永嘉之乱"后，邓艾的裔孙邓攸在逃难途中也是舍儿保侄，来到石壁又义救全村人的性命，村民取艾条挂在门上，以"艾"来纪念他。端午吃粽子，挂葛藤、艾条的习俗一直延续至今。

（九）天贶节

为佛家"翻经节"。农历六月初六，群众洗刷曝晒寒衣检点入箱，藏书人家或寺庙将书本、经本取出曝晒，相传此日翻晒衣物、书画可免虫蛀。宁化畲族是日由长辈设案焚香，祭祀《神像祖图》，此习俗世代相传至今。

（十）保禾苗、食新米

早稻成长期间，农民备办香烛果品，敲锣打鼓到寺庙朝拜，请僧道"打醮"，把红纸裁成条状系在禾叶上，祈求菩萨保佑丰收，俗称"保禾苗"。食新米又叫"食新禾"，当稻谷成熟至八九成后，农民取一些早熟稻穗，加工成饭，敬神敬祖，全家品尝。2005年，此习俗在石壁、淮土、济村、城南等乡（镇）依旧有保留。

（十一）中元节

旧俗把农历七月十五日定为祭鬼节日，也是一年一度缅怀祖先的节日。宁化人中午备供品，烧纸钱敬神敬祖；晚上去路边烧纸钱纸衣，以祀"孤魂野鬼"。传说这天夜晚到处有"野鬼"出现，故有当晚小孩忌出家门的习俗。2005 年，此习俗在宁化城乡依旧保留。

（十二）中秋节

每年农历八月十五日，也称"团圆节"。这一天外出的人有时间的都会回家与家人团聚，到晚上吃月饼、赏月亮，亲朋好友互赠月饼成为一种礼仪，宁化城乡此习俗一直延续至今。

（十三）重阳节

农历九月初九"重阳节"，宁化有登山赏菊、饮酒的习俗。这一天也是敬老的节日，宁化各级党政组织、人民团体都会举行慰问老年人活动。

（十四）冬至

宁化城乡群众把冬至日作为进补之日，把狗肉、猪脚之类加补药炖熟食用。至 2005 年，此习俗依旧保留。

二、庙会

1988 年，全县各乡（镇）都有庙会，届时有迎神游神、扛故事、舞龙、舞狮、演戏等娱乐活动。至 2005 年，庙会习俗在各乡（镇）基本存在，规模较大的有：

夏坊七圣庙庙会　庙内供奉的"梅山七圣"属于古代傩文化遗留，每年农历正月十三举行庙会，前后 10 天，每天进行游神、演戏。2003 年，福建省社会科学院专家会同香港中文大学宗教学专家、台湾桃园"中央大学"客家文化研究院专家对庙会进行考察，认为游傩仪式对考察中国南部乡村民间节日各种宗教文化的相互影响，了解一个多姓聚居区的组成原则及其运作模式与特点有很大的参考价值。

店上双忠庙庙会　店上双忠庙崇祀唐朝的张巡、许远 2 位将军，每年农历七月二十五日为双忠庙会，前后共 3 天，除游神、祭祀外，主要进行耕牛交易，届时江西石城、广昌及闽西周边县均有客商前来交易，又称店上山牛会。

治平华光庙庙会　治平华光庙供奉灵官大帝，又称"大地公爹"，是全乡性的民间信仰，由各村代表组成管委会。每年农历九月二十八日举行庙会，前后 3 天，主要活动有接案、游神等。庙会期间同时举行物资交易，吸引周边县、乡群众前往参加。

第二节　礼仪习俗

一、嫁娶

1988 年，宁化嫁娶已发生较大变化，但大体仍沿用旧俗，包括，纳彩、问名、纳吉、纳征、请期、迎亲等 6 个程序。纳彩：向女家送礼求亲；问名：向女家问清女子的名字及生辰；纳吉：卜得吉兆后，到女家报喜、送礼、订婚；纳征、订婚之后，向女家送较重的聘礼；请期：选定完婚吉日，请求女家同意；迎亲：新郎到女家迎亲。

迎亲是婚嫁礼仪中最为丰富多彩的场面。姑娘出嫁在晚间，男家迎亲队，不论路程远近，要到晚上才到女家，沿途敲锣打鼓鸣放炮仗。新娘出屋前先与家人同桌吃饭话别，此谓"告别餐"。出门前，站在画有八卦太极图的米筛中，脱去旧鞋换新鞋，谓之"过米筛"，象征辞故土创新业。新娘出门上轿（车）后，娘家人泼水到轿（车）上，表示"嫁出去女儿，泼出去水"，希望新娘在夫家扎根。上轿时，新娘要大哭，以表示舍不得离别生育的父母，有"孝心"，婚后有好运，此谓"哭好命"。新娘上路前，还有一场"抢扫戏"，女家准备一根长势旺盛的带叶麻竹，俗称"竹扫"，故意让男家迎亲队抢去，寓意子孙兴旺；女家父母拖住"竹扫"不放，最后折下一枝，表示留下财气。夜间娶亲队要避免与别的迎新队相碰而冲喜，万一发生，两个新娘互相交换手帕，以示友好，而免冲喜。不论路途远近，新娘要在天亮前到男家，新娘下轿由一位多子有福气的端着盛有柑橘圆盘的妇人牵引，以示给新人带来多子、福气、甘甜和吉祥。新人跨过烧红木炭的火炉才进男家家门，以示带来兴旺，然后按时辰跟新郎到厅堂拜堂。新娘入门后的男家宴席，以母舅为上席，此谓"天上雷公，地下舅公"，母舅坐在首席上位上，唱道"食鸡，新郎新娘好夫妻""食猪心，全家结同心""食猪肚，子孙大起步（有出息）"。等母舅夹菜后，其他人才跟着动手。婚礼三天后，新娘在新郎的陪伴下回娘家，不能在娘家过夜，黄昏回转时，女家送糖米粿，表示美满香甜。随着时代的发展，至 2005 年，婚嫁习俗有所简化，大多都为自由恋爱，婚事由男女双方共同操办。

二、丧葬

1988 年，宁化人办丧事仍保持过去的一些习俗，要履行送终、报丧、守灵、入殓、堂奠、出殡、上坟等事宜。祭奠要设"孝堂"：中堂贴一个大"奠"字（黑纸白字），平基柱贴死者遗嘱（联），大门上贴"严制"（父死）或"慈制"（母死），大门顶上贴"孝舍"或"哀所"，孝堂两侧放挽帏、挽联和花圈，铭旌竖在灵柩前。有的人还扎"半笼"把灵柩罩住，上立白鹤、金童、玉女等纸像，出丧队伍似长龙。

送终 老人将死，儿孙要跪在跟前听遗嘱、烧纸钱、哭送死者"升天"，为死者沐浴更衣。男死在厅堂称"正寝"，女死在房间称"内寝"。男死置于厅堂门板等候入殓，拆洗睡铺，焚烧床秆。家属卸红穿素，男丁剃头戴孝，以示哀悼。

报丧 孝子与其亲属分头告知死者亲戚。报丧时，贴出"讣告"，孝子跪地哭丧，父死称"孤子"，母死称"哀子"，父母俱死称"孤哀子"。亲友闻讣后，前往吊唁，有的送奠仪，有的送挽联、挽帏、花圈等。

守灵 召僧道置魂幡、设灵位、"开引路"、化纸钱、点铁树灯和脑头灯，早晚孝妇焚香拜哭。女吊唁者，一进门要哭，孝妇跪着陪哭，直到吊唁者止哭为止。亲属日夜轮流守护，俗称"守灵"。

入殓 棺木俗称"寿具"，老人生前一般已置备。死者入殓仰卧，将内亲送的褥布盖在死者身上（俗话褥布越多，死者的罪越轻），把书写死者生殁年月日及儿孙名字的内碑按男女分别放在死者脚下和头上，以备日后查考。死者两边要塞满陪葬物或儿孙衣服。如果是女性死亡，要有外戚亲临入殓，方可择日盖棺。

堂奠 孝堂正中放一张供桌，祀奉死者灵位，摆上三牲祭品，供主祭者献酒；供桌左侧放一把木椅，摆上死者衣服和鞋子（放地下），供主祭者安位、安杯、安筷、献帛、献牲；供桌后放一张香案桌，摆上香炉和檀香等，供主祭者上香。富户人家杀猪祭奠，请纸马师傅将猪头和内脏"装祭"。奠祭堂数逢单，开始由司仪先喊："鸣炮、擂鼓、鸣金、奏乐，主祭者就位，陪祭者皆就位。"孝子开堂，然后由小到大，一般只三叩九拜；每祭完一堂，孝子孝孙孝媳要向司仪、乐队及长辈亲友跪谢。祭祀时，司仪对孝子孝孙喊"跪"，对内亲喊"拜"或"拜揖"，表示尊敬，陪祭者一般只鞠躬不跪。第二堂祭以后，司仪只喊"再奏乐，主祭者就位，陪祭者皆就位"，也不须到神位前安位了。奠祭完，司仪喊："止乐，礼毕退班。"亲友纷纷到香案桌前上香。

午饭前打铜锣催附近亲友吃斋饭，一人打大铜锣，一人打小铜锣，父死打"咣咣，咔！"母死打"咔咔，咣！"

辞堂 晚上祭祖宗叫"辞堂"，告知祖宗自己长辈去世，祈祖宗早日提携亡灵升入"西方净土"，荫庇后人吉祥昌盛。孝家脱去孝服穿上吉服，供椅上将死者衣服取下换上红布或红纸作为祖宗神位；由"八健将" 2 人用双手抬起灵柩向左右摇 3 下并说"澎澎发"。只祭一堂，孝子主祭，孝孙男丁陪祭，孝妇、女儿跪地不哭，祭文中写"昭告于"，签条用红纸写"某某堂上远近祖考（妣）神位"，其祭程与奠祭相同，俗称"辞堂"。晚饭后，孝子穿上孝服和亲人一道去野外取蔬菜、葱蒜、薯等煮丸子，叫"偷青"，故意引人咒骂，俗说越骂越发。孝家全体跪在棺柩下吃丸子，俗称吃"辞堂丸"或"老头丸"。

出丧　2003年4月前，宁化人多用土葬，一般都选择早晨出殡。天还未亮，在选定的时辰将灵柩抬出厅外见"天日"，等待送丧亲友来到后（忌年纪大的送年纪小的）。届时灵前点烛焚香、鸣炮举哀，"八健将"把灵柩用绳棍绑好，孝孙捧灵牌带头，其余依次跟僧道"阵丧"三圈，然后孝子孝孙头套秆圈、手持哭枝（父丧持竹枝、母丧持桐枝），"把酒"告别。僧道念完《请起文》后，高喊："哀哉，请起！"于是"八健将"抬起灵柩，发引开始。前面1人打锣撒路钱，孝子孝孙穿戴麻衣麻帽，腰缠秆索，脚穿草鞋，手持哭杖扶柩，孝家其他成员穿孝服随后，五服亲属按斩衰、齐衰、大功、小功、缌麻五等顺序排列，接着是头戴白帽、腰缠白带的亲属、女婿、外孙等，房亲戴黄帽、腰缠黄带紧跟在后。鼓乐哀歌四起，幡旗翻动，全体送丧人员手持线香，紧跟着缓慢前行（城里灵柩过街时，商店门口有人点烛鸣炮，丧家要当场跪谢）。送至宽阔的三岔路口停柩路祭，作为饯别死者的仪式，摆设和程序与堂祭一样，堂数逢双，一般只祭八堂，男丧叔伯开堂，女死外氏开堂。祭毕回家吃早饭，孝家脱去孝服（用手拿着），绕道抢先回家（俗说先回家先"发"），跪在大厅门口迎接送丧亲友回来。

出丧后，打铜锣催客吃早饭。早饭不必吃斋，孝妇要去每桌给客人斟酒，行三鞠躬礼谢客。饭后，外戚回家，孝家应将其所送奠仪折价奉还。借的用具均须贴上红纸送还，以示吉祥。路祭后，"八健将"把灵柩抬往选好的墓地，按风水先生拣定的时辰"开土皮"，孝子跪地挖三下将直锄丢往身后，帮忙者再继续挖好墓穴。

立碑　灵柩进入墓穴后，按风水先生定好的字向填土造墓，依时辰竖立墓碑。墓碑上刻死者封号寿年名字，男称"府君""老大人"，女称"老孺人"，左右下方子孙顺次排名，永作记载。坟墓造好后，直系亲属备米果丸、祭品，披麻戴孝到墓前供奉，点香烛、烧纸线、哭诉，绕墓三圈，再"吞铁丸"（就是囫囵吞几个米果丸），称为"上坟"，以示悲痛。墓建好后，办"谢土饭"，酬谢风水先生、泥水师傅及帮忙亲友。

化灵、上祖堂　从死者殁日算起，每7日要为死者"做七"，就是做"七七斋"，加上百日斋、周年斋、三年斋，实为十斋。每届七期，孝子孝孙穿孝服备牲醴哭拜祭奠，请僧道诵经拜忏，做佛事或法事超度亡魂，最后焚化纸屋灵牌，将死者神位移至香火堂"神龛"内奉祀，称为"上祖堂"，至此，丧事结束。

2003年4月，县政府发布"关于加强骨灰管理，严禁乱埋乱葬"的通告，全县逐渐改"土葬"为"火葬"。火葬前一般举行追悼会或向遗体告别仪式，送花圈、献挽联、佩白花，遗体火化后，装入骨灰盒，有的寄放在殡仪馆，有的捧回家中，选日子安葬。但传统丧葬基本礼俗依旧有所保留。

三、生育

1988年，宁化人的生育观已有所改变，但仍有一些沿用过去习俗。婴儿出生后，大多农村女婿都要用酒壶盛满一壶酒，壶嘴上缠一根红头绳，另用竹笼装上一只鸡及红蛋向岳父母报喜。岳父母把喜酒收取一半，以供他人"见喜"。城里人有的用电话通报。孩子出生第三天，要请"三朝酒"，亲友纷纷前来祝贺。婴儿出生第3天洗澡，叫"洗三朝汤"。外公外婆送外孙衣服、抱裙、尿布等，其他亲友送鸡蛋、布料或红包恭贺，宴席叫"三朝饭"。婴儿出生60天，外公外婆送外孙座栏、推栏等婴儿用具，亲友送礼祝贺，办酒席叫"六十工饭"。婴儿1周岁俗称"过周"，外公外婆送外孙全身穿戴，其中"尾巴帽子"上要缝镀金的5至9尊"银菩萨子"。中午在厅堂烧香点烛，摆上果品饮食祭拜祖宗。备妥金银七宝、文房四宝、秤尺刀剪、彩缎花朵，置周岁小儿于中座，观其先拣何物，以测未来志向，俗称"晬盘会"，也叫"抓周"。至2005年，"抓周"仪式在宁化城乡仍有流行。婴儿"满月""过周"农村宴请一般在家中举行，城关大多在酒家宴请亲朋。

四、寿诞

1988年，宁化人仍保留过去寿诞的一些习俗。60岁称"寿"，贺寿办酒席称"庆寿"或"寿筵"。亲友送肉、鸡、寿面、布料或红包，内亲有的送糖糕和金红花烛，有的送寿帷、寿联以表祝贺。寿堂中寿匾高悬，中堂贴 1 个金色大寿字，寿联按辈分依次挂寿堂两侧。儿孙向寿星拜寿，寿星赐"拜寿礼"。寿辰前夕吃寿面，正日宴请宾客。男寿本族长辈坐首席，女寿外氏坐首席，席间儿女往每桌敬酒谢客，农村有的还请戏班或曲棚演戏唱曲，增添喜庆欢乐氛围。

至 2005 年，晚辈给长辈祝寿，多会订制生日蛋糕，写上"生日快乐""健康长寿"等祝福语，向寿星唱"祝你生日快乐"的歌曲，以示庆贺，城关人有的还会在有线电视台点歌，为寿星祝福。

五、乔迁

1988 年，宁化城乡乔迁新居依旧遵循择吉而迁习俗。在农村乔迁之前要净宅以保平安，俗称"出煞"（即把"凶神恶煞"赶走）。乔迁这天凌晨 1 时左右，在正厅置大桌 1 张，桌上放白米 1 斗、干谷 2 斗，中心米斗置风水先生的罗盘之上，泥水师傅放泥刀、五尺在左谷斗上，木匠师傅置曲尺和墨斗于右谷斗上，斗上各放 1 个红包。大门前放八仙桌 1 张，桌上用白棉布盖住，直铺到门口，大门顶挂 1 条大红布，称为"红门"，门侧贴红联，门上方挂大红灯笼，张灯结彩。早上吉时请本族有名望而又多子多孙的叔公叔婆"开大门"，男左女右，立于新居门内两侧，风水先生、做屋师傅守候其中。乔迁队伍到达新居门前，正是选定的吉日良辰，这时叔公叔婆把大门打开，燃放鞭炮，齐声祝颂"开门大吉，宝室生辉；房房富贵，代代蓄衍；丁财兴旺，人才辈出"。风水先生头包红巾，身穿素衣，左手执大公鸡，右手握七星宝剑，口中念念有词，将鸡宰杀并将鸡血洒在白布上，直出大门后把鸡丢在大门外，同时泥水匠、木匠用红木棒用力打白布，齐出大门，燃放鞭炮敲锣打鼓助威，送出大门外。迁居时家长挑锅头饭甑领路，小孩特别是男孩，每人手中拿 1 件"文房四宝"跟随家长前行，其余的人挑着用具紧跟其后。进入新居后，将两盏煤油灯摆在正堂，加油点亮，寓意"添丁兴旺"。挑来的家具摆入新屋，并从新锅内夹起燃烧的木炭放进新灶引燃，表示"兴旺"之意，开始新居第 1 次烹饪。中午设宴请本族长辈或风水先生坐首席，开席前，长辈、师傅要说好话，俗称"喝彩"，然后开席。

改革开放后，乔迁形式趋向简单化。但择吉日、带"火种"、亲友送礼祝贺和办酒席等基本礼俗至 2005 年依旧存在。

六、接珠念佛

宁化客家人信佛，上了年纪的老人选择吉日，置备佛衣佛具，请 12 位念过佛者，由僧道设案引佛，并交接佛珠，这就叫"接珠"。"接珠"后的老人就可称呼"念佛公公"或"念佛嫲嫲"。满堂佛念毕吃午饭，叫"吃念佛饭"。日后再念"大堂"（佛）时，要烧"佛楼""经楼"，以备死后在阴间享用。此俗宁化各地略有不同：禾口、石壁一带，男女都有"接珠念佛"的习俗，而城关、水茜、方田、凤山等地，一般只有女人念佛，男人不念佛。中华人民共和国建立后，认为念佛是封建迷信被禁止。20 世纪 80 年代开始，此习俗有所复兴。至 2005 年，少数信佛的老人还保持此习俗。

第三节　生活习俗

一、交际言行

宁化客家人重礼貌，称人加个"老"字表示尊敬，年小的称"老弟仔""老妹仔"，年龄相仿的称"老伯哥""老大嫂""老朋友"，年长的称"老叔哩""老叔公""老婶婆"。未婚女子称"小姐"，已婚女子称"女士"；各类手艺人泛称"师傅"，其妻子称"师傅娘"；老师的妻子称"老师娘"，老板的妻子称"老板娘"；官员的妻子称"太太"，其儿子称"公子"，其女儿称"千金"。中华人民共和国成立后，先生、老板、师傅、小姐等称呼，在某些场合仍有出现，但对机关企事业单位的工作人员，不管男女都互称"同志"，表示志同道合的意思。对妇女称"阿姨"的比较多。亲戚之间要降低辈分相称，以儿女身份称呼对方以示尊敬，比如称姐夫为姑丈。女儿出嫁未生小孩前，男女双方父母互称"亲家公""亲家母"；女儿生了孩子后，男方称女方父母为"公公""婆婆"，女方称男的父母为"公公""妈妈（mǎ）"。询问陌生人姓氏称"贵姓"，自称"敝姓"；借物要说"请"，还物应说"谢"；客人来访叫"请坐"，敬烟敬茶用双手，客人离去时，送出门外说"慢走""再会"；对邻居、同事的亲戚，按同事的身份相称，以示亲热和尊敬。

宁化人送礼，除购买有包装的成品外，自己包装的礼物，要贴上红纸条以示吉利。若送红包，则视庆事类别，分别写明贺敬、祝敬、妆敬等，再书送礼人某某贺或具；慰问丧家的，则用白纸封袋，上书"奠仪"或"代烛"，下书送礼人某某具。送礼或探望病人都应在上午，丧事一般在举行丧仪时送去。中华人民共和国建立后，提倡移风易俗，节俭办理红白喜事，讲究排场、奢侈浪费现象得到纠正。20世纪80年代后，随着人民生活水平提高，民间宴客之风逐渐兴盛，凡遇喜庆，不少人大宴宾客，讲究排场，浪费现象较为严重。

二、生活方式

（一）饮食

1988年，宁化人主食仍以大米为主，做法有4种：一是"笊饭"，把大米洗净放入锅里，加水煮成半熟后，再用笊篱把饭笊进饭甑蒸熟，饭汤中留一点饭煮成稀粥，早上煮好1天吃的饭，剩饭晒"饭干"炒成"炒米"供擂茶作配料，这种煮饭方法在农村普遍使用。二是"草袋饭"，把米洗净后（或把米装入草袋中洗），盛入草袋，再用绳子扎紧口放入锅里加水煮熟，出门劳作，上山砍柴，常备此饭作午餐。三是"焖饭"，方言称作"活饭"，把米洗净后，放在锅里加适量净水，用微火焖熟。这种做法，在冬至日最盛行，宁化人喜欢在大米饭中加五花肉、鸡肉、狗肉、老鼠干等，再配以茶油、生姜、葱蒜等，味道鲜美，营养丰富。四是"煲饭"，也叫"蒸饭"，把大米放进饭盒、钵头或筒罐内，洗净后放置蒸笼或大饭层中，在大锅里蒸熟。随着人民生活水平的提高，至2005年，不少居民家中已使用电饭煲、高压锅做饭，既环保卫生又简捷方便。

宁化具有地方风味的传统名菜有烧卖、大卷、松丸子、米包子、伊府面、客家八大碗、鱼生、老鼠干等。宁化人吃肉的方法很讲究，除鱼多油煎外，其他肉类普遍用蒸、焖、炆、炖、漂等方法，说是这种吃法较"清火"，也叫"泻火"。

1988年，宁化乡村，凡有婚嫁喜庆，事前都养好家畜家禽，酿好水酒（或谷烧酒），办酒席一般都用自产食物做菜，如粉皮、粉干、豆腐、豆腐皮、松丸、糯饭、黄粿、雪薯（淮山）、萝卜、糖丸、米冻等，再加上（或掺杂）猪肉、鸡、鸭、鱼之类。城关办酒宴比较讲排场，一般用8盘菜：鸡、面、燕、肉，后续四道鲜菜，最后上甜汤散席。随着改革开放的深入和人民生活水平的提高，酒席规格也跟着提高，水酒已少用，多为啤酒、红酒和白酒。

（二）服饰

1988年，人民生活逐步提高，宁化人的服饰发生很大的变化，从过去较多的中山装、青年装、学生装和军装向西装、夹克、连衣裙、短裙发展，穿鞋以布鞋、胶鞋、凉鞋、皮鞋为主。进入21世纪，人们的服装呈多样化、个性化、高档化，T恤衫、皮衣、西装、牛仔裤、羽绒服、休闲服成为日常衣着，穿鞋以皮鞋、旅游鞋、时装鞋为主。但在石壁一带上了年纪的妇女依旧还保持盘发髻、包罗帕、披掩腹、穿尖嘴绣花鞋传统服饰的习俗。

（三）居室

宁化客家人建房承袭黄河流域原始的几井几厅的大宅模式，客家先民进入石壁定居时，首先以现成的材料搭盖简单的竹木茅舍、窝棚居住，故有"三十六窝，七十二棚"的传说。条件好转后，房屋的建筑格局、材料也就跟着变化，土墙屋、风火屋相继出现。风火屋仍以中原地区小宫殿式能容纳几代同堂的几井几厅大宅的格局建筑，以正厅为主体兼两厢对称并加马槽、横屋，平面布局成长方形，门楼围墙分内外，前有池塘供洗涤，后有院坪作晒场，整体成椭圆形；正厅分前、中、后3厅，只建1层，用作祭祀祖宗和庆典场所；中厅中堂右侧置龛阁祀奉本堂历代先祖考妣之神位；厅前安双合门，门顶建牌楼，下面是屋檐延伸的走廊；厅两侧由两层厢房组成主屋，再左右两侧是横屋，不可高于主厅，这是居住的场所；横屋和主厅之间是马槽，开有天井采光，居住繁华舒适。宁化九井十三厅的群体建筑，著名的有石壁镇石坑里的"大夫第"，城关、水茜、方田、中沙、石壁、泉上等乡（镇）均有残存。泉上延祥村尚存数幢风火大宅，系明代古建筑，保存较为完好。

中华人民共和国建立尤其是改革开放后，城镇居民住房开始建砖混结构楼房，随着商品房的开发，城区居民购买商品房，卫生间、浴室、厨房、餐厅、会客厅、卧室等配套合理齐全，宽敞舒适。

三、文化娱乐

宁化客家人历来有爱唱山歌习惯，青年男女劳作之余爱对唱山歌解乏；商店作坊闲中取乐爱拉小调、打牌、下棋；乡村群众爱下"逢三棋"、象棋、箭棋、算盘棋、跳棋，也爱打纸牌；每逢庙会、清明祭祖或庆寿，还请戏班或曲棚演戏唱曲，有时还有采茶戏表演。城乡庙会、春节期间，都举办舞龙、舞狮、船灯、轿灯、马灯、花灯、高跷、铁杆故事等民俗活动，城关和淮土的高棚灯，高达数丈，外围纸扎飞禽走兽，栩栩如生；湖村的回回舞，演员各执锣鼓道具，节奏强烈；治平池氏祭祖舞蹈关刀灯舞，模仿古代作战阵式，形式独特。至2005年，看电视渐渐成为群众日常文化娱乐最主要、最普遍的形式。

第四节　生活禁忌

一、数字禁忌

宁化人把"四"视为不吉祥的数字（"四"与"死"字谐音），在生活中极力避开它。石壁、淮土等乡（镇）群众把"四"称为"红数"，如"四人"称为"红数个人"，"四楼"称为"红数层楼"，"四十岁"称为"红数十岁"，等等。宁化俗语"一、三、五、七、九，不离鸟子薮"，意思是这5个月不宜迁居、作灶、安床等。"七不去，八不回"，逢七的日子不宜外出，逢八的日子不宜从外地回家，认为七七八八不吉利。农历五、六、七、九月忌婚嫁：五月结婚认为会造成家庭不和、妻离子散；"六月不出尾"，六月结婚，没有圆满结果；"七月娶鬼"，七月是鬼过节的月份，忌婚；"九月狗头重，不死妻就死夫"，九狗谐音，九月结婚不吉祥。八与发谐音，认为"八"很好，若要"发"就逢"八"。至2005年，大多数数字禁忌被群众抛弃，特别是婚嫁、迁居等择吉日进行即可，对数字的禁忌越来越少。

二、颜色禁忌

宁化人对红黄蓝白黑五色有明显的好恶态度。火光、阳光被认作红色的代表，红色意味着热烈、血液、永恒的生命，在人们生活中广泛应用。黄色代表庄严、高贵，象征着君权神授，不可侵犯，但也不算好颜色，因为有黄色工会、黄色书刊，甚至有人还用黄纸写"挽联"等。白、蓝、黑3色在民间被视为

"凶色"，办丧事点白蜡烛、包丧礼用白纸，写挽联黑纸白字、蓝纸白字等，故视黑白为不吉利颜色。绿色，男人忌"戴绿帽子"（妻子不贞谓"戴绿帽子"）。随着社会进步，人们观念也有所改变，绿色被认为是大自然象征，白色也被认为是纯洁的象征。

三、动物禁忌

宁化民谚有"猪来穷，狗来富，猫来着麻布（戴孝）"的说法。古人养猪主要用于祭祀鬼神，猪生性懒散，好吃贪睡，且愚笨粗憨，人们对它自动前来投靠依附，唯恐带来贫困厄运。狗不仅通人性，忠于主人，而且灵敏分辨能力强和有高度的警觉性，人们喜欢饲犬守户，故认为狗上门会带来富裕。对猫自动前来投靠依附，宁化人当作凶兆（着麻布）的看法，无从考究。山羊，本是一种善良野兽，如果突然闯进村庄或人们家里，认为是大凶之兆，千万不可捕杀，要点香烛放鞭炮，并在羊角上系条红布，把它放归山林，方可辟邪趋吉，化险为夷。宁化人虽敬龟长寿，但同时也有贬义一面，骂人无能喻为"缩头乌龟"，骂纵妇卖淫者为"乌龟"，故十分忌讳。对于同一种动物（如猫、龟）褒贬不一、相沿成习。至2005年，这种动物禁忌基本还保留。

四、语言禁忌

在日常生活中，凡出现不吉利的征兆或发生令人不悦的事时，人们常用语言来化解，比如物件摔坏了，人们常说"发财、发财"；走路不慎跌倒时，便说"拜早年"；老人去世忌言"死了"，应说"过生"或"走了"；对高寿老人逝世，称"福满了""去做菩萨了"；探望病人忌说"病啦"，应说"不自在""有事啦"；凡遇上事故，切忌说完了、糟了、完蛋、倒灶绝烟、死绝人种之类倒霉不吉利的话语。至2005年，这种禁忌基本还保留。

五、行为禁忌

农历正月来客，不能用煮破皮的鸡腿或鸡屁股待客，客人不可吃鸡头。餐桌上筷子要放整齐，吃饭时不可把筷子放进嘴里吮吸或当牙签使用，忌用筷子敲盘碗，忌用筷子在菜盘里翻找自己爱吃的东西或夹进碗里后再夹回盘里。盛饭端给客人，切忌把筷子插在饭碗中心。别人斟酒时要站起用双手捧碗装酒。席上主人向客人斟酒要逆时针方向。席毕，要让首席者先退。探望病人或过年过节送外公外婆礼物，要上午去。开会讨论或与亲友聊天，不可打断别人的说话。嫁女花轿、出丧灵柩忌从别人村的"龙脑上"经过。孕妇忌朝圣、忌抱别人的婴儿、忌进洞房、临产阶段不宜做客，避免在别人家中分娩。老人不宜远游、久做客，"七十不留宿，八十不留餐"。忌用扫把指天、忌刀口对人、忌鞋片打人、忌用五尺量人、忌在他人家里哭泣、杀猪忌复刀、包丧礼忌用红纸等。至2005年，这种禁忌多数还保留。

六、生肖禁忌

宁化人议婚首要是男女双方的生辰八字相生相合，认为"白马畏青牛，猪猴不到头，龙虎两相斗，鸡犬必相争"，还有"蛇与虎，虎与猪，羊与鼠"等生肖不合婚配，于是多数人生下女孩后，就排好一张好"八字"，故"男命无假，女命无真"，这是公开的秘密，人们并不深究。命相与人的主观意愿发生矛盾时，有的人就采用两种办法来定：一是把男、女双方的"八字"压在家中祖神牌前，过一段时间，如果家中吉祥如意，就认可这门亲事；二是把男、女双方的"八字"在菩萨前"掷珓"或"抽签"确定。中华人民共和国建立前，此习俗在宁化民间很流行。此外父母的属相与子女相刑相克时，有人用3个方法来化解：一是将子女送给别人；二是五行缺啥，就拜古树、石头等做"干爹""干妈"；三是通过巫术化解，如父母亲属虎，生孩子时，父母亲嘴里咬一块肥猪肉表示喂虎，属虎父母亲与婴儿刑克的危机便可化解。至 2005 年，这种禁忌少数还存在。

七、丧葬禁忌

老人去世出柩时杀一只公鸡。遇上"重丧"日在大门侧悬挂一面镜子。遇"三丧"日，大门两侧各悬一面镜子，传说镜子中照出灵柩影像可化解灾难。老人从死之日起，49 天内遇上初七、十七或廿七，叫"撞七"，如 7 个七中七、十七和廿七都遇上，叫"撞满七"。撞第 3 个七或第 4 个七不吉利，举家要暂避，名曰"走七"。死于荒郊野外者，尸体不得运回家中，必须在"社公"外搭篷停放灵柩，并请僧道就地做功德超度。至 2005 年，这种禁忌少数还存在。

第三章　语言

第一节　客家话

一、源流

客家方言是宁化客家文化的一个重要特征，宁化作为客家祖地，是孕育形成客家方言的源头之一。宁化方言继承的是唐宋时期的中原古音，是早期客家话。

梅州晚清大诗人黄遵宪诗道："筚路桃弧辗转迁，南来远过一千年。方言足证中原韵，礼俗犹留三代前。"诗后自注："客人来州，多在元时，本河南人。五代时，有九族随王审知入闽，后散居八闽。今元（梅）州人，皆由宁化县之石壁乡迁来，颇有唐魏俭啬之风，礼俗多存古意，世守乡音不改，故土人别之曰客人，方言多古语，尤多古音……"语言学家李如龙说："从客家方言共有的语言历史层次看，应该说它是晚唐五代之间为中原的汉语分手，南下之后经过汀赣一带的动荡，宋代时在闽西、赣南定型的。"厦门大学已故中文系教授、音韵学家和方言学家黄典诚 1986 年在闽西地区专业志稿业务讨论会上的学术报告中讲："可以说，客话发源在福建宁化。本来在汀州府。毫无例外，（客家）3 次搬迁，祖先大多数住过宁化的石壁村。客家老祖宗在宁化石壁村，犹如河洛话的发源地在河南固始县。这里有 1 本《四川华阳凉水水井客话记音》，这个地方的老祖宗，也住过宁化的石壁村。台湾的客话老祖宗也住过石壁村。大体上，客话的定型在该村留有全部的痕迹。如：'坐'，客话叫 cuo，'生病'念为 shēng piāng。凡是普通话讲 b、d、g、z 客话就讲 p、t、k、c，《康熙字典》前面那个《等韵切音指南》上都是一个全黑的圈子。如'永定'的定，一定讲 tin。这个音的形成，我现在初步认为也许就在石壁。所以现在客话全都有这个特点。西至四川，东至台湾，南到南洋，没有例外。这一口气是从石壁村吹出来的。"郑州大学中文系教授崔灿在《论宁化石壁与客家方言的整合统一》文中说："客家先民南迁的时间上下约千年，迁出的地域主要有河南、山西、陕西、山东、安徽、甘肃等省。当时少数官宦之家和书香门第，一般用的是'雅言'，他们聚集在一起，纷纭复杂的方言势必成为经济联系、文化交流以及群众之间一切共同活动的严重障碍。所以他们就在宁化石壁这块地域广阔、人口众多、交流频繁的土地上，通过商品的长期交换、儒家文化的长期传播、客家群体的长期交往，求同存异，在公共场合逐渐使用大家都懂的'雅言'，舍弃自己的方言土语，于是客家方言就应运而生。"

以宁化石壁方言为出发点，适当结合其他县市的客家方言，可以探寻客家方言与中原古代汉语的历史联系：现代普通话中轻唇音（唇齿音）声母的一部分字，宁化石壁和其他县市客家方言仍读重唇音（双唇音）。如宁化石壁的白读里将"斧、腹、坊、符、扶、浮、峰、枫、妇"读为双唇音声母 b [p] 或 p [b]。汀州、梅州、赣州多数纯客县的客家方言也将"斧、坊、放、符、扶、浮、蜂、枫、妇"等均读为双唇音声母。据清代汉语语言学家钱大昕考证，古代汉语的声母从周秦至汉唐只有重唇音（双唇音），没有轻唇音（唇齿音）。汉语声母系统中古代没有轻唇音，已经为汉语学界普遍承认，一直到隋、中唐时期，其韵书《切韵》和《唐韵》里尚无轻唇音出现，仍保持无轻唇音状态，"碑""府"的声母都读重唇音 b [p]，因此，在反切里被切字的声母是重唇音 b [p] 时，它的切上字可以用当时读重唇音母声的"府"字，如隋唐的韵书里就用了"碑，府移切"，切上字"府"的声母现代读轻唇音 f [f]，这从晚唐以后的语音学观点来看不合理，因为切上字同被切了的声母读音不一致。但放在中唐之前来看，那时汉语声母系统中还没有出现轻唇音，"府"的声母也是读重唇音 b [p]，这样"碑，府移切"，就完全符合当时反切的原理——被切字与切上字声母读音相同。轻唇音的出现据考证是从晚唐五代才开始的，根据是晚唐五代的反切。南唐徐锴的《说文解字系传》采用了同时代朱翱的反切。在朱翱的反切中重唇与轻唇分得很清，根本不相混淆。如"碑"的声母读重唇音 b [p]，"府"的声母此时读轻唇音 f [f]，这时如果再用"府"做"碑"的切上字就真的违反反切原理。所以在南唐朱翱的反切里，就用"彼"做"碑"的切上字，其反切是"碑，彼移反"。此例说明，客家人的重唇音声母来源于晚唐五代的语言系统。声母中还有一个例证，即古代浊塞音、浊塞擦音清化是分阶段完成的。古代浊塞擦音清化完成于晚唐五代，具体情况是："从"母字合入"邪"母字，"床"母字和"神"母字合入"禅"母字，然后逐渐清化。到了北宋初年，浊塞音声母也开始清化，渠道是"并"母字合入"帮""滂"两母，"定"母字合入"端""透"两母，"群"母字合入"见""溪"两母。另外根据大量语言事实分析，汉语北方方言古浊塞音和浊塞擦音声母清化以后分属的规律 与声调的平仄关系极为密切。其规律为清化后声调为平声的字读相应的送气声母，声调为仄声的字分属于相应的不送气声母，例外字很少。以古"并"母字为例："并"母平声字，如"爬、旁、蒲、排、陪、袍、朋、平"等，绝大多数归属于双唇送气清塞音声母 p [p]，"并"母仄声字，如"部、罢、败、备"等，绝大多数归属于双唇不送气清塞音声母 b[b']。客家方言的浊塞音、浊塞擦音声母也是在同一时期逐步清化的，清化以后，字的归属非常整齐划一，不论声调平仄，统统归属于相应的送气音清声母。如：宁化石壁和客家不少县市的古双唇浊塞音"并"母的"布"和"爬"等均读为双唇清声母送气音 b[p']；古浊塞音声母"定"母的"头"和"豆"等均读为舌尖中清声母送气音 t [t']；古浊塞擦音舌尖前声母"从"母字"在"和"才"等均读为舌尖前清声母送气音 c[ts']。客家人虽然辗转迁徙，但是一直把这些中原古音带到赣、闽、粤各地，保留至今。

客家方言的声调多数县市是 5 个或 6 个，少数县市是 4 个或 7 个，不论多少个都来源于古代四声——平声、上声、去声、入声。声调多的是将某些调一分为二，少的是将某个调合并于别的类。宁化石壁的声调是 5 个，即将古平声分为阴平、阳平，上声、去声和入声不变，入声韵的韵尾全是喉塞间 [ʔ]，其他地方的有的入声区最后连喉塞音韵尾 [ʔ] 也逐渐消失。中原古代汉语的入声韵尾较早时期有 -b [p]、-d [t]、g [k] 3 个，后来才逐步由 -b [p]、-d [t]、-g [k] 3 个韵尾变为 1 个喉塞音 [ʔ] 韵尾。从古代诗词用韵来看，入声韵尾的这种变化是从宋代开始的。从先秦到北宋初年，诗文中的入声字韵脚 3 种不同的韵尾 -b [p]、-d [t]、-g [k] 各自独立，不能通押。例如：

寻道观

（唐）王勃

帝里寒光尽，

神皋春望浃。　（韵尾为 -b [p]）

梅郊落晚英，

柳甸惊初叶。　（韵尾为 -b [p]）

流水抽奇弄，

崩云洒芳牒。　（韵尾为 -b [p]）

$$清尊湛不空,$$

$$暂喜平生接。（韵尾为–b [p]）$$

其中的韵脚"浃""叶""牒""接"均为–b [p] 韵尾。

江雪

（唐）柳宗元

$$千山鸟飞绝,（韵尾为–d [t]）$$

$$万径人踪灭。（韵尾为–d [t]）$$

$$孤舟蓑笠翁,$$

$$独钓寒江雪。（韵尾为–d [t]）$$

其中的韵脚"绝""灭""雪"均为–d [t] 韵尾。

遣兴十首

（唐）元稹

$$始见梨花房,$$

$$坐对梨花白。（韵尾为–g [k]）$$

$$行看梨花青,$$

$$已复梨叶赤。（韵尾为–g [k]）$$

$$严霜九月半,$$

$$危蒂几时客。（韵尾为–g [k]）$$

$$况有高高原,$$

$$秋风四来迫。（韵尾为–g [k]）$$

其中的韵脚"白""赤""客""迫"均为–g [k] 韵尾。

以上说明汉语的入声–b [p]、–d [t]、–g [k] 韵尾一直保留到唐代。北宋初期的诗、词入声字韵脚 3 种韵尾不能相押韵的规律依然未变。到了南宋初，入声字韵脚押韵的规则才发生了明显变化。以辛弃疾的《满江红·建康史帅致道席上赋》为例：

$$鹏翼垂空，笑人世苍然无物。$$

$$又还向九重深处，玉阶山立。$$

$$袖里珍奇光五色，他年要补天西北。$$

$$且归来谈笑护长江，波澄碧。$$

$$佳丽地，文章伯。$$

$$金缕唱，红牙拍。$$

$$看尊前飞下，日边消息。$$

$$料想宝香黄阁梦，依然画舫青溪笛。$$

$$待如今端的约钟山，长相识。$$

本词韵脚为入声字"物""立""北""碧""伯""拍""息""笛""识"。这几个入声字韵脚中"立"的韵尾是–b [p]，"物"的韵尾是–d [t]，其余的韵尾都是–g [k]。入声韵尾不同，不能通押的规律，从《诗经》到唐诗都严格遵守。辛弃疾的词里，这些韵尾分别为–b [p]、–d [t]、–g [k] 的韵脚开始通押，这说明到了南宋初年汉语入声字的韵尾已经发生了变化，即韵尾由–b [p]、–d [t]、–g [k] 三种不同读音合并成了一个相同的读音。

二、语音

（一）系统

1.声母　宁化话共有声母 16 个 (包括零声母)：

p 布碑、p' 盘步、m 门毛、f 灰费、v 禾化、t 刀到、t' 道同、l(n) 路南、ts 曾祖、ts' 秋初、s 声书、k 经举、

k'旗桥、ŋ午武、h虚河、Φ约夜

说明：n-、l-、可合为一个声母 l。出现在阴声韵中。**如"怒""路"声母为 l-，出现在阳声韵中，** l-，l-念成 n-，如"南""蓝"声母为 n-。

2.韵母　宁化话韵母共有 44 个：

		无尾韵	无音尾韵	鼻尾韵
开口	舒	i e a o ɔ ə 知 舌 架 河 唰	ei ɯ au u 色 落 百 出	eŋ ŋ aŋ ɔŋ ŋ əŋ 船 五 党 讲 公 跟
	促	r o c w 色 落 百 出	iau iu 条 流	in ian iŋ ian ɔin 群 圆 紧 检 良
齐齿	舒	i ir ia io ie 地 两 耶 茄 弟		
	促	i ir ia io ie 踢 宿 接 药 急		
合口	舒	u ua uo 故 盖 和		uan uaŋ 短 酸
	促	u ua uo 鹿 割 合		

3.声调　宁化话共有声调 6 个：

调类	阴平	阳平	上声	阴去	阳去	入声
调值	˥55	˧˥35	˨˩21	˩˧13	˨˩31	˥5
例字	诗文	时持	使死	试世	事侍	石食

注：本卷标调用数字代替。①等于阴平,②等于阳平,③等于上声,④等于阴去,⑤等于阳去,⑥等于入声。下同。

（二）特点

1.声母

（1）古全浊声母今读塞音、塞擦音的一律是送气音。

爬　　皮　　头　　　除　　　田

pa②　　p'i②　　t'ɯ②　　ts'r②　　t'ian②

（2）古晓、厘合口部分字今读 f-。

花　　虎　　方　　烘　　魂

fa①　　fu③　　foŋ①　　foŋ①　　feŋ②

（3）古微、影、云母大部分字和古厘母合口部分字读 v。

味　　万　　威　　云　　围

vi⑤　　veŋ②　　vi①　　vin③　　vi②

（4）古粗组和庄组声母都读为 ts, ts's，每组第一个字为精组声母，第二个为庄组声母。

思　　师　　粗　　苏　　争

sr①　　sr①　　ts'u①　　su①　　tsaŋ①

2.韵母

（1）古宕摄和通摄在宁化方言中一般是宕摄主要元音比通摄开，每组第一个为宕摄，第二个字为通摄。

良：公　　　　长：红　　　光:冬　　　　方：中

lioŋ② keŋ①　　tsoŋ②feŋ②　　koŋ①teŋ①　　foŋ①tseŋ①

（2）中古咸、深、山、臻等摄的韵尾大多读成前鼻音 n。

篮　　心　　间　　民　　陈

laŋ②　　sin①　　kan④　　minŋ②　　ts'enŋ②

（3）中古宕、江、曾、梗、通等摄大都读后鼻音 η。

堂	江	冰	省	公
t'oη②	koη①	piη①	seη③	keη①

3.声调

（1）古全浊声母上声字部分读阴平。

在	被	妓	造
ts'ei①	p'i①	tsi'①	ts'au①

（2）古次浊声母上声字大部仍读上声，也有个别字读成阴平。

尾	买	你	满	冷	两
mei③	ma③	η³i	maη③	liη③	lioη③

再选例如下：

话（hua）——说，白读蛙（wa），说话称话事。

食（shi）——吃、喝、吸，吃饭、喝茶、吸烟称食饭、食茶、食烟。

歇（xie）——睡觉，想睡称想歇。

斫（zhuo）——砍，砍树称斫树。

樵（qiao）柴——砍柴称斫樵。

噍（jiao）——咀嚼，嘴里嚼东西称噍东西。

炙（zhi）——晒、烤，炙白读闸（zha），烤火称炙火，晒太阳称炙日头。

赞（zan）——漂亮，白读盏（zhan），好漂亮的称好赞。

甑（zeng）——蒸饭器具，通称饭甑。

桁（heng）——檩条、桁，白读含（han），称檩条子为承桁子。

桷（jue）——椽子，桷，白读郭（guo），称椽子为桷子。

着（zhuo）——穿，称穿衣服、穿袜、穿鞋为着衫、着袜、着鞋。

箸（zhu）箭——筷子，称筷子为著（箭）只。

徛（ji）——站立，徛，白读欺（qi），称站着为徛。

拘礼（ju li）——讲究礼节（客气），拘，白读纠（jiu），叫人别客气谓不要拘礼。

脚沾（jiao zhan）——踭，足跟，称足跟为脚沾。

邋遢（la ta）——不整洁，形容那种不整洁，不检点的人为好邋遢。

许多词汇客、赣方言并用，如"哥哥""老伯"（前者是客语，后者是赣语。下同）、"女客""妇娘"、"子""子哩"、"老婆""妇娘"、"抱""孵"、"落""跌"、"丈人佬""丈人爷"、"不""唔"、"茅""芒"等。

三、词汇

（一）保留上中古汉语词汇

镬 vo$?$⑦，铁锅。古时指无足鼎，用以煮肉及鱼腊等物。《周礼·天官·亨人》："掌共鼎镬。"郑玄注："镬，所以煮肉及鱼腊之器。"

索 so$?$⑦：绳子。《说文》："草有茎叶可作绳索。"《诗经·豳风·七月》："昼尔于茅，宵而索綯。"《后汉书·段颎传》："追讨南度河，使军吏田晏、夏育慕先登，悬索相引。复战于罗亭，大破之。"

腹 pu②：肚子。《说文》："腹，厚也。"按脐上下两旁也。《易·说卦传》："坤为腹。"晁错《论贵粟疏》："腹肌不得食。"

话 va⑥，说。《说文》："话，合会善言也。"《左传·文公六年》："著之话言。"《诗·大雅·板》："出话不然。"

斫 tsɔ$?$⑧：砍，劈。《说文》段注："斫，击也。"《广韵》："入声，药韵，之若切，刀斫。"

嬉 hi①，玩耍。《文选·张衡·归田赋》："追渔夫以同嬉。"

晏 an③：晚，迟。刘桢《杂诗》："驰翰未暇食，日昃不知晏。"陆机《拟今日良宴会诗》："人生无几何，为乐常苦晏。"鲍照《拟古诗》："又蒙令尹顾，日晏罢朝归。"《广韵》去声，谏韵，乌涧切，晚也。白居易《雪中晏起偶咏所怀兼呈张常侍、韦庶子、皇甫》："奴温婢饱身晏起，致兹快活良有因。"杜甫《雨四首》："物色岁将晏，天隅人未归。"黄庭坚《早行》："闻鸡凭早晏，占斗辨西东。"

再选例如下：

添光（明天）、前日（前天）、热头（太阳）、月光（月亮）、雷公（雷）、落雨（下雨）、地（坟墓）、惜（疼）、细（小）、鼻（鼻涕、嗅）、烧（燃烧、暖和）、疾（疾痛、痛）、癫（疯、疯癫）、乌（乌黑、黑）、暗（黑暗、黑）、喊（叫喊、叫或喊）、泥（泥土、泥或土）、衫（衣）、光（光明）、寒（寒冷、冷）、索（绳索、绳子）、被（被子）、调羹（汤匙）、笠嬷（斗笠）、着（穿着、穿）、洗面（洗脸）、食茶（喝茶）、食（吃）、偃（我）、老公（丈夫）、老婆（妻子）、姐丈（姐夫）、行（走）、禾（稻子）、朝（早晨）、昼（中午）、颈（脖子）、面（脸）、樵（柴）、团鱼（鳖）、鲁基（草名）、黑卢（铁锈）、兜（端起来）、瓜（黄瓜）、乱迹（丝瓜）、番匏（南瓜）、包粟（玉米）、禾必子（麻雀）、崖婆（老鹰）、墁（体垢）、厅下（厅堂）、陂（堤坝）、养子（生孩子）、罗（络）、人（偷汉子）、铳（鸟枪）、畚箕（土箕）、踢（捆绑）、话事（说话）、割禾（割稻）、番薯（地瓜）、芋荷（芋茎）、擂钵（擂茶用具）、火笼（烤火用具）。

（二）吸收原住民词汇

宁化客家方言中，还吸收了原住民的词汇，主要来自于古闽越族的语言以及畲话，结合客家方言与闽、粤方言以及南方少数民族方言相同的词汇，对照石壁方言举例如下：

摆 pai③：表示动量"次""回"。闽语中泉州话 pai³。这个词汇来自古百越语，李方桂先生《台语比较手册构》构拟为＊bai。今壮语 pai②，布依语 pai②，水语 pai②。

墟 hi①：集市。厦门方言 hu①。《正字通》："墟，今俗商贾货物辐凑之处谓之墟，亦谓之集。"《青箱杂记》："岭南呼市为墟。"柳宗元《童区寄传》："二豪贼劫持反接，布囊其口，去逾四十里之墟所卖之。"旧注："南越中谓野市曰墟。"

（三）词素和普通话完全不同的词汇

热头 ŋie② t'au②（太阳）、地 t'i⑤（坟墓）、烧 sau①（暖和）、日昼 ni⑤tsr①ts u⑤（白天）、薮 s u③（窝）、寮 liau②（草房）、索 soʔ⑥（绳子）、火笼 fo③loŋ③（手炉）、作田 tso⑥ t'ian②（种地）、栽禾 tsei vo②（插秧）、攀禾 p'ŋ①vo②（脱粒）、公 koŋ①（雄，指家禽）、牯 ku③（雄，指家畜）、番豆 fan①t'a⑤（花生）、爹 tia①（父亲）、屎窟 si③k'⑥（屁股）、心口 siŋ①kau①（胸）、病子 p'iaŋ⑤ts'③tso⑤（害喜）、做地 tso④t'⑤（造坟）。

（四）词素和普通话部分相同的词汇

月光 ŋie②koŋ④（月亮）、手帕 s u③pa④（手巾）、杉子 ts'aŋ④tsei③（杉树）、柑子 koŋtsei③（橘子）、番薯 fan①s③（甘薯）、乞食 kʔ⑥si⑤（乞丐）、话事 vo④sei③（说话）、掸倒 taŋ③tau③（跌倒）、疹病 tsaŋ③pian⑤（治病）、出送 ts'w ⑥sen⑤（出殡）、老妹 lau⑤mei⑤（妹妹）、姑娣 ku④tsi③（姑母）、老弟 lau③tie④（弟弟）。

（五）词序前后次序和普通话不同的词汇

紧要 kiŋ③iau③（要紧）、尘灰 ts'fen②fei⑤（灰尘）、兄弟 tiaŋ③tie②（弟兄）、鱼干 ŋ⑤kuan⑤（干鱼）。

（六）宁化话的单词要比普通话多一些词汇

索 soʔ（绳子）、寮 liau②（草房）、爹 tia①（父亲）、嚓 tsuaʔ⑥（吮吸）、lia⑤（追赶）、依 ki（站立）、虚 hr①（浮肿）、崭 tsaŋ③（优异）。

（七）宁化话为复音词，而普通话为单词

心口 siŋ①k'au③（胸）、煎茶 tsian③tsa'②（茶）、诡谲 kue⑤kie⑤（刁）、孩人 ha②ŋiŋ②（谁）、吓人 a②ŋiŋ②（丑）。

（八）有少数语宁化话与普通话在含义上有较大的距离

走 [ts③]：宁化话的"走"等于普通话的"跑"。行 [haŋ①]：宁化话的"行"等于普通话的"走"。间 [kŋ①]：宁化话的"间"等于普通话的"屋"（单间）。

（九）词义的广狭和普通话不一致的词汇

宁化话的壮 [tsoŋ④]，具有普通话"肥"和"胖"的意思。例如：壮猪 [tsoŋ④tsi①] 是普通话的"胖子"（指人）；壮口 [tsoŋ④Kuan⑤] 是普通话的"肥猪"（亦可用于骂人）。宁化话的鼻[p'i③]具有普通话的"嗅""闻"及"鼻涕"的意义。

四、语法

（一）名词的构成

在宁化方言中，名词构造的辅助成分有前加和后加两种。

前加的辅助成分

（1）老 [lau③]，相当于普通词头"老"的意思。例如：老婆（老婆）、老公（丈夫）、老伯（哥哥）、老弟（弟弟）、老妹（妹妹）。宁化话的"老"，还有相当于普通话"老"和"旧"的意思。例如：老书（旧书）、老历（旧历）、老秤（旧秤）、老屋（旧房子）、老戏（旧戏）。

（2）番 [fan①]、洋 [ioŋ②]，宁化话"番"和"洋"作为构词的辅助成分是出现在名词的前面，并且多用在外国传入的物品名称上。例如：番薯（白薯）、番豆（花生）、洋油（煤油）、洋蜡烛（蜡烛）。

后辅的辅助成分

（1）子 [tsr③]，相当于普通话的"子""儿"。例如：粟子（粟子）、纽子（扣子）、鸟子（鸟儿）、兔子（兔子）、帽子（帽子）。

（2）牯 [ku③]，宁化话的"牯"，相当于普通话表示雄性的"公"。例如：牛牯（公牛）、羊牯（公羊）、猪牯（公猪）、狗牯（公狗）。

（3）公 [kuŋ①]、嫲 [ma②]，宁化话的"公"相当于普通话雄性的"雄"，而"嫲"相当于普通话表示雌性的"母"。例如：鸡公（雄鸡）、鸭公（雄鸭）、鸟公（雄鸟）；鸡嫲（母鸡）、鸭嫲（母鸭）、鸟嫲（母鸟）。

（二）动词的变化

宁化话的动词上时态"咧" [lε②]，表示动作已经完成，和普通话"了"相当。例如：食咧饭再行（吃了饭再走），洗咧汤（洗了澡）。

宁化话的动词加上和普通话一样的时态动词"过" [kuo⑤]，表示动作不但完成，而且已经过去。例如：到过上海（他到过上海），读过大学（他读过大学）。

宁化话的能愿动词"敢" [koŋ③]，相当于普通话的"能""可以"。例如：不敢去（不能去），不敢打人（不能打人）。

宁化话的"系" [hie③]，相当于普通话的"是"。例如：佢系 偃老弟（他是我的弟弟），宁化系老解放区（宁化是老解放区）。

（三）形容词的变化

宁化话的形容词构造有跟普通话相一致的地方，例如啰啰唆唆 [lo②lo②so①So①]、糊糊涂涂 [fu²fu²tu²tu²]、啰里啰唆、糊里糊涂。也有一些形容词的构造与普通话不一致。例如宁化话的喷喷香、彤彤红，相当于普通话的"香喷喷""红彤彤"。

宁化话形容词各级的表示情况与普通话相近。例如：

□	好 □	最 □	□得不得过(了)
红[fenŋ]	好 红	最 红	红得不得过(了)
精[tsiaŋ]	好 精	最 精	精得不得过(了)

（四）数量词

数词　宁化话不论是对量词或形容词，一律用"几" [ki③] 或"几多" [kito①]，而普通话在量词前头

用 "几"，在形容词前头用 "多"。例如：几（多）个?——(几个?)，几（多）百个?——(几百个?)，几（多）大?——(多大?)，几（多）高?——(多高?)。

比较特殊的物量词

	席子	刀	鱼	屋子	手帕	犁	马	镜子
宁化话	床	辆	条	□	行	张	条	□
	soŋ②	lioŋ②	t'iau②	teŋ③	haŋ②	tsoŋ①	tiau②	kei③
普通话	张	把	尾	间	条	部	匹	面

比较特殊的动量词　例如：去一套 [t'au③](去一趟)，食一餐 [ts'aŋ①](吃一顿)，（望）下了（看一下）。

（五）人称代词

问人　宁化话的 "偓" [ŋa②]、"你" [ŋi②]、"佢" [kr①] 分别是普通话的我、你、他。宁化话对于人称代词的多数是加 "□人" [toŋ①in①] 来表示，相当于普通话的 "们" 的意思。例如：偓□人（我们），你□人（你们），佢□人（他们）。

问事物　什么 [sr④mr⑤]（什么），哪 [na②]（哪）

问处所　哪咧 [na²tε③]（哪里），什么所在 [sr④ mr⑤so⑤tasi①]（什么地方）

问时间　哪一年 [na²i²ŋ ian²]（哪一年），哪□间 [na²tsoŋ①kaŋ①]（什么时候）。

问性质、状态、方式、行动　怎 [tsa ŋ③]（怎么、怎样、怎么样）。例如 "你怎?" 为 "你怎么样?"

"这" 和 "哪"　宁化话的 "嘀" [ti②] 与 "锯" [kr④] 表示普通话的 "这" 和 "哪"。

嘀[ti②]（这）　　锯 [kr④]（那）

嘀介 [tj²ka²]（这个）　锯介 [kr④ka④]（那个）

嘀角 [ti²ko⑥]（这里）　锯角 [kr④ko⑥]（那里）

但是，在表达普通话 "这样" 或 "那样" 时，宁化话又分别用 "□得" [tioŋ①tr④] 和 "□得"[tonŋ①tr④]来表示。

（六）句法特点

肯定句　宁化话用 "得" 置于动词谓语后面表示肯定。例如：

这个梨食得。（这种梨可以吃。）

这本书读得。（这一本书值得读。）

比较句　普通话 "A 不如 B"，宁化话一般说成 "A+动词+B 十不+动词"。例如：

偓赢佢不到。（我不如他。）

牛走马不赢。（牛跑不过马。）

宾语前置　普通话 "给我一本书"。宁化话为："拿一本书分 [peŋ①] 偓"，这里有两个宾语 "书" "我"，普通话 "我" 在前，"书" 在后。而宁化话恰恰相反 "书" 在前，"我" 在后。

普通话 "我对不起你"，宁化话说成 "偓 对你怀 [ŋ①] 起"。在这样的句子里，普通话是动补结构紧密地联在一起，宾语。

多词性的词　有一些词身兼几类：如鼻，既是名词，"鼻子" "鼻涕"，又是动词 "嗅"。烧，既是动词 "燃烧、发烧"，又是形容词 "暖和"。这些与普通话不一致，但其他地区的客话同宁化相一致。

单音节名、量词重叠的范围　其他地区客话基本同宁化相一致，比普通话广，重叠后表示 "每一"，如：日日（每一天），碗碗（每一碗），夜夜（每一晚）。

虚词　其他地区客话有些虚词的用法与普通话不一致，但与宁化一致。如，将 "添" 字放在谓语后面或句末表示 "再"，如：

食滴子添（再吃一点）

坐下子添（再坐一会儿）

有的词与普通话含义一样，但在句中的位置不同。如 "到" 字：

买得一身衫裤到（买得到一套衣服）

眸得一场电影到（看得到一场电影）

第二节　谚语

　　宁化自古流传下来大量谚语，生动地体现客家祖地民众对于自然和社会的认识和生活经验的总结。同时，宁化谚语还反映出大量客家民俗的内容。选例如下：

北有大槐树，南有石壁村。

家乡水，甜入心，十年不改旧乡音。

树高不离土，叶落仍归根。

禾口府，陂下县，石壁金銮殿。

先有巫家，后有宁化。

天坠下来，麻饼一块。

恶狗要揍，恶人要斗。

树有根，水有源。

八十公公要祖家，八十婆婆要外家。

富贵不离祖，游子思故乡。

天有日月，人有良心。

当家方知柴米贵，养儿方知父母恩。

状元探花，都出祖上脚下。

只有千年的宗族，没有百年的亲戚。

宁卖祖宗田，唔忘祖宗言。

离乡不离腔。

人争气，火争烟。

鹞婆飞上天，蟾蜍蹲缸脚。

只有上唔去的天，冇过唔去的山。

不怕火烧屋，只怕人无志。

不敢闯来不敢漂，灶前角里扒柴烧。

有志成龙，无志成虫。

做人要像人，做鬼会吓人。

竹篙叉，叉对叉，靠来靠去靠自家。

不靠亲不靠戚，全凭自家长志气。

爹有娘有不如自家有。

食得苦中苦，方为人上人。

勤快勤快，有饭有菜。

要食就要做，斗米还要三下碓。

手勤脚勤，三餐茶饭不求人。

床上饿死天富星。

猪歇大、人歇败。

不怕愕（蠢），只怕做。

穷鬼奈饿鬼不何。

扁担是条龙，一生食唔穷。

人勤不怕瘦地。

人勤地生宝，人懒地生草。

早起三朝当一工。

下山不闲手，柴烧餐餐有。

鸡鸭喂得全，自有油盐钱。

只与人赛作田，不与人赛过年。

蟾蜍罗，咯咯咯，唔读书，冇老婆。

生子唔读书，不如养条猪。

目不识丁，枉费一生。

生子过学堂，生女过家娘。

地瘦栽松柏，家贫子读书。

路不走不平，人不学不成。

玉要凿，人要学。

捡漏趁天晴，读书趁年轻。

天光唔起误一日，少年唔学误一生。

书中有黄金，从小须用心。

求官不到，秀才还在。

识得几个鸡脚爪，天下都敢跑。

秀才唔畏衫破，单畏肚屎冇货。

竹竿长晒衣衫，笔杆短做文章。

公公中探花，孙子卖糍粑。

读书惜纸，作田惜屎。

作田是根本，暴利眼前花。

百般生意赚眼前，不如扛锄去作田。

糖梨子一串还一串，祭祖时一房归一房。

有福唔要忙，无福累断肠。

阎王制定三管米，唔畏天光早爬起。

穷人不需多，斗米会唱歌。

阿八子转老塔，浪荡人回了家。

东华山上站，宁化石城两边看。

石壁像只船，子孙敢出门。

出了枫树排，闽江东去不回来。

东溪清西溪浑，合水口上见分朗。

店上山介（的）园、凤凰山介（的）田、广昌扁担溜溜圆。

石城萝卜宁化蒜、归化剪刀清流钻。

治平玉扣纸，汀州八县伸拇指。

无妻不成家，无后难发达。

树大要分叉，子大要分家。

娇子不立业，娇妻不治家。

老人看家胜过锁。

子嫂和共厨房，姑嫂和共体谅。

婆有德妇有贤，无钱无米好过年。

生前不孝敬，死后枉烧香。

行头轿子轮着坐，媳妇老来做婆婆。

天上雷公，地下舅公。

雨水调和豆荚多，家里有钱夫妻和。

后来娘，后来爹，铁打心肝也会斜。

一代亲，二代表，三代全不晓。

七十莫留宿，八十莫留餐，九十在家度平安。

赤孩落地加升米。

斗米望天旱，穷人难过关。

随夫贵，随夫贱，随夫上得金銮殿。

老人不传古，后生不识谱。

一尾鱼子搅水不浑。

湿樵不着火，全靠四面风。

一日来三趟，当做狗爬灶，三年来一趟，当做亲家到。

寒来莫去风边，穷来莫去亲边。

会做人情加勺水。

糊涂账好算，良心账难还。

你不嫌我筛子疏，我不嫌你米头碎。

礼到人心暖，无理讨人嫌。

千差万差，赔礼不差。

一席待八客，出门走四方。

客人面前莫叱狗。

有茶好谈话，有酒好待客。

心肠笔笔直，转眼要乞食。

木匠多了梁不正。

只要榔头出众，不怕杂树做屋栋。

好言好语解得人家金腰带。

死人守板，乞丐守碗。

在家不让凳，在外少人敬。

好人不须三句言，好牛不须三下鞭。

不做媒，不做保，一生免烦恼。

狗舌苔苔不知做，风吹鸡尾方知愁。

莫食晨时酒，昏昏醉到酉；莫骂酉时妻，一夜受孤凄。

不听老人言，吃苦在眼前。

不好烧的灶常冒烟，不听劝告的人常发颠。

爱外甥，掏口袋，捉老鼠，咬褡袋。

猪来穷，狗来富，猫来着麻布。

一根竹篙揽一船，是非不分岂枉然。

各人各着，乞丐着烂脚。

忠臣难逃奸臣手，奸臣熬不过忠臣久。

鱼跳龙门，鸟望青山。

爱叫的猫不守仓，爱吠的狗不守庵。

铁钉转脚，立志难移。

灶要空心，人要忠心。

人惜名誉虎惜皮，不惜名誉狗膣皮。

大公无私神鬼惊，身上有屎狗跟来。

不是尺八的锅头，不敢拿牛胲来炆。
鲤鱼不怕漂江水，笊篱不怕滚饭汤。
阎王不怕英雄汉，判官不怕有钱人。
不信命中八升米，敢闯天下挣大钱。
横吹笛子竖吹箫，千般手艺千般巧。
咬不开果子壳，吃不到果子仁。
好秧一半谷，好妻一半福。
牛无力打横粑，人无理说横话。
箫吹在眼上，鼓打在点上。
作诗望才气，砍树望力气。
磨刀不误斫樵工。
化三千，学到边。
两个肩膀扛一口，走遍天下不发愁。
不会写字嫌纸笔，不会撑船嫌溪弯。
乞丐要讨，状元要考。
立春晴一日，耕田不费力。
立春落雨到清明，惊蛰闻雷米如泥。
春分有雨疾病少。
春分秋分，日夜平分。
春社无雨没耕田，秋社无雨没耙园。
社过南风日日晴。
寒食细雨日无光，油菜麦子收满仓。
寒食节日晴又晴，油菜麦子手中擎。
清明谷雨，冻死老母。
竹麻开卡，阵雨洒洒。
谷雨雨一阵，禾米吃不尽。
朝霞夜雨，晚霞晒曝土。
日头送落山，两日一般般。
春寒致雨，夏寒绝流。
初一落雨初二晴，初三落雨烂泥坪。
雷公先唱歌，有雨也不多。
东边雷雨，不灌西边田。
年过耕牛瘦得皮包骨，节过耕牛肥得了不得。
春发东风雨连绵，夏发东风高系船，秋发东风禾自穗，冬发东风雪满天。
春无三日晴，冬无三日雨。
谷雨无雨，送田还主。
立夏雨，打破鼓。
小满不满，芒种不管。
芒种雨连绵，夏至耘旱田。
芒种晴得火烧山，大雨十八番。
夏至日长长也短，冬至日短短也长。
夏至五月头，穷人不要愁；夏至五月尾，穷人受债累。
吃了五月粽，寒衣才敢送。
不要愁来不要愁，夏至过了有日头。

分龙雨一点，旱田都有捡。

小暑小熟，大暑大熟。

立秋落雨做秋淋。

秋前三日无禾割，秋后三日乱忙忙。

光眼秋，田鼠两眼贼溜溜；瞎眼秋，田鼠猖獗庄稼忧。

秋热加三分，秋水冷冰冰。

七月秋风起，八月秋风凉。

相距处暑过一夜，种下豆子不落叶。

白露露蒙蒙，只只鸭子大如笼。

好禾不食寒露水。

霜降属金，日晴夜阴。

霜降属火，烂泥做果。

霜降属水，茅倒草死。

雷打秋，对半收。

雷打冬，十家牛栏九家空。

云遮中秋月，雨打上元灯。

重阳无雨一冬晴。

小雪大雪，做饭无停歇。

南风天，北风报，蛇攒洞，狗攒灶。

农历八月大，街头街尾少菜卖。

农历八月小，街头街尾菜绕绕。

蜻蜓低飞集盘旋，天将落雨在眼前。

鳖鱼预先爬上山，满江洪水有一番。

早晨喜鹊连声叫，天空云散晴天到。

路旁黑蚁黄蚁搬家忙，预报大雨洪水有一场。

春露晴，夏露雨，秋露蒙蒙似老虎。

雪上加霜连夜雨。

谷雨落雨好作埂，立夏落雨好插秧。

好瓜不过四月八，好茄不过五月节。

清明前后，种瓜种豆。

芒种前好种棉，芒种后好种豆。

立冬前犁金，立冬后犁银，立春后犁铁。

耘田耘三遍，头遍耘骨，二遍耘肉，三遍耘皮。

田等秧，谷满仓；秧等田，变荒年。

犁得深，耘得烂，一把泥巴一碗饭。

写字靠笔力，耕田靠水利。

早看东西黑云一大片，转眼阴雨当天见。

晚看西北黑云遮半天，明朝连日雨绵绵。

日晕三更雨，月晕午时晴。

晚霞光芒送西山，明朝晒谷不用翻。

九黄十收，十黄九收。

猪多肥多，肥多粮多。

粮食宝中宝，一天少不了。

耕田要下本，肥料不可省。

第三节　推广普通话

一、组织机构

1998年6月5日，宁化县政府成立语言文字工作委员会（简称县语委），下设办公室（简称语委办），具体负责全县语言文字规范化、标准化的宣传和推广工作。在此之前，宁化县语言文字和推广普通话工作由县教委负责。县教委负责承担国家语言文字政策的宣传普及与校园内推广普通话和语言文字规范工作。

二、主要活动

宁化县各乡（镇）方言复杂，乡（镇）与乡（镇）之间方言各不相同，安远、泉上、石壁、曹坊等乡（镇）的方言差别较大，人们走出村庄或与外人交往就会感到不便。因此，学习普通话便成为人们的自觉要求。中华人民共和国建立后，境内学校就注重用普通话进行教学。

1958年8月28日，县委宣传部在电话会上提出"苦战一个月，实现人人会讲普通话"的目标。9月2日，县委发出《苦战十昼夜，实现基本普及普通话的通知》，要求农村青、壮、少年85%、城市95%以上人口应会讲普通话，在生产、工作、学习、生活交际、公共场所一律都讲普通话。经推广普及，全县青壮年83550人，会听、会讲普通话的有74319人，占青壮年总数的88.95%，其中城市96%、农村87.90%。虽然在"大跃进"时期统计数字水分较大，但对在全县推广普通话起到积极推动作用。

1978年改革开放后，随着经济的繁荣、文化的发展，人们的社会交际进一步增多，普通话已广泛进入城乡居民的家庭生活之中。少年儿童从小学习普通话，尤其是青少年中几乎都讲普通话。

1993年3月，县政府为贯彻国务院国发〔1992〕63号通知，成立语言文字工作领导小组，下发《宁化县人民政府关于加强语言文字工作的通知》，提出加强语言文字工作的意见和措施。

1998年10月，宁化县开展推广普通话宣传周活动：下发《关于开展全国普通话宣传周活动有关事项的通知》；发放全国推广普通话宣传周（以下简称"推普周"）宣传提纲、宣传口号、宣传画；组织200人在城区主要大街小巷、服务窗口开展宣传咨询活动，发放宣传单2500份，张贴宣传画、宣传标语340条，城区单位和全县学校出专栏墙报470期。

1999年3月11—18日，由省教委、省语委组织检查小组对三明市师范学校进行普及普通话工作第二阶段检查评估，宁化师范达到国家"优秀"等级，成为"普通话校园语言示范校"。8月，宁化县根据市委宣传部、市教委、市人事局、市广播电视局、市语委联合下发《关于开展推广普通话宣传周活动的通知》，在全县开展"推广普通话，迎接新世纪"演讲比赛。

2000年2月13日，根据市教育局、市语委转发福建省《关于在我省教育系统中开展普通话水平测试工作的通知》文件，县教育局举办全县普通话骨干教师培训班，230人参训。

2001年2月，福建省三明工贸学校（原宁化师范）成立三明市工贸语言文字委员会。9月11—12日，在第四届全国"推普周"活动中开展普通话大赛，包括知识竞赛、汉字录入比赛、演讲比赛等。

2003年9月14—20日，宁化县在全县开展全国第六届"推普周"活动。

2004年7月23日，县教育局下发关于在全县开展全国第七届"推普周"活动的通知。

2005年8月4日，县教育局转发市语委下发《关于开展第八届全国推广普通话宣传周活动的通知》，在全县开展第八届全国"推普周"活动。

三、普通话水平测试

1998 年 2 月 3 日，福建省举办首期普通话水平测试员培训班，宁化师范教师吴宁锋代表三明市参加，取得国家级普通话测试资格。1999 年 12 月 9 日，县语委组织教育系统进行普通话水平等级测试。2000 年 11 月—12 月，三明工贸学校教师进行普通话测试工作。2003 年 7 月 15 日—22 日，市语委办对宁化县 235 名考生进行普通话水平测试。2004 年 3 月，县语委组织 2 名省级普通话测试员参加新大纲培训，两项技能全部合格，成绩优秀。

人物

　　宁化人杰地灵，在每个历史时期，都涌现出众多出类拔萃的人才，他们为中华人民共和国的诞生和社会主义建设事业，献出毕生精力乃至宝贵生命。为反映宁化人民的时代风貌，遵循生不立传和正面人物为主的原则，人物卷以人物传（以生卒年月先后为序）、人物表（以姓氏笔画为序）的形式分别予以记载。其中，人物传37人，记述对国家和社会作出重要贡献并有较大影响的已故人物。人物表收录宁化籍客居他乡的副处级以上领导干部229人、获副高以上技术职务人物796人、取得硕士以上学位187人，宁化县获省级以上表彰先进英模64人、知名实业界人士46人。

人　物　传

邱爵有

　　邱爵有（1882—1953年），又名邱德铭，男，汉族，清光绪八年（1882年）11月21日出生于翠江镇双虹村铜罗丘自然村。

　　民国18年（1929年）邱爵有加入中国共产党，参加过华南第二期党训学习班，曾任禾口乡苏维埃政府主席。民国23年（1934年），中央红军二万五千里长征后，宁化苏区沦陷，留在宁化开展地下工作的邱爵有与组织失去联系。直到1950年才与党组织取得联系。

　　1951年，中央南方革命老根据地访问团亲临铜罗丘接邱爵有赴北京参加国庆观礼。但邱爵有年高体弱且病魔缠身，无力步行到永安乘车进京，惋惜之余，把在土地革命时期冒着生命危险保存的苏区重要文件和材料托付访问团带到北京，交给组织。

　　1953年9月28日，邱爵有病逝，享年71岁。

李定亨

　　李定亨（1885—1943年），男，字续元，号昂云，生于清光绪十一年（1885年），宁化城关人。

　　民国初年，李定亨赴江西省石城县任职时，收养一名流落街头的5岁女孩，并取名李福财。李福财从小受到很好的教养，出嫁后秉承养父教诲，精心培育子女，几个儿女皆事业有成。

李定亨的一生中有相当长的教书生涯。民国 14 年（1925 年），李定亨任云山小学校长。当时宁化没有中学，为了解决宁化学生往连城、长汀求学之苦，李定亨筹措师资创办连岗中学（宁化第一中学的前身）。民国 15 年（1926 年），李定亨任宁化县泉上分县县佐期间，兼任民国版《宁化县志》重修出版委员会成员，秉公执政，热心公益事业，受人敬重。民国 16 年（1927 年），连岗中学成立后，李定亨成为学校董事会成员之一，倡议学校推行义务教育，促成董事会成员每月从薪金中捐出 5 块大洋资助贫困学生。连岗中学停办后，李定亨到漳州教书与行医谋生，对治疗妇科、儿科、痢疾，尤其对产妇生育和妇科疑难杂症颇为精通，深受广大患者称道。

民国 23 年（1934 年），十九路军反蒋抗日革命失败后，李定亨回宁化城关开蒙馆、执教私塾。李定亨治学严谨，重视品德教育，既教书又育人，培养了李名骧等革命志士。

民国 23 年（1934 年），红军主力长征后，国民党反动派对宁化苏区人民进行疯狂报复。李定亨面对黑暗无所畏惧，积极伸张正义，鼓舞群众斗志。他虽然生活拮据，但仍对被反动派通缉、追捕，生活无着落的革命志士李名骧鼎力相助，出资帮助他开店行医谋生。

民国 32 年（1943 年），李定亨病逝，终年 58 岁。

徐开子

徐开子（1903—1935 年），别名运仁，男，清光绪二十九年（1903 年）7 月生于曹坊乡根竹村一贫苦农民家庭。民国 17 年（1928 年）受共产党员徐赤生革命思想影响，参加秘密农会组织，协同徐赤生开展革命工作。

民国 19 年（1930 年）6 月下旬，宁化县第一个红色政权——宁化南乡（曹坊）革命委员会建立后，徐开子参加打土豪分田地的革命斗争。民国 21 年（1932 年）秋，加入中国共产党。次年任曹坊苏维埃政府军事部长。是年，其父徐存生，其妻范万元分别担任曹坊工会主席和妇女代表，妹妹参加儿童团，举家投身革命斗争。民国 23 年（1934 年）10 月红军北上后，国民党反动派疯狂反扑，徐开子带领曹坊苏区赤卫队与宁化县苏区留存下来的游击队紧密配合，坚持开展游击战争。民国 24 年（1935 年）4 月 23 日凌晨，游击队在方田乡田螺髻被国民党第三师特务营 300 多人包围，游击队战士奋勇抵抗，最后弹尽粮绝，多数壮烈牺牲。徐开子时任副连长，右脚负伤，突围后藏在下曹村姑母家中，因被人告密，被"铲共队"逮捕。面对酷刑，徐开子视死如归，英勇就义，年仅 32 岁。

王胜彪

王胜彪（1905—1993 年），原名王昌捷，男，清光绪三十一年（1905 年）生于淮土乡赤岭村雇农家庭。

民国 17 年（1928 年）2 月，参加革命活动；民国 18 年（1929 年）2 月加入宁化游击支队；民国 20 年（1931 年）加入中国共产党。

第二次国内革命战争时期，历任中央苏区宁北游击支队班长、队长，民国 20 年（1931 年）2 月率部跟随毛泽东进入中央革命根据地，编入红 12 军任排长、指导员，后调红五军团军部任电台指导员、红四方面军 31 军电台指导员、教导员。先后参加过宁化县泉上、门岭战斗，中央苏区五次反"围剿"。民国 23 年（1934 年）10 月参加长征。红一、四方面军会合后，历任红 31 军电台台长、军直属队教导员。长征到达陕北后，又作为红军伤病员收容队政治委员返回收容了数百名红军伤病员。

抗日战争时期，曾任太行军区二大队一营指导员，民国 27 年（1938 年）10 月调大队政治处任组织股长。民国 29 年（1940 年）1 月任八路军 129 师新 10 旅 30 团教导员，8 月调 28 团任政治处副主任。民国 30 年（1941 年）调 39 团任政治处主任。民国 31 年（1942 年）3 月调太行军区政治部任组织干事兼直属队总支书记，9 月调任太行军区第一武工队政治委员。民国 32 年（1943 年）1 月调任太行军区卫生处政委、52 团政委，先后任 129 师特派员、组织科科长、政治部副主任、分区副政委。参加过著名的黑水河战斗、"百团大战"和开辟太行山抗日根据地的斗争。

解放战争时期，历任太行军区五分区副政委兼 52 团政委、太行军区卫生部副政委、太行军区卫生部政委兼党委书记、山西军区副政委。

中华人民共和国成立后，随聂荣臻、叶剑英进入北平，作为中国人民解放军军代表参与接管傅作义的起义部队和各类装备、设施，接收国民党陆军总院和被服总厂并兼任中国人民解放军华北军区 129 部政治委员、党委书记。1950 年 9 月，先后调任中国人民解放军供给部、军需部、卫生部政治委员兼党委书记，中国人民解放军某部政治委员兼党委第一书记。1955 年被中央军委授予二级八一勋章、一级独立自由勋章、一级解放勋章。1958 年因病疗养。1983 年离休（省部级待遇）。1988 年，被授予一级红星功勋荣誉勋章。

1993 年 1 月 30 日，王胜彪在北京病故，享年 88 岁。

李传薪

李传薪（1906—1960 年），男，又名克荪，清光绪三十二年（1906 年）出生，宁化城关人，毕业于宁化县云龙高小和汀州中西学校。

20 世纪 30 年代初，因与国民党十九路军参谋徐明鸿及爱国民主人士傅柏翠（曾任宁化县县长）交情深厚，在傅柏翠鼓励下，担任国民党十九路军机关报《闽南新报》编辑兼社长。抗日战争爆发后，李传薪从福建北上到上海参加宋庆龄、何香凝发起组织的中华民族武装自卫委员会，被委派前往香港参加华南分会组织。中华民族武装自卫委员会改组为中华民族革命大同盟后，任大同盟盟员。民国 22 年（1933 年）10 月，国民党十九路军与红军签订抗日反蒋初步协定。11 月，十九路军公开宣布与蒋介石决裂，在福建建立中华共和国人民革命政府。受革命政府委派，李传薪出任龙汀省南靖县县长。因投身抗日反蒋活动遭到国民党反动派的追捕，身心受到严重摧残，回宁化老家后，精神失常。

1960 年，李传薪在宁化病逝，时年 54 岁。

陈和香

陈和香（1907—1934 年），女，清光绪三十三年（1907 年）出生于曹坊乡坪上村贫苦农民家庭。

民国 20 年（1931 年）7 月，红 12 军在曹坊进行建党、建政，组织人民武装，开展打土豪、分田地等工作。陈和香参加建立坪上乡苏维埃政府的活动，并当选为妇女主任，由于工作出色，是年加入中国共产党。

民国 22 年（1933 年），陈和香因精明能干、勇于负责被调汀东县苏维埃政府工作，临行前，陈和香将 8 岁儿子范泽荣寄养在黄泥桥陈日炎、陈日龙兄弟家，之后，前往瑞金苏维埃政府学习。民国 23 年（1934 年）1 月，陈和香接受组织委派回曹坊区苏维埃政府任侦察员；9 月，被坪上"铲共队"副队长周德岐发现后被捕。陈和香面对酷刑，视死如归，每次审讯，回答敌人的只是"入共产党的只我一个人，当侦察员的也只我一个人，因为我不怕为革命而牺牲嘛。现落在你们的手里，还问什么？"是年 11 月 19 日，被铲共队押赴坪上（坪上圩日）示众，在刑场上陈和香挺胸抬头，高喊"共产党万岁！红军万岁"的口号，英勇就义于坪上山角庙水碓丘，年仅 27 岁。

徐沈毅

徐沈毅（1909—1989 年），男，原名徐太銮，汉族，清宣统元年（1909 年）出生于曹坊乡根竹村。

民国 11 年（1922 年）毕业于县立云龙高等小学。长汀七中高中毕业后考入北平中国大学。大学毕业后东渡日本留学，毕业于日本文理大学教育系。民国 26 年（1937 年）回国，任北平中国大学教授。民国 31 年（1942 年）任福建省第三行政区督察专员公署考察，并任福建省政府参议和省政府专员等职。民国 33 年（1944 年）8 月，任福建省中心训练所教育长。抗战胜利后，随省政府赴台，任台湾教育厅秘书，后转任财政厅人事室主任。中华人民共和国成立前夕赴台湾，在台湾烟酒专卖局任职，并任台中酒厂厂长。其间，研究花雕酒成功，获嘉奖。1973 年退休后，先后在光华女中和台南工专任国文教师。

1989 年 9 月，因心脏病发作，徐沈毅在台南市去世，享年 80 岁。

谢运清

谢运清（1909—1997 年），男，原名运南，清宣统元年（1909 年）2 月，出生于水茜乡石寮村一贫苦农民家庭。

民国 20 年（1931 年）参加红军，先后在红四军二连、红一方面军工兵连任战士，红一方面军二师四团四连任排长等职，参加过第二、三、四、五次反"围剿"战斗。民国 23 年（1934 年）10 月参加二万五千里长征，在乌江、金沙口、赤水等战斗中，英勇顽强，表现出色。强渡乌江天险中，冒着枪林弹雨，参与完成架桥任务。到达陕北后在教导队工作。民国 24 年（1935 年）5 月，加入中国共产党。

抗日战争时期，谢运清先后任八路军六八五团团部工兵排排长、苏鲁独立大队特务连副连长、二十团连长、四支队十二团参谋长、涟水警卫团二营营长等职，参加过平型关大战等战役。后随八路军在江苏灌云、灌南地区坚持敌后斗争。民国 32 年（1943 年）6 月，发现并揭发一起十几人企图扛机枪叛离事件。民国 33 年（1944 年）率 2 个连打败前来扫荡的侵华日军，打死打伤侵华日军 50 余人，受到上级通报表扬。

解放战争时期，谢运清历任苏北行署警卫营营长、灌云警卫团参谋长、一支队营长、涟水总队参谋长、苏北军区疗养所所长等职。中华人民共和国成立后，1955 年 5 月离休回到宁化，曾当选为中国共产党宁化县第五、第六、第七次代表大会代表，宁化县人委会委员，政协第三、第四届委员。1992 年 9 月 29 日，被中央军委授予中国人民解放军二级红星功勋荣誉勋章。

1997 年 1 月 28 日，谢运清在宁化病逝，享年 88 岁。

张敏禄

张敏禄（1910—1934年6月），男，又名富城，淮土乡凤山村人。清宣统二年（1910年）出生于泉上镇豪亨村。民国18年（1929年）秋加入中国共产党，民国19年（1930年）参加宁化西南半县武装暴动，宁化赤卫大队转移到长汀后，张敏禄坚持在凤凰山一带开展革命工作。民国20年（1931年）5月，在红十二军支持下，在凤凰山一带开展建党建政工作。民国21年（1932年）后担任中共宁化中心县委组织部部长和总务处处长。民国23年（1934年）6月牺牲，年仅24岁。

张维尾

张维尾（1910—1934年），男，清宣统二年（1910年）8月出生于中沙乡楼家村。

民国20年（1931年）宁化苏维埃政府成立后，任中华苏维埃中沙乡政府主席兼中沙乡乡长，次年调任宁化苏维埃政府粮食部长。其间，组织宁化人民筹粮14万担（每担50公斤），支援红军第四次反"围剿"斗争，为此宁化被省苏维埃政府授予"筹粮模范区"称号。第五次反"围剿"中，张维尾再次组织宁化人民突击筹粮十余万担，纸币15万元，银圆10万元，布、草鞋1万多双，军衣1000多套送往前线，组织5000多名民工到前线抬担架，1300多名妇女往前线运粮，为革命事业作出重要贡献。

民国23年（1934年）10月的一天，张维尾在宁化返回中沙乡楼家村途中被土匪雷云腾抓捕，面对匪徒种种酷刑，宁死不屈，被砍头于中沙乡政府边上的溪坝里，时年24岁。被害3日后，匪徒才允许张维尾的家人收敛其尸身，安葬于中沙乡楼家村窝颗排。

曾万标

曾万标（1910—2005年），男，原名曾臻科，清宣统二年（1910年）5月出生于治平畲族乡田畲村。民国20年（1931年）4月，参加中国工农红军地方游击队（后改为独立团）。民国22年（1933年）1月，编入中国工农红军第五军团三十四师一〇二团三营七连，5月加入中国共产党。

第二次国内革命战争时期，历任红五军团三十四师一〇二团三营七连战士、红五军团三十四师一〇二团三营班长、江西一军团侦察连副排长、陕甘地区一军团骑兵营三连副排长。在长征途中，爬雪山，过草地，胜利到达陕北。先后参加第四和第五次反"围剿"战斗、直罗镇战斗、王子山战斗、曲定公路战斗。民国24年（1935年）1月，中央红军到达贵州遵义，时任中央干部团班长的曾万标率领全班9人担任具有重大历史意义的"遵义会议"的主要保卫任务；4月，参加巧渡金沙江战斗。

抗日战争时期，曾万标历任一军团骑兵营排长，河北省骑兵团六连政治指导员，河北省骑兵团一营副政治教导员，河北完唐望游击队政治委员，河北省骑兵团营长，河北省唐县支队支队长，晋察冀三分区六区队副区队长，晋察冀三分区四十九团副团长、团长。民国29年（1940年）8月率领河北省骑兵团参加"百团大战"。民国32年（1943年），带领部队在曲阳至定县、新原县等公路与铁路上多次袭击侵华日军汽车队，破坏铁路、通讯设施。曾一次炸毁从高门屯运物资到辛庄的侵华日军汽车3辆，歼敌20余人，缴获大批武器、弹药和物资。先后端掉晓林、王化庄、辛庄及号称华北最高的七层燕赵等炮楼，击毙侵华日军中队长板井。是年在唐县袭击侵华日军炮楼时负伤。

　　解放战争时期，曾万标历任晋察冀野战十二团团长、晋察冀独立二旅四团团长、晋察冀四纵队十二旅三十四团团长、华北补训兵团二旅五团团长、华北军大总一大队大队长。在解放张家口战斗中，所部连克十多座县城。民国35年（1946年）1月，率十二团在大同以北的孤山车站和镇川堡一带，击退阎锡山4个团和马占山2个团的进攻，歼敌400余人。是年冬，率部参加正太、清仓、保北、清风店等战斗。民国36年（1947年）10月，在解放石家庄攻打东长丰车站时负伤，但仍指挥部队坚守易城东门墩山阵地，鏖战48小时，打退国民党军十多次冲锋，歼敌300多人，胜利完成牵制国民党军队、掩护解放军主力集结的任务。

　　中华人民共和国成立后，曾万标历任华北军区文化教导大队大队长，察哈尔省公安总队队长，公安部队后勤部运输处处长，解放军后勤学院学员，总参警备部后方勤务部运输处处长，江苏省武装警察总队总队长，江苏公安总队总队长，江苏省军区独立二师师长，江苏省军区副司令员兼南京警备区司令员，江苏省军区顾问、顾问组长等职。1955年被授予大校军衔。1969年9月至1974年1月，兼任南京市委常委、市革委会副主任。被授予三级八一勋章、二级独立自由勋章、二级解放勋章。1988年，被授予一级红星功勋荣誉勋章，正军级待遇。1982年8月离职休养。

　　2005年3月5日，曾万标在南京病逝，享年96岁。

张金连

　　张金连（1910—1993年），男，清宣统二年（1910年）8月出生于安乐乡马家围村一个贫农家庭。

　　民国21年（1932年）参加宁化游击队，民国22年（1933年）2月参加红军，先后在红一方面军担任特务连勤务员、骑兵通讯班通讯员，参加过第四次和第五次反"围剿"。民国23年（1934年）10月参加二万五千里长征。民国26年（1937年）7月加入中国共产党。民国31年—36年（1942—1947年），先后在山西省嶚县一方面军任班长、排长、连长等职。民国36年（1947年）7月至民国37年（1948年）8月任三纵队二十一团一连连长，同年进入山西军政大学学习。民国37年（1948年）9月至民国38年1月任山东省新兵师三团三营副营长。1949年11月调湖北省补训师三纵队二十一团任一营营长。经历土地革命战争、抗日战争、解放战争，参加大小战斗百余次，受伤十余次，曾四次荣立二等战功。在1948年"4·3"洛阳战役攻城时肋骨骨折、胸部被炸伤贯通肺部，落下二级乙等伤残。

　　中华人民共和国成立后，1950年1月至1951年6月，张金连调任川东涪陵军分区丰都警卫营营长。1952年8月转业地方，先后任四川省南川县政府民政科科长、四川省公安厅劳改局筑路第三支队政委、德阳航空第二技校主任、宝轮院煤矿工程处主任、党委委员等职。1981年5月离休，被批准为"县处级政治生活待遇"。

　　1993年11月4日，张金连在成都病逝，享年84岁。

张启标

　　张启标（1910—2004年），男，汉族，清宣统二年（1910年）12月出生于石壁镇小吴村。

　　民国21年（1932年）2月参加中国工农红军，5月加入中国共产主义青年团，8月转为中国共产党党员。第二次国内革命战争时期，历任闽西独立第九团战士、班长、排长等职。参加过第三、第四、第五次反"围剿"斗争。民国27年（1938年）后调入新四军二支队四团，历任排长、副连长、连长等职，由江西转战闽西南，坚持了艰苦卓绝的南方三年游击战争。

抗日战争时期，张启标历任连长、营长、副团长等职，参加过江南反"扫荡"和"皖南事变"突围战。

解放战争时期，张启标历任副团长、团长等职，参加过宿北、鲁南、孟良崮、淮海等重大战役，南下后参加攻占上海战斗。

中华人民共和国成立后，参加福建闽西剿匪战斗。1955年被授予上校军衔。1962年2月调任浙江省温州军分区司令部副参谋长。1964年5月离职休养。

2004年12月，张启标在浙江金华病逝，享年94岁。

王子谦

王子谦（1911—1993年），男，又名王子健。出生于清宣统三年（1911年）1月1日，淮土乡凤山村人。

民国18年（1929年）5月，徐赤生从长汀回到宁化连岗中学发展革命组织，王子谦加入共产主义青年团后，被委派回禾口开展革命工作，并于8月加入中国共产党，以"华丰庄"作掩护，组织农会，发展党组织，建立党支部。民国19年（1930年）7月1日，在红四军共产党宁化县第一次代表大会上，王子谦当选为宁化县第一个县委——中国共产党特区委员会委员，兼任宣传部部长，后又任宁化赤卫队宣传队长。宁化赤卫队改编为游击大队后，任大队政委。其间，王子谦积极协助中心县委书记霍步青编写宣传文稿、当翻译，帮助朱月清负责的俱乐部工作，参加扩红运动。民国21年（1932年）冬，参加中央红军军区学校学习，翌年毕业后，在总卫生部医政局任科员、红军第二预备医院所长。后分别调广昌城接管兵部医院、江西第一补充师任医务主任。民国23年（1934年）秋，红军长征后，王子谦任第三独立师卫生部部长，留在中央军区肩负处理伤病员和保护家属的双重任务。翌年在偷渡国民党军的赣江封锁线——王母渡时，受伤被俘，关押在信丰县城国民党监狱。2个月后，在被押送回宁化处决途中，巧借一残废军人的通行条，通过岗哨，逃回老家。民国25年（1936年），王子谦在宁化城关开办"福民医院"。翌年，因同行嫉妒，被国民党当局指控为"以行医为名，实为搞共产党活动"，勒令停办。民国27年（1938年），王子谦任职于福建省戒烟医院，民国28年（1939年）任宁化卫生院代院长，后到永安卫生处工作。民国31年（1942年），王子谦回宁化参与筹办道南中学。傅柏翠接任宁化县长后，王子谦被委任为剿匪中队队长，带队到石城珠玑乡袭击土匪张泽庆。民国35年（1946年），王子谦当选为西乡建设委员会委员，筹建禾口新街，先后被选为乡民代表主席、县参议员，利用合法地位与当地腐败的国民党政府作斗争，但因官官相护，被迫自动弃职。民国38年4月，王子谦从汕头经商返乡，途经上杭古蛟，拜访傅柏翠，得知中国人民解放军渡江南下，闽西各县准备"以变应变"，举行起义。回宁化后，积极劝阻宁化的国大代表张树庭筹办"八县联防"。张树庭狐疑多端，直到中国人民解放军到达禾口，仍躲在济村。数日后，王子谦遵照中国人民解放军432团刘桐山团长吩咐，到济村传达中国人民解放军的指示，并陪同张树庭到瓦庄与刘桐山见面。10月25日，张树庭缴交全部武器弹药，与中国人民解放军一起进城，接受和平解放。

中华人民共和国成立后，1950年10月，王子谦在湖北咸宁疗养院当医生，后调中国人民解放军195医院任主治军医。1952年，任消化科主治医生，撰写的《胃神经官能症综合治疗》一文，获中南军区卫生部三等奖，被医院评为二等功。在评定王子谦军衔和调整工作时，宁化公安局协审时认定"王是逃犯，民愤极大，要亲自回宁化接受处理"。中南军区和195医院多次发信和派员与宁化公安局交涉无效，为尊重地方政府意见，不得已将王子谦送回宁化。

1955—1957年4月，王子谦被关押在宁化看守所。1958年，被定为"西乡大恶霸"，判刑7年。1959年，法院认定王子谦"西乡大恶霸"证据不足，但刑期仍维持原判，不准上诉。1962年5月，刑满后被凉伞岗劳改农场以工作需要，安排就业为名留置在劳改农场，直至1982年，才被批准与家人团聚。中共十一届三中全会后，王子谦被摘去"西乡大恶霸"帽子。1984年，三明市中级人民法院认定，王子谦"确属政治历史问题，原判反革命罪科刑不当，撤销原判，不追究刑事责任"。1985 年，广州军区给王子谦落实政策，以行政 19 级办理退休，回宁化县政府安置。1986 年，按政策调为行政 18 级。

1993 年 5 月 6 日，王子谦病逝，享年 82 岁。

朱太林

朱太林（1911—2002 年），男，清宣统三年（1911 年）12 月出生于石壁镇南田村。

民国 20 年（1931 年）参加革命，是年加入共产主义青年团，担任拥军模范团团长。民国 21 年（1932 年）11 月参加工农红军，在宁化县苏维埃政府国家保卫局做保卫工作。民国 22 年（1933 年）调宁化独立营。民国 23 年（1934 年）1 月所在宁化独立营随部队开赴连城组建红九团，先后任一营一连战士、班长、排长、连副指导员。红军主力长征后，国民党调集 16 个主力师，20 多万兵力，"清剿"闽西南红军，朱太林所在红九团在闽西南军政委员会主席张鼎丞、副主席邓子恢和谭震林的领导下，先后粉碎国民党第十师李默庵部、第九师李延年部、第三师李玉堂部、第三十六师宋希濂部的追剿，胜利完成"牵制国民党军，让长征红军大踏步前进"的任务。11 月，国民党军攻占了赣南的宁都、瑞金等 4 城后，红九团在闽西坚持开展游击战争，朱太林因作战勇敢受到张鼎丞表扬，并获得毛巾和草鞋等奖品的奖励。

民国 24 年（1935 年）5 月，朱太林加入中国共产党，随部队攻打夏洋镇土楼未果，撤离南靖，在平和县城东坑与闽西部队联合打垮了号称"红鼻子"的地主武装，俘敌 50 多人。同月，部队夜渡官弼镇封锁线，在东子桥与国民党军八十三师和地主武装发生遭遇战，朱太林脚骨中弹，被安排在群众家里养伤，6 个月后伤愈归队，被编入红三支队（红三团），在支队长吴胜、参谋长王先的领导下，继续在闽西坚持游击战争。民国 26 年（1937 年），朱太林所在部队红三团改编为新四军二支队，从江西出发北上抗日。解放战争期间，朱太林随华东第三野战军先后参加过著名的黄桥决战、苏中七战七捷、鲁南战役、莱芜战役、豫东战役、淮海战役、渡江战役以及解放上海的战斗，先后 6 次负伤，开刀 12 次，取出碎骨 52 块，右臂伤残。

1949 年，淮海战役结束后，朱太林调三野九兵团教导团任大队长，副教育长。中华人民共和国成立后，1950 年，参加中国人民志愿军赴朝鲜作战，先后任副团长、团长。1953 年 7 月从朝鲜回国后，任山东德州军分区兵役局局长。1955 年，在南京军区文化学校学习。先后荣获三级八一红星勋章、三级自由独立勋章、三级解放勋章、二级功勋荣誉勋章。

2002 年 1 月 4 日，朱太林在苏州逝世，享年 92 岁。

张新华

张新华（1911—2003 年），男，清宣统三年（1911 年）3 月，出生于曹坊乡滑石村药里迳自然村一个贫困农民家庭。

民国 19 年（1930 年）加入少年先锋队，帮助红军站岗放哨。民国 20 年（1931 年），带领一批青年帮助红军贴标语、发传单，成立赤卫队，当选为队长。民国 21 年（1932 年）5 月，参加中国工农红军，11 月加入中国共产党。先后担任红 12 军三十六师一〇七团一连通讯员、班长，中央军委红星炮兵营三连连长，红一方面军一师一团一连连长，红二方面军四师十一团团长，参加第三、四、五次反"围剿"斗争。

民国 23 年（1934 年）10 月，随部队从瑞金出发，参加二万五千里长征。民国

24 年（1935 年）10 月到达陕北，在长征中，爬雪山、过草地、抢渡金沙江、强渡大渡河，经历广东南雄县水口、江西东黄坡、草鞋岗水湾等大小战斗，在战斗中身先士卒，头部、颈部、腰部 4 次负伤。在攻打甘泉城攀登城墙时，左腿中弹骨折，成为三等甲级残废。

民国 26 年（1937 年）11 月始，先后任晋绥军区八路军一二〇师三五八旅七一四团参谋长、团长，一二〇师三五八旅独立军二团团长、一二〇师第三支队八团副团长兼参谋长等职。民国 28 年调任平西三十三大队（后改为七团）供给处主任。民国 29 年（1940 年）8 月，任晋绥军区新军总部山西工人武装自卫旅（工卫旅）参谋长、晋绥军区第八军分区二十一团团长。先后参加过解放冀南、河北蠡县，山西清源、文水等战斗。

民国 34 年（1945 年）调任独立七旅供给处处长。民国 37 年（1948 年）7 月开始，先后任晋绥军区四纵队十二旅旅长兼六分区司令员、西北野战军第七纵队十二旅旅长。1949 年 1 月任第一野战军二十师师长。其间，采用灵活机动的战略战术，指挥部队攻克太原牛陀寨、小豆罗和天水，协助友军全歼阎锡山十九军 1.50 万人，活捉敌副军长和参谋长，缴获大批武器弹药，为解放太原立下战功。在解放战争中，转战华北、西北战场，指挥部队出色完成任务，为中国人民的解放事业建立了功勋。

中华人民共和国成立后，历任炮兵第七训练基地司令员、福州军区炮兵司令员、南京军区炮兵副司令员、南京军区炮兵顾问、江苏省政协常务委员等职。任福州军区炮兵司令员期间，忠于职守，亲临前线指挥作战。任南京军区炮兵副司令员期间，带病坚持工作，以身作则，积极探索炮兵部队建设和成长规律，为炮兵的发展壮大积累了宝贵经验，培养了许多优秀的炮兵指挥员。

1982 年 9 月离职休养后，撰写《踏上革命征途》《回忆长征路上二三事》《夜袭牛陀寨》，为后人留下宝贵的革命传统教育史料。

张新华经历 70 多年的革命历程，为中华人民共和国的建立和社会主义的建设事业作出了不可磨灭的贡献。1955 年，被中央军委授予少将军衔，获二级八一勋章、二级独立自由勋章、二级解放勋章。1988 年 7 月获一级红星功勋荣誉章。

2003 年 5 月 29 日，张新华在南京病逝，享年 92 岁。

廖永辉

廖永辉（1912—1989 年），男，民国元年（1912 年）出生于泉上镇炉坊村一贫农家庭。民国 19 年（1930 年）6 月，参加工农红军，12 月加入中国共产党。在第二次国内革命战争时期，先后参加过攻打吉水和围攻长沙、南昌的战斗。曾参加第一至第五次反"围剿"和二万五千里长征。其间，先后任红四军军医处战士、班长。抗日战争、解放战争时期，先后任 115 师卫生队长、教五旅卫生部长和第三野战军医院院长。参加过平型关大战、广阳大战、汾离公路大战、东渡黄河东征战役、西征歼灭胡宗南的战役、苏北泗水保卫战、孟良崮战役和潍坊攻坚战役，转战苏、鲁、豫、皖等省。

1948—1954 年，历任中国医大附属医院院长，卫生部保健处处长。1954 年 7 月转业到燃料部（石油部）负责卫生保健工作。1958 年任山西省晋北煤炭化工局副局长。1963 年参加胜利油田勘探开发建设，任油田行政办公室主任兼医院院长。1966 年任胜利油田试采指挥部生活办公室主任。1983 年 12 月离职休养。

1989 年 2 月 11 日，廖永辉在山东济南病逝，享年 77 岁。

张新生

张新生（1913—1990 年），男，民国 2 年（1913 年）9 月 1 日出生，曹坊乡滑石村水东自然村人。

民国 19 年（1930 年），红四军进驻曹坊，张新生参加当地的武装部队。民国 20 年（1931 年）1 月 11 日，参加中国工农红军，被编入红四方面军红 12 军三十六师，先后在一〇七团二连、师部特务连、师部卫生队当战士，12 月加入中国共产主义青年团。民国 23 年（1934 年）转为中共党员。民国 25 年（1936 年），张新生在长征途中因负伤留在群众家养伤期间与组织失去联系，后于民国 29 年（1940 年）5 月重新入党。

民国 23 年（1934 年）3 月，张新生在瑞金卫生学校军医第七期学习后，调八军团先后任卫生员、卫生长、卫生队长等职。其间，曾参加攻打上杭、武平、顺昌洋口、南丰、邵武、泰宁、光泽等城镇及江西高虎垴等地战斗。10 月参加二万五千里长征。

民国 24 年（1935 年）1 月遵义会议后，张新生先后调任五军团三十七团卫生长、中央总卫生部卫生长、四方面军总供给部医生。民国 25 年（1936 年）3 月，调三十一军卫生部当医生，在甘肃省通渭县太平店被敌机炸伤，遗留下双眼角膜白斑视力障碍的残疾。7 月，任第四预备医院第二所主任医师，驻陕西三原县云阳镇安屋堡。民国 26 年（1937 年）年初，带领医护人员为医院收治的 400 多个伤员昼夜坚持治疗，成绩显著，获得"模范医生"的荣誉称号，受医院通报表扬。

民国 30 年（1941 年），侵华日军对边区进行残酷"扫荡"，张新生带着一批伤病员，一边坚壁清野，一边治疗，在 2 个多月时间里，治愈伤病员 400 余名。民国 32 年（1943 年），张新生担任晋察冀军区二分区医生，带着几十名伤病员与侵华日军周旋，不仅要负责伤病员的安全医治，还要管吃、穿、住，在当地群众帮助下，顺利地将伤员全部安全带回建平县秋鼓洞休养所，为此受到《晋察冀日报》表扬，并被评为"模范医生"。

民国 33 年（1944 年）后，张新生先后任晋察冀军区卫生部温塘休养所所长、军政干校卫生科科长、晋察冀军区教导旅卫生处处长。民国 35 年（1946 年）9 月，所在的二分区卫生部编入四纵队，改为十一旅卫生处，张新生任处长。在满城县战斗中，率领由 9 人组成的前线手术收转组，除上前线抢救伤员外，还完成了将 700 多名伤员安全转移至后方的任务。民国 36 年（1947 年）3 月，调晋察冀军区卫生部巡视三团。民国 37 年（1948 年）8 月，任总医院第四医院院长；10 月，调中原军区补训旅卫生处任处长。

1949 年 2 月，调河南郑州卫生局任党委书记兼国际和平总院院长与党委书记。中华人民共和国成立后，曾任队长、科长、处长。1959 年，转业到杭州市卫生局任副局长。1971 年离休。

1990 年 9 月 1 日，张新生在杭州病逝，享年 77 岁。

王土金

王土金（1913—2005 年），男，民国 2 年（1913 年）10 月出生于宁化县淮土乡竹园村。

民国 21 年（1932 年）10 月，参加中国工农红军。民国 26 年（1937 年）4 月加入中国共产党。参加过第四、第五次反"围剿"和二万五千里长征。民国 21 年（1932 年）10 月至民国 25 年（1936 年）6 月，先后任红八军团战士、红三军团通讯员。民国 23 年（1934 年）4 月，在江西罗田战斗中，与国民党军展开肉搏战，臂部被刺伤。民国 25 年（1936 年）7 月至民国 31 年（1942 年）2 月，先后任中共西北保卫局特务队队员、陕甘宁高等法院警卫队队长。民国 31 年（1942 年）3 月，调延安陕甘宁边区被服厂工作。民国 35 年（1946 年）9 月，任被服厂游击队队长。民国 37 年（1948 年）6 月至民国 38 年（1949 年 1 月 1 日至 9 月 30 日）5 月，在中共西北党校学习。民国 38 年（1949 年 1 月 1 日至 9 月 30 日）6 月至 1951 年 9 月，任西安铁路分局机修厂工会主席、耀县机务段特派员。中华人民共和国成立后，1951 年 9 月至 1954 年 7 月，在河南工农速成初等学校学习。1954 年 7 月至 1955 年 8 月，任西安电务段党支部书记。1955 年 8 月至 1959 年在郑州党校学习。1960—1964 年，任西安铁路分局建筑段总支书记。1964—1975 年，任西安铁路分局党委常委、革委会副主任、工会主席等职。1975 年 10 月至 1977 年 12 月任西安铁路分局顾问。1977 年 12 月底至 1981 年 2 月任西安铁路分局党校副校长。1981 年 12 月离休。

2005 年 9 月 13 日，王土金在西安逝世，享年 92 岁。

赖林芝

赖林芝（1914—1991 年），男，曾用名赖国文，民国 3 年（1914 年）10 月出生于治平乡高峰村一个贫农家庭。

民国 23 年（1934 年）3 月，参加中国工农红军，是年 10 月参加二万五千里长征。民国 24 年（1935 年）4 月，加入中国共产党。民国 26 年（1937 年）任抗大司令部卫生队长。民国 27 年（1938 年）任抗日游击队一支队二连连长。民国 31 年（1942 年）先后任抗日游击队支队长、区队长、科长。民国 32 年（1943 年）任太行山六分区作战参谋，后任一二九师司令部科长。民国 33 年（1944 年）任太行山六分区游击七团副团长、团长。民国 34 年（1945 年）6 月任东北游击队新团团长。民国 35 年（1946 年）11 月，任解放军第三十八军一一二师二团副团长、大队长。民国 38 年（1949 年 1 月 1 日至 9 月 30 日）2 月任解放军第三十八军后勤部参谋长。

在长征途中，赖林芝在中央警卫团担任保卫中共中央的重任，曾 2 次过草地，历尽艰险，胜利到达陕北。民国 26 年（1937 年）受中共党组织派遣赴山西新军军官教导团作抗日救亡和统战工作。民国 29 年（1940 年）带领所部参加百团大战和反扫荡战斗。在解放战争时期参加辽沈、平津及南下渡江战役。

中华人民共和国成立后，历任军委民航局华东办事处机航科科长，中南办事处副处长、处长，民航乌鲁木齐管理处处长，民航兰州管理局局长，民航一〇一厂厂长，北京民航管理局顾问等职，奉命参加中国民航的创建工作。1950 年任上海市民航管理处机航科科长，参加两航（中华航空公司和中国航空公司）起义人员接收改编工作，组织中苏航空通航。1952 年任广州市民航管理处副处长。1956 年任西北局新疆民航管理处处长，参加创建西北民航局。1959 年任西北局兰州管理局局长，开辟兰州机场。1964 年 2 月任北京管理局一〇一厂厂长兼党委书记，其间扩大修理项目，为朝鲜、罗马尼亚等国家和中国香港地区修理专机。1978 年任北京管理局一〇一厂厂长顾问。1979 年任北京管理局顾问。1981 年离休。

1955 年，被授予三级八一勋章、二级独立自由勋章、二级解放勋章。空军上校军衔。

1991 年 5 月 4 日，赖林芝在北京病逝，享年 77 岁。

罗胜旺

罗胜旺（1914—1995 年），原名罗家旺，男，民国 3 年（1914 年）3 月 18 日出生于翠江镇下东门中山村。因居住观音庙，被绰贬为"庙佬"。家庭靠父耕田、母编草鞋维持生计。10岁上私塾，11岁上初中，12岁父丧后，做长工、当学徒卖苦力，孤儿寡母，相依为命。

民国19年（1930年）6月，罗胜旺参加工农红军，在第四军一纵队二支队四大队当通讯员。先后参加江西樟树战斗和攻打南昌、长沙、株洲、吉安战斗，参加第三次反"围剿"，是年加入中国共产主义青年团。

民国20年（1931年）11月，罗胜旺在江西瑞金马列主义青年团受训2个月后，返回部队任青年干事，先后任宣传员、宣传队长、连指导员，参加攻打江西石城横江顽匪的土围子及龙岩城战斗。民国21年（1932年）加入中国共产党。民国22年（1933年）8月，在江西宜黄县戴坊镇的战斗中，罗胜旺脚受重伤，成三等残废；9月，任后方医院二所支部书记兼指导员。民国23年（1934年）2月，调红一军团二师司令部任指导员，参加第五次反"围剿"；6月，随部队在建宁县将军庙歼敌2个团；10月，任红四团机枪连指导员，参加二万五千里长征。在突破湘江最后一道封锁线的战斗中，率部与敌军激战3天3夜，安全掩护红星纵队（中共中央直属机关）过江。在战斗中，头部受伤，子弹从食道喉管间穿过，伤愈后调红五团三连任指导员。红军到达遵义时，所在三连奉命在城郊与进犯之敌交战1天，全歼敌军。民国24年（1935年）10月，调中央警卫团一连任指导员，负责保卫党中央。

民国26年（1937年），先后任八路军一一五师师部宣传中队队长和宣传科干事，随军开赴华北抗日战场。后调师直属骑兵团任秘书，参加平型关大战。8年抗战中一直随部队转战山西、河北一带。民国27年（1938年），调晋察冀军区一分区一团任总支书记。民国28年（1939年），在中央北方区党校第一期学习。民国29年（1940年）至民国32年（1943年），先后任晋察冀军区一分区二十五团总支书记、保满支队副政委、六分区雁北支队五团副政委，其间率部在河北保定、山西浑源一带坚持抗战。民国33年（1944年）10月回延安休养。民国34年（1945年），罗胜旺任冀热察军区军政部学校副政委，后调六军分区独立团任政委，坚守内蒙古兴和县城。民国35年（1946年）10月，调任平西军分区政治部副主任、冀察军区一分区政治部主任、司令员。1949年，调任皖南军区第三军分区司令员，带领部队开展剿匪斗争。

中华人民共和国成立后，1950年1月，罗胜旺调浙江杭州空军基地任政委兼司令员，亲自带队修建宁波机场。1953年10月，转业到上海市沪东造船厂任党委书记，兼上海市工业局第一党委组织部长。1956年5月，任上海市重工业局党委书记兼支局长。1965年3月，任上海市人委参事室主任。1973年5月，任上海市化工局副局长、顾问。1983年12月离休。

1995年，罗胜旺在上海病逝，享年81岁。

雷必禄

雷必禄（1915—1953年），艺名忠禄，男，畲族，民国4年（1915年）出生于宁化城关，7岁入学，14岁毕业于云龙高等小学。

雷必禄自幼酷爱戏曲，民国19年（1930年）入祁剧"新福祥班"学习。2年后又拜名角刘祥寿为师，专心学艺，成为祁剧"新福祥班"的台柱，扮演《景阳冈》《狮子楼》中的武松，英武豪爽；演《白玉关》中的李鸿基，精湛的把子功，常常博得满堂喝彩。

民国35年（1946年），雷必禄退出"新福祥班"，另组"新福台班"，宁化人俗称"必禄班"，戏班活跃在闽西北和赣南一带，深受群众喜爱。

中华人民共和国成立前夕，因时政衰败，戏景萧条，班内人员多有走散。1950年戏班解体后，雷必禄将戏班行头拍卖，改行从商。

1953年，雷必禄病逝，时年38岁。

张金铭

张金铭（1915—1986 年）男，民国 4 年（1915 年）6 月出生于济村乡肖家山村一个雇农家庭，读过 1 年私塾。民国 19 年（1930 年）5 月参加红军，任战士、电话员等职。民国 24 年（1935 年）4 月随部队长征途经贵州时，因右腿受伤发炎，被安排留在兴义县纳省乡一农民家中养伤。伤愈后留在当地帮人当长工打短工为生。

中华人民共和国成立后，1951 年 7 月，张金铭在兴义县马岭娶妻安家落户，并担任马岭农会副主席数月。1952 年至 1957 年先后为当地供销社加工油料和为当地合作社从事统购统销工作。1958 年 1 月参加工作，任兴义县马岭粮管所营业员。1977 年 4 月退休。

1986 年 2 月，张金铭因病逝世，享年 71 岁。

吴一致

吴一致（1915—1992 年），男，原名吴景刚，民国 4 年（1915 年）4 月出生于城关下东门伊家弄（今翻身弄）一个贫民家庭。8 岁上私塾，10 岁入初级小学，11 岁在城内"日兴"号京果店当学徒。

民国 21 年（1932 年）秋，吴一致参加店员工会，当选为组织委员，加入共青团，曾任中共宁化城区委少先队队长。民国 22 年（1933 年）3 月，出席福建省少先队会议，会后响应中央"扩大一百万铁的红军"号召，动员店员工友、少先队员 40 余人加入宁化县模范团，并任通讯排长。民国 22 年（1933 年）加入中国共产党。后任模范团独立营文书兼宣传队长，随部队在朋口、赤乌营、竹溪、姑田、四堡、溪口、赖源等地开展游击战争。民国 23 年（1934 年）夏，国民党东路剿共军 20 余万人向苏区进犯，吴一致所在的独立营在连城北郊磨崇采用运动战与国民党军周旋月余，由于敌我力量悬殊，遵照上级指示，部队化整为零，待时消灭敌人。所属独立营改代号为漳州部队，转移到国民党军兵力薄弱的龙岩、宁洋、漳平等地开展游击战。是年冬，吴一致任独立营教导员，在龙岩、连城、宁洋边区赖源乡等地扩充游击队员 40 人，后转移到上杭、武平、永定、大埔等地。民国 24 年（1935 年）3 月，在龙岩大池战斗中，独立营和部队机关被打散，吴一致与组织失去联系，于民国 25 年（1936 年）返回宁化县城，在"荣昌祥"商行当店员。民国 27 年（1938 年）国共合作，吴一致在宁都进国民党军独立三三旅六九七团当兵。民国 29 年（1940 年）5 月，在江苏宜兴与侵华日军作战中被俘，被关押在常州侵华日军监狱，狱中认识了新四军干部徐友明、陈金生和王金琛。9 月 4 人成功越狱，找到部队，吴一致向新四军一纵队二团一营营长刘亨云、教导员陈坚、二连连长朱方生汇报被俘情况，归队后分配到二连任班长，随部队在京沪线打游击。后渡江北上，编入新四军苏北指挥部一纵队一营二连任班长，参加黄桥战斗，之后调团教导队任管理排长。12 月，调团军需处任军需官，在苏北兴化草甸河网地区同陈毅、粟裕所部与韩德勤为首的国民党顽固派展开战斗。之后，带领 2 名武装通讯员接受团军需长谭吉霖"把军械运到东台县找部队会合"的命令，昼伏夜出，历经 6 天，顺利通过国民党军河网封锁线，完成任务，荣立一等功。民国 30 年（1941 年）1 月"皖南事变"后，吴一致所在部队编为新四军一师一旅二团，在粟裕和叶飞领导下，讨伐投降侵华日军的国民党"鲁苏皖副总指挥"李长江。抗日战争中，多次参加对侵华日军作战，由班长升到旅供给部科长。民国 31 年（1942 年）9 月重新加入中国共产党。民国 35 年（1946 年）至民国 37 年（1948 年），吴一致先后任华中军区六师科长、团处长、师后勤部副部长、部长等职。

中华人民共和国成立后，1951 年，吴一致参加南京军区第三野战军高干军事训练班学习。1952 年，参加中国人民志愿军赴朝作战，在固守三八线中段五圣山 1500 多米高地、上甘岭阵地防线中任志愿军二十四军七十二师后勤部长，保证前线弹药供应，受到军政部嘉奖。1952 年 2 月回国后，先后任中国人民志愿军后勤部四分部军需处处长、中国人民解放军三兵团旅大警备区后勤部军需处处长、中国人民解放军沈阳军区旅大要塞区后勤部副部长。1965 年 1 月转业到旅大市商业局任副局长。1981 年 7 月任大连市外贸局顾问。

1957 年，被中央军委授予上校军衔，荣获三级八一勋章、中华人民共和国三级独立自由勋章、解放勋章以及朝鲜民主主义人民共和国授予的二级自由独立勋章。

1992 年，吴一致在大连病逝，享年 77 岁。

张事志

张事志（1916—1947 年 3 月），别名贤骥，男，宁化县城关人。民国 5 年（1916 年）出生于贫苦工人家庭，读过 2 年小学，11 岁失学回家做童工。民国 21 年（1932 年）参加红军。民国 22 年（1933 年）秋加入中国共产党，历任班长、排长、新兵教导团副团长、团政治处主任。民国 23 年（1934 年）10 月随红军长征。抗日战争时期，在河北省新德县任游击支队长。民国 36 年（1947 年）任中国人民解放军某部师政委；同年 3 月，在攻打承德战斗中不幸牺牲，年仅 31 岁。

曹汝学

曹汝学（1916—1993 年），男，民国 5 年（1916 年）8 月出生于泉上镇黄田村。10 岁时父母双亡，寄养叔母家。12 岁起，替人牧牛谋生。

民国 19 年（1930 年）1 月，毛泽东率红军第二纵队从归化（明溪）经青瑶抵达泉上，曹汝学参加红军，被分配在第五支队任勤务员。民国 20 年（1931 年）加入了中国共产主义青年团。民国 22 年（1933 年）5 月加入中国共产党，后调任红军一军团直属队特派员，参加过第一至第五次反“围剿”斗争。民国 23 年（1934 年），参加二万五千里长征，到达陕北后，参加延安抗日军政大学第一期学习。抗日战争时期，曹汝学调八路军一一五师工作，曾任师直属队总支书记、师工兵营教导员，参加过平型关战役。民国 27 年（1938 年）5 月调任总政组织干事，后任延安后勤政治部组织科副科长，随后进入马列学院学习。民国 31 年（1942 年）5 月任延安留守兵团考察团副组长，军委直属队巡视员。解放战争时期，民国 34 年（1945 年）9 月，曹汝学调晋察冀军区政治部民运部工作，后任民运科副科长。民国 35 年（1946 年）7 月任张家口卫戍司令部二科副科长。民国 37 年（1948 年）任石家庄警备司令部副大队长，其间，参加过保卫张家口战斗。中华人民共和国建立后，曹汝学曾在华北军区速成中学学习。1952 年 12 月任华北军区军事交通处保定站军代表。1953 年 10 月，调任华北军区装甲兵司令部军事科科长，后任北京军区装甲兵司令部工程处副处长。1961 年 6 月，任装甲兵第一技工学校校务部副部长。1964 年离职休养。曾获二级八一勋章、三级独立自由勋章、三级解放勋章、红星功勋荣誉章等。

1993 年 12 月 26 日，曹汝学在执行任务中，猝然逝世，终年 77 岁。

罗广茂

罗广茂（1916—1994 年），男，民国 5 年（1916 年）5 月出生于泉上镇泉上村一贫苦农民家庭。

民国 20 年（1931 年），参加红军，分配在朱德领导下的红四军三纵队当司号员。后被选派到瑞金中央军事学校陆军作战司号大队学习。学成后，在朱德身边任司号员，后调红 12 军 101 团任司号员。第五次反"围剿"初期，调红五军团 43 师师部当司号长。民国 23 年（1934 年）年初，在连城白洋与国民党十九路军作战时负伤，被送进长汀四都红军医院治疗。半年后，因反"围剿"失利，四都红军医院被冲散，罗广茂在伤未痊愈的困境中脱险，回到泉上老家，将保存的一本《军用号谱》郑重地交给母亲代为保存，再三嘱托"这号谱胜于生命，在任何情况下，不得有半点闪失。"为躲避国民党反动派的追捕，背井离乡，外出谋生。

中华人民共和国成立后，罗广茂结束流浪生活回到家乡，此时其母年迈，想不起《军用号谱》藏于何处。直到 1974 年，罗广茂在拆建谷仓时，才发现一本用布和油纸裹得严严实实的《军用号谱》用铁钉钉在谷仓底板下。1975 年 3 月，罗广茂将珍藏的《军用号谱》捐献给宁化县民政局。经鉴定，这本《中国工农红军军用号谱》是全国迄今发现唯一一本最为完整的红军军用号谱，为国家一级革命文物，成为研究中国工农红军革命斗争史、红军军事生活及红军音乐等不可多得的实物资料。

1994 年 6 月 12 日，罗广茂因病逝世，享年 78 岁。

张雍耿

张雍耿（1917—1994 年），男，原名张耀才，曾用名张福标。民国 6 年（1917年）1 月出生于石壁镇立新村一个贫农家庭。民国 19 年（1930 年）加入少年先锋队，参加打土豪、分田地、帮助红军站岗放哨等革命活动。民国 20 年（1931 年）7 月参加中国工农红军，同年 10 月加入中国共产主义青年团，民国 22 年（1933 年）9 月转为中国共产党党员。

第二次国内革命战争时期，历任红三军团战士、宣传员、中央红军第五后方医院副特派员、保卫分局侦察科员、红军第二十四师七十一团副特派员、闽西红军永定大队大队长、第七支队特派员、闽西红军第七支队四大队政治委员等职。在第三、四、五次反"围剿"中，由江西转战闽南，坚持 3 年艰苦卓绝的游击战争。

抗日战争时期，历任闽西抗日义勇军二支队一大队总支书记、新四军二支队政治部组织干事、新四军政治部保卫部巡视员、第二支队三团政治处调查股股长、教导总队政治处调查科科长、第三支队军法处主任、华东党校学员、第六师政治保卫部部长、苏浙军区浙西军分区政治部主任、一纵一旅一团政治委员、第七支队特派员、四大队政治委员等职。参加过江南反"扫荡"、皖南事变突围战和孝丰反顽战等。

解放战争时期，历任苏南区党委社会部副部长、苏南行署公安局副局长、华东野战军第一纵队二师副政治委员兼政治部主任、第三野战军第二十军五十八师政治委员等职。在宿北、鲁南、莱芜、孟良崮、豫东、淮海等重大战役中，多次指挥一个团担任主攻取得胜利。在渡江战役中，率领一个师担任第一梯队，强渡长江之后又挥师南下，乘胜追击，参加解放上海战斗。

中华人民共和国成立后，历任中国人民解放军空军第十六师政治委员，空军第五军政治部主任、副政治委员，福州军区空军政治部主任，空军福州指挥所政治委员，空军第八军政治委员，沈阳军区空军副政治委员、政治委员，济南军区空军政治委员，中国人民解放军空军顾问等职。在人民空军初创时期，积极探索空军部队建设和成长规律，圆满完成各项任务。

1955年，张雍耿被授予少将军衔，荣获二级八一勋章、二级独立自由勋章、一级解放勋章。1988年荣获一级红星功勋荣誉章。 1977年当选为中国共产党第十一次全国代表大会代表。1984年离休。

1994年1月7日13时20分，张雍耿在南京病逝，享年77岁。

孔俊彪

孔俊彪（1917—2001年），又名孔祥光，男，民国6年（1917年）1月生于翠江镇红卫村普通农民家庭。民国21年（1932年）夏，红军来到宁化后，加入工会和青工游击队。民国22年（1933年）5月加入中国共产主义青年团。民国23年（1934年）1月加入中国工农红军，参加二万五千里长征。民国24年（1935年）5月加入中国共产党。

从民国23年（1934年）至民国25年（1936年），先后担任中央警卫师政治部宣传员，红五军团三十九团班长、团政治处宣传员、宣传干事、俱乐部主任，红三十一军第九十一师政治部青年干事、宣传科长等职。先后参加了黎平、川南土城等战斗。长征途中，两过草地，历尽艰难困苦，途中负伤不掉队。红军会师后，在参加批判张国焘分裂党和红军错误路线的斗争中，旗帜鲜明，始终保持坚定的革命立场和政治信念。

抗日战争时期，曾任八路军一二九师青年干事，三八五旅政治部教育股股长、组织股股长。民国26年（1937年）9月随部进入山西抗战，并率工作组在和顺一带做扩兵工作，后到冀西、冀南敌后开展游击作战，参加创建太行山区革命抗日根据地。民国28年（1939年）5月任三八五旅政治部组织科科长。民国29年（1940年）8月参加"百团大战"，作战英勇顽强，工作认真负责，被授予百团大战三等奖章一枚。后任七六九团政治处主任，太行军区第八军分区政治部副主任、主任等职，参加了攻打沁阳、焦作等战斗。

解放战争时期，历任太行军区八军分区副政委兼政治部主任，十八兵团十三纵队三十九旅政治部主任、副政治委员兼政治部主任，十八兵团六十二军一八五师政治委员等职。参加过解放晋中、太原、扶眉、进军西北等战役。在解放太原时，参与指挥所部直捣国民党太原绥靖公署，活捉国民党第十五兵团司令孙楚、第十兵团司令官兼太原守备司令王靖国等首要战犯等战斗。解放成都后，被派到西康地区开展地方工作，任西康军区雅安分区政治委员兼地委书记，帮助当地政府建立政权、肃清残敌匪特，维护军政军民团结，为西康地区社会改革和建设做了大量卓有成效的工作。

中华人民共和国成立后，孔俊彪任西康军区政治部副主任、主任，西南军区公安部队政治部主任，中国人民解放军第十三军政治委员等职。1960年6月入高等军事学院基本系学习，后任云南省军区政治委员、成都军区政治部副主任、兰州军区副政治委员等职。1955年被授予少将军衔，荣获二级八一勋章、二级独立自由勋章和一级解放勋章。1988年7月获中国人民解放军一级红星功勋荣誉章。是第五届全国人大代表、中共第十二次全国代表大会代表。

2001年2月6日，孔俊彪在南京逝世，享年84岁。

张 厌

张厌（1918—1996年），曾用名伍子辉，男，民国7年（1918年）2月出生于城南乡高岭村一雇农家庭。

民国 21 年（1932 年）8 月，参加中国工农红军，在独立第七师当通信员。民国 22 年（1933 年）调红一军团卫生部任看护员，并加入中国新民主主义青年团。民国 23 年（1934 年）10 月随主力红军参加二万五千里长征。长征结束后，调陕北永坪医院任看护班长。民国 24 年（1935 年）在陕北永坪经指导员赖绍宏介绍，加入中国共产党。民国 26 年（1937 年），调八路军前总野战医院任看护班长。民国 31 年（1942 年），调晋冀鲁豫卫生学校学习，翌年学习结业后，任豫西支队医生。民国 35 年（1946 年）升任西北解放军六纵队医务所所长。民国 37 年（1948 年），任中国人民解放军第二军四师卫生部部长。

中华人民共和国成立后，1952 年转业到地方后，曾任中苏石油管理局卫生处处长、独山子矿务局党委委员兼医院院长。1956 年 2 月，任新疆维吾尔自治区人民医院院长。1964 年 7 月，升任新疆维吾尔自治区卫生厅副厅长、副书记。1972 年 6 月任新疆维吾尔自治区人民医院党委书记兼革委会主任。1984 年 5 月，退居二线，离职休养，是新疆维吾尔自治区第六届人民代表大会常务委员会委员。

1996 年 3 月 31 日，张厌在乌鲁木齐逝世，享年 78 岁。

雷动春

雷动春（1918—2000 年），字静波，男，生于民国 7 年（1918 年）4 月，宁化县翠江镇人。毕业于美国马里兰大学，国画家。

雷动春是中国著名画师谢稚柳入室弟子，自幼喜欢字画，少年时期随父往福州求学。民国 25 年（1936 年）进入安徽大学，时逢抗战，肆业后借读厦门大学，曾在福州、厦门、湛江、江门等海关任职，1949 年经台湾赴美深造。在致力公司经营事业之余，不忘国画艺术，常与画家探讨画技，不断提高绘画水平。1975 年，定居美国洛杉矶后，曾在加州大学北岭分校、洛杉矶学院教授国画。1979—1997 年先后在美国迈阿密、洛杉矶、伦敦皇家宾馆、上海美术馆、中国台湾台北市立图书馆总馆等地多次举办个人书画展，并参加美国各大城市、日本名古屋、北京、杭州、中国台湾台北等地联展。

1995 年，宁化石壁客家祖地客家公祠落成暨世界客属石壁祖地祭祖大典时，雷动春举办《华夏客家书画邀请展》，当众挥毫作《山水》《石壁》等书画，深受在场的海内外客家后裔赞叹。1998 年 5 月，应宁化县文联、县博物馆邀请，在宁化举办"雷静波画展"，共展出工笔、写意、山水、花鸟 20 余幅，以及中国画坛知名画家肖一苇、沈柔坚、崔振华等人给雷静波八十回顾展时赠送的字画 40 余幅，展出结束后，雷动春将字画全部捐给家乡做纪念，为宁化县博物馆收藏。

雷动春曾任美国洛杉矶中国书画史研究会会长、美国中华书画学会会长、中国台湾台北北区扶轮社社长、洛杉矶四大画会顾问、美国中华书画联合会会长等职。发表的《中国书法之演进》《敦煌壁画隋唐间画风突变之谜》《吴门画派》等论文在海外颇有影响。出版的《雷静波画集》《秋水集》深受读者喜爱。《雷静波画集》中水墨画《昙花》由日本水墨画会收藏，《携琴观瀑》由中国台湾艺术教育馆收藏，《黄山》由美国加州大学洛城分校收藏，《万壑松风》由上海艺术馆收藏。先后获美国加州艺术协会七十周年全球奖、日本政府绘画奖。被列入《当代书画篆刻家辞典》《世界华裔艺术家名人录》《北美华裔艺术家名人录》。

2000 年，雷动春病逝，享年 82 岁。

王荣高

王荣高（1918—2003 年），男，民国 7 年（1918 年）7 月出生于淮土乡隘门村一雇农家庭。

民国 23 年（1934 年）4 月，王荣高参加中国工农红军，在江西苏区于都红军新兵团当战士，10 月调福建长汀苏区九军团九团二营五连当战士。民国 25 年（1935 年）3 月，任第九军团团部通讯班班长，11 月加入中国共产党。民国 26 年（1937 年）1 月，任陕西二十七军军部警卫员。民国 27 年（1938 年）5 月，任冀中军区司令部警卫员。民国 28 年（1939 年）3 月，任冀中军区司令部警卫排长，6 月任冀中军区卫生部特派干事。民国 29 年（1940 年）4 月，任晋察冀军区卫生部特派干事、特派员。民国 31 年（1942 年）2 月起在晋察冀军区抗日军政大学分校高干科学习。民国 32 年（1943 年）3 月起在陕北抗日军政大学总校学习。民国 34 年（1945 年）12 月，任晋绥军区第五分区二团保卫股长。民国 36 年（1947 年）5 月，任绥蒙军区第五分区二团二营政治教导员。民国 37 年（1948 年）1 月，任绥蒙军区医院院部政治协理员，6 月，任绥蒙军区医院副政委，8 月，任绥蒙军区政治部南下干部队干部。

中华人民共和国成立后，1950 年 3 月，任福建军区医院政委。1952 年 7 月起在华东速成中学学习。1954 年 11 月任中国人民解放军第九五医院政委。1955 年被授予中校军衔，1960 年晋升为上校军衔。1956 年 4 月，任福建省晋江军分区政治部主任。1959 年 11 月，任福州军区后勤部南平综合仓库政委。1965 年 8 月，在三明军分区干休所离职休养。1981 年 8 月始享受正师职级待遇。

第二次国内革命战争时期，王荣高参加第五次反"围剿"，在松毛岭战斗中，身负重伤依然顽强战斗，受到部队嘉奖。民国 23 年（1934 年）10 月，参加二万五千里长征，爬雪山、过草地，在艰难困苦中充满革命乐观主义精神，为鼓舞士气，自编自唱："野菜好吃甜又香，吃饱红军饥饿肠，没米没面怕什么，红军粮库满山冈；天当被地当床，干稻草软又黄，金丝被盖身上，跟着共产党心里暖洋洋。"民国 24 年（1935 年），在川北天城战斗中，左腿被弹片击伤，血流不止，但依旧坚持战斗，被抬下战场后，在没有麻醉剂的情况下进行手术，强忍剧痛不吭一声。红军进入草地时缺吃少穿，王荣高响应罗炳辉军长的号召，带头献出两碗原粮，受到赞扬。民国 25 年（1936 年）夏，随部队到达理化，与贺龙、关向应、王震等指挥的红二方面军胜利会师，后又在会宁与红三方面军会师。11 月，经红军第九军团罗天祥介绍，加入中国共产党。

抗日战争时期，王荣高参加反扫荡战役。解放战争时期参加大同战役等多个重要战役战斗。中华人民共和国成立后，被授予三级八一勋章、独立自由勋章、解放勋章和二级红星功勋荣誉章。

1980 年 12 月，王荣高回到宁化故里定居后，关心群众、体贴民情，支持关心家乡基础设施水、电、路与学校建设，支持党史和地方志的编纂工作。不顾年事已高，亲自带领工作人员爬山越岭查看当年红军长征走过的路线，查清了红军长征在宁化的起点——凤山和周坑战斗遗址。王荣高关心下一代成长，几十年担任校外辅导员，对青少年进行革命传统教育。

2003 年 1 月 8 日 6 时 35 分，王荣高病逝，享年 87 岁。

张捷春

张捷春（1920—1998 年），男，民国 9 年（1920 年）4 月出生于宁化县石壁镇邓坊桥村。

民国 20 年（1931 年）参加红军。民国 31 年（1942 年）4 月加入中国共产党。历任红 12 军团八军团战士、看护班长，军委四局抗日军政大学一大队护士班长，华北大队、敖东军分区和华北军区副官、副处长、处长，北京军区 252 医院副院长等职。1958 年转业到地方，曾任北京综合机修厂、体育机械厂厂长、无线电唱机厂党支部书记、无线电三厂革委会副主任、无线电仪器工业公司顾问。1983 年 12 月离职休养。

张捷春参加过二万五千里长征，经历第二次国内革命战争、抗日战争、解放战争，在社会主义革命和建设时期又为北京工业的发展贡献出自己的力量。1955 年荣获三级八一勋章、三级自由独立勋章和三级解放勋章。1958 年被授予上校军衔。

1998 年 3 月 24 日，张捷春在北京病逝，享年 78 岁。

张启鹏

　　张启鹏（1936—1992年），男，民国25年（1936年）出生于宁化县翠江镇。大学本科毕业，高级农艺师。曾任江苏省烟草公司科长。1977年进行烟叶杂交长脖黄净叶黄（多叶形）杂交第一代用单倍体育种，得到2个单株，经选育栽培后，1982年比当地推广的品种增产41.40%，亩产值增加60.80%，50公斤均价提高9.86元。1978年进行红麻短光照制种成功，获江苏省政府科技成果奖。1989年被徐州市评为先进工作者。

　　主要著作和论文有：《红麻使用化学药剂抑制现蕾开花和促生长试验的初步观察》《红麻播种深度与出苗关系的探讨》《对江苏淮阴发展糖料生产的几点看法》《红麻不同生长阶段追肥对产量的影响》《植物激素与红麻生长发育的初步试验》《红麻沤洗加工手册》《红麻生长发育若干问题的探讨》《植物营养与施肥》《红麻生长与内禀节奏运动关系的初步探讨》《对高粱蔗种植的认识和发展的设想》《吸烟与卷烟生产》《用经济规律对甜菜进行管理的探讨》《棉花生产技术问题》《红麻现蕾温度与天数直线关系的探讨》《从红麻生长动态对红麻收获期的探讨》《烤烟技术问答》《有效管理者与有效劳动者、领导者如何发挥科技人员的积极性，决策要运用好反面意见》等，参加过《江苏农业辞典（烟草部分）》的编写。

　　1992年，张启鹏病逝，时年56岁。

雷子金

　　雷子金（1936—2002年），别名紫荆，男，畲族，民国25年（1936年）出生于宁化城关。1957年北京大学东语系毕业后到吉林省延边日报社工作。高级编辑，中国作家协会会员，中国民间文艺家协会会员，延边作家协会理事兼翻译委员会主任，延边朝鲜族自治州政协第七、第八届委员。曾应邀赴朝鲜和韩国采访，作为客座教授，到延边大学讲授《翻译学》。出席过亚洲小语种翻译研讨会、全国少数民族文学创作大会和全国少数民族翻译研讨会。

　　1996年退休后，应聘担任中国医药报社延边记者站高级翻译。出版过朝鲜的《红色宣传员》《红色花朵》和韩国的《金泳三总统关于经济问题的讲话集》《韩国童话选》《韩国儿童小说选》以及延边朝鲜族的《朝鲜族当代短篇小说选》《人与美》《晨星传》等译作30多部。有300万字的作品、译作和论文发表于《人民日报》《人民文学》和《韩国文化》等国内外报刊，曾获全国第三届少数民族文学翻译奖和全国"小百美"歌曲比赛译词一等奖。先后被评为吉林省民族团结模范、延边朝鲜族自治州民族团结模范、延边优秀作家、延边模范语言工作者和延边州直机关模范工作者。

　　2002年8月2日，雷子金在延边病逝，享年66岁。

李玉堂

　　李玉堂（1962—1997年），男，1962年10月23日生，宁化县河龙乡永建村嶂背组人。曾任河龙乡永建村村委委员、会计。

1997 年 6 月 9 日零时，一场持续 4 个多小时的特大暴雨倾盆而下，嶂背组后半山腰的水圳被大水冲开缺口，大水一泻而下。正在烤烟的李玉堂听到水声扛起锄头，摸黑上山封堵缺口，发现山坡上土石松动，半山腰两棵大树底下喷出几条水柱，李玉堂意识到会山体滑坡，山脚下十几户村民危在旦夕。李玉堂飞奔下山，挨家挨户敲门报警，得到警报的村民们冲出家门，撤离到几百米外的安全地带。李玉堂往返背出 2 个老人和 3 个孩子后，发现还有 1 户村民尚未撤出，此时山坡上滚落的土石越来越多，山体滑坡即将发生，李玉堂再次冲回村里，当最后那户村民刚安全撤离，山上 1 万多立方米的土石夹带着十几棵大树呼啸而下，泥石流冲出山脚百米以外，李玉堂被埋在 5 米多深的土石下面，壮烈牺牲，时年 35 岁。

1999 年 1 月，李玉堂被民政部追认为革命烈士。

张仁和

张仁和（1966—2004 年），男，1966 年 7 月，出生于宁化县石壁镇石碧村。1984 年宁化二中高中毕业，先后任石壁镇通信员、煤炭站站长、计生队长等职。1987 年加入中国共产党。

1992 年，26 岁的张仁和担任石碧村党支部书记。当时的石碧村是有名的贫困村，人多地少，水土流失严重，人均年收入不足 1000 元，村集体收入空白，村里脏乱差，雨天满街泥泞，圩天交通堵塞，宗族纷争激烈，社会风气差，是县、镇挂牌的"治安综合治理村"。张仁和担任党支部书记后，恪尽职守，致力改变石碧村落后面貌，使石碧村成为全省村级建设达标示范村和小城镇建设试点村。12 年里，在历次换届选举中，张仁和都以满票连任村党支部书记。

张仁和是石壁镇第一、第二、第三届人大代表和第三次党代会代表。2003 年 11 月当选宁化县第十次党代会代表。任职 12 年，均被评为石碧镇优秀共产党员。1993 年、1997 年和 1999 年被评为县优秀共产党员。2000 年，被评为全县关心下一代工作先进个人、社会主义建设先进工作者。1996 年和 2002 年被评为宁化县两个文明（物质文明和精神文明）建设先进工作者。

2004 年 10 月 23 日，在修建通村公路工地上，指挥一辆装载钢模的汽车通过拐弯涵洞时，被突然失控的汽车撞倒在地，肝脾破裂，内脏出血，抢救无效，因公殉职，年仅 38 岁。

2005 年 1 月和 2 月，张仁和分别被中共三明市委、福建省委追授为"优秀共产党员"。

人物表

宁化籍高级专业技术人员名表(已知)

人物表 1

姓 名	性别	民族	籍贯	出生年月	工 作 单 位	职 称
丁明煌	男	汉	方田乡	1964 年 9 月	福建省宁化第一中学	中学高级教师
丁煌金	男	汉	翠江镇	1969 年 12 月	福建省宁化第六中学	中学高级教师
马义俊	男	汉	翠江镇	1965 年 2 月	中国建筑第四工程局厦门分公司	教授级高级工程师
马华明	男	汉	湖村镇	1963 年 5 月	浙江富阳市第二中学	中学高级教师
马华富	男	汉	湖村镇	1968 年 7 月	福建省三钢(集团)有限责任公司质量检测和检验科	高级工程师
马华德	男	汉	安乐乡	1972 年 1 月	南昌铁路局办公室	高级工程师
马春根	男	汉	安乐乡	1963 年 2 月	福建省宁化第七中学	中学高级教师
马凌波	男	汉	翠江镇	1972 年 11 月	中国水产科学研究院东海水产研究所	研究员(博士)
马善宏	男	汉	安乐乡	1969 年 3 月	北京广播学院	教授
马胤文	男	汉	安乐乡	1970 年 3 月	宁化城东中学	中学高级教师
马桂莲	女	汉	安乐乡	1967 年 3 月	宁化县安远初级中学	中学高级教师
马翠萍	女	汉	安乐乡	1934 年 11 月	山东省青岛市传染病医院	主任医师
王大富	男	汉	翠江镇	1939 年 8 月	中国船舶工业总公司 702 研究院	高级工程师
王万平	男	汉	淮土乡	1962 年 12 月	福建省宁化第六中学	中学高级教师
王开勇	男	汉	淮土乡	1964 年 10 月	福建省宁化第一中学	中学高级教师
王立荣	男	汉	安远乡	1968 年 9 月	宁化县安远初级中学	中学高级教师
王永华	男	汉	淮土乡	1962 年 10 月	福建省建筑人才服务中心	高级经济师
王永澄	男	汉	翠江镇	1967 年	福建省残疾人就业中心	副主任医师
王玉莹	男	汉	安远乡	1931 年 9 月	中国农业科学院油料研究所	研究员
王而平	男	汉	淮土乡	1962 年 2 月	福建省宁化第六中学	中学高级教师
王兴标	男	汉	淮土乡	1965 年 8 月	宁化县医院	副主任医师
王兴根	男	汉	城郊乡	1946 年	山东省济宁超声电子仪器厂	高级工程师
王宇飞	男	汉	淮土乡	1964 年 2 月	福建省宁化第一中学	中学高级教师
王启勤	男	汉	淮土乡	1968 年 2 月	宁化县淮土初级中学	中学高级教师
王守清	男	汉	淮土乡	1963 年 12 月	清华大学土木水利建设管理工程系、清华大学国际工程项目管理研究院副院长	教授(博士生导师)
王松才	男	汉	方田乡	1967 年 5 月	宁化县济村中心学校	中学高级教师
王金龙	男	汉	淮土乡	1973 年 1 月	福建省宁化第六中学	中学高级教师
王金松	男	汉	翠江镇	1969 年 1 月	福建省煤炭基本建设公司	高级工程师
王金海	男	汉	淮土乡	1968 年 6 月	福建省宁化第六中学	中学高级教师

续人物表 1

姓 名	性别	民族	籍贯	出生年月	工 作 单 位	职 称
王金娥	女	汉	翠江镇	1964 年 3 月	宁化县医院	副主任医师
王河清	男	汉			集美大学	教授
王诚卫	男	汉	安远乡	1971 年 3 月	宁化职业中专学校	中学高级教师
王荣升	男	汉	翠江镇	1962 年 5 月	福建省三明工贸学校	高级讲师
王荣英	女	汉	泉上镇	1970 年 2 月	福建省宁化第六中学	中学高级教师
王树高	男	汉	淮土乡	1970 年 10 月	福建省宁化第二中学	中学高级教师
王顺清	男	汉	方田乡	1968 年 6 月	宁化城东中学	中学高级教师
王 洪	男	汉	淮土乡	1964 年 9 月	福建省宁化第六中学	中学高级教师
王洪林	男	汉	济村乡	1937 年	贵州省黔南布依族、苗族自治州卫生学校	副主任医师
王洪流	男	汉	淮土乡	1969 年 1 月	福建省三明工贸学校	高级讲师
王洪辉	男	汉	石壁镇	1968 年 9 月	宁化县淮土初级中学	中学高级教师
王继炎	男	汉			北京冶金设备研究院	高级工程师
王理金	男	汉	淮土乡	1973 年 7 月	国家电网公司安全监察部	高级工程师
王盛伦	男	汉	淮土乡	1940 年	厦门水产学院水产养殖系	教授
王盛全	男	汉	淮土乡	1968 年 7 月	宁化城东中学	中学高级教师
王盛泽	男	汉	淮土乡	1964 年 11 月	中共福建省委党史研究室	研究员
王盛恩	男	汉	淮土乡	1970 年 7 月	福州外语外贸职业技术学院	高级经济师
王盛斌	男	汉	淮土乡	1971 年 9 月	福建省宁化第七中学	中学高级教师
王盛銮	男	汉	淮土乡	1962 年 2 月	福建省宁化第六中学	中学高级教师
王隆云	男	汉	方田乡	1964 年 10 月	福建省宁化第二中学	中学高级教师
王隆凤	男	汉	淮土乡	1971 年 2 月	宁化县民族学校	中学高级教师
王隆茂	男	汉	淮土乡	1955 年 11 月	宁化县淮土初级中学	中学高级教师
王隆勋	男	汉	淮土乡	1945 年	三明市政工程公司	高级工程师
王隆胜	男	汉	淮土乡	1963 年 11 月	三明市皮肤病医院宁化门诊部	副主任医师
王隆稳	男	汉	淮土乡	1963 年 10 月	福建省宁化第一中学	中学高级教师
王维周	男	汉	淮土乡	1937 年 1 月	上海船舶工艺研究所	高级工程师
王智勇	男	汉	淮土乡	1970 年 2 月	厦门厦工机械股份有限公司	高级经济师
王 咏	男	汉	淮土乡	1974 年 3 月	中国科学院心理研究所	副研究员(博士)
王道兴	男	汉	翠江镇	1938 年 5 月	宁化县林业局	高级工程师
王道连	男	汉	淮土乡	1979 年 10 月	中国航天科技集团	高级工程师(硕士)
王富云	男	汉	淮土乡	1970 年 11 月	福建省宁化第一中学	中学高级教师
王富凤	男	汉	淮土乡	1965 年 11 月	福建省宁化县教师进修学校	中学高级教师
王富炜	男	汉	淮土乡	1968 年 9 月	北京林业大学	教授(博士)
王 强	男	汉	淮土乡	1975 年 3 月	中国人寿控股有限公司	高级经济师(硕士)
王腾翀	男	汉	淮土乡	1963 年 12 月	宁化城东中学	中学高级教师
王翰清	男	汉	淮土乡	1963 年 12 月	宁化职业中专学校	中学高级教师
方虎老	男	汉	曹坊乡	1967 年 1 月	中国科学院北京中科建筑设计研究所有限公司	高级工程师

续人物表 1

姓　名	性别	民族	籍贯	出生年月	工　作　单　位	职　称
邓小兵	男	汉	安乐乡	1965 年 11 月	福建省宁化第一中学	中学高级教师
邓光银	男	汉	曹坊乡	1965 年 9 月	宁化县安乐中心学校	中学高级教师
邓任进	男	汉	治平畲族乡	1962 年 11 月	福建省宁化第六中学	中学高级教师
邓寿荣	男	汉	安乐乡	1964 年 7 月	福建省宁化第一中学	中学高级教师
邓运埔	男	汉	治平畲族乡	1956 年 11 月	宁化县农业 155 中心	高级农艺师
邓昌进	男	汉	安乐乡	1957 年 7 月	福建省三明工贸学校	高级讲师
邓建华	男	汉	翠江镇	1971 年 7 月	福建省三明工贸学校	高级讲师
邓贵洋	男	汉	安乐乡	1974 年 7 月	厦门建发工程监理公司	高级工程师
邓胜徽	男	汉	安乐乡	1963 年 7 月	中国石油勘探开发研究院	教授级高级工程师(博士)
邓能泵	男	汉	泉上镇	1965 年 3 月	福建省宁化第一中学	中学高级教师
龙伙青	男	汉	城南乡	1967 年 3 月	福建省宁化第一中学	中学高级教师
卢中飞	男	汉	翠江镇	1968 年 8 月	宁化县医院	副主任医师
卢建明	男	汉	翠江镇	1957 年 9 月	福建省宁化第二中学	中学高级教师
卢洪林	男	汉	安远乡	1967 年 6 月	宁化县医院	副主任医师
卢猷武	男	汉	安乐乡	1972 年 12 月	福州铁路分局	高级工程师
卢猷银	男	汉	安乐乡	1941 年 12 月	福建省宁化第一中学	中学高级教师
叶庆华	男	汉	翠江镇	1945 年 9 月	厦门大学生命科学学院	教授
丘　文	男	汉	翠江镇	1958 年 1 月	厦门建筑发展公司	高级工程师(博士)
丘汉平	男	汉	水茜乡	1964 年 8 月	福建中医药大学附属第二医院	副主任医师
丘　宁	女	汉	翠江镇	1958 年 6 月	辽宁中医学院图书馆	副研究馆员
丘加永	男	汉	曹坊乡	1966 年 2 月	宁化城东中学	中学高级教师
丘先波	男	汉	翠江镇	1946 年 2 月	西昌机务段	高级工程师
丘先钧	男	汉	翠江镇	1948 年 6 月	福建机械科学研究院	高级工程师
丘位文	男	汉	城南乡	1953 年 12 月	三明市第三医院	副主任医师
丘幼宣	男	汉	翠江镇	1931 年 2 月	福建教育出版社	编审
丘　昆	男	汉	城郊乡	1958 年 9 月	福建安立信集团有限公司	高级工程师
丘　珍	女	汉	城郊乡	1961 年 12 月	三明学院附属小学	中学高级教师
丘星星	女	汉	翠江镇	1957 年 11 月	福建师范大学	教授
丘　琳	男	汉	翠江镇	1964 年 8 月	建阳第一中学	中学高级教师
丘稀凡	男	汉	方田乡	1965 年	三明市第二医院	主任医师
丘新增	男	汉	湖村镇	1970 年 4 月	宁化城东中学	中学高级教师
丘　静	女	汉	翠江镇	1962 年 1 月	广东省珠海疾病预防控制中心	主任技师
丘嘉臣	男	汉	泉上镇	1970 年 9 月	广州白云机场财务处	高级会计师
丘嘉海	男	汉	石壁镇	1966 年	江西水利水电学校	副教授
付天生	男	汉	水茜乡	1964 年 6 月	宁化县济村中心学校	中学高级教师
付永能	男	汉	水茜乡	1972 年 11 月	宁化县安远初级中学	中学高级教师
付寿根	男	汉	翠江镇	1954 年 11 月	宁化县中沙卫生院	副主任医师
付金河	男	汉	曹坊乡	1967 年 6 月	福建省宁化第三中学	中学高级教师

续人物表1

姓　名	性别	民族	籍贯	出生年月	工　作　单　位	职　称
付重江	男	汉	安远乡	1966 年 5 月	宁化县安远初级中学	中学高级教师
宁仲根	男	汉	安远乡	1961 年 3 月	宁化县农业局植保站	高级农艺师
冯国源	男	汉	曹坊乡	1968 年 10 月	福建省宁化第一中学	中学高级教师
朱易清	女	汉	翠江镇	1965 年 3 月	福建省宁化第七中学	中学高级教师
朱承添	男	汉	水茜乡	1961 年 7 月	福建省宁化第六中学	中学高级教师
伍小雄	男	汉	城南乡	1967 年 10 月	厦门金贝尔建材有限公司	高级工程师
伍水林	男	汉	淮土乡	1969 年 5 月	福建省宁化第二中学	中学高级教师
伍尾珠	女	汉	翠江镇	1965 年 12 月	福建省宁化第七中学	中学高级教师
伍国豪	男	汉	安远乡	1970 年 11 月	宁化县安远初级中学	中学高级教师
伍秉全	男	汉	淮土乡	1963 年 4 月	宁化县济村中心学校	中学高级教师
伍秉顺	男	汉	淮土乡	1970 年 9 月	福建省高速公路有限公司	高级工程师
伍秉清	男	汉	翠江镇	1962 年 12 月	宁化城东中学	中学高级教师
伍秉淦	男	汉	翠江镇	1967 年 7 月	福建省宁化第六中学	中学高级教师
伍啸青	男	汉	翠江镇	1964 年 1 月	厦门市疾病防控中心	主任医师
伍毓竹	男	汉	城郊乡	1957 年 11 月	宁化县教育局仪器站	中学高级教师
伍　璋	男	汉	翠江镇	1964 年 11 月	宁化县建设工程质量监督站	高级工程师
伊人龙	男	汉	翠江镇	1930 年 1 月	华东石油学院	高级工程师
伊元龙	男	汉	翠江镇	1936 年	南京水利工程学院	教授
伊文婷	女	汉	翠江镇	1972 年 10 月	福建幼儿师范高等专科学校	副教授(硕士)
伊永河	男	汉	翠江镇	1967 年 12 月	福建省宁化第一中学	中学高级教师
伊庆玲	女	汉	翠江镇	1960 年 9 月	福建省宁化第六中学	中学高级教师
伊庆荣	男	汉	翠江镇	1966 年 10 月	三明学院	副教授
伊光俅	男	汉	翠江镇	1930 年 10 月	中国人民解放军空军第九军后勤部	高级工程师
伊泽福	男	汉	翠江镇	1948 年 7 月	福建省宁化第六中学	中学高级教师
伊贤生	男	汉	河龙乡	1968 年 9 月	福建省宁化第一中学	中学高级教师
伊贤发	男	汉	河龙乡	1970 年 7 月	福建省宁化第四中学	中学高级教师
伊贤珍	男	汉	石壁镇	1963 年 6 月	福建省宁化第二中学	中学高级教师
伊贤辉	男	汉	翠江镇	1954 年 6 月	宁化县医院	副主任医师
伊琴华	女	汉	翠江镇	1957 年 12 月	宁化县中医院	副主任医师
伊瑰华	女	汉	翠江镇	1935 年	山东省济南市第二中学	中学高级教师
危德雄	男	汉	水茜乡	1963 年 9 月	宁化县曹坊中心小学	小学高级教师
危德麟	男	汉	中沙乡	1966 年 3 月	宁化县建筑工程造价管理站	高级工程师
刘子荣	男	汉	安乐乡	1972 年 10 月	宁化县安乐中心学校	中学高级教师
刘为林	男	汉	治平畲族乡	1967 年 10 月	广东省大宝山矿业公司	高级工程师
刘水星	男	汉	安乐乡	1971 年 1 月	宁化城东中学	中学高级教师
刘玉兰	女	汉	翠江镇	1973 年 9 月	福建省宁化第六中学	中学高级教师
刘玉琴	女	汉	安远乡	1958 年 10 月	福建省宁化第六中学	中学高级教师
刘　平	男	汉	石壁镇	1966 年 7 月	福建省宁化第二中学	中学高级教师

续人物表 1

姓 名	性别	民族	籍贯	出生年月	工 作 单 位	职 称
刘训仁	男	汉	安乐乡	1936 年 2 月	沙县林业局	教授级高级工程师
刘永荣	男	汉	翠江镇	1963 年 7 月	福建省宁化第七中学	中学高级教师
刘年生	男	汉	翠江镇	1967 年 12 月	福建省宁化第一中学	中学高级教师
刘华和	男	汉	翠江镇	1965 年 1 月	福建省三明工贸学校	高级讲师
刘先湘	男	汉	淮土乡	1946 年 12 月	福建省宁化第一中学	中学高级教师
刘伟森	男	汉	中沙乡	1972 年 11 月	福建省宁化第一中学	中学高级教师
刘丽珍	女	汉	翠江镇	1967 年 7 月	北京市公用事业科学研究所	教授级高级工程师(硕士)
刘肖中	男	汉	翠江镇	1933 年 7 月	福建省宁化第一中学	中学高级教师
刘秀文	男	汉	安乐乡	1970 年 1 月	宁化城东中学	中学高级教师
刘良和	男	汉	曹坊乡	1966 年 3 月	福建省宁化第一中学	中学高级教师
刘贤昌	男	汉	安远乡	1971 年 2 月	福建师范大学经济学院	副教授(博士)
刘忠斌	男	汉	安远乡	1959 年 1 月	宁化县安远初级中学	中学高级教师
刘若嘉	男	汉	翠江镇	1965 年 6 月	三明市第一中学	中学特级教师
刘宝春	男	汉	翠江镇	1962 年 7 月	三明市药品检验所	副主任药师
刘宝繁	男	汉	安远乡	1961 年 12 月	宁化县安远初级中学	中学高级教师
刘建平	男	汉	安远乡	1963 年 9 月	宁化县卫生监督所	副主任技师
刘荣章	男	汉	方田乡	1967 年 2 月	福建农科院农经与信息情报所	副研究员(硕士)
刘振宇	男	汉	淮土乡	1966 年 5 月	宁化县审计局	高级会计师
刘雪琳	男	汉	翠江镇	1964 年 10 月	福建省宁化第一中学	中学高级教师
刘善修	男	汉	淮土乡	1966 年 12 月	福建省宁化第六中学	中学高级教师
刘善炎	男	汉	治平畲族乡	1963 年 1 月	福建省宁化第七中学	中学高级教师
江建波	男	汉	泉上镇	1965 年 9 月	宁化县泉上初级中学	中学高级教师
江瑞平	男	汉	石壁镇	1969 年 12 月	福建省宁化第六中学	中学高级教师
池生能	男	汉	治平畲族乡	1966 年 7 月	福建水口发电有限公司	高级工程师
池挺周	男	汉	治平畲族乡	1963 年 4 月	福建省宁化第一中学	中学高级教师
池挺谋	男	汉	治平畲族乡	1964 年 1 月	福建省宁化第一中学	中学高级教师
汤维宁	男	汉	曹坊乡	1964 年 5 月	兴业银行福州分行	高级政工师
许仲聪	男	汉		1942 年	福建省肿瘤医院	主任医师
许兆光	男	汉	泉上镇	1970 年 1 月	厦门市中医院骨科	副主任医师
许兆河	男	汉	泉上镇	1969 年 5 月	福建省宁化第六中学	中学高级教师
阴小秋	女	汉	翠江镇	1967 年 9 月	福建省宁化第一中学	中学高级教师
阴天泉	男	汉	翠江镇	1953 年 6 月	集美大学	副教授
阴天乾	男	汉	翠江镇	1958 年 9 月	中共宁化县委党校	高级讲师
阴以鸣	男	汉	翠江镇	1937 年	上海教育学院外语系	副教授
阴立明	男	汉	中沙乡	1969 年 7 月	福建省宁化第一中学	中学高级教师
阴亚东	男	汉	翠江镇	1981 年 6 月	中国科学院微电子研究所	副研究员(博士)
阴存欣	男	汉	中沙乡	1972 年 2 月	北京市市政工程设计总院	教授级高级工程师(博士)
阴存璋	男	汉	翠江镇	1973 年 7 月	宁化县村镇建设管理站	高级工程师

续人物表 1

姓 名	性别	民族	籍贯	出生年月	工 作 单 位	职 称
阴寿玉	女	汉	翠江镇	1970 年 12 月	三明日报社	主任记者
阴常熹	男	汉	翠江镇	1936 年 11 月	广西壮族自治区南宁市机械厂	高级政工师
孙万年	男	汉	石壁镇	1949 年 11 月	宁化县教育局教育督导室	中学高级教师
孙小川	男	汉	石壁镇	1969 年 12 月	福建省宁化第二中学	中学高级教师
孙卫星	男	汉	淮土乡	1958 年 9 月	福建天衡联合律师事务所	一级律师
孙扬铭	男	汉	淮土乡	1967 年 10 月	福建省宁化第六中学	中学高级教师
孙红平	男	汉	淮土乡	1972 年 10 月	福建省宁化第二中学	中学高级教师
孙寿华	男	汉	淮土乡	1972 年 6 月	福建省宁化第二中学	中学高级教师
孙益群	男	汉	淮土乡	1968 年 1 月	福建省宁化第三中学	中学高级教师
孙瑞发	男	汉	淮土乡	1947 年 9 月	宁化县安乐中心学校	小学高级教师
孙翠榕	女	汉	淮土乡	1963 年 4 月	三明市梅列区进修学校	中学高级教师
杜盛伙	男	汉	翠江镇	1969 年 9 月	福建省宁化第一中学	中学高级教师
巫元荣	男	汉	翠江镇	1963 年 1 月	中国国际钢铁制品有限公司	高级工程师
巫升府	男	汉	济村乡	1971 年 1 月	宁化城东中学	中学高级教师
巫升根	男	汉	翠江镇	1968 年 2 月	宁化县方田中心学校	中学高级教师
巫升能	男	汉	翠江镇	1957 年 1 月	三明市第九中学	中学高级教师
巫升鑫	男	汉	城郊乡	1972 年 11 月	福建省烟草公司	高级农艺师
巫立文	男	汉	石壁镇	1964 年 11 月	宁化县淮土初级中学	中学高级教师
巫立福	男	汉	石壁镇	1970 年 5 月	福建省宁化第一中学	中学高级教师
巫永富	男	汉	方田乡	1969 年 12 月	福建省三明工贸学校	高级讲师
巫华仁	男	汉	城郊乡	1967 年 4 月	三明市水电工程有限公司	高级工程师
巫英美	男	汉	翠江镇	1654 年 6 月	宁化县计生服务站	副主任医师
巫松青	男	汉	翠江镇	1968 年 2 月	福建省宁化第六中学	中学高级教师
巫爱萍	女	汉	翠江镇	1967 年 11 月	宁化城东中学	中学高级教师
巫堂生	男	汉	城南乡	1964 年 5 月	福建省宁化第六中学	中学高级教师
巫雅洪	男	汉	安乐乡	1967 年 11 月	宁化城东中学	中学高级教师
巫朝新	男	汉	翠江镇	1960 年 5 月	福建水利电力职业技术学院	副教授
巫瑞金	男	汉	城郊乡	1964 年 12 月	福建省宁化第四中学	中学高级教师
巫瑞智	男	汉	城郊乡	1977 年 3 月	哈尔滨工业大学	教授(博士)
巫瑞稳	男	汉	翠江镇	1960 年 1 月	宁化职业中专学校	中学高级教师
巫瑞燊	男	汉	济村乡	1961 年 9 月	宁化县济村中心学校	中学高级教师
巫瑞鑫	男	汉	安乐乡	1964 年 11 月	三明钢铁厂医院	副主任医师
巫锡禾	男	汉	济村乡	1932 年	中国纺织大学	教授
巫锡民	男	汉	翠江镇	1935 年	航空航天工业部通用基础标准化技术委员会	高级工程师
巫锡良	男	汉	翠江镇	1964 年 6 月	福建省地震局	高级工程师
巫锡新	男	汉	石壁镇	1952 年 10 月	福建省宁化第二中学	中学高级教师
巫锡新	男	汉	方田乡	1969 年 2 月	宁化县方田中心学校	中学高级教师

续人物表1

姓　名	性别	民族	籍贯	出生年月	工　作　单　位	职　　称
巫锡煌	男	汉	石壁镇	1968 年 12 月	宁化县医院	副主任医师
巫震宇	男	汉	翠江镇	1970 年 7 月	工商银行福州城门支行	高级经济师
李上彬	男	汉	淮土乡	1967 年 9 月	宁化县食用菌生产开发办公室	高级农艺师
李小源	男	汉	泉上镇	1973 年 9 月	中国国际贸易促进会北京分会	高级经济师
李元德	男	汉	安乐乡	1969 年 11 月	宁化县医院	副主任医师
李云宽	男	汉	安乐乡	1975 年 1 月	福州大学生物制药研究所	研究员
李文峰	男	汉	翠江镇	1968 年 9 月	福建省宁化第一中学	中学高级教师
李正西	男	汉	翠江镇	1938 年	金陵石化公司南京炼油厂	高级工程师
李正海	男	汉		1927 年	内蒙古包头市 202 厂机动处	高级工程师
李四平	男	汉	治平畲族乡	1966 年 12 月	福建省宁化第二中学	中学高级教师
李华明	男	汉	曹坊乡	1968 年 7 月	福建省宁化第三中学	中学高级教师
李芳琴	女	汉	翠江镇	1959 年 5 月	宁化县动物疾病预防控制中心	高级兽医师
李良周	男	汉	安远乡	1962 年 9 月	宁化县安远初级中学	中学高级教师
李奇珍	男	汉	河龙乡	1964 年 11 月	福建省宁化第四中学	中学高级教师
李贤思	男	汉	安远乡	1966 年 6 月	宁化县医院	副主任医师
李定良	男	汉	水茜乡	1940 年 11 月	福建省宁化第六中学	中学高级教师
李建华	女	汉	翠江镇	1957 年 2 月	福建省农科院农业经济与技术信息研究所	研究员
李国良	男	汉	河龙乡	1962 年 9 月	福建省宁化第一中学	中学高级教师
李明继	男	汉	湖村镇	1942 年 12 月	福建省宁化第六中学	中学高级教师
李树荣	男	汉		1938 年	河北省邢台市林业局	高级工程师
李厚华	男	汉	石壁镇	1962 年 10 月	福建省宁化第六中学	中学高级教师
李厚炎	男	汉	淮土乡	1965 年 1 月	福建省宁化第一中学	中学高级教师
李厚贵	男	汉	石壁镇	1968 年 1 月	宁化县医院	副主任医师
李显煜	男	汉	治平畲族乡		深圳市宏雅景观园林绿化有限公司	高级工程师
李科怡	男	汉	石壁镇	1968 年 2 月	宁化县医院	副主任医师
李　晔	男	汉	石壁镇	1974 年 5 月	同济大学研究生院	教授(博士)
李隆光	男	汉	治平畲族乡	1955 年 4 月	宁化职业中专学校	中学高级教师
李　辉	男	汉	淮土乡	1965 年 4 月	福建省宁化第六中学	中学高级教师
李朝云	女	汉	泉上镇	1970 年 2 月	福建省宁化第一中学	中学高级教师
李道兴	男	汉	淮土乡	1948 年 11 月	福建省宁化第二中学	中学高级教师
李震寰	男	汉	安远乡	1942 年 3 月	宁化县湖村中心学校	中学高级教师
杨尤新	女	汉	翠江镇	1941 年	中国原子能研究院附属职工医院	副主任医师
杨立仁	男	汉	石壁镇	1960 年 10 月	福建省宁化第二中学	中学高级教师
杨立美	男	汉	石壁镇	1934 年 10 月	宁化县医院	副主任医师
杨建平	男	汉	湖村镇	1959 年 9 月	宁化县中医院	主任医师
杨建华	男	汉	湖村镇	1962 年 10 月	福建省宁化第六中学	中学高级教师
杨选耘	男	汉	城郊乡	1968 年 7 月	福建省三明工贸学校	高级讲师
杨洪钟	男	汉	淮土乡	1968 年 10 月	福建省宁化第一中学	中学高级教师

续人物表1

姓　名	性别	民族	籍贯	出生年月	工　作　单　位	职　　称
杨洪瑞	男	汉	翠江镇	1932 年 12 月	宁化县卫生防疫站	主任医师
杨爱萍	女	汉			上海市无线电二厂	高级工程师
杨　薇	女	汉	石壁镇	1962 年 12 月	福建省宁化县教师进修学校	中学高级教师
杨猷光	男	汉	翠江镇	1938 年 10 月	三明市光明生物化学系统工程研究所	高级农艺师
连允贵	男	汉	治平畲族乡	1967 年 7 月	福建省宁化第一中学	中学高级教师
连　翔	男	汉	治平畲族乡	1970 年 7 月	福建省宁化第六中学	中学高级教师
肖小奇	男	汉	翠江镇	1963 年 10 月	福建超平建筑设计有限公司	高级工程师
肖明远	男	汉	湖村镇	1968 年 12 月	宁化县泉上初级中学	中学高级教师
肖贵根	男	汉	湖村镇	1972 年 2 月	宁化县泉上初级中学	中学高级教师
肖高飞	男	汉	湖村镇	1963 年 2 月	宁化职业中专学校	中学高级教师
肖朝阳	男	汉	泉上镇	1968 年 12 月	福建省宁化第一中学	中学高级教师
肖毓云	男	汉	泉上镇	1965 年 9 月	福建省宁化第一中学	中学高级教师
吴元水	女	汉	石壁镇	1968 年 3 月	福建省宁化第二中学	中学高级教师
吴云英	女	汉	翠江镇	1964 年 9 月	福建省宁化第六中学	中学高级教师
吴公明	男	汉	翠江镇	1935 年 8 月	上海交通大学塑料成型工程系	教授
吴东明	男	汉	淮土乡	1965 年 9 月	福建省宁化第一中学	中学高级教师
吴仕仁	男	汉	石壁镇	1956 年 10 月	福建省宁化第二中学	中学高级教师
吴仕兴	男	汉	淮土乡	1959 年 5 月	福建省宁化第六中学	中学高级教师
吴仕松	男	汉	淮土乡	1966 年 9 月	福建省宁化第二中学	中学高级教师
吴扬灶	男	汉	济村乡	1963 年 11 月	福建省永安轴承有限责任公司	高级经济师
吴西南	男	汉	淮土乡	1967 年 6 月	福建省宁化第一中学	中学高级教师
吴光云	男	汉	中沙乡	1965 年 5 月	三明市水利局	高级工程师
吴光远	男	汉	石壁镇	1975 年 7 月	福建省宁化第二中学	中学高级教师
吴光顺	男	汉	石壁镇	1953 年 2 月	福建省宁化第一中学	中学高级教师
吴优全	男	汉	淮土乡	1967 年 9 月	福建省宁化第六中学	中学高级教师
吴运军	男	汉	淮土乡	1973 年 12 月	福建省闽粮购销有限公司	高级会计师
吴连英	男	汉	湖村镇	1972 年 3 月	福建省宁化县教师进修学校	中学高级教师
吴良炘	男	汉	翠江镇	1952 年 9 月	福建省宁化第一中学	中学高级教师
吴茂林	男	汉	淮土乡	1968 年 9 月	宁化县医院	副主任药师
吴贤标	男	汉	安远乡	1949 年 5 月	宁化县安远卫生院	副主任药师
吴昌立	男	汉	石壁镇	1956 年 11 月	宁化县医院	主任医师
吴昌汉	男	汉	济村乡	1964 年 12 月	中国石油西气东输管道公司	高级工程师
吴昌兴	男	汉	石壁镇	1973 年 6 月	三明市高速公路有限公司	高级工程师
吴昌辉	男	汉	石壁镇	1973 年 3 月	福建省南方林业发展有限公司	高级工程师
吴和平	男	汉	泉上镇	1954 年 9 月	宁化县泉上初级中学	中学高级教师
吴和国	男	汉	泉上镇	1963 年 7 月	福建省宁化第四中学	中学高级教师
吴金老	男	汉	安乐乡	1963 年 5 月	宁化县安乐中心学校	中学高级教师
吴河流	男	汉	淮土乡	1944 年 9 月	宁化县林业局	高级工程师

续人物表1

姓　名	性别	民族	籍贯	出生年月	工 作 单 位	职 称
吴细玲	女	汉	翠江镇	1971 年 4 月	三明学院	副教授
吴显智	男	汉	泉上镇	1966 年 12 月	宁化县泉上初级中学	中学高级教师
吴贵根	男	汉	水茜乡	1969 年 9 月	中共福建省委党校	副教授
吴桂良	男	汉	淮土乡	1976 年 9 月	中央电视台	高级记者
吴家喜	男	汉	中沙乡	1975 年 10 月	科技部信息研究所	副研究员(博士)
吴祥秀	女	汉	石壁镇	1967 年 4 月	福建省宁化第七中学	中学高级教师
吴梓财	男	汉	淮土乡	1970 年 1 月	宁化城东中学	中学高级教师
吴 敏	男	汉	石壁镇	1968 年 10 月	福建省宁化第六中学	中学高级教师
吴彩昌	男	汉	淮土乡	1944 年 10 月	福建省宁化第二中学	中学高级教师
吴彩强	男	汉	石壁镇	1973 年 4 月	浙江理工大学西方哲学学院	副教授(博士)
吴景云	男	汉	翠江镇	1938 年	清流县畜牧水产局	高级兽医师
吴景中	男	汉	石壁镇	1966 年 11 月	福建省宁化第七中学	中学高级教师
吴锋泉	男	汉	翠江镇	1978 年 12 月	国家天文台(北京)	副教授(博士)
吴斌连	男	汉	淮土乡	1963 年 7 月	福建省宁化第一中学	中学高级教师
吴登红	男	汉	淮土乡	1960 年 9 月	宁化县淮土初级中学	中学高级教师
吴登财	男	汉	淮土乡	1972 年 9 月	福建省水利规划设计院	高级工程师
吴瑞祥	男	汉	石壁镇	1960 年 12 月	福建省宁化第六中学	中学高级教师
吴腾芳	男	汉	翠江镇	1941 年 10 月	福建省宁化第一中学	中学高级教师
吴锦田	男	汉	翠江镇	1935 年 7 月	宁化县医院	副主任医师
吴新生	男	汉	城南乡	1969 年 6 月	宁化城东中学	中学高级教师
吴榕君	男	汉			福建省肿瘤医院	主任医师
邱大林	男	汉	水茜乡	1962 年 9 月	福建省宁化第六中学	中学高级教师
邱加良	男	汉	翠江镇	1966 年 11 月	宁化县医院	主任医师
邱加凌	男	汉	城南乡	1969 年 12 月	福建省宁化第六中学	中学高级教师
邱先波	男	汉	翠江镇	1946 年 2 月	成都铁路局	高级会计师
邱先洪	男	汉	水茜乡	1962 年 11 月	北京全企会计律师事务所	高级会计师
邱先辉	男	汉	翠江镇	1957 年 4 月	厦门市中医院	主任医师
邱芳芳	女	汉	水茜乡	1963 年 1 月	中共宁化县委党校	高级讲师
邱尾金	女	汉	翠江镇	1964 年 7 月	宁化县医院	副主任护师
邱肯堂	男	汉	石壁镇	1950 年 11 月	青岛国家海洋局北海分局	高级工程师
邱建华	男	汉	水茜乡	1971 年 9 月	福建省宁化第六中学	中学高级教师
邱春兰	女	汉	淮土乡	1962 年 5 月	宁化县医院	副主任护师
邱衍霖	男	汉	泉上镇	1960 年 8 月	福建省宁化县教师进修学校	中学高级教师
邱桂如	女	汉	泉上镇	1967 年 11 月	宁化县农业技术推广站	高级农艺师
邱晓华	男	汉	城郊乡	1958 年 1 月	国家统计局	高级研究员
邱盛德	男	汉	石壁镇	1945 年 7 月	宁化县中医院	副主任医师
邱蕃翔	男	汉	泉上镇	1962 年 5 月	福建省宁化第六中学	中学高级教师
邱德恩	男	汉	城郊乡	1966 年 10 月	宁化县安远初级中学	中学高级教师

续人物表 1

姓 名	性别	民族	籍贯	出生年月	工 作 单 位	职 称
邱爵伏	男	汉	城郊乡	1968 年 7 月	福建省宁化第六中学	中学高级教师
邱爵焕	男	汉	城郊乡	1961 年 2 月	福建省宁化第六中学	中学高级教师
何正林	男	汉	中沙乡	1968 年 9 月	福建省宁化县教师进修学校	中学高级教师
何伟建	男	汉	翠江镇	1970 年 6 月	宁化县药品检验所	副主任药师
何金玉	男	汉	中沙乡	1965 年 1 月	宁化县湖村中心学校	中学高级教师
何祯明	男	汉	淮土乡	1951 年 11 月	宁化县医院	副主任医师
余可鸿	男	汉	方田乡	1967 年 9 月	宁化县教育局	中学高级教师
余伙根	男	汉	中沙乡	1968 年 5 月	福建省宁化第四中学	中学高级教师
余爱林	男	汉	水茜乡	1962 年 12 月	福建省宁化第六中学	中学高级教师
余新福	男	汉	中沙乡	1965 年 1 月	三明市水利局	高级工程师
邹光华	男	汉	翠江镇	1947 年 10 月	福建省宁化第六中学	中学高级教师
邹光林	男	汉	石壁镇	1966 年 9 月	福建省宁化第一中学	中学高级教师
邹红颎	女	汉	翠江镇	1940 年	广东省茂名市氮肥厂	高级工程师
邹金根	女	汉	水茜乡	1964 年 9 月	福建省宁化第六中学	中学高级教师
邹烈庆	男	汉			上海无线电专用机械厂	高级工程师
邹敏华	女	汉	翠江镇	1959 年 11 月	闽江学院音乐系	副教授
邹锦能	男	汉	水茜乡	1969 年 7 月	宁化城东中学	中学高级教师
邹德香	女	汉	翠江镇	1953 年 9 月	宁化县医院	主任医师
张乃雄	男	汉	翠江镇	1949 年 8 月	福建省宁化第一中学	中学高级教师
张力田	男	汉	石壁镇	1932 年 5 月	海南省崖县	高级农艺师
张广斌	男	汉	曹坊乡	1968 年 8 月	厦门大学附属厦门眼科中心	副主任医师(硕士)
张小强	男	汉	石壁镇	1975 年 9 月	西南大学	教授
张天发	男	汉	方田乡	1968 年 6 月	福建省宁化第一中学	中学高级教师
张天荣	男	汉	石壁镇	1963 年 5 月	宁化县土壤肥料站	高级农艺师
张天锋	男	汉	淮土乡	1973 年 1 月	宁化县淮土初级中学	中学高级教师
张元圣	男	汉	石壁镇	1975 年 11 月	福建省宁化第二中学	中学高级教师
张元光	男	汉	石壁镇	1962 年 4 月	宁化林业局林业科技中心	高级工程师
张元标	男	汉	淮土乡	1976 年 5 月	国家海洋局第三海洋研究所	研究员
张元辉	男	汉	石壁镇	1970 年 9 月	福建省宁化第六中学	中学高级教师
张日长	男	汉	曹坊乡	1968 年 3 月	福建省宁化第三中学	中学高级教师
张长水	男	汉	石壁镇	1957 年 9 月	福建省宁化第七中学	中学高级教师
张长林	男	汉	石壁镇	1953 年 3 月	福建省宁化第二中学	中学高级教师
张仁坚	男	汉	石壁镇	1956 年 7 月	福建省宁化第二中学	中学高级教师
张仁柏	男	汉	石壁镇	1959 年 1 月	宁化职业中专学校	中学高级教师
张凤英	女	汉	石壁镇	1967 年 2 月	福建省宁化县教师进修学校	中学高级教师
张文长	男	汉	淮土乡	1962 年 1 月	福建省宁化第六中学	中学高级教师
张玉珠	女	汉	翠江镇	1953 年 11 月	福州经济开发区医院	副主任医师
张龙明	男	汉	石壁镇	1965 年 1 月	福建省宁化第一中学	中学高级教师

续人物表 1

姓 名	性别	民族	籍贯	出生年月	工 作 单 位	职 称
张平忠	男	汉	石壁镇	1973 年 6 月	福建教育学院	副教授(博士)
张东平	男	汉	淮土乡	1966 年 12 月	福建天衡联合律师事务所	二级律师(博士)
张生才	男	汉	淮土乡	1965 年 12 月	福建省宁化第二中学	中学高级教师
张礼洪	男	汉	翠江镇	1971 年 12 月	华东政法大学	教授(博士)
张永福	男	汉	湖村镇	1962 年 12 月	福建省宁化第一中学	中学高级教师
张发春	男	汉	淮土乡	1962 年 5 月	宁化县济村中心学校	小学高级教师
张发标	男	汉	石壁镇	1963 年 12 月	福建省宁化第二中学	中学高级教师
张发亮	男	汉	石壁镇	1971 年 10 月	福建省宁化第四中学	中学高级教师
张 伟	男	汉	治平畲族乡	1967 年 6 月	福建省宁化第一中学	中学高级教师
张过路	男	汉	淮土乡	1949 年 8 月	复旦大学计算机系	副教授
张先辉	男	汉	石壁镇	1949 年 1 月	宁化县石壁卫生院	副主任医师
张华云	男	汉	石壁镇	1973 年 11 月	福建省宁化第二中学	中学高级教师
张华林	男	汉	石壁镇	1971 年 9 月	福建省宁化第二中学	中学高级教师
张华忠	男	汉	石壁镇	1971 年 4 月	福建省宁化第六中学	中学高级教师
张华金	女	汉	翠江镇	1965 年 9 月	三明市中西医结合医院	高级会计师
张华荣	男	汉	石壁镇	1966 年 5 月	福建省三明工贸学校	高级讲师
张会英	女	汉	翠江镇	1971 年 8 月	福建省水利电力职业技术学院	高级会计师
张兴华	男	汉	城郊乡	1969 年 3 月	宁化县方田中心学校	中学高级教师
张兴明	男	汉	石壁镇	1973 年 3 月	福建省宁化第一中学	中学高级教师
张安金	男	汉	石壁镇	1960 年 7 月	福建省宁化县教师进修学校	中学高级教师
张 杨	男	汉	石壁镇	1968 年 9 月	福建华电储运公司	高级工程师
张 宏	男	汉	淮土乡	1971 年 10 月	福建省宁化第一中学	中学高级教师
张寿南	男	汉	水茜乡	1957 年 9 月	宁化县经济作物技术站	高级农艺师
张运达	男	汉	石壁镇	1935 年 9 月	内蒙古自治区农业科学院	高级农艺师
张运周	男	汉	石壁镇	1966 年 9 月	福建省宁化第二中学	中学高级教师
张运徽	男	汉	石壁镇	1943 年 10 月	三明学院	高级工程师
张志诚	男	汉	石壁镇	1965 年 2 月	宁化城东中学	中学高级教师
张声良	男	汉	河龙乡	1970 年 9 月	宁化县建设工程质量监督站	高级工程师
张连珣	男	汉	石壁镇	1967 年 1 月	福建省宁化第六中学	中学高级教师
张利云	男	汉	淮土乡	1964 年 9 月	福建省宁化第六中学	中学高级教师
张秀林	女	汉	石壁镇	1972 年 12 月	宁化城东中学	中学高级教师
张良弓	男	汉	翠江镇	1944 年 1 月	宁化林业科技推广中心	高级工程师
张良老	男	汉	石壁镇	1966 年 9 月	福建省宁化第二中学	中学高级教师
张启才	男	汉	曹坊乡	1969 年 6 月	宁化城东中学	中学高级教师
张启流	男	汉	石壁镇	1945 年 10 月	福建省宁化第一中学	中学高级教师
张启谋	男	汉	石壁镇	1938 年	陕西日报社	主任编辑
张启鸿	男	汉	方田乡	1963 年 1 月	宁化职业中专学校	中学高级教师
张初永	男	汉	淮土乡	1963 年 11 月	四川省攀枝花钢铁集团煤化工公司	高级工程师

续人物表 1

姓　名	性别	民族	籍贯	出生年月	工　作　单　位	职　称
张初利	男	汉	石壁镇	1969 年 7 月	福建省宁化第二中学	中学高级教师
张初望	男	汉	石壁镇		福建省电力局水调中心	高级工程师
张招才	男	汉	石壁镇	1950 年 7 月	宁化县医院	副主任医师
张贤礼	男	汉	石壁镇	1964 年 10 月	福建省宁化第二中学	中学高级教师
张贤旺	男	汉	石壁镇	1963 年 5 月	福州市第 24 中学	中学高级教师
张旺云	男	汉	济村乡	1966 年 9 月	福建省宁化第三中学	中学高级教师
张旺茂	男	汉	方田乡	1964 年 12 月	宁化县方田中心学校	中学高级教师
张旺添	男	汉	方田乡	1972 年 11 月	福建省宁化第三中学	中学高级教师
张国和	男	汉	石壁镇	1935 年 8 月	宁夏医学院	教授
张国柱	男	汉	石壁镇	1970 年 7 月	宁化职业中专学校	中学高级教师
张国族	男	汉	石壁镇	1953 年 9 月	福建省宁化第六中学	中学高级教师
张明伟	男	汉	淮土乡	1969 年 1 月	宁化县淮土初级中学	中学高级教师
张明钻	男	汉	济村乡	1969 年 9 月	福建省宁化第二中学	中学高级教师
张明祥	男	汉	湖村镇	1936 年 12 月	广州海运(集团)有限公司	高级船长
张明森	男	汉	淮土乡	1962 年 7 月	福建省三明工贸学校	高级讲师
张店金	女	汉	淮土乡	1965 年 4 月	三明市客家建筑设计院	高级工程师
张炎明	男	汉	石壁镇	1966 年 9 月	福建省宁化第一中学	中学高级教师
张河云	男	汉	方田乡	1968 年 7 月	宁化县中医院	副主任医师
张河平	男	汉	石壁镇	1971 年 3 月	福建省宁化第七中学	中学高级教师
张河进	男	汉	曹坊乡	1948 年 4 月	宁化县曹坊卫生院	副主任医师
张河远	男	汉	石壁镇	1966 年 1 月	福建省宁化第一中学	中学高级教师
张河昌	男	汉	方田乡	1968 年 7 月	宁化县村镇建设管理站	高级工程师
张河勇	男	汉	石壁镇	1968 年 9 月	福建省三明工贸学校	高级讲师
张河涌	男	汉	石壁镇	1965 年 12 月	宁化职业中专学校	中学高级教师
张河畴	男	汉	石壁镇	1953 年 10 月	福建省宁化第七中学	中学高级教师
张泽明	男	汉	湖村镇	1939 年 12 月	中共宁化县委农村工作领导小组办公室	高级农艺师
张泽珍	女	汉	翠江镇	1938 年 12 月	三明市第二医院妇产科	主任医师
张泽慧	女	汉	翠江镇	1935 年	上海科技大学	高级经济师
张　波	男	汉	石壁镇	1962 年 10 月	华南工业大学电力学院	教授
张定德	男	汉	淮土乡	1968 年 4 月	福建省宁化第一中学	中学高级教师
张建平	男	汉	石壁镇	1973 年 4 月	福建省宁化第二中学	中学高级教师
张建华	男	汉	翠江镇	1954 年 12 月	闽江学院	副教授
张建金	男	汉			南京军事学院	教授
张春常	男	汉	安乐乡	1970 年 12 月	广东省东莞君雄精密制造有限公司	高级工程师
张荣辉	男	汉	河龙乡	1972 年 1 月	宁化县水茜初级中学	中学高级教师
张标杰	男	汉	石壁镇	1973 年 4 月	宁化县医院	副主任医师
张标能	男	汉	石壁镇	1967 年 7 月	福建省宁化第七中学	中学高级教师
张标彬	男	汉	淮土乡	1962 年 12 月	福建省宁化第六中学	中学高级教师

续人物表1

姓 名	性别	民族	籍贯	出生年月	工 作 单 位	职 称
张星火	男	汉	石壁镇	1960 年 3 月	宁化县疾病预防控制中心	主任医师
张秋晖	男	汉	淮土乡	1970 年 4 月	福建省宁化第六中学	中学高级教师
张秋菊	女	汉	石壁镇	1966 年 12 月	福建省宁化第一中学	中学高级教师
张顺才	男	汉	石壁镇	1952 年 9 月	福建省宁化第二中学	中学高级教师
张胜浪	男	汉	石壁镇	1949 年 1 月	福建省宁化第二中学	中学高级教师
张 美	男	汉	石壁镇	1928 年 3 月	江西省赣南地区医院	教授
张美杰	男	汉	城郊乡	1969 年 9 月	福建省宁化第一中学	中学高级教师
张洪升	男	汉	石壁镇	1977 年 11 月	泉州市建设委员会房地产测绘大队	高级工程师
张祖渠	男	汉		1935 年	三明市水电设计院	高级工程师
张珠香	女	汉	石壁镇	1968 年 1 月	宁化城东中学	中学高级教师
张起律	男	汉	石壁镇	1965 年 9 月	三明市皮肤病医院宁化门诊部	副主任医师
张 桃	女	汉	翠江镇	1971 年 2 月	厦门大学海外教育学院华文系	副教授(博士)
张 晓	男	汉	石壁镇	1960 年 7 月	广东省广州市第二中医院	主任医师
张恩良	男	汉	石壁镇	1956 年 12 月	宁化县泉上初级中学	中学高级教师
张高兴	男	汉	济村乡	1970 年 11 月	龙岩学院资源工程学院	副教授
张益康	男	汉	河龙乡	1967 年 2 月	福建省宁化第一中学	中学高级教师
张 海	男	汉	翠江镇	1967 年 9 月	清华大学热能工程系	教授(博士)
张海云	女	汉	翠江镇	1969 年 10 月	福建省宁化第一中学	中学高级教师
张海涛	男	汉	翠江镇	1970 年 6 月	三明市第四医院	副主任医师
张海燕	男	汉	淮土乡	1967 年 11 月	福建省宁化第七中学	中学高级教师
张家彪	男	汉	翠江镇	1954 年 12 月	宁化县自来水公司	高级工程师
张祥艳	男	汉		1969 年	福州职业技术学院	副教授
张祥辉	男	汉	石壁镇	1966 年 9 月	福建省宁化第二中学	中学高级教师
张祥腾	男	汉	石壁镇	1963 年 7 月	宁化县安远初级中学	中学高级教师
张 梅	女	汉	翠江镇	1966 年 1 月	中国建筑第四工程局有限公司采购中心	高级经济师
张梅林	男	汉	石壁镇	1963 年 12 月	福建省宁化第一中学	中学高级教师
张跃云	男	汉	中沙乡	1966 年 4 月	福建省饲料工业公司	高级工程师(硕士)
张铭隆	男	汉	翠江镇	1962 年 1 月	宁化城东中学	中学高级教师
张彩琼	女	汉	石壁镇	1967 年 11 月	宁化职业中专学校	中学高级教师
张族进	男	汉	淮土乡	1951 年 4 月	宁化县地方志编纂委员会办公室	副编审
张族祥	男	汉	淮土乡	1950 年 11 月	宁化三明市皮肤病医院	主任医师
张望元	男	汉	翠江镇	1965 年 12 月	宁化县建设工程质量监督站	高级工程师
张望伟	男	汉	淮土乡	1966 年 9 月	三明市电力开发办公室	高级工程师
张望校	男	汉	淮土乡	1968 年 12 月	福建省宁化第六中学	中学高级教师
张清木	男	汉	石壁镇	1970 年 10 月	福建省宁化第六中学	中学高级教师
张清华	男	汉	石壁镇	1962 年 5 月	福建省宁化第七中学	中学高级教师
张清泽	男	汉	方田乡	1957 年 3 月	福建省宁化第六中学	中学高级教师
张清标	男	汉	淮土乡	1967 年 9 月	福建省宁化第七中学	中学高级教师

续人物表1

姓　名	性别	民族	籍贯	出生年月	工　作　单　位	职　称
张清显	男	汉	石壁镇	1964 年 10 月	宁化县城区拆迁事务所	高级工程师
张清炳	男	汉	石壁镇	1949 年 1 月	宁化县医院	主任医师
张清萍	男	汉	石壁镇	1965 年 5 月	福建省宁化第二中学	中学高级教师
张隆华	男	汉	石壁镇	1970 年 1 月	福建省宁化第六中学	中学高级教师
张隆榕	男	汉	石壁镇	1938 年 6 月	中国远洋运输(集团)总公司厦门远洋运输公司	高级工程师
张朝阳	男	汉	石壁镇	1965 年 3 月	福建省三明工贸学校	高级讲师
张森林	男	汉	石壁镇	1962 年 10 月	宁化县湖村中心学校	中学高级教师
张捷树	男	汉	石壁镇	1963 年 1 月	福建省三明工贸学校	高级讲师
张　斌	男	汉	淮土乡	1967 年 6 月	福建生态工程学院	高级讲师
张富林	男	汉	石壁镇	1955 年 4 月	宁化县泉上初级中学	中学高级教师
张景烘	男	汉	翠江镇	1939 年 10 月	中国海洋石油总公司	高级工程师
张瑞元	男	汉	石壁镇	1964 年 9 月	三明市市政工程管理处	高级工程师
张瑞佳	男	汉	石壁镇	1968 年 6 月	宁化城东中学	中学高级教师
张瑞淳	男	汉	济村乡	1965 年 6 月	宁化县济村中心学校	中学高级教师
张瑞衡	男	汉	济村乡	1966 年 4 月	福建省宁化第七中学	中学高级教师
张新生	男	汉	翠江镇	1966 年 7 月	福建省宁化第七中学	中学高级教师
张新河	男	汉	翠江镇	1975 年 3 月	宁化县建设工程质量监督站	高级工程师
张煌岩	男	汉	湖村镇	1966 年 2 月	福建省宁化第七中学	中学高级教师
张福良	男	汉	湖村镇	1970 年 8 月	福建省电力科学研究院	高级工程师
张群英	女	汉	石壁镇	1968 年	三明市人民医院皮肤科	副主任医师
张德能	男	汉	石壁镇	1954 年 6 月	宁化县中医院	副主任医师
张　毅	男	汉	石壁镇	1968 年 5 月	福建省宁化第一中学	中学高级教师
张　毅	男	汉	石壁镇	1968 年 6 月	厦门远洋公司	高级工程师
张　毅	男	汉	石壁镇	1962 年 7 月	省闽地建筑设计院	高级经济师
张耀行	男	汉	淮土乡	1959 年 7 月	宁化县农技站	高级农艺师
张耀珠	男	汉	石壁镇	1962 年 10 月	宁化县淮土初级中学	中学高级教师
张耀銮	男	汉	石壁镇	1936 年 7 月	上海市送变电工程公司	教授级高级工程师
陈仕国	男	汉	翠江镇	1968 年 12 月	福建省宁化第六中学	中学高级教师
陈永文	男	汉	水茜乡	1929 年 9 月	华东师范大学	教授
陈连发	男	汉	曹坊乡	1965 年 2 月	福建抗生素厂	高级工程师
陈连华	男	汉	曹坊乡	1967 年 3 月	宁化县疾病预防控制中心	副主任医师
陈应东	男	汉	石壁镇	1970 年 11 月	中国科学院地理科学与资源研究所	副教授(博士)
陈陆发	男	汉	曹坊乡	1963 年 9 月	福建省宁化第一中学	中学高级教师
陈尚馀	男	汉	中沙乡	1967 年 6 月	福建省宁化第一中学	中学高级教师
陈昌琦	男	汉	翠江镇	1971 年 3 月	福建省宁化第一中学	中学高级教师
陈金华	男	汉	水茜乡	1967 年 2 月	宁化职业中专学校	中学高级教师
陈金藻	男	汉	中沙乡	1956 年	福州经济开发区医院	副主任医师

续人物表 1

姓　名	性别	民族	籍贯	出生年月	工 作 单 位	职　称
陈帮征	男	汉	水茜乡	1965 年 11 月	宁化县疾病预防控制中心	副主任医师
陈荣华	男	汉	城郊乡	1964 年 2 月	宁化县建筑工程管理站	高级工程师
陈贵忠	男	汉	水茜乡	1967 年 11 月	宁化县实验小学	中学高级教师
陈　洁	男	汉	水茜乡	1968 年 1 月	三明市教育科学研究所	中学高级教师
陈朝月	男	汉	曹坊乡	1963 年 9 月	宁化县城乡规划建设局	高级工程师
陈惠银	女	汉	水茜乡	1967 年 1 月	宁化县泉上初级中学	中学高级教师
陈锋应	男	汉	治平畲族乡	1963 年 3 月	福建省三明工贸学校	高级讲师
陈瑞玲	女	汉	翠江镇	1965 年 10 月	三明市产品质量检验所	高级质量检验师
陈福水	男	汉	城郊乡	1970 年 6 月	宁化县安远初级中学	中学高级教师
范元秀	女	汉	泉上镇	1969 年 2 月	福建省宁化第六中学	中学高级教师
范进荣	男	汉	曹坊乡	1962 年 9 月	福建省宁化第三中学	中学高级教师
范忠华	男	汉	曹坊乡	1966 年 10 月	中共宁化县委党校	高级讲师
范忠华	男	汉	方田乡	1969 年 1 月	福建省测绘院	高级工程师
范泽民	男	汉	曹坊乡	1968 年 4 月	宁化城东中学	中学高级教师
范衍隆	男	汉	曹坊乡	1969 年 3 月	福建省宁化第三中学	中学高级教师
范珠香	女	汉	水茜乡	1955 年 4 月	宁化县中医院	副主任医师
范盛郁	男	汉	曹坊乡	1962 年 12 月	宁化县疾病预防控制中心	副主任医师
范登进	男	汉	泉上镇	1941 年	化工部沈阳化工研究院	高级工程师
林世寿	男	汉	翠江镇	1938 年 1 月	厦门市城乡建筑委员会	高级工程师
林　向	男	汉	翠江镇	1966 年 1 月	福建省老年医院	主任医师
林森煌	男	汉	翠江镇		福州市第三医院	主任医师
林翠玉	女	汉	水茜乡	1968 年 4 月	福建省宁化第一中学	中学高级教师
林禧龄	女	汉	翠江镇	1941 年 8 月	福建省农科院畜牧研究所	研究员(博士)
林　鑫	男	汉	安乐乡	1973 年 1 月	西北工业大学	教授(博士)
罗小平	男	汉	治平畲族乡	1976 年 10 月	航天科工集团第三研究院 31 所	高级工程师
罗世立	男	汉	方田乡	1964 年 6 月	福建省宁化第六中学	中学高级教师
罗世涛	男	汉	翠江镇	1938 年 1 月	厦门市城乡建筑委员会	高级工程师
罗东平	男	汉	淮土乡	1970 年 1 月	宁化县淮土初级中学	中学高级教师
罗永倩	女	汉	翠江镇	1965 年 2 月	福建省教育生产供应管理办公室	副研究馆员
罗发挥	男	汉	淮土乡	1965 年 3 月	福建省宁化第二中学	中学高级教师
罗廷杰	男	汉	方田乡	1970 年 3 月	宁化县方田中心学校	中学高级教师
罗华洲	男	汉	济村乡	1973 年 2 月	福建交通职业中专学校	高级讲师
罗伙荣	男	汉	翠江镇	1965 年 3 月	福建省宁化第一中学	中学高级教师
罗伙根	男	汉	安乐乡	1973 年 4 月	福建省宁化第二中学	中学高级教师
罗运生	男	汉	淮土乡	1966 年 11 月	福建省宁化第二中学	中学高级教师
罗宏伟	男	汉	翠江镇	1967 年 10 月	宁化县勘察测量队	高级工程师
罗昌文	男	汉	淮土乡	1971 年 5 月	宁化县淮土初级中学	中学高级教师
罗昌尧	男	汉	淮土乡	1953 年 10 月	宁化县淮土初级中学	中学高级教师

续人物表 1

姓　名	性别	民族	籍贯	出生年月	工　作　单　位	职　称
罗昌华	男	汉	淮土乡	1950 年 3 月	宁化县淮土初级中学	中学高级教师
罗昌高	男	汉	淮土乡	1971 年 9 月	福建省宁化第二中学	中学高级教师
罗忠钦	男	汉	泉上镇	1963 年 5 月	福建省宁化第一中学	中学高级教师
罗金财	女	汉	淮土乡	1964 年 1 月	宁化县医院	副主任护师
罗荣宗	男	汉	翠江镇	1925 年 4 月	天津市新华职工大学	教授
罗珍宝	男	汉	淮土乡	1971 年 4 月	宁化县泉上初级中学	中学高级教师
罗政	男	汉	安乐乡	1966 年 4 月	新华通讯社港台部	主任记者
罗香珠	女	汉	城郊乡	1968 年 1 月	福建省宁化第一中学	中学高级教师
罗爱萍	女	汉	翠江镇	1940 年	上海无线电二厂	高级工程师
罗宽发	男	汉	安乐乡	1968 年 7 月	海南省海口火电厂	高级工程师
罗隆辉	男	汉	济村乡	1968 年 7 月	福建省宁化第一中学	中学高级教师
罗雁	男	汉	安乐乡	1973 年	江西经济管理干部学院	副教授
罗雄飞	男	汉	淮土乡	1964 年 10 月	江西财经大学经济学院	教授(博士)
罗滨	男	汉	淮土乡	1963 年 2 月	泉州市第四医院	副主任医师
周以云	男	汉	安乐乡	1966 年 9 月	福建省宁化第三中学	中学高级教师
周辅标	男	汉	水茜乡	1961 年 9 月	宁化县水茜初级中学	中学高级教师
郑世佑	男	汉	安远乡	1938 年 1 月	宁化县林业局	高级工程师
官义金	男	汉	淮土乡	1967 年 2 月	福建省宁化第六中学	中学高级教师
官火旺	男	汉	泉上镇	1973 年 2 月	福建省宁化第一中学	中学高级教师
官步进	男	汉	曹坊乡	1957 年 7 月	福建省宁化第七中学	中学高级教师
官良清	男	汉	湖村镇	1969 年 1 月	福建省马尾造船股份有限公司船舶研究所	高级工程师
官贵德	男	汉	城南乡	1961 年 11 月	宁化县农业技术推广站	高级农艺师
胡可清	女	汉	石壁镇	1959 年 9 月	福州市鼓楼医院	副主任医师
胡国龙	男	汉	翠江镇	1945 年 2 月	宁化县医院	主任医师
钟东林	男	畲	河龙乡	1969 年 4 月	宁化县动物疾病预防控制中心	高级兽医师
钟华平	男	汉	翠江镇	1968 年 1 月	厦门市广播电视集团	主任记者
钟孟仁	男	汉	翠江镇	1936 年	广西壮族自治区电力工业勘察设计院	高级工程师
钟洪辉	男	汉	泉上镇	1967 年 1 月	宁化县泉上初级中学	中学高级教师
修金生	男	汉	翠江镇	1957 年	福建农业大学动物科学学院	副教授
俞玖长	男	汉	安乐乡	1966 年 9 月	福建省宁化第一中学	中学高级教师
俞达驯	男	汉	安乐乡	1930 年	黑龙江省哈尔滨锅炉厂	高级政工师
俞显岚	男	汉	安乐乡	1928 年 3 月	新疆维吾尔自治区乌鲁木齐市军事气象局	高级工程师
俞素平	男	汉	湖村镇	1959 年 9 月	福建省交通学院	副教授
俞爱珠	女	汉	安乐乡	1956 年 9 月	宁化县中医院	副主任医师
俞翔鹏	男	汉	安乐乡	1970 年 2 月	中国铁路工程总公司二十四局铁路建设有限公司	高级工程师
施向华	女	汉	翠江镇	1969 年 5 月	宁化县经营管理站	高级经济师

续人物表 1

姓 名	性别	民族	籍贯	出生年月	工 作 单 位	职 称
施杨松	男	汉	翠江镇	1937 年 12 月	宁化县技术监督局	高级工程师
桂启清	男	汉	曹坊乡	1955 年 1 月	福建省宁化第六中学	中学高级教师
夏仁标	男	汉	安乐乡	1962 年 10 月	宁化县安乐中心学校	中学高级教师
夏水发	男	汉	安乐乡	1965 年 9 月	福建省宁化第三中学	中学高级教师
夏建业	男	汉	曹坊乡	1965 年 11 月	宁化县房地产管理所	高级工程师
夏春华	男	汉	曹坊乡	1968 年 5 月	宁化城东中学	中学高级教师
夏施展	男	汉	淮土乡	1963 年 9 月	宁化县水茜初级中学	中学高级教师
夏祖发	男	汉	安乐乡	1972 年 3 月	福建省宁化第六中学	中学高级教师
夏盛油	男	汉	淮土乡	1969 年 6 月	宁化县实验小学	小学中学高级教师
徐小明	男	汉	曹坊乡	1965 年 11 月	宁化县土壤肥料站	高级农艺师
徐文雅	男	汉	曹坊乡	1970 年	上海市长征医院海军第二医院	副教授
徐冬鸾	女	汉	湖村镇	1971 年 11 月	宁化县建筑工程管理站	高级工程师
徐立寿	男	汉	石壁镇	1959 年 9 月	福建省宁化第四中学	中学高级教师
徐永炳	男	汉	曹坊乡	1962 年 2 月	宁化县中医院	副主任医师
徐运魁	男	汉	曹坊乡	1961 年 10 月	福建省宁化第六中学	中学高级教师
徐顺增	男	汉	曹坊乡	1962 年 9 月	宁化县医院	副主任医师
徐胜春	男	汉	曹坊乡	1969 年 11 月	福建省宁化第六中学	中学高级教师
徐朝斌	男	汉	石壁镇	1955 年 11 月	厦门市第二医院	主任医师
徐瑞霞	女	汉	翠江镇	1934 年	江西医学院外文系	副教授
高瑞生	男	汉	城郊乡	1954 年 10 月	福建省宁化第六中学	中学高级教师
凌火元	男	汉	曹坊乡	1966 年 2 月	福建省三明工贸学校	高级讲师
凌云程	男	汉	曹坊乡	1934 年	云南省建筑工程总公司	高级工程师
涂 劲	女	汉	翠江镇	1973 年 9 月	中国水利水电科学研究院工程抗震研究中心	教授级高级工程师(博士)
涂意福	男	汉	曹坊乡	1965 年 11 月	宁化县城郊乡农业技术推广站	高级农艺师
黄大全	男	汉	城郊乡	1971 年 9 月	北京师范大学	副教授(博士)
黄小玲	女	汉	翠江镇	1969 年 2 月	福建省宁化第七中学	中学高级教师
黄开胜	男	汉	泉上镇	1965 年	福建半导体研究所	研究员
黄云锋	男	汉	淮土乡	1963 年 2 月	宁化县淮土初级中学	中学高级教师
黄仁奎	男	汉	石壁镇	1960 年 9 月	福建省宁化第一中学	中学高级教师
黄中鉴	女	汉	翠江镇	1934 年 4 月	中国农科院作物科研处	研究员
黄训经	男	汉	石壁镇	1937 年 11 月	厦门大学外文系	教授
黄冬水	女	汉	淮土乡	1967 年 11 月	福建省宁化第二中学	中学高级教师
黄永福	男	汉	河龙乡	1966 年 11 月	福建水利水电勘测设计研究院	高级工程师
黄发基	男	汉	淮土乡	1970 年 9 月	福建省宁化第六中学	中学高级教师
黄发盛	男	汉	淮土乡	1969 年 9 月	福建省宁化第七中学	中学高级教师
黄传焕	男	汉	曹坊乡	1958 年 6 月	福建省宁化第三中学	中学高级教师
黄华山	男	汉	淮土乡	1964 年 10 月	福建省宁化第六中学	中学高级教师

续人物表 1

姓 名	性别	民族	籍贯	出生年月	工 作 单 位	职 称
黄庆丰	男	汉	曹坊乡	1970 年 1 月	福建省宁化第三中学	中学高级教师
黄关林	男	汉	淮土乡	1966 年 1 月	宁化县医院	主任医师
黄礽贞	女	汉	翠江镇	1938 年 10 月	福建省宁化第一中学	中学高级教师
黄秀凤	女	汉	淮土乡	1967 年 10 月	福建省宁化第六中学	中学高级教师
黄庆德	男	汉	湖村镇	1970 年 1 月	福建中医药大学药学院	副教授
黄沂芬	女	汉			同济大学	主任医师
黄社发	男	汉	翠江镇	1963 年 10 月	福建省宁化第六中学	中学高级教师
黄承养	男	汉	淮土乡	1964 年 9 月	宁化县淮土初级中学	中学高级教师
黄明珠	女	汉	翠江镇	1956 年 12 月	福建师范大学音乐学院	教授
黄金芳	女	汉	淮土乡	1951 年 1 月	福建日报社	高级编辑
黄金铭	男	汉	安远乡	1944 年 7 月	宁化县中医院	副主任医师
黄河宁	男	汉	翠江镇	1958 年 11 月	三明学院	副教授
黄泽山	男	汉	淮土乡	1947 年 10 月	福建省宁化第二中学	中学高级教师
黄泽春	男	汉	淮土乡	1952 年 1 月	宁化县水产技术推广站	高级工程师
黄春祥	男	汉	淮土乡	1965 年 1 月	福建省宁化第六中学	中学高级教师
黄显明	男	汉	淮土乡	1959 年 11 月	宁化县教育局	中学高级教师
黄俊辉	男	汉	方田乡	1965 年 12 月	宁化县中医院	副主任医师
黄美恒	女	汉	翠江镇	1964 年 10 月	福建省宁化第七中学	中学高级教师
黄恒斌	男	汉	中沙乡	1967 年 12 月	福建省宁化第六中学	中学高级教师
黄恒琴	女	汉	翠江镇	1968 年 6 月	福建省宁化第七中学	中学高级教师
黄宣友	男	汉		1936 年	江西省国营云山机器刀具厂	高级经济师
黄桂华	女	汉	泉上镇	1966 年 3 月	福建省宁化第一中学	中学高级教师
黄骏东	男	汉	方田乡	1966 年 11 月	厦门市建设委员会	高级经济师
黄琴英	女	汉	湖村镇	1971 年 7 月	福建省宁化第六中学	中学高级教师
黄雄春	男	汉	淮土乡	1976 年 4 月	福建省宁化第二中学	中学高级教师
黄新民	男	汉	翠江镇	1960 年 11 月	宁化县农业局	高级农艺师
黄新忠	男	汉	安远乡	1962 年 1 月	福建省农科院果树研究所落叶果树研究室	研究员
黄禄华	男	汉	河龙乡	1969 年 3 月	福州海关	高级工程师(硕士)
黄慧恒	女	汉	翠江镇	1946 年 3 月	北方交通大学	副教授
黄鹤群	男	汉	淮土乡	1962 年 9 月	宁化县中医院	主任医师
曹土全	男	汉	曹坊乡	1963 年 10 月	福州大学人文社科学院	副研究员
曹仁稳	男	汉	治平畲族乡	1972 年 5 月	福建农林大学	副研究员(硕士)
曹光荣	男	汉	曹坊乡	1972 年 3 月	福建省宁化第六中学	中学高级教师
曹早平	男	汉	曹坊乡	1972 年 4 月	福建省林业勘察设计院	高级工程师
曹传芳	男	汉	曹坊乡	1944 年 9 月	福建省宁化第三中学	中学高级教师
曹宋茂	男	汉	曹坊乡	1967 年 10 月	宁化县民族学校	中学高级教师
曹贤永	男	汉	曹坊乡	1938 年		高级工程师

续人物表1

姓 名	性别	民族	籍贯	出生年月	工 作 单 位	职 称
曹国木	男	汉	曹坊乡	1963年2月	福建省宁化第六中学	中学高级教师
曹金华	女	汉	曹坊乡	1968年9月	福建省宁化第一中学	中学高级教师
曹贵生	男	汉	曹坊乡	1955年9月	福建省宁化第三中学	中学高级教师
曹桂福	男	汉	曹坊乡	1965年7月	宁化县石壁农业技术推广站	高级农艺师
曹祥福	男	汉	曹坊乡	1960年9月	福建省宁化第一中学	中学高级教师
曹富强	男	汉	曹坊乡	1965年11月	福建省宁化第一中学	中学高级教师
曹颖霖	男	汉	曹坊乡	1963年11月	福建省宁化第六中学	中学高级教师
龚映华	女	汉	翠江镇	1941年8月	三明师范专科学校物理系	副教授
龚崇辉	男	汉	翠江镇	1963年6月	福建省国土资源厅	高级工程师(硕士)
谌亨根	男	汉	水茜乡	1966年11月	宁化职业中专学校	中学高级教师
谌继能	男	汉	水茜乡	1936年	福建轻工业公司	高级经济师
彭永刚	男	汉	翠江镇	1964年8月	南京邮电大学物理系	副教授
彭坚	男	汉	泉上镇	1963年1月	福建省宁化县教师进修学校	中学高级教师
彭春发	男	汉	水茜乡	1957年4月	福建省宁化第六中学	中学高级教师
彭强	男	汉	泉上镇	1964年12月	宁化县中医院	主任医师
蒋志强	男	汉	翠江镇	1936年3月	同济大学电信学院	高级工程师
傅义为	男	汉	翠江镇	1954年5月	福州经济开发区医院	副主任医师
傅清荣	男	汉	泉上镇	1973年5月	福建省国防工业设计院建筑2所	高级工程师
童火明	男	汉	曹坊乡	1962年7月	宁化县安乐中心学校	中学高级教师
童盛优	男	汉	曹坊乡	1966年3月	福建省宁化第一中学	中学高级教师
曾广荣	男	汉	水茜乡	1962年7月	福建省三明工贸学校	高级讲师
曾时明	男	汉	水茜乡	1971年9月	福建省宁化第六中学	中学高级教师
曾念良	男	汉	方田乡	1970年7月	福建省宁化第四中学	中学高级教师
曾念荣	男	汉	石壁镇	1964年10月	宁化县泉上初级中学	中学高级教师
曾念森	男	汉	济村乡	1963年10月	福建省宁化第七中学	中学高级教师
曾念强	男	汉	济村乡	1958年3月	三明学院	副教授
曾文华	男	汉	治平畲族乡	1969年5月	宁化县建筑工程造价管理站	高级工程师
曾绍针	男	汉	治平畲族乡	1967年11月	福建省宁化第一中学	中学高级教师
曾绍校	男	汉	治平畲族乡	1980年11月	福建农林大学食品科学院	副教授(博士)
曾绍彬	男	汉	治平畲族乡	1970年7月	宁化城东中学	中学高级教师
曾绍超	男	汉	治平畲族乡	1962年6月	福建省宁化第三中学	中学高级教师
曾绍群	男	汉	治平畲族乡	1969年9月	福建省宁化第三中学	中学高级教师
曾显芳	男	汉	济村乡	1963年12月	福建省宁化第二中学	中学高级教师
曾显喜	男	汉	治平畲族乡	1967年12月	福建省宁化第六中学	中学高级教师
曾显禄	男	汉	治平畲族乡	1959年9月	福建省宁化第六中学	中学高级教师
曾钦达	男	汉	治平畲族乡	1966年8月	福建省特种设备检验研究院	教授级高级工程师
曾钦志	男	汉	治平畲族乡	1969年11月	福建农林大学材料工程学院	副教授(博士)
曾桂水	男	汉	治平畲族乡	1965年9月	宁化县安乐中心学校	中学高级教师

续人物表 1

姓　名	性别	民族	籍贯	出生年月	工　作　单　位	职　称
曾德寿	男	汉	治平畲族乡	1968 年 11 月	福建省宁化第六中学	中学高级教师
曾繁斌	男	汉	治平畲族乡	1962 年 7 月	福建省宁化第六中学	中学高级教师
曾繁斌	男	汉	曹坊乡	1971 年 2 月	福州职业技术学院	副教授
温盛军	男	汉	曹坊乡	1979 年 8 月	河南省中原工学院	副教授
温　斌	男	汉	石壁镇	1976 年 11 月	中央电视台	主任记者
谢小雄	男	汉	翠江镇	1963 年 10 月	福建省国税局(原就职宁化师范)	高级讲师
谢运福	男	汉	石壁镇	1968 年 9 月	福建省宁化第二中学	中学高级教师
谢月兰	女	汉	翠江镇	1945 年	福建革新机器厂医院	主任医师
谢　龙	男	汉	中沙乡	1969 年 4 月	福建省宁化第四中学	中学高级教师
谢平英	女	汉	泉上镇	1965 年 1 月	宁化县医院	副主任技师
谢华东	男	汉	水茜乡	1963 年 9 月	福建省宁化第一中学	中学高级教师
谢华宁	男	汉	翠江镇	1961 年 10 月	中国政法大学民商经济法学院	教授
谢伙生	男	汉	石壁镇	1964 年	福州大学计算机学院	副教授
谢时兴	男	汉	方田乡	1957 年 8 月	福建省宁化县教师进修学校	中学高级教师
谢应春	男	汉	翠江镇	1962 年 3 月	福建省三明工贸学校	高级讲师
谢金良	男	汉	淮土乡	1965 年 11 月	福建省宁化第六中学	中学高级教师
谢建能	男	汉	淮土乡	1954 年 2 月	宁化县种子站	高级农艺师
谢洪珍	男	汉	安远乡	1972 年 1 月	宁化县安远初级中学	中学高级教师
谢祖会	男	汉	淮土乡	1964 年 2 月	宁化县城南中心学校	小学中学高级教师
谢维垣	男	汉	翠江镇	1937 年 12 月	中国科学院华南植物研究所	高级工程师
谢桂芳	女	汉	翠江镇	1961 年 11 月	福建省宁化县教师进修学校	中学高级教师
谢耀星	男	汉	泉上镇	1960 年 2 月	宁化县广播电视局	高级工程师
蓝兴文	男	畲	曹坊乡	1966 年 10 月	宁化原沪宁电视机厂	高级工程师
蓝泉林	男	畲	泉上镇	1965 年 1 月	宁化县教育局教育督导室	中学高级教师
蓝翠华	男	畲	曹坊乡	1965 年 11 月	福建省宁化第六中学	中学高级教师
赖月喜	男	汉	治平畲族乡	1967 年 9 月	福建省宁化第二中学	中学高级教师
赖月福	男	汉	治平畲族乡	1964 年 12 月	福建省宁化第七中学	中学高级教师
赖文龙	男	汉	治平畲族乡	1961 年 4 月	福州阳光国际学校	中学高级教师
赖文忠	男	汉	治平畲族乡	1966 年 10 月	三明学院化学与生物工程系	副教授
赖光林	男	汉	水茜乡	1966 年 4 月	宁化县安远初级中学	中学高级教师
赖光毅	男	汉	水茜乡	1972 年 10 月	福建省宁化第一中学	中学高级教师
赖兴庭	男	汉		1964 年 12 月	厦门市中建东北建筑监理事务所	高级工程师
赖进荣	男	汉	治平畲族乡	1966 年 10 月	宁化县民族学校	中学高级教师
赖声杨	男	汉	翠江镇	1938 年 2 月	福建省地质测试研究中心	教授级高级工程师
赖学庚	男	汉	翠江镇	1943 年	上海船舶工业公司修船中心	高级工程师
赖承栋	男	汉	曹坊乡	1962 年 3 月	福建省宁化县师范附属小学	小学中学高级教师
赖美华	女	汉	治平畲族乡	1963 年 9 月	中共宁化县委党校	高级讲师
赖祥亮	男	汉	曹坊乡	1973 年 12 月	三明学院中文系	副教授(硕士)

续人物表1

姓 名	性别	民族	籍贯	出生年月	工 作 单 位	职 称
赖锦飞	男	汉	治平畲族乡	1973 年 1 月	福建省宁化第三中学	中学高级教师
赖锦隆	男	汉	济村乡	1964 年 7 月	三明学院	副教授
赖德顺	男	汉	翠江镇	1966 年 4 月	福建省宁化第七中学	中学高级教师
雷风徐	男	畲	翠江镇	1938 年 7 月	天津市科学技术评价中心	教授
雷芗生	男	畲	翠江镇	1937 年 12 月	集美大学	教授
雷观玲	男	畲	翠江镇	1955 年 8 月	宁化县中医院	副主任医师
雷绍群	男	畲	治平畲族乡	1974 年 1 月	福建省特种设备检验研究院	高级工程师
雷春连	男	畲	水茜乡	1966 年 1 月	宁化县泉上初级中学	中学高级教师
雷荣开	男	畲	治平畲族乡	1963 年 6 月	福建省特种设备检验研究院	高级工程师
雷洪音	女	畲	翠江镇	1927 年 8 月	中国台湾中兴大学	教授
雷美琴	女	畲	翠江镇	1970 年 8 月	首都师范大学音乐学院	副教授(博士)
雷美霞	女	畲	翠江镇	1964 年 11 月	福建师范大学附属第二中学	中学高级教师
雷晓谊	女	畲	治平畲族乡	1970 年 12 月	宁化县文化馆	副研究馆员
雷盛民	男	畲	翠江镇	1955 年	福州经济技术开发区医院	副主任医师
雷福良	男	畲	水茜乡	1963 年 9 月	福建省三明工贸学校	高级讲师
雷霁霖	男	畲	翠江镇	1935 年 5 月	中国水产科学研究院黄海水产研究所	研究员(中国工程院院士)
雷德森	男	畲	翠江镇	1938 年 10 月	福州大学软件科学研究所	教授
管显煌	男	汉	水茜乡	1963 年 10 月	宁化县水茜初级中学	中学高级教师
廖凤香	女	汉	石壁镇	1953 年 12 月	宁化县医院	副主任药师
廖文杰	男	汉	水茜乡	1963 年 9 月	宁化职业中专学校	中学高级教师
廖仕镇	男	汉	方田乡	1968 年 11 月	福建省宁化第四中学	中学高级教师
廖发生	男	汉	翠江镇	1967 年 9 月	福建省宁化第六中学	中学高级教师
廖发春	男	汉	翠江镇	1970 年 12 月	福建省宁化第二中学	中学高级教师
廖有坤	男	汉	淮土乡	1941 年	中国工程物理研究院化工材料研究所	高级工程师
廖伙木	男	汉	淮土乡	1968 年 10 月	宁化县水利局	高级工程师(硕士)
廖远明	男	汉	泉上镇	1962 年 10 月	福建省宁化第一中学	中学高级教师
廖 金	男	汉	淮土乡	1964 年 10 月	福建省宁化第二中学	中学高级教师
廖学忠	男	汉	济村乡	1934 年	三明大学建筑工程系	高级工程师
廖美顺	男	汉	方田乡	1963 年 7 月	宁化职业中专学校	中学高级教师
廖冠群	男	汉	淮土乡	1958 年 12 月	集美大学体育学院	教授
廖爱清	女	汉	翠江镇	1963 年 1 月	三明市明经律师事务所	高级律师
廖逢春	男	汉	石壁镇	1935 年	长春第一汽车厂	高级工程师
廖淑萍	女	汉	淮土乡	1981 年 8 月	中国银行总行战略部	研究员(博士)
廖景文	男	汉	石壁镇	1968 年 6 月	三明市第一医院	主任医师
廖善刚	男	汉	淮土乡	1963 年 11 月	福建师范大学地理学院	副教授(博士)
廖善优	男	汉	淮土乡	1965 年 12 月	宁化县医院	主任医师
廖善伙	男	汉	方田乡	1964 年 9 月	福建省三明工贸学校	高级讲师
廖善星	男	汉	淮土乡	1962 年 9 月	福建省三明工贸学校	高级讲师

续人物表1

姓 名	性别	民族	籍贯	出生年月	工 作 单 位	职 称
廖善球	男	汉	泉上镇	1966 年 10 月	福建省宁化第二中学	中学高级教师
廖善榕	男	汉	石壁镇	1948 年 9 月	中国石油集团信息技术服务中心	教授级高级工程师
廖瑞征	男	汉	淮土乡	1967 年 7 月	福建省宁化第一中学	中学高级教师
廖福泉	男	汉	淮土乡	1963 年 2 月	福建省宁化第二中学	中学高级教师
廖翠玉	女	汉	石壁镇	1966 年 11 月	福建省宁化第一中学	中学高级教师
熊根福	男	汉	中沙乡	1968 年 10 月	福建省宁化第六中学	中学高级教师
熊雅英	女	汉	济村乡	1960 年 9 月	宁化县医院	副主任护师
黎建明	男	汉	湖村镇	1966 年 5 月	福建省宁化第一中学	中学高级教师
黎 晓	男	汉	翠江镇	1937 年	安徽省电力局	教授级高级工程师
黎朝生	男	汉	翠江镇	1963 年 1 月	城南畜牧水产站	高级畜牧师
黎朝仪	男	汉	翠江镇	1967 年 12 月	福建省宁化第六中学	中学高级教师
黎朝松	男	汉	翠江镇	1939 年 12 月	福建省宁化第一中学	中学高级教师
魏明礼	男	汉	安远乡	1968 年 12 月	宁化县安远初级中学	中学高级教师
魏乘骥	男	汉	翠江镇	1945 年 7 月	哈尔滨东安发动机制造公司	高级经济师

宁化籍客居他乡副处(团)级以上人物名表(已知)

人物表2

姓 名	性别	民族	出生年月	工 作 单 位	职 务
马玉良	男	汉	1954 年 3 月	中共福建省教育工委	组织部部长、副巡视员(副厅级)
马冬根	男	汉	1972 年 11 月	平潭综合实验区经济发展局	副局长(正处级)
马传光	男	汉	1955 年 1 月	福建省三钢(集团)有限责任公司炼钢厂	党委书记
马传辉	男	汉	1958 年 2 月	北京市怀柔区宣传部	常务副部长
马祥凤	男	汉	1944 年 10 月	中共三明市委市直机关工作委员会	书记
马福林	男	汉	1961 年 5 月	铁道部工程管理中心	总工程师(处级)
王大河	男	汉	1955 年 8 月	厦门市知识产权局	副书记
王龙辉	男	汉	1969 年 10 月	福建江夏学院资产管理处	处长
王建民	男	汉	1967 年 1 月	中国铁路工程总公司二十四局	副总经理
王建都	男	汉	1954 年 12 月	北京幸福大厦有限公司	总经理
王 政	男	汉	1956 年 8 月	中共明溪县委	县委书记
王荣柱	男	汉	1958 年 10 月	中华人民共和国三明出入境检验检疫局	副局长
王桂根	男	汉	1969 年 8 月	厦门市消防支队	副支队长(上校)
王哲启	男	汉	1966 年 8 月	莆田市统计局	党委书记
王祥勇	男	汉	1962 年 7 月	三明市人大常委会研究室	副主任
王盛雄	男	汉	1969 年 4 月	三明市水利局	副局长(高级工程师)
王晶晶	女	汉	1965 年	福州市仓山区	副区长
王道声	男	汉	1962 年 12 月	铁道部永安车务段	段长

续人物表2

姓　名	性别	民族	出生年月	工　作　单　位	职　务
毛凤福	男	汉	1964年4月	中国能源建设集团装备有限公司	总经理(正厅级)
方贤瑾	男	汉	1950年6月	三明市人民政府驻厦门办事处	主任(副处级)
邓宣意	男	汉	1967年12月	武警福建省宁德市消防支队防火监督处	处长
丘加栋	男	汉	1958年7月	三明市公安局监所管理支队	支队长(副处级)
丘恒济	男	汉	1927年	辽宁省政府经济发展研究中心战略研究室	主任
丘洪涛	男	汉	1963年	福建省冶金(控股)有限公司	副处长
朱兆榕	男	汉		教育部关心下一代工作委员会理论中心	常务副秘书长
伍成康	男	汉	1959年11月	三明市发展和改革委员会	主任
伍武林	男	汉	1962年1月	清流县人民政府	副县长
伍建昌	男	汉	1964年9月	厦门市交通委员会	副处长(硕士)
伍毓柏	男	汉	1962年12月	三明市气象局	局长
伊平原	女	汉	1957年2月	上海体育学院运动科学学院	党委副书记
伊向荣	男	汉	1968年12月	福州市人民检察院政治部	主任
伊武军	男	汉	1948年1月	福州大学环境资源系	副主任(副教授)
伊佳民	男	汉	1943年	建宁县政协	副主席
刘春荣	男	汉	1970年10月	福建省财政厅	副调研员(硕士)
刘　钢	男	汉		北京联大化工学院科技开发处	处长
刘振郁	男	汉	1946年11月	三明市人大常委会	副主任
刘道崎	男	汉	1958年11月	福建省水利厅	厅长
江长明	男	汉	1971年1月	三明市外经贸局	纪检组长
江　南	男	汉	1975年3月	商务部贸易司工业处	处长
江芳俊	男	汉	1957年8月	三明学院	党委委员、副院长(副厅级)
阴长宁	男	汉	1952年4月	福建省物资(集团)有限责任公司	党委书记(正处级)
孙杨腾	男	汉	1964年6月	尤溪县人民政府	副县长
孙荣日	男	汉	1949年6月	龙岩市人民检察院	处长
巫仁泽	男	汉	1958年6月	中国远洋运输集团厦门远洋运输公司	工会主席、纪委副书记
巫文通	男	汉	1959年1月	福建省纪委办公厅	副主任(正处级)
巫启财	男	汉	1962年9月	三明学院后勤服务中心	总经理
巫新万	男	汉	1938年	中共三明市委党史研究室	书记
李上文	男	汉	1958年12月	武警福建总队医院	副院长(上校)
李芳洲	男	汉	1965年11月	三明市人民政府国有资产监督管理委员会	副主任
李伸安	男	汉	1964年9月	三明市总工会	副调研员
李良臣	男	汉	1950年1月	建宁县人大常委会	主任
李青虹	男	汉	1971年4月	三明学院物理与机电工程系	主任
李定观	男	汉	1949年	铁道部16局公安处	主任
李泉生	男	汉	1963年10月	隆源双登股份有限公司	董事长、总经理
李家荣	男	汉	1963年12月	三明市人民政府	副市长
李培新	男	汉	1965年6月	福建省高级人民法院审判监督庭	副庭长(正处级)

续人物表2

姓 名	性别	民族	出生年月	工 作 单 位	职 务
李道聪	女	汉	1974 年 9 月	共青团三明市委员会	副书记
李源生	男	汉	1951 年 9 月	厦门市邮政局	副局长兼纪检书记(正处级)
李翠芳	女	汉	1958 年 4 月	山东省地矿局	副局长(副厅级)
杨文富	男	汉	1962 年 9 月	中国人民解放军某部队医院	院长(上校)
杨洪良	男	汉	1973 年 7 月	中国人民解放军九二医院	政委(中校)
杨洪源	男	汉	1936 年	上海复旦大学档案室	主任
肖金华	男	汉	1972 年 8 月	福建省国土资源厅政策法规处	副处长
吴仁华	男	汉	1964 年 9 月	福建工程学院	党委书记(博士)
吴文明	男	汉	1969 年 9 月	三元区人大常委会	副主任
吴功亮	男	汉	1958 年 3 月	三明市人口和计划生育委员会	主任
吴宁平	男	汉	1956 年 1 月	厦门市同安区科学技术局	局长
吴光腾	男	汉	1967 年 9 月	三明军分区离职干部休养所	政治委员
吴华伟	男	汉	1955 年 4 月	三明市工商局	副调研员
吴祖祥	男	汉	1967 年 10 月	福州市质量监督局	处长
吴彩洪	男	汉	1965 年 8 月	福州市马尾闽东新科技工业有限公司	董事长兼党委书记(正处级)
吴棉国	男	汉	1968 年 8 月	致公党福建省委	处长(硕士)
吴景生	男	汉	1960 年 12 月	福建省委统战部党派知识分子处	处长
吴鹤年	男	汉	1965 年 6 月	科技日报社福建记者站	站长
吴鹤群	男	汉	1963 年 7 月	中共三明学院总支委员会	副书记(副教授)
邱月生	男	汉	1950 年 9 月	中国农业发展银行福建分行	党委副书记
邱文辉	男	汉	1968 年 2 月	中国建设银行福建分行营运管理部	副总经理
邱加海	男	汉	1968 年 2 月	厦门市开发区	工会主任
邱恒昌	男	汉	1972 年 10 月	中国银行总行海外机构管理部	副总经理
邱番华	男	汉	1938 年 7 月	福建省人民政府办公厅机要局	局长(副厅级)
邱嘉兴	男	汉	1964 年 1 月	中国人寿养老保险福建分公司综合部	总经理(正处级)
邱德奎	男	汉	1948 年 12 月	福建省福州第一中学	党委书记、校长(正处级)
邹志红	男	汉	1967 年 10 月	福建省体育职业技术学院	院长(副厅级)
邹振辉	男	汉	1971 年 9 月	上海铁路局	党委副书记
汪金铭	男	汉	1962 年 11 月	厦门市委宣传部新闻出版处	处长
张小林	男	汉	1936 年 11 月	华东师范大学社会科学系	副书记、校长(正处级)
张天景	男	汉	1963 年 10 月	福建省公安厅交警总队	副总队长
张元江	男	汉	1965 年 12 月	中共三明市三元区委	副书记(正处级)
张元明	男	汉	1970 年 3 月	中共泰宁县委	书记
张仁文	男	汉	1960 年 8 月	厦门市同安区人民武装部	部长
张仁苇	男	汉	1966 年 4 月	厦门市政协提案委员会	主任
张仁杭	男	汉	1970 年 10 月	福建省地税局	调研员
张仁椒	男	汉	1956 年 11 月	福建省烟草专卖局烟叶处	处长

续人物表 2

姓 名	性别	民族	出生年月	工 作 单 位	职 务
张文胜	男	汉	1968 年 5 月	福建省纪工委办公室	处长
张兰英	女	汉	1956 年 2 月	中国移动通信集团福建分公司工会	副主席（正处级）
张发林	男	汉	1968 年 12 月	沙县人民武装部	副部长
张邦慧	男	汉	1964 年 6 月	福建省公务员局院士专家管理办公室	副主任（副处级）
张庆文	男	汉	1970 年 8 月	中国建设银行福建分行营业部	总经理（正处级）
张庆春	男	汉	1947 年	广西龙水金矿	党委副书记
张运兴	男	汉	1942 年 12 月	江西省瑞金市政协	调研员
张运茂	男	汉	1958 年 1 月	三明市真菌研究所	总支书记
张运祥	男	汉	1942 年 4 月	三明市人民代表大会常务委员会	副主任
张贡仁	男	汉	1966 年 7 月	厦门市园林局	局长
张来水	男	汉	1954 年 9 月	三明市政协	副主席
张宏波	男	汉	1967 年 6 月	中国人民银行三明市支行	副行长
张启怀	男	汉	1951 年 1 月	厦门市经济发展局	纪委书记
张茂林	男	汉	1963 年 7 月	厦门市地方税务局	副局长
张林球	男	汉	1979 年 11 月	南京军区后勤部司令部	参谋（中校军衔）
张贤水	男	汉	1936 年	陕西经贸学院	工会主席（教授）
张尚清	男	汉	1963 年 10 月	厦门市人民检察院	副检察长
张国球	男	汉	1963 年 7 月	三明市交通运输局	局长
张金秀	男	汉	1955 年	福建省经济体制改革委员会	副调研员
张河仁	男	汉	1946 年 10 月	清流县人民检察院	检察长
张河文	男	汉	1972 年	福建省消防总队政监处	处长
张 泓	男	汉	1972 年 3 月	厦门市集美区政府政治处	处长
张定昌	男	汉	1953 年	厦门航空候机管理处	处长（副处级）
张建华	男	汉	1977 年 2 月	福建兴业银行上海分行	处长
张标登	男	汉	1963 年 1 月	福建省第二电力建筑公司	总会计师
张 星	男	汉	1963 年 12 月	福州大学计算机系	党委书记（正处级）
张俊杰	男	汉	1959 年 8 月	广州市开发区地方税务局	局长（硕士）
张勇民	男	汉	1972 年 6 月	三明市机关效能建设领导小组办公室	副主任
张哲平	男	汉	1970 年 11 月	龙岩冠豸山机场有限公司	副总经理
张晓容	男	汉	1975 年 3 月	中共福州市鼓楼区组织部	部长（副处级）
张恩明	男	汉	1956 年	三明市技术监督局	助理调研员
张爱民	男	汉	1970 年 11 月	南平劳教所	副所长
张海林	男	汉	1957 年 5 月	中共福建省委海峡通讯杂志社	社长（正处级）
张海峰	男	汉	1963 年 12 月	福建农科院科研处	副处长
张祥桃	男	汉	1949 年 1 月	三明市地税局	局长
张盛生	男	汉	1970 年 2 月	厦门市人民政府办公厅信息技术处	副处长
张敏流	男	汉	1941 年 5 月	三明市物资局	副局长
张望军	男	汉	1975 年 9 月	山东省潍坊市人民政府	副市长

续人物表 2

姓 名	性别	民族	出生年月	工 作 单 位	职 务
张清风	男	汉	1963 年 7 月	福建省监狱管理局政治部	秘书
张清华	男	汉	1966 年 4 月	三明市安全生产监督管理局	副局长
张清明	男	汉	1963 年	海南军区教导大队	政委(上校)
张添根	男	汉	1950 年 5 月	福建省人民政府	副秘书长、省信访局局长(正厅级)
张 琳	男	汉		共青团新华社委员会	副书记
张景明	男	汉	1965 年 5 月	沙县公安局	局长
张智华	男	汉	1977 年 11 月	福州海关缉私局政治处	副主任
张瑞平	男	汉		公安部法制局法制处	副处长
张新洪	男	汉	1965 年 8 月	三明市交警大队	党组书记(正处级)
张满香	女	汉	1950 年 11 月	三明市委农村工作领导小组办公室	副主任
张耀凤	男	汉	1956 年 11 月	三明市三元区人民政府	副区长
陈成通	男	汉	1953 年 4 月	中国人民解放军某部机场营房处	处长(上校)
陈良华	男	汉	1968 年 12 月	福建省人民检察院宣传处	处长
陈启水	男	汉	1967 年 11 月	上海某海军基地	正师级(大校)
陈国庆	男	汉	1958 年	国家统计局人事处	处长
陈忠表	男	汉	1937 年 12 月	中国远洋运输总公司	总裁(高级经济师)
陈和东	男	汉	1966 年 11 月	国家环保总局自然保护司	处长
陈贵华	男	汉	1964 年 4 月	福建省交通厅	处长
陈胜寿	男	汉	1969 年 9 月	中国人民解放军某部队	参谋(正团级)
陈维福	男	汉	1960 年 8 月	漳州市城市执法局	副局长
陈瑞春	男	汉	1956 年 2 月	三明市公安局刑特警支队	副支队长
陈瑞喜	男	汉	1962 年 2 月	沙县人民政府	县长
林尚仁	男	汉	1941 年	三明市农业局	副处级调研员
林美莲	女	汉	1969 年 6 月	华夏银行福建省分行	处长
林晓宁	男	汉	1969 年 10 月	泉州市消防支队	教导员(中校)
罗文生	男	汉		武警广东总院番禺分院	中校
罗永坐	男	汉	1967 年 10 月	福建省公务员局	办公室副主任
罗永春	男	汉	1958 年 2 月	三明市信访局	副调研员
罗奇祥	男	汉	1947 年 8 月	江西省农科院	院长(研究员)
罗建辉	男	汉	1962 年 3 月	北京 910 信箱采油所	副所长、总工程师(博士)
罗榕椿	男	汉	1962 年 4 月	三明人民广播电台	台长
周 宜	男	汉	1963 年 11 月	国家机电轻纺投资公司	处长
郑可利	男	汉	1957 年	三明学院化学与生物工程系	主任(教授)
郑建闽	男	汉	1965 年 5 月	福州市国土资源局	局长(博士)
郑振泰	男	汉	1955 年	福州海关长乐国际机场办事处	主任
官舟建	男	汉	1962 年	三明市真菌研究所	所长
赵世华	男	汉	1928 年	三明市卫生局	局长
赵令帆	男	汉	1950 年 8 月	三明市政协	专职常委

续人物表2

姓 名	性别	民族	出生年月	工 作 单 位	职 务
赵 虹	男	汉	1965 年	商务部经济合作行政司	处长
胡万源	男	汉	1971 年 7 月	中共福建省委办公厅	副处长
钟育谦	男	汉	1970 年 10 月	江苏省林业局野生动植物保护站	副站长(硕士)
俞发富	男	汉	1965 年 3 月	福建省人民检察院	副处级检察员
施杨柏	男	汉	1942 年	江西省赣州市城建局	局长
施扬富	男	汉	1948 年	厦门市经济贸易干部学校	副校长
洪永平	男	汉	1958 年 9 月	文化部政策法规处	副司长
洪承韶	男	汉	1957 年 5 月	福建省未成年人犯罪管教所	党委书记、所长(正团级)
袁新文	男	汉	1962 年 11 月	厦门大学监察审计处	副处长
聂 锋	男	汉	1971 年 6 月	中国人民解放军海南陵水某部	副团长(中校)
夏卡林	男	汉	1957 年 8 月	三明市人民政府驻深圳办事处	主任
夏让欣	男	汉	1964 年 3 月	福建省水利厅办公室	主任
夏副顺	男	汉	1973 年 6 月	福建海峡职业技术学院	处长
徐通明	男	汉	1966 年 3 月	福建农林大学食品科学院	党委副书记(正处级)
徐通福	男	汉	1955 年 11 月	武警福建省总队政治部	主任(大校)
郭 鹰	女	汉	1956 年 5 月	福建农林大学	教务处长
黄立辉	男	汉	1964 年 1 月	三明市三元区公安局	政委(副处级)
黄泽彩	男	汉	1964 年 11 月	三明市机关效能建设领导小组办公室	副主任(副处级)
黄宣波	男	汉	1972 年 10 月	武警广东省总队政治部干部处	副处长(硕士)
黄建芳	男	汉		北京雅尼诗科技有限公司	曾任副团级
黄恒标	男	汉	1954 年 8 月	三明市委农村工作领导小组办公室	副主任(副处级)
黄耀金	男	汉	1963 年 6 月	武警江西省总队	副参谋长兼南昌市支队支队长(大校)
曹发贵	男	汉	1967 年 7 月	厦门市人民法院民事审判第四庭	副庭长(硕士)
曹祥云	男	汉	1965 年 9 月	国家电监会福州电监办稽查处	处长
曹祥贤	男	汉	1972 年	武警福建总队莆田武警 8 团	副政委
曹祥敏	男	汉	1957 年 3 月	厦门市质量技术监督局第一分局	局长
曹祥聪	男	汉	1965 年 12 月	三明市纪委宣教室	主任
曹登文	男	汉	1966 年 1 月	武警福建省消防总队医院	政治委员(正团级)
曹 源	男	汉	1962 年 6 月	福建省人民政府办公厅行政处	处长
龚翠鸣	女	汉	1956 年 12 月	厦门市海投集团工会联合会	副主席
谌仕强	男	汉	1966 年 4 月	福建省公安厅现役军人管理办	主任(上校)
谌庆福	男	汉	1963 年 3 月	福建省纪委效能办综合处	处长
董以文	男	汉	1956 年 1 月	沙县公安局	局长
揭柏林	男	汉	1955 年 10 月	福建省烟草局	副局长
曾从盛	男	汉	1954 年 7 月	福建师范大学地理学院	副院长
曾文嘉	男	汉	1969 年 7 月	福建省监狱管理局福清监狱	副监狱长
曾华平	男	汉	1972 年 1 月	福建农林大学海外学院	党委书记(正处级)
曾国远	男	汉	1955 年 11 月	三明市中级人民法院	正处级审判员

续人物表 2

姓　名	性别	民族	出生年月	工　作　单　位	职　　务
曾念惠	男	汉	1955 年 5 月	三明市海关	副调研员
曾念雄	男	汉	1962 年 7 月	福建省体育职业技术学院财务处	处长(副处级)
曾绍唐	男	汉	1955 年 1 月	厦门市人事处离退休干部办公室	主任
曾显明	男	汉	1963 年 4 月	三明市体育局	副局长
曾繁键	男	汉	1972 年 7 月	宁德市地税局	纪检组长(副处级)
温鹏辉	男	汉		中华人民共和国驻新加坡大使馆	参赞
谢生林	男	汉	1968 年 1 月	中共福州大学环境与资源学院委员会	副书记
谢时金	男	汉	1962 年	三明市国有资产投资经营公司	董事长
谢启炎	男	汉	1964 年 6 月	厦门市海沧区环保处	处长
谢贤富	男	汉	1956 年 10 月	武警福建总队警务装备处	副处长
谢国强	男	汉	1957 年 9 月	三明市海西开发管委会	主任(正处级)
谢凌	男	汉	1963 年 8 月	三明市地方志编纂委员会	调研员
雷风泰	男	畲	1937 年	吉林省四平市纺织厂	总工程师
雷旭东	男	畲	1954 年 12 月	福建农林大学对外联络处	处长
雷宣云	男	汉	1969 年 10 月	广州市白云区发改局	局长(博士)
廖文辉	男	汉	1971 年 9 月	中宣部办公厅机要保密处	副处长(正处级)
廖文福	男	汉	1960 年 7 月	三明市建设局	副调研员
廖荣华	男	汉	1962 年 3 月	漳州空军机场站	副站长
廖能龙	男	汉	1957 年 9 月	厦门市公安局海沧分局政治处	助理调研员
廖斌	男	汉	1972 年 9 月	厦门市政府"9·8"国际投资贸易洽谈会协调办公室	副处长
廖福流	男	汉	1963 年 11 月	中国水电顾问集团华东勘测设计研究所	党委副书记
熊政根	男	汉	1970 年 12 月	福建省人大常委会人事代表处	副处长(硕士)

宁化籍硕士与博士名表(已知)

人物表 3

姓　名	性别	民族	籍贯	出生年月	工　作　单　位	学　位
马传照	男	汉	翠江镇	1967 年 4 月	国家会计学院(厦门)	硕士
马凌峰	男	汉	翠江镇	1973 年 5 月	美国普渡大学	博士
王水良	男	汉	安远乡	1972 年 4 月	南京军区福州总医院	博士
王立端	男	汉	安远乡	1964 年 12 月	三明学院政治法律系	博士
王宁	男	汉	淮土乡	1960 年	厦门大学	博士
王红春	男	汉	淮土乡	1973 年 9 月	国家林业局规划院	博士
王秀华	女	汉	翠江镇	1977 年 10 月	恒丰银行资金部	硕士
王金凤	男	汉	淮土乡	1978 年 8 月	福建省人民政府办公厅	硕士
王晓芬	女	汉	翠江镇	1985 年 2 月	上海打浦桥街道办事处	硕士
王敏雄	男	汉	翠江镇	1974 年 8 月	华侨大学数学科学学院	博士

续人物表 3

姓　名	性别	民族	籍贯	出生年月	工　作　单　位	学　位
王富炜	男	汉	淮土乡	1968 年 9 月	北京林业大学经管学院	博士
王　楠	男	汉	淮土乡	1980 年 11 月	瑞银投资银行部	博士
王　源	女	汉	淮土乡	1985 年 4 月	中国银行运营服务总部	硕士
王盛献	男	汉	淮土乡	1962 年 11 月		博士
王隆柏	男	汉	淮土乡	1978 年 1 月	福建农学院	硕士
邓先养	男	汉	安乐乡	1962 年 4 月	新加坡	硕士
龙胜平	男	汉	翠江镇	1966 年 9 月	华东师范大学	博士
叶　平	男	汉	翠江镇	1963 年 11 月	方正科技股份有限公司福总裁	硕士
卢建翔	男	汉	安乐乡	1985 年 7 月	厦门物业公司	硕士
丘龙臻	男	汉	水茜乡	1980 年 7 月	中国科技大学	博士
丘永兴	男	汉	翠江镇	1965 年 4 月	美国资源研究所	博士
丘永忠	男	汉	水茜乡	1975 年	福建师大外语系	硕士
丘罕凡	男	汉	方田乡	1969 年 12 月	福建医科大学附属医院	博士
丘思鑫	男	汉	方田乡	1974 年 3 月	福建省农科院作物所	博士
丘绪萍	女	汉	泉上镇	1981 年	南开大学英语系	硕士
丘　毅	男	汉	翠江镇	1960 年 3 月	英国南安普敦大学震动噪声研究所	博士
丘爵彩	男	汉	城郊乡	1963 年	美国布朗大学	博士
伍成贞	男	汉	翠江镇	1963 年 8 月	法国	博士
伍清亮	男	汉	安远乡	1981 年 5 月	福建省林业厅产业处	硕士
伊肖东	男	汉	翠江镇	1972 年 11 月	美国苏利文克伦威律师事务所	博士
伊胜民	男	汉	翠江镇	1962 年 10 月	德国	博士
伊晓东	男	汉	翠江镇	1974 年 6 月	厦门大学化学化工学院	博士
刘天军	男	汉	安乐乡	1985 年 7 月		硕士
刘　佳	女	汉	淮土乡	1985 年 1 月	上海市规划与国土资源管理局	硕士
刘　炎	男	汉		1963 年	美国+E32 宾夕法尼亚大学	博士
刘　诚	男	汉			新加坡南洋理工大学	博士
刘　荧	男	汉	翠江镇	1961 年 6 月	美国科罗内达大学	博士
刘根荣	男	汉	安乐乡	1970 年 9 月	厦门大学经济研究所	博士
刘晶晶	女	汉			香港中文大学	博士
刘善文	男	汉		1968 年	福建省农学院	硕士
江　艺	男	汉	翠江镇	1971 年 8 月	福建师范大学外语学院	博士
江木林	男	汉	曹坊乡	1969 年 12 月	福建医科大学附属协和医院	博士
池汝安	男	汉		1959 年 3 月	武汉工程大学生物与制药学院	博士
孙美榕	男	汉	淮土乡		青岛化工学院	硕士
孙朝晖	男	汉	淮土乡		美国德克萨斯大学西南医学中心生物化学系	博士
巫国平	男	汉	安乐乡	1974 年 3 月	三明市农业局监察室	硕士
巫　炜	男	汉	翠江镇	1983 年 8 月	中国首钢集团总公司设计研究院	硕士
巫瑞波	男	汉	城郊乡	1984 年 11 月	广州中山大学	博士

续人物表3

姓 名	性别	民族	籍贯	出生年月	工 作 单 位	学 位
李荣冰	男	汉			北京市人民检察院法律政策研究室	博士
李贵林	男	汉	安乐乡	1974年1月	美国犹他州岩湖研究所	博士
李祥德	男	汉	河龙乡	1980年11月	福建省福州第一中学	硕士
李 嘉	男	汉	安乐乡	1985年2月		博士
李梅兰	女	汉	泉上镇	1970年4月	三明学院外语系	硕士
杨旭伟	男	汉	石壁镇	1968年7月	福建省协和医院	博士
杨 杰	男	汉	安乐乡	1983年6月	北京中信银行	硕士
肖荣辉	男	汉	湖村镇	1976年6月	三明学院	硕士
吴永春	男	汉	安乐乡	1972年2月	福建省监狱管理局清流监狱	博士
吴 伟	男	汉	石壁镇	1973年6月	中国人民银行福州中心支行统计调查处	博士
吴昌兴	男	汉	石壁镇	1973年6月	三明市高速公路有限责任公司	硕士
吴荣宗	男	汉			美国加州大学戴维斯分校	博士
吴哲明	男	汉	石壁镇	1985年9月	清华大学	硕士
吴彩胜	男	汉	淮土乡	1984年6月	中国医学科学院	博士
吴景润	男	汉	翠江镇	1977年10月	中国电信集团公司财务部	硕士
邱 平	男	汉	水茜乡	1964年8月	中友嘉信(北京)科技有限公司	硕士
邱祖荣	男	汉	水茜乡	1979年7月	中国工商银行总行运营管理部	硕士
邱晓东	男	汉	石壁镇	1978年1月	广东东鹰工贸有限公司	硕士
余菲菲	女	汉	翠江镇	1963年10月	福建医科大学	博士
邹汉昌	男	汉	水茜乡	1979年10月	中国中钢集团	硕士
张小平	男	汉	石壁镇	1965年8月	留学美国	博士
张天敏	男	汉	石壁镇	1984年7月	福建电力设计院	硕士
张文剑	男	汉	石壁镇	1987年3月	中国移动集团财务有限公司	硕士
张 平	男	汉	石壁镇	1983年7月	浙江省杭州颐和科技总公司	硕士
张 杰	男	汉				博士
张南平	男	汉	中沙乡	1976年8月	中国牧工商集团公司	硕士
张 伟	男	汉	翠江镇	1972年11月	南京军区福州总院急诊科	硕士
张伟强	男	汉	石壁镇	1987年2月	大连理工大学经济管理系	博士
张庆丹	女	汉	翠江镇	1983年2月	中国人民银行福州中心支行	硕士
张 丞	男	汉	石壁镇	1970年11月	诺伟司国际贸易(上海)有限公司	博士
张江南	男	汉	石壁镇	1983年11月	美国休斯敦莱斯大学	博士
张金红	女	汉	淮土乡	1974年	三明学院	硕士
张林海	男	汉	石壁镇	1978年4月	福建师范大学地理系	硕士
张忠斌	男	汉	安乐乡	1985年10月	北京华夏基石集团	硕士
张明凤	女	汉			华东师范大学生命科学学院	博士
张河辉	男	汉	石壁镇	1962年1月	美国洛杉矶	博士
张政权	男	汉	石壁镇	1983年4月	西南交通大学物理科学与技术学院	博士
张标汉	男	汉	石壁镇	1972年9月	三明学院	硕士

续人物表 3

姓　名	性别	民族	籍　贯	出生年月	工　作　单　位	学　位
张　彦	女	汉	石壁镇	1975 年 11 月	厦门市飞机维修公司	硕士
张　莉	女	汉	翠江镇	1969 年 7 月	加拿大温哥华	硕士
张娟丽	女	汉	翠江镇	1987 年 1 月	国家外汇管理局	硕士
张龚炜	男	汉	石壁镇	1985 年 12 月	日本	博士
张烽文	男	汉	石壁镇	1975 年 9 月	福建省地质勘查测绘院	硕士
张清升	男	汉	石壁镇	1972 年	广州日报社	硕士
张景华	男	汉			西南财经大学经济学院	博士
张锐戈	男	汉	淮土乡	1977 年 8 月	三明学院	硕士
张焰明	女	汉	石壁镇	1982 年 4 月	中国南方机车车辆工业集团公司动力研究所	硕士
张瑞云	男	汉	石壁镇	1963 年 9 月	美国国家专利与商标局	博士
张群芳	女	汉	石壁镇	1981 年 11 月	美国加利福尼亚州政府环境署	博士
张颖琦	男	汉	石壁镇	1986 年 2 月	新华社音视频部	硕士
张　静	男	汉	淮土乡	1970 年 1 月	三明市国家税务局	硕士
张翠芳	女	汉	翠江镇	1979 年 3 月	上海立信会计出版社	硕士
张黎青	女	汉	安乐乡	1987 年 1 月	国家电网福建晋江市供电有限公司	硕士
张曙霞	女	汉	翠江镇	1969 年	北京信息科技大学	博士
陈仕龙	男	汉	安远乡	1979 年 6 月	福建农学院畜牧兽医研究所	硕士
陈邦添	男	汉	水茜乡	1966 年 9 月	留学美国	博士
陈仰权	男	汉	湖村镇	1977 年 11 月	上海国信证券机构部	硕士
陈宏方	男	汉	泉上镇	1974 年 9 月	福建农林大学计算机与信息学院	硕士
陈君华	男	汉	湖村镇	1971 年 10 月	美国凯普司通燃气轮机公司 （Capstone Turbine Corp）	博士
陈　炯	男	汉	翠江镇	1958 年 9 月	旅美	博士
陈　桐	男	汉	中沙乡	1975 年 6 月	三明学院	硕士
陈　晓	男	汉	翠江镇	1973 年 5 月	福建省科学技术厅	硕士
陈清华	男	汉	湖村镇	1968 年 10 月	浙江清华长三角研究院	博士
范安妮	女	汉	翠江镇	1988 年 7 月	中国工商银行总行资产托管部	硕士
范繁荣	男	汉	泉上镇	1967 年 3 月	三明林业学校	博士
林伟春	男	汉	泉上镇	1966 年 2 月	留学美国	博士
罗玉丽	女	汉	翠江镇	1979 年 7 月	福建省血液中心	硕士
罗东民	男	汉	淮土乡	1962 年 11 月		博士
罗永华	男	汉	安乐乡	1977 年 2 月	福建省宁化第五中学	硕士
罗永泉	男	汉	城南乡	1956 年 7 月	北京市万仓投资有限公司	博士
罗伟林	男	汉			福州大学机械学院	博士
罗建辉	男	汉	翠江镇	1962 年 3 月	北京 910 信箱采油所	博士
罗振斌	男	汉	安乐乡	1985 年	美国波士顿	博士
罗容海	男	汉	安乐乡	1983 年 6 月		博士
罗　鸿	男	汉	安乐乡	1973 年	留学美国	博士

续人物表 3

姓　名	性别	民族	籍贯	出生年月	工　作　单　位	学　位
罗维稳	男	汉				博士
郑云开	男	汉	安远乡	1978 年 11 月	福建农林大学生态研究所	博士
赵娟	女	汉	翠江镇	1977 年 4 月	中共福建省南平市委组织部	硕士
柯羽	男	汉	翠江镇	1964 年 7 月	加拿大	博士
胡志钰	男	汉	安远乡	1973 年 1 月	厦门生命科学学院	博士
钟俊	男	汉	泉上镇	1976 年 2 月	广发银行总行资金融资部	博士
施扬谷	男	汉	翠江镇	1964 年	美国纽约大学医学院	博士
施英	女	汉	翠江镇	1980 年 1 月	广州市京信通信有限公司	硕士
施昇昇	男	汉	翠江镇	1984 年 2 月	上海交通大学附属新华医院	博士
聂德宁	男	汉	翠江镇	1960 年 5 月	厦门大学南洋研究院	博士
贾松龄	男	汉	翠江镇	1966 年 10 月	美国斯伦贝谢	博士
夏二贵	男	汉	安乐乡	1983 年 3 月	漳州卫生学校	硕士
夏由明	男	汉	安乐乡	1969 年 8 月	华为科技有限公司	硕士
夏传峰	男	汉	安乐乡	1979 年 8 月	广州军区某部	硕士
夏明强	男	汉	安乐乡	1966 年 8 月	三明市兴业证券公司	硕士
夏桃芳	男	汉	安乐乡	1982 年 5 月	福州市电力公司	硕士
郭荣	男	汉	安乐乡	1971 年 9 月	广西柳州市人民政府	硕士
涂远承	男	汉	曹坊乡	1972 年 1 月	福建省建设厅村镇建设发展中心	硕士
徐小辉	男	汉			上海交通大学计算机系	博士
徐化明	男	汉	曹坊乡	1983 年 8 月	美国西部数据公司	博士
徐华	男	汉	湖村镇	1975 年 12 月	美国奥本大学 Montgomery 分校	博士
徐茶清	男	汉		1978 年 5 月	广东省深圳市龙岗区宝龙工业城比亚迪股份有限公司二部研究部	博士
徐莉敏	女	汉	翠江镇	1973 年 4 月	上海市浦东新区公利医院	博士
高远	男	汉		1983 年 1 月	荷兰	博士
黄少石	男	汉	湖村镇	1987 年 10 月	北京市西城区人民检察院	硕士
黄伟	女	汉	翠江镇	1985 年 1 月	中国人民大学	硕士
黄佐钘	男	汉		1979 年 1 月	上海理工大学管理学院工商管理所	博士
黄敏	女	汉	翠江镇	1982 年 4 月	华为北京研究所	硕士
黄敏燕	女	汉	淮土乡	1984 年 1 月	上海中国银行	硕士
黄翠琴	女	汉			华南农业大学	博士
曹吉云	男	汉	曹坊乡	1975 年 9 月	南开大学	博士
曹寿平	男	汉	曹坊乡	1978 年 9 月	广西桂林电子科技大学	硕士
曹素能	男	汉	曹坊乡	1976 年 2 月	中国民生银行福州分行	硕士
曹桔香	女	汉	曹坊乡	1981 年 12 月	北京人民广播电台	硕士
曹娟	女	汉			浙江大学	博士
曹著明	男	汉	曹坊乡	1981 年 11 月	北京电子科技职业技术学院	硕士
曹福云	男	汉	曹坊乡	1973 年 12 月	瑞士工业集团全球采购总监	硕士

续人物表 3

姓　名	性别	民族	籍贯	出生年月	工 作 单 位	学 位
曹颖平	男	汉	曹坊乡	1970 年 2 月	福建医科大学检验系	博士
龚晓芳	女	汉	翠江镇	1977 年 11 月	厦门松下电子信息有限公司	硕士
龚晓莹	女	汉	翠江镇	1975 年 6 月	日本	硕士
董克	男	汉	翠江镇	1963 年 1 月	上海金山村镇银行	硕士
曾勇	男	汉	翠江镇	1974 年 1 月	北京石油大学	博士
曾静娴	女	汉	治平乡	1984 年 12 月	北京大学	硕士
曾德荣	男	汉				博士
温丽梅	女	汉	泉上镇	1984 年 2 月	北京朝阳区海问律师事务所	硕士
谢中旺	男	汉			美国新泽西州	博士
谢冶慧	男	汉			中国科学院上海生命科学研究院	博士
谢顺兴	男	汉	城郊乡	1971 年 11 月	美国洛杉矶 InviteManager	博士
谢骏	男	汉	翠江镇	1956 年 12 月	留学美国	博士
赖建辉	男	汉	翠江镇	1978 年 5 月	福建师范大学应用科技学院	硕士
赖晨	男	汉	城郊乡	1974 年 12 月	福州大学阳光学院	硕士
雷动天	男	畲	翠江镇	1937 年 5 月	美国华盛顿工商研究院	博士
雷华明	男	畲		1976 年 10 月	上海交通大学电子信息与电气工程学院仪器科学与工程系	博士
雷海新	男	畲	翠江镇	1973 年 4 月	中国科学院生理物理研究所细胞生物学研究室	博士
雷鹰	男	畲	翠江镇	1966 年 5 月	厦门建筑与土木工程学院	博士
蔡义杰	男	汉			西安交通大学金禾经济研究中心	博士
廖毕荣	男	汉	淮土乡	1966 年 3 月	美国印第安纳州整合生物学部	博士
廖祖毅	男	汉	安乐乡	1977 年 6 月	龙岩市金龙医药公司	硕士
廖益平	男	汉	淮土乡	1972 年 9 月	湖南省正虹科技发展公司	博士
廖海华	男	汉	城南乡	1979 年 10 月	西南证券投资银行	硕士
廖景榕	男	汉	安乐乡	1966 年 5 月	三明学院	硕士
熊晓珍	女	汉	翠江镇	1972 年 1 月	福建省水资源管理中心	硕士
黎美明	女	汉	翠江镇	1945 年 8 月	美国华盛顿医药研究中心	博士
魏运韬	男	汉	翠江镇	1972 年	中国联合网络通信有限公司哈尔滨分公司	硕士

宁化县获省级以上荣誉称号人物名表(已知)

人物表 4

姓　名	性别	民族	单　位	荣誉称号	授予单位	授予时间
王瑞枝	男	汉	宁化县政协	全国计划生育协会先进志愿者	中国计划生育协会	2004 年
王新亭	男	汉	宁化县计划生育协会	全国计划生育先进工作者	中国计划生育协会	2000 年
叶挺森	女	汉	宁化县泉上中心小学	福建省劳动模范	福建省人民政府	1995 年
伍美华	女	汉	宁化县计划生育局	全国计划生育科技先进工作者	国家计划生育委员会	1996 年
伊一平	男	汉	福建省宁化师范附属小学	全国优秀教师	人事部、教育部	1989 年
伊琴华	女	汉	宁化县中医院	福建省劳动模范	福建省人民政府	1993 年
伊象军	男	汉	中共宁化县委、宁化县人民政府信访局	优秀共产党员	中共福建省委	1997 年

续人物表 4

姓 名	性别	民族	单 位	荣誉称号	授予单位	授予时间
刘万能	男	汉	宁化县淮土中心小学	全国优秀教师	人事部、教育部	2004 年
刘高隆	男	汉	宁化县计划生育协会	全国计划生育协会先进工作者	中国计划生育协会	1995 年
江振奋	男	汉	福建省宁化第一中学	全国优秀教师	人事部、教育部	1989 年
阴长庆	男	汉	宁化县经济委员会	福建省劳动模范	福建省人民政府	1998 年
孙水祥	男	汉	宁化县电力公司	福建省劳动模范	福建省人民政府	1991 年
孙瑞发	男	汉	宁化县安乐中心小学	全国优秀教师	人事部、国家教委	1993 年
孙瑞芳	女	汉	宁化县红旗小学	全国模范教师	人事部、国家教委	1998 年
巫文通	男	汉	福建省计划委员会	抗洪救灾先进个人	福建省人民政府	1998 年
吴光腾	男	汉	三明军分区干休所	先进老干部工作者	福建省军区	2004 年
吴朝汉	男	汉	宁化县安乐乡人民政府	福建省劳动模范	福建省人民政府	1991 年
吴弼钦	男	汉	宁化县土地管理局	全国土地系统先进个人	国家土地管理局	1993 年
邱位信	男	汉	宁化县安远粮站	福建省劳动模范	福建省人民政府	1991 年
邱道财	男	汉	宁化县中沙乡林场	福建省劳动模范	福建省人民政府	1994 年
邱德奎	男	汉	福建省宁化师范学校	福建省劳动模范	福建省人民政府	2000 年
何正彬	男	汉	中共宁化县安远乡党委	优秀党务工作者	中共福建省委	1995 年
余仁森	男	汉	宁化县济村乡武层村	优秀共产党员	中共福建省委	1995 年
沈应坤	男	汉	福建省宁化第二中学	优秀共产党员	中共福建省委	1995 年
张子良	男	汉	宁化县医院	福建省劳动模范	福建省人民政府	2008 年
张天忠	男	汉	宁化县科委	全国农村科普工作先进个人	全国科普技术协会	1995 年
张仁康	男	汉	宁化县湖村粮站	福建省劳动模范	福建省人民政府	1995 年
张永华	女	汉	宁化康源农业有限公司	全国农村妇女"双学双比"女能手	全国农村妇女"双学双比"活动领导小组	2008 年
张运椅	男	汉	福建省宁化师范学校	特级教师	福建省人民政府	1998 年
张良弓	男	汉	宁化县林业局	福建省劳动模范	福建省人民政府	1998 年
张启伟	男	汉	宁化县合成氨厂	福建省劳动模范	福建省人民政府	1991 年
张金珠	女	汉	宁化县翠江镇五金日杂厂	全国三八红旗手	全国妇联	1988 年
张河兴	男	汉	宁化县经济局	优秀共产党员	中共福建省委	1995 年
张河辉	男	汉	中共宁化县委组织部	优秀党务工作者	中共福建省委	1993 年
张河景	男	汉	宁化县烟草局	全国计划生育协会先进工作者	中国计划生育协会	1995 年
				全国烟草系统劳动模范	国家烟草专卖局	1995 年
				全国烟草系统劳动模范	国家烟草专卖局	1996 年
张城妹	女	汉	宁化县公安局	全国优秀人民警察	公安部	2000 年
				全国三八红旗手	全国妇联	2002 年
张柏林	男	汉	宁化县染织厂	优秀共产党员	中共福建省委	1995 年
张清亮	男	汉	宁化县民政局	1998 年奔小康先进个人	中共福建省委、省人民政府	1998 年
张清禄	男	汉	宁化县农星农牧有限公司	全国劳动模范	国务院	2005 年
张清福	男	汉	宁化县石壁镇石碧村	福建省农民劳动模范	福建省人民政府	2008 年

续人物表4

姓　名	性别	民族	单　位	荣誉称号	授予单位	授予时间
张瑞栋	男	汉	宁化县隆陂水库管理处	福建省劳动模范	福建省人民政府	1991年
				优秀共产党员	中共福建省委	1995年
张献发	男	汉	宁化县交通局	优秀社教工作队员	中共福建省委	1992年
张　静	男	汉	三明市税务局	全国税务系统征收征管能手	国家税务局	1996年
张耀书	男	汉	宁化县禾口水保站	全国水保先进个人	水利部	1992年
陈仕连	男	汉	宁化县公路局丁坑口公路段	劳动模范	交通运输部、社会保障部	2009年
陈林仂	男	汉	宁化县泉上电站	全国计划生育协会先进工作者	中国计划生育协会	1997年
陈尚松	男	汉	宁化县城郊乡巫坊村	福建省劳动模范	福建省人民政府	2000年
陈金全	男	汉	宁化县卫生防疫站	全国结核病防治先进个人	国家卫生部	1997年
陈建智	男	汉	宁化县实验小学	福建省劳动模范	福建省人民政府	1998年
陈柏玲	女	汉	宁化县实验小学	全国优秀教师	人事部、国家教委	1989年
陈瑞喜	男	汉	沙县人民政府	福建省计划生育先进工作者	福建省人民政府	2002年
范登禄	男	汉	中共宁化县委县直机关工作委员会	优秀党务工作者	中共福建省委	1997年
林宗河	男	汉	宁化县民政局	福建省劳动模范	福建省人民政府	1994年
罗昌琼	男	汉	宁化县电信局	全国计划生育协会先进工作者	中国计划生育协会	1997年
胡初雄	男	汉	宁化县烟草公司	全国计划生育协会先进工作者	中国计划生育协会	1997年
胡登发	男	汉	宁化县安乐乡马家围村	农村优秀党支部书记	中共福建省委	1995年
钟长清	男	汉	中国农业银行宁化县支行	福建省劳动模范	福建省人民政府	1993年
俞爱珠	女	汉	宁化县卫生局	全国妇幼卫生先进工作者	国家卫生部	1996年
黄宝禄	男	汉	宁化县计划生育局	全省计划生育先进工作者	福建省人民政府	1996年
				全国计划生育协会先进工作者	中国计划生育协会	1997年
黄诞春	男	汉	福建省宁化第六中学	全国优秀教师	人事部、国家教委	1989年
谢桂菊	女	汉	宁化县中沙乡中沙村	全国城乡岗位建功先进个人、全国老区妇女创业创新标兵	全国农村妇女"双学双比"活动领导小组	2010年
赖贤斌	男	汉	宁化县泉上镇人民政府	全省计划生育先进工作者	福建省人民政府	1996年
赖承栋	男	汉	福建省宁化师范附属小学	全国模范教师	人事部、国家教委	2001年
熊爱群	男	汉	宁化县湖村中心小学	全国优秀教师	人事部、国家教委	1989年

宁化县实业界人物名表(已知)

人物表5

姓　名	性别	民族	工　作　单　位	职务
马先明	男	汉	江苏省南京万普管理公司	副总经理
马宗旺	男	汉	福建联通公司综合部	总经理
王云生	男	汉	太力信息产业有限公司	董事长
王成辉	男	汉	福州市铭成家具有限公司	总经理
王健平	男	汉	茶艺居	总经理
王浩然	男	汉	浙江省传化股份有限公司	总经理

续人物表 5

姓　名	性别	民族	工 作 单 位	职　务
王　铭	男	汉	福州市英拓冷气工程公司	总经理
王　楠	男	汉	普华永道公司	高级顾问
邓华金	男	汉	上海团购网	总经理
邓时吉	男	汉	北京市龙人腾飞图书公司福州分公司	总经理
刘荆贤	男	汉	北京市宏天宾馆	总经理
许兆闻	男	汉	福建省新合作烟花爆竹有限公司	副总经理
孙代华	男	汉	利华木业有限公司	总经理
巫国宝	男	汉	大千集团(北京模型科技公司)	董事长
李泉生	男	汉	上海市三角洲创业投资管理公司	董事长兼总经理
杨长水	男	汉	广东省东莞市贸易公司	总经理
杨建宁	男	汉	诺和诺德医药有限公司	总经理
吴玉章	男	汉	北京市吴玉章茶文化有限公司	总经理
余　强	男	汉	天津市型钢门窗有限公司	总经理
张天勤	男	汉	福州市定威电子有限公司	总经理
张河云	男	汉	福州市特色香包食品有限公司	总经理
张祥坤	男	汉	北京市金福祥商贸有限公司	董事长
张龙华	男	汉	福州市锐彩数码有限公司	总经理
张先斌	男	汉	福州市新建造价工程公司	副总经理
张运发	男	汉	海南省宝发房地产开发有限公司	总经理
张族享	男	汉	永拓机械瓦尔刀具有限公司	总经理
张族勤	男	汉	蓝海怡装饰工程有限公司	总经理
张　燊	男	汉	福建省优兰发纸业有限公司福州分公司	总经理
陈华文	男	汉	福建省欧科光电有限公司	总经理
范启华	男	汉	上海市珠峰投资咨询有限公司	总经理
周慧明	男	汉	越美水族用品有限公司	总经理
黄国生	男	汉	辑美彩印(厦门)有限公司	董事长
黄忠国	男	汉	香港星星贸易公司	董事长
黄恒芳	女	汉	福州市恒芳货运运输有限公司	总经理
章建明	男	汉	福州市京元快餐有限公司	总经理
董建平	男	汉	厦门市金龙汽车贸易有限公司	总经理
童明盛	男	汉	北京市名扬石拓科技有限公司	总经理
曾文华	男	汉	福建省天泰建筑工程有限公司	总经理
曾信华	男	汉	福州市开心正点食品有限公司	总经理
谢名海	男	汉	福州市铭海自动化设备有限公司	总经理
谢海林	男	汉	上海市广信实业公司	总经理
赖进建	男	汉	新算软件科技有限公司	总经理
赖晓峰	男	汉	上海市闽海木业有限公司福建分公司	副总经理
雷化祥	男	汉	福州市省安制冷工程有限公司	总经理
雷　平	男	畲	原福华公司	总经理
熊厚发	男	汉	泰宁县恒立门业公司	总经理

附　录

重要文献

三明市人民政府
关于审定三明市革命老根据地的乡（镇）的报告
明政〔1987〕综 145 号

　　根据省闽老办〔87〕11 号文件关于核实老区乡、村的通知，我市各县（市、区）对所辖的革命老根据地乡、村再次进行了核实。全市经审定的革命老根据地乡（镇、场）有 104 个，其中属于行政村过半数的革命老根据地的乡（镇）有 81 个，属于老区分布乡（镇）的有 23 个，现汇总列下，请予审查。

　　区乡（镇）共 81 个。

　　宁化县：翠江、泉上、城郊、济村、淮土、方田、安乐、湖村、曹坊、治平、河龙、水茜、中沙、禾口、横锁、安远等 16 个。

　　建宁县：滩城、里心、金溪、溪口、伊家、均口、客坊、溪源、黄坊、黄埠等 10 个。

　　泰宁县：杉城、朱口、上青、梅口、开善、龙安、龙湖、大田、下渠、大布、新桥等 11 个。

　　清流县：龙津、嵩口、里田、东华、长校、林畲、田源、嵩溪、沙芜等 9 个。

　　明溪县：雪峰、夏坊、枫溪、城关、夏阳、盖洋等 6 个。

　　大田县：武陵、桃源、石牌、太华等 4 个。

　　沙　县：夏茂、风岗、富口、西霞、南霞、高桥、梨树、青州、琅口、郑湖、高砂等 11 个。

　　将乐县：古镛、高唐、光明、漠源、南口、安仁、大源、余坊、万安、水南、陇西山等 11 个。

　　尤溪县：联合乡

　　永安市：安砂镇

　　老区分布乡共 23 个。

　　明溪县：瀚仙、胡坊、沙溪等 3 个

　　沙　县：虬江

　　大田县：沙洋、吴山、均溪、上京、广平、早兴等 6 个。

　　将乐县：白莲、黄潭、万全等 3 个。

　　永安市：西洋、小陶、洪田、槐南、青水等 5 个。

　　梅列区：陈大

附：福建省三明市老区乡村汇总表

三明市人民政府
1987 年 6 月 3 日

三明市老区乡、村(二战、抗战、解放战争)汇总表　　　1987年6月2日

县名	行政乡数	老区乡数	老区分布乡数	老区乡类别	行政村数	老区村数	老区村类别	总人口(个)	户数(户)	人口(人)	总土地面积(亩)	老区总土地面积(亩)	耕地面积(亩)	山地面积(亩)
		老区乡名称				老区村名称		老区总人口					其中	
全市合计	141	80	23		1696	851		2107724	191198	1007430	30032180	15374123	1503422	13850001
宁化县	16	16		中央苏区	207	207	中央苏区	300526	57227	300526	3159212	3159212	440727	2718485
建宁县	10	10		中央苏区	92	92	中央苏区	126977	24649	126977	2112436	2112436	230772	1881664
泰宁县	11	11		中央苏区	110	110	中央苏区	112345	21210	112345	1980551	1980551	165646	1814905
清流县	15	9		中央苏区	111	74	中央苏区	130638	12094	69678	1925172	1416115	100487	1315628
明溪县	9	6	3	中央苏区老游击区	86	67	中央苏区、老游击区	100597	11914	64689	2556000	1901786	138682	1763104
将乐县	14	11	3	苏区、老游击区	124	91	苏区、老游击区	143394	19037	107031	2734474	2037580	161631	1875949
沙县	15	11	1	苏区、老游击区	171	120	苏区、老游击区	211237	28178	140765	2730135	1326025	154559	1171466
大田县	18	4	6	抗日老游击区	266	47	老游击区	284197	8918	47114	3109000	688623	57123	631500
永安市	13	1	5	苏区、老游击区	228	26	苏区、老游击区	268911	3817	19769	4089200	515638	32634	483004
尤溪县	15	1	4	解放战争游击区	249	16	解放战争游击区	334800	3894	17076	5016500	211357	19361	191996
梅列区	5		1	解放战争游击区	52	1	解放战争游击区	94102	260	1460	619500	24800	1800	2300

民政部关于同意将福建省部分县（市、区）
列为全国农村社会养老保险试点县（市、区）的批复
民办批〔1992〕2号

福建省民政厅：

你厅《关于在我省福州等五个地（市）开展农村社会养老保险试点的请示》收悉。经研究，同意将福州市郊区、马尾区、闽侯县、闽清县、平潭县、连江县，三明市三元区、梅列区、永安市、明溪县、清流县、宁化县、大田县、尤溪县、将乐县、建宁县、云霄县、漳浦县、沼安县、南靖县、南平市、武夷山市、邵武市、建阳县、顺昌县、建瓯县、浦城县、光泽县列为全国农村社会养老保险试点县（市、区）。请你们协助这些县（市、区）进行调查研究，制定实施办法，报部审定。试点工作要认真安排，精心组织。请将试点的情况和问题及时向部反映。

民政部
1992年1月16日

宁化县人民政府关于改革公费医疗管理办法的通知
宁政〔1993〕9号

县直机关单位、县医院：

近年来，我县公费医疗实行了一系列管理办法，对保障干部职工身体健康起到了积极作用。但从目前看，公费医疗管理不尽科学，尚存在一些亟待解决的问题。为使公费医疗管理办法日臻完善，达到"定点就医，因病施治、合理用药、防止浪费、节约开支、保证治疗"的目的，经研究决定，自1993年3月1日起，公费医疗实行新的管理办法，现将有关规定通知如下：

一、加强对公费医疗管理工作的领导。县公费医疗领导小组下设办公室，由财政局、卫生局、县医院各确定一名在编人员具体负责，按照公费医疗有关规定履行职责，做好检查、审批、结算、拨款等工作。

二、实行定点就医的办法。县直机关干部、职工（含离退休人员）看病就医定点在县医院指定的门诊所，凭公费医疗证就医，县医院收费室按单位分人建卡记账。一般疾病必须在定点医院就诊；特殊情况确需外诊的，其发票报销需附急诊证明、病历和处方，外诊发票由公费医疗领导小组每半年集中研究一次，决定报销与否，外诊医疗费用由个人负担30%。

三、实行公费医疗费用与个人负担挂钩办法。凡享受公费医疗的干部职工（含退休人员），在定点医院门诊看病拿药的，其医药费由个人负担20%；住院医疗费在1000元以内的，个人负担20%；超过1000元至5000元的部分，个人负担6%；超过5000元以上的部分，个人负担3%。

四、严格管理制度。

1.凡享受公费医疗人员，必须自觉遵守公费医疗管理的有关规定，因病施治、合理用药、节约开支，不得指名要药，不得违反公费医疗原则，坚持自费药品自理。公费疗养，除手术后安排康复期疗养的医药费可在公费医疗经费中报销外，其他各种性质的疗养费用一律不在公费医疗经费中报销。

2.离退休人员、红军老干部,在乡二等乙级以上残废军人,因公负伤的干部、职工,其医药费开支实报实销,但必须遵守管理制度,加强管理,杜绝浪费。

3.凡纳入县直机关公费医疗统一管理的单位,对危重病人(由公费医疗领导小组确定)的医疗费实行单列,其医疗费开支必须经公费医疗管理领导小组审核,并由公费医疗办统一支付。其他单位享受公费医疗的危重病人,医疗费不足部分由单位负责,县里待年终财力情况,给予适当补助。

4.定点医院无法处理的疾病,在征得医院同意,出具转院说明,方可转住其他医院诊治。因公出差或假期探亲时患病应凭国家或集体医疗单位的发票报销,非医疗单位(如医药公司)和个体户诊所的发票一律不予报销。

5.医疗单位要严格执行卫生部、财政部联合颁发的《公费医疗管理办法》和《关于享受公费医疗劳保医疗人员自费药品范围的规定》等有关制度,掌握公费医疗经费开支范围及自费药品范围,不得擅自更改或扩大公费医疗享受范围。

6.加强医务人员医风、医德教育,做到廉洁行医,按章办事,自觉抵制不正之风,提高医疗水平,诊病时不得开营养、滋补药品,门诊处方药量一般掌握在2天,慢性病经批准,最多不得超过一星期。

7.医院实行医疗费承包考核制度,按月向公费医疗办结算,超出现行公费医疗承包基数的(每人50元/年),超出部分由医院负担20%。公费医疗办应严格掌握财务制度,认真执行公费医疗管理的各项规定,及时向领导小组汇报公费医疗管理情况,认真审查、核定公费处方,对违反规定的一律给予退回,不予核销。

8.本办法自1993年3月1日起执行。宁政〔1992〕综90号《关于实行新的公费医疗管理办法的通知》同时废止。

宁化县人民政府
1993年2月26日

宁化县人民政府
关于颁发《宁化县出售公有住房暂行规定》的通知
宁政办〔1993〕42号

县直各部门,各企事业单位,省、市属各单位,翠江、泉上、湖村、城郊乡(镇)人民政府:

《宁化县出售公有住房暂行规定》经市政府房改领导小组明房办〔1993〕第009号文件批准,同意实施,现予公布,请遵照执行。

出售公有住房是对现行统包统分的低房租、高暗贴、福利制、供给制住房制度的重要改革,是一项政策性强、涉及面广、十分复杂的系统工程。各部门、各单位领导一定要精心组织,加强领导,结合实际制定本单位的具体实施方案,确保房改的顺利进行。

本规定实施之日起,不论是新竣工或是旧住房腾空后一律实行先卖后租。干部、职工购买公有住房后,不论以何种方式放弃了所购房屋所有权或使用权的,单位不再提供出租公房。各产权单位售房回收资金,要严格按规定集中管理,专项用于新建、改建住房。

售房暂行规定在运作中遇到的问题,请及时与县房改办联系。

宁化县人民政府办公室
1993年6月1日

宁化县出售公有住房暂行规定

第一章 总则

第一条 为加快我县城镇的住房制度改革步伐,逐步推行住房商品化,根据《福建省城镇住房制度改革总体方案》和省、市关于出售公有住房暂行规定要求,特制定本规定。

第二条 本规定适用于县直机关、团体、企事业单位、翠江镇、城郊乡。泉上镇、湖村镇根据实际情况参照执行。

按照属地管理的原则,省、市属驻县单位的公有住房出售均按本规定办理。

第二章 范围和对象

第三条 按本规定出售的公有住房是指经确认产权清楚的行政、企事业单位自行管理的公房中供干部职工使用的公有成套住房。

下列公房不在出售范围:

1.已列入旧城改造规划的;

2.地处临街拟改造为营业用房的;

3.代管房产和产权未定的;

4.危房以及行将改造的旧住房;

5.单层平房;

6.县政府认为不宜出售的住房。

第四条 公有住房的出售对象是居住在县房改方案的范围内,有常住城镇居民户口的行政、企事业单位的在职和离退休的干部、职工(含合同工、不含临时工)。现住户有优先购买权。属于正常工作调动而调离原单位的现住房同样享有购房权利。

产权单位新建住房(含腾空房)应优先出售给本单位的无房户和住房困难户。

干部、职工不允许以本人名义在本单位或原单位为子女或他人购买公有住房。

第五条 下列人员不能享受优惠价格购买公有住房;

1.居住自有私房的干部、职工;

2.已建或已购私房的离退休干部、职工;

3.在城区家有私房(经批准的《个人建设住宅申请表》申报的家庭成员均包括在内,建筑面积已达到省政府闽政〔1984〕14号文规定标准)而租住公房的干部、职工;

4.有子女(同城同地居住)供养的干部、职工遗属;

5.已批建房用地的干部、职工;

第三章 定价原则

第六条 向干部、职工出售公有住房,按标准计价,扣除征地和拆迁补偿费后,1984年建成的砖混结构单元套房,每平方米建筑面积标准售价不得低于160元,框架结构的提高10%。

1985年至1992年年底建成的平均每年增加3%。

1983年至1979年建成的平均每年扣减3%。

1978年(含)以前建成的,在1979年建成房售价的基础上平均每年扣减1%,但最多只能扣减30%。

今后在售房价格,随住房造价的变化而进行必要的调整。

第七条 出售公有住房按建筑面积计价。户建筑面积依据住房竣工图纸的单元组合面积计算,没有图纸作依据的按实丈量。公共楼梯、过道等不按户分摊,也不列入计算住房控制面积的范围内。

第八条 干部、职工购买现住房。面积超过省政府闽政〔1984〕14号文件规定住房面积标准,以1984年标准售价加调节系数分别加权作价:超过21至30平方米的部分,售价增加20%;超过31至40平方米的部分,售价增加60%;超过41至50平方米的部分,售价增加100%;超过50平方米(不含)的部分,按市价出售。

第九条　住宅的挑阳台，凹阳台按50%计算建筑面积；封闭式阳台全部计算建筑面积；改装的封闭式阳台按70%计算建筑面积，住户自费改装的封闭式阳台按50%计算建筑面积。

购房户使用的柴火间、杂物间不计价出售，购房后仍有租用权。户外柴火间不准翻修加层，单位需要时，无偿征用。

第四章　楼层、朝向、地段及室内装修的调节

第十条　出售公有住房的价格应根据住房的楼层、朝向和地段以及室内的装修情况进行必要的合理的调节。

1.楼层（次）调节系数按附表（一）进行。

2.朝向调节系数按附表（二）进行。

3.地段级差的调节：

以县政府宁政〔1992〕44号文划分的三种类区确定调节系数：二类区公有住房调节系数为0，一类区调节系数为+2%，三类区调节系数为-2%。

4.室内装修的调节：

室内装修的基准是：水泥地面、木门窗、白灰墙、灶面瓷砖，卫生间一米瓷砖贴墙，蹲式瓷便盆，每间一盏灯。超过或达不到这基准的，由评估小组实地确定调节增减系数，报房改办备案。

评估小组由县房地产价格评估委员会确定有关单位人员和产权单位指派人员共同组成。

第五章　优惠条件

第十一条　按本规定购买公有住房的干部职工、享有下列优惠：

1.本规定开始实施的5年内，按标准价计价时，征地及拆迁费由产权单位负担。

2.本规定开始实施一年内购房的，按应付房价总额优惠20%；符合购房条件，现租住在公有住房又属出售范围的干部职工，每迟购一年优惠率减少5%。

无房户、现居住暂不出售公房的以及一年内因房源问题未能购到成套住房的干部职工，在今后首次购房时其优惠条件不变。

3.实行工龄房价抵交购房款。截至购房年份止，以购房户中最高工龄者计算，每年工龄补贴定为60元。

4.离退休干部、职工购房，按规定未领的自建公助补助款或异地安置费可以抵交购房款，如果出现金额倒挂现象时，差额部分不补。若分期付款，自建公助的补助费不得抵交首次付款部分。

5.产权单位以优惠价向干部职工出售的住房，其固定资产投资方向实行零税率，并免交营业税。干部职工按本规定购买公有住房，免缴契税；五年内免缴房产和城镇土地使用费；交易监证费、产权登记费、工本费、勘测丈量费等按规定费率减收60%。

6.一次性交清购房款的干部职工可以不购买住房建设债券。

第十二条　干部、职工购买自住的公有住房所实行的优惠价，优惠措施，均以户为单位，每户限购一套，每户只能享受一次，各产权单位不得再擅自增加（或变相增加）其他优惠措施。

第六章　付款形式

第十三条　购房人可以一次性付款，也可以分期付款。一次性付清购房款者减免应付房价的25%。分期付款的，首次付款额不得少于应付房价款的20%，每多付10%，减免应付房价款的3%。

剩余部分购房户可以从月工资中按比例扣还，也可向银行房地产信贷申请抵押贷款，签订相应的贷款合同，按月还本付息。贷款利率根据还款期限长短确定，付款期限最长不超过五年。

在分期付款期间，如购房人死亡，由其继承人继续偿还所欠的购房款（含贷款利息）。

第七章　产权

第十四条　按市场价购房的拥有全部产权。在房改期间按本规定以标准价购买公有住房所获得的产权是拥有全部占有权、使用权、继承权和受到限制的处分权和受益权。

受到限制的处分权是指：付清购房款的五年内不得出租、出售；在交清购房款满五年后，允许按市场价优先售给原房屋产权单位或房地产管理部门，如原产权单位或房地产管理部门不买，可以按市场价格自

由交易。五年内因工作调动而需要出售按优惠价购买的住房时，**原则**上由原产权单位或房地产管理部门按原售房价加新投入的维修、装修费（经评估）收购。

受到限制的收益权是指：购房人以市场价出售时所得**扣除有关税费后**，增值部分按原产权单位 20%，个人 80%进行分配。

第十五条 出售公有住房，售房单位应与购房人签订买卖合同，并到县有关部门办理过户手续，由购房人领取房产权属证件和土地使用权证。如以分期付款方式购买的，在应付款未付清前，售房单位应凭公证或鉴证的购房分期付款协议向房管所办理他项权利登记，**领取**"房屋他项权证"。购房债务未清的干部职工不得将所购住房出租、出售或改变用途。

第八章 回收资金的管理

第十六条 公有住房出售回收的资金，统一存入指定银行的房地产信贷部"财政住房基金"专户，实行专户存储，分户管理，专款专用，各产权单位拥有资金所有权，但资金只能定向用于新建、改建、扩建住房和房地产的开发，不准挪作他用。

资金回收由审计部门实施审计监督。逾期不交的，由审计部门直接通知银行划拨，并按每日万分之五收取滞纳金；属财政拨款的单位县财政扣抵拨款。

第九章 售后的管理和维修

第十七条 在公有住房出售前，各产权单位应进行一次必要的安全检修。对室内水卫设施功能不够齐全的，产权单位要积极做好配套设施，为出售公有住宅积极创造条件。

第十八条 售房单位应加强售后服务，积极完善各种形式的住房管理、维修制度，以推动住房的社会化服务。购房者可通过民主协商组织楼面（幢）房管小组，负责管理和维修。

第十九条 公有住房出售后，产权单位可在售房收入中先提取 10%，会同购房户在购房时缴交一定额（300~500 元）的资金，构成房屋维修基金，存入银行以利息收入作为公共设施维修和养护的费用。公共设施是指住房滴水线以外的门、围墙、水、电、路、灯、绿化、下水道、天台等。上述公共设施和维修养护费用在售后五年内由产权单位负责，费用从留成的住房基金中开支；五年后以利息收入列支，不足部分按产权人占有房屋建筑面积的比例分摊。滴水线以内住房主体部位维修由产权所有人承担。其中，自用部位由购房户自己承担；共用部位的梯道、内外墙由涉及的住房共同承担。维修时不得擅自改变房屋外形和结构。

第十章 附则

第二十条 各机关、企事业单位公有住房的出售工作，在县住房制度改革领导小组指导下按规定程序进行。各产权单位在出售前要制定方案，报县房改领导小组批准。

集体企业自建自管公有住房出售的办法，由企业根据情况自行制定经主管部门审定后报县房改办备案。

第二十一条 凡违反本规定，擅自贱价或少计面积出售公有住房的，除补足应付购房款外，同时由县财政没收产权单位全部售房资金，并视情节轻重，追究产权单位领导和当事人的责任。

第二十二条 本规定由县住房制度改革领导小组解释。

第二十三条 本规定自发布之日起实行。

宁化县人民政府办公室转发经委等部门

《关于认真贯彻落实〈福建省全民所有制工业企业转换经营机制

实施办法〉的意见》的通知

宁政办〔1993 年〕46 号

县直各单位、各县属企业：

　　现将县经委、体改委《关于认真贯彻落实〈福建省全民所有制工业企业转换经营机制实施办法〉的意见》转发给你们，请结合本部门、本企业的实际认真贯彻执行。

宁化县人民政府办公室

1993 年 6 月 10 日

关于认真贯彻落实

《福建省全民所有制工业企业转换经营机制实施办法》的意见

县政府：

　　加快企业经营机制的转换，是当前我县企业改革的中心工作。《福建省全民所有制工业企业转换经营机制实施办法》（以下简称《实施办法》）的颁布实施，对于推动我县企业走向市场，建立自主经营、自负盈亏、自我发展和自我约束的机制，具有十分重要的意义。各级、各部门要全力以赴，抓好《实施办法》的贯彻落实，加快改革步伐，促进我县经济更快更好的上一个新台阶。现就贯彻落实《实施办法》提出如下意见：

　　认真抓好《实施办法》的学习、宣传工作，形成贯彻落实《实施办法》的热潮。

　　当前，各级、各部门和各企业应集中精力认真学习贯彻《实施办法》，把学习《实施办法》与普法教育和职工岗位培训结合起来，掀起学习贯彻《实施办法》的热潮，使《实施办法》的精神深入人心，家喻户晓。

　　县有关经济综合部门和企业主管部门要组织好本单位干部和下属企业的领导对《实施办法》的学习培训工作。各经济综合部门、执法部门、企业主管部门都必须做到正确掌握、自觉贯彻《实施办法》。各企业也要认真组织好《实施办法》的学习培训工作。

　　各部门应充分利用各种宣传媒介，大力宣传《实施办法》，及时宣传报道贯彻落实中的典型经验。

　　各部门要通过召开企业领导、职工代表、工程技术人员、有关部门领导、干部座谈会等形式，学习宣传贯彻《实施办法》。

　　继续推动企业采取行之有效的形式转换经营机制。

　　加快国有企业股份制改革步伐。今年要完成 2 至 3 家企业的试点工作，以国有企业改制成有限责任公司为重点，新设立的企业均应组建成有限责任公司。

　　积极引进外资嫁接改造国有企业。引导外商投入资金、技术、设备和先进管理办法，对国有企业进行改造，加速企业转换经营机制。

　　在坚持完善承包经营责任制的基础上，继续搞好综合改革试点，积极推行税利分流等改革试点工作。

　　加强对贯彻《实施办法》工作的领导。

　　县政府指定一名领导负责协调这项工作。各级各部门要积极配合，对照《实施办法》规定提出具体意见，明确工作重点、实施步骤和政策措施，并组织实施。要继续清理整顿有关政策、法规等文件，对与

《实施办法》规定相抵触的，要及时修改和废止；对照《实施办法》修改、补充完善，搞好企业的政策、规章。

加强对《实施办法》执行情况的监督、检查工作。对违反《实施办法》规定的行为，要及时检查纠正；情节严重的，要严格按照《实施办法》的规定，追究有关人员和部门的责任。

各部门要分析企业在转换经营机制方面存在的问题，解剖试点企业自主权的落实情况，总结推广成功经验。

切实抓好政府和各有关部门的职能转变工作。

按照"换脑筋、改观念、放权限、增活力"的精神和"协调、监督、管理、服务"的原则，把对企业的直接管理变为间接管理和综合服务。要且《实施办法》来规范政府与企业的行为关系，为企业贯彻《实施办法》创造良好的环境。

各级各部门要通过《实施办法》的贯彻落实，促进国有企业在经营机制的转制上有新的突破，不断增强企业活力，全面提高企业素质，推动我县经济建设再上新的台阶。

以上意见如无不妥，请批转各部门执行。

宁化县经济委员会

宁化县经济体制改革委员会

1993 年 6 月 10 日

宁化县人民政府关于印发
《宁化县深化城镇住房制度改革实施方案》的通知
宁政办〔1997〕182 号

各乡（镇）人民政府、县直各、省、市、县属企事业单位：

《宁化县深化城镇住房制度改革实施方案》《宁化县 1993 年至 1996 年公有住房价格》《宁化县住房公积金实施意见》已经省、市房改领导小组批准，现印发给你们，请认真组织实施，实施过程中遇到的具体问题，请直接向县房改领导小组办公室反馈。

附：《宁化县深化城镇住房制度改革实施方案》

《宁化县 1993 年至 1996 年出售公有住房价格》表

《宁化县住房公积金实施意见》

宁化县人民政府办公室

1997 年 7 月 2 日

附：宁化县深化城镇住房制度改革实施方案

为贯彻落实《国务院关于深化城镇住房制度改革的决定》和《福建省深化城镇住房制度改革意见的通知》精神，加快我县住房制度改革步伐，促进住房商品化和住房建设的发展，根据省、市政府的部署，结合我县实际，对深化我县城镇住房制度改革提出如下实施方案：

一、我县住房制度改革的根本目的和基本内容

（一）根本目的

建立与社会主义市场经济体制相适应的新的城镇住房制度，实现住房商品化，加快住房建设，改善居住条件，满足城镇居民不断增长的住房需求。

（二）基本内容

把住房建设投资由国家、单位统包的体制改变为国家、单位、个人三者合理负担的体制，把各单位建设、分配、维修、管理住房的体制改变为社会化、专业化运行的体制；把住房实物福利分配的方式改变为按以劳分配为主的货币工资分配方式；建立以中低收入家庭为对象，具有社会保障性质的经济适用住房供应体系和以高收入家庭为对象的商品房供应体系；建立住房公积金制度；发展住房金融和住房保险；建立政策性和商业性并存的住房信贷体系；建立规范化的房地产交易市场和发展社会化的房屋维修、管理市场，逐步实现住房资金投入产出的良性循环，促进房地产业和相关产业的发展。

（三）城镇住房制度改革坚持配套、分阶段推进

近期的任务是：全面推行住房公积金制度，积极推进租金改革，稳步出售公有住房，大力发展房地产交易市场和社会化的房屋维修、管理市场，加快经济适用住房建设，到本世纪末初步建立起新的城镇住房制度，使城镇居民住房达到小康水平。

二、全面推行住房公积金制度

（一）住房公积金是职工及其所在单位按规定缴存的具有保障性和互助性的职工个人住房基金，归职工个人所有，职工离退休时本息余额一次结清，退还职工本人。住房公积金不作财政预算资金，不纳入财政预算外资金管理，按照"房改领导小组决策，中心运作，银行专户、财政监督"的原则进行管理。

（二）对象和范围

凡在本县工作，具有本县常住户口的党政机关、人民团体，事业单位工作人员和企业的固定职工、劳动合同制工人，均实行公积金办法。

离休干部和退休职工、驻宁化部队的干部、临时工和"三资"企业中的外籍职工均不实行公积金办法。

（三）住房公积金的缴交

职工个人和所在单位的公积金缴交率，1996年暂定各为5%。县人民政府可依据经济发展和职工个人收入的变化，对公积金缴交进行调整，并公布实施。

职工个人和所在单位公积金月缴交额均等于职工工资总额乘以公积金缴交率。按上述办法计算的职工个人和所在单位月公积金缴交额不足5元的，按5元缴交。计算时均以元为单位。

职工个人交纳的住房公积金，由职工个人支付。单位为职工缴纳的住房公积金的开支渠道，按照财政部、国务院住房制度改革领导小组、中国人民银行〔94〕财综字第126号《建立住房公积金制度的暂行规定》的通知等有关文件规定执行。职工个人住房公积金存贷利率按照国务院办公厅国办发〔1996〕35号文件规定执行。

（四）住房公积金的使用

1.职工购买、建造、大修理自住住房抵押贷款。

2.城市经济适用住房包括安居工程住房建设专项贷款。

3.单位购买、建造职工住房专项贷款。

4.在满足支付需要和安排以上贷款后，其余额可用于购买国家债券。

（五）住房公积金的管理

县住房制度改革领导小组是住房公积金管理的领导决策机构。负责制定住房公积金归集、管理、使用的有关制度和政策；审批住房公积金的年度归集、使用计划和发展规划；审议确定住房公积金的预算、决算。

住房公积金管理机构（宁化县住房资金管理中心，以下简称管理中心）是宁化县人民政府批准设立，依法管理住房公积金的独立事业单位，管理中心受宁化县房改领导小组的直接领导，负责住房公积金的归集，支付、核算和编制使用计划管理工作；执行房改领导小组决定的有关事项。

县财政部门行使对住房公积金管理的监督职能。房改领导小组在审批住房公积金使用计划和预算、决算时，必须有财政部门参加。管理中心要定期向当地财政部门报送财务会计报表，接受财政部门的监督、检查。审计部门要定期对管理中心进行审计。

公积金的存贷等金融业务由县人民政府委托指定的专业银行办理。受委托的专业银行根据县人民政府批准的公积金使用计划，审核、发放和回收贷款。

我县公积金制度一律从 1996 年 7 月起实施。

三、积极推进住房租金改革

（一）加大租金改革力度，根据国务院《决定》要求，到 2000 年，住房租金原则上应达到占双职工家庭平均工资的 15% 的精神，到 2000 年，我县租金标准按成套砖混一等结构（使用面积）应为 2.31 元/(平方米·月)，我县实行综合规划，分步到位的办法，租金提高的幅度与我县居民收入水平相适应，并根据物价指数控制目标统筹安排，今后公有住房租金标准每二年公布一次。

（二）我县公有住房租金标准，目前按成套砖混一等结构（使用面积为）为 1.0 元/(平方米·月) 确定，占双职工家庭平均工资的 8.85%，计划到 1998 年提高到使用面积 1.6 元/(平方米·月)，占双职工家庭平均工资的 12%，到 2000 年提高到使用面积 2.31 元/(平方米·月)，占双职工家庭工资的 15%，原则上新分配的新建住房的租金要高于旧公房的租金。

（三）新租金标准实施后，增加的租金收入仍归产权单位所有，纳入住房基金管理，不得挪作他用。

（四）新租金标准执行后，一律不发住房补贴，任何单位不得以公款抵交房租。

（五）租金调整后，对离退休职工，政府民政部门确定的社会救济对象及增支过多的低收入家庭的公有住房租金 缴交困难户，实行减免政策。

四、稳步出售公有住房

出售公有住房本着既积极又稳妥的指导思想，逐步开展，首先处理好 1993 年出售公有住房遗留下来的问题，做好已售公有住房与国务院《决定》的衔接工作。其次积极稳妥地按照《决定》规定的标准价、成本价和市场价出售公有住房，县测算制定的当年售房的标准价和成本价，必须报省房改领导小组审批后才能公布执行。

（一）我县 1993 年已售公有住房按以下办法与国务院《决定》衔接：

1.1993 年已售公有住房，售房价统一到省政府闽政〔1993〕1 号文件规定的价格水平，然后再与国务院《决定》售房政策相衔接。1994 年 1 月 1 日之后出售的公有住房，均须按国务院《决定》规定的新售房政策进行规范。

2.我县 1993 年出售的公有住房、售房价格统一到省政府闽政〔1993〕1 号文件规定的价格水平补交购房款，对所购公有住房拥有部分产权，产权比例按售价占成本价的比例确定。

3.对已购公有住房，经购房人同意，也可按 1993 年的成本价补足房价款及利息后，原购住房产权归个人所有。

4.已购公有住房与《决定》衔接后，房屋的产权从购房缴交之日计起。

（二）出售公有住房的市场价、成本价、标准价由县人民政府每年公布一次。

（三）职工按成本价、标准价购买公有住房给予如下折扣：

1.工龄折扣：根据购房职工享受住房公积金前的工作年限给予工龄折扣，每年工龄折扣的数额，按抵交价除以 65（男职工 35 年，女职工 30 年）计算，离退休职工购房计算工龄折扣的时间，按国家规定的离退休年龄计算。

2.现住房折扣：职工购买现已住用的公有住房，可适当给予折扣，1995 年折扣率为负担价的 5%，今后逐年减少 1%，2000 年前全部取消。

3.公有旧住房的市场价、成本价、标准价按成新折扣计算，折旧年限一般为 50 年年折旧率为 2%，使用年限超过 30 年的一律按 30 年计算。

4.付款折扣：购房可一次付款，也可分期付款。一次付清房款的给予 20% 的折扣；分期付款的，除首次付款 30% 外，每多付 10%，售房单位给予实际售价的 2.5% 的折扣。分期付款期限一般不超过十年。分期付款要计收利息，利率按有关规定执行。

（四）公有住房的实际售价，应根据住房结构和所处地段、朝向、层次不同进行调节计价（各调节系数另行制定）。

（五）职工按成本价或标准价购买公有住房，每个家庭只能享受一次、购买一套。职工购买公有住房的面积控制标准：一般职工为45—70平方米（指建筑面积，下同）；科级干部或正式聘任为中级专业技术职务的干部为50—85平方米；县处级干部或正式聘任副高级专业技术职务以及1983年前评定确认为中级职称的干部为60—100平方米；地厅级干部或正式聘任为正高级专业技术职务以及1983年前评定确认为高级职称的干部为80—130平方米，以上是购房面积控制标准，也可以作职工分房、建房面积控制标准。

（六）公有住房售后的产权界定按国务院国发〔1994〕43号文件规定执行。

（七）加强售房款管理。国有企业和行政事业单位出售国有住房取得的收入，不再按比例上缴财政，也不上交其他部门，全部留归售房单位使用，纳入单位住房基金，用于本单位职工住房建设和住房制度改革。地方所属的直管住房出售收入可由县人民政府统筹安排用于住房建设、住房维修等支出。售房单位使用售房收入，要根据本单位住房建设、住房维修和住房制度改革的实际需要，编制国有住房出售收入使用计划，报县住房制度改革领导小组审批。经办银行根据批准的使用计划，以及县人民政府主管部门批准的住房建设计划办理拨付手续。未经批准，售房单位不得动用。

国有住房出售收入必须按规定的用途专款专用，任何单位或个人都不得截留或挪用，各级财政部门要会同有关部门，加强对国有住房出售收入使用的监督检查，防止国有资产流失。

五、加快经济适用住房建设

建设经济适用住房，有利于解决中低收入家庭的住房问题，有利于保持社会安定稳定。目前我县城镇居民中仍有大量的住房困难户，为搞好经济适用住房建设，加快住房解困步伐，房地产开发公司每年的建房总量中，经济适用住房要占20%以上，同时，要继续发展集资合作建房，加快解危解困，对开发建设单位承担的经济适用的住房建设项目，要在建设用地、拆迁、规划、计划、税费等方面予以政策扶持。

六、加强领导，强化监督

加快住房建设和推进住房制度改革是政府的重要职责，我县已建立了以政府主要领导负责的房改常设机构，设立了县房改办公室，配备了固定人员抓房改工作，今后，县人民政府要进一步加强领导，按《决定》和省政府闽政〔1995〕40号文件的要求制定和完善房改方案，有计划、有步骤地推进住房制度改革。所有单位，不论隶属关系，都应服从县政府对房改的统一部署和政策。县监察、审计、物价、房管、土地、城建等部门要依据有关法律和政策规定，强化对房改工作的监督检查，查处房改中的违法违纪行为，确保房改工作健康、顺利地开展。

县房改领导小组要加强分类指导，政府各部门要各尽其责，密切配合，协调解决深化改革的矛盾和问题，支持住房制度改革，各部门关于住房制度改革的配套政策的出台须经县政府住房制度改革领导小组讨论同意后联合发文。

本方案由宁化县住房制度改革领导小组办公室负责解释。

宁化县1993年至1996年出售公有住房标准价、成本价表（砖混一等结构）

宁化县1993年至1996年出售公有住房标准价、成本价表（砖混一等结构）

年度项目	上一年职工平均工资（元/人）	标 准 价			成本价（元/平方米）
		负担价（元/平方米）	抵交价（元/平方米）	标准价（元/平方米）	
1993	2497	268	169	437	356
1994	2756	295	187	428	378
1995	4089	438	277	715	462
1996	4184	448	284	732	513

附：宁化县住房公积金实施意见

一、 总则

第一条 根据第三次全国房改工作会议和省、市房改总体方案的精神，结合宁化的实际情况，制定本实施意见。

第二条 公积金是一种义务性的长期住房储金。实行公积金办法的职工个人按月缴交占职工工资一定比例的公积金，单位亦按月提供占职工工资一定比例的公积金，两者均归职工个人所有，通过长期的储蓄积累，提高职工家庭自我解决住房的能力。同时也扩大住房建设资金来源和融通规模。

第三条 宁化县住房制度改革领导小组下设住房基金管理中心，宁化县住房基金管理中心为公积金的主管单位，负责归集、管理和使用公积金。

二、 对象和范围

第四条 凡在本县工作，具有本县常住户口的党政机关、人民团体，事业单位工作人员和企业的固定职工、劳动合同制工人，均实行公积金办法。

第五条 离休干部和退休职工、驻宁化部队的干部、临时工和"三资"企业中的外籍职工均不实行公积金办法。

三、公积金的缴交

第六条 1996年个人和所在单位的公积金交缴率分别按如下要求进行：（1）机关事业单位按基本工资的5%交缴；（2）有实行岗位技能工资的企业，按岗位工资、技能工资之和的5%交缴；（3）没有实行岗位技能工资的企业，按标准工资、物价补贴之和的5%交缴。以后随着经济发展和个人收入的变化，可以分别进行调整。

第七条 公积金存入个人公积金户名后，即归个人所有，其利息比照银行活期存款利率结算。

第八条 公积金中，个人承担的部分，由个人支付；企业提供的部分在管理费中列支；全额预算拨款单位在经费包干结余或预算外收入中列支；差额拨款单位和自收自支事业单位比照企业开支渠道开支。

四、公积金的管理

第九条 公积金由县住房基金管理中心负责管理。其主要职责是：

1.负责制订职工个人和单位公积金缴交率；

2.确定公积金的存贷办法；

3.负责督促各单位按月缴交的公积金；

4.负责安排公积金的使用和归还。

第十条 宁化县住房公积金由县住房基金管理中心实行专户储存的办法管理，在受委托银行开设专户，专款专用，严禁挪作他用，县财政局和审计局负责监督。

第十一条 公积金中个人承担的部分由职工所在单位在每月发工资时代为扣交，连同单位提供的部分，在当月发工资日的一星期内，由单位一并缴交给宁化县城市住房基金管理中心，记入单位名下的职工个人公积金户名，新参加工作的干部职工，在参加工作的一个月起实行公积金办法。

第十二条 单位不按时缴交公积金，由宁化县城市住房基金管理中心督促缴交，迟交一天按总额的0.5%交缴滞纳金。

第十三条 职工变动工作单位时，其公积金本息转入新单位名下的职工公积金户名。

第十四条 开户银行每年向单位和职工公布一次公积金对账单。职工需要查询时，可凭单位证明开户银行索取对账单。

五、公积金的使用

第十五条 公积金只能支付职工家庭购买自住住房，自建自住住房，私房翻建和大修等费用。住房的内部装修、房屋养护等费用，不得用公积金支付。

第十六条 职工可使用本户成员的公积金和自有现金支付购买自住住房，自建自住住房私房翻建和大修等费用,如果仍然不足,可用非本户直系亲属中职工的公积金支付,但必须经其本人同意,并由县住房基金管理中心、开户银行确认。

第十七条 职工家庭成员按月缴交公积金后,可使用本户成员和非本户直系亲属中职工的公积金和自有现金支付购买自住商品房、自建自住住房、私房翻建和大修等费用,如果仍然不足,可根据宁化县城市住房基金管理中心对个人贷款的规定,向开户银行房地产信贷申请贷款,由职工所在单位担保,并由职工个人按期偿还。

第十八条 职工离退休、调离宁化县、出国定居、自动离职其结余的公积金本息归还给个人。

第十九条 职工在职期间去世,其结余的公积金本息可由继承人提取,但受益人必须提供有效的法律证明文书,由县住房基金管理中心、开户银行确认。

第二十条 单位按照缴交公积金后,根据宁化县城市住房基金管理中心的贷款规定和计划,可向开户银行申请建房、购房贷款。贷款额度一般不超过本单位名下职工公积金总额,并需按签订偿还合同偿还。如逾期不还,除加收逾期利息外,停止申请贷款资格。

第二十一条 本实施意见由县房改办负责解释。

宁化县人民政府关于印发
《宁化县推行国家公务员制度实施意见》的通知
宁政〔1997〕综 210 号

各乡(镇)人民政府,县直各办、局:

现将《宁化县推行国家公务员制度实施意见》印发给你们,请结合本单位、本部门实际,认真贯彻执行。

建立和推行国家公务员制度,是我国政治生活中的一件大事。它既是政治体制改革的一项重要内容,也是建立社会主义市场经济体制的客观需要,对于政府机关人事管理走上科学化、法制化轨道,建设一支廉洁奉公、忠于职守的高素质的国家公务员队伍,提高政府行政效率,促进社会主义市场经济和现代化建设事业的发展具有重要意义。各乡(镇)和县直各部门要给予高度重视,切实加强领导,精心组织实施。政府人事部门要充分发挥职能作用,与组织、机构编制、财政等部门密切配合,当好政府的参谋和助手。

国家公务员制度的实施,要结合机构改革有计划、有步骤地进行。在机构改革"三定"基础上,适时做好职位设置、现有人员向国家公务员过渡、人员选配和非领导职务确定等工作。在推行国家公务员制度的过程中,严禁扩大实施范围,滥设职位,突出提干、转干;对违反规定的要及时、坚决地纠正,并追究领导人员的责任;要注意研究新情况、解决新问题,切实加强思想政治工作,提高依法办事自觉性,保证国家公务员制度顺利地入轨运行。

宁化县人民政府

1997 年 8 月 22 日

宁化县推行国家公务员制度实施意见

根据《国家公务员暂行条例》《国家公务员制度实施方案》和省、市关于推行国家公务员制度的实施意见,结合我县实际情况,现就推行国家公务员制度提出如下实施意见:

一、实施范围、对象

我县实施国家公务员制度的范围是：

（一）列入县政府机构序列的行政职能部门，包括政府各办、局，办、局管理（含合署）的办、局和政府派出机构。

（二）乡（镇）人民政府的办事机构。

（三）县政府议事协调机构和临时机构的常设办事机构，以及挂靠在政府行政职能部门的党委议事机构的常设办事机构。

（四）行使政府行政职能的事业单位。

不具有政府行政职能的事业单位，具有部分政府行政职能或受国家行政机关委托承担某些政府行政职能的事业单位，国家行政机关所属的机关服务中心、学会、协会、研究会等社会组织，培训机构等，不实行国家公务员制度。

实施对象是上述列入实施范围的部门、单位中除工勤人员以外的工作人员。

县实施国家公务员制度的范围，由县人事局提出意见，经市人事局审核，由县政府审定。

二、实施步骤与方法

国家公务员制度的实施工作，要在国家、省、市统一规定和总体部署下，统筹规划，精心组织，上下结合，分步进行。力争到 1997 年年底前在全县范围内基本建立起国家公务员制度，然后再逐步加以完善。

（一）从现在开始，县、乡（镇）政府行政职能部门，对《条例》中的录用、考核、奖励、纪律、职务升降、培训、交流、回避、退休等单项制度，各部门、单位都要按规定认真组织实施。

（二）对以机构改革为前提条件的职位设置，现有人员向国家公务员过渡等内容，在机构改革进入"三定"之后，要随即实施。

（三）各部门、单位实施国家公务员制度工作分为三个阶段进行：

1.准备阶段。县机关从 8 月 8 日至 8 月 31 日，乡（镇）从 9 月 10 日至 9 月 30 日。

（1）抓好国家公务员制度的宣传工作，领会《条例》精神，明确政策。

（2）与机构改革和"三定"工作相衔接，组织工作班子，培训骨干，进行职位调查和人员情况摸底。

（3）拟定本部门、单位以现有人员向国家公务员过渡为主要内容的实施方案。

2.实施阶段。县机关从 9 月 1 日至 10 月 10 日，乡（镇）从 10 月 1 日至 11 月 10 日。

（1）进行职位设置。职位设置在"三定"基础上进行，包括确定职位职责、层次、数量、名称等四项内容。要按照工作性质、所需学识和工作量大小等，合理设置职位，将机构改革中确定的机构职能层层分解落实到各个职位，明确各职位的职责任务和任职资格条件，作为选配人员的依据。各部门、各单位的职位设置方案，报县人事局审核备案。

（2）对拟参加过渡人员，进行资格审查。现有机关及行使行政职能事业单位工作人员中符合条件的，列入过渡范围。

（3）对参加过渡人员的培训。主要学习国家公务员制度基本知识和专业知识。培训工作由县人事局统筹安排，各部门、各单位组织实施。

（4）对参加过渡人员进行考核。考核内容包括德、能、勤、绩四个方面，重点是工作实绩。近两年已按《国家公务员考核暂行规定》要求，开展年度考核的部门（单位），其考核结果可作为过渡考核的依据。未按要求进行考核的部门（单位）应按要求对参加过渡人员近两年的政治思想、业务工作等情况进行综合评定。

（5）根据职位要求，选择配备人员。对经考核合格，符合过渡条件的人员，按照各职位任职条件的要求，结合实际情况，进行合理配备。

（6）过渡合格人员填写《国家公务员登记表》，并按管理权限审批。《登记表》归入个人档案。

对未能过渡为国家公务员的人员，要采取有效措施，予以分流并妥善安置。

在做好职位设置和人员过渡的同时，严格实施《条例》中各单项制度。

3.检查验收阶段。县机关从 10 月 11 日至 10 月 31 日，乡、镇从 11 月 11 日至 11 月 30 日。

主要检查验收职位设置、人员配备、分流人员安置以及《条例》其他内容的实施情况，并加以总结完善。检查验收工作由县人事局负责。

我县近几年来在面上推行的考试录用、培训、考核、退休等制度，要在现有的基础上，按照《条例》规定加以规范，与国家公务员制度接轨。

对于地区回避、辞退、聘任制、任职年龄的梯度结构等实施难度较大的制度，要根据实际情况，经过探索和实验，积极创造条件，逐步组织实施。

三、实施中的几个问题

（一）实施范围

对实施国家公务员制度范围的界定，要本着政企分开、政事分开的原则，以机构是否具有行政职能为主要依据。实施范围要从严掌握，少数由于机构、编制管理等原因一时难以确定其性质的单位，暂不列入实施范围。对列入国家公务员制度实施范围的单位，不能同时执行企业、事业单位的职称、工资及奖金等人事管理制度，不得"两头占"。原则上也不能在同一单位中一部分人实行国家公务员制度，另一部分人实行企业、事业单位的人事管理制度。

（二）现有机关工作人员向国家公务员过渡

现有机关工作过渡为国家公务员，既要坚持标准、严把人员素质关，又要实事求是、不能脱离实际。过渡工作要在机构改革"三定"的基础上进行，与机构改革人员分流相结合，与调整机关人员结构相结合，按照核定的编制和职位要求，根据国家公务员的基本条件和拟任职位的任职条件选配人员，使国家公务员队伍形成一个合理的结构。过渡方法一般以考核为主，并与行政机关工作人员的岗位培训及国家公务员制度基本知识培训相结合。已建立年度考核的部门和单位，过渡考核一般以近两年考核结果为基础；未建立考核的部门和单位要按照《国家公务员考核暂行规定》和拟任职务的要求，对人员近两年的德、能、勤、绩进行考核，并进行综合评定。符合条件的，过渡为国家公务员。

（三）国家公务员级别的确定

工资制度改革中已经套改级别的过渡为国家公务员后，要由原工资审批机关加以确认。新录用的国家公务员级别的确定以及国家公务员级别晋升，要严格执行统一规定，在注重德才表现的前提下，以其所任职务及所在职位的责任大小、工作难易程度及工作实绩、工作经历为主要依据。国家公务员的级别不得超过所任职务对应的级别范围。确定级别，应按管理权限办理审批手续。

（四）非领导职务设置

非领导职务设置要在机构改革完成"三定"、搞好职位设置、确定领导职数之后进行，要在国家规定的职数限额内，以工作任务为主要依据，不得因人设职，突破规定的职数。设置非领导职数要与机构改革确定的机构规格相符合，严格执行国家规定的标准。主任科员、副主任科员在县的行政机关设置。非领导职务的职数，要按规定报批。任命非领导职务要严格掌握任职条件，并在核定的职数限额内，按规定的管理权限和审批程序办理。以往任命的非领导职务，要对照国家公务员非领导职务的任职要求，在规定的非领导职务职数比例限额内，按《条例》规定的名称予以规范。

（五）实施过程中补充工作人员问题

所有实施公务员制度的部门、单位在实施国家公务员制度过程中补充工作人员，要按照国家公务员资格条件和录用程序办理。补充对象首先是政府机关和党群机关的工作人员，确有困难的再考虑从事业、企业单位招考。

四、实施工作的组织领导

国家公务员制度实施工作，要在"宁化县推行和参照执行国家公务员制度领导小组"的统一领导下进行，并负责全县实施国家公务员制度的统筹规划、组织协调工作。各部门、各单位也要组成工作班子，负责本部门、本单位公务员制度的实施工作。在县委组织部的支持和指导下，具体实施工作由县人事局负责。要注意研究实施工作中出现的新情况，解决新问题，切实加强思想政治工作，保证实施工作的顺利进行。

五、宁化县人民政府实施国家公务员制度的范围

根据《国家公务员暂行条例》《国家公务员制度实施方案》、省、市关于推行国家公务员制度的实施意见和《宁化县推行国家公务员制度实施意见》，现对县人民政府所属部门、单位实施国家公务员制度的范围规定如下：

（一）县政府各办、局，办、局管理（含合署）的办、局，县政府派驻县外办事机构，实行国家公务员制度。

（二）县政府直属事业单位，根据职能不同，分别加以确定。

1.行使行政职能的事业单位，列入实施国家公务员制度范围。具体由县人事局提出意见，报市人事局审核，由县政府审定。

2.具有部分行政职能或受行政机关委托承担某些行政职能的事业单位以及不具有行政职能的事业单位，不实行国家公务员制度。

（三）县政府议事协调机构和临时机构所设的办事机构，列入实施国家公务员制度范围。

（四）县政府各办、局，办、局管理（含合署）的办、局所属的行使行政职能的单位，列入实施国家公务员制度范围。具体单位由各办、局提出意见，报县人事局审定后按程序报批。

县政府各办、局，办、局管理（含合署）的办、局所属的学会、协会、研究会等社团组织，培训机构等，不实行国家公务员制度。

（五）乡（镇）人民政府的办事机构及其行政职能部门，列入实施国家公务员制度范围。

（六）县人民政府实施国家公务员制度的部门的机关党委、纪检以及离、退休干部管理机构，列入实施国家公务员制度的范围。

附：首批实施国家公务员制度的部门、单位名单

附：宁化县人民政府首批国家公务员制度的部门、单位

（一）县政府机构28个：

政府办（含信访局、法制局、外事办）	卫生局
计划局	计划生育局
经济局	审计局
农业局	工商行政管理局
教育局	统计局
公安局	地方税务局
监察局（与县纪委合署）	科学技术局
民政局（含老区办）	文化体育局
财政局	交通局
人事局（含编委办）	水利电力局
林业局（含集体林区改革试验办）	劳动局
对外经济贸易局	建设局
土地局	粮食局
环保局	司法局

（二）县政府办、局管理的办、局6个：

技术监督局、物价局、地矿局、驻深圳办、驻厦门办、驻榕办

（三）县政府议事协调机构1个：

县财贸工作领导小组办公室

（四）县政府直属事业单位且行事行政职能的单位：县政府各办、局和办局管理的办、局所属的行使行政职能的单位，列入实施国家公务员制度范围。具体由各办、局提出意见，报县人事局审核并经市人事

局同意后，由县政府审定。

（五）经济局、林业局、教育局、公安局、卫生局和财贸党委、纪检列入实施国家公务员制度范围。

（六）乡（镇）人民政府及其党政办公室、社会事务办公室、农业办公室、财经办公室、计生办公室、村建办公室列入实施国家公务员制度范围。

宁化县人民政府办公室
批转关于县供销合作社企业改革改制实施方案的通知
宁政办〔2000〕126 号

县供销合作社联合社：

《宁化县供销合作社企业改革改制实施方案》经县政府研究同意，现批转给你社，请按照方案要求，认真组织实施，并切实处理好改革、发展与稳定的关系。

宁化县人民政府办公室

2000 年 8 月 24 日

宁化县供销合作社企业改革改制实施方案

县人民政府：

为了积极稳妥地推进我县供销合作社企业改革改制工作，按照党的十五届四中全会精神，根据全国供销合作总社《关于供销合作社企业改革和发展若干重大问题的意见》（供销合字〔2000〕20 号）和《进一步深化基层供销合作社改革意见》（供销合字〔2000〕14 号）以及省供销社的贯彻意见，县委、县政府《关于加强内贸企业改革实施意见》（宁委〔1997〕48 号）的精神，结合我县供销合作社企业的具体情况，经反复征求企业各方面代表的意见，现对供销合作企业改革改制工作制定如下实施方案：

一、改革的总体思路和任务

（一）总体思路

要以党的十五届四中全会精神为指针，以产权制度改革为突破口，按照现代企业制度要求，在坚持合作制原则基础上，积极探索合作经济的多种实现形式。通过采取改组、联合、租赁、出售、破产和股份合作制等多种形式，建立起适应市场经济需要的责、权、利想统一的新的企业制度，使企业与职工成为利益的共同体，彻底根除社有资产负无限责任，包揽企业亏损的旧体制弊端。

在改革改制过程中，要坚持供销合作社的办社宗旨、性质和服务方向，以邓小平"三个有利"为标准，坚持有所为有所不为。除重点为好农资企业外，还要大力发展农业产业化经营的龙头企业，带动一批以农副产品收购、加工、销售为主的企业，形成农副产品产、供、销一体化经营的规模优势。

（二）改革任务

从 2000 年下半年起用二年的时间逐步完成县社直属 8 个公司、1 个厂的改革和改制工作。基层社改革中职工转换身份、按经济区域撤社留店工作必须同步进行。

二、改革形式

要以产权制度改革为突破口，实行企业职工全员解除劳动关系，给予一次性补偿安置，企业重组应以股份合作制为主要形式。

1.特别困难或资不抵债的公司可实行拍卖、解体或依法破产，在解除劳动关系给予一次性补偿后，引导职工通过劳务输出、技能培训等方式实行再就业。

2.对经营困难、专业相近、无经营优势的公司可进行撤并、改组、改造,按股份合作制形式予以合并重组。

3.对整体改制条件不成熟的企业可以采取部分和局部改革改制的方法。

4.按经济区域划分基层供销社建制。

三、企业改制前的资产处理

制企业必须对现有资产进行全面的清理和核实,同时做好财务审计的前期工作,在此基础上,委托经县政府同意的中介组织进行财务审计和资产评估,按"真实、科学、公正、合理"的原则进行审计和资产评估。

四、职工劳动关系的处理（包括离退休人员和遗属）

截至 2000 年 5 月 31 日止,县供销社九个直属企业在职职工人数为 479 人,离退休人员 124 人（其中离休 6 人）,领取遗属生活费的 24 人,退职人员 3 人。具体按以下办法予以安置。

1.职工转换身份。凡改制企业实行职工全员解除劳动合同关系置换身份,给予一次性安置补偿后自谋职业,并与原所在企业解除一切经济关系。

补偿安置标准:参照国务院《关于国营企业实行劳动合同制暂行规定》（国发〔1986〕77 号）及省人大《福建省劳动合同管理规定》（闽人大常〔1996〕19 号）的规定:合同工每满一年工龄按一个月的本人标准工资计算,固定工每满一年工龄按一个月的本人工资总额计算,上不封顶。

职工解除劳动合同关系后,可按国家有关规定领取一定期限的失业救济金。职工原有的养老保险统筹可延续,在劳动服务公司寄存档案后,其应缴的养老统筹金由个人直接向劳动服务公司缴纳,至退休年龄时,有关部门给予办理退休手续。

2.离休人员安置。按每位离休人员 5 万元的标准（含企业每月应承担部分及今后的医疗保险统筹）,由县供销社代管,实行专户储存,并按规定兑付,实行包干使用。今后原企业不再承担离休人员的一切费用。

3.退休人员安置。按每人 8000 元标准计算从净资产中剥离,一次性以企业同退休人员协议方式支付给退休人员本人,条件不成熟企业也可逐年分期分批支付,安置补偿费付清后,其原所在企业不再承担退休人员的一切费用。

4.对遗属的安置。离休人员的遗属按每人 6000 元的标准、退休人员遗属按每人 3000 元标准一次性从净资产中剥离,具体做法按退休人员安置办法处理。

5.退职人员安置。可参照退休人员安置办法处理。

五、改革的步骤、时间安排

1.成立机构,做好宣传发动工作。改制企业要成立由经理（主任）、党支部书记、工会主席、财务人员和职工代表参加的工作小组,负责本企业的改制工作,各企业要召开全体职工和离退休人员会议,认真学习有关企业改革改制的文件精神,深刻理解企业改革的内涵,真正了解企业面临的处境和困难,增强企业再不改革就无出路的危机感和紧迫感。理解到这次改革关系供销企业的生死存亡和兴衰成败,使职工对企业改制工作达成共识,自觉参与改革。

2.清产核资、评估资产和审计。各企业要成立清产核资工作小组,配合县资产评估组对企业资产进行全面核查评估,对债权、债务进行一次全面清理,对企业经济状况进行一次全面的审计。各企业的经理（主任）、财务人员对资产的清理工作要高度负责,对企业需处理的资产和变价处理的商品,应会同县社改制工作领导小组人员共同鉴定处理。

3.盘活变现资产安置职工、离退休人员及遗属。改制企业可将部分房地产经县政府批准后,以公开招标的转让形式进行资产变现,所得资金用于安置职工及离退休人员,偿还债务和弥补亏损等。

4.制定和实施改革方案。各企业要对本企业进行全面、深入细致的分析,在县改革领导小组的指导下,按照县政府批复的《县供销合作社企业改革改制实施方案》,制定出符合本企业实际的改革实施方案。方案的主要内容包括:（1）企业现状分析及效益预测;（2）企业改制的形式;（3）企业内部结构、人员、资产重组方案；（4）重组后新企业的运作方案。

企业改制《实施方案》起草完成后，须经企业职工大会（或职代会）以及离退休人员讨论通过，报县改制领导小组审批后，即可组织实施改制方案。

5.新组建企业运作程序。（1）制定章程，股东大会，通过公司章程，选举产生董事会和董事长；（2）重新组建企业组织，管理机构，制定各项管理制度，建立新的运行机制；（3）办理各项手续，进行工商登记。

六、其他事项

1.本方案经县政府批复后，各企业一企一策的要求，制定相应的实施方案，以规范操作。

2.本方案由县供销合作联合社负责解释

以上方案妥否，请批示。

宁化县供销合作社联合社

2000 年 8 月 23 日

三明市人民政府
关于清流县与宁化县边界线行洛坑争议地段界线走向的处理决定
明政〔2000〕文 245 号

清流县、宁化县人民政府：

根据《国务院关于勘定省、县两级行政区域界线工作有关问题的通知》（国发〔1996〕32 号）要求，五年来，清流、宁化两县努力工作，友好协商，顺利勘定边界线约 123.50 公里。目前尚余"行洛坑"地段约 1.80 公里存在争议，经双方多次协商，仍未解决。为了解决该地段的边界争议，两县分别以清政〔1999〕文 85 号、宁政〔2000〕文 121 号请求市政府，要求对争议地段进行处理。为此，根据《行政区域边界争议处理条例》（国务院条例第 26 号令）第十二条、第十四条之规定，经市政府研究决定：

同意按三明市勘界办提出，并经市勘界工作领导小组讨论通过的《关于清流县与宁化县边界行洛坑争议地段界线走向的裁决方案》所确定的"行洛坑"争议地段的界线走向。

本决定作出后，双方人民政府必须认真执行，并正确、全面地向基层干部群众宣传勘界政策，尤其要大力宣传边界线确定后，实行"三不变"勘界政策，即不改变边界确定之前两县群众及有关单位在边界线两侧依法进行的林事、农事、采矿等活动现状；不改变边界线确定之前就已经依法确认的林木、林地和耕地所有权归属；不改变居住于对方境内的村民的行政管辖隶属关系。要积极做好基层干部群众的思想政治工作，严格遵守勘界纪律，维护边界地区社会稳定，促进经济发展。

附：关于清流县与宁化县边界行洛坑争议地段界线走向的裁决方案。

2000 年 12 月 21 日

关于清流县与宁化县边界
行洛坑争议地段界线走向的裁决方案

清流与宁化两县行政界线全长 125.30 公里，已勘定边界线 125.30 公里，仅遗留"行洛坑"地段约 1.80 公里存在争议。由于该地段历史纠纷由来已久，双方分歧较大，无法达成一致意见。为此，根据国务院第 26 条号令《行政区域边界争议处理条例》第十二条规定，清流县人民政府以清政〔1999〕文 85 号、宁政〔2000〕文 121 号上报，市政府要求对"行洛坑"地段依法进行裁决。

一、争议的历史由来

由于该地段富含钨矿资源，自 1975 年起，双方都在该地段进行钨矿的采集活动。宁化县人民政府从 1977 年起，逐渐加大对该地段钨矿采集的投资，建矿部、盖厂房，又先后投资 50 万元建设环保设施，投资 6 万多元为清流县嵩溪乡时州村修建 570 多米的水渠和 3 口水井以消除污染隐患。而清流方面只是嵩溪乡政府组织个人集资采矿。1988 年 12 月，宁化县经省矿管部门批准，取得在行洛坑地段期限为三年的采矿许可证。在此期间，宁化县曾单方面封闭清流嵩溪乡采矿工作面，赶走采矿工人，致使双方矛盾激化，发生冲突，相互抓人打人，抢夺对方的矿物、工具。为此，省冶金厅和省矿管委、省经委、省地质矿产局会同三明市人民政府于 1989 年 7 月在福州组织清流、宁化两县协商。在协商无效的情况下，经省政府领导同意，省经委、矿管委、省地质矿产局、省冶金厅下发了《关于行洛坑钨矿权属纠纷的处理意见》（闽矿委〔1989〕047 号、闽冶矿〔1989〕128 号），提出"清流、宁化两县在行洛坑矿区的行政区划争议，由三明市人民政府负责调解"。三明市人民政府为此组织市民政局、公安局、土地局、林委、农委、矿管委等部门人员，深入两县调查、调解，使双方矛盾得以缓和。自此两县在该地段没再发生山林及有关纠纷，直至行政区域勘定工作开展后又重新产生争议。

二、勘界中争议的焦点

（一）清流县的理由

1.对矿产资源的管理和开发由来已久

清流县坚称本县很早就在行洛坑开采钨矿。1958 年 5 月在行洛坑创办地方国营清流行洛坑钨矿。1958 年 9 月，福建省 501 矿成立，清流行洛坑钨矿移交给省 501 矿。1959 年 5 月，省 501 矿体制下放清宁县，改名清宁县 501 矿。1961 年 6 月清流、宁化两县重新分设，501 矿划归清流县，清宁县 501 矿改名为清流县 501 矿。从福建省 501 矿演变为清流县 501 矿，矿山的户粮关系，金融、税收以及党组织关系等都归属清流县管理。1962 年 6 月 10 日福建省人委以〔62〕省计字第 2401 号文决定 501 矿下马，为此，清流县留下 8 人护厂，直至 1976 年止，其间因维护费问题，省重工业厅 1964 年还拨款 0.4 万元。501 矿下马后，嵩溪派出所及时州民兵会同矿人员，对行洛坑钨矿进行巡查、保护。1962 年 5 月，清流县派工交部长邵健同志率领工作组负责 501 矿干部、工人安置及人事文书档案、财产设备、债权债务的移交。1976 年，嵩溪人民公社成立社办行洛坑钨矿，进行集体开采，直至 1988 年 12 月被宁化钨矿占有。

2.森林资源的管理和开发

1952 年土改时有 8 户 25 人在行洛坑参加清流县第二区团结乡行洛坑土改，分得粮田 51.86 亩，农林地 2880 亩，杂地 124.61 亩，有土地证为凭。1958 年行洛坑村民搬迁至时州墩上居住。1972 年该县林业部门对行洛坑矿区的森林资源进行普查，并于 1985 年开展了山林二类资源清查工作。在 1981 年全面开展林业"三定"工作中，清流县人民政府将行洛坑地段的林权证颁给了时州村，并对宁化部分插花山颁发了林权证 27 块，面积 1075.50 亩，占整个行洛坑山地面积的 27.20%。根据闽赣两省十四县组成的护林防火联防区责任划分，该地段的护林防火责任区确定由时州村负责。1984 年，清流县又对该地段的山林实行林业生产承包责任制，时州墩上村民罗钦华、汤孙富、廖其清 3 人承包该地段的山林管护工作，与时州签订合同，并办理了公证手续。此外，经行洛坑茜坑凹往龙头的乡村道路，都是时州村村民修到亭子岭的凉亭和茜坑凹。

3.其他方面

（1）该地段区域内的治安、户籍管理历来由清流县管辖。1963 年发生在行洛坑甲子口纸厂工人吴士生破坏军婚案件，1959 年 3 月关于省 501 矿工人卢英才历史问题的结论，均由清流行使司法管辖权，有判决书为证。布票发放、户籍管理也由清流嵩溪有关部门负责，有王承龙等 3 人旁证材料及布票发放花名册，人口普查登记表为凭。

（2）省、市历年绘制版图，双方并无争议，行政管辖范围清楚。50 年来，除由总参调绘出版的 1：5 万地形图在行洛坑区域以亭子岭、银坪顶、茜坑凹、扇风凹（又名山峰拗）、三层寨为界外，62 年经省委、省人委领导决定，由省民政厅主持出版的福建省地图集，其行政区域界线与前述界线走向无异。1976 年由省民政厅编制、三明市人民政府机关出版的行政版图其行政区域界线走向，也是遵循了历史形成的自亭子岭—三层寨的习惯走向。根据国务院《关于行政区划管理的规定》中："各级民政部门分级负责行政区划的管理工作"的规定，其法律效力无可置疑。

（二）宁化县的理由

1.矿产资源的管理和开发的证据

1957 年宁化县在宁化行洛坑矿区创办地方国营宁化县钨矿，其主管部门为宁化县重工业局；1958 年 11 月移交给省 501 矿至 1968 年；省 501 下马后，宁化县湖村公社组织护矿队，负责对行洛坑矿区进行资源保持，为做到以矿养矿，湖村公社护矿队在护矿同时，进行表皮易采矿的少量开采；1976 年 7 月，宁化县组成县农田基本建设队进驻行洛坑矿区开发钨矿资源，1977 年 3 月，正式成立宁化县钨矿；1979 年 3 月，改名为宁化县联社钨矿；1981 年 9 月，省行洛坑钨矿筹建处与宁化县政府达成协议，借用宁化县联社钨矿，进行设计指标、工艺流程等工业试验；1982 年 9 月省筹建处撤离，宁化县联社钨矿归还宁化县管辖，由宁化县继续开采钨矿后，正式更名为宁化县钨矿至今；1988 年 12 月 3 日后分别取得省地质矿产局颁发的采矿许可证（集采证冶字〔1988〕第 010 号），之后按规定，定期年检，取得年检合格证。

经过几十年的不断发展，宁化县对宁化县钨矿及其该地区投资已达 1100 万元，修建长约 10 公里的公路，新建厂房 7000 平方米，办公楼、学校、职工宿舍 1 万多平方米；先后修建了投资 50 余万元的三级拦沙坝，容沙量达 31 万立方米；同时投资 6 万元为处于下游的墩上、时州村修建长 570 多米的水渠和 3 口水井。现宁化县钨矿已拥有固定资产 700 多万元，年产钨砂 600 多吨，成为一个初具规模的现代化县属国营矿山企业，机械化程度和生产能力不断提高。近十几年已向省有关部门提供出口钨精砂 3000 余吨，先后被评为全省"小矿山管理先进单位"和"出口创汇先进单位"，并列入《中华人民共和国资源税暂行条例》矿产资源税征收企业名录。

2.森林资源的管理和开发方面

行洛坑历史上是该县湖村乡邓坊村的一个自然村，居住危姓、张姓、汤姓群众共 17 户 40 余人。1950 年前后，其中 15 户搬迁回湖村，只有 2 户搬迁至清流。1952 年，宁化县人民政府对该地段进行土改，颁发了 50 份土地证，其中山林证 44 份，田证 4 份，屋基证 2 份，并绘制该地段山林土地权属图。1989 年宁化县钨矿分别与宁化县湖村乡邓坊村、石下村、湖村镇人民政府及湖村林业站签订协议，在杨梅垅、长寨多处联营造林，面积 868 亩，并由宁化县公证处公证。该地段的山林已全部落实了林业生产责任制，有专人管护，共签订有 8 份山林，竹山管护合同。其中，部分山场承包给清流县有关村的村民管护。在 1980 年和 1986 年发生的两次山林火灾时，参与救火的全是宁化人，火灾后的残林也是宁化人砍伐经营，清流方面从未提出异议。此外，解放前该地段有造纸厂 23 个，至今仍有造纸厂 12 个，分属湖村村 2 个，石下村 4 个，龙头村 5 个。这些纸均由宁化县湖村纸业社负责收购。在经济困难时期其农资产品的销售与分配均由宁化县有关部门负责。

3.其他方面

现该地段常住的人口均居住在宁化钨矿新村内，由县公安局湖村派出所管理，共计 132 人。

三、对清流、宁化两县主要观点的意见

（一）矿产资源的管理和开发

现在在行洛坑地段开采钨矿的单位是宁化县钨矿，1988 年 12 月取得省地质矿产局颁发的采矿许可证，1991、1999 年分别又通过年检，其有效期至 2004 年 12 月。清流方面于 1988 年已停止对该地段地开采。

（二）森林资源的管理和开发

至今为止，双方对该地段的山林权属均未提出权属争议。在该地段，清流县人民政府的林权证为确定该地段山林权属的依据。对于双方提供的 1952 年的土地证只作参考。东南部杨家山、南凤凹、夹子口的山林权属主要隶属于清流。宁化县钨矿 1990 年造林与清流县时州墩上村村民罗钦华、汤孙富、廖其清承包该地段山林管护部分有重复，根据"谁造谁有"的精神，对宁化县钨矿在长窠、甘渣窠造林的事实予以认定，对清流县提出在宁化县钨矿造林范围内承包的山林管护事实不予认定。

（三）其他方面

根据中国人民解放军总参谋部测绘局〔72〕测边字 103 号《军用地图上国内省、县界线不作为划界的依据》文件对清流方面要求按总参谋部出版的 1∶5 万地形图划定县界的看法不予支持。1962 年省民政厅出版的福建地图集及 1976 年出版的三明市政区图上标注的行政界线，不是法定线，故对清流县在这方面的主张也不予支持。

四、处理意见

综上所述，根据国务院第 26 号令《行政区域边界争议处理条例》第八条等法规的规定，以及按揭《国务院关于开展勘定省、县两级行政区域界线工作有关问题的通知》（国发〔1996〕32 号）第二条等政策的要求，市勘界办提出宁化、清流两县在行洛坑争议地段的边界线走向（具体走向详见附图）。边界线确定后，不改变界线确定之前两县群众及有关单位在边界线两侧依法进行的林事、农事活动现状，不改变边界线确定之前就已经依法确认的林木、林地和耕地所有权归属。

三明市勘界工作领导小组办公室
2000 年 12 月 4 日

福建省人民政府和江西省人民政府联合勘定的行政区域界线协议书

（摘要）

签字时间：2001 年 1 月 10 日　　　　　　　　　　签字时间：2000 年 12 月 18 日
签字代理：福建省人民政府　丘广钟　　　　　　　江西省人民政府：王飚

第一部分　勘界工作概况

第一条　福建省与江西省的行政区域界线（以下简称闽赣线），涉及双方 7 个地（市）、20 个县（市）。两省联合勘界工作从 1997 年 5 月开始至 2000 年 4 月结束。勘界期间，在两省各级党委、政府的重视和领导下，在民政部全国勘界工作办公室的指导协调下，在各有关部门的支持协助下，两省根据《联合勘定福建省与江西省行政区域界线实施方案》，按照《国务院关于开展勘定省、县两级行政区域界线工作有关问题的通知》（国发〔1996〕32 号）和国务院勘界办《省级行政区域界线勘界测绘技术规定》（国勘办发〔1996〕6 号）的要求，本着实事求是、顾全大局、互谅互让的原则，经过双方共同努力，实现了全线贯通，并完成了界桩埋设、勘界测绘、检查验收和资料汇总工作。

第二条　1997 年 5 月 7 日，两省勘界工作领导小组在福建省福州召开了闽赣两省联合勘界第一次联席会议，制定了《联合勘定福建省与江西省行政区域界线实施方案》，商定了闽赣线的定界原则和方法，并对两省联合勘界工作作了具体安排。6 月 1 日至 30 日，在两省和有关地（市）勘界办公室的指导下，毗邻县（市）进行了第一轮协商定界；9 月份进行了第二轮协商定界；11 月 6 日至 1998 年 1 月 26 日进行了第

三、四轮协商定界。1998 年 4 月 8 日，在江西省南昌召开了闽赣两省联合勘界第二次联席会议，民政部全国勘界工作办公室领导到会指导。会议总结了一年来闽赣线勘界工作情况，确定了未贯通地段定界原则及协商定界时间安排，并商定了界桩制作及埋设、勘界测绘、资料汇总等事宜。4 月 9 日，在南昌召开了闽赣两省第五轮协商定界会议，贯通了 5 段共 19 公里边界线。4 月 24 日至 27 日，在福建省宁化县召开了第六轮协商定界会议，在民政部全国勘界工作办公室领导的指导协调下，经双方协商，贯通了宁化县与石城县共 19 处约 49 公里的边界线。12 月 31 日前完成了界桩制作与埋设、勘界测绘等工作，1999 年 3 月 17 日至 20 日，两省勘界办联合组织了勘界测绘检查验收，8 月 29 日完成了资料汇总工作。2000 年 3 月 21 日至 23 日，在江西省石城县召开了第七轮协商定界会议，在民政部全国勘界工作办公室、国土资源部、国家林业局领导和有关同志的指导协调下，划定了最后一段遗留界线，至此，闽赣线全线贯通。

第三条 闽赣线北起浙闽赣三省交会点 333536 I 号界桩，南至闽赣粤三省交会点 3536441 I 号界桩，全长 975 公里。共埋设界桩 34 个（含浙闽赣、闽赣粤三省交会点界桩）。界桩的类型、规格、编号、位置的选定与埋设以及测绘工作，均按国务院勘界办《省级行政区域界线勘界测绘技术规定》（国勘办发〔1996〕6 号）实施。

第四条 闽赣线勘界工作，基本上使用 1∶1 万地形图，少数地段因缺 1∶1 万地形图，则使用 1∶5 万地形图。双方县、市间核界签字的 1∶1 万、1∶5 万地形图作为核界工作底图存民政部全国勘界工作办公室。

第五条 本协议所记载的边界线长度，从协议书附图上量取，以公里为单位。界桩至方位物的距离为实测，以米为单位，取位到 0.10 米。界桩登记表中界桩与方位物间的距离为两点间的水平距离。

本协议第二部分叙述边界线走向时使用的方向采用 16 方位制，以磁北方向为基准。十六方位的含义是：

1.北	348°45′—11°15′
2.北偏东北	11°15′—33°45′
3.东北	33°45′—56°15′
4.东偏东北	56°15′—78°45′
5.东	78°45′—101°15′
6.东偏东南	101°15′—123°45′
7.东南	123°45′—146°15′
8.南偏东南	146°15′—168°45′
9.南	168°45′—191°15′
10.南偏西南	191°15′—213°45′
11.西南	213°45′—236°15′
12.西偏西南	236°15′—258°45′
13.西	258°45′—281°15′
14 西偏西北	281°15′—303°45′
15.西北	303°45′—326°15′
16.北偏西北	326°15′—348°45′

第二部分 边界线和界桩位置说明

第六条 浙闽赣三省交会点 333536 I 号界桩为单立三面大型花岗岩界桩，是闽赣线的北端点。位于白塔尖 819.40 高程点南面 510.50 米，三条分水线汇交于 736.0 高程点上。在磁方位角 86 度 38 分，距离 2225.80 米，为一水路大尖山顶（枫树坪三角点）；在磁方位角 240 度 12 分，距离 3316.60 米为师公顶三角点；在磁方位角 355 度 32 分，距离 510.50 米（量距）为一白塔尖山顶。

从三省交会点 333536 I 号界桩起，界线沿山脊向北 70 米轩北偏西北 260 米转向北 220 米到白塔尖 819.40 高程点，转西北沿山脊约 145 米后，折向西南方向穿过一小路，至念坑尾村北偏东北约 220 米的山头，转向西过小路至该小路西侧山头，转向西偏西北，沿山脊行约 165 米至炮台山山头转向西偏西南方向行约 140 米至发田基小路三岔口侧约 20 米处，折向北 70 米后，沿山脊向西南经野猪窝尖（736.0 高程点），继续沿山脊，穿过一鞍部小路，至该小路东南侧约 60 米的山头，向南约 30 米后，折向西方向，沿山脊行至九华山村东北方向约 90 米处的平山头中心，转向南，行至龙华山（805.20 高程点），沿山脊大致进南方向行至 704.70 高程点东侧约 80 米处，折向西方向，过 704.70 高程点，桃树坞岗小路交叉处，行至距 621.0 高程点亭子南面约 110 米的山头中心，转南偏西南到 712.20 高程点。沿山脊向西南 305 米转西北到大岗隘口小路交叉处（654.70 高程点），沿山脊向西南到 746.70 高程点转西偏西南过小路 360 米转向南到 709.4 高程点，沿山脊向西北 170 米转西南经 638.70 高程点、597.20 高程点、至 597.20 高程点西南约 100 米处，转向南到 471.0 高程点，沿山脊向西南经 417.20 高程点（大广尖）、367.30 高程点（鞍），401.0 高程点到 314.40 高程点，转向西 176 米到小路，过小路向西北 118 米转西偏西南 230 米（过 221.6 高程点），转东偏东北 90 米转西偏西南 50 米转南偏东南 86 米到山脊上，沿山脊向西偏西北经 209.10 高程点后行约 70 米，转向北沿合水线行约 300 米到河流中心，转向西上山到 214.0 高程点，转向南到树林与旱地交界处，沿地类界继续向南 195 米到小路与地类界交接处，折向西北 40 米转向南过小路约 96 米到河边沙砾滩西南角，沿水涯线向西 48 米转北偏西北约 80 米到乡村路与小路交叉中心，沿乡村路中心向北偏西北 175 米转向西约 30 米的山脊上，到福建省、江西省 1 号界桩。此段界线的长度为 10.16 公里。

　　……

　　21 号界桩为单立双面型大理石界桩。位于福建省宁化县安远乡吴家村与江西省广昌县塘坊乡田腰村交界处公路北侧陡坎下。在磁方位角 73°30′，距离 153.80 米为小房东南角；在磁方位角 194°10′，距离 61.50 米处为小路交接处；在磁方位角 271°30′，距离 64.50 米处为路边水泥栏墩。

　　从 21 号界桩起，界桩向南偏西南沿山脊分水线经车桥岭（709.90 大地点）、736.70 高程点，到大阳凹后，行约 500 米，穿过 718.20 高程点，在朱石背西北面约 200 米处，折向东方向，于朱石背东偏东北约 180 米处，再折向南偏西南方向，沿山脊经 792.0 高程点、932.70 高程点，折向南，大体沿山脊行经 925.10 高程点南约 120 米处，折向西偏西南经 1003.50 高程点、到 1004.10 高程点，再折向南沿山脊行到 1229.50 米高程点后东面约 200 米处，折向东南方向大体沿山脊分水线过牛牯崆（1049.10 鞍部高程点）1255.5 米高程点牙梳山三角点（1387.30 米高程点）、1174.20 米高程点、1235.10 米高程点后横穿小路，经 1354.10 高程点、经 1284.20 高程点，东南面 80 米至山脊小路，沿山脊小路，直穿大坳心小路交叉处、到金华山庵东北面约 50 米处，继续沿山顶小路经 890.30 高程点到猪屎崃小路交叉处（773.90 高程点）、折向西南沿小路行至小路分叉口西偏西南 20 米处，折向东南沿山坡行约 250 米，再折向东北沿合水线行到猪屎岭小路 767.40 高程点，折向南偏东南方向，经 767.40 高程点、界线折向南偏东南沿山脊行，经 670.20 高程点后，行约 150 米又折西南方向，途经简易公路断头处，转向东南沿山脚行 180 米后，再折向西南沿山沟行，穿过 651.90 高程点 150 后，再顺山脊至 768.80 高程点（以下转 1∶5 万地形图）转东偏东南，在杨梅（812 高程点）西南约 280 米处折向西南，穿过小路后，在社坑东面小路交叉口南面约 150 米处，转东南行约 600 米后，折向北偏东北，行约 300 米，再折向东南，在 803.90 高程点东北约 500 米处，转向东过小路，经 849 高程点，在仙山脑以北约 600 米处山头转向南，至仙山脑（946.50 大地点）西南 150 米处，折向东南，穿过小路、大车路后，沿大车路南侧行至大车路与公路交叉口西面约 100 米处，折向西行 400 米，折向南行 400 米，又折向北行约 400 米，转西北至白沙岭凉亭，折向南至 22 号界桩。此段界线长 32.14 公里。

　　22 号界桩为单立双面型大理石界桩。位于福建省宁化县河龙乡前进村与江西省石城县岩岭乡大秀村交界处白沙岭南面山头上。在磁方位角 1°50′，距离 201.30 米为白沙岭小亭中心；在磁方位角 165°10′，距离 374 米为大车路拐弯处；在磁方位角 243°50′，距离 275.60 米为大车路拐弯处。

　　从 22 号界桩起，界线向西南方向，穿过小路，经 895 高程点大致向南穿过山谷两条小路，途经竹子凹东面约 100 米，又穿过一乡村路，在牛古栋栋村西北面约 300 米处转西南，行至 783 高程点南侧 50 米处转向南，经香炉山（844.0 大地点），穿过一简易公路，在小路东侧转东南 180 米，转西南 250 米，转西至小路交叉处西侧折向南，经 770 高程点东侧、过 870 高程点，穿过郑家庄南面的小路交叉口，行至上坪村北面小路交叉口东面约 100 米处转向**西南**，至清江崠（972.90）高程点西南侧约 150 米的山头，转向南，行至洋扇坪凉亭小路南侧，转西南，**经寨老山**（960.0 大地点）、石磜亭北侧，再行约 500 米，在小路拐弯处北侧折向西北，穿过三狗食盘亭后，**沿小路东北侧行约 450 米**，折向西南，在长坑村东北约 400 米处，折向西北，至狮子岩（828 高程点）东北面一土地庙北侧折向西南约 120 米，又折向东南至长坑村约 300 米的水系北侧，折向西，在长坑村西北约 100 米的小路处向南行约 500 米，往西偏西北，过 740 高程点，折向东北至狮子岩南面的小路交叉口，向北沿小路经狮子岩（828 高程点）、至 884.10 大地点，折向东北穿过小路，在 851.50 高程点北面约 300 米处，转向北偏西北，通过 835 高程点后，行约 500 米，折向北偏东北行约 650 米至山垄田，折向西北到 829 高程点，折向西南约 500 米处山头，往西偏西北经 768 高程点，在一小路处折向北，穿过小路，在 714 高程点西侧，折向西，穿过小路后约 100 米沿水系北侧行约 500 米折向北 200 米，转向西南 200 米，又沿水沟至水系交叉口，转向西南，经 545 高程点，至乡村路北侧，沿乡村路折向东南，在乡村路与公路交叉口转向南偏西南，途经 545 高程点后至 23 号界桩。此段界线长 36.50 公里。

23 号界桩为单立双面型大理石界桩。位于福建省宁化县济村乡龙头村与江西省石城县丰山乡福村交界处的山头上。在磁方位角 71°10′，距离 5.25 米为独立树；在磁方位角 239°24′，距离 2.50 米为树桩头（1、2 标志）；在磁方位角 266°08′，距离 39 米为小路拐角。

从 23 号界桩起，界线向南偏西南方向经 666.80 高程点，至狗节山炼（811.30 大地点）后（以下转 1：1 万地形图），折向西经 706.10 高程点、540.40 高程点，又折向南偏西南至 533.30 高程点，向东南行约 150 米，折向南跨山坡穿过 524.50 高程点在离 674.0 高程点北端约 80 米处界线折向西南走约 150 米处，转沿山脊通过 806.0 高程点、772.40 高程点，过分水亭穿过 805.50 高程点，沿山脊经 788.0 高程点，至 866.70 高程点（牛角崊），又沿山脊线向东南至 858.30 高程点，折向西南经 795.40 高程点西南走约 200 米处，折向西北经过 808.60 高程点至 832.50 高程点南 10 米处，折向西南沿山脊经 863.20 高程点，902.0 高程点，至石桥子边 650.0 高地，折向南偏东南沿分水线至（堂妹顶）国家大地点（934.40 高程点）折向西偏西北沿汇水线至 631.0 高程点后，向南偏西南方向，经 900.0 高程点、1028.0 高程点后，大体沿山脊分水行经 999.0 高程点、1041.20 高程点至东华山三角点北侧 15 米处，折向西沿山脊线行约 420 米。转向南偏西经 926.20 高程点、833.60 高程点、696.10 高程点，转向南直线行约 430 米、折向东偏南直线行约 540 米再折向南直线行约 220 米、折向西直线行约 510 米、折向南直线行约 290 米至海螺岭，再转向南偏西沿山脊行约 500 米，折向西直线行约 760 米，转向南偏西行约 250 米，再转向南偏东行约 310 米至洋树寨（868.80 高程点）。再沿山脊向西经过 701.20 高程点、521.70 高程点，至 385.50 高程点西面约 120 米的小路转变处，折向东偏东南沿水沟经 551.0 高程点西南侧 70 米处，至茶亭坳（630.10 高程点）西面约 60 米处，折向西南方向，经 641.20 高程点，在离 512.0 高程点南面约 200 米合水线处，折向南偏东南沿山脊分水线过 531.30 高程点行至 685.20 高程点，再沿山脊线折向西南经过 600.20 高程点、片云亭（574.30 高程点）、老虎岽（717.30 高程点）、593.40 高程点，又折向南偏西南，经 552.40 高程点（富包垄）、513.60 高程点，沿分水线往南至石人公溪，大体沿石人公溪东侧山脚行往南偏西南至小溪交叉口，转沿山脊分水线往南偏西南至大平头（518.60 高程点）后，沿大平头山顶往东南方向约 250 米处山头折向北偏东北，界线在离 413.4 高程点西南面约 50 米处，折向东南 250 米处，转沿山脊分水线折向南偏西南至龙华峰（622.40 高程点），再折向东经过 602.50 高程点后，行约 200 米处折向南沿分水线至山顶小路转向东至 491.50 高程点向西南沿分水线至 552.50 高程点，沿山脊线向西南经过 431.30 高程点，至 24 号界桩，这段界线长 37.91 公里。

24 号界桩为单立双面型大理石界桩。位于福建省宁化县淮土乡寒谷村与江西省石城县珠坑乡塘台村交界处的山头上。在磁方位角 38°10′，距离 11.20 米为山头圆石；在磁方位角 102°10′，距离 225.40 米为小路拐弯处；在磁方位角 208°50′，距离 168.60 米处为小路拐弯处。

从 24 号界桩起，界线向南沿山脊线经过 357.60 高程点，368.10 高程点，穿过公路行南侧的小溪交叉口东侧约 15 米处至山顶，折向南偏东南经过雷公岭的宁远亭，横穿山谷，经 371.30 高程点，至红色水库边沿水涯线环绕约 400 米后，向南偏东南沿分水线上行至 413.30 高程点，折向南偏西南，途经老鹰嵊东南坡，至 300.50 高程点，折向东南沿山脚与水稻田交接处，沿山脚往西八十村西北面，约 50 米处，折向西过山垄田至 284.40 高程点山脚，绕山脚行约 150 米转向南过山垄田至小溪北岸后，折向东方向过一独立树至小溪交叉口西南侧约 30 米处，转向南沿 353.20 高程点山脚延伸到 305.20 高程点东南面约 130 米的小路的三岔口西北侧，向北偏东北行约 140 米后，沿山脚向西北约 150 米，折向西偏西南，绕至双合坪西面约 90 米处，向北偏东北至隘岭下水库西北约 150 米的山坡，转向东经隘岭下水库北面，至 309.80 高程点，再折向南偏西南至山脚，又沿山脊线进东南方向至 277.0 高程点的人行小桥，折向西南环绕至 343.90 高程点后，朝南行至 374.0 高程点，在 283.0 高程点以东约 70 米处，折向东沿小溪至小桥东侧约 65 米，转西沿山脊行，经 415.80 高程点，再折向南偏西南方向，行至鹅公岭背水库东南约 250 米的小溪，沿小溪中心行约 200 米，转向南途经 418.60 高程点、336.60 高程点，至新茶亭西面约 230 米处，折向西北至杨梅岭下水库坝脚，又折向东南方向，至 443.0 高程点西北侧山头，转向西南过老茶亭，于 412.0 高程点西北面山脚，朝东南方向途经齐珠脑、寨脑（427.30 高程点），至 363.90 高程点西南面约 100 米处，折向东北经过 318.10 高程点、356.90 高程点，至 375.30 高程点，折向西偏西南沿分水线至山脚后，折向东北沿小溪，行约 300 米，转向 365.80 高程点，至南山炼村北面约 150 米的山头，折向东南至禾杠夹，又折向西南方向，经 385.60 高程点，在 386.20 高程点南侧约 20 米处，再折向东，途经 295.0 高程点、404.20 高程点南侧山头，继续向东行穿过三岔路口的公路后，转向东北沿山脊行至 25 号界桩。这段界线长 29.48 公里。

25 号界桩为单立双面型大理石界桩。位于福建省宁化县淮土乡五星村与江西省石城县小姑乡小姑村交界的两个小山头之间。在磁方位角 180°14′，距离 7.0 米为小山头；在磁方位角 300°08′，距离 239 米处为小山头；在磁方位角 316°32′，距离 128.30 米为山头。

从 25 号界桩起，界线向东偏东北，途经塘子尾村西山坡，到龙潭北偏西北距 438.0 高程点 120 米处山坡折向东南到桥下水库三级电站河中心后，再折向东北沿河谷至 277.50 高程点，东北方向沿山脚穿过，再沿河中心行官榨湾，向东偏东南方向，沿山脚绕至 373.80 高程点，西北约 190 米处山脚，再折向偏东方向，沿合水线到 427.50 高程点，向东偏东北沿罗家寨分水线至汉福亭南面的河中心线，折向南偏东南沿（长溪）河中心线经蒲勺寞（四级电站）南 230 米处，界线大体转沿山腰、山脚蛇行 467.0 高程点，在腿子窝东北约山脚溪河交汇处，向南沿小溪中心行至小桥西侧 40 米转向山脊，经 466.0 高程点至 475.60 高程点南面约 120 米处平山头，折向东南在下巫引水工程水库坝头东面约 50 处山坡，折向南沿山脊分水线经 556.60 高程点、585.20 高程点，至 605.30 高程点（白沙嵊）后，往西南方向途经 634.0 高程点，在离 675.20 高程点东南方向 50 米处，转沿合水线行至 26 号界桩。这段界线长 17.12 公里。

26 号界桩为单立双面型大理石界桩。位于福建省宁化县治平乡高地村与江西省石城县小姑乡开元村交界处水沟东边上。在磁方位角 300°10′，距离 154.60 米为村庄房角；在磁方位角 305°30′，距 90.30 米为独立树；在磁方位角 330°30′，距离 24.50 米为独木桥头。

从 26 号界桩起，界线向西偏西北沿水沟东北侧边缘行约 150.0 米，转向西偏西南跨过小溪、小路沿合水线边缘行约 920.0 米，再沿山脊经 824.90 高程点和 890.30 高程点，980.10 高程点后往正南方向约 130.0 米处的山头中心折向西偏西北沿山脊过新树甲山谷再折向西偏西南沿山脊过春臼窝，再沿山脊经 1191.20 高程点、正顶脑三角点、1120.70 高程点，再顺山脊延伸至 1026.0 高程点、1006.30 高程点和 968.80 高程点，穿过将军叉凉亭，再沿山脊经 1002.80 高程点，1012.50 高程点，1056.0 高程点后顺山脊往西南方向约 405.0 米处，折向北沿山谷行约 580.0 米，再折向南偏西南沿山脊经 972.40 高程点、1153.90 高程点、望天窝、1171.80 高程点、食水岽、1036.30 高程点，行至 1236.30 高程点后，再折向西沿山脊经 997.50 高程点，穿过小路沿山脊行约 320.0 米至山谷。再折向东南沿山谷穿过闽赣亭及亭南面的小路交叉口，折向南偏西南沿山脊经 1189.60 高程点和 1243.80 高程点，直至棋盘石。再折向正南沿山脊经 1272.50 高程点、1361.30 高程点、1312.0 高程点至鸡公山三角点。在鸡公山往西南方向行约 270.0 米处。折向北偏西北，沿山谷行至离小溪交叉口约 40 米处，折向北偏东北沿山谷至 1200.80 高程点南端约 80 米处折向北偏西北沿山脊经 1200.80 高程点，行至 1060.90 高程点往西偏西北方向约 330.0 米（离北偏西北方向的小溪交叉口 170 米）的小溪。沿小溪向南偏东南行 270 米后，折向南偏西南沿山脊至 995.40 高程点正西 230 米处，再横向（东）至 995.40 米高程点西侧 70 米山脊上，折向南偏东南沿山脊行至离 1268.0 山头西方向 120 米处，折向正西沿山脊经 1250.70 高程点、刘象凹（小路交叉处），行至 1071.0 高程点往西北方向约 100.0 米处，折向西南行 200 米至山谷处，再向南沿山谷至山顶，折向南偏西南沿山脊经香炉窝崇（1228.10 高程点）、1222.60 高程点、鸡笼顶、1234.70 高程点、1238.10 高程点、1232.50 高程点、1166.20 高程点至 1166.20 高程点往西南方向约 390.0 米处，折向西北沿山脊约行 425.0 米至小路，折向南偏西南沿小路边缘中过撩纸槽房屋西侧，经小溪行至小路，在 1078.10 高程点再折向南偏西南沿山脊过 1123.70 高程点在 1123.70 高程点南面 100 米转向西，经 1152.80 高程点，至 1202.0 高程点西侧 90 米，转向南偏东南，沿山脊经大脑山三角点，过风凹、1146.10 高程点、1112.50 高程点、至 1117.10 高程点，转南偏东南，沿山脊经 1059.50 高程点、1104.10 高程点、1146.10 高程点、1115.50 高程点、1158.10 高程点、1247.20 高程点、1246.50 高程点、1201.10 高程点、1201.20 高程点，直至 1158.50 高程点往南方向约 100.0 米处的山头中心，折向西沿山脊经 1125.50 高程点、1022.90 高程点、906.10 高程点、889.80 高程点、831.10 高程点、791.90 高程点、717.10 高程点、719.10 高程点，穿过 790.60 山头中心，再折向南偏西南，沿山脊经 793.90 高程点、799.20 高程点、835.50 高程点，直穿 871.60 高程点，往正南方向约行 80.0 米处，折向西偏西南沿山脊经 841.50 高程点、883.40 高程点、穿过岭脑炼凉亭，沿山脊行经 919.30 高程点、1008.90 高程点、1070.90 高程点、仙人湖炼、1050.60 高程点、918.50 高程点、804.40 高程点、743.80 高程点（小路交叉处）、768.70 高程点、764.30 高程点、687.10 高程点、638.20 高程点、805.20 高程点、陈撩三角点（946.10 高程点）、903.40 高程点、814.20 高程点、至 855.10 高程点往南方向约 60.0 米处山头西北侧，折向西沿山脊经溜嵊，至 795.30 高程点，折向西偏西南，经兰哩凹凉亭（759.90）、765.30 高程点、731.80 高程点、768.20 高程点，折向西北沿山脊经 661.60 高程点至 483.60 高程点（小溪交叉），再往东沿小溪行 100 米后，折向西北沿山脊至 735.30 高程点，转西偏西南沿山脊行经 692.60 高程点、683.60 高程点、676.30 高程点、穿过燕子炼经 660.30 高程点、582.50 高程点、665.30 高程点、661.40 高程点、638.20 高程点、穿过石甲凹，过 516.50 高程点、534.40 高程点、562.70 高程点，行至大石坑嵊山头。再折向南偏东南沿山脊经 516.70 高程点、441.50 高程点、403.70 高程点、395.20 高程点、行至蜈蚣嵊山头中心。再折向西行 130 米后往北偏西北沿山脊高程点 224.80 米行到 27 号界桩。这段界线长 61.72 公里。

……

第三部分　重要问题说明

第七条　双方一致同意，本协议书确定的边界线，只作为闽赣两省行政区域界线，不作为确定自然资源权属界线的依据。两省行政区域界线两侧（或骑线）的插花山（地）、飞山（地）、建筑物、水利设施等未在协议书附图上标明，双方一致同意维持勘界前各自的生产经营、税、费等现状不变。

第八条　行政区域界线的走向涉及仍有争议的自然资源权属，由毗邻双方人民政府有关部门按有关政策、法规进行调处，其权属争议未处理之前，维持勘界前的现状。不因行政区域界线走向影响自然资源权属的归属与管理。

……

第十条　协议书附图 G-50-54-(2)、G-50-54-(1)内的天子坪至大石头嵊地段，福建省宁化县与江西省广昌县在协商定界中曾经贯通，后福建省建宁县对此提出异议，经宁化、建宁、广昌三方协商，确定该段界线为宁化与建宁之间的边界线，并在广昌与宁化核界工作图上作了修正。本协议书附图以修正后的界线走向标绘。

第十一条　协议书附图 G-50-65-(7)、G-50-65-(8)内的海螺岭（东华山背）地段，经双方反复协商，未能取得一致意见。在第七轮协商定界会议上，由民政部全国勘界工作办公室、国土资源部、国家林业局到会的领导和同志对该段边界走向提出了意见，并于 2000 年 3 月 23 日形成了《关于划定闽赣线海螺岭（东华山背）段边界走向有关问题的说明》，边界线走向已用红线标绘在 1∶1 万地形图上。对该地段的有关问题，按《关于划定闽赣线海螺岭（东华山背）段边界走向有关问题的说明》执行。

第四部分　边界线的管理和维护

第十二条　界桩是行政区域界线上受法律保护的永久性标志，双方应加强对界桩和界桩方位物的管理和维护，采取必要措施，防止自然或人为地移动和破坏。**任何一方不得单方面埋设新界桩或其他界线标志**。

第十三条 一、为了有效地管理维护界桩边界线标志，**双方明确分工和责任如下：**自浙闽赣三省交会点界桩后的边界线和单号界桩及其后的边界线由福建省负责管理和维护，双号界桩及其后的边界线由江西省负责管理和维护。

二、任何一方发现界桩被移动或损坏，应立即通知对方。**负责维护界桩的一方，应在对方到场的情况**下，在原地恢复界桩。如因特殊情况不能在原地恢复界桩，可在不改变边界线走向的前提下，双方协商另行选择适合的地点埋设。

三、对于界桩的恢复和另树，双方应共同做好记录。如果另行选择地点树立界桩或增设新的界桩，双方应就此签订协议，按照勘界绘测技术规定填写界桩登记表。上述记录、协议经双方签署后，即成为本协议收的补充附件，并联合上报国家民政部。

第十四条 双方对于作为界线的道路、河流、沟渠、**堤坝等线状地物**，应采取措施加以保护，使其不受破坏或改变位置。如因自然或其他原因面改变，除双方另有协议外，该地段的边界线走向仍维持不变。

第十五条 双方对任意移动、损坏界桩及其他边界线标志的单位或个人，应按有关规定予以处罚，构成犯罪的，依法追究刑事责任。

第十六条 本协议生效后，双方每隔 5 年对边界线进行一次联合检查。经双方同意，可以提前对边界线的部分地段进行联合检查。如因特殊情况，需要对边界线的特定地段进行临时性联合检查，双方必须上报民政部批准后方可实施。每次联合检查后，要写出专题报告，联合上报民政部备案。联合检查所需经费，由双方共同分担。

第五部分 最后条款

第十七条 浙闽赣三省交会点已于 1996 年 9 月 6 日在江西省广丰县确定，闽赣粤三省交会点已于 1996 年 10 月 24 日在广东省平远县确定。有关成果资料已由三省勘界工作领导小组办公室联合上报民政部全国勘界工作办公室备案。

第十八条 本协议书附图，采用福建省测绘局、江西省测绘出版的 1∶1 万地形图 133 幅，中国人民解放军总参谋部测绘局出版的 1∶5 万地形图 7 幅，共计 140 幅。双方根据《省级行政区域界线勘界测绘技术规定》，对边界两侧各 3 公里（1∶5 万地形图为 5 公里）范围内的新增地物在地形图上进行了补调，并对部分地名注记进行了补调修正。图上补调新增的地名，未经双方实地核实，故不作为今后确定资源权属的地名依据。

界桩登记表和界桩成果表详细记载了各界桩点的情况。界桩成果表作为本协议书的附件。界桩登记表报民政部全国勘界工作办公室存档。

第十九条 本协议书所附的边界线地形图，采用 1∶1 万、1∶5 万地形图标绘一份，依据些图再复印四份。标绘边界线的原图和复印图经双方人民政府代表签字后，具有同等法律效力。如果复印图不清，以标绘的原因（存民政部）为准。

第二十条 本协议第二部分所叙述的边界线走向，以道路为界的以道路中心线为准；以沟渠为界的，以沟渠中心线为准；以河流为界的，以河流主流中心线为准。
本协议书中边界线走向的叙述与附图标绘的边界线不一致时，以附图为准。

第二十一条 在联合勘界中所形成的勘界文件和资料，按国务院勘界工作领导小组、国家档案局联合制定的《勘界档案管理暂行规定》处理。

第十二条 本协议书经双方人民政府代表签字后，由两省人民政府联合上报国务院审批。

本协议书一式五份，上报国务院、民政部、民政部全国勘界工作办公室各一份，福建省人民政府、江西省人民政府各存一份。

宁化县党政机构改革方案
宁委〔2002〕4号

根据《中共福建省委、福建省人民政府关于全省市县乡党政机构改革的意见》（闽委〔2001〕9号），结合我县实际，制定县党政机构改革方案如下：

一、机构改革的指导思想、目标和原则

改革的指导思想是：以邓小平理论和江泽民总书记"三个代表"重要思想为指导，围绕宁化县经济和社会发展目标，按照有利于加强和改进党的建设和促进政府职能转变，有利于理顺各级、各部门之间的关系，有利于加强基层政权建设和各项基础工作，有利于精干党群机关工作人员和公务员队伍，提高为人民服务质量的要求，坚持积极稳妥的方针，努力做好机构改革工作。

改革的目标是：适应社会主义市场经济和社会发展需要，充分发挥县委总揽全局、协调各方的领导核心作用，增强各级党组织的活力，保证党的路线方针政策在全县的贯彻落实。进一步转变政府职能，实现政企、政事、政社分开，调整机构设置，创新工作机制，建立起关系协调、职责清晰、人员精干、廉洁自律、求真务实、办事高效、运转协调、行为规范的行政管理体制。

改革的原则是：

1.坚持党的领导主要是政治、思想和组织领导的原则。党委部门要把工作重点放在对全县经济、社会发展等重要工作和重要问题的研究上，放在加强对贯彻落实中央和省、市委指示精神的督促检查上，放在加强党的思想、组织、作用建设，提高领导能力和执政水平上，注重做好涉及多方面重要工作的协调和指导，充分发挥党委总揽全局，协调各方的领导核心作用。党委部门要减少与政府部门、人民团体的具体业务工作的交叉重复。

2.坚持政企、政事、政社分开的原则。按照社会主义市场经济和社会发展的要求，积极推进行政审批制度改革，把政府职能切实转变到加强经济调节、社会管理和公共服务等方面上来，把企业的生产经营和投资决策权真正交给企业，把技术性、辅助性和服务性的事务交给事业单位，把社会可以自我调节与管理的职能交给社会中介组织。

3.坚持权责一致的原则。划分事权，理顺条块以及行政层次之间的关系。界定部门之间的职能分工，相同或相近的职能交由同一个部门承担，克服多头管理、政出多门的弊端。

4.坚持精简、统一、效能的原则。调整党政工作机构，精兵简政，优化结构，提高效率，加强机关效能建设。

5.坚持实事求是的原则。结合我县地域特点、经济社会发展水平、市场发育程度、人力资源等状况，因地制宜进行改革。

6.坚持依法行政的原则。规范政府行为，完善运行机制，加强行政管理的制度化、规范化和法制化建设，推进政府审批审核制度改革，逐步由行政手段管理转向依法管理；加强机构编制的管理监督，建立机构编制管理与财政预算管理相互配套的约束机制。

二、县委机构改革方案

（一）县委工作部门

保留县纪律检查委员会机关（县监察局与其全署办公）、办公室、组织部、宣传部、统一战线工作部（民族与宗教事务局与其合署办公）、政法委员会（县社会治安综合治理委员会办公室与其合署办公）、县直机关工作委员会。

县委机要局并入县委办公室，保留牌子；县委办公室同时保留县保密局、台湾工作办公室（县政府台湾事务办公室）牌子，不再挂政策研究室牌子；610办公室设在县委办公室。

县委宣传部代行的县新闻出版办公室的管理职能划入文化体育局。

保留县委机构编制委员会办公室，同时挂县政府机构编制办公室牌子，列入县委机构序列，为县委机构编制委员会的常设办事机构，既是县委工作部门，又是县政府工作部门。

（二）部门管理机构

保留老干部局，仍为正科级，由组织部管理。

保留精神文明建设办公室，加挂县精神文明建设指导委员会办公室牌子，仍为正科级，由宣传部管理。

保留县委信访局（县政府信访局），为正科级，由县委办公室、县政府办公室管理。

（三）议事协调办事机构

保留县委农村工作领导小组办公室，仍为政科级。

县水土保持职能划归县水利局，农业区划职能划归县农业局。

调整后，县委工作部门8个，部门管理机构3个，议事协调办事机构1个。

（四）精简内设机构和人员编制

县委工作部门（含部门管理机构和议事协调机构）的内设机构要综合设置，规格为正股级，其内设机构精简20%左右，重点是撤销、合并那些分工过细、职能交叉重复的内设机构。县委机关行政编制精简22%，县级党委机构现有行政编制128名，精简后为100名，减少28名。部门领导职数一般为2—4名。

三、县政府机构改革方案

（一）综合经济部门

计划局更名为发展计划局。物价局并入发展计划局，对外挂牌。国防动员委员会经济动员办公室设在发展计划局。

不再保留经济局、财贸工作领导小组办公室，组建经济贸易局。国防动员委员会支前办公室设在经济贸易局。

保留财政局。

（二）专业经济管理部门

保留农业局。乡镇企业局并入农业局，对外挂牌，同时挂畜牧水产局牌子。

不再保留水利水电局，组建水利局。将水电行政职能划入经济贸易局。

对外经济贸易局更名为对外贸易经济合作局，由经济贸易局管理，保留正科级。

建设局更名为城乡规划建设局。

保留林业局。集体林区改革试验区领导小组办公室并入林业局，保留牌子。

保留交通局。国防动员委员会交通战备办公室设在交通局。

粮食局由经济贸易局管理，保留正科级。

（三）社会管理部门和其他部门

保留教育局。文化教育局与其保署办公。

科学技术局与发展计划局合署办公。

不再保留劳动局，组建劳动和社会保障局。原劳动局管理的城镇职工社会保险和医疗保险、人事局管理的机关事业单位社会保险、民政局管理的农村社会保险等行政职能，统一由劳动和社会保障局承担。

不再保留土地管理局、地质矿产局、组建国土资源局。

保留民政局，革命老根据地建设委员会办公室并入民政局，保留牌子，老龄工作委员会办公室设在民政局。

保留政府办公室（挂外事、侨务办公室牌子）、国防动员委员会人民防空办公室设在政府办公室。

保留公安局、监察局（与县纪委机关合署办公）、司法局、人事局、卫生局、计生局、审计局、环保局。

统计局由政府办公室管理，保留正科级。

（四）议事协调办事机构

县安全生产委员会办公室为常设议事协调办事机构，正科级，同时挂安全生产监督管理局牌子。

调整后，县政府工作部门设 20 个（监察局列入政府工作部门序列，不计入政府机构个数），合署办公机构 2 个，部门管理机构 3 个，义事协调机要 1 个。

（五）精简内设机要和人员编制

县政府各单位（含部门管理机构）的内设机构要合理设置，规格为正股级，其内设机构精简 3%左右。人员编制的配备，要根据各单位职能多少、工作量大小予以核定。

县级政府机关现有行政编制 386 名，改革后核定行政编制 290 名，减少 96 名，精简 25%；县级政法机关（含公、检、法、司）现有专项行政编制 218 名，改革后核定专项行政编制 195 名，减少 23 名，精简 10.50%。县政府工作部门领导职数一般为 2~4 名。

四、乡（镇）党政机构改革

乡（镇）党政机构改革主要是加强和完善党的领导，充分发挥乡（镇）党委的领导核心作用，巩固农村基层政权；进一步推动农业和农村社会化服务体系的发展与完善，为乡（镇）企业的发展创造条件；加强农村社会主义民主政治和法制建设，依法行政，规范管理。在进行乡（镇）党政机构改革的同时，同步进行乡（镇）事业单位改革，精简事业编制，大力清理、清退各类临时人员，重点压缩财政供养人员，减轻财政负担和农民负担。

全县 16 个乡（镇）党政机构统一设置 5 个，即党政办公室、农经办公室（加挂财政所牌子）、社会事务办公室、计划生育办公室、乡村建设办公室。社会治安综合治理职能由党政办公室承担。

乡（镇）机关行政编制精简比例为 17%。

五、人大、政协、法院、检察院和工青妇等群众团体机关的机构改革。

上述机关的机构改革，按照中央、省、市有关文件规定和统一部署待后进行。人大、政协、群团机关人员编制精简 15%。

六、机关后勤务服务体制改革。

有条件的可组建有事业性质的服务实体，在机构、编制、经费上与主管机关分开，经费由财政核拨补、自给或企业化管理过渡。机关工勤人员编制也要精简，各单位按精简后的机关编制的 10%核定工勤人员事业编制。

七、关于机构改革的组织实施

（一）关于"三定"方案的制定

"定职能、定内设机构、定编制"（以下简称"三定"），是保证机构改革取得实效的关键所在。县委、县政府各工作机构要认真贯彻《关于制定宁化县级党政机构"三定"方案的通知》，加强对"三定"工作的领导，按照机构改革的指导思想和基本原则，结合本单位的实际情况，抓紧制定"三定"方案，保证"三定"工作有序进行。

（二）关于人员定岗分流

人员的定岗分流，是机构改革工作的重要环节。各部门、各单位一定要讲政治，服从全局，严肃认真对待人员定岗分流工作。人员定岗要坚持干部队伍"四化"方针，注重德才兼备，保留骨干，优化结构，提高工作效率，并按照工作需要，群众参与，综合考评，组织决定的要求进行。人员分流要按照"带职分流，定向培训，加强企业，优化结构"的基本原则，积极探索人员分流渠道。人员实行一次性定编定岗，三年完成分流任务。人员定岗分流的具体工作按照《关于宁化县级党政机关人员定编定岗实施办法》和《关于宁化县级党政机构改革人员分流实施办法》执行。

（三）关于实施步骤

根据《中共福建省委、福建省人民政府关于全省市县乡党政机构改革的意见》（闽委〔2001〕09 号）和全省、市、县乡机构改革工作会议精神，现将我县县级党政机构改革工作阶段明确如下：

第一，准备阶段（2001 年 4 月—10 月），由县委编委按照省、市委的要求认真做好改革的有关准备工作。

第二，方案实施阶段（2001年11月—2002年3月），由县委、县政府召开市级党政机构改革动员大会，宣布机构改革方案，部署各单位"三定"工作。各单位要按照县委、县政府关于搞好"三定"工作的要求，提出方案，由县委编办审核，经县委机构编制委员会审议，报县委、县政府审批。"三定"方案一经批准，随即组织实施。

第三，检查验阶段（2002年4月）。由县委组织有关部门对各单位"三定"方案的落实情况进行检查验收，研究解决新机构运作中出现的问题，完善新机构运行机制，巩固改革成果。

县级党政机构改革在县委、县政府领导下，由县委机构编制委员会办公室负责具体组织实施。各部门、各单位在改革中遇到的政策性问题要加强请示报告，确保改革任务如期完成。

附件：1.中共宁化县委工作部门设置表
2.宁化县人民政府工作部门设置表

中共宁化县委
宁化县人民政府
2002年1月17日

附件1

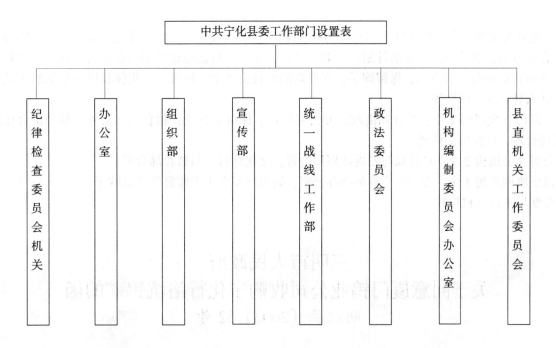

说明：

1.中共宁化县委设工作部门8个。其中，监察局与纪律检查委员会机关合署办公；机要局并入县委办公室，保留牌子，同时县委办公室保留县保密局、台湾工作办公室（政府台湾事务办公室）牌子，不再挂政策研究室牌子，610办公室设在县委办公室；社会治安综合治理委员会办公室与政法委员会合署办公；机构编制委员会办公室加挂县政府机构编制办公室牌子，既是县委工作部门，又是县政府工作部门；民族与宗教事务局与统一战线工作部合署办公。

2.设部门管理机构3个：老干部局保留正科级，由组织部管理；精神文明建设办公室（县精神文明建设指导委员会办公室）保留正科级，由宣传部管理；县委信访局（县政府信访局）为正科级，由县委办公室、县政府办公室管理。

3.设议事协调办事机构1个：县委农村工作领导小组办公室。

附件 2:

宁化县人民政府工作部门设置表

办公室　发展计划局　经济贸易局　教育局　公安局　监察局　民政局　司法局　财政局　劳动和社会保障局　国土资源局　城乡规划建设局　交通局　水利局　农业局　林业局　卫生局　计划生育局　审计局　环保局

说明:

　　1.宁化县人民政府设工作部门 20 个。其中,县政府办公室加挂外事、侨务办公室牌子;监察局与县纪委机关合署办公;物价局并入发展计划局,对外挂牌;革命老根据地建设委员会办公室并入民政局,保留牌子;乡镇企业局并入农业局,保留牌子,农业局同时挂畜牧水产局牌子;集体林区改革试验区领导小组办公室并入林业局,保留牌子。

　　2.设部门管理机构 2 个:统计局由政府办公室管理,保留正科级;粮食局、对外贸易经济合作局由经济贸易局管理,均保留正科级。

　　3.合署办公机构 2 个:科技局与发展计划局合署;文化体育局与教育局合署。

　　4.议事协调机构 1 个:安全生产委员会办公室,同时挂安全生产监督管理局牌子。

　　5.监察局不计入机构数。

三明市人民政府
关于同意厦门钨业公司收购宁化行洛坑钨矿的函
明政函〔2003〕32 号

省国土资源厅:

　　现将我市对厦门钨业公司收购宁化行洛坑钨矿的有关事项明确如下:

　　一、同意厦门钨业公司收购宁化行洛坑钨矿。有关收购的具体事宜由宁化县政府与厦门钨业公司协商确定。

　　二、同意厦门钨业公司对宁化行洛坑钨矿进行矿产资源规模开发。项目所需的行政审批手续按有关规定办理。

　　三、该项目若涉及在我市行政区划内需市政府出面协调解决的问题,市政府将履行相应职责。

三明市人民政府

2003 年 11 月 20 日

三明市人民政府
关于设立宁化华侨经济开发区城区工业园的批复
明政文〔2003〕93 号

宁化县人民政府：

你县关于《要求设立华侨经济开发区城区工业园的请示》（宁政文〔2003〕36 号）及有关资料收悉。根据闽政办〔1999〕115 号文精神，你县已设立华侨经济开发区，选址泉上华侨农场。为贯彻落实省委、省政府关于构筑"三条战略通道"和保障工业用地精神，引导企业集中发展，优化用地布局和结构，促进县域经济发展，同意你县华侨经济开发区在城郊的城南乡设立城区工业园。现就有关事项批复如下：

1.同意你县根据宁化县城总体规划和当地实际，紧邻省道建文线，设立城区工业园。

2.工业园建设用地规模控制在 4.20 平方公里内，今后你县内的工业项目应有组织有计划引导工业园内集中安排。

3.工业园控制详细规划，按照先近期、后远期原则，抓紧组织编制。要优化设计，节约用地。

4.工业园的规划布局应与宁化县土地利用总体规划进行衔接，涉及土地利用规划局部调整的，应依照规定上报审批。工业园设立后，如有变动调整，必须经原批准机关依法批准。工业园项目建设用地应依法办理审批手续。

三明市人民政府
2003 年 7 月 23 日

宁化县人民政府
关于印发深化集体林权制度改革实施方案的通知
宁政〔2004〕6 号

各乡（镇）人民政府，县各有关单位：

《宁化县深化集体林权制度改革实施方案》已经县政府研究，现予印发，请认真抓好贯彻落实。

2004 年 5 月 17 日

宁化县深化集体林权制度改革实施方案

根据《福建省人民政府关于推进集体林权制度改革的意见》和市委、市政府关于进一步深化集体林权制度改革工作部署，结合我县实际，特制定我县深化集体林权制度改革实施方案如下：

一、指导思想

以邓小平和"三个代表"重要思想为指导，贯彻落实中央一号文件精神，在集体林经营体制改革的基础上，进一步明晰集体林木所有权和林地使用权，放活经营权，落实处置权，确保收益权，依法维护林业经营者的合法权益，最大限度地调动广大林农以及社会各方面经营林业的积极性，解放和发展林业生产力，繁荣林区经济，增加林农收入，促进林业可持续发展。

二、目标任务

深化集体林权制度改革的总体目标是：在两年时间内，全县基本完成深化集体林权制度改革任务，实现"山有其主、主有其权、权有其责、责有其利"的目标，建立经营主体多元化，权、责、利相统一的集体林经营管理新机制。

深化集体林权制度改革的主要任务：一是明晰所有权，落实经营权。在集体林权制度改革的基础上，进一步落实和完善以家庭承包经营为主体，多种经营形式并存的集体林经营体制，将林地使用权、林木所有权和经营权落实到户、联户或其他经营实体。二是开展林权登记，发（换）林权证。林木所有权、林地使用权一经明晰，必须及时予以林权登记，发换全国统一式样的林权证，以依法维护林业经营者的合法权益。三是建立规范有序的林木所有权、林地使用权流转机制。引导林业生产要素的合理流动和森林资源的优化配置，促进林业经营规模化、集约化。

今年5月份起全县所有乡（镇）、村全面展开工作，各乡（镇）以村为单位，上半年完成深化改革任务三分之一，年底完成90%，2005年上半年全县做好扫尾工作（目标任务详见附表）。

三、范围和重点

（一）林权改革范围。主要是林木所有权和林地使用权尚未明晰的集体山林。有争议的林木、林地暂不列入此次深化改革的范围。除有争议的林木、林地外，均应发（换）林权证（包括已界定的生态公益林）。

（二）林权改革重点。在集体林权制度改革"回头看"的基础上，对符合法律法规、改革程序合法、大多数群众满意的经营形式和各类合同，予以核实确权；对那些问题较多、程序不合法、群众有意见的各类合同，依照法律程序完善合同、签订补充协议或解除合同、重新发包；对那些产权不明晰的经营形式，特别是至今未落实经营责任制的集体山林予进一步转换经营形式，把林木所有权和经营权、林地使用权直接落实到户、到联合体或其他经营实体。

四、改革原则

（一）坚持有利于"增量、增收、增效"的原则。即坚持有利于森林资源总量增长和质量提高，有利于农业增加收入，有利于提高森林的经济效益、生态效益和社会效益。

（二）坚持"耕者有其山"、权利平等的原则。集体山林属集体内部成员共同所有，每一个村民均平等享有承包经营集体山林的权利。凡有承包经营集体山林要求的村民，应在同等条件下优先予以保证，确保"耕者有其山"。凡将集体山林采取招标、拍卖等方式进行转让经营的，需经村民会议或村民代表大会通过，所得收入应大部分分配给集体内部成员。

（三）坚持因地制宜、形式多样的原则。根据当地森林资源状况和经济发展水平，因地制宜，充分尊重林农的意愿，允许经营形式多样化，不搞一刀切。提倡联户经营、股份合作经营、创建股份制林场或企业原料林基地。

（四）坚持政策稳定性、连续性的原则。深化集体林权制度改革必须遵循国家法律和政策的有关规定，保持林业政策的稳定性和连续性。对已明晰林木所有权、经营权和林地使用权，并为实践证明是行之有效的改革形式和经营模式，应予维护，不得打乱重来或借机无偿平调，以安定人心，取信于民。

（五）坚持公开、公平、公正的原则。在深化集体林权制度改革过程中要实施"阳光作业"，按照《农村土地承包法》《村民委员会组织法》有关规定，保证村民的知情权和参与权，做到程序、方法、内容三公开。改革方案必须广泛听取村民的意见，尊重大多数群众的意愿，严禁暗箱操作做到公平、公正。

五、方法步骤

（一）加大宣传力度。充分利用广播、有线电视等宣传媒体，以及召开小组各级宣传动员大会，分发宣传材料，向林农群众宣传深化集体林权制度改革的目的意义、目标任务、原则范围和法规政策、方法步骤，充分发挥林农的主体作用，全面发动林农群众关心改革、支持改革和参与改革，齐心协力，把好事办好。

（二）落实改革任务。一是开展集体林体制改革"回头看"。对各种改革形式进行认真的分析对比，总结经验，查找不足，按照深化改革的五条原则，制定符合本乡（镇）、村实际的深化集体林权制度改革的具体方案。各村深化集体林权制度改革的方案需经村民会议或村民代表大会讨论通过后付诸实施。二是实施深化集体林权制度改革。具体做好三项工作：第一，对在历次改革中所确定的经营形式，只要符合有关法律、法规和政策，程序合法且大多数群众满意的，予以确认。对那些产权不够明晰的经营形式，主要通过双方协商、签订补充协议等加以完善。第二，对那些问题较多，程序不合法，尤其是未经村民会议或村民代表大会讨论通过且群众反映强烈的各类合同，通过法律程序签订补充协议，依法完善合同或解除合同，重新发包。对已落实改革但未签订书面合同的，依法予以完善合同。第三、对那些至今未落实经营责任制的集体山林，严格按照《农村土地承包法》和《福建省森林资源转让条例》等法律法规，采取承包、租赁、合作经营和转让等多种形式，进一步把林木所有权和经营权、林地使用权直接落实到户或其他经营实体，并依法签订合同。

（三）实施林权登记发（换）证。对已明晰权属的自留山，按照"谁造谁有"政策营造的林木，实行家庭承包经营的竹林和经济林，生态公益林及国有、外资、民营企事业单位和个人依据合同租赁集体林地营造的林木予以确权登记，对本次深化集体林权制度改革中明晰产权的山林，及时予以确权登记，发（换）全国统一式样的林权证。

深化集体林权制度改革村级操作的基本流程为：集体林权制度改革工作组进村→召开村"两委会"、村民代表会议→开展宣传发动→开展"回头看"分析具体情况→制定深化改革方案→召开村民会议或村民代表大会讨论深化改革方案→方案通过后组织实施、公示改革结果→依法签订经营合同→申请登记发（换）林权证→工作总结、材料汇总归档。

六、工作要求

（一）加强组织领导。深化集体林权制度改革是事关农村经济发展和社会稳定的一件大事，各级各部门把深化集体林权制度改革摆上重要议事日程，落实省政府确定的"县直接领导、乡（镇）组织、村具体操作、部门搞好服务"的工作机制，切实加强组织领导，做到思想认识到位，领导责任到位，组织力量到位。县里成立林改工作队，进驻各乡（镇）指导督查深化集体林权制度改革工作。各乡（镇）、村要相应成立深化集体林权制度改革领导小组和工作班子，各乡（镇）要组成林改工作组进驻所辖各村指导协助林改工作，乡（镇）党委书记是此项改革工作的第一责任人，乡（镇）长是直接责任人。各村支部书记和村主任是本村林改直接责任人。

（二）落实工作责任。建立健全责任制，明确各乡村和林改工作组的职责任务，把深化集体林权制度改革列入乡（镇）、村年度考核重要内容。各乡（镇）要把目标任务分解落实到包村工作组和各村干部，切实做到任务、质量、时间"三落实"。各乡（镇）政府负责组织本乡（镇）的林改工作，搞好宣传发动，组织好驻村工作组，并搞好林改进度和质量督查。县驻乡工作队协助所在的乡（镇）组织好林改工作，负责所在乡（镇）林改的督促检查，驻村工作组负责所在村的宣传发动，协助村委会制定林改方案并组织实施，搞好政策把关和质量检查。村委会负责村里林改全过程的具体实施。对组织不力、督促不严、未按期完成任务、影响全县林改工作进度或引发问题影响全局的，要追究领导责任。林业部门要切实当好参谋助手，提供优质服务。农业、国土资源、财政、司法、民政等有关部门要各司其职，通力协作，确保深化集体林权制度改革依法、有序和健康推进。

（三）积极筹措经费。坚持上级补助与本地自筹相结合的原则，实行省、市、县、乡、村各出一点的办法，多方筹措工作经费，县、乡财政将安排一定资金专门用于集体林权制度改革工作，确保改革工作胜利推进。

（四）严格操作程序。深化集体林权制度改革要以村为单位组织实施。村"两委"和林权制度改革领导小组要认真研究制定村改革工作计划，在具体工作中，必须做到宣传到位，方案周密，程序合法，操作公开，注重实效。要树立质量第一的观念，先易后难，循序渐进，使改革成效经得起检验。完成改革任务的村，要及时总结经验，解决存在问题，做到不留尾巴，不产生后遗症，并认真做好有关材料的立卷归档工作。

（五）强化督查指导。县、乡（镇）要采取日常督导和专项检查、阶段性检查和年度考核相结合的办法，强化督查指导工作。县、乡（镇）林改办要加强进度统计和信息汇报交流工作，及时掌握工作进展情况。县政府办公室和林改办将实行每月一通报制度，督促各乡（镇）林改工作的全面展开。同时要按省《集体林权制度改革检查验收实施方案》认真组织检查验收。各乡（镇）应在县统一组织检查验收前，先行组织本乡（镇）的验收，再向县人民政府申报验收，以确保全县深化集体林权制度改革工作全面通过省、市检查验收。

附：宁化县2004年深化集体林权制度改革与林权登记发（换）证计划表

宁化县人民政府办公室
2004年5月17日

宁化县2004年深化集体林权制度改革与林权登记发(换)证计划表

单位：万亩

单位	户数(户)	计划完成的村数		计划完成林改面积		计划完成登记面积				计划完成发证面积	
		总村数(个)	计划完成数(个)	重点林改面积	计划完成面积	应登记面积	其中		计划完成面积	应登记发证面积	计划完成面积
							集体	国有			
合计	64628	210	190	171.70	163.60	276.90	248.60	28.30	249.30	270.30	243.30
安远	7131	19	16	19.80	17.80	26.20	25.40	0.80	23.60	26.20	23.60
河龙	1800	8	7	4.80	4.30	6.90	6.50	0.40	6.20	6.90	6.20
中沙	3153	13	12	0.90	9.80	12.30	12.10	0.20	11.10	12.30	11.10
水茜	5636	15	14	18.00	16.20	26.90	26.30	0.60	24.20	26.90	24.20
泉上	4760	11	10	13.70	12.30	20.90	20.80	0.10	18.80	20.90	18.80
湖村	335	12	11	10.70	9.60	15.80	15.70	0.10	14.20	15.80	14.20
济村	3450	13	12	10.60	9.50	17.40	17.30	0.10	15.70	18.10	16.30
城郊	5487	18	16	13.90	12.50	16.60	16.20	0.40	14.90	16.60	14.90
翠江	1797	4	4	0.90	0.80	1.00	1.00		0.90	1.00	0.90
石壁	7418	22	20	5.10	4.80	15.10	14.80	0.30	13.70	14.40	13.00
淮土	7068	21	19	5.40	4.90	10.80	10.70	0.10	9.70	10.80	9.70
方田	2726	8	7	8.90	8.00	12.40	12.10	0.30	11.20	12.40	11.20
城南	2235	9	8	6.80	6.10	8.20	8.00	0.20	7.40	8.20	7.40
安乐	3265	11	10	17.80	16.00	21.50	21.50		19.40	21.50	19.40
曹坊	5415	14	13	16.80	15.10	22.20	21.20	1.00	20	22.20	20.00
治平	2952	12	11	17.60	15.90	19.20	19.00	0.20	17.30	19.20	17.30
丰坪场	—	—	—	—	—	5.80		5.80	5.20	5.80	5.20
溪口场	—	—	—	—	—	9.10		9.10	8.00	9.00	8.00
谢坊场	—	—	—	—	—	2.10		2.10	1.90	2.10	1.90
国有林场	—	—	—	—	—	6.50	—	6.50	5.90		

福建省国土资源厅
关于下发土地利用更新调查县级行政区域界线及沿海地区
滩涂界线、岛屿滩涂界线的通知
闽国土资综〔2005〕140号

各市、县（区）国土资源局：

为使全省土地利用更新调查成果与县级行政勘界成果相衔接，保证县级边界"不重不漏"，确保我省更新调查成果县级接边、地市级接边工作顺利完成，省国土资源厅组织有关单位对全省县级行勘界成果进行数字化，并结合省基础地理信息中心的沿海地区滩涂线、岛屿滩涂线数字化成果和沿海地区土地利用现状调查成果，制作完成了全省《1：10000县级行政区域界线及沿海地区滩涂界线、岛屿滩涂界线》数字化成果，并生成了全省各市、县（区）的控制面积。现将有关界线及控制面积下发给你们，请在开展土地利用更新调查工作中使用。

在开展土地利用更新调查建库工作时，各地应直接应用下达的数字化成果和相应的控制面积。对于陆地部分的行政界线成果，原则上不再进行调整；对于沿海滩涂线、岛屿滩涂线数字化成果，各地应结合实地情况重新进行调查，并将重新调查的界线注明。全省海域勘界工作完成后，省国土资源厅将对海域界成果统一进行数字化，并将其成果作为沿海地区最终的滩涂界线和岛屿滩涂界线。对于在中工作发现数字化成果存在错误、确需修改的，由县（市）国土资源局报省国土资源厅决定。

附件：1.福建省各市、县（区）辖区土地控制面积表（1954北京坐标系）
　　　2.福建省各市、县（区）辖区土地控制面积表（1980西安坐标系）

福建省国土资源厅

2005年5月23日

福建省各市、县(区)辖区土地控制面积表(1954北京坐标系)

单位:亩

行政单位	辖区控制面积	行政单位	辖区控制面积	行政单位	辖区控制面积
福建省	186023456.90	明溪县	2595740.55	平和县	3465022.65
		清流县	2709200.40	华安县	1916063.85
福州市	17987156.40	宁化县	3610702.35	**南平市**	39423924.45
鼓楼区	53038.95	大田县	3349480.95	延平区	3980949.15
台江区	25810.95	尤溪县	5132782.05	顺昌县	2969258.40
仓山区	219770.85	沙 县	2698360.20	浦城县	5066872.65
马尾区	347445.45	将乐县	3361479.75	光泽县	3360199.80
晋安区	847709.25	泰宁县	2293003.65	松溪县	1569430.80
闽侯县	3190519.80	建宁县	2574582.60	政和县	2610806.25
连江县	1839579.45	永安市	4397282.40	邵武市	4288370.40
罗源县	1642510.20	**泉州市**	16676248.35	武夷山市	4204271.85
闽清县	2242356.90	鲤城区	77857.20	建瓯市	6300587.70
永泰县	3344534.40	丰泽区	180884.70	建阳市	5077677.45
长乐区	1031800.05	洛江区	561306.15	**宁德市**	20012736.00
福清市	2675969.70	泉港区	451160.85	蕉城区	2232180.60
平潭县	526110.45	惠安县	1112683.05	福安市	2676424.05
厦门市	2334922.35	晋江市	1034738.25	福鼎市	2285018.70
思明区	112372.05	南安市	3028207.20	霞浦县	2516373.45
湖里区	90036.75	安溪县	4491513.30	古田县	3561699.15
集美区	376986.75	永春县	2185302.30	屏南县	2230294.35
海沧区	252379.95	德化县	3306959.40	寿宁县	2149051.20
同安区	975457.50	石狮市	245635.95	周宁县	1554234.00
翔安区	527689.35	**漳州市**	18960907.05	柘荣县	807460.50
莆田市	6011687.25	芗城区	376457.85	**龙岩市**	28541318.85
城厢区	727012.35	龙文区	188749.80	新罗区	4008261.90
涵江区	1169551.20	龙海市	1910848.20	长汀县	4656699.30
荔城区	432560.55	云霄县	1540593.75	永定县	3340156.35
秀屿区	921384.90	漳浦县	3019865.10	上杭县	3876676.50
仙游县	2761178.25	诏安县	1907240.10	武平县	3953330.10
三明市	34449684.00	长泰县	1350505.95	漳平县	4433248.20
梅列区	527011.35	东山县	342381.30	连城县	3867946.50
三元区	1200057.75	南靖县	2943178.50	**福建岛滩及其他**	1624872.20

福建省各市、县(区)辖区土地控制面积表(1980 西安坐标系)

单位:亩

行政单位	辖区控制面积	行政单位	辖区控制面积	行政单位	辖区控制面积
福建省	186023456.90	明溪县	2595794.40	平和县	3465092.55
		清流县	2709253.65	华安县	1916093.25
福州市	17987425.80	宁化县	3610784.10	**南平市**	39423455.70
鼓楼区	53039.70	大田县	3349531.95	延平区	3980804.85
台江区	25811.40	尤溪县	5132786.10	顺昌县	2969324.55
仓山区	219774.00	沙　县	2698402.05	浦城县	5066531.10
马尾区	347450.55	将乐县	3361554.15	光泽县	3360273.60
晋安区	847723.20	泰宁县	2293051.05	松溪县	1564971.45
闽侯县	3190570.80	建宁县	2574630.75	政和县	2610866.70
连江县	1839621.45	永安市	4397351.85	邵武市	4288471.50
罗源县	1642533.75	**泉州市**	16676363.25	武夷山市	4204377.15
闽清县	2242393.20	鲤城区	77853.30	建瓯市	6300051.15
永泰县	3344568.60	丰泽区	180867.30	建阳市	5077783.65
长乐区	1031815.80	洛江区	561313.95	**宁德市**	20013158.55
福清市	2676010.05	泉港区	451167.30	蕉城区	2232217.35
平潭县	526113.30	惠安县	1112683.05	福安市	2676481.05
厦门市	2334948.90	晋江市	1034739.75	福鼎市	2285086.20
思明区	112374.60	南安市	3028165.35	霞浦县	2516432.25
湖里区	90038.70	安溪县	4491568.05	古田县	3561756.75
集美区	376994.40	永春县	2185338.60	屏南县	2230332.00
海沧区	252385.65	德化县	3307011.75	寿宁县	2149109.25
同安区	975457.05	石狮市	245638.35	周宁县	1554263.55
翔安区	527698.50	**漳州市**	18961254.00	柘荣县	807480.15
莆田市	6011814.90	芗城区	376456.65	**龙岩市**	28541757.15
城厢区	727024.80	龙文区	188753.85	新罗区	4008315.45
涵江区	1169574.15	龙海市	1910886.45	长汀县	4656781.35
荔城区	432569.10	云霄县	1540623.90	永定县	3340216.95
秀屿区	921423.00	漳浦县	3019920.75	上杭县	4281742.20
仙游县	2761223.85	诏安县	1907278.05	武平县	3953395.20
三明市	34450238.85	长泰县	1350529.80	漳平县	4433301.75
梅列区	527017.05	东山县	342387.15	连城县	3868004.25
三元区	1200081.75	南靖县	2943231.60	**福建岛滩及其他**	1623039.80

索引

说明

一、本索引分为主题索引、人物索引、图表索引三个部分。主题索引按内容分析法确定主题条目，按条目首字的汉语拼音字母书序排列，首字相同时，则按第二字，以此类推。人物索引，仅列立传人物。图表索引按其所在页码顺序排列。

二、概述、大事记、附录只以标题为条目。

三、条目后的数字为其所在的页码；条目名称相同者并列，标出先后页码，并括注区别。

主题索引

人物索引

图表照片索引

一、图片索引

二、表格索引

志稿编纂资料与图片提供人员名单

志稿编纂供稿人员名单

（以姓氏笔画为序）

丁春华	于福东	马卡鸣	马庆根	马求凤	马秀霞	马宗平	马梅英
王开怀	王元新	王化民	王火珠	王吉珠	王会铭	王兴武	王兴树
王远球	王丽花	王宝发	王官金	王泽发	王承良	王思峰	王洪流
王海龙	王海山	王烤其	王盛炎	王盛通	王晨波	王康生	王雪梅
王隆亮	王琴瑞	王琳芳	王鹏	王晶	王斌	王道辉	王瑞玲
王腾翀	王煊禧	王福宁	毛镜明	毛月辉	方晓明	邓云子	邓长水
邓田良	邓时斌	邓和福	邓柱青	邓婷芳	龙建华	叶华英	叶茂南
叶淑琴	叶景文	付建军	冯光荣	冯发兴	兰云	兰振军	兰鹏
朱大兴	朱金华	朱亮新	朱基茂	朱琴	伍开銮	伍长青	伍玉云
伍臣栋	伍秉权	伍宗	伍俊钦	伍基沛	伍朝明	伊年柏	伊贤明
伊贤金	伊贤俊	伊金伙	伊海平	伊雪燕	庄小清	刘小明	刘文胜
刘文亮	刘东明	刘尔伟	刘先民	刘军林	刘进	刘灵群	刘英兰
刘贤章	刘岩龙	刘金华	刘金泉	刘美珍	刘振彦	刘桂玉	刘晨蔚
刘敬东	刘敬澄	刘善俊	刘翠萍	刘德铭	刘赟	江国良	江珊珊
江虹	池贤汉	池建生	池新武	汤伟榕	阴存贵	阴柏生	阴浩明
阴晓萍	孙代銮	孙永前	孙永强	孙扬熹	孙华明	孙晓英	孙海明
苏志斌	苏国良	巫升桓	巫生海	巫立忠	巫羽翼	巫华龙	巫国伟
巫明海	巫美莲	巫健华	巫盛根	巫铠攸	巫清云	巫朝根	巫锡林
巫靖晖	李力明	李上能	李上斌	李友菲	李玉贞	李玉林	李成鳞
李红梅	李庆红	李芳杰	李芳琴	李启栋	李其生	李郁芬	李国侯
李金香	李皇城	李根水	李晓梅	李凌凤	李海东	李萍	李瑞荣
李德伦	杨兴和	杨兴长	杨声根	杨秀芳	杨青松	杨林	杨忠
杨建平	杨家海	杨琦	杨福民	连允东	吴元发	吴中声	吴凤林
吴玉凤	吴玉华	吴玉富	吴可生	吴东香	吴仕桦	吴仕海	吴仕清
吴达明	吴伟平	吴亦玉	吴茂坤	吴昌华	吴明龙	吴夜星	吴革伟
吴荣生	吴贵平	吴逊怡	吴彩英	吴森亮	吴景标	吴登群	吴群孙
吴德琦	邱木根	邱文红	邱龙明	邱永茂	邱加兴	邱加良	邱加礼
邱先喜	邱位龙	邱贤云	邱明珠	邱建蓉	邱思兴	邱衍霖	邱恒俊
邱祖良	邱雅宁	邱翠红	何大勇	何为民	何刚	何建明	何超文

何翠红	余玉琴	余华生	余呈春	邹美华	邹洪荣	邹崇杰	邹添盛
邹微微	沈春毅	沈秋生	宋友宁	宋树林	张小明	张天机	张天明
张天柱	张元林	张水金	张仁优	张仁金	张仁河	张仁高	张仁涛
张仁琨	张仁福	张文进	张文彬	张玉兰	张龙金	张冬虎	张汉江
张发能	张邦稳	张毕生	张伟华	张旭华	张庆明	张运水	张运余
张运明	张运和	张运通	张运椅	张运富	张运群	张志琴	张圻
张坛仁	张丽红	张丽勃	张连杨	张财金	张秀华	张良光	张启平
张启森	张启聪	张启戬	张玮	张茂银	张林勇	张贤权	张旺日
张旺水	张旺玉	张欣华	张炜	张河优	张河旺	张河明	张河强
张建明	张经传	张荣森	张标发	张标进	张标健	张标高	张显扬
张星火	张胜舟	张美根	张勇民	张起俭	张涛峰	张海水	张海明
张海银	张海源	张晓青	张晓明	张能清	张珺	张菊珠	张盛荣
张清东	张清生	张清永	张清荣	张清树	张清亮	张清畑	张清银
张清祥	张琼华	张雄伙	张瑞柏	张瑞华	张翠雄	张德辉	张德源
张毅	张耀科	张耀雄	张露琴	陆全法	陆幼英	陈少卿	陈丹
陈丹萍	陈文坤	陈永雪	陈华文	陈庆林	陈兴荣	陈连华	陈学东
陈建民	陈贤贵	陈旺南	陈昌和	陈春香	陈帮征	陈济勇	陈健
陈健琳	陈高传	陈海金	陈彬	陈雪贞	陈琦	陈朝月	陈新
陈新茂	陈端	陈翠玲	陈瑾斐	范仁辉	范启新	范建斌	范瑞春
范翠红	林以芬	林正书	林志宁	林志宏	林宗杰	林佩英	林春新
林健	林清志	欧阳琳	罗生明	罗发隆	罗光钟	罗华荣	罗秀林
罗昌忠	罗昌能	罗金平	罗赵珍	罗艳萍	罗爱群	罗满华	竺爱芹
周万平	周文庆	周玉英	周生林	周兴美	周金根	周建光	周登华
周熹	郑林岗	郑松	郑培强	郑清	宗夏曦	官义火	官礼明
官辅平	柯洪文	柳宜进	钟东林	钟鸣清	钟建平	俞宁宁	俞达增
俞承琳	施友琪	施荣春	姜鲁翠	骆远铭	聂晓平	夏木水	夏世威
夏永东	夏让华	夏礼谋	夏施展	夏根水	夏清文	夏晨阳	徐晓雷
徐锋	郭宁	郭华英	唐国章	涂惠生	黄丰生	黄丰能	黄丰瑞
黄本爱	黄仔油	黄宁	黄宁生	黄华珍	黄伙老	黄兆峰	黄庆才
黄兴富	黄芳	黄志高	黄志雄	黄丽娜	黄丽萍	黄茂禄	黄昌堂
黄明华	黄泽旺	黄泽春	黄泽能	黄泽群	黄宗惠	黄建明	黄春珠
黄树荣	黄显明	黄重合	黄炳光	黄炳杰	黄恒林	黄桂华	黄晓芸
黄雪水	黄绪军	黄绪明	黄辉煌	黄景星	黄登寿	黄想云	黄新民
黄新能	黄新婷	黄锦祥	曹招亮	曹周福	曹晔	曹雪辉	曹登耀
龚禄生	龚翠群	章广兴	揭建华	彭一平	彭强	葛志强	董治平
韩步廉	程章明	童上华	童盛来	童逸才	童德财	曾子荣	曾仁杰
曾文义	曾文新	曾世友	曾冬年	曾成木	曾连琴	曾启亮	曾鸣
曾和平	曾念中	曾念华	曾念旭	曾念珠	曾念浪	曾念福	曾念溪
曾诚	曾绍山	曾绍松	曾绍鹏	曾泽富	曾荣	曾钦时	曾钦祥
曾秋菊	曾爱萍	曾焰根	曾满根	曾燕	曾繁雄	温金亮	游开开
游东雄	游传宗	游彪	谢水根	谢生年	谢玉香	谢玉琴	谢兆华
谢贤新	谢忠	谢金明	谢炎福	谢建国	谢荣树	谢重阳	谢闽安
谢铭金	谢辉	谢新林	谢耀星	楼培润	赖九荣	赖大桢	赖月茂
赖世文	赖锡芳	赖锦森	赖新林	雷小平	雷动和	雷达	雷观玲

雷红艳	雷建平	雷建华	雷贵森	雷恒寿	雷　掀	雷富发	雷　鹰
虞桂明	蔡永松	蔡江虹	廖仁耀	廖永才	廖有禾	廖有鹏	廖贞华
廖远祥	廖利民	廖明星	廖金星	廖建闽	廖春娣	廖香文	廖复平
廖美林	廖能洪	廖善土	廖善优	廖善珍	廖善雄	廖福议	廖福旺
廖福钦	熊仲爵	熊厚清	黎发顺	黎朝良	黎朝煦	黎瑞雄	潘龙武
潘贤宣	潘朝发	薛建华	戴长柏	戴兴荣			（629人）

志书彩页照片提供作者、单位

作者：

甯元乖	邢萍儿	朱莉莉	刘建军	杨兴道	邱恒勇	沈岳飞	张标发	张家彪	张族进	林正添
罗世恒	钟宁平	章贤珠	戴长柏	吴立银	陈广程	黄文斌	戴清文	邓毅坚	伊可生	黄建明
罗　鸣	王寄新	叶佳勇	赖晓雄	黄恒鑫						

单位：

中共宁化县委宣传部

宁化县新闻中心

宁化县客家小吃工作领导小组办公室

宁化县水土保持办公室

宁化县客家工作办公室

宁化县革命纪念馆

编 后 记

二轮《宁化县志》编修，起步于2007年生机勃勃的春天。3月，省、市方志委主要领导莅临宁化督促修志；4月，中共宁化县委、宁化县人民政府发文（宁委〔2007〕21号）成立修志领导机构，组建修志班子。宁化县志办拟订县志篇目，送省、市方志委审定；县委办、县政府办下发（宁委办〔2007〕35号）转发宁化县志办《关于开展第二轮〈宁化县志〉编修工作意见》的通知；5月16日，在宁化客家宾馆召开全县第二轮《宁化县志》编修工作动员暨培训大会，正式拉开二轮《宁化县志》编修序幕。二轮《宁化县志》2007年5月开修，至2015年审定，历时8载。

其间，志稿承编单位从组织人员、搜集资料、撰写志稿、评稿、修订，到交稿验收（2007年5月至2008年11月）历时1年6个月。2009年5月22日，组建二轮《宁化县志》总编室，制定《第二轮〈宁化县志〉总纂方案》；11月29日召开总纂编辑人员培训会。至2010年7月完成总纂稿，历时1年2个月。是年8月志稿送省、市方志委及有关县（市）志办评审，2011年3月20日至23日于宁化天鹅国际大酒店召开省、市、县三级评稿会。在评稿总结会上，省、市方志委对二轮《宁化县志》评审稿评价："篇目基本合理，突出地方特色、时代特色，是一部有一定基础，较为成熟的志稿；整体编排合理，是一部质量较好的评审稿。"省、市、县三级评稿会后，根据省、市方志委及参评专家学者与修志同仁的评稿意见，于2011年4月16日至17日，在县委党校专门召开有宁化县第二轮《宁化县志》审稿小组成员、县志顾问、县志编辑人员参加的分析、消化、吸收评稿意见讨论研究修订会，用2天时间逐卷逐项展开讨论研究，达成共识，做出最终修改定论。并要求编辑按会议精神，抓紧修改，于6月底交稿。县志主编对后续工作作了妥善安排，只待副主编统稿后，按程序上报审定出版。2011年5月，县志主编到龄退休。2012年2月，经过遴选，副主编刘建军正式调入县方志办接续二轮《宁化县志》的修订、完善、补充和出版等工作。

2012年7月，县方志办邀请省方志委市县志辅导处、市方志委领导和有关工作人员到宁化对二轮《宁化县志》篇幅结构再次进行审核把关，随后县方志办按其进一步调整篇章结构和补充核实完善资料的具体要求，对二轮《宁化县志》评审修订稿又进行了合并、补充、完善和核实。篇目从评审稿的35卷调整到32卷。当中撤销了《体制改革卷》与《人物卷》第二章人物简介；客家祖地卷转作特记、乡镇场概况卷并入政区卷。文字从评审稿的130余万字缩减到120余万字。2013年12月，形成送审稿报送市方志委初次终审。2014年12月，市方志委反馈初次终审意见。因人事变动，2015年8月，中共宁化县委、宁化县人民政府以宁委〔2015〕33号文调整二轮《宁化县志》编委会成员。根据市方志委初次终审总体意见，将卷二十九旅游前移至经济部类为卷二十五，并请退休主编张族进再行看稿。县方志办修改完善后，是年10月报县审稿小组审查并通过，2016年7月市方志委终审定稿，宁化县人民政府批准出版。

　　质量是志书的生命。二轮《宁化县志》编修，始终把质量放在首位，把提高修志质量，修出精品佳作为本轮《宁化县志》编修追求和奋斗的目标。为此，我们作了充分的准备和大量周密细致的工作，并在编修过程三令五申。修志启动之初，就给承编单位和修志人员发放《地方志工作条例》《地方志书质量规定》《福建省第二轮市、县（市、区）志书编纂行文规范（试行)》《二轮宁化县志篇目》《凡例》，主编专门编写《第二轮〈宁化县志〉编修简明读物》《志稿审订》等修志文件和学习资料达10余万字，供修志人员学习，编纂时提高志稿质量之用。为提高修志质量，先后召开全县性辅导培训会、专题研讨会、学习会、座谈会、志稿评议会等大小会议160多次，参训研讨、学习的编修人员、联络指导人员、总纂编辑人员等达2000多人次。鉴于志稿表格太多，数据繁杂等问题，特请专人将部分表格改图，以灵活体式；请行家审核统一全志数据。为提高修志质量虽然付出了极大的努力，做了大量的工作，但因主客观原因，在资料的系统性、完整性和整体性与志书记述的广度、深度上还尚存不尽如人意的地方，不免留下遗憾，只希冀后续编纂者再修时予以弥补。

　　在二轮《宁化县志》的编修过程中，特别是在志书资料的搜集中，得到县档案、党史、统计、全县志稿承编单位、县驻外机构、宁化籍在外工作人员与社会各界人士的大力支持和帮助。省、市方志委给予业务上的指导。值此志书出版之机，谨表衷心的感谢和崇高的敬意。

　　二轮《宁化县志》编修始终坚持党委领导、政府主持的修志体制，县委、县政府领导在财政较为困难的境况中，给予修志最大限度的经费保障，使本轮修志得以修竣出版，对此，参编人员心存感激！然限于水平，错漏之处在所难免，敬请各级领导及社会各界人士批评指正。

编者

2017 年 7 月 10 日